工商管理经典译丛 BUSINESS ADMINISTRATION CLASSICS

MANAGING FOR QUALITY AND PERFORMANCE EXCELLENCE

ELEVENTH EDITION

质量管理与卓越绩效

第11版

[美] 詹姆斯·埃文斯（James R. Evans）
威廉·林赛（William M. Lindsay） 著
中国质量协会 编译

中国人民大学出版社
·北京·

工商管理经典译丛

出版说明

随着中国改革开放的深入发展，中国经济高速增长，为中国企业带来了勃勃生机，也为中国管理人才提供了成长和一显身手的广阔天地。时代呼唤能够在国际市场上搏击的中国企业家，时代呼唤谙熟国际市场规则的职业经理人。中国的工商管理教育事业也迎来了快速发展的良机。中国人民大学出版社正是为了适应这样一种时代的需要，从1997年开始就组织策划“工商管理经典译丛”，这是国内第一套与国际管理教育全面接轨的引进版工商管理类丛书，该套丛书凝聚着100多位管理学专家学者的心血，一经推出，立即受到了国内管理学界和企业界读者们的一致好评和普遍欢迎，并持续畅销数年。全国人民代表大会常务委员会副委员长、国家自然科学基金会管理科学部主任成思危先生，以及全国MBA教育指导委员会的专家们，都对这套丛书给予了很高的评价，认为这套译丛为中国工商管理教育事业做了开创性的工作，为国内管理专业教学首次系统地引进了优秀的范本，并为广大管理专业教师提高教材甄选和编写水平发挥了很大的作用。其中《人力资源管理》（第六版）获第十二届“中国图书奖”；《管理学》（第四版）获全国优秀畅销书奖。

进入21世纪后，随着经济全球化和信息化的发展，国际MBA教育在课程体系上进行了重大的改革，从20世纪80年代以行为科学为基础，注重营销管理、运营管理、财务管理到战略管理等方面的研究，到开始重视沟通、创业、公共关系和商业伦理等人文类内容，并且增加了基于网络的电子商务、技术管理、业务流程重组和统计学等技术类内容。另外，管理教育的国际化趋势也越来越明显，主要表现在师资的国际化、生源的国际化和教材的国际化方面。近年来，随着我国MBA和工商管理教育事业的快速发展，国内管理类引进版图书的品种越来越多，出版和更新的周期也在明显加快。为此，我们这套“工商管理经典译丛”也适时更新版本，增加新的内容，同时还将陆续推出新的系列和配套参考书，以顺应国际管理教育发展的大趋势。

本译丛选入的书目，都是世界著名的权威出版机构畅销全球的工商管理图书，被世界各国和地区的著名大学商学院和管理学院所普遍选用，是国际工商管理教育界最具影响力的教学用书。本丛书的作者，皆为管理学界享有盛誉的著名教授，他们的这些著作，经过了世界各地数千所大学和管理学院教学实践的检验，被证明是论述精辟、视野开阔、资料丰富、通俗易懂，又具有生动性、启发性和可操作性的经典之作。本译丛的译者，大多是国内各著名大学的优秀中青年学术骨干，他们不仅在长期的教学研究和社会实践中积累了丰富的经验，而且具有较高的翻译水平。

本丛书的引进和运作过程，从市场调研与选题策划、每本书的推荐与论证、对译者翻译水平的考察与甄选、翻译规程与交稿要求的制定、对翻译质量的严格把关和控制，到版式、封面和插图的设计等各方面，都坚持高水平和高标准的原则，力图奉献给读者一套译文准确、文字流畅、从内容到形式都保持原著风格的工商管理精品图书。

本丛书参考了国际上通行的 MBA 和工商管理专业核心课程的设置，充分兼顾了我国管理各专业现行通开课与专业课程设置，以及企业管理培训的要求，故适应面较广，既可用于管理各专业不同层次的教学参考，又可供各类管理人员培训和自学使用。

为了本丛书的出版，我们成立了由中国人民大学、北京大学、中国社会科学院等单位专家学者组成的编辑委员会，这些专家学者给了我们强有力的支持，使本丛书得以在管理学界和企业界产生较大的影响。许多我国留美学者和国内管理学界著名专家教授，参与了原著的推荐、论证和翻译工作，原我社编辑闻洁女士在这套书的总体策划中付出了很多心血。在此，谨向他们致以崇高的敬意并表示衷心的感谢。

愿这套丛书为我国 MBA 和工商管理教育事业的发展，为中国企业管理水平的不断提升继续做出应有的贡献。

中国人民大学出版社

译者序

从20世纪初开始，随着经济社会的飞速发展以及企业管理理论和实践的不断丰富和完善，质量管理的理念和方法逐步形成体系。质量管理大师朱兰博士提出：20世纪以“生产力的世纪”载入史册，21世纪将是“质量的世纪”。

自20世纪50年代以来，朱兰、戴明、费根鲍姆等质量管理大师在世界范围内广泛推广全面质量管理的理念和方法，以日本等为代表的实践者，国家质量竞争力快速提升，逐渐发展成为世界质量强国。20世纪80年代，为了推动全面质量振兴，美国设立了马尔科姆·波多里奇国家质量奖，该奖项提供了相应的质量评价标准，由此卓越绩效管理模式产生了。卓越绩效模式实质上是集合了质量管理理念、质量管理评价系统、工具系统的一整套管理模式，在此模式中，以开放的哲学思维、开阔的包容度，将所有有利于提高组织产品质量、服务质量、工作质量、过程质量、体系质量、经营质量、发展质量的管理方法集合起来，通过定期评价的方式，来确认组织的优势和改进空间，并实施改进活动，以提高组织的综合绩效。朱兰认为：卓越绩效模式的本质就是对全面质量管理的标准化、规范化和具体化。

20世纪90年代，在原国家经委的指导和支持下，中国质量协会通过对卓越绩效模式的研究、探索，开始在小范围内开展质量奖评审试点，推动企业学习和应用卓越绩效模式。在评审实践的基础上，中国质量协会积极参与和推动《卓越绩效评价准则》（GB/T 19580）和《卓越绩效评价准则实施指南》（GB/Z 19579）国家标准的形成和正式颁布。为了更加深入有效地在我国推广卓越绩效模式，经党中央国务院同意，中国质量协会正式设立全国质量奖项目。该奖项设立20年来，通过规范的评审机制、先进的评审标准和科学的评审方法，在我国开启了一场以卓越绩效模式为抓手的管理变革，树立了一批致力于追求高质量发展的卓越企业标杆。近年来，省级及地市级质量奖采用卓越绩效模式作为评审标准的比例超过 70%。导入并实施卓越绩效模式已成为推动我国企业高质量发展最有效的途径。

《质量管理与卓越绩效》作为一本系统介绍质量管理和实现组织卓越绩效的方法论著作，全面总结质量管理和卓越绩效发展脉络，用通俗易懂的语言全面阐释推动组织绩效提升的主要方法和关键路径。本书可以为从事质量管理实践和质量研究的各类读者提供有效参考和借鉴。

参与本书编译的有：王璐、韩云飞、侯进锋、王林波、张蕾、于洪波、范青、万展强、韩铁、张迪、王丽林、梁平、贺露欣、王萌。

中国质量协会

前言

首先，我想告诉这本书的长期使用者，我的合著者林赛博士为本书做出了巨大的贡献。林赛博士是北肯塔基大学荣誉教授，是我 30 多年的同事和朋友，祝愿他的新事业一切顺利。

本书主要研究三个方面：质量管理的基本原则，推动和支持质量的设计、控制与改进的工具和技术，以及马尔科姆·波多里奇（Malcolm Baldrige）国家质量奖的评审标准——卓越绩效准则在组织中的应用。为什么质量对美国和世界仍然很重要呢？美国质量学会（ASQ）对媒体所报道的新闻事件给予关注，发现食品安全、玩具召回、医疗保健、汽车故障和各种产品问题占据了新闻的主要版面。事实上，质量是每个人生活中一个重要的问题。无论你是学生、商业领袖抑或是身处职场，质量都与你息息相关。当今的商业机构和非营利组织需要充分利用卓越组织已经获得的知识和经验教训。

本书的前 9 章为质量管理原则奠定了坚实的基础。我们始终坚定致力于波多里奇的卓越绩效准则和实践，这些准则和实践被波多里奇评审小组前主席描述为“经过验证的管理实践”。我们认为，获得此类知识的最好方法之一是，学习那些获得马尔科姆·波多里奇国家质量奖或类似奖项的组织。在第 10 章至第 14 章中，我们将继续使用卓越绩效准则作为组织和提出卓越绩效关键问题的基本框架。

第 11 版的变化

- 本书第 11 版仍旧包含全面质量管理的基本原则，还提供了从企业的角度理解和应用技术工具和卓越绩效的基本原理。所有章节根据可获得的最新内容进行了更新；
- 更新部分质量档案和质量实践案例，更加强调质量在全球经济中的重要性；
- 添加新案例，修订章末问题。

上一版的亮点内容得以保留：

- 突出重要概念，方便学生使用；
- 覆盖 ASQ 注册质量经理认证所需的知识体系（BOK）。

本书结构

第Ⅰ篇介绍质量管理原则，第Ⅱ篇介绍专业工具和技术，第Ⅲ篇聚焦卓越绩效和波多里奇评价准则。这一组织方式通过聚焦管理和技术论题为本科生、MBA 及高管等读者提供灵活的指导。

第Ⅰ篇对质量管理的原则进行了介绍。

- 第 1 章介绍质量的概念、定义，它的历史和重要性，在制造业和服务业中的作用及其对竞争优势和财务回报的影响。
- 第 2 章从戴明、朱兰和克劳斯比的观点角度探讨了现代质量管理的基础，并归纳出质量管理的基本原则。本章还介绍了变异和统计思维、质量管理体系和 ISO 9000。
- 第 3、4 和 5 章着重介绍质量的三个核心原则：关注顾客、关注员工和关注过程。其中的每一章都是以质量管理文献和波多里奇评价准则中的关键概念为基础。

第Ⅱ篇介绍质量设计、控制和改进的技术问题。

- 第 6 章侧重于介绍统计工具和方法。
- 第 7 章重点介绍产品设计的质量以及支撑它的各种工具和技术。
- 第 8 章介绍过程测量，并提供了统计过程控制（SPC）的基本知识。
- 第 9 章着重介绍过程改进，并介绍了六西格玛。

第Ⅲ篇是关于组织质量、波多里奇评价准则和具体实施。

- 第 10 章介绍波多里奇框架和准则以及国际上的各种质量和卓越绩效奖励计划。
- 第 11 章提供了一个聚焦于质量的战略，并对战略策划、组织设计和战略工作系统设计进行了讨论。
- 第 12 章重点介绍如何利用数据和信息对组织绩效进行测量和管理。本章还包括对平衡计分卡和现代知识管理方法的讨论。
- 第 13 章从实践和理论角度讨论了质量领导力，更新了有关治理和社会责任的部分。
- 第 14 章介绍如何建立和维持高绩效组织。

加强学习的功能

每章开头都有独具特色的榜样组织的质量档案。这些组织大多是波多里奇国家质量奖的获奖者。“质量聚光灯”专栏给出了独特的组织做法的例子。

在每一章，“质量实践”专栏描述了本章内容在现实中的应用。这些内容强化了本章的概念并提供了讨论和加深理解的机会。

每章最后都有复习题，帮助学生检查对本章的关键概念的理解。

此外，每章都有“案例”专栏，其目的在于通过将质量概念应用到非结构化的或全面的情况鼓励批判性思维。案例来自现实情况、出版物或作者的个人经历。

教学的灵活性

本书适用于不同类型的课程。例如，质量管理领域的本科生课程可侧重于第 1～9 章的基本质量原理、工具和技术，也许还有第 10 章的卓越绩效和波多里奇准则的介绍以及第 11～14章简要的内容讨论。MBA 课程则专注于质量管理方面，可开始于第 1 章和第 2 章以及第 10 章的波多里奇框架介绍，然后是第 3、4、5 章和第 11～14 章，也许还有第 6～9 章中工具和技术的一些简单讨论。

詹姆斯·埃文斯（james. evans@uc. edu）
辛辛那提大学名誉教授

目录

CONTENTS

第Ⅰ篇　质量原则　1

第1章　质量介绍　3

1.1　定义质量　5
1.2　质量管理的历史　9
1.3　制造领域的质量管理　17
1.4　服务型组织中的质量　21
1.5　业务支持职能中的质量　24
1.6　质量职能部门的作用　25
1.7　质量和竞争优势　25
1.8　质量和个人价值观　28

第2章　质量管理的基础　42

2.1　戴明的理念　43
2.2　朱兰的理念　53
2.3　克劳斯比的理念　55
2.4　其他的质量哲学家　56
2.5　质量管理的原则、实践和技巧　58
2.6　变异和统计思维　61
2.7　质量管理体系　68

第3章　关注顾客　80

3.1　顾客满意和互动　82
3.2　识别顾客　84
3.3　理解顾客的需要　86

3.4 将顾客的信息与设计、生产和服务交付联系起来 94
3.5 建立一个关注顾客的组织 96
3.6 顾客关系管理 102
3.7 测量顾客的满意度和参与度 104

第 4 章 关注员工 124

4.1 员工管理的演变 126
4.2 高绩效工作文化 128
4.3 员工敬业度与激励 129
4.4 高绩效工作系统设计 135
4.5 员工效能、满意度和敬业度评估 152
4.6 维持高绩效工作系统 154

第 5 章 关注过程 167

5.1 过程管理 169
5.2 识别过程和需求 170
5.3 过程设计 174
5.4 过程控制 181
5.5 过程改进 185
5.6 管理供应链过程 192

CONTENTS

第Ⅱ篇 质量工具与技术 205

第 6 章 质量管理统计方法 207

6.1 概率的基本概念 208
6.2 概率分布 212
6.3 统计方法 220
6.4 使用 Microsoft Excel 进行统计分析 225
6.5 统计推断 228

第 7 章 设计卓越的产品和质量 253

7.1 产品开发 254
7.2 概念开发和创新 258
7.3 详细设计 259
7.4 可靠性设计 275

7.5 设计优化 285
7.6 设计验证 292

第 8 章 质量测量与质量控制 304

8.1 质量控制的测量 305
8.2 质量系统评估 314
8.3 过程能力测量 321
8.4 预控制 327
8.5 统计过程控制 329
8.6 计量值数据控制图 334
8.7 计数值控制图 346
8.8 控制图构建归纳 356
8.9 实施统计过程控制 357

第 9 章 过程改进与六西格玛 371

9.1 过程改进方法 372
9.2 六西格玛 378
9.3 实施六西格玛 384
9.4 使用 DMAIC 过程 387
9.5 用于过程改进的精益工具 403

第Ⅲ篇 超越质量管理：卓越绩效管理 421

第 10 章 波多里奇卓越绩效框架 423

10.1 波多里奇卓越绩效准则 427
10.2 国际质量与卓越绩效项目 439
10.3 波多里奇、ISO 9000 与六西格玛 443

第 11 章 战略与卓越绩效 454

11.1 战略策划的范围 456
11.2 七大管理与计划工具 467
11.3 卓越绩效的组织设计 472
11.4 核心竞争力与战略工作系统设计 475

CONTENTS

第 12 章 卓越绩效测量和知识管理 485

12.1 绩效测量的价值和范围 487
12.2 设计有效的绩效测量系统 494
12.3 分析和应用绩效数据 499
12.4 管理信息资源 504
12.5 知识管理 506

第 13 章 卓越绩效领导 519

13.1 领导能力与实践 521
13.2 领导理论与实践 525
13.3 领导、治理和社会责任 531

第 14 章 建立和维持质量与卓越绩效 543

14.1 组织文化与变革 545
14.2 质量与卓越绩效战略 550
14.3 迈向卓越绩效的旅程 554
14.4 面向未来的观点 563

附录 575

附录 A 累积概率表 577
附录 B 控制图参数 579
附录 C 随机数 580

CONTENTS

第 I 篇
质量原则
Principles of Quality

▷▷▷ 第 1 章 质量介绍
▷▷▷ 第 2 章 质量管理的基础
▷▷▷ 第 3 章 关注顾客
▷▷▷ 第 4 章 关注员工
▷▷▷ 第 5 章 关注过程

2008年，H. 詹姆斯·哈林顿（H. James Harrington）——《质量文摘》(*Quality Digest*) 杂志专栏作家、首屈一指的质量管理顾问之一——曾感慨无论是从组织角度还是从个人角度来说在美国乃至全世界都忽略质量。他评论说：

> 从我的立场来看，世界各地的CEO们已经失去了对质量的兴趣……我们对如何降低成本、消除浪费和缩短周期更为感兴趣……也许是我们该回到基本的质量测量的时候了。我们谈论着如何找到问题的根源，然而，我认为，我们需要测量顾客满意度改善的水平、增加平均故障时间间隔、降低首个90天的使用缺陷率、停止产品召回以及降低退货率，而不是纠结于节省费用、库存周转率以及每小时的产量等问题。我们正在试图为人类贡献一切，结果却是我们失去了真正的质量目标——更好更优质的产品和服务。
>
> 我们需要为我们所做的感到自豪。当你晚上回到家中对着镜子时，你是否可以笑着说"我已经尽了最大的努力做到最好了"？太多的人在尽到最大努力做到最好之前止步了。我们说"这已经很好了"，却从来不知道到底可以有多好……为了弥补马虎的工作习惯，我们开始使用信息技术弥补对工作兴趣和组织承诺的缺失……我们所需要做的就是回归本质。使我们变得更加强大的首要事情是辛勤的工作、功成名就的自豪感、专业技术教育和强烈的家庭观念。①

哈林顿的话听起来依然有用。

作为消费者和未来的员工或经理，质量对你来说重要吗？我们希望如此，因为这就是本书的内容。低质量可能会让你作为消费者感到恼火和沮丧，产品召回或顾客流失对企业（或投资者）来说是代价高昂的。质量差可能是致命的。近年来，有缺陷的高田（Takata）安全气囊导致至少10人死亡，三星Galaxy Note 7因电池过热而爆炸导致大规模召回。美国食品药品监督管理局的网站记录了许多召回事件，这些召回事件通常使公司损失数百万美元。可悲的是，我们不断阅读到有关制造、医疗保健和其他行业的质量问题新闻。

尽管如此，还是有以下正面的案例。许多公司非常重视质量，并在质量改进方面取得了长足的进步。例如，通用汽车重新关注产品质量和可靠性，使其成为J. D. 电源质量研究中最可靠的美国大型汽车公司。

质量已成为每个现代组织的重要组成部分，并将继续作为全世界范围内持续追求绩效改进的重要组成部分。企业和国家的生存与经济福利取决于它们生产的商品和服务的质量，这在根本上取决于劳动力和管理的水平。20世纪最受尊敬的质量领袖之一约瑟夫·朱兰提出，过去的一个世纪将被历史学家定义为生产力的世纪，本世纪必须是质量的世纪。"对技术质量的依赖已成为我们生活的一部分。"②

组织保证产品和服务的质量，将质量纳入到组织的基础之中，并非易事。如果容易的话，本书也就没什么存在的必要了。作为新一代商界领袖的一员，你有机会和责任提高你的组织和整个社会的质量，不只是产品和服务的质量，而是任何你所说和所做的事情的质量。

本书第Ⅰ篇介绍质量的基本概念。第1章讨论质量的定义和历史以及质量对竞争优势和业务成果的影响。第2章介绍现代质量管理的基础——现代质量概念的哲学基础、质量管理的关键原则以及ISO 9000，它为建立一个坚实的质量管理体系提供了基础。第3、4、5章聚焦于质量的三个核心原则：关注顾客、关注员工以及关注过程。

---

① H. James Harrington, "Are We Going Astray?" *Quality Digest*, February 2008; "The Decline of U. S. Dominance—Part 1," *Quality Digest*, April 2008; "The Decline of U. S. Dominance—Part 2," *Quality Digest*, May 2008. www. qualitydigest. com. Reprinted with permission.

② Thomas A. Stewart, "A Conversation with Joseph Juran," *Fortune*, January 11, 1999, 168 - 169.

第 1 章 质量介绍

质量绝非现代商业中的一个新名词。威廉·库珀·普罗克特（William Cooper Procter），宝洁公司创始人的孙子，在 1887 年 10 月曾对其员工讲道："生产出消费者乐意购买并持续购买的优质商品是我们的首要工作。如果我们能够经济有效地生产这样的商品，我们就能获得利润，你们将能够分享这些利润。"普罗克特的这段话阐明了对于制造业和服务业组织的管理者而言至关重要的三个问题：生产率、成本和质量。生产率（对于效率的衡量，定义为单位投入所实现的产出量）、运营成本以及能否创造出令顾客满意的产品和服务都影响着利润率。从长远而言，这三个决定利润率的因素当中，质量是决定一个组织成败的最重要的因素。这一观点在大约 125 年后的世界大型企业联合会（Conference Board）上得到了共鸣，通过一项对世界各地超过 700 名总裁和首席执行官进行的调查，大会得出结论——质量不仅在通过更好地执行和调整以加速组织成长方面具有独一无二的优势，而且提供了对于开发创新产品和服务至关重要的顾客之声。[1]

优质的产品和服务能够为组织带来竞争优势。一项对杂货店购物者的调查发现，大多数购物者认为产品质量和服务比低价更重要。高质量的声誉会产生满意和忠诚的顾客，他们会以持续的光顾和良好的口碑来回报组织，这又常常带来新的顾客。相反，未能充分解决质量问题的后果可能是毁灭性的。以丰田汽车公司为例，丰田通过不断关注和持续改进其生产过程，以高质量和低成本赢得了极佳的声誉。凯美瑞（Camry）一度成为美国最畅销的汽车，到 2008 年，丰田的全球销量超过了通用汽车。但在 2009 年，丰田陷入一系列的"意外加速"事件。一起涉及雷克萨斯 ES350 的事件，导致 20 亿美元的召回损失——以更换脚垫和油门踏板组件。之后丰田又暴露出防抱死制动系统和车辆软件等其他缺陷，导致车辆召回，甚至造成八大热门车型暂停销售。一位专栏作者指出："无论汽车制造商的开发过程多么缜密，质量或可靠性方面仍有可能出现问题。"[2]这不仅是工程领域的问题，还涉及公司的基本管理过程。媒体指责丰田公司隐瞒了它多年前就已知晓的缺陷，丰田很快失去了其原有的信誉和诚信。尽管事实上由于没有发现其制动系统的设计缺陷，丰田被免除责任，但不良影响还在继续。丰田创始人的孙子丰田章男（Akio Toyoda）表示："我们或许在一些核心原则（诸如制造）的本质上懈怠了……我们正在努力弥补这些空白……并确保客户对我们的信心。"[3]为了重新专注于质量，丰田任命了一名首席质量官和一个安全顾问小组，并调整了报告制度，以便更好地沟通缺陷问题。这一案例表明，质量对于产品（和/或服务）以及生产和交付产品的管理过程与系统至关重要。

质量的重要性显而易见。几十年前，美国汽车工人联合会（UAW）副总裁在与克莱斯勒公司合作提高质量时，简明扼要地阐述了质量的重要性："没有质量，就没有销售。没有销售，就没有利润。没有利润，就没有工作。"在许多组织中，有关质量的工作由最高管理层中主管质量的高级管理人员负责。例如，苹果创建了一个新的职位——致力于产品质量的高级运营副总裁，其职责是确保苹果公司的产品符合"质量的最高标准"。[4]

在本章中，我们将介绍质量的概念，讨论它的定义、发展历史、它在企业经营和建立并维持竞争优势中的重要性，及其在制造、服务和业务系统中所发挥的作用。

（在每一章开头，我们介绍"榜样"组织，其中大多数是波多里奇奖（全称为马尔科姆·波多里奇国家质量奖（Malcolm Baldrige National Quality Award））的获得者。该奖项表彰拥有高效的管理实践、能够带来卓越的经营业绩的优秀美国组织。我们将在本书的第Ⅲ篇中更多地介绍卓越绩效。这些例子将帮助您了解一些方法和文化因素，这些方法和文化因素是组织追求质量和卓越绩效战略的特征。）

质量档案 摩托罗拉公司和中美移植公司

摩托罗拉是一个家喻户晓的公司，在很长一段时间内被公认为质量方面的领导者。和许多公司一样，在激烈竞争的技术市场和经济环境中，摩托罗拉也身陷困境，其业务运营发生了许多变化，现今拆分为两家公司：向消费者市场提供通信产品的摩托罗拉移动公司（Motorola Mobility）、向企业和政府提供关键任务通信产品和服务的摩托罗拉系统公司（Motorola Solutions）。

摩托罗拉是 20 世纪 80 年代美国质量革命的领导者，也是 1988 年首批获得波多里奇奖的组织之一。它的企业文化建立在两个关键的信念上：对人的尊重和永不妥协的正直。摩托罗拉是在从设计、订单输入、生产和营销到行政职能的所有公司流程中持续减少缺陷和时间周期的先驱。履行每项业务职责的员工要测量缺陷并使用统计技术来分析结果。曾经花费数周时间生产的产品现在只需不到一个小时即可完成，甚至财务结算所需的时间也减少了。通过运用质量原则，过去通常需要一个月的工作缩短到只需四天。

纵观其历史，摩托罗拉始终保持对质量的关注。2002 年，公司的商业、政府和行业解决方案事业部（CGISS）也获得了波多里奇奖。CGISS 因其在环境、健康和安全方面的努力而闻名于世——客户表现出很高的满意度，部门展现出雄厚的财力、产品质量、周期和生产力绩效。这些结果来自人力资源管理，与员工、顾客和供应商共享数据和信息，以及使其所有业务流程与关键组织目标相一致方面的卓越实践。

中美移植公司（Mid-America Transplant）是一家私营的非营利器官采购组织，也是为密苏里州东部、伊利诺伊州南部和阿肯色州东北部的 84 个县提供数字减影血管造影（DSA）指定服务的组织库。中美移植公司拥有一支使命驱动的员工队伍，这成为它的核心能力，员工非常了解自己的职责如何与中美移植公司"通过在器官和组织捐赠方面的卓越表现挽救生命"的使命保持一致。中美移植公司的战略思维涉及可持续战略的制定、实施、讨论、环境扫描、行业审查以及关键利益相关者的意见。这使得中美移植公司能够灵活地识别、评估和优先安排应对战略挑战和机遇的变革举措。员工和主要的合作伙伴可以实时获取数据、高层报告和定制分析报告。这赋予了组织灵活性和对战略机会采取行动的能力。2001 年，中美移植公司建成了美国首个独立的器官回收设施，与医院器官采购成本相比，该系统大大降低了器官采购的费用。

由于重视质量和卓越绩效，该组织取得了令人赞叹的成果。自 2012 年以来，每位捐赠者的成本从约 7 000 美元降至 4 000 美元以下，在医院完成的费用约为 20 000 美元。2015 年，中美移植公司被《圣路易斯邮报》（*St. Louis Post-Dispatch*）评选为“顶级工作场所”。全体员工保留率接近 90%，自 2012 年以来，已超过器官采购组织协会的行业平均水平。

资料来源：Adapted from Baldrige Award Recipient Profiles, National Institute of Standards and Technology, U. S. Department of Commerce.

1.1 定义质量

质量可能是一个令人困惑的概念，部分原因是人们主观地看待质量并根据个人在生产-营销价值链中所扮演的不同角色而采用不同的标准。此外，质量的含义随着质量专业的发展和成熟而不断演变。无论是咨询顾问还是企业专家都不能对“质量”的定义达成一致。《质量改进词汇表》将质量定义为“每个人都有自己定义的主观术语”。[5]例如，一项研究要求美国东部的 86 家公司的经理对质量进行定义，结果得到了几十个不同的答案。其中包括：

1. 完美；
2. 一致性；
3. 消除浪费；
4. 交货速度；
5. 遵守政策和程序；
6. 提供良好的、可用的产品；
7. 第一次就把事情做对；
8. 让顾客惊喜或愉悦；
9. 全面的顾客服务和满意。[6]

为充分领会质量在一个组织的不同部分所起的作用，理解不同视角的质量就非常重要。质量可以从六个不同的角度定义：超凡、产品、用户、价值、生产和顾客。[7]

1.1.1 超凡的观点

消费者经常使用的一个常见的质量概念是，它是优异或卓越的代名词。1931 年，质量控制的先驱之一沃尔特·休哈特（Walter Shewhart）首次将质量定义为产品良好的程度。这种观点被称为超凡的或评判的质量的定义（超凡指“显著高于或超出通常的水平”）。从这个意义上说，质量是“绝对的、普遍认可的、不妥协的标准和高成就的标志”。[8]劳力士手表、丽思卡尔顿酒店和雷克萨斯汽车是与卓越形象相关的产品的常见例子。产品优异往往与更高的价格相关联。然而，高价格却未必与高质量相关。拿佛罗里达州的一名男子来说，他花 262 000 美元买了一辆兰博基尼，结果却发现车顶漏水，电池毫无征兆就没电了，车子撞了一下后天窗就脱落了，车门也打不开了。[9]

卓越是抽象的和主观的，卓越的标准在个体之间可能差异很大。因此，这种：“超凡”的质量定义对于管理者来说没有什么实际价值，它没有提供衡量或评估质量的手段来作为实际商业决策的依据。

1.1.2 产品的观点

质量的另一种定义是，它与产品的某一属性的数值有关，例如衬衫或床单的棉纱支数，或汽车和手机中不同功能的数量。这种评估意味着更大数值的产品属性等同于更高的质量，因此设计者常常试图将更多的功能融入产品中而不管顾客是否需要它们。与超凡的质量概念一样，对产品属性的评估在个体之间可能差异很大。因此，需要充分的市场调研来理解顾客所需要的产品功能特性。

1.1.3 用户的观点

每个人有不同的欲望和需求，因此对产品的期望不同。这引申出基于用户的质量定义——预期用途的适用性，或产品运行其预期功能的程度。凯迪拉克 CTS 和本田思域（Civic）都适合使用，它们只是服务于不同的需求和不同的客户群体。如果你想要的是一辆能在高速公路上行驶的豪华旅行车，那么凯迪拉克能更好地满足你的需求。如果你想要一辆能在拥挤的城市中通勤的车，本田思域可能更好。

日产汽车公司在美国市场的早期经历提供了一个应用适用性质量概念的例子。[10]日产于 1960 年在美国进行了市场调查。它不愿意用日产品牌名称（NISSAN）冒风险，于是决定在北美销售的所有轿车和卡车上使用 Datsun 这一品牌名。尽管这种车经济实惠，但司机发现它速度慢，很难驾驶，动力不足，也不太舒适。实质上，它缺乏北美司机所期望的大部分特性，并不“适合使用”。该公司驻美代表片山（Katayama）一直试图了解顾客的需求，向日本公司设计师提供反馈。有一段时间，日产公司拒绝相信美国人的品位与日本的不同。经过多年的研究，日产终于推出了一款美国人喜欢的产品——运动型汽车 1970 240Z。最终，日产品牌取代了 Datsun。汽车爱好者都知道，日产在 2002 年重新推出了这款经典汽车的现代版 370Z。

一家美国家电公司的灶台和冰箱很受日本顾客的喜欢，遗憾的是，日本典型住宅较小的起居室缺乏足够的空间来容纳美国式的大器具，有些产品甚至不能通过日本厨房的窄门。虽然这些产品的性能很好，但不适合在日本使用。

1.1.4 价值的观点

质量的第四种定义是基于价值，即产品效益与价格的关系。消费者不再仅以价格为基础购买产品，他们将企业提供的整套商品和服务（有时称为顾客福利包）的质量与价格同竞争性产品进行比较。顾客福利包中包括实物产品及其质量维度；售前支持，如方便订购；快速、及时和准确的交货；以及售后支持，如现场服务、保修和技术支持。如果竞争对手以类似的价格提供更好的选择，消费者将理性地选择感知质量更高的福利包。如果竞争者以较低的价格提供相同质量的一揽子产品和服务，消费者则通常选择价格较低的那个。从这个角度看，优质的产品意味着与竞争产品具有类似的效益而价格更低，或者是在可比的价格下提供更大的效益。一个很好的例子是仿制药品，它们通常以较低的价格提供相同的医疗效益。

20 世纪 90 年代初，基于价值的竞争成为一种关键的商业战略。例如，宝洁公司提出了一种价值定价的概念——以“每日”低价来出售产品，试图应对消费者通常只买特价品牌商品的情况。通过这种方式，宝洁公司希望获得消费者的品牌忠诚度和更加稳定的销售，这也为其制造和分销系统提供了显著的优势。其他公司，如 Land's End 公司，使用价值观来驱动其战略。

竞争迫使企业不断寻求以较低的价格满足顾客的需求。保持低价格的能力要求企业对效率和质量有强烈的关注，因为运营质量的改善通常通过减少废料和返工来降低成本。因此，企业必须集中精力不断改进顾客福利包及其内部运营的质量和效率。

1.1.5 生产的观点

顾客和企业都在追求产品和服务的一致性。当你经常到一家墨西哥风味快餐厅就餐时，你会期望每一份卷饼都有相同的配料量和口味。以可口可乐公司为例，按照该公司前任总裁兼首席运营官唐纳德 · R. 基奥（Donald R. Keough）的说法，质量就是“生产顾客随时触手可得的产品”。通过严格的质量和包装标准，可口可乐努力做到使顾客在世界的任何一个角落都可以享用其产品的风味。棒约翰（Papa John's）通过从一家工厂采购所有奶酪，从两家工厂采购番茄酱，确保它的比萨饼在世界各地的味道相同。在比萨连锁店中，它始终在顾客满意度方面排名第一。同样，服务型组织也努力保持着工作的一致性。例如，丽思卡尔顿酒店力求确保其顾客在世界各地的任何一家丽思卡尔顿酒店都有同样的优质体验。

制定产品和服务的标准并满足这些标准引申出了质量的第五种定义：符合规范。规范指产品或服务的设计者所确定的目标和公差。目标（正式名称为名义规范）是生产力争达到的理想值；公差是必要的，因为不可能一直达到目标。例如，在制造业中，零件的尺寸可定为“0.236±0.003cm”，这意味着其目标或理想值是 0.236cm，允许的偏离（公差）是 0.003cm。因此，任何处于 0.233～0.239cm 范围内的产品尺寸都是符合规范的。类似地，在服务方面，飞机的“准时到达”通常被定义为在计划时间的前后 15 分钟内到达。目标是计划时间，公差是 15 分钟。然而，如果规范不能反映对顾客最重要的特性，那么规范就毫无意义。这种定义提供了一个明确的方法来衡量质量，并确定产品或服务是否按设计要求进行生产或交付。

1.1.6　顾客的观点

1978 年，美国国家标准学会（ANSI）和美国质量学会（ASQ）对质量术语进行了标准化的官方定义。[11]它们把质量定义为产品或服务满足给定要求的能力的特征和特性的总和。这一定义很大程度上借鉴了产品和用户的定义，即质量是由创造满意顾客的需求驱动的。到 20 世纪 80 年代末，许多公司开始采用一种更简洁但更有力的顾客驱动的质量的定义，这一定义在今天仍然很流行：满足或超越顾客的期望。

要理解这一定义，首先必须理解“顾客”的含义。大多数人认为顾客是产品或服务的最终购买者。例如，购买汽车自用的人或在酒店登记的客人被认为是最终购买者。这些顾客可以更准确地称为**消费者**（consumers）。显然，满足消费者的期望是任何企业的最终目标。然而，在产品到达消费者之前，它可能要经过由许多公司或部门组成的一个链条，每一环节都为产品增加了一些价值。例如，汽车发动机厂可以从钢铁厂购买钢材，生产发动机，然后将发动机运输到装配厂。钢铁厂是发动机厂的供应商，发动机厂是装配厂的供应商，因此，发动机厂是钢铁厂的顾客，装配厂是发动机厂的顾客。这些顾客称为**外部顾客**（external customers）。

组织中的每个员工都有其**内部顾客**（internal customers），内部顾客从组织中的供方那里接受产品或服务。例如，装配部门是机加工部门的内部顾客，装配线上的人员是执行先前任务人员的内部顾客。大多数企业是由许多这样的“顾客链”所组成的。因此，任何员工的工作都是为了满足他们内部顾客的需求，否则整个系统可能会失败。这种含义与功能导向型组织的传统思维方式有着根本的不同。它让员工理解他们在更大系统中的作用和他们对最终产品的贡献。(谁是大学的顾客，老师还是学生?)

顾客驱动的质量是高绩效组织的基础。例如，希尔顿酒店集团实施其终极服务计划，培训员工预测客人的需求，提供个性化的服务，必要时快速无缝地处理投诉，以确保高水平的顾客满意度。希尔顿还进行严格的检查和满意度、忠诚度的跟踪调查。[12]

1.1.7　价值链中整合的质量观点

不同业务职能的个人——如设计者、生产者或服务提供者、经销商或顾客——会说不同的“语言”。因此，在价值链中不同节点处的不同质量观点对于最终创造和提供满足顾客需求和期望的产品和服务至关重要。为了更清楚地理解这一点，请参见图 1-1，该图显示了制造业中设计、生产和向顾客分销产品的价值链的基本要素。顾客是生产产品和提供服务的驱动力，他们通常从超凡的或产品的角度看待质量。生产出来的产品和提供的服务应满足顾客的需求和期望，确定顾客的需求和期望是市场营销职能的任务。因此，基于用户观点的质量定义对于从事市场营销的人员是有意义的。

生产者必须将顾客的需求转化为详细的产品和工艺规范。这一转化工作是研发、产品设计和工程部门的任务。产品规范可能涉及诸如尺寸、形状、光洁度、口味、公差、

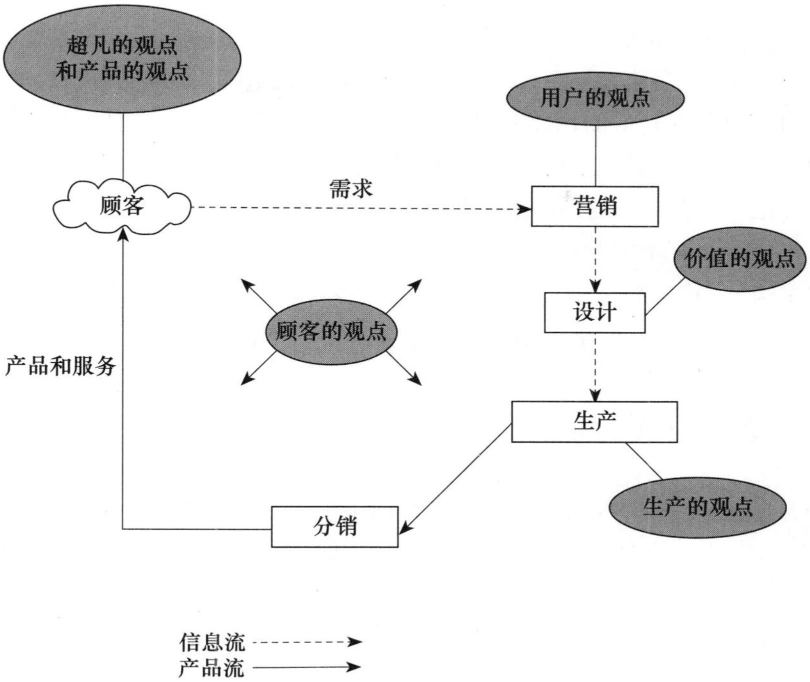

图 1-1 价值链中的各种质量观

材料、操作特性和安全特性等属性。工艺规范说明了生产所用的设备、工具和设施的类型。产品设计者必须平衡性能和成本，以满足财务和营销目标。因此，基于价值的质量定义在现阶段最为有用。

生产部门负责保证生产过程满足设计规范，并且最终产品按预期发挥功能。因此，对于生产人员来说，质量的定义是基于生产的。

在整个价值链中，每个职能都是其他职能的内部顾客，公司本身可以是外部顾客或其他公司的供应商。因此，基于顾客的质量定义为协调整个价值链奠定了基础。

1.2 质量管理的历史

正如哲学家乔治·桑塔亚纳（George Santayana）曾经说过的："那些不记得过去的人注定要重蹈覆辙。"因此，对质量历史的理解相当有意义。质量在历史上一直是生产活动中的一个重要方面。[13] 例如，大约公元前 1450 年的埃及壁画就是测量和检测的证据。金字塔的石头被切割得如此精确，以至于即使在今天，也无法在石块之间插入一个刀片。埃及人的成就归因于良好的设计、一贯使用的成熟的建筑方法和程序以及精确的测量设备。

现代质量保证方法实际上始于几千年前的中国周朝。它设立了具体的政府部门，并赋予其以下职责：

- 原材料的生产、库存和产品分销（现在称为供应链管理）；

- 生产和制造；
- 制定和执行质量标准；
- 监督和检测。

这些部门组织良好，帮助建立起对生产过程的集中控制。该系统甚至包括一个独立的质量机构，负责端到端的监督，并直接向政府最高管理层报告。

周朝《礼记》记载："用器不中度，不粥于市；兵车不中度，不粥于市；布帛精粗不中数，幅广狭不中量，不粥于市。"在中国古代，工人在不同阶段所进行的检测对确立质量责任十分重要。当发现产品不合格时，确定了责任人，就确定了故障的根源。

（本章末的"质量实践"专栏考察了质量在当代中国的作用。）

1.2.1 手工艺人时代

中世纪，欧洲技能娴熟的手工艺人兼任制造者和检验员。直接与顾客打交道的"制造者"对其手艺相当自豪。由师傅、熟练工和学徒工组成的手工艺行会应运而生，以确保手工艺人得到充分的训练。这种质量保证是非正式的，制造者也尽了一切努力来确保质量。这些做法随着工业革命的到来慢慢消失了，但仍是现代质量管理的重要基础。

18 世纪中期，一位名叫奥诺雷·勃朗（Honoré Blanc）的法国枪械工发明了一种使用可互换零部件并按标准模式制造火枪的方法。托马斯·杰斐逊（Thomas Jefferson）将这种方法带到了美国。1798 年，美国新政府与伊莱·惠特尼（Eli Whitney）签订了一份为期两年的合同，要求其向美国军队提供 1 万支火枪。使用可互换零部件需要精确地控制质量。手工艺人制造的定制产品可以通过人工调整完成组装，但配套零部件的随机匹配无法提供这样的保证。这些零部件必须按照精心设计的标准来生产。惠特尼设计了专用机床，培训工人按照固定的设计生产零部件，然后对零部件进行测量并与模型进行比较。然而，他低估了生产过程波动的影响（这种影响至今仍困扰着许多公司）。由此产生的问题使得惠特尼耗费 10 多年才完成这个项目。然而，人们认识到了可互换零部件概念的价值，使质量保证成为工业革命期间生产过程中的一个关键组成部分。

1.2.2 20 世纪早期

20 世纪早期，被誉为"科学管理之父"的弗雷德里克·泰勒（Frederick W. Taylor）提出了一种新的生产理念。泰勒的创新理念是将计划职能和执行职能分开。管理者和工程师被赋予计划的任务，主管和工人承担执行的任务。这种做法在 20 世纪初期行之有效，因为当时的工人缺乏进行计划所需要的教育训练。通过将工作细分为具体的工作任务，并注重提高效率，质量保证的任务就落到了检验人员的手中。制造商能够生产出高质量的产品，但成本高昂。缺陷的产生不可避免，但通过检验可以剔除有缺陷的产品。工厂雇用了成百上千名的质量检验人员。因此，检验成为 20 世纪上半叶质量控制的主要手段。

最终，生产组织建立了独立的质量部门。这种人为地将生产工人与质量保证责任进行分离，导致工人及其管理人员对质量漠不关心。由于认为质量是质量部门的责任，许多高层管理人员把注意力转向产出数量和效率。由于把太多的质量责任下放给了其他人，高层管理人员对质量知之甚少，当质量危机爆发时，他们手足无措。

具有讽刺意味的是，第二次工业革命的领导人之一亨利·福特（Henry Ford）在 20 世纪初就提出了我们现在称之为“全面质量管理”的许多基本原则。直到 1982 年，福特公司高管访问日本去学习日本的管理实践时才发现了这段历史。据说，一位日本高管反复提到“这本书”，福特高管才了解到这本书是亨利·福特和塞缪尔·克劳瑟（Samuel Crowther）于 1926 年写的《我的生活和工作》（*My Life and Work*）。这本书被日本工业界奉为权威之作，也帮助福特汽车公司意识到多年来自己是如何偏离其中的原则的。质量历史学家指出，福特的高管们回到美国后不得不到二手书店去寻找这本书。

贝尔公司是现代工业质量管理史初期的领导者。[14] 20 世纪初，贝尔公司在其西方电气公司成立了一个检验部门，以支持贝尔公司的运营。尽管贝尔公司通过大规模的检验工作取得了质量方面的显著成效，但在提供全国范围的电话服务中质量的重要性促使其研究和开发新的方法。20 世纪 20 年代，西方电气公司检验部门的一些员工被调往贝尔电话实验室。他们的职责包括开发新的检验理论和方法，以维持和改进质量。早期的质量先驱者——沃尔特·休哈特、哈罗德·道奇（Harold Dodge）、乔治·爱德华兹（George Edwards）以及约瑟夫·朱兰（Joseph Juran）和爱德华兹·戴明（W. Edwards Deming）等都是这个团队的成员。这些先驱创造了“质量保证”一词，它是指任何有计划的、系统的，旨在向消费者提供适当质量的并相信其产品能够满足消费者需求的产品和服务的活动，并且开发了许多有用的测量、控制和改进质量的技术。一个相关的术语（经常与质量保证互换使用）是质量控制。质量控制是对过程的评估，以确定是否需要采取纠正措施，通常通过某种类型的检验或测量活动来确保达到必要的质量水平。这个术语据说是亨氏（H. J. Heinz）发明的，当时亨氏公司是唯一支持 1906 年《纯净食品和药品法》（Pure Food and Drug Act）的主要食品制造商。[15] 由此，质量成为一门技术学科。

休哈特带领的西方电气公司的团队开创了**统计质量控制**（statistical quality control, SQC）时代，即应用统计方法控制质量。休哈特创建了控制图，这成为识别生产过程质量问题并确保产出一致性的普遍手段。该团队的其他成员还开发了许多有用的统计技术和方法。

第二次世界大战期间，美国军方开始使用统计抽样方法，并对供应商实施严格的标准。战时生产委员会免费提供由贝尔公司开发的统计方法的培训课程。虽然这项工作对战时生产的影响微乎其微，但培养了质量专家，他们开始在自己的组织内应用和推广这些工具。统计质量控制变得广为人知，逐渐为整个制造业所采用。标有 MIL-STD（军方标准）的抽样表被开发出来，至今仍广泛使用。该学科的第一本专业期刊《工业质量控制》（*Industrial Quality Control*）于 1944 年出版，专业学会——尤其是美国质量控制学会（现称美国质量学会）——也在不久后成立，它们旨在发展、推广和应用质量概念。现在美国质量学会是国际上公认的质量协会的领导者。

1.2.3 第二次世界大战以后

20世纪40年代末50年代初，美国民用物品的短缺使生产成为当务之急。在大多数公司中，质量仍然是专家的职责范围。质量并非高级管理人员的优先事项，他们把这一职责委托给质量经理。高层管理人员对质量改进或防止缺陷和失误几乎没有兴趣，而是依靠大规模的检验。

这一时期，两位美国顾问——约瑟夫·朱兰和爱德华兹·戴明向日本人介绍了统计质量控制技术，以帮助他们开展重建工作。他们的培训活动很大一部分集中在高层管理人员而不仅仅是质量专家。在高层管理人员的支持下，日本人将质量融入整个组织，形成了一种持续改进（kaizen）的文化。早在1951年，日本科技联盟（JUSE）设立了戴明奖（见第2章），以表彰符合质量管理实践严格标准的个人和组织。

日本的质量改进过程是缓慢而坚实的。经过大约20年的时间，日本产品的质量超过了西方制造商。到20世纪70年代，凭借更高的产品质量，日本企业对西方市场的渗透非常显著。惠普公司在1980年报道了一个更令人震惊的事实。惠普公司在测试三家美国制造商和三家日本制造商的300 000个16K的RAM芯片时发现，日本芯片的故障率为0，美国芯片的故障率则为11‰和19‰。在使用1 000小时后，美国芯片的故障率上升到原来的27倍。在短短几年内，日本公司大举进入以前由美国公司主导的市场。同样，日本汽车的消费者报告的质量问题的数量明显低于美国汽车。20世纪80年代，美国钢铁业、家用电器业，甚至银行业都受到了全球竞争的影响。美国商界意识到了这一危机。

1.2.4 美国的“质量革命”

20世纪80年代是充满变化的十年，也是美国消费者、产业界和政府的质量意识逐渐提升的十年。五六十年代，当“日本制造”与劣质产品联系在一起时，美国消费者购买本国产品并毫无疑问地接受其质量。然而，到了70年代，全球竞争的加剧和更高质量的外国产品使得美国消费者在获得更多信息的情况下，更加谨慎地考虑自己的购买决定，希望以合理的价格买到高质量、高可靠性的产品和服务。

随着技术的进步和产品的复杂化，质量问题出现的可能性增加了。政府安全法规、产品召回以及产品责任诉讼的快速增加，使得社会的观念由“让购买者小心”转变成“让生产者小心”。企业开始意识到质量对它们的生存至关重要。西屋公司（Westinghouse）一位负责企业生产率和质量的副总裁用塞缪尔·约翰逊（Samuel Johnson）常说的一句话概括了这种情况：“没有什么能比第二天就要被绞死的情景更能使人思想集中。”

爱德华兹·戴明是这场质量革命中最具影响力的人物之一。1980年，美国全国广播公司（NBC）播出了一个名为《如果日本能……为什么我们不能?》的特别节目。这一广受关注的节目揭示了戴明在日本质量发展中的关键作用，他的名字很快被企业高管熟知。尽管戴明在30年前就开始帮助日本工业转型，但直到这次电视节目播出，美国企业才开始向他求助。从1980年开始直到他1993年去世，他的领导力和专业知识帮助许多美国公司彻底变革了它们的质量方法。

质量被视为全球竞争力的关键，并在整个工业中得到大力提升。[16]大多数美国大公司都开展了广泛的质量改进运动，这些举措不仅是为了改进内部运营，也是为了满足外部顾客。例如，施乐公司发现，其日本竞争者以当时施乐的成本价出售小型复印机，它由此发起一项全公司范围的质量改进来应对这一挑战。施乐公司及其前总裁大卫·科恩斯（David Kearns）领导了“通过质量提升领导力”运动，对美国公司的质量提升起到了重要的推动作用。五年的持续改进使得该公司在1989年获得了波多里奇奖，每百台机器的缺陷率降低了78%，计划外维修降低了40%，制造成本降低了20%，产品开发时间缩短了60%，整体产品质量提高了93%，服务响应时间缩短了27%，公司赢回了失去的大部分市场。该公司在90年代经历了强劲的发展。但是，由于前高层管理者的短视，施乐公司一度放弃将质量作为其关键业务驱动力。值得庆幸的是，新的公司领导层意识到了这场危机，并重申了对质量的重视和承诺（参见本章末的“质量实践”专栏）。

1.2.5 企业质量的快速增长

随着企业和行业开始关注质量，政府也认识到质量对国家经济健康的重要作用。1984年，美国政府将10月定为国家质量月。1985年，美国国家航空航天局设立了一项质量和生产率优秀奖。1987年，美国国会通过法令设立了马尔科姆·波多里奇国家质量奖，这表明国家在质量方面所发挥的领导作用。波多里奇奖成为在美国企业中建立质量意识的最有影响力的手段，也产生了重大的全球影响。1988年，美国总统里根针对政府部门设立了联邦质量标兵奖和总统奖。

从20世纪80年代末到90年代中期，人们对质量的热情空前高涨。制造商和服务组织在质量改进方面取得了重大进展。例如，在汽车工业中，美国汽车制造商的质量改进活动将每100辆国产汽车售出后的60～90天内所报告的问题数量从1987年的约170个减少到1991年的136个。日本和美国之间的质量差距开始缩小，美国公司重新赢得了它们曾经失去的大部分市场。（这一改进仍在持续，许多美国车型在最近的J. D. Power and Associates的新车质量调查中名列前茅。）

1989年，佛罗里达电力和照明公司是第一家获得令人向往的日本戴明质量奖的非日本公司，AT&T电力系统公司则在1994年成为第二家。质量活动扩展到了服务领域以及学校和医院等非营利组织。到1990年，质量几乎成为每个组织追求成功的驱动力。到了90年代中期，有成千上万的专业书籍出版，与质量有关的咨询和培训已发展成为一个欣欣向荣的行业。各组织开始通过正式和非正式的渠道分享知识和经验。美国大多数州制订了奖励计划，以表彰企业、培训机构、非营利组织和政府机构在质量方面所取得的成就。1999年，美国国会将非营利培训和医疗保健部门纳入了波多里奇奖的评选，2007年，所有非营利组织都可以参加该奖项的评选。

1.2.6 从产品质量到全面质量管理

20世纪70年代，通用电气公司的一个特别工作组研究了消费者对通用电气各种产品线的质量感知。[17]研究发现，质量信誉相对较差的产品线不重视顾客的观点，它们将质量视为公差小和符合规范的代名词，将质量目标限于生产流程，将质量目标表示为单位产品缺陷数，并且仅在生产过程中使用正式的质量控制体系。相比之下，受到顾客赞赏的产品线强调满足顾客的期望，通过市场调研确定顾客需求，使用基于顾客的质量绩效指标，并且为所有业务职能建立了正式的质量控制体系而不仅仅是针对生产过程。特别工作组的结论是，不能把质量仅仅视为一门技术学科，也应视为一门管理学科。也就是说，质量问题渗透到企业的方方面面：设计、营销、生产、人力资源管理、供应商关系和财务管理等。

管理人员开始意识到，他们用来倾听顾客心声并与之发展长期关系、制定战略、测量业绩和分析数据、奖励和训练员工、设计和交付产品和服务以及在组织中发挥领导者作用的种种做法，真正推动着质量、顾客满意度和经营结果。换句话说，他们认识到，“管理的质量”与“质量管理”同等重要。在这种趋势下，质量保证让位给质量管理。许多人开始使用**“大质量”**（Big Q）这个术语来突出对所有组织过程的质量管理，用**“小质量”**（Little q）描述只关注制造质量。

随着企业界逐步认识到质量管理的广泛性，出现了**“全面质量管理”**（total quality management，TQM）或称**“全面质量”**（total quality，TQ）的概念。1992 年，美国 9 家大公司的董事长和 CEO、著名大学的商学院和工学院院长以及知名咨询专家联合推出了全面质量的定义：

> 全面质量是一个以人为中心的管理系统，其目标是在不断降低实际成本的情况下持续提高顾客满意度。全面质量是一种整体的系统方法（而非一个孤立的领域或项目），并且是高层级战略的组成部分。它横跨各个职能和部门，涉及所有的员工，从上到下，并前后延伸至供应链和客户链。全面质量强调学习和适应变化是组织成功的关键所在。
>
> 全面质量的基础是其理念：科学方法。全面质量包括系统、方法和工具。系统是可以改变的，但其理念保持不变。全面质量立足于强调个人的尊严和共同行动的力量的价值观。[18]

宝洁公司提出了一个更简明的定义：全面质量是组织中的每个成员为了理解、满足并超出顾客的期望而进行的坚决且持续的改进活动。

实际上，全面质量的概念已经出现了一段时间。20 世纪 50 年代，费根鲍姆（A. V. Feigenbaum）就认识到全面质量举措的重要性，并创造了“全面质量控制”（TQC）这一术语。[19]日本人采纳了费根鲍姆的概念，并将其重新命名为“公司范围的质量控制”。美国海军航空系统司令部（U. S. Naval Air Systems Command）提出了“全面质量管理”这一术语，用来描述其日式风格的质量改进方法，该方法让组织的所有成员来参与产品、服务和组织文化的改进。

1.2.7 早期的管理失败

20 世纪 90 年代早期，随着铺天盖地的宣传（以及“TQM”这个缩写词造成的过于简单的理解)，各组织争相建立了质量计划。许多公司在匆忙中遭到惨败，导致令人失望的结果。TQM也因此遭到了一些尖锐的批评。在提及麦道公司（McDonnell Douglas）（后被波音公司兼并）的子公司道格拉斯飞行器（Douglas Aircraft）这一棘手的公司时，《新闻周刊》报道说："这家飞机制造商在三年前接受了'全面质量管理'，这是来自日本的舶来品，在20世纪80年代大受美国企业界的追捧……在道格拉斯，TQM似乎只是一种不适合在岩石上生长的温室里的日本花。"[20]也有文章认为，全面质量方法已经过时且有内在缺陷。然而，TQM失败的原因通常是有缺陷的组织方法和管理系统，如质量低劣的战略或者不错的战略但执行不力而不是质量管理的基本原则问题。正如《质量文摘》（*Quality Digest*）的编辑所言："不，TQM并未消亡。TQM的失败只是证明糟糕的管理仍然存在并在捣乱。"质量虽然可以推动企业成功，但它不能保证企业成功，经营失败和股价跳水也未必因为质量低劣。今天，质量已成为企业经营成功的必要条件。

1.2.8 卓越绩效

TQM改变了组织对于顾客、人力资源、生产和服务过程的思考方式。许多高管开始认识到，所有的基本业务活动，如组织的领导、组织制订未来战略计划、使用数据和信息进行经营决策等，都需要基于质量原则，作为一个系统共同发挥作用，并随着环境条件和经营方向的改变持续改进。从这一观点来看，基于产品的质量概念演化成一个新的概念，称为**卓越绩效**（performance excellence）。我们可以将卓越绩效定义为一种整合的组织绩效管理方法，做到：

1. 为顾客和利益相关者提供持续改进的价值，促进组织持续成功；
2. 提升组织的整体效率和能力；
3. 为组织和员工学习。

在研究了质量管理的基本实践、工具和技术之后，我们将在本书的第Ⅲ篇重点讨论卓越绩效。

1.2.9 六西格玛的出现

20世纪90年代后期，为了保持竞争力，从TQM的失败中吸取教训后，一种称为"六西格玛"的新的质量改进方法出现了。六西格玛是一种关注顾客和结果导向的业务改进方法，它将许多长期以来被证明行之有效的传统质量改进工具和技术整合在一起，获得了高层管理者的支持。许多组织将六西格玛作为一种提高质量的方法使用。最近，六西格玛又整合了丰田生产系统的精益管理，不仅可以解决质量问题，而且可以解决其他涉及成本和效率的关键业务问题。我们将在第9章对六西格玛进行深入讨论。

1.2.10 质量全球化

全球市场和国内外竞争使世界各地的组织都认识到高质量是其生存的根本。[21]许多国家，如韩国和印度，已经在全国范围内努力提高人们的质量意识，包括召开会议、举办研讨会、开展广播节目、进行学校征文比赛和分发小册子等。西班牙和巴西则鼓励翻译出版质量方面的图书，使读者更容易阅读（如本书已被翻译成西班牙语、汉语和印度尼西亚语）。一些专业团体联合成立了中东质量协会（Middle East Quality Association）。哈姆丹·本·穆罕默德电子大学（Hamdan Bin Mohammed e-University，HBMeU）由阿拉伯联合酋长国政府于 2009 年在迪拜成立，学校开设了工商与质量管理电子学院，提供质量管理各个方面的本科和硕士学位课程，并通过 e-TQM 学院在该地区开办继续教育班和会议。[22]

许多人认为，质量实践在不同的国家和地区有很大差异。虽然在过去这可能是事实，但美国质量学会 2013 年的一项研究发现，并没有明显的迹象表明世界各地的质量实践存在差异。研究表明，数据、信息和人员可达性的提高使每个人都可获得现代的质量实践，而且组织的全球化有助于通过学习质量领导者的做法引入质量实践。[23]

1.2.11 当前和未来的挑战

当今真正的挑战是确保管理人员继续把重点放在整个组织的质量管理和卓越绩效上。得州仪器公司（Texas Instruments）的一位高管曾指出："质量将无处不在，融入一个成功组织的方方面面。"遗憾的是，美国质量学会发起的一项调查发现，高管对于质量改进过程的认知和行动之间存在显著的差距，这表明许多组织要么没有应用那些行之有效的方法，要么没有意识到它们使用的方法本身存在问题（从而有可能错失改进这些做法的机会）。[24]正如施乐的前总裁大卫·科恩斯所指出的那样，质量是"一场没有终点的竞赛"。

诸如六西格玛这样的方法，除了需要培养技术人员，还要求提高对管理人员和一线员工的培训和教育水平。因此，一个关键的挑战是，如何分配必需的资源以保持人们对质量的重视，尤其是在经济低迷时期。然而，企业要求质量计划的经济合理性：质量必须带来收益。正如我们前面提到的，这个过程并不容易，质量需要人们坚持不懈、使用合适的方法以及致力于追求卓越的坚定的领导者。

美国质量学会定期开展一项未来研究，以更好地了解企业和社会中的趋势和未来挑战将如何影响质量事业，以及质量如何能够更好地应对这些趋势和挑战，以改善企业和社会。2015 年的研究吸引了来自世界各地的许多不同领域和学科的专家分享他们的想法。[25]主题包括领导力、物联网、全球航空航天和防御、制造业、公共部门管理、医疗保健、教育、能源、顾客体验和销售。领导这项研究的威廉·托尼（William Tony）确定了三大主题：

1. 企业必须打破信息孤岛，将正确的信息送到正确的地方。在决策速度和行动速度至关重要的地方，必须非常谨慎地决定分享什么和保留什么。

2. 企业必须开始以不同的方式思考它们认为非常了解的事情，比如顾客。尽管企业可以更好地理解顾客，但很难跟上顾客需求的快速变化。

3. 无限连接将改变企业思考和做事的方式。从智能制造中的互联互通，到在世界各地同时为数千名学生上课的医学院，再到城市管理，一个部门的危机可以立即被识别、传播并在几秒钟内得到回应，这一切都将影响到其他的一切，或好或坏。

在研究报告的结论部分，塞西莉亚·金伯林（Cecilia Kimberlin）得出以下结论：

> 质量对品牌发展和忠诚度至关重要。我们知道一些质量不高的创新产品未能成功地持续下去的例子。在公共媒体即时传播的时代，质量问题已导致股价螺旋式下跌。无论是公立的还是私立的，营利性的还是非营利性的，当公司不能提供高质量的产品时，就会失去利益相关者的信任和品牌忠诚度。年度报告往往将质量问题列为未来的风险和业绩不佳的原因。
>
> 为了持续地取得成功的结果，质量必须是一种组织思维——而不是一套由质量功能控制的政策、规则和工具。当质量融入业务的经营过程——财务、营销、设计、开发、运营、供应链、顾客互动，我们就会体验到所有质量承诺带来的好处：客户忠诚地推广我们；杜绝浪费；节约时间和金钱；可靠的、具有成本竞争力的供应链；盈利能力；良好的组织声誉和值得信赖的品牌。当质量是组织文化的基础时，从CEO或组织领导者到一线员工或成员，质量被整合为一种组织哲学，支持并推动创新、成长、积极的顾客体验和人才发展。质量是企业可持续发展和组织成功的基础。
>
> 哪些因素会影响我们未来领导质量的方式？变革正在以前所未有的速度进行。技术在进步，我们熟悉的框架正在很快地过时。创新是关键。获取数据和媒体的机会在不断变化，大量的数据变得难以分析，因此很难为知识和及时决策区分相关的信息。地球在不断缩小。由于全球的和区域的供应链，越来越多的企业将直接或间接地通过自己的市场实现全球化。从汇率和自然资源到政治和人口构成，不断演变的和潜在不稳定的社会和经济因素越来越难以预测。
>
> 未来的组织需要将质量视为成功驱动因素的领导者。如果把质量融入他们的思想、分析、战略、计划和执行中，每一个层级、每一个职能的领导者都将更成功地发挥领导作用。未来，质量的领导是共享的。质量专业人员的角色将演变为合作伙伴、合作者和领导者而不仅仅是技术专家。他们必须领导和服务于每一层级，无论头衔如何，都要为实现高质量的结果提供最好的见解、指导、做法和创新性解决方案。过去的方法、技能和工具可能不够，它们可能还会扼杀未来组织的以下能力：推动创新、利用实时信息和大数据进行分析、在创新产品和流程中设计质量、保持敏捷、适应新技术和材料、重新定义对未满足需求的理解以及如何满足这些需求。

我们希望读者能够思考这些趋势和挑战。

1.3 制造领域的质量管理

质量管理起源于制造领域，因此，我们将从制造领域的质量管理讲起。

制造系统

图 1-2 展示了一个典型的制造系统及其各个职能之间的主要关系。下面描述系统各个组成部分在质量方面的主要关注点。

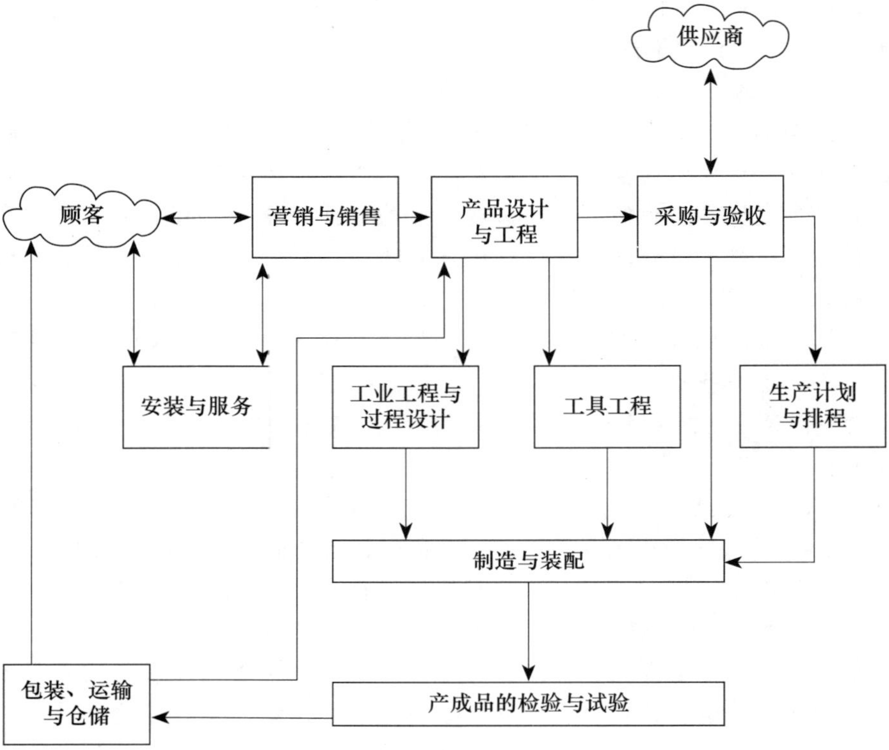

图 1-2 典型制造系统中的职能关系

营销与销售 好时公司的创始人米尔顿·赫尔希（Milton Hershey）深谙质量和销售之间的关系。他常说："赋予人们以质量。这是世界上最好的广告。"在最初 68 年的经营中，好时公司认为没有必要在大众媒体上宣传它的产品。[26]营销和销售所涉及的远不限于广告和推销。今天，市场营销和销售部门的员工对质量负有非常重要的责任。这些责任包括了解消费者需要的产品和产品特性，了解消费者愿意为这些产品支付的价格。这些信息使公司能够定义具有适用性的产品，并在组织的技术和预算限度内生产出这些产品。销售人员可以帮助获取顾客对产品性能的反馈，并将这些信息传达给产品设计人员和工程师，以便进一步改进。他们也应该使顾客得到充分的帮助并完全满意。

质量聚光灯

Ames 橡胶公司

总部位于新泽西州汉堡地区的 Ames 橡胶公司主要生产用于给复印机、打印机和打字机等办公设备送纸、转移墨粉和将墨粉熔到纸上的橡胶辊。所有产品都是按照顾客的设计和规范生产的。Ames 公司提供的保修服务是业内最好的，如果 Ames 未能达到规范的要求，将向顾客退还部分原型开发的费用。销售代表会特别注意顾客和潜在顾客所期望的数量、寻求的产品特性，以及在成本、服务和交货方面的要求等。Ames 公司的销售部门还会进行季度顾客满意度调查和月度顾客接触调查。顾客满意度调查主要收集产品、服务、信息和顾客关系等数据。顾客接触调查采取非正式访谈方式，关注质量、成本、交货和服务等方面。公司利用所有这些信息来提高顾客的满意度。

产品设计与工程 设计不足的产品因不能满足顾客需求而可能在市场上失败。过度设计的产品，也就是那些超出顾客需求的产品，可能找不到有利可图的市场。例如，20 世纪 90 年代初，日本汽车制造商发现许多消费者并不愿意为它们设计的一些作为标准配置的豪华性能买单。设计不良的制造工艺导致了低质量或更高成本。良好的设计有助于预防制造缺陷和服务差错，并减少对非增值检验活动的需求，这些检验活动主导了美国大部分行业。

质量聚光灯

摩托罗拉公司

摩托罗拉公司非常重视通过产品和工艺设计活动减少缺陷以提高制造质量。摩托罗拉为每个流程都设定了一个六西格玛质量的宏伟目标，它意味着出错率不超过百万分之 3.4 的质量水平。要实现这一目标，摩托罗拉明白，在制造产品之前必须首先确定能让顾客满意的产品特性（营销职能的任务）；决定是否可以通过产品设计、制造过程或所用原材料来实现这些特性；制定设计公差来保证成功的产品性能；通过测量来确定相对于现有规范的过程变异；然后打磨产品设计、制造工艺，以达到期望的结果。

采购与验收 外购零部件和服务的质量及其交付的及时性是至关重要的。采购部门可以通过以下方式帮助企业实现质量：

- 选择注重质量的供应商；
- 确保采购订单明确规定了产品设计与工程部门所提出的质量要求；
- 让供需双方的技术人员一起设计产品并解决技术问题；
- 建立基于信任的长期供应商关系；
- 向供应商提供质量改进培训；
- 告知供应商有关其产品的任何问题；
- 出现质量要求和设计的变更时，与供应商保持良好的沟通。

验收是采购与生产之间的桥梁。它必须确保交付的产品符合采购合同规定的质量，这是通过各种检验和试验规定来实现的。如果来料质量高，就没有必要进行大量的检验和试验。许多公司现在都要求其供应商提供证明其工艺能够始终生产出具有规定质量产品的证据，并对能够提供证据的供应商给予优惠待遇。

生产计划与排程 生产计划规定了长期和短期的生产要求，以满足顾客订单和预期需求。为了保持生产的平稳，必须在适当的时间和适当的地点提供正确的材料、工具和设备。现代生产计划与排程的理念，如小批量和单件流，已被证明能够促进质量的改进和成本的节约。

制造与装配 制造与装配在生产质量中的作用是确保产品被正确地生产出来。如前所述，它们与设计和工艺过程的联系是显而易见的。如果没有良好的产品设计和良好的工艺技术，制造过程就无法完成其任务。然而，一旦投入生产，就不应允许任何缺陷，如果出现缺陷，就必须尽一切努力查明原因并加以消除。检验已经有缺陷的产品不仅代价高昂而且是一种浪费。

质量聚光灯

Ames 橡胶公司

Ames 橡胶公司通过浇铸、挤压、喷涂和成型等多种生产作业生产了 17 000 多个定制零部件。每种作业都需要能够密切监视生产过程的适当的测量方法和装置。精密的测量和试验设备，如激光测量仪，确保了过程控制。所有 Ames 的生产人员必须理解统计在控制过程中的重要性和作用。在每个生产步骤，操作员、检验员和监督员都要收集和评估性能数据。这一做法使 Ames 能够立即检测出过程偏离的情况并做出必要的调整。

工具工程 工具工程部门负责设计和维护制造与检验中使用的工具。磨损的制造工具会产生有缺陷的零部件，校准不当的检验仪表会产生误导信息。这些和其他工具问题会导致质量低劣以及效率低下。Ames 橡胶公司的工程师使用统计技术来评估工具和设备并进行定期研究，以确保它们能够持续满足产品要求。如果做不到的话，结果就是过多的废料、浪费和更高的成本。

工业工程与过程设计 工业工程师和过程设计师的工作是与产品设计工程师合作制定符合实际的规范。此外，他们必须选择适当的技术、设备和工作方法来生产高质量的产品。例如，日产汽车制造公司有一个全自动的喷漆系统，机器人在程序驱动下随着汽车移动。机器人总是知道车身在哪里，如果生产线上的车身停下来，机器人也会停止移动，但会继续喷漆直至完成，这样可以保持喷漆质量的一致性。[27] 工业工程师还致力于设计设施和布置设备，以实现平稳的生产流程并减少产品损坏的机会。近来，工业工程专业已经纳入商学院的常规教授内容。

产成品的检验与试验 如果产品质量良好，检验应该是不必要的，除非出于审核和功能性试验的目的。例如，电子元器件要经过大量的“老化”试验，以确保正常发挥功能并消除那些寿命短的元器件。在任何情况下，检验都应当作为一个收集信息以便进行质量改进的手段，而不只是用来去除有缺陷的产品。

包装、运输与仓储 即使是高质量的产品，也可能会在离开车间后的运输过程中被错误地标记或损坏。包装、运输与仓储——通常称为物流活动——的作用在于对产成品的质量加以保护。产品的准确编码和有效期对于可追溯性（通常是法律要求）和顾客来说非常重要。

安装与服务 产品必须正确地使用才能使顾客受益。用户必须了解产品，并有关于正确安装和操作的充分说明。如果出现了问题，顾客满意度取决于良好的售后服务。在一家公司，卡车司机认识到自己可以做更多的事情而不仅仅是将货物运送到接收码头。在劳资关系允许的情况下，他们将货物运送到工厂的特定地点，并协助卸货、入库和清点库存。许多公司为顾客服务制定了标准，类似于针对产品规定的尺寸和公差。例如，员工应准时到达，并在规定的时间内回复顾客的电话，他们还要负责了解并观察各自顾客的规章制度，特别是那些与安全程序有关的规章制度。

1.4 服务型组织中的质量

服务型组织包括除农业、矿业和建筑业之外的所有非制造业组织，如酒店、餐馆、金融和法律服务以及交通运输等。服务业在20世纪下半叶迅速发展。如今，美国80%以上的非农业雇员从事服务业，制造业一半以上的工作与服务业有关。

服务型组织在实施质量方法方面可能比制造业落后了整整10年。这种滞后可以归因于服务业没有遭遇制造业所面临的激烈的外国竞争这一事实。另一个原因是服务业的高流动率，这类工作的薪资通常低于制造业。人员的不断变动使塑造质量文化更加困难。此外，质量的本质在服务业与制造业显著不同。然而，质量在服务业的重要性再怎么强调都不为过。研究表明，企业通过保留比竞争对手多5%的顾客，就能提高近100%的利润。[28]这种巨大差异是因为获取新顾客的成本远远高于维持老顾客的成本。拥有忠诚的长期顾客的企业即使单位成本更高、市场份额更小，在财务业绩上也可以胜过那些有更高顾客流失率的竞争对手。

纯粹的服务业提供的是无形产品。比如，律师事务所的产品是法律咨询，医疗机构的产品是舒适和健康。服务也是许多传统制造公司的关键组成部分。例如，施乐这样的制造商提供大量的维护和咨询服务，这对顾客来说可能比有形产品更为重要。当你购买汽车时，你也在购买制造商和经销商的服务。《汽车周刊》(*Autoweek*)的一位专栏作家指出，大多数汽车制造商“对质量与设计了如指掌”。不过，他也指出：“如果一位顾客走进经销店，却没有受到国王般的待遇，那么这些都变得毫无用处。类似的场景还有你不得不拨打汽车制造商的客服电话。你最好得到了周到的服务，而且这种体验没有遇到任何麻烦。”[29]

1.4.1 与制造业的比较

服务业与制造业有许多不同，这些差异对质量管理有重要影响。服务业和制造业之间最重要的区别包括以下几点。

1. 服务业的顾客需求和绩效标准往往难以识别和测量，主要因为它们是由顾客定义的，而且每个顾客都不相同。

2. 服务的生产相比制造业通常要求更高程度的定制。医生、律师、保险业务员以及餐厅服务员必须为每个顾客提供量身定制的服务。在制造业，其目标则是一致性。

3. 许多服务的产出是无形的，制造业生产的是有形的、可见的产品。制造质量可以根据公司的设计规范（例如，切割深度应为 0.125 英寸）进行评估，但服务质量只能根据顾客主观的、模糊的期望和以往的体验进行评估。（什么是“好”的销售体验？）再者，顾客可以拥有和保留有形的产品，但服务只能回忆。有形产品可以被制造商召回或更换，但糟糕的服务只能通过道歉、纠正行动和赔偿来弥补。

4. 服务的生产和消费同时发生，产品是在消费之前生产的。此外，许多服务必须根据顾客的便利来提供。因此，服务不能像产品那样在提供前进行储存、清点或者检验。作为质量保证的一种方式，服务业必须更加重视培训和提高服务的质量。

5. 顾客通常参与服务的过程并位于现场，制造是远离顾客的。例如，快餐店的顾客要自己点菜，自己取餐，用餐结束后还要把餐桌清理干净。

6. 服务通常是劳动密集型的，制造业更多是资本密集型的。人际互动的质量是人员接触型服务的一个重要因素。例如，医疗质量在很大程度上取决于病人、护士、医生和其他医务人员之间的互动，银行发现其柜员的友好性是留住存款客户的关键因素。因此，服务业员工的行为和情绪对于提供优质的服务体验至关重要。

7. 许多服务型组织必须处理大量的顾客业务。例如，加拿大皇家银行（Royal Bank of Canada）在一个工作日中，要通过 1 600 家分行和 3 500 多台柜员机为 750 万顾客处理 550 多万笔交易。联邦快递（FedEx）每天要处理分布在全球的数百万个包裹。如此庞大的数量增加了出错的机会。

1.4.2 服务质量的要素

许多服务型组织，如航空公司、银行和酒店等，都有完善的质量体系，这些体系始于对顾客的承诺。例如，亚马逊公司（Amazon）开创了许多创新方法来提高顾客满意度，如便于使用的网页设计和快速的订单执行等。

服务质量可以类比制造业来看，例如，一间布局合理的酒店客房的设备设施、服务速度或信息准确性等技术标准。然而，管理无形的质量特性要困难得多，因为它们通常取决于员工的表现和行为。当然，这并不意味着这些因素在制造业中不重要，但它们在服务业中具有特殊的重要性——正如工程技术在制造业中可能具有特殊的重要性一样。

服务质量的两个最重要的驱动因素是人员和技术。许多组织将呼叫中心（call centers）作为与顾客联系的主要手段。通过更有效地服务顾客和个性化的交互联系来构筑顾客关系，呼叫中心有可能成为建立竞争优势的一种手段，但是，如果设计和管理不当，呼叫中心也可能是引发失望的一个来源。与顾客接触的员工需要获得正确的技术和公司的信息来完成工作。例如，联邦快递向员工提供持续改进绩效所需的信息和技术。数字辅助调度系统（Digitally Assisted Dispatch System，DADS）通过车载显示屏与所有快递员保持通信，使他们能够快速响应取货和送货指令。这种技术使快递员能高效地管理他们的时间和路线。信息技术提高了生产率，增进了沟通，与顾客接触的员工能够处理几乎所有的顾客问题。

顾客主要根据人员接触的质量来评价服务的好坏。《华尔街日报》的一项调查发现，美国人对服务业员工抱怨最多的是送货人员或销售人员：当你按约定时间待在家里时，他们却未能出现；不了解情况的销售人员；还有那些在接听电话时跟你说“这不属于我的部门”，或用高人一等的语气跟你说话，或者无法描述产品是如何使用的人员。

许多服务型组织奉行“如果我们关心员工，员工就会关心顾客”的理念。例如，联邦快递有许多照顾员工的政策和做法，包括“不裁员”的理念、处理员工申诉的“有保障的公平处理程序”，以及奖励团队和个人对公司绩效的贡献的非常完善的表彰计划。联邦快递的信条——人、服务、利润——也表明了人的重要性。联邦快递所有的决策首先是评估其对员工（人）的影响，然后才是评估其对顾客（服务）和公司财务绩效（利润）的影响。

遗憾的是，在许多公司中，与顾客接触最多的一线员工——售货员、接待员、送货员等——拿最低的工资，接受最少的培训，拥有最少的决策权，承担最少的责任（赋予员工职权和责任，即所谓的授权，我们将在第 4 章进一步讨论）。招聘和选择适当类型的人员并培训他们特别重要，因为服务人员需要熟练地处理每一次与顾客的互动，从问候顾客到询问正确的问题。高质量的服务人员还需要有效的奖励制度，以表彰使顾客满意和以顾客为中心的行为以及完成工作所需的适当技能和能力。管理者要更像教练和导师而不是行政主管。

质量聚光灯

丽思卡尔顿酒店

丽思卡尔顿酒店是一家以人为本的服务型企业。[30]丽思卡尔顿因其出色的人力资源管理而获得广泛认可。它培训员工知道自己应该做什么，做得怎么样，并使他们有权在必要时做出改变。例如，客房服务员的角色不仅仅是铺床，还要为顾客创造难忘的体验。每家酒店都有一名人力资源总监和一名培训经理，并由酒店的质量主管协助他们工作。每个工作区域都有一名部门培训师，负责培训和认证本单位的新员工。新员工要接受为期两天的入职培训，由高级主管亲自演示丽思卡尔顿的方法，并灌输公司的价值观。三周后，管理者对培训的有效性进行测试，然后进行后续的培训。之后，新员工必须通过笔试和技能展示的测试，才能获得所在工作领域的任职资格。每天，在每个工作区域，每个轮班主管都会召开质量会议和简报会。员工受到持续的教育和培训，以更新技能和提高绩效，强化工作的目的，并因所取得的成就而获得表彰。通过种种机制，员工要接受 100 多个小时的质量教育，以获得对优质服务、解决问题、制定目标和产生新想法的知识和技能。员工有权寻求他人的帮助以迅速解决问题，有权花费高达 2 000 美元来满足客人的要求，有权决定一单生意的条款，有权参与制订他们特定工作领域的计划，并就任何问题与公司任何人交谈。丽思卡尔顿已将员工流动率稳步改善到远低于同行业的平均水平。

许多服务业利用信息技术来实现高质量的顾客服务。例如，餐馆使用与计算机终端相连接的手持点菜器来加速点单过程。订单会立即传送到厨房或吧台，在那里会显示出订单并把客人的账单打印出来。除了节省时间之外，这种系统通过标准化点菜、结账和存货管理的程序以及减少对手写的需求来提高准确性。以前需要通过电话花费几分钟的信用卡授权，现在通过计算机授权系统几秒钟就能完成。联邦快递的手持式“超级追踪器”（Super Tracker）每次在收货和交货时都会扫描包裹的条形码。丽思卡尔顿酒店利用信息技术来记录其 80 多万名的顾客，有关每一位顾客的偏好、以前遇到的困难、家庭和个人兴趣以及习惯用的信用卡等资料被存储在每个酒店都可以访问的数据库中。顾客档案系统允许前台员工直接获取顾客是否吸烟、是喜欢有香味的肥皂还是没有香味的肥皂，以及喜欢什么样的枕头等信息，从而使每位顾客都能得到个性化的对待。

毫无疑问，信息技术对服务业的最大影响是电子商务。顾客可以在网上购买几乎所有的产品；对计算机系统进行配置、定价和订购；进行汽车虚拟试驾，并在家里便捷地从互联网上数千种可能的选项组合中进行选择。信息技术可用于开发和强化顾客关系。亚马逊公司在这方面非常成功，许多读者都光顾过它的网站。该网站提供大量的产品信息，例如顾客评价、绝版图书，甚至在购买后一个月左右的时间内发送一封电子感谢信。尽管信息技术降低了劳动强度并提高了服务速度，但它对质量也会产生负面影响。有些人，包括一些顾客在内，认为当人际互动较少时，顾客满意度就会下降。因此，服务提供者必须平衡相互冲突的质量问题。

1.5 业务支持职能中的质量

除了制造业和服务业的这些活动，其他业务支持活动对于实现质量也是非常必要的。这里讨论其中一些活动。

财务和会计 财务职能负责筹措资金，控制资金的使用，分析投资机会，确保公司的运营成本有效、利润理想。财务决策影响制造设备的采购、成本控制的策略、价格与数量的决策以及组织的几乎所有方面。财务必须批准足够的预算，用于设备、培训和其他保证质量的用途。财务分析有助于揭露低劣质量的成本并发现降低成本的机会。会计数据有助于识别质量改进的领域和追踪质量改进计划的进展。此外，不恰当的会计方法会掩盖低劣的质量。

接触顾客的财务和会计人员会直接影响公司提供的服务。例如，在许多公司中，员工会记录发票的准确性、处理发票所需的时间和支付账单所需的时间。此外，他们可以应用质量改进技术来改进自身的工作。例如，摩托罗拉的财务人员能够将结账所需的时间从 1 个月减少到 4 天。

法律服务 公司的法律部门试图保证公司遵守有关产品标签、包装、安全和运输等事项的法律法规；正确制订和表述其保证条款；满足合同要求；在对公司提出责任索赔时制定适当的程序和文件。责任诉讼的快速增长使法律服务成为质量保证的一个重要方面。

1.6 质量职能部门的作用

我们已经看到质量在组织的每项职能中都发挥着重要作用，许多组织有独立的质量职能部门，该部门由在质量方面拥有专业知识并支持整个组织质量活动的员工组成。员工中许多人都有专业的认证，如由美国质量学会认证的注册质量经理、注册质量工程师、注册质量审核员等。

质量职能部门的作用通常包括[31]：

- 质量控制。旨在控制或调整工艺和材料以满足质量要求并防止缺陷产品或服务的技术和活动。质量控制将在第 8 章中进行讨论。
- 计量。确保用于控制质量的测量是有意义的和准确的，确保测量设备经过校准并符合美国国家标准与技术研究院（NIST）的要求。第 8 章讨论了该专题。
- 培训。提供支持员工技能训练和质量相关的专题培训。培训是员工学习和发展的重要组成部分，正如第 4 章和第 9 章六西格玛部分所讨论的。
- 审核。管理或监督与审核产品、过程和质量管理体系（第 2 章会进行介绍）有关的活动，以确保组织遵守与质量相关的战略、目标、政策和程序。
- 可靠性工程。通过与设计和生产部门合作，确保产品的可靠性，降低产品的总成本并使顾客满意。我们将在第 7 章研究这一专题。
- 问题解决。在必要时运用专业知识，如质量控制和统计分析工具（在本书的第Ⅱ篇讨论）。问题解决是过程改进和六西格玛的一个重要部分，将在第 9 章进行讨论。
- 供应商质量管理。管理或监督各项活动，以确保选择高质量的供应商，并确保采购的零部件和材料在等级、及时性和其他特性方面是可接受的。第 5 章将对此进行讨论。
- 产品/服务设计。通过与销售、设计和其他职能部门的合作，确保正在开发的产品的质量。第 7 章讨论了这一专题。

我们必须强调，一个组织的质量职能部门的正确作用是为组织中的每个人提供指导和支持，以实现质量目标。

顾客驱动的质量的重点是必须让组织中的每一个职能部门都参与进来，包括制造、服务和业务支持职能部门。质量确实是每个人的责任。

1.7 质量和竞争优势

传统意义上，质量关注缺陷和错误的减少，作为一种降低成本的手段。然而，更先进的组织已经意识到高质量本身就是竞争优势的重要来源。**竞争优势**（competitive advantage）指一个企业获得市场优势的能力。强大的竞争优势可以向顾客提供价值，带来财务上的成功和业务的可持续性，而且是竞争对手难以复制的。20 世纪 80 年代的几项研究表明了这一点。PIMS 联合公司——战略规划院的一个分支机构——有一个包含 1 200家公司的数据库，研究产品质量对公司绩效的影响。[32]PIMS 的研究人员发现：

- 产品质量是决定企业盈利能力的一个重要因素。
- 提供优质产品和服务的企业通常拥有很大的市场份额，并且是市场的早期进入者。
- 对于几乎所有的产品和市场来说，质量与更高的投资回报率之间是正向显著相关的。(PIMS 的研究表明，那些被认为质量上乘的公司，其销售利润率是那些被认为产品质量低劣的公司的 3 倍。)
- 实施质量改进战略通常会提高市场份额，但代价是短期利润率下降。
- 高质量的生产者通常可以制定更高的价格。

图 1-3 总结了这些研究结果。盈利能力是由设计质量和符合性质量共同驱动的。

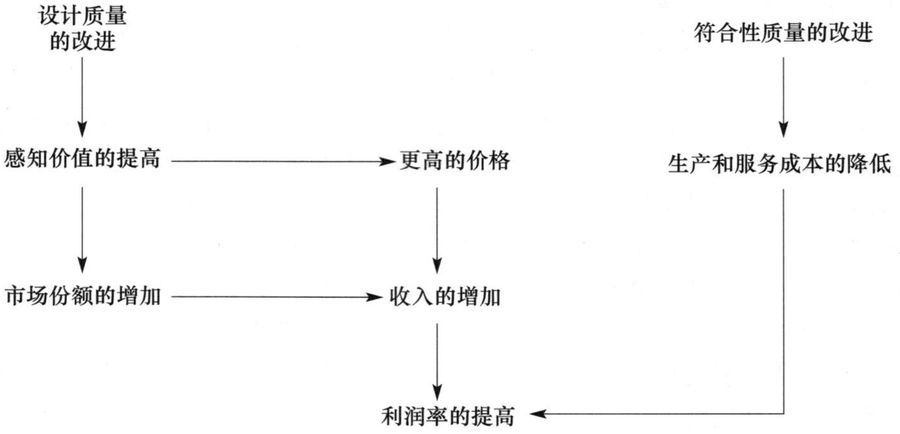

图 1-3 质量与利润率

改进设计将使产品区别于竞争对手，改善企业的质量声誉，提高产品的感知价值。这些因素使公司能够制定更高的价格、获得更大的市场份额，从而增加收入，弥补改进设计带来的成本。提高生产或服务交付的符合性，可节省返工、报废、解决错误和保修方面的费用，从而降低成本。菲利普·克劳斯比在《质量免费》(*Quality Is Free*) 一书中普及了这一观点。[33]克劳斯比主张：

> 质量不仅是免费的，而且是一个忠实的利润创造者。你没花在把事情做砸上的每一分钱，反过来都会变成半分钱的利润。在如今“谁知道我们的企业明天会发生什么事情”的时代，提升利润的方式所剩不多。如果你致力于确保质量，你就有可能把利润提高 5%～10%。那是免费获得的一大笔钱。改进设计质量和符合性质量的实际结果便是利润的增加。

很多组织只关注这些质量维度中的某一方面。例如，它们可能致力于缺陷的消除，却未能设计出顾客真正想要的产品，或者它们设计了很棒的产品却满是缺陷和服务差错。汽车行业就是一个典型的例子。例如，别克君威的一款新车型在《消费者报告》(*Consumer Reports*) 的可靠性排名中击败了丰田凯美瑞 (Toyota Camry) 和本田雅阁 (Honda Accord)，但由于设计与竞争对手相比不占优势并没有入选推荐名单。为了应对这一批评，美国汽车制造商聘请欧洲设计师来改善汽车的内部设施，创造更吸引人的外观造型。[34]与此形成对比的是日产汽车，它在美国设计并推出了许多热销车型，但公司在

J. D. Power&Associates 的新车质量调查中大幅落后，部分原因在于公司以牺牲制造精度为代价而使用廉价的材料，而且缺少彻底检查制造过程缺陷的工程资源。[35]

令人惊讶的是，最近的一项研究发现，只有 24%的企业将质量视为一种战略资产和差异化竞争因素，其余的企业则将质量视为一种持续的改进活动、一种合规的活动，或是作为解决问题和减少风险的工具。服务业相比制造业更将质量视为差异化的一种因素。使用质量作为差异化竞争因素的企业拥有更高比例的高级质量领导者，他们直接向首席执行官汇报，这也证明了质量在企业中的重要性。[36]

质量与经营结果

俗话说，事实胜于雄辩。各种研究表明，重视质量的公司在员工参与和员工关系、产品和服务质量、生产率、顾客满意度、市场份额和利润率等方面都有更好的表现。[37]

大量证据表明，质量活动对财务结果具有积极的作用。凯文·亨德里克斯（Kevin Hendricks）和维诺德·辛哈尔（Vinod Singhal）在 1997 年发布了一项著名的研究。[38]根据客观数据和严格的统计分析，研究表明，有效实施全面质量管理可以显著改善财务绩效。亨德里克斯和辛哈尔对一个包括大约 600 家荣获质量奖的上市公司的样本进行了分析，这些奖包括波多里奇奖、州及地方质量奖。亨德里克斯和辛哈尔分析了这些公司在首次获得质量奖前 6 年及后 4 年的绩效情况。调查的主要绩效指标是营业收入的变化和可能影响营业收入的各种指标，如销售变化、总资产、员工人数、销售利润率和资产回报率等。他们将结果与同行业中规模类似的一组对照公司的相关数据进行比较。分析表明，样本组与对照组之间存在显著差异。具体而言，获奖公司的营业收入的平均增长速度为 91%，对照组仅为 43%。此外，获奖公司的销售额增加了 69%，对照组为 32%；总资产增加了 79%，对照组为 37%；员工人数增加了 23%，对照组为 7%；销售回报率提高了 8%，对照组为 0%；资产回报率提高了 9%，对照组为 6%。小公司的绩效优于大公司，在 5 年内，获奖公司投资组合的表现比标准普尔 500 指数（S&P 500）高出 34 个百分点。

从波多里奇奖获得者也可以看出重视质量能够孕育成功。下面重点介绍一些波多里奇奖获得者的运营和财务结果。

1. 在田纳西州布里斯托尔基本服务公司（Bristol Tennessee Essential Services）以及电力和光纤服务公用事业公司（Electricity and Fiber Services Utility Company），员工出勤率高达 75%，远远超过行业略低于 20%的平均水平，员工留用率提高到 100%，行业基准为 91%，全国行业平均水平为 82%。

2. 根据美国国家研究中心管理的柯林斯堡公民调查（Fort Collins Citizen Survey），科罗拉多州的柯林斯堡市凭借以下指标成为排名全国前 10%的城市：最佳居住地、最佳工作地、文化和娱乐质量、就业机会的可获得性、空气质量和吸引力。它在饮用水质量和应急准备方面排名前 1%。

3. Stellar Solutions 是一家在航空航天领域为政府和商业项目提供系统工程、集成和项目管理专业知识的全球供应商。2013—2016 年 100%的受访顾客表示会将该公司推荐给其他人。Stellar Solutions 在顾客调查中的评分始终在 4.7 左右，其中 4＝非常满意，5＝极其满意。

4. 医疗成像设备制造商美德瑞达（MEDRAD）的综合净推荐（Net Promoter，NP）率（由顾客重复购买和推荐给他人的强度定义的顾客忠诚度指标）一贯为 60%或更高，全国其他组织的比例则为 50%或更高。使用 NP 指标的美德瑞达的全球顾客满意度从 50%稳步上升至 63%，超过了同类公司最佳 50%的基准。

5. 新墨西哥州的唐·查尔默斯·福特（Don Chalmers Ford）获得了总统奖——这是福特经销商在顾客满意度和市场占有率方面获得的最高国家奖，在 17 年里获得了 13 次。只有 4%的美国福特经销商完成了这一壮举。

6. Pewaukee 学区（PSD）是威斯康星州沃基肖县最小的 K-12 教育系统学区。尽管该州有最严格的公立学校毕业要求（28 学分），PSD 在 2012—2013 年实现了 97.4%的毕业率，且 2008—2012 年的毕业率高于其他县、州和邻近的发达地区。在威斯康星州知识与概念考试（WKCE）的阅读能力测试中，PSD 的经济困难学生的成绩超过了该县、州和附近优质学校的同类学生，达到了 45.5%的熟练程度，同类学生的熟练程度则低于 33%。

1.8 质量和个人价值观

今天，企业要求员工作为企业与顾客之间的联络点要承担更多的责任，要求员工具有团队精神，并提供更好的顾客服务。Rath & Strong，一家位于马萨诸塞州列克星敦市的管理咨询公司，对来自《财富》杂志 500 强公司的近 200 名高管进行了调查，调查的内容是关于能够为组织带来卓越绩效的活动。[39]调查显示，基于顾客导向的个人主动性，对业务成功和销售增长率产生了积极影响。

质量始于个人的态度和行为。摩托罗拉前 CEO 罗伯特·加尔文（Robert Galvin）曾在芝加哥经济俱乐部（Economic Club of Chicago）上说："质量是一种非常个人化的责任和义务。如果你不能以当事人的身份来谈论质量……那么你还没有达到把质量当做必不可少的责任和义务的水平。"将质量纳入个人价值观的员工，往往会超越他们被要求或通常期望做的事情，会实现一个有挑战性的目标或为顾客提供非凡的服务。诺德斯特龙百货（Nordstrom）在顾客服务方面的故事颇具传奇色彩，如员工为顾客熨好下午要穿的新衬衫，冬天在顾客购物时帮他们把车预热，甚至还为商店并未卖过的一套防滑链办理退款。[40]

个人质量是保证工作场所质量的一个基本要素，然而，大多数公司长期忽视这一点，尤其是管理层，他们认为提高质量是公司与员工之间的事情，而不是他们与员工之间的事情。

如果质量不能内化到个人层次，它就永远不会植根于组织文化中。因此，质量必须从个人层次开始（从我做起!），并在日常的所有活动中实践。

质量实践

施乐质量的演变[41]

第一台使用普通纸的复印机施乐914于1959年问世，它被许多人视为有史以来最成功的商业产品，并创造了一个新的产业。20世纪60年代，施乐公司迅速成长，销售它能生产的所有产品，以破纪录的速度创下了10亿美元的收入。但到70年代中期，其资产回报率不到20%。其过去的竞争优势在于强大的专利、越来越大的市场和很少的竞争，在这样的环境中，企业管理层缺少专注于顾客的压力。

面对竞争的危机

20世纪70年代，IBM和柯达进入了高容量的复印机行业——施乐公司的主市场。几家日本公司推出了高质量、低容量的复印机——一个施乐几乎忽视的市场，并为进军高容量市场奠定了基础。此外，联邦贸易委员会（Federal Trade Commission）指控施乐垄断复印机业务。经过谈判，施乐公司同意向竞争对手开放大约1 700项专利。施乐很快被日本的竞争对手抢走了市场份额，到了20世纪80年代初，它面临着来自日本复印机制造商的严重竞争威胁，施乐的市场份额已经下降到不足50%。有些人甚至预言施乐将无法生存。据估计，返工、报废、过度检验、业务丢失和其他问题耗费了施乐20%以上的收入，在1983年达到近20亿美元。公司及其基层工会都忧心忡忡。在与其竞争对手进行比较之后，施乐发现，它的供应商数量是竞争对手的9倍之多，还有2倍多的员工数量、2倍长的周期、10倍多的不合格品，产成品制造缺陷是竞争对手的7倍之多。显然，公司需要进行彻底的改变。

质量领先

1983年，公司总裁大卫·科恩斯（David Kearns）坚信施乐需要一个长远而全面的质量战略以及对其传统管理文化的变革（见图1-4）。科恩斯注意到其日本子公司富士施乐在实施质量管理方面所取得的成功，再加上一些施乐员工也向他提议实施全面质量管理，他委托了一个团队来为施乐制定质量战略。该团队的报告指出，要想实施全面质量管理，需要对整个公司的行为和态度进行变革，并对公司的运营进行变革。科恩斯决定启动全面质量管理的方法，将花时间来“一次就设计对”，并且全体员工都会参与到这项工作中。科恩斯和施乐公司中排名前25的管理者共同撰写了施乐公司的质量方针，其中规定：

> 施乐是一家高质量公司。质量是施乐的基本经营原则。质量意味着为我们的外部和内部顾客提供充分满足其需求的创新产品和服务。质量改进是施乐每一名员工的职责。

这一方针直接引发了一场被称为“质量领先”的活动，该活动有三个目标：

1. 将质量作为施乐公司的基本运营原则，并确保质量改进成为施乐公司每一名员工的职责。

2. 确保施乐公司的员工，无论是个人还是集体，向外部和内部顾客提供充分

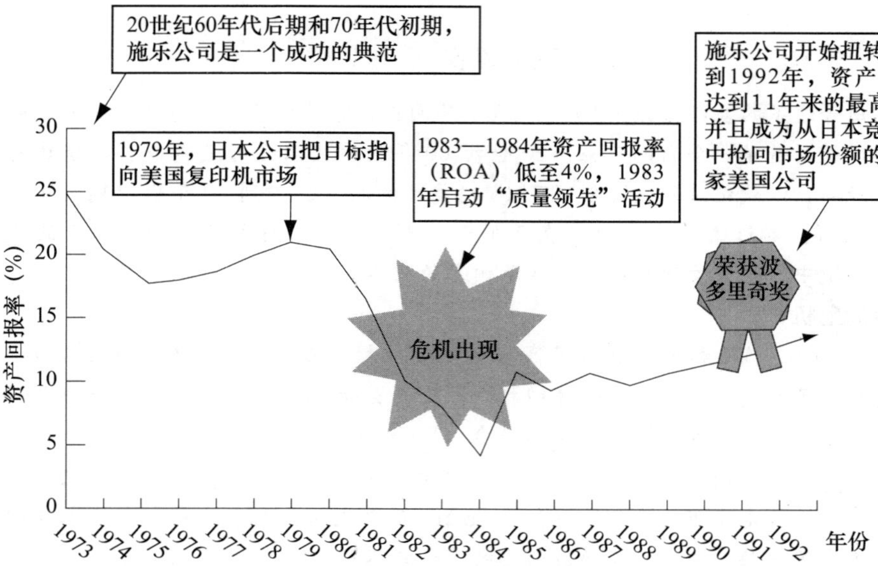

图 1－4　1983 年施乐公司必须重视质量的起源

满足其现有和潜在需求的创新产品和服务。

3. 建立管理和工作流程，使所有施乐公司的员工在满足顾客需求方面能够持续追求质量改进。

此外。质量领先的目的在于在施乐公司的所有活动中实现四个目标：

- 顾客目标：成为一个顾客渴望与之开展业务的组织。
- 员工目标：创造一种使每个人都因公司而感到自豪，并对公司的成功负责的氛围。
- 商业目标：以比施乐公司所在竞争市场更快的速度增加利润和经济实力。
- 过程目标：在施乐公司的所有工作环节应用质量领先原则。

“质量领先”活动从根本上改变了施乐公司的业务模式。所有活动，包括产品策划、销售和建立部门目标，都始于对顾客需求的关注。标杆分析（识别和研究企业或组织关键业务职能的最佳实践，然后将这些组织的理念融入到公司的运营中）成为施乐公司质量工作的重要组成部分。施乐与非竞争性公司的 200 多道工序建立了对标。例如，提高生产调度的理念来自康明斯发动机公司（Cummins Engine Company），改善分销系统的理念来自里昂比恩（L. L. Bean），改善结算流程的理念来自美国运通（American Express）。

测量顾客满意度和培训是“质量领先”活动的重要组成部分。每个月都有 40 000 份调查表通过邮件发送至顾客，用来获得设备性能、销售、服务和管理支持方面的反馈信息。任何不满都会立即得到处理，并在短短几天内解决。在“质量领先”活动付诸实施的同时，施乐的每一位员工都受到相同的质量原则培训。这项培训从高层管理人员一直渗透到公司的每一层级。经过 5 年时间、400 万个工时以及超过 1.25 亿美元的花费之后，所有员工都接受了与质量相关的培训。到 1988 年，79％的施乐员工都参加了质量改进团队。

此外，公司还采取了其他一些措施。施乐公司与供应商合作改进其流程，实施统计方法和全面质量过程，并支持实时库存。参与这些工作的供应商还会参与新产品设计的最初阶段并获得长期合同的奖励。

员工的参与也是一项重要的成果。施乐公司与其工会一直保持着良好的合作关系。1980年，公司与其基层工会签署了一份合同，鼓励工会成员参与质量改进过程。这是该公司通过共同解决问题的方法将管理者和员工联系起来的第一项计划，并成为其他企业的典范。后续合同规定："每位员工都应当支持持续质量改进的理念，并通过团队合作降低质量成本。"

更重要的是，管理层成为新型经营方式的榜样。管理者需要在其日常活动中践行质量，并在其同事和下属范围内推进"质量领先"活动。奖励和表彰系统得到了修改，侧重于团队精神和质量成果。管理者担当起教练的角色，使其员工在日常工作中参与到"质量领先"活动。

施乐公司从"质量领先"活动的发起到其商业产品和系统组织荣膺1989年马尔科姆·波多里奇国家质量奖，"质量领先"活动最明显的影响包括以下几个方面：

1. 装配线的不合格品率从百万分之10 000下降至百万分之300。
2. 95%的供应件不再需要检验；1989年，其30家美国供应商全年无缺陷。
3. 供应商的数量从5 000家削减到500家以下。
4. 外购件成本降低了45%。
5. 尽管有通货膨胀，生产成本却下降了20%。
6. 产品开发时间缩短了60%。
7. 产品的整体质量提高了93%。

施乐公司发现，顾客满意再加上员工的积极性和满意度会带来市场份额的增加以及资产收益率的提高。1989年，公司总裁科恩斯指出，质量是"一场没有终点的竞赛"。

危机与质量重建

在整个20世纪90年代，施乐公司以稳定的速度增长。然而，在世纪之交时，由于技术持续缺乏创新，再加上公司高层管理者减少了对质量的关注，公司的股价大幅下跌，由此带来新的危机（见图1-5）。最高管理层大换血后，新的公司领导层通过在2001年实施"新质量"理念，再到目前的"精益六西格玛"活动，重新建立起公司对质量的关注。

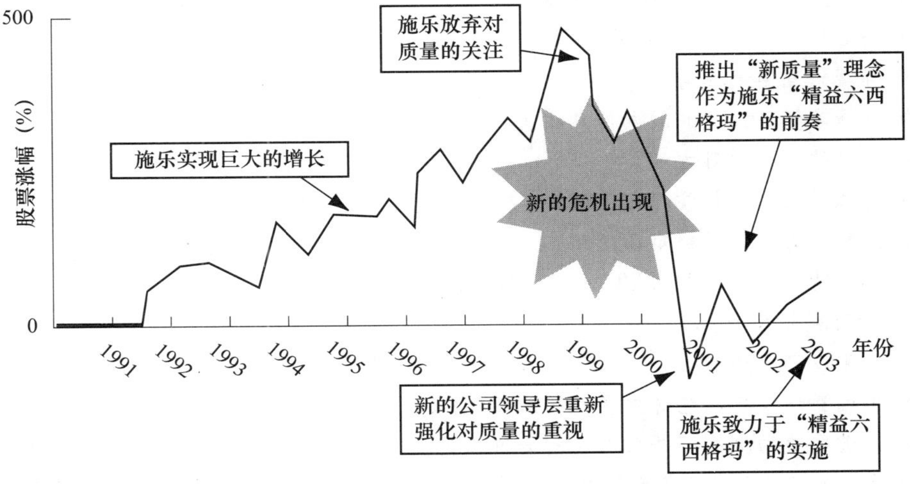

图1-5　重新强化质量以应对新的危机

“新质量”的理念是在1983年制定的“质量领先”活动的基础上建立起来的。随着六西格玛在美国各地越来越流行，以结构化的基于六西格玛的且更加注重行为和领导以实现卓越绩效的改进过程为中心，2003年建立的被称为“精益六西格玛”的新的推力（详见第9章）包括专用的基础设施和资源承诺，专注于关键业务问题：关键顾客机会、有效的员工和“黑带”改进专家培训、价值驱动的项目选择过程以及增加对顾客的关注，并与业务战略和目标建立清晰的联系。“精益六西格玛”对“在我们所做的所有事情中实现质量和卓越”的核心价值观起到支撑作用，其内容表述如下：

● 以顾客为中心，对经营业绩负责的员工是我们成功的基础。

● 我们的工作环境使得参与、速度以及基于信任、学习和认可的团队合作成为可能。

● 每一名施乐公司的员工都具有与公司方向相匹配的业务目标。采用严谨的过程对实现结果的进展情况进行评估。

● 以顾客为中心的工作流程严格运用质量工具作为支撑，确保快速变革并产生可预测的经营业绩。

● 每个人都负有沟通的责任并按照标杆和知识采取行动，确保能够基于顾客和股东的最佳利益进行快速变革。

施乐公司“精益六西格玛”的关键组成部分如下：

1. 卓越绩效过程

● 支持更清晰、更简单的企业方向与个人目标的匹配；
● 侧重业务优先级的持续检查/评估；
● 与市场趋势、标杆学习有清晰的联系；
● 支持一个简化的“波多里奇型”业务评估模型。

2. DMAIC（定义、测量、分析、改进、控制）过程

● 基于业界公认的兼顾快速与聚焦的六西格玛方法；
● 四步骤支持改进项目，设定目标；
● 用于主动捕捉机会或解决问题；
● 全套的“精益六西格玛”工具。

3. 市场趋势和标杆学习

● 加强市场关注，并鼓励外部视角；
● 严谨的标杆学习方法；
● 建立通用的标杆学习四步法；
● 鼓励所有员工了解市场变化；
● 卓越绩效过程和DMAIC的强力结合。

4. 行为和领导力

● 强化以顾客为中心；
● 扩展互动技巧以包含更多的团队效能；
● 促进更快的决策，并引入新的会议工具。

施乐公司“精益六西格玛”的核心是卓越绩效过程，如图1-6所示。它由三个阶段

组成：设定方向、部署方向以及交付和检验结果。它始于组织的高层——即便是公司董事长和CEO也有个人的卓越绩效计划，其目标与组织目标、措施和评估目标相一致。卓越绩效过程为目标及责任提供了清晰的沟通。一种结构化的方法被用于排序并挑出拥有更高收益的项目。在DMAIC的推动下，统计方法、精益工作流程方法以及其他的流程管理技能被用于在事实和客观的基础上推动改进。

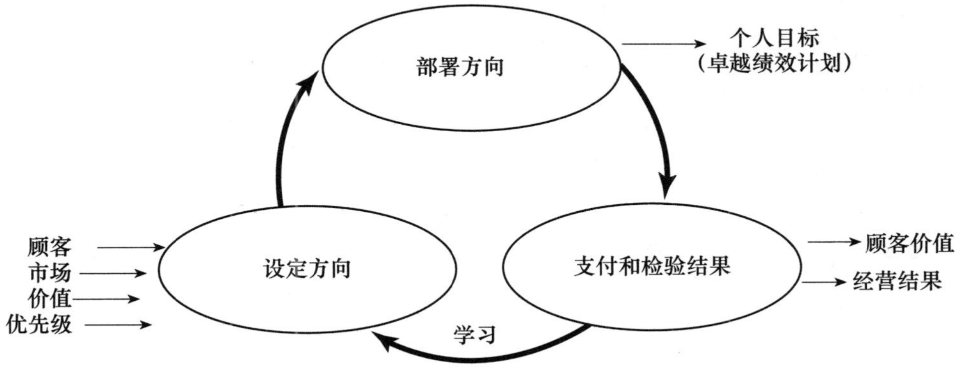

图1-6 施乐的卓越绩效过程

市场趋势和标杆学习有助于提供一个通过创新型产品、服务和解决方案引领市场的外部视角，并增加顾客体验的价值。这一组成部分鼓励所有人分享信息和知识以确保以顾客和股东的最佳利益为基础实施变革。最后，行为和领导力强化了以顾客为中心，它们建立在"质量是施乐公司每个员工的责任"这一原则的基础之上。

2003年，施乐在全公司范围内培训了1 000多名高层领导，向每位员工传达了"精益六西格玛"这一方法、其与传统质量管理方法的主要区别和对它的期望，并迅速将"精益六西格玛"的概念从制造和供应链扩展到所有的业务领域。"精益六西格玛"在施乐公司内部化后，公司开始利用其专业知识，通过咨询服务帮助其他企业进行改进。其中一个例子是布鲁克林公共图书馆。通过使用"精益六西格玛"方法，施乐全球服务团队带领布鲁克林公共图书馆的管理员通过基于事实的分析，找出核心业务流程，使其可控，然后使其自动化，从而生成一个全面的用户访问管理系统，有效地整合了人员、流程和技术，以提供更好的服务，并为图书馆工作人员腾出了时间。

- **关键问题讨论**

1. 对比施乐公司"质量领先"和"精益六西格玛"两项质量举措，其动机有何区别？这些举措背后的原则以及它们实施的方式有哪些显而易见的不同点和相同点？

2. 这一经历——特别是在应对新的危机方面——对其他公司而言可能有哪些值得借鉴的经验教训？

3. 讨论"质量是一场没有终点的竞赛"的含义。对施乐公司或其他公司而言，它的意义是什么？

质量实践

当代中国的质量实践

在本章中，我们注意到，当今的许多质量方法都是从中国古代演变而来的。杰克·蓬佩奥（Jack Pompeo），一名加入华为并带领华为实施质量举措的电信业专业人士，提供了当代中国质量发展的第一手资料。[42]

当代中国的质量管理流程受到古老的方针和做法的影响。中国实行强大的端到端的生产过程的集中监督，从购买来料和过程内检测一直延伸到最终验收和顾客服务。今天的中国质量体系极为强调工具、方法和测量，并十分重视关键的质量管理流程，包括自检、可追溯性以及招聘和培训员工。中国人在迅速适应和学习，渴望最佳实践和新的挑战。

中国引入全面质量管理和团队授权等新理念用时较短，西方社会则花了几十年的时间来适应并将其融入企业管理。中国正在努力提高教育、健康和生活水准，以及最为重要的，制造的产品的水平，并欣然接受现代质量管理的理念。中国制造商采用各种各样的质量工具和技术，但也造成了一些冲突，中国希望在悠久的文化和国家对技术进步的需求之间保持平衡。

中国的经济每年增长一定百分比，据计算，8%这一比率每年将创造 1 500 万个新的就业岗位，以吸纳新的就业人员和失业人员。每一项政策的调整都是以确保经济产出能够以快速的步伐持续扩张为目的。如同世界各地的其他企业一样，中国企业也是数字驱动型企业。它们在质量管理体系中识别出差距并迅速消灭这些差距。它们明白，把自己从低成本生产商转变成具有竞争力和高质量的全球领导者的机会有限。

华为是中国最大的通信设备制造商之一，年销售额超过 100 亿美元。该公司的总部位于深圳，地处珠江三角洲东岸的广东省南部地区，向南毗邻香港特别行政区。华为向超过 100 个国家提供可靠的电信服务，但公司的目标不只是成为一家电信设备制造商，而是成为电信行业的质量领导者。华为的高层管理人员近日宣布公司的愿景是成为“电信行业的丰田”。为了实现这一目标，华为仔细地研究了西方电信制造业并斥巨资在最新的工具和技术上。例如，华为对每个职位的角色和级别都使用了特定的能力模型和资质，要想晋升，员工必须证明他们符合质量的能力要求。[43]它不断寻求更好的工具和技术，这将有助于它成为全球企业的领导者，并从目前低成本生产中解脱出来。

华为经济效益的快速增长与该公司成为全球企业领导者的愿望相一致。华为目前正在了解质量流程在其未来扩张中所起的关键作用。该公司非常注重测量、工具和方法，以进行严格的生产过程质量控制。其管理体系基于全球公认的流程和标准，并应用在华为所有产品线的设计、开发、制造、销售、安装和服务环节。华为还拥有一个完整的端到端集成的产品开发流程，该流程是 1998 年初在 IBM 的支持下实现的。2002 年，华为在其制造中心开始实施六西格玛质量活动，并将其扩展到研发产品线上。六西格玛指导委员会负责监督项目的部署、审查和批准，以确保项目符合启动标准，并有可用的资源来支持团队。

QuEST 论坛是一个独特的致力于保证电信供应链质量和绩效的电信业服务提供商和供应商的合作平台。该论坛通过实施一套共同的质量标准、强调行业最佳实践并提供标杆测量系统来支持其成员组织追求卓越绩效。它有11项标杆测量指标，包括问题报告数量、问题报告修复响应时间、准时交货率、网络单元影响中断测量指标和可现场替换组件返还率。华为最近联合QuEST论坛的综合全球质量工作组发起了一项举措，其目标是建立一个标杆研究团队，以便更好地理解标杆数据波动的原因，并提高行业绩效。

标杆数据是华为质量管理体系的重要组成部分，被纳入到高层管理人员的个人绩效承诺和执行管理团队的平衡计分卡中。平衡计分卡衡量了公司健康状况的四个关键领域：财务和利润、顾客和质量、成长和学习以及内部的经营绩效。平衡计分卡和质量指标都与高管的绩效考核和奖金挂钩。

华为仅仅是中国企业在质量领域取得进步的一个例子。今天，中国的汽车已经进入美国和欧洲市场。政府开始在全国范围内开展项目以便通过整个供应链提高产品质量和安全，其中包括安全跟踪和责任追究系统以及国家产品质量监督网络。[44]

2013年，一个研究项目对中国企业质量管理的成熟度进行了评估。结果表明，总体而言，中国的整体质量观念与欧洲和美国的质量观念相比还有一些差距。挑战源于执行不力，员工缺乏参与和积极性，质量屈从于成本等目标，关注被动反应而非预防。[45]

最近，中国颁布了强制性的质量标准，包括加强监督与检查，鼓励大公司任命首席质量官，并奖励质量改进。

● **关键问题讨论**

1. 你认为中国的质量努力活动与日本有什么相似之处？有哪些明显的区别？
2. 中国能从日本和西方国家在质量方面取得的进步中看到什么机遇？

复习题

1. 什么因素促进了现代企业质量意识的提高？
2. 在“质量档案”中，摩托罗拉和中美移植采用的哪些做法帮助它们实现了高质量？
3. 概述本章所描述的六个质量观点。
4. 区分消费者、外部顾客和内部顾客。阐明这些概念是如何在Chipotle餐厅、沃尔玛或其他类似的加盟店或连锁店应用的。
5. 解释为什么单一的质量定义是不够的。
6. 简要概述工业革命前后的质量历史。最显著的变化是什么原因造成的？
7. 定义以下术语：
a. 质量保证；
b. 全面质量；
c. 卓越绩效；
d. 竞争优势。
8. 解释制造系统的每一项主要功能是如何构成全面质量的。
9. 解释典型企业中质量职能的角色。
10. 在当今的商业环境中，服务质量为什么尤为重要？
11. 讨论制造型组织和服务型组织间的差异。对于质量管理而言，这些差异意味着什么？

12. 解释人员和信息技术在提供高质量服务方面的作用。丽思卡尔顿酒店在使用人员和信息技术提供高质量服务方面是如何做的?

13. 业务支持活动如何才能有助于维持一个组织的质量? 举出一些关键业务支持活动的例子以及它们在质量方面所起的作用。

14. 质量是如何支持实现竞争优势的?

15. 菲利普・克劳斯比的"质量免费"的含义是什么?

16. 说明设计质量和符合性质量在提高企业盈利能力方面的作用。

17. 什么样的证据可以用来反驳"质量不划算"的主张?

18. 为什么个性化的质量原则很重要?

案　例

多技能护理公司[46]

位于俄亥俄州梅森市的多技能护理公司(Skilled Care Pharmacy)是一家价值 2 500 万美元的私营区域性医药产品供应商,面向长期护理、辅助生活、临终关怀和家庭环境等提供服务。其服务包括:

- 药物及其相关收费服务;
- 医疗记录;
- 信息系统;
- 继续教育;
- 涵盖医药、护理、饮食和社会服务的咨询服务。

多技能护理公司服务的主要顾客群体包括处于长期护理中的老年人群体。该群体依靠多技能护理公司以具有竞争力的速度提供日常的药物需求。由于其业务的高风险性,公司要求在正确的时间向正确的患者交付正确的药物。此外,基于不同的服务环境,可以使用不同的方法,例如小瓶、多剂量包装或单位剂量盒。另外,根据顾客的类型,可以实现特定的交付要求以更好地服务最终用户。

在整个内外部业务运营中,多技能护理公司对持续质量改进的投入和承诺是显而易见的。通过对实现各个顾客层次的质量所需原则的思考,该公司采用了如图 1-7 所示的质量方针声明。

	我们的质量方针
S	提供满足或超越内外部顾客期望的服务和产品
C	**实现** 顾客完全满意
P	**结果** 共同努力以改善所服务对象的生活

图 1-7　多技能护理公司的质量方针

资料来源:Courtesy of Nancy Mlinarik, VP of Quality, Skilled Care, Inc., Mason, Ohio. Reprinted with permission.

多技能护理公司拥有 176 名来自不同文化背景的员工,他们具有以下列各学科或职业为代表的各级教育培训经历:药剂师、助理药剂师、医疗数据录入、会计、计费专家、护士、人力资源、销售/市场营销、采购、行政和行政助理、配送、客户服务代表以及 IT 认证人员。有时,通过跨职能的方式组成多层面的工作团队，以完成手头的任务。

多技能护理公司的可交付成果在俄亥俄州梅森市专有的2.4万平方英尺的场所中完成。该公司每天24小时营业，全年无休，并由霍尼韦尔报警系统提供安保。该公司的主要技术在于其制药软件Rescot。该系统使公司能够处理、记录并生成对公司整体运营至关重要的相关数据。在多技能护理公司的多剂量包装能力方面和批发商采购方面也建立了其他合作伙伴关系。

多技能护理公司利用互联网发布相关信息和新闻，并开发了一个名为“追踪者”（Track-It）的在线顾客服务应用程序来报告有关顾客问题的具体信息，以便在全公司范围内解决问题。电子商务的优势包括在所有服务领域有更快的顾客服务响应，包括下单、药剂师审查、交付和计费。

多技能护理公司面临着来自医疗保健资金结构迅速变化、持照药剂师短缺、医疗实践不断变化以及各级员工留用的重大挑战。这些以及未来的挑战始终要与对利益相关者负责相平衡。

◆ **讨论题**

1. 质量的各种定义如何适用于多技能护理公司？

2. 多技能护理公司的方针和业务运营是如何反映六种质量观点的？

3. 考虑到多技能护理公司的业务性质及其面临的挑战，讨论全面质量的方法如何帮助公司应对这些挑战并提高其服务能力。

切尔西餐厅

切尔西（Chelsey）是一名年轻的企业家，高中和大学期间曾在各类餐馆工作，他决定开发一种新的餐饮服务理念，主要为忙碌的职场人士在下班回家的路上提供家常饭菜的外卖服务。餐厅还会有一个小的用餐区，供希望在餐厅就餐的顾客使用。这种业务模式不得不与特许专卖店和其他传统的当地餐馆竞争，切尔西希望确保此业务以质取胜，并建立强大的质量声誉。她请求你帮助她理解在设计和管理这家餐厅时必须解决的问题。

◆ **讨论题**

运用本章讨论的六种质量观点和其他任何概念，给切尔西一些可供参考的确保该项目高质量的建议。

谁为质量负责？[47]

豪伊·芬顿（Howie Fenton）是美国印刷领导协会（National Association for Printing Leadership）的高级技术顾问，他在博客中写道：

> 最近在一个行业活动上我遇到了玛丽·席林（Mary Schilling），祝贺她在Printing Impressions网站上的新博客，该博客专注于喷墨打印。十年来，玛丽一直关注墨与纸之间的关系。我必须说，当她开始写第一个博客时，就提出了这样一个问题：“谁负责确保纸张和喷墨是兼容的？”
>
> 虽然情况各不相同，但在我看来这是一个我在行业内见过很多次的问题。正如有些人可能说的，我们在印刷过程中对印版或纸张的选择有着同样的问题。如果你再往回掏，胶卷和照相机也是如此。一般经验法则是，如果你想要追究制造商的责任，你必须使用他们指定或推荐的产品。喷墨打印也是如此。如果顾客使用喷墨打印机制造商推荐的经过认可的墨水和纸张，那么顾客就可以追究制造商的责任。如果顾客正在寻找更好的交易（“更便宜”），并使用另一种墨水或纸张（“未经认可”），这便是其他供应商或者顾客的责任了。

◆ 讨论题

1. 谁对喷墨打印机的质量负责?
2. 像施乐这样的公司如何与喷墨打印机的顾客合作以确保质量呢?

迪尔公司

迪尔公司（Deere & Company）（又名约翰·迪尔公司，以其创始人的名字命名）是一家世界领先的农业、建筑业、林业、商业和消费应用（草坪和庭院护理）领域的设备制造商、经销商和金融机构。迪尔公司的目标一直是成为其所服务市场的低成本生产商。尽管如此，它在力求做到这一点的同时致力于保持以质量和顾客为中心的企业形象。公司的价值观是质量、创新、诚信和承诺。由于该公司与农业的强关联性以及许多农产品价格低迷、供应过剩，过去几十年来，公司的销售额和利润表现出极大的波动。在此期间，公司对其产品结构和制造工艺进行了各种调整，使其能够更好地在全球环境中竞争和生存。

以下摘录来自迪尔公司的各年度报告。

1999 年

通过持续改进突出我们对真正价值的追求是：以六西格玛绩效水平和顾客满意为目标的基于过程的一系列积极举措。本年度，在几千名员工的努力下，大约有 900 个项目得以完成或正在进行中。其目标是：精简业务流程，追求整个公司的卓越运营……在强调以顾客为中心的举措的支持下，我们的运营部门要围绕顾客获取、订单执行、产品开发和顾客支持的核心业务流程组织活动。

2005 年

迪尔公司的员工与我们的商业目标紧密相连，并据此得到相应的评估和报酬。事实上，我们在全球范围内的 21 000 名员工都遵循针对其自身职责和发展潜力制订的详细绩效计划。这些计划详细说明了每个人如何通过自身努力帮助部门和公司实现目标……在传统的管理工作基础上，公司持续开发对周围环境破坏性较小的产品解决方法。迪尔公司最近推出了采用最新技术的 Tier 3-compliant PowerTech Plus 发动机，在满足严格的排放规定的同时，提供了更好的燃油经济性和更大的功率。

2008 年

严格的资产管理是我们战略的核心，其目的是获取更好的收益，增加我们的相对优势，并度过经济困难期……在各个方面都遵循严格的流程有助于应对我们业务范围和规模的日益扩大并实现一致性、简单性、效率和质量水平的提高。我们的许多方法都是迪尔所特有的，很难复制。

在质量改进方面，公司正在积极实施迪尔产品质量体系（Deere Product Quality System，DPQS），这是一套世界一流的生产规范，旨在满足顾客对产品可靠性不断攀升的期望。公司产品线在 2008 年获得了先进的质量认证。DPQS 有望对公司更好服务顾客和减少费用的能力产生重大影响，因为这项努力将质量提升到了更高的水平。

作为一家领先的企业，迪尔认真对待自己的责任。在这方面，员工安全一直是迪尔公司的首要责任之一。2008 年，我们的设施仍然处于世界最安全的行列，员工受伤频率也处于公司的历史低点。作为一家以先进设备著称的环保领导者，公司也将可持续发展作为运营的一个组成部分。

通过全球 5 万多名敬业的员工的一道努力，迪尔公司正在建立一种基于绩效的文化，对我们的业绩产生了相当大的影响。迪尔公司的团队充实计划支持对员工团队协作的重视。

2010 年

随着世界的变化，迪尔也必须做出相应的改变。基于这一原则，公司在 2010 年推出了一个雄心勃勃的蓝图以指导在未来几年满足全球不断扩大的需求方面的努力……该战略使公司重点集中在两个增长领域——农业和建筑设备解决方案。其他业务——草坪、林业、零部件、发动机、智能解决方案和金融服务——都对这两项增长业务提供至关重要的支持或补充。强调业务阵容的紧密结合使迪尔公司更能发挥实力，优化投资，有效瞄准领导层和员工资源，并扩大在全球市场上的竞争力。

进一步地，修订后的战略提出了具有挑战性的指标要求，其中包括到 2018 年中期销售额达到 500 亿美元，到 2014 年中期营业利润率达到 12%。此外，我们正在采取措施来确保在加快实现增长愿望的同时，财务绩效仍可持续。众所周知的“健康”指标涉及产品质量、市场份额和员工参与等方面。

2012 年

“脚踏实地，放眼未来”是今年年度报告的主题，也是我们如何开展业务的主题之一。随着迪尔在全球范围内扩大市场份额，并寻求有吸引力的增长机会，我们致力于保持对卓越运营、严格成本和资产管理以及无与伦比的顾客服务的关注。更重要的是，我们的目标是在做所有这些事情的同时，保持诸如正直等基本的价值观，这些价值观塑造了我们的性格，并会使我们的成功延续好几代人。

2015 年

迪尔公司深远的业务战略在 2015 年取得了进一步的发展。该计划以“脚踏实地，放眼未来”为口号，强调安全管理、高效运营；提供优质、先进的产品；通过投资来巩固我们在关键市场的竞争地位。公司正通过更加注重质量和创新来强化战略计划。我们之所以这样做，是因为质量卓越的产品往往能赢得更高的顾客满意度，并赢得更大的市场份额……去年，公司全面开展的独特质量工作为实现 2016 年底的目标质量水平做出了重大贡献。我们在提高识别和解决产品出厂前的质量问题的能力方面取得了特别的成功。

2017 年

迪尔公司的核心战略是加强对创新和质量的关注……我们正在加强对技术、分析和精准农业的承诺。所有这些都是我们想要成为无可争议的领导者的领域。我们相信，我们的产品与先进技术的结合会带来更智能、更高效的设备，将塑造农业的未来。此外，我们的计划强调加强我们与经销商的牢固关系。它们的专业知识和与顾客的联系为迪尔带来了一个强大的竞争优势。我们的经销商正在继续进行投资并提高其能力，特别是在精准农业等领域，以更好地服务顾客。

◆ **讨论题**

根据这些信息，编写一份简要报告，讨论迪尔公司的质量演变过程。将你的观点与历史趋势、未来挑战、各种质量定义以及本章讨论的包括质量观点在内的其他问题联系起来。例如，这些年来，迪尔对质量的看法以及实施质量的做法发生了怎样的变化？可以查看迪尔公司最新的年度报告，使你的分析包含新的信息。

注 释

1. "Conference Board High on Quality Management," *Quality Progress*, August 2011, 13.
2. Angus Mackenzie, "Feet of Clay," *Motor Trend*, April 2010, 8.
3. Alex Taylor III, "How Toyota Lost Its Way," *Fortune*, July 26, 2010, 108–118.
4. http://gizmodo.com/5593194/.
5. Don Siebels, *The Quality Improvement Glossary* (Milwaukee, WI: ASQ Quality Press, 2004).
6. Nabil Tamimi and Rose Sebastianelli, "How Firms Define and Measure Quality," *Production and Inventory Management Journal* 37, no. 3 (Third Quarter, 1996), 34–39.
7. Four comprehensive reviews of the concept and definition of quality are: David A. Garvin, "What Does Product Quality Really Mean?" *Sloan Management Review* 26, no. 1 (1984), 25–43; Gerald F. Smith, "The Meaning of Quality," *Total Quality Management* 4, no. 3 (1993), 235–244; Carol A. Reeves and David A. Bednar, "Defining Quality: Alternatives and Implications," *Academy of Management Review* 19, no. 3 (1994), 419–445; and Kristie W. Seawright and Scott T. Young, "A Quality Definition Continuum," *Interfaces* 26, no. 3 (May-June 1996), 107–113.
8. David A. Garvin, "What Does Product Quality Really Mean?" *Sloan Management Review* 26, no. 1 (1984), 25.
9. "Lamborghini Owner Says He Got $262,000 Lemon," *Cincinnati Enquirer*, June 23, 1998, B5.
10. Gregory M. Seal, "1990s—Years of Promise, Years of Peril for U.S. Manufacturers," *Industrial Engineering* 22, no. 1 (January 1990), 18–21. We also thank Ben Valentin for providing some historical facts about Nissan and Datsun.
11. ANSI/ASQC A3-1978, *Quality Systems Terminology* (Milwaukee, WI: American Society for Quality Control, 1978).
12. "Quality Pays at Hilton Hotels," *Quality Digest*, August 2005, 9.
13. Early history is reported in Delmer C. Dague, "Quality—Historical Perspective," *Quality Control in Manufacturing* (Warrendale, PA: Society of Automotive Engineers, 1981); and L. P. Provost and C. L. Norman, "Variation through the Ages," *Quality Progress* 23, no. 12 (December 1990), 39–44. Modern events are discussed in Nancy Karabatsos, "Quality in Transition, Part One: Account of the '80s," *Quality Progress* 22, no. 12 (December 1989), 22–26; and Joseph M. Juran, "The Upcoming Century of Quality," address to the ASQC Annual Quality Congress, Las Vegas, May 24, 1994. A comprehensive historical account may be found in J. M. Juran, *A History of Managing for Quality* (Milwaukee, WI: ASQC Quality Press, 1995). Discussions of quality in China were adapted from the first chapter, "Ancient China's History of Managing for Quality," in Juran's book and from Jack Pompeo, "Living Inside China's Quality Revolution," *Quality Progress*, August 2007, 30–35.
14. M. D. Fagan (ed.), *A History of Engineering and Science in the Bell System: The Early Years, 1875–1925* (New York: Bell Telephone Laboratories, 1974).
15. Jennifer Reingold, "Squeezing Heinz," *Fortune*, October 28, 2013, 184–191.
16. "Manufacturing Tops List of Concerns Among Executives," *Industrial Engineering* 22, no. 6 (June 1990), 8.
17. Lawrence Utzig, "Quality Reputation—Precious Asset," *ASQC Technical Conference Transactions*, Atlanta: 1980, 145–154.
18. Procter & Gamble, *Report to the Total Quality Leadership Steering Committee and Working Councils* (Cincinnati, OH: Procter & Gamble, 1992).
19. A. V. Feigenbaum, *Total Quality Control*, 3rd ed., rev. (New York: McGraw-Hill, 1991), 77, 78.
20. "The Cost of Quality," *Newsweek*, September 7, 1992, 48–49.
21. Lori L. Silverman with Annabeth L. Propst, "Quality Today: Recognizing the Critical SHIFT," *Quality Progress*, February 1999, 53–60.
22. https://en.wikipedia.org/wiki/Hamdan_Bin_Mohammed_Smart_University.
23. Spotlight Report. Quality Practices in the Middle East and North Africa (MENA) Region. The ASQ Global State of Quality. globalstateofquality.org.
24. Kennedy Smith, "Managers Disagree on Quality's Definition" *Quality Digest*, May 2004, 6.
25. *2015 Future of Quality Report: Quality Throughout* (Milwaukee, WI: American Society for Quality, 2015).
26. "A Profile of Hershey Foods Corporation," Hershey Foods Corporation, Hershey, PA, 7.
27. Jeff Sabatini, "Flawless (Nearly)," *Automotive Manufacturing & Production*, November 1999, 60–62.
28. Frederick F. Reichheld and W. Earl Sasser, Jr., "Zero Defections: Quality Comes to Services," *Harvard Business Review* 68, no. 5 (September-October 1990), 105–112.
29. Wes Raynal, "Quality Matters, but Service Is Tops," *Autoweek*, July 19, 2010, 14.
30. © Cengage Learning 2014. Based on the Malcolm Baldrige National Quality Award application summaries of The Ritz-Carlton Hotel Company, L.L.C. © 1992 and 1999. All rights reserved; Cheri Henderson, "Putting on the Ritz," TQM Magazine 2, no. 5 (November-December 1992), 292–296; and remarks by various Ritz-Carlton managers at the 2000 Quest for Excellence Conference, Washington, D.C.
31. Russell T. Westcott (ed.), *The Certified Manager of Quality/Organizational Excellence Handbook*, 3rd ed. (Milwaukee, WI: Wisconsin, 2006).
32. *The PIMS Letter on Business Strategy*, no. 4 (Cambridge, MA: Strategic Planning Institute, 1986).
33. Philip Crosby, *Quality Is Free* (New York: McGraw-Hill, 1979).
34. Kathleen Kerwin, "When Flawless Isn't Enough," *Business Week*, December 8, 2003.
35. David Welch, "Nissan: The Squeaks Get Louder," *Business Week*, May 17, 2004, 44.
36. Spotlight Report. Quality as a Competitive Differentiator. The ASQ Global State of Quality. globalstateofquality.org
37. U.S. General Accounting Office, "Management Practices: U.S. Companies Improve Performance Through Quality

Efforts," GA/NSIAD-91-190 (May 1991); "Progress on the Quality Road," *Incentive*, April 1995, 7.
38. Kevin B. Hendricks and Vinod R. Singhal, "Does Implementing an Effective TQM Program Actually Improve Operating Performance? Empirical Evidence from Firms That Have Won Quality Awards," *Management Science* 43, no. 9 (September 1997), 1258–1274. The results of this study appeared in extensive business and trade publications such as *Business Week*, *Fortune*, and others.
39. Rath & Strong Executive Panel, Winter 1994 Survey on Personal Initiative, Summary of Findings.
40. Ron Zemke and Dick Schaaf, *The Service Edge* (New York: New American Library, 1989), 352–355; William Davidow and Bro Utall, *Total Customer Service* (New York: Harper & Row, 1989), 86–87. Other good examples at FedEx can be found at www.fedexstories.com.
41. Information for this feature was obtained from "Xerox Quest for Quality and the Malcolm Baldrige National Quality Award" presentation script; Norman E. Rickard, Jr., "The Quest for Quality: A Race without a Finish Line," Industrial Engineering, January 1991, 25–27; Howard S. Gitlow and Elvira N. Loredo, "Total Quality Management at Xerox: A Case Study," *Quality Engineering* 5, no. 3 (1993), 403–432; Xerox Quality Solutions, A World of Quality (Milwaukee, WI: ASQC QualityPress, 1993); and "Restrengthening Xerox: Our Lean Six Sigma Journey," Presentation slides, May 2003. Courtesy of Xerox Corporation. "Know What Counts. Measure What Matters. Deliver Results. Lean Six Sigma and the Quest for Continuous Improvement." Our thanks also go to George Maszleof Xerox Corporation for providing the information on Six Sigma initiatives.
42. Reprinted with permission from Jack Pompeo, "Living Inside China's Quality Revolution," *Quality Progress*, August 2007, 30–35. Copyright © 2007 American Society for Quality. No further distribution allowed without permission.
43. Spotlight Report. Quality Training and Competencies. The ASQ Global State of Quality. globalstateofquality.org.
44. Scott M. Paton, "Is China Another Japan?" *Quality Digest*, January 2008, 128.
45. Yang Gang, "The Quest for Quality in China," *The Quality Management Forum* 39, no. 1 (Spring 2013), 1, 3–5.
46. Appreciation for materials in this case is expressed to Nancy Mlinarik, VP of Quality, Skilled Care, Inc.
47. Howie Fenton, "Who's Responsible for the Quality from Production Inkjet Printing?" https://digitalprinting.blogs.xerox.com/2013/11/22/whos-responsible-for-the-quality-from-production-inkjet-printing/.

第2章 质量管理的基础

19世纪90年代，凯撒·里茨（Caesar Ritz）定义了豪华酒店的标准。这些标准发展为今日丽思卡尔顿酒店的员工们（“服务于绅士和淑女的绅士和淑女”）的质量职责——预期客人的愿望和需求，解决他们的问题，对客人及同事给予诚挚的关爱。丽思卡尔顿的管理层认识到，确保这些职责得以实现的关键在于培养一支“带有自豪感和喜悦心情来工作的熟练而有能力的员工队伍”。工作中的自豪和喜悦这一理念及其对质量的影响是爱德华兹·戴明管理理念的基础。戴明、朱兰和克劳斯比被认为是质量革命中真正的“管理大师”。他们在质量的测量、管理和改进方面的真知灼见对全世界的无数管理者和企业产生了深远影响。

本章将介绍这三位先驱的质量管理理念，比较他们的异同，并回顾他们对现代质量管理实践的贡献。此外，本章还讨论了其他几位对形成当代质量管理思想做出贡献的关键人物。这些贡献奠定了全面质量管理原则和质量管理体系（如ISO 9000）实施的基础，本章也会对此做简要介绍。

质量档案　得克萨斯铭牌公司与美德瑞达公司

得克萨斯铭牌公司（Texas Nameplate Company，Inc.）成立于1946年，起初只有43名员工，是一家生产和销售贴在电冰箱、油田设备、高压阀门、卡车、计算机设备以及其他产品上的标识和信息标牌的企业，其客户包括来自美国和其他9个国家的1 000多家企业。得克萨斯铭牌公司已经将其固有的小企业的原始属性——从顺畅沟通和快速决策到分享目标和易接近的领导——打造成竞争优势。它首先将传统的等级制领导结构转变为扁平式的建立在相互尊重基础上的基于团队的结构，并遵循“畏惧无用；我们需要的是信任”的理念，最终形成了可以精准满足顾客需求的紧密组织。得克萨斯铭牌公司的目标是创建一个持续学习的环境，使被授权的员工能够负责流程并提供“星级质量”的产品和服务。与顾客打交道的雇员可以不用请示管理层自主解决顾客投诉，生产工人负责定制流程，以优化对公司目标的贡献，并达到团队制定的标准。得克萨斯铭牌公司在4年时间里将缺陷率从3.65%降到1%。在包括产品质量、可靠性、准时交付和整体满意度等12个重点业务领域中，顾客一直给予公司“优秀”的评级（在6分量表中处于5～6分的水平）。在员工调查中，在员工认为最重要的5个领域，即公平的薪酬、工作内容的满意度、认可、公平/尊重和职业发展，满意度得分都大幅超出全国平均水平。

40多年来，美德瑞达公司（MEDRAD）一直致力于通过开发、市场营销和服务创新改进患者的治疗效果，并利用成本效益高的医学成像和其他疾病诊疗设备进行诊断和治疗。美德瑞达创造了分布式决策环境以支持高绩效的文化。决策是在与顾客互动的基础上完成的，顾客可以是美德瑞达公司的客户、员工或其他任何利益相关者。这种模式使企业能够快速灵活地响应业务部门、客户和员工的需求。该公司采用系统化的方法通过行业协会以及其他机制捕捉顾客的期望和偏好，并将其传达给适合的销售团队进行分析。顾客投诉流程用于对顾客问题的及时响应和顺利解决，并确保组织确定原因和采取纠正措施。由于以顾客为中心的做法，美德瑞达的综合净推荐（NP）率一直保持在60%或更高水平，相比之下，其他组织在同时间段内的综合净推荐率为50%或以上。在服务保障方面，美德瑞达一直保持在80%或更高，同类最佳标杆企业仅为50%。

资料来源：Malcolm Baldrige National Quality Award，Profiles of Winners，and 2002 Quest for Excellence video script，National Institute of Standards and Technology，Department of Commerce.

2.1 戴明的理念

在质量管理领域，没有谁能比爱德华兹·戴明（1900—1993）博士有更大的影响力。戴明获得了物理学博士学位，最初是一个统计学家，他的许多理念都可以追溯到这些源头。20世纪二三十年代，在统计质量控制盛行的时期，他在西方电气公司工作。戴明意识到从统计学角度观察管理过程的重要性。第二次世界大战期间，作为美国国防工作的一部分，他曾教授过质量控制课程，但他认识到，只向工程师和工厂工人讲授统计学，永远无法解决制造中的基本质量问题。虽然付出了大量努力，但他向更高层管理者传递质量信息的尝试在美国并没有得到重视。

第二次世界大战结束后不久，戴明应邀到日本帮助开展一项普查。日本人曾听说过他的理论及其战时在美国公司的应用。他随后开始向他们讲授统计质量控制。然而，他的思想超越了单纯的统计学。戴明强调最高管理者的领导力、顾客/供应商伙伴关系以及在产品开发和制造过程中持续改进的重要性。日本的管理者热情接受了这些理念，接下来，正如他们所言，永载史册。戴明对日本工业界所产生的影响如此之大，1951年日本科技联盟设立了戴明奖，以表彰那些在质量实践中表现出高水平的公司。戴明也获得了日本的最高荣誉——由日本天皇颁发的瑞宝章。NEC电子公司前任社长曾说：“没有一天我不在思考戴明博士对于我们的意义。”

尽管戴明生活在华盛顿，但直到1980年美国全国广播公司（NBC）制作的一个名为《如果日本能……为什么我们不能?》的节目播出之前，他在美国还鲜为人知。该节目突出报道了戴明对日本的贡献以及他后来在Nashua公司开展的工作。之后没多久，他的名字就频繁挂在美国公司总裁的嘴边。福特、通用汽车和宝洁这些公司都邀请他去帮助改进质量。让它们感到惊讶的是，戴明并没有为它们设计一套“质量改进方案”。他的目标是将质量知识的种子播撒到管理中，使管理者开发出有效的质量管理体系。戴明知道，他没有多少时间可以用来改变他的祖国了，他始终充满激情地工作着，直到1993年12

月以 93 岁高龄去世。当被问及他希望人们如何记住他时，戴明回答说，“我或许甚至不愿被记住”，一段长时间的沉默后，他补充说，“嗯，也许是……一个花费毕生精力来阻止美国走向‘自杀’的人”。[1]

（戴明的影响力究竟有多大？《汽车潮流》（*Motor Trend*）杂志在其 60 周年特刊上列举了八个“改变世界的汽车事件”。[2]其中之一是“1950 年：爱德华兹·戴明给日本科技联盟做讲座”。杂志指出，丰田、本田、日产“所有这些企业都将其成功归功于这位被美国忽视的智者”。）

与其他管理大师和顾问不同的是，戴明从未精确地定义或描述过质量。在他的最后一本书中，他阐述说：“一件产品或一项服务，如果对某人有用，或是能保持良好而长久的市场地位，就是有质量的。”[3]在戴明看来，变异是导致劣质的罪魁祸首。比如，对于装配的机械产品来说，零部件尺寸与规范之间的变异会导致性能的不稳定及过早的磨损和故障。同样，服务过程中，人员行为的不一致也会给顾客带来麻烦，损害公司的声誉。为了减少变异，戴明提倡一种统计分析所支持的永无止境的持续改进循环。

戴明理念的核心在于：在最高管理层的领导下，通过减少设计、生产和服务过程中的不确定性和变异，持续改进产品和服务的质量。戴明还认为，质量越高，生产率越高，从而带来长期的竞争优势。戴明的**“链式反应”**（Deming Chain Reaction）理论表述的就是这一观点（见图 2－1）。这一理论主张，质量改进将导致成本降低，因为它会带来返工的减少、差错的降低、更少的延误以及对时间和物料更有效的利用。低成本又会带来生产率的提高。具备更高的质量和更低的价格，企业就可以取得更大的市场份额，从而能够持续经营，提供更多的工作机会。戴明强调，高层管理者必须负起质量改进的总责任。

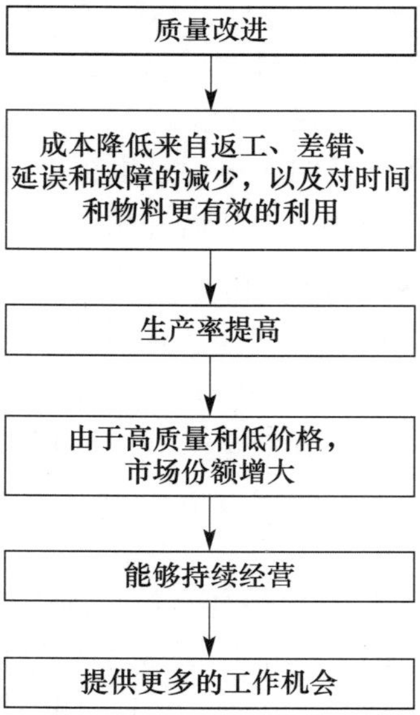

图 2－1　戴明链式反应

资料来源：Based on Deming，W. Edwards，*Out of the Crisis*，figures：Fourteen Points，condensed and expanded versions，pages 23－24，© 2000 Massachusetts Institute of Technology.

2.1.1 戴明十四点

戴明在美国的早期工作主要是宣讲其**“十四点”**（14 points）（见表2-1），这些理念与当时的管理思想和实践大相径庭。那时（20世纪六七十年代），制造业是由定额和严格的工作测量驱动的，产生了劳资之间的敌对关系。许多企业由专制的管理者领导，他们对于倾听顾客声音、让员工参与和改进质量漠不关心。戴明坚信这类企业不可能蓬勃发展，由此提出了实现卓越质量的十四点建议。虽然当今的管理实践与戴明最初传播其理念的那个时代已经大不相同，但这十四点仍然传达出重要的见解，对于有效管理组织具有指导意义。我们将简要讨论蕴含在每一点中的启迪。

表2-1 戴明十四点

1. 建立并向全体员工发布公司或组织的目标和宗旨。管理层必须持续表现他们对这一目标和宗旨的承诺。
2. 学习新理念，包括高层管理者和全体员工在内。
3. 理解检验对于过程改进和成本降低的目的。
4. 结束以价格为标准来选择商业伙伴的做法。
5. 要持之以恒地改进生产和服务系统。
6. 开展培训。
7. 教授并建立领导力。
8. 驱除恐惧；建立信任；营造创新氛围。
9. 优化团队、群体和员工的努力以实现公司的目标和宗旨。
10. 取消对员工的警告。
11. (a) 取消生产中的数量定额，代之以学习和应用改进方法。
(b) 取消目标管理，代之以了解过程能力以及如何加以改进。
12. 清除影响人们工作自豪感的障碍。
13. 鼓励每个人的教育和自我提升。
14. 采取行动实现转型。

资料来源：Deming, W. Edwards, *Out of the Crisis*, figures: Fourteen Points, condensed and expanded versions, pages 23-24, © 2000 Massachusetts Institute of Technology, by permission of The MIT Press.

第一点：创建一个愿景并做出承诺 一个组织必须明确其价值观、使命和愿景，从而为管理层和员工指明长期的方向。戴明相信，企业不应只为利润而存在，它们是以服务顾客及其雇员为基本宗旨的社会实体。为了履行这一宗旨，它们必须具有长远的眼光投资于创新、教育和培训，并承担提供工作岗位和提高公司竞争地位的责任。这种责任落在最高管理层的肩上。有效的领导始于承诺，但对管理者来说，做出质量和卓越绩效方面的承诺并非易事。即使管理者已经对组织进行全面评价并且清楚应当从何处进行改变，还是有许多人抓不住机会。[4] 原因从拒绝改变（“我们不会那么糟糕”）到找借口（“现在忙不过来”），各种各样。

第二点：学习新理念 以往的管理方法建立在20世纪过时的管理实践基础之上，如定额制生产或励志口号等，这些已不适合今天的全球化商业环境。然而，一些组织，如呼叫中心，仍然是这样管理的。为了在当今竞争激烈的环境中生存，企业必须采取顾客驱动的方法管理质量。要做到这一点，从董事会到仓库的每个人都必须学习和了解质量和卓越绩效的原理。但是，人们会换工作，组织的记忆通常也是短暂的，所以个人和组织都需要不断地温故知新。这通常称为“组织学习”，我们会在后面的章节中加以讨论。

第三点：理解检验 在 20 世纪，检验一直是质量控制的主要手段。企业雇用几十人甚至数百人来进行检验，有时甚至和普通的生产工人一样多。常规检验只能找出已经存在的缺陷，并在事实上鼓励了生产工人对质量的忽视，不能为产品增值。返工和处置有缺陷的物料降低了生产率并提高了成本。戴明主张工人要为他们自己的工作负责，而不是把问题留给生产线上下一道工序的人。他提倡过程中的检验，并运用统计工具来帮助消除生产后的检验。检验应当作为改进的信息收集工具而不是保证质量的手段。今天，检验的这种新角色体现在大多数公司的质量管理实践中。但是，很少有管理者能够真正理解生产中的变异以及如何利用这些过程数据进行改进。通过理解并努力减少变异，管理者能够消除不必要的检验，从而减少运营活动中非增值性的成本。

第四点：停止单纯依据成本做决策 采购部门长期以来一直被成本最小化和供应商之间的竞争驱动，不关注质量。早在 1931 年休哈特就指出，离开质量谈价格是毫无意义的。[5]（回忆第 1 章基于价值的质量的定义。）然而，传统上采购经理的绩效通常是由他们所花的钱的总数来评价的。戴明认识到，由于采购劣质物料而在生产中及质保期内造成直接成本的增加，再加上商誉方面的损失，会大大超过采购部门所认为的成本的“节约”。因此，采购部门必须理解它作为生产部门供应商的这一角色及其对系统的影响。

戴明敦促企业与少数供应商建立长期合作关系，以保证供应商的忠诚，为双方改进提供机会。管理层以往为选择多个供应商的辩解是，避免受到诸如罢工及自然灾害等的影响，但他们忽视了“隐藏”成本，比如为拜访供应商而增加的旅行开支、丢掉批量折扣、安装费用增加所导致的单位成本增加，以及库存和管理费用的增加。更重要的是，仅凭价格就频繁地更换供应商将加大生产原料的变异程度，因为各个供应商的生产过程是不同的。相反，减少供应商的数量将降低进入生产过程的原料的变异程度，因此减少了废品、返工以及为了适应这些变异而进行的必要调整。长期的合作关系可以增强这种供需双方的联系，使得供应商能以更大的批量生产，增进与顾客的沟通，并因此增加过程改进的机会。今天，人们对供应链管理的重视反映了第四点。供应链管理高度重视从系统的角度来观察供应链，其目标在于使总的供应链成本最小化，并与供应商之间建立更为牢固的合作伙伴关系。

第五点：持之以恒地改进 改进对于设计和运营来说是必不可少的。产品和服务设计上的改进源于对顾客需求的理解、持续的市场调研和从其他途径获得的反馈，以及对制造和服务提供过程的了解。运营上的改进是通过减少变异的原因和影响，以及鼓励全体员工创新工作方法，寻求更加有效的工作方法来实现的。一旦质量得到改进，生产率会随之提高，同时成本也会降低，正如戴明链式反应所示。持续改进在当今竞争激烈的全球化经营环境中已经成为组织生存的必要手段。改进工具处于不断发展中，组织必须确保员工能够理解并有效应用这些工具，这就要求进行培训，即下一点所关注的。

第六点：开展培训 人是组织最宝贵的资源，他们想做好自己的工作，需要进行培训。培训不仅可以提高质量和生产率，还可以提高员工士气，向员工表明公司愿意为他们的未来进行投资。培训必须超越诸如如何操作机器或按照脚本与顾客交谈这些基本的岗位技能。培训应包括诊断、分析和解决质量问题以及识别改进机会等。今天，许多公司在直接生产技术方面都有很好的培训计划，但在丰富员工的辅助技能方面不尽如人意。

这是最有可能对关键业务的结果产生影响的地方。

第七点：进行领导 戴明认为，缺乏领导是改进的最大障碍之一。管理层的工作应当是领导而非监督。监督只是对工作进行监视和指导，领导则意味着帮助员工把工作做得更好。发挥领导作用有助于消除工作中的恐惧并鼓励团队合作。在每个组织中，发挥领导作用过去是，现在是，将来也会是一个富有挑战的主题，尤其随着新一代管理者慢慢取代那些已经学会领导的老一代管理者。因此，戴明的这一点永远与组织相关。

第八点：驱除恐惧 恐惧反映在很多方面：恐惧报复、恐惧失败、恐惧无知、恐惧失去控制、恐惧变革等。离开了管理层和员工之间的相互尊重，任何一个系统都不可能正常运行。由于可能完不成定额，奖金降低，或者因为系统的问题而使自己受责备，员工们往往害怕报告质量问题。管理者也害怕跟其他部门合作，因为这可能导致其他部门的管理者绩效排名靠前和奖金更高，或者他们害怕被接管或重组。创造一种没有恐惧的文化是一个缓慢的过程，但如果遇到领导层更迭或公司政策发生变化，则可能在瞬间遭到破坏。因此，今天的管理者需要继续对恐惧给他们的组织可能造成的影响保持敏感。

第九点：优化团队的努力 团队有助于打破部门间与个人间的壁垒。当管理者担心可能会失去权力时，部门间的壁垒就会出现。为了晋升和绩效排名而产生的内部竞争会阻碍团队合作。这会导致质量低劣，因为各部门不了解内部顾客的需求，也无法从内部供应商那里获得所需资源。培训和员工参与是消除这种壁垒的重要手段。

第十点：消除警告 许多早期的质量改进活动关注的只是行为改变。然而，标语、口号和动员活动都指错了对象。它们假定所有质量问题都源于员工，却忽视了问题的主要根源在于管理层所设计的系统。一个设计良好的系统能为员工提供适宜的工具和环境，比口号和目标更能提高人们的积极性，并获得更高的信任。

第十一点：取消数量定额和目标管理 许多组织依靠一些客观和随性的目标来管理。标准和定额并不会激发改进，特别是当奖励和绩效评估与完成定额相联系时。工人为了完成目标会在质量上"走捷径"，这种情况仍然存在，比你想象的要多。一旦完成目标，工人几乎不会再有动力去继续努力。他们不会比所要求的做得更多。随性的管理目标，如下一年提高5%的销售额或下季度降低10%的成本等，如果没有方法去完成就是毫无意义的。戴明承认目标是有用的，但只为他人设定数量指标而不提供实现的方法，则会招致挫败感和怨恨。管理者必须了解系统，并不断进行改进，不应将关注点放在短期目标上。

第十二点：清除影响人们工作自豪感的障碍 用戴明的话来说，生产一线的员工甚至管理者常常被视为一种"商品"。一线员工常被分配单调乏味的工作，配备劣质的机器、工具或原料，被告知要使用有缺陷的物品来完成工作，并向那些对工作一无所知的主管汇报，一旦出现问题便遭到指责。有效的组织需要了解激励和吸引员工的要素，建立一种工作环境，使员工为所从事的工作感到自豪、理解他们工作的意义，并为取得的成绩获得相应的奖励。

第十三点：鼓励教育和自我提升 这一点与第六点之间的差别非常细微。第六点指对特定岗位技能的培训，第十三点则指为了自我发展而进行持续和广泛的教育。组织必须为各层级的员工进行投资，以确保取得长远成功。企业的一个基本使命是提供工作，如第一点所言，但企业和社会还负有提升个人价值的责任。个人价值的开发是强有力的激励措施。现在，许多公司都认识到，在特定岗位技能外提升员工队伍的一般性知识水平会给组织带来回报。但是，仍有一些组织在必须进行财务权衡时，将此项工作视为成本负担，轻易砍掉。

第十四点：采取行动 任何文化变革都始于最高管理层且涉及每一个人。改变组织文化通常会遭到怀疑和抵制，很多企业感到难以应付，尤其是戴明主张应当根除传统管理方式的那些企业。

许多公司运用戴明的原则，围绕他的理念构造了自己的质量方法。有些公司使用戴明原则取得了巨大的成功，如 1991 年波多里奇奖得主 Zytec 公司，它现在是 Artesyn Technologies 公司的一部分，还有 Hillerich & Bradsby 公司（见“质量聚光灯”）。

很多人对戴明提出批评，认为他的原则只是一种理念，缺乏管理者如何去做的具体指导和方法，不符合传统的美国企业文化。但正如戴明经常指出的那样，“没有一蹴而就的事情”。卓越质量需要通过学习、努力和奉献来实现，但许多人不愿为此承诺。

质量聚光灯

Hillerich & Bradsby 公司

Hillerich & Bradsby 公司（H&B）自 1884 年开始生产 Louisville Slugger 牌棒球棍。[6] 20 世纪 80 年代中期，这家公司面临市场变化和竞争所带来的巨大挑战。公司 CEO 杰克·希勒里希（Jack Hillerich）参加了一个为期四天的戴明研习班，这个研习班为公司当时的质量工作提供了基础。从研习班回来后，希勒里希决心尝试变革，看看在这家有个老工会且长期为劳资问题所困扰的公司，戴明所提倡的变革哪些是可行的。希勒里希说服工会领导和其他五位高管一起参加了另一个戴明研习班。研习班之后，由工会和管理层组成的核心小组制定了公司的变革策略。他们讨论要建立信任，并使公司成为一个“你愿意在其中工作的公司”。员工对此很有兴趣，但也有所怀疑。为了表明他们的承诺，管理者研究了戴明十四点，选出其中几点即他们认为能够采取措施取得进展的方面，以展示他们对变革的严肃态度。他们实施的最初的变革之一是取消与时薪挂钩的工作定额，以及针对未完成定额的警告和惩罚措施，取而代之的是一种基于团队的做法。虽然只有部分员工受益于这项变革，但由于员工对他们的工作感到自豪，一次就能生产出正确的产品，降低了返工率，整体生产率显著提高。H&B 还废除了绩效评估和根据销售提成的付酬方式。公司开始注重培训和教育，这带来了人们对变革的开放态度和团队合作的加强。今天，戴明的理念仍然是 H&B 指导原则的核心。

2.1.2 渊博知识体系

由于戴明并未给其十四点提供明确的理由，企业里的人对十四点产生了一些困惑和误解。不过在他去世前，戴明将十四点的理论基础归纳为以下四个要素，并称其为**“渊博知识体系”**（System of Profound Knowledge）。

1. 对系统的认可；
2. 了解变异；
3. 知识理论；
4. 心理学。

系统 系统（system）是组织内为了实现组织目标的一组职能或活动。一个系统由很多更小的、相互作用的子系统组成。例如，一家麦当劳餐厅就是一个系统，它包括点餐/收款子系统、烘焙和食物准备子系统、免下车子系统和订单执行子系统。这些子系统相互联系，互为内部顾客和供应商。同样，每个组织都由许多单一职能组成，这些职能在组织结构图上常被视为一个个独立单位。然而，正如第1章所提到的，大多数流程都是跨职能的。因此，管理层应当关注系统中的各个部分以及系统间的相互关系，而不是单独考虑每个部分的行为。

任何系统的目标都应该是使所有利益相关者长期受益，这些利益相关者包括股东、员工、顾客、社区和环境。要管理一个系统，管理者必须了解该系统组成部分间的关系以及利益相关者间的关系。鲁塞尔·阿科夫（Russell Ackoff），系统思维方面的知名权威，如此阐释系统思维的重要性：

> ……将从一个系统中各个部分抽出来的最佳实践组合起来并不能形成一个最好的系统，甚至连一个好的系统都算不上。一家公司有12家工厂，每家工厂生产相同类型的饮料，变异相同。公司将生产过程分为15个步骤，并制作出一张表，列代表每家工厂，行代表每个步骤。然后，公司进行一项研究来确定每家工厂每一个步骤的生产成本（一项成本高昂的研究），找出各个步骤成本最低的工厂。接下来，公司尝试将各厂中非最低成本的步骤都换为成本最低的相应步骤。如果成功，则各厂的所有生产步骤都将是成本最低的。但是此法行不通！成本最低的步骤各不相容。结果只是一些无关痛痒的表面变化，与付出的成本相比得不偿失。[7]

次优化（对单个要素的优化）会使系统中的每个人蒙受损失。例如，以最低价格采购原材料经常会导致生产过程中出现更多废品和维修成本的增加以及整体成本的提高。单纯追求生产成本最低可能会导致产品不符合设计规范和顾客需要。这种情况带来的是此赢彼输的结局。采购赢，制造就输；制造赢，顾客就输；等等。

系统思考同样适用于人的管理。让个人和部门为了争夺资源而彼此对抗对于组织而言是自我毁灭。个人和部门会全力追求自身所期望利益的最大化而非整体利益最大化。因此，优化系统需要内部合作。传统的绩效考核没有考虑到系统中的交互作用。影响员工个人绩效的因素有很多，比如：

- 接受的培训；
- 获得的信息与资源；
- 主管和管理者的领导力；
- 工作的干扰；
- 管理政策和做法。

很少有绩效评估能认识到这些因素，常见的只是指责对环境无能为力的员工个人。

变异 渊博知识体系的第二部分是对统计理论和变异的基本理解。变异无处不在，无论是打高尔夫球，还是餐馆里的饮食和服务。Quincunx装置演示了变异的自然发生过程。在装置中，小球从顶部的小孔中落下，在掉进收集盒子的过程中撞击一系列钢针。小球在下落撞击钢针的过程中，钢针随机地使其落向左右。（如果你曾看过一个名为《价格竞猜》（The Price is Right）的节目，你在plinko游戏环节中看到的就是Quincunx装置！如果没看过，可以在谷歌中搜索“plinko”。）

图 2－2 所示是一个电脑模拟的 Quincunx 装置。[8] 图 2－3 所示是在一次模拟中小球落下位置的频率分布。注意，绝大部分小球落到盒子中间，形成一个类似于正态分布的大致对称的钟形。即使所有小球从同一个位置落下，最终结果仍然显示出变异的存在。

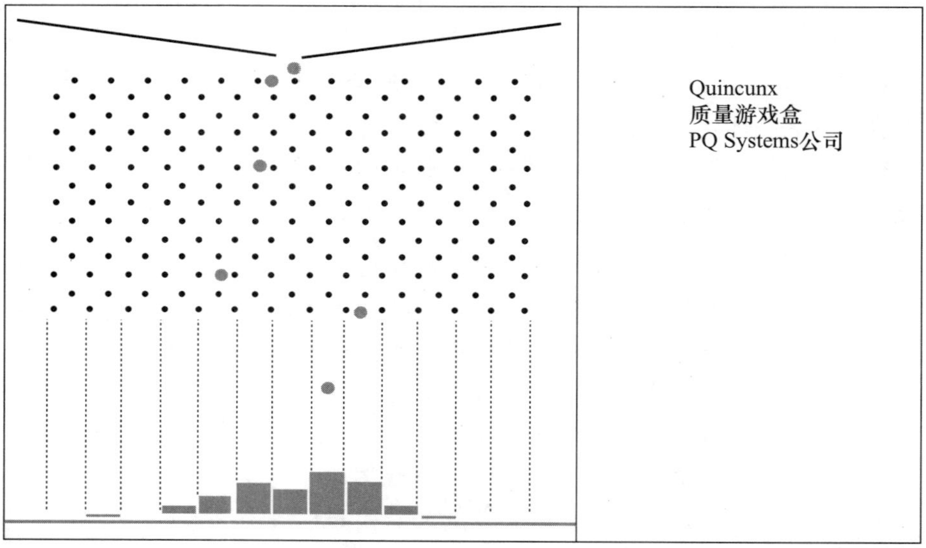

图 2－2　演示中的 Quincunx 装置

资料来源：From Quality Gamebox, a registered trademark of Productivity-Quality Systems, Inc. Copyright PQ Systems, www. pqsystems. com.

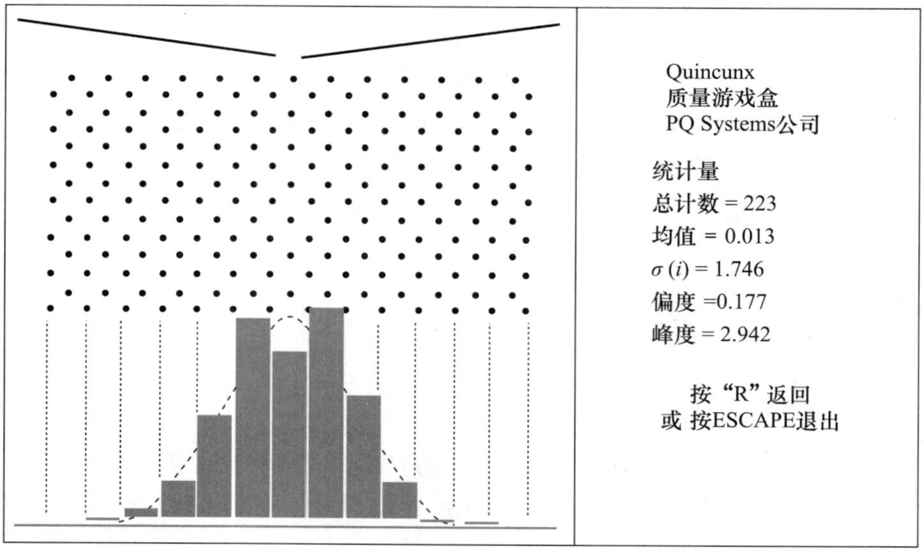

图 2－3　一次 Quincunx 实验的结果

资料来源：From Quality Gamebox, a registered trademark of Productivity-Quality Systems, Inc. Copyright PQ Systems, www. pqsystems. com.

在任何生产和服务过程中都存在变异，这通常是由系统设计中固有的、无法轻易控制的因素引起的。过度变异导致产品发生故障或不能正常发挥功能，或导致服务的不一致，不能满足顾客期望。统计方法是确定和量化变异的首要工具。戴明提倡企业中的每位员工都要熟悉统计技术及其他问题解决工具。统计数据是企业中每位员工——从高层管理者到一线员工，可用来沟通的共同语言。其价值体现在它的客观性上。统计不给含糊不清和误解以任何可乘之机。

今天，现代技术使得我们能够生产出几乎没有变异的物理部件。但是，来自人的行为和表现方面的变异还在阻碍质量工作。戴明建议管理者首先要了解变异，然后通过在技术、过程设计和培训方面的改进来减少变异。变异的减少会使生产商和消费者都从中受益。生产商的益处包括：检验减少，报废与返修减少，一致性更高的员工绩效，从而带来生产率和顾客满意度的提高。消费者的益处在于知道所有的产品和服务都具有相似的质量特性，产品能够发挥同样的性能或提供相同的服务。当一家企业在生产或服务中使用大量产品时，这种益处尤为重要。

（戴明深受《心智与世界》(*Mind and the World*) 一书作者克拉伦斯・欧文・刘易斯 (Clarence Irving Lewis) 的影响。刘易斯宣称："没有不需要解释的知识。解释作为一种心智活动，如果总是受制于进一步的经验，那怎么可能会有知识……根据过去而对未来进行推断最多只是一种可能，即便是这种可能，也必须建立在它本身不只是种可能的原则基础之上。"[9]）

知识理论 渊博知识体系的第三部分是**知识理论**（theory of knowledge），即与知识的性质和范围、前提和基础及对知识主张的一般可靠性有关的哲学分支。基本上，管理者必须了解事物的运作方式以及影响未来的决策为什么必须有效。任何一项合理计划，无论多么简单，都需要对条件、行为和绩效进行预测，这种预测应当建立在理论的基础之上。

例如，你可以像照食谱做饭一样应用一个统计公式或使用 Excel 数据分析工具，这并非难事。但这样做的风险是，可能存在工具使用不当。只有理解统计工具和方法背后的假设和理论才能正确地使用它们。许多管理者在管理上都采取速食法，只是阅读一些流行的工具书便盲目遵从作者的建议。许多公司忙于追逐咨询师所推崇的流行方法而归于失败。照搬成功的案例而不从理论上加以理解，可能会导致灾难性的后果。

戴明强调没有理论就没有知识，经验本身无法建立起一套理论。经验只能描述而不能被检验或确认，只靠经验无法进行管理，而理论则有助于理解用于预测和做出理性管理决定的因果关系。这也是戴明从来不给管理者提供提高质量的解决方案或药方的一个原因。他让管理者去学习，自己去发现哪些有效，哪些对他们的组织更适合，并使他们的决策合理化，而不是简单地模仿别人。

心理学 心理学有助于我们理解人，理解人与环境之间的互动，理解领导者与员工以及任何管理系统之间的互动。设计一个能够提升员工满意度和福祉的工作环境非常重要。戴明的大部分理念建立在理解人的行为和公平待人的基础之上。大多数管理者都是基于所有人都差不多这一假设来行事的。然而，每个人都不同。一位真正的领导者必须认识到这些差异，并努力优化每个人的能力和偏好。

人可以受到外在和内在的激励，但最有力的激励还是内在的。在与他人相处中获得爱与尊重是人与生俱来的需要。有些环境能提供给人尊严与自尊，相反，否认这一需要的环境会扼杀人的内在动力。恐惧对人起不到激励作用，相反，只会妨碍系统达到最佳状态。如果人们不能享受工作，就无法高效，也不会关注质量原则。心理学有助于我们培育和保护人的这种积极的天性，胡萝卜加大棒这种手段没有长远价值。

戴明的一个最具争议的信念便是，报酬不是一个激励因素。关于这一点工业心理学家已经讲了数十年。通用汽车的董事长曾经说过，即便把公司所有员工的工资都翻一番，也不会有任何变化。金钱奖励是那些不懂如何管理人的内在动力的管理者的做法。当工作的快乐让位于得到好的评估时，员工就处于外在力量的掌控下，他们会竭力保住既得利益并避免惩罚。

渊博知识体系的作用 彼得·斯科尔特斯（Peter Scholtes），一位知名顾问，对人们未能理解渊博知识体系做了深入观察。[10]

当人们不理解系统时：

- 他们将事件视为孤立事件而非许多相互作用和相互依赖的力量所产生的结果。
- 他们看到的是表象而非问题深层的根源。
- 他们不理解为何对（组织）某个部分的干扰会在另一个地方或其他时间造成灾难。
- 他们因问题而责备个人，即使被责备的人对他们周围的事情几乎或根本无能为力。
- 他们不理解这句古老的非洲谚语："养大一个孩子需要整个村子的力量。"

当人们不理解变异时：

- 他们看不到正在发生的趋势。
- 他们看到的是不存在的趋势。
- 他们不知道期望在什么时候会成为现实。
- 他们不理解过去的绩效，因此也无法预测未来的绩效。
- 他们不懂得预测、预言与猜测之间的区别。
- 他们赞赏或抱怨的仅仅是运气，这种情况经常发生，人们常把所有事情都归因于人的努力、英勇、脆弱、差错或故意破坏而不考虑系统性原因。
- 他们很少注意区分事实与观点。

当人们不理解心理学时：

- 他们不了解何为激励以及人们为什么要做他们所做的事情。
- 他们会求助于胡萝卜加大棒之类的激励方式，这些方式不能产生正面的效果，反而会损害激励者与被激励者之间的关系。
- 他们不理解变革的过程以及变革的阻力。
- 他们会以强势和家长式的态度来对待别人。
- 他们造成了玩世不恭、士气消沉、懈怠、内疚、不满、倦怠、疯狂及离职。

当人们不理解知识理论时：

- 他们不知道如何计划以及如何学习与改进。
- 他们不理解改进与变革之间的差异。
- 尽管竭尽全力，但问题仍未解决。

戴明的渊博知识体系中几乎没有多少是原创的。休哈特在 20 世纪 20 年代就区分了导致变异的一般性原因和特殊原因；商学院在 60 年代开始讲授戴明所倡导的许多行为理论；管理科学家在50年代到70年代完善了系统理论；各个领域的科学家很早就理解了预测、观察和理论之间的关系。戴明的主要贡献在于在商业背景下把这些概念融合在一起。他认识到它们的协同作用，并把它们发展为一套统一的通用的管理理论。

（戴明的精神遗产通过戴明学院（http：//deming.org）得到继承和弘扬。）

2.2 朱兰的理念

约瑟夫·朱兰（1904—2008）出生于罗马尼亚，1912年来到美国。20世纪20年代，他加入西方电气公司，该公司当时是质量统计方法应用的先行者。他在这家公司做了很长时间的工业工程师，1951年，他负责《质量控制手册》（*Quality Control Handbook*）一书的绝大部分撰写、编辑和出版工作。这本有史以来最全面的质量手册已经修订数次，一直都是一本备受欢迎的参考书。

与戴明一样，朱兰也在20世纪50年代向日本人教授质量原则，并在他们的质量重建中发挥了重要作用。在朱兰的带领下，日本企业所采取的步骤包括：

- 由高层管理者指导质量；
- 在所有管理层级培训质量原则；
- 以革命的速度努力改进质量；
- 向各行政层级报告质量目标的进展情况；
- 让员工参与质量工作；
- 修订奖励和表彰架构，将质量融入其中。[11]

在20世纪下半叶的质量革命期间，朱兰同意戴明的观点，即由于劣质产品的巨额成本以及外国竞争，美国企业正面临严重的质量危机。他们都认为这一危机的解决有赖于包括管理层在内的所有员工对于质量的新思维。高层管理者尤其需要质量管理方面的培训和经验。即使进入21世纪，朱兰仍然警告美国，除非提高产品和服务的质量，否则美国将失去其作为一个经济超级大国的地位。

然而，与戴明不同的是，朱兰并不主张在组织内进行重大的文化变革，他更希望在管理者所熟悉的系统内改进质量。他的方案尽可能设计得更适应公司现有的战略计划制订流程，以使被拒绝的风险降至最低。他认为，一个组织中，不同层级的员工可以使用他们各自的“语言”（戴明则认为，统计学应当成为通用语言）。朱兰表示，高层管理者使用的是“钱”的语言，员工使用的是“物”的语言。中层管理者必须能够使用这两种语言，并做好钱与物间的翻译。为了引起高层管理者的关注，质量问题应当用他们能够理解的语言——“钱”来表达。因此，朱兰主张通过质量成本核算和分析将关注点放到质量问题上。在操作层次上，朱兰注重通过消除缺陷来提高合规性，这需要统计工具的支持。因此，他的理念可以很好地匹配现有的管理系统。

朱兰的质量定义建议从内外两个角度来看质量，即质量与以下两方面有关：（1）会带来顾客满意的产品性能；（2）可以避免顾客不满的产品零缺陷。朱兰提出了我们在第1章介绍的基于用户的质量定义：“适用性”。产品和服务的设计、制造和提供以及现场的服务，都影响适用性。因此，对质量的追求体现在两个层次上：（1）企业作为一个整体的使命是实现高水平的设计质量；（2）企业中各个部门的使命是实现高水平的符合性质量。与戴明一样，朱兰提倡一种永无止境的螺旋式上升的改进活动，包括市场调研、产品开发、设计、生产计划、采购、制造过程控制、检验和试验、销售以及顾客反馈。这些职能间的相互依存必然要求在整个公司范围内进行有效的质量管理。高层管理者必须在质量管理过程中扮演积极、热情的领导角色。

朱兰的“处方”关注三个主要质量过程，称为**质量三部曲**（Quality Trilogy）：（1）质量计划——为实现质量而进行准备的过程；（2）质量控制——在实际运营中达到质量目标；（3）质量改进——通过突破来实现前所未有的绩效水平的过程。在他提出这套体系的时代，开展正式的计划和改进活动的公司寥寥无几。因此，朱兰是在提倡在管理思维上的重大文化变革。

质量计划始于识别顾客，包括外部顾客和内部顾客，要确认他们的需要，将其需要转化为规范，开发满足这些需要的产品特征，并建立起能够生产出这些产品或提供服务的过程。因此，与戴明一样，朱兰希望员工了解是谁在使用他们的产品，无论顾客是来自下一个部门还是另一家组织。然后，要确立能以最低成本满足顾客和供应商需要的质量目标。接下来，要设计能生产出满足顾客需要的产品，并在实际运行条件下实现质量目标。质量的战略计划——类似于企业的财务计划——决定企业的长短期目标，设定优先事项，将结果与计划进行比较，并与公司其他的战略目标进行整合。

与戴明关于识别和减少变异源的观点相对应，朱兰主张，质量控制包括确定应当控制什么，建立测量标准以客观地评价数据，确立绩效标准，测量实际绩效，解释实际绩效与绩效标准之间的差异，并对这种差异采取措施。

与戴明不同的是，朱兰制定了一个非常具体的质量改进程序。朱兰认为，所有的突破都遵循发现、组织、诊断、纠正和控制的顺序，他将这种顺序称为**“突破历程”**（breakthrough sequence），可以总结如下。

- 需求的证据。管理者，尤其是高层管理者，必须确信质量改进是好的经济活动。通过努力收集数据，低质量、低生产率或低服务质量的信息被翻译成“钱”的语言——高层管理者的通用语言，以证明一个质量改进项目需要的资源投入的合理性。
- 项目确认。所有的突破都是通过一个个项目实现的，没有其他途径。通过项目的方法，管理者提供了一个将抵制或抱怨的氛围转变为建设性行为的平台。参与项目提高了参与者根据最终结果采取行动的可能性。
- 组织突破。组织改进需要设定指导项目的清晰责任。项目责任既可以落在大到拥有正式委员会结构的部门，也可以落在小到某个生产运营环节的一组员工。这些群体确认项目的特定目标，并达成一致，进行试验并执行战略。从问题到解决方案的路径由两部分组成：一部分是从现象到原因（诊断历程），另一部分是从原因到纠正（纠正历程）。两部分都需要由具备相应技能的人来完成。
- 诊断历程。这一阶段需要在数据收集、统计学和其他问题解决工具方面具有技能的诊断者。有些项目需要全日制、专业化的专家（如六西格玛黑带大师），另一些项目可以由员工完成。管理可控的问题和操作可控的问题需要不同的诊断和纠正方法。
- 纠正历程。纠正历程由几个阶段构成——选择一个使总成本最小的选项（类似戴明的观点），实施纠正行为，克服对变革的抵制。

● 保持成果。最后一步包括建立新的标准和程序、培训员工和建立控制机制，以确保突破不会随着时间消亡。

朱兰的方法反映在当今很多企业的实践当中。

朱兰和戴明的质量理念在很多方面是相似的。对高层管理者承诺的关注、改进的必要性、质量控制技术的应用、培训的重要性，这些都构成了两者质量理念的重要内容。当然，他们并非在所有方面都是一致的。例如，朱兰认为戴明让管理层驱除恐惧这一点就是错误的。在朱兰看来，“恐惧可以发掘出人最好的一面”。[12]

（由朱兰博士创建的朱兰学院（http：//www.juran.com）提供大量的培训，包括研讨班、影像和其他资料。）

2.3 克劳斯比的理念

菲利普·克劳斯比（1926—2001）担任国际电话电报公司（ITT）负责质量的副总裁长达14年之久，他最早是从一线检验员做起的。离开ITT之后，他于1979年创建了菲利普·克劳斯比学院，开发和提供培训课程。他撰写了好几本畅销书。他的第一本书《质量免费》售出了大约100万本，在很大程度上唤起了美国公司高管对质量的重视。克劳斯比质量理念的精髓体现在他所说的**“质量管理的基本原则”**（absolutes of quality management）和**“改进的基本要素”**（basic elements of improvement）中。克劳斯比质量管理的基本原则包括以下要点。

● 质量意味着符合要求而非优美。克劳斯比对质量的定义类似于我们在第1章中讨论的生产角度的质量观点。对质量的判断仅仅取决于是否符合要求，不符合就意味着质量的缺失。要求是铁定的，必须被明确表述，以避免误解。要求是沟通的手段。设定要求是管理层的责任。一旦确定了要求，就可以通过测量来确定与要求的符合程度。

● 不存在质量问题这回事。质量问题源于各个职能部门，因此，一家公司可能遇到会计问题、制造问题、设计问题、技术支持问题等。在克劳斯比看来，这些都是质量问题，但是解决这些问题的责任应该由职能部门而非质量部门来承担。质量部门的任务是测量符合性，报告结果，为推动质量改进给予引导和支持。这条基本原则与戴明的第三点类似。

● 没有质量经济学这回事，一次就把事情做好总是成本更低的。克劳斯比相信“质量经济学”毫无意义。质量是免费的，凡是花钱的都是那些没有第一次就把事情做好的行为。戴明的链式反应也传达出类似的看法。

● 唯一的绩效测量指标是质量成本，即“不符合”的代价。克劳斯比注意到，绝大多数公司在质量成本上花掉了销售额的15%～20%。质量管理良好的公司，其质量成本可以达到不足销售额2.5%的水平，主要用在预防和评价领域。克劳斯比建议组织测量并公布不良质量的成本。这有助于引起管理者对问题的关注，选择时机采取纠正措施，并在一段时间内跟踪质量改进效果。朱兰也支持这种观点。

● 唯一的绩效标准就是“零缺陷”（zero defects，ZD）。克劳斯比对此做了如下解释：

> 零缺陷是一个绩效标准。它是工匠的标准，不管他是做什么的……零缺陷的中心思

想是第一次就把事情做对。这意味着全神贯注预防缺陷而不是找出缺陷来修补。

人们习惯于相信差错是不可避免的。因此，他们不但接受差错，甚至还期待它会出现。工作中出点差错不会让我们不安……是人就会犯错。我们都有自己关于工作或学业的标准，即让我们感到不安的差错程度。比如在学校，得 A 最好，得 C 也还说得过去。

然而，一旦涉及个人生活，我们就不再坚持这些标准，否则，在付账时，我们可能不时会发现被少找了零钱，我们会发现医院的护士总会摔落百分之几的新生儿……作为个人，我们不会容忍这种事情。我们有双重标准，一是对自己的，一是对工作的。

绝大多数的人为差错是由于缺乏注意力而非缺少知识。当我们认为差错不可避免时，就会出现缺乏注意力的情况。如果我们认真考虑这些事情，并决心持续认真地从一开始就把工作做好，我们会在消除因返工、报废和修理而造成的浪费方面迈出一大步，正是这些浪费提高了成本、减少了个人的机会。[13]

另外，朱兰和戴明都指出，即便员工有做好工作的良好意愿，绝大多数质量问题的根源都来自设计不合理的系统而非人为差错，这主要是管理层的责任。

克劳斯比提出改进的基本要素包括决心、教育和实施。决心是指高层管理者必须认真对待质量改进。每个人都要了解基本原则，这只有通过教育才能实现。最后，管理团队的每名成员都必须了解实施的过程。

克劳斯比的质量方法主要是行为方面，强调运用管理和组织过程而非统计技术和改进方法来改变企业的文化和态度。与朱兰相似，他的方法可以很好地适应现有的组织架构。

（菲利普·克劳斯比学院（http://www.philipcrosby.com）继承了克劳斯比的精神遗产，并为众多组织在质量实施和培训方面提供咨询。）

戴明、朱兰和克劳斯比的比较

尽管在实施组织变革方面存在显著的不同，但戴明、朱兰、克劳斯比三个人的理念总体上同大于异。他们都将质量视为全球市场竞争中的必备条件；认为高层管理者的承诺必不可少；证明了质量管理活动是节约而非花钱的事；质量的责任应由管理者而非员工来承担；强调了持续、永无止境改进的必要性；承认顾客以及管理层和员工间伙伴关系的重要性；认识到组织文化变革的必要性和困难。

尽管这些理念中的每一条都可能很有效，但如何选择并非易事。组织必须首先理解各种理念的本质和差异以及这些理念如何融入企业文化中。很多时候，企业会开发出一套适用于自身文化和管理风格的方法，将这三种理念的许多思想囊括其中。

2.4 其他的质量哲学家

质量界的其他著名人物还包括费根鲍姆（Feigenbaum）和石川馨（Kaoru Ishikawa）。本节我们将简要回顾这两位所取得的成就。[14]

2.4.1 费根鲍姆

费根鲍姆（1920—2014）的质量职业生涯始于半个多世纪之前。他曾担任通用电气全球生产和质量控制经理达10年之久。1968年，他在马萨诸塞州匹兹菲尔德创建了通用系统公司（General Systems Company），担任总裁和CEO直到去世。在很长一段时间里，费根鲍姆周游世界，对不同的听众和机构进行演讲。他被选为国际质量科学院（International Academy of Quality）董事会的创始主席，该机构得到欧洲质量控制组织（European Organization for Quality Control）、日本科技联盟和美国质量学会的积极参与。

费根鲍姆因提出“全面质量管理”而广为人知，他将之定义为：“是为了能够在最经济的水平上，在充分满足顾客要求的前提下，把组织内质量开发、质量维护和质量改进各群体的活动融为一体的一种有效体系。”他在出版于1951年的《全面质量管理》一书中解释了这种观点，当时的书名是《质量控制：原理、实践和管理》。他将质量视为需要组织中每位成员都参与的战略性经营工具，并提倡将质量成本作为一种测量和评价工具。

费根鲍姆的理念集中体现在其**“质量三步法”**（Three Steps to Quality）中。

1. 质量领导。持续的管理重点应当建立在计划的基础之上而不是对失败的被动反应。管理层对质量管理必须保持持续的关注和领导。

2. 现代质量技术。传统的质量部门有80%～90%的质量问题都无法解决。必须将工程师、一线员工和办公室职员在过程中整合起来，对新技术进行持续的评估和实施，以便将来能够满足顾客的需要。

3. 组织承诺。将质量融入经营计划中，持续培训和激励员工队伍，这体现了质量的重要性，并使质量纳入企业各方面活动中。

费根鲍姆还传播了“隐形工厂”这一概念，它指的是由于质量低劣而浪费掉的那部分工厂产能。他的许多观点还继续存在于当代的认识当中，成为马尔科姆·波多里奇国家质量奖准则中的关键要素。包括：顾客是质量的评判者；质量和创新相互影响、相互促进；对质量的管理就如同对企业的管理；质量是一个持续的改进过程；顾客和供应商应参与到这一过程当中。2008年，他获得了著名的美国国家技术和创新奖章（National Medal of Technology and Innovation）。[15]

（1986年，费根鲍姆和石川馨同时被授予美国质量学会荣誉会员。当时，该学会只有四位在世的荣誉会员，其他两位是戴明和朱兰。）

2.4.2 石川馨

作为日本质量革命的先驱，石川馨始终是日本质量界中最重要的人物，直到他1989年去世。他在日本质量战略的发展中扮演着重要的角色，没有他的领导，日本的质量运动无法取得今天这样的成功并享誉世界。石川馨博士多年担任东京大学工程学教授。作为创刊于 1962 年的日本杂志《现场质量管理》(*Quality Control for Foremen*)的编委会委员以及后来日本科技联盟 QC 本部的委员长，石川馨博士影响了这种全员参与、自下而上的质量管理运动的进程，这已经成为日本式质量管理的标志。同时，石川馨也获得了高层管理者的关注，使他们认识到，公司范围的质量控制对于取得全面成功是必不可少的。

石川馨在费根鲍姆全面质量概念的基础上，进一步推动了从高层领导到一线员工的全体人员的更广泛参与，减少了对质量专家和质量部门的依赖。他主张利用简单的可视化工具和统计技术来收集和分析事实数据，将团队精神作为实现全面质量的基础。与其他人一样，石川馨确信质量始于顾客，因此理解顾客需求是质量改进的基础，应当积极收集顾客的抱怨。现将他的一些主要观点总结如下：

1. 质量始于教育，终于教育。
2. 质量工作的第一步就是了解顾客的需求。
3. 当检验不再必要时，就达到了质量控制的理想状态。
4. 消除问题的根源而非表象。
5. 质量控制是所有员工和部门的责任。
6. 不要混淆手段与目标。
7. 质量第一，要着眼于长远利益。
8. 营销是质量的入口，也是出口。
9. 当下级如实汇报时，上级不得发怒。
10. 公司内 95%的问题可以用简单的分析工具和问题解决工具来解决。
11. 没有离散信息（变异）的数据是假数据。

石川馨最为人熟知的是开发出了一个广受欢迎的被称为因果图的质量改进工具，通常以他的名字命名，称为石川图（见第 9 章）。

2.5 质量管理的原则、实践和技巧

在一篇经典的研究文章中，小詹姆斯·迪安（James W. Dean, Jr.）和大卫·鲍温（David E. Bowen）描述了全面质量管理的原则、实践和技巧。[16] **原则**（principles）是理念的基础，**实践**（practices）是贯彻原则所开展的各项活动，**技巧**（techniques）是帮助管理者和员工进行有效实践的工具和方法。所有这些对于实现高质量和卓越绩效十分重要。

2.5.1 质量管理原则

全面质量的理念最初是基于三个核心原则：顾客关注、团队合作和持续改进。尽管看上去十分简洁，但这些原则与传统的管理实践截然不同。从历史上看，企业很少去了解外部顾客的需求，更不用说内部顾客了。产品是从“外部市场”（有市场就可以卖）而不是从力求满足顾客期望和需求的“内部市场”的角度设计出来的。管理者和专业人员

控制和指挥生产系统；员工被告知做什么和如何做，很少被问及意见。团队合作和征求员工意见基本不存在。一定程度上的浪费和差错是可以接受的，并通过生产后的检验来加以控制。质量上的改进通常来自技术上的突破而不是持续改进的思想。在全面质量的方式下，组织开始积极地识别顾客需求和期望，通过开发员工队伍的知识和经验将质量融入组织中，并持续改进其流程和系统。

随着学科的发展，我们对如何在组织中建立和维持质量有了更多了解，定义现代质量管理的原则自然也发生了变化。表 2-2 列出了构成 ISO 9000 国际质量标准的现代质量管理原则，有关 ISO 9000 我们将在本章稍后加以介绍。这些较好地反映了全面质量管理的基本原则和做法，是“领导和经营一个组织全面且基础的规则和信念”。除了关注顾客、全员参与（团队合作的基础）和改进（持续的和以其他形式）之外，质量管理的重要原则还包括领导力、过程方法、基于事实的决策和关系管理。这些原则都体现在戴明、朱兰和克劳斯比的理念中，并将在本书其余部分的讨论、示例和案例中得以反映。

表 2-2　现代质量管理原则

原则 1：关注顾客
组织依赖顾客，因此应理解当前和未来顾客的需求，满足顾客需求，并争取超越顾客的期望。
原则 2：领导力
领导必须创建和保持专注于实现组织宗旨和目标的环境。
原则 3：全员参与
各级人员是组织之本。他们的参与对于组织的高绩效和目标实现至关重要。
原则 4：过程方法
所有工作都是通过过程来完成的，把工作活动作为过程进行管理可以更高效地取得结果。
原则 5：改进
持续改进组织整体绩效应当成为组织的根本目标。
原则 6：基于事实的决策
有效的决策是建立在数据和信息分析基础之上的。
原则 7：关系管理
关注与供应商、顾客、规章制定者、股东和其他利益相关者的关系可以增强组织创造价值的能力。

资料来源：Based on the ISO 9000：2015 standards. http：//asq.org/learn-about-quality/iso-9000/overview/quality-management-principles.html.

（ISO 9000 的质量管理原则来自参与 ISO/TC 176 质量管理和质量保证技术委员会的国际专家的集体经验和知识，该委员会负责开发和修订 ISO 9000 标准。）

2.5.2　质量管理实践

质量管理实践是组织为实现原则所使用的方法。表 2-3 总结了与表 2-2 所列出的原则相关的具有代表性的实践。我们会在本书其余部分对这些实践进行讨论和阐述。

（在每章开头的“质量档案”专栏中展示了很多组织为实现卓越绩效所使用的在表 2-3中列出的质量管理实践的内容。）

表 2-3 贯彻质量管理原则的实践[17]

原则 1：关注顾客
- 了解现有和未来顾客的需求。
- 使组织目标与顾客需求和期望保持一致。
- 满足顾客要求。
- 测量顾客满意度。
- 管理顾客关系。
- 以超越顾客期望为目标。

原则 2：领导力
- 为组织建立愿景和方向。
- 设定具有挑战性的目标。
- 践行组织价值观。
- 建立信任。
- 授权员工。
- 认可员工贡献。

原则 3：全员参与
- 确保员工的能力得到发挥并得到重视。
- 让员工负责。
- 确保参与持续改进。
- 评价个人绩效。
- 促进学习和知识分享。
- 可以公开讨论问题和制约因素。

原则 4：过程方法
- 将活动作为流程进行管理。
- 测量活动的能力。
- 识别活动间的联系。
- 优先考虑改进机会。
- 有效部署资源。

原则 5：改进
- 提高组织绩效和能力。
- 校准改进活动。
- 授权员工做出改进。
- 持续测量改进。
- 庆祝改进。

原则 6：基于事实的决策
- 确保准确数据和可靠数据是可以获得的。
- 采用适宜的方法分析数据。
- 根据分析做出决策。
- 平衡数据分析与实践经验。

原则 7：关系管理
- 识别并选择供应商进行成本管理、资源优化，并创造价值。
- 建立短期和长期的关系。
- 与合作伙伴分享专业知识、资源、信息和计划。
- 在改进和开发活动方面合作。
- 认可供应商的成功。

2.5.3 质量管理技巧

技巧包括用于规划工作活动、收集数据、分析结果、监测进展情况以及解决问题的各种工具。例如，Excel工作表是一个可在员工进行培训时监督培训效果的简单工具；试验设计可用来优化工艺设置，降低废品率或增加产量。在本书中，特别是在第Ⅱ篇，我们将介绍许多对质量计划、控制和改进活动非常有用的工具。

技巧当中最重要的是基础统计学。正如我们在前面讨论过的，戴明强调运用统计方法管理质量的重要性。我们在第6章会对统计工具和方法进行正式的讨论，从统计的角度看待数据和信息是一种重要的技能。这种能力与戴明的理念以及他在教学活动中所使用的实验密切相关，我们会在接下来的部分进行介绍。

2.6 变异和统计思维

布赖恩·乔伊纳（Brian Joiner），一位知名质量管理顾问，讲述了下面的故事[18]：

> 爱德华在一家设施遍及全世界的服务公司担任地区副总裁。他有信心所管辖区域内的设施在公司内获得最高的顾客满意度。如果他发现有一台设施的满意度在一个月内明显下降，或连续三个月低于平均水平，他会马上致电经理询问出了什么问题，并明确表明下个月的排名最好提高。绝大多数情况是，满意度都得到了提升！

当平均满意度得分从2月份的65分降到3月份的60分时，爱德华在给经理的备忘录中写道：

> 坏消息！满意度下降了5分！我们应该马上关注如何提高满意度！我意识到我们的设施使用率比预期增加得快，因此必须竭尽全力给顾客提供优质的服务。我相信你们能做到！

正如乔伊纳所说：“你是否也这样看待数据？本月与上月作对比？本月与上年同期作对比？有时你是否只看最新的数据？只看最后两个数据？我无法理解为什么有人只看两个数据。后来，我终于明白了，原来使用任何两个数据都可以很方便地计算出趋势，如‘本月较上月下降2%’‘本月较去年同期上升30%’等。遗憾的是，当两个数据都来自同一个稳定过程时，对比两个结果得不到任何重要信息……而在管理上，大部分重要的数据都来源于稳定的过程。”

布赖恩·乔伊纳所描述的事情表明了管理者具有统计思维的必要性。遗憾的是，大多数人都没有做到，通常只是基于一两个数据做出决策，找到并不存在的趋势，或试图对他们无法真正控制的财务或经营结果进行操控。

统计思维（statistical thinking）是基于以下原则的一套学习和行动理念：

1. 所有工作发生在由相互联系的过程组成的系统中。
2. 变异存在于所有过程中。
3. 了解和减少变异是成功的关键。[19]

今天，伴随着组织可获得的信息大量增长，了解数据中的变异并用统计思维思考对管理现代企业至关重要。

2.6.1 了解变异

图 2－4 显示了影响大多数生产过程的变异的来源。例如，不同批次的材料在强度、厚度、湿度方面都不同。切割工具在强度和成分方面存在内在变异。在制造过程中，工具会磨损，震动会导致机器设置发生变化，电压波动会使动力产生变异。操作人员无法每次都将零件一模一样地放在固定装置中，身体和情绪的压力也会影响操作人员的一致性。此外，测量工具和人的检测能力也不是始终如一的。即便使用同一设备测量几个产品得到的测量值相同，也是因为测量设备精度不够，极其精密的仪器始终会显示出细微差异。

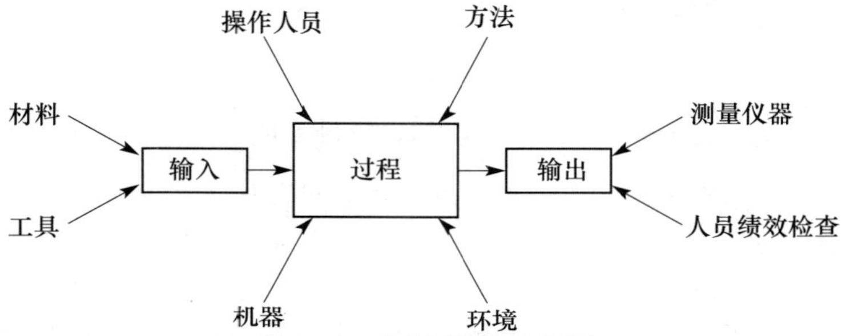

图 2－4　生产过程的变异源

变异所带来的运营问题可能包括[20]：

● 变异增加了不可预测性：如果我们不了解系统中的变异，则很难预测其绩效。

● 变异降低产能利用率：如果过程不存在变异，则管理者就会增加该过程的生产负荷，因为他们不希望看到生产计划的松懈。

● 变异导致牛鞭效应：这种众所周知的现象发生在供应链中，当需求发生小的变化时，生产和库存水平的变异会被放大到上游的分销中心、工厂和供应商处，导致不必要的成本并增加信息流管理的难度。

● 变异掩盖了根本原因：过程变异使得人们很难识别问题到底是由外部如原材料造成的，还是由过程本身造成的。

● 变异使人们难以在早期发现潜在的问题：非正常变异是存在问题的一个信号。如果过程的内在变异很小，那么当问题发生时就比较容易发现。

存在于材料、工具、设备、操作人员和环境中的变异的复杂关联不容易理解。任何单个变异源产生的变异看起来是随机的；单个变异源难以识别和解释。但是这些变异源共同发生作用时，其作用是稳定的，通常可以通过统计进行预测。这些因素作为过程的本质部分而存在，称为**变异的常见原因**（common causes of variation）。产品和生产系统的设计决定了常见原因，常见原因产生的变异通常占生产过程产出变异的80%～95%。因此，只有重新设计产品，采用更好的技术，或对生产人员进行培训，才能减少常见原因的变异。例如，威尔逊体育用品公司（Wilson Sporting Goods Company）承认高尔夫球细微的不规则现象会导致高尔夫球的核偏离重心，无法直线滚动，12 个球中会有一个存在这种问题。为解决此问题，威尔逊公司采用一种新的设计方案，球的核更轻而外壳更重。[21]

生产过程的其他变异是由**特殊原因**（special causes）引起的，称为**变异的异常原因**（assignable causes of variation）。特殊原因是由不属于过程固有的原因引起的。它们偶然出现。使用统计方法可以很容易找出它们，纠正起来也很经济。引起特殊原因的常见因素包括：供应商提供的不良材料、未经训练的临时机器操作员、损坏或磨损的工具、测量仪器的校准错误。由类似这些孤立原因造成的异常变异可以得到解释和纠正。

未能区分这两种类型的变异会导致在过程改进中犯两个基本的管理错误：

1. 把失误、抱怨、错误、故障、事故或不足这些由常见原因引起的变异视为由特殊原因引起的。

2. 把失误、抱怨、错误、故障、事故或不足这些由特殊原因引起的变异视为由常见原因引起的。

在第一种情况下，改变稳定的系统会增加系统的变异。在第二种情况下，由于变异量被误认为无法控制，从而错失减少变异的良机。

2.6.2 戴明的红珠和漏斗实验[22]

统计思维是戴明理念及其渊博知识体系的核心所在。在为期四天的管理研讨会上，戴明用两个简单却很有力的实验教育听众如何进行统计思考。第一个是**红珠实验**（red bead experiment）。领班（通常就是戴明）从听众中选几位志愿者：6 位工人，1 位记录员，2 位检查员，1 位首席检查员。实验材料包括：4 000 颗木质珠子——800 颗红色的，3 200 颗白色的；两个特百惠箱子，其中一个比另一个略小；一把上面有 50 个洞或凹处的铲子，用来铲起 50 颗珠子——珠子是用来描述工作量的。在这个实验中，公司为一位顾客“生产”珠子，不过顾客只要白珠，不要红珠。领班告诉大家，每个人都要当三天学徒学习这份工作。在当学徒期间，工人可以提问题。一旦生产开始，就不准再提问题。整个过程非常严格。不允许离开，这样就不会产生绩效变异。领班告诉这些工人，他们的工作取决于绩效，如果他们被解雇，其他很多人都愿意接替他们的位置。此外，也不准他们辞职。

（戴明被认为是使统计学处于世界范围内质量改进运动最前沿的人物：“统计学的胜利就是戴明博士的胜利。当面临是否要支持统计学时，有人踌躇不前，有人态度冷淡，只有戴明博士坚信统计学是质量控制的核心。事实上，他走得更远，使统计原理成为整个生产过程的中心。”[23]）

领班解释说，这家公司的工作标准是每天生产 50 颗珠子。生产过程很简单：混合原材料，将它们倒入箱子中。重复这个程序，再将珠子从小箱子倒入大箱子。握住铲子，将其插入珠子堆。以 44 度角举起铲子，这样每个低凹处都可盛放一颗珠子。两位检查员分别数珠子，并记录数量。首席检查员负责检查计数情况并宣布结果，由记录员记录。然后首席检查员解散工人。当所有 6 位工人完成一天的工作定额时，领班评估结果。

图 2－5 显示了用计算机软件模拟的第一天的生产结果。领班非常失望。他提醒工人，他们的工作是生产白珠而不是红珠。公司采用绩效考核制，只奖励好的绩效。马蒂做得最好，只生产了 7 颗红珠，应该得到加薪。数据不会撒谎，马蒂是最佳工人！丹尼斯生产了 14 颗红珠，大家都喜欢他，但他必须留用察看。领班宣布，管理层设置了每位工人每天生产不超过 7 颗红珠的目标，不明白为什么其他人不能像马蒂一样优秀。

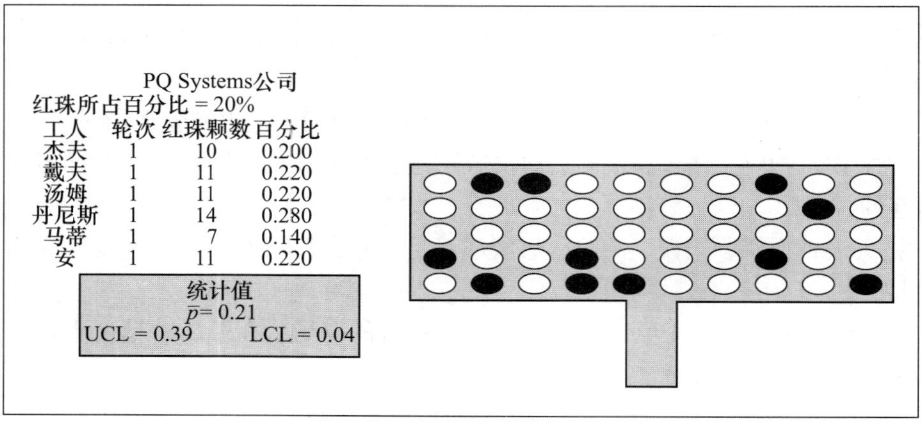

图 2－5 第一天的生产（铲子里显示了最后一位叫安的工人的结果）

资料来源：Copyright PQ Systems，www. pqsystems. com.

图 2－6 显示的是第二天累计的结果。我们发现，经过两天，杰夫生产了 23 颗红珠，戴夫 24 颗，汤姆 20 颗，丹尼斯 21 颗，马蒂 17 颗，安 23 颗（第二天的结果通过减法可以获得：杰夫生产了 13 颗，戴夫 13 颗，汤姆 9 颗，丹尼斯 7 颗，马蒂 10 颗，安 12 颗）。整体绩效都不好。管理层认真检查。领班再次提醒大家工作取决于业绩。马蒂很令人失望。绩效奖励显然冲昏了他的头脑，领班罚他站在大家面前。丹尼斯不错，他的进步很明显，留用察看和失去工作的威胁让他变成了一位更好的工人——只有 7 颗红珠——缺陷降低了 50%！他达成了目标。如果他能做到，那么每个人都能做到。丹尼斯受到工厂经理的大力表扬。

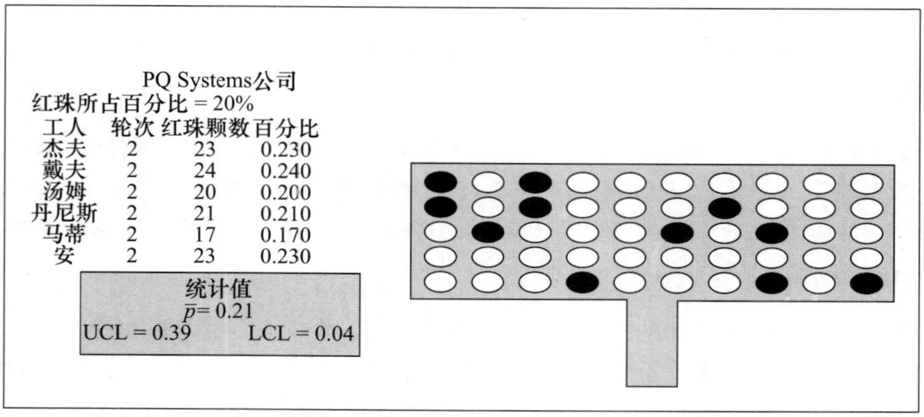

图 2－6 第二天累计的结果（铲子里显示了最后一位叫安的工人的结果）

资料来源：Copyright PQ Systems，www. pqsystems. com.

第三天开始，管理层宣布当天是零缺陷日。每个人都必须在实习期最后一天尽自己最大的努力工作。领班已经竭尽全力，再次告诫工人做好自己的工作是职责所在。从图 2－7中我们可以得出当天的生产数字（将第三天累计的数字减去第二天累计的数字）：杰夫 12 颗红珠，戴夫 18 颗，汤姆 17 颗，丹尼斯 9 颗，马蒂 6 颗，安 9 颗。很明显，马蒂从前一天吸取了教训，但整个团队的绩效仍然不好。管理层对这样的结果深感失望。零缺陷日活动没能提升质量。事实上，当天的红珠比前两天更多。成本失去控制，有人讨论是否要关闭整个工厂。戴夫和汤姆收到粉色纸条，通知他们明天是自己的最后一天。他们的工作显然比其他人更糟。但领班很乐观，他张贴出一张海报，上面写着“做一名高质量的工人!”以此鼓励其他人达到目标。

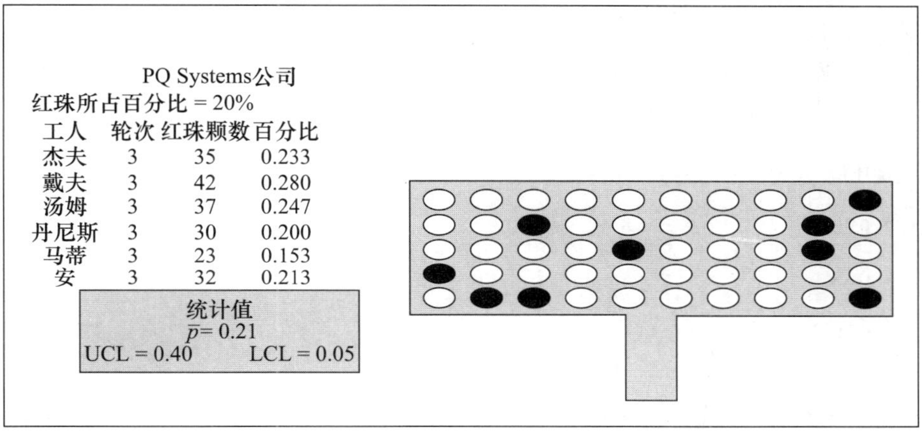

图 2－7　第三天累计的结果（铲子里显示了最后一位叫安的工人的结果）

资料来源：Copyright PQ Systems，www. pqsystems. com.

第四天（见图 2－8），我们发现 6 位工人生产的红珠颗数分别是 8，11，8，9，8 和 9。生产情况仍然不够好。领班宣布管理层决定关闭工厂。

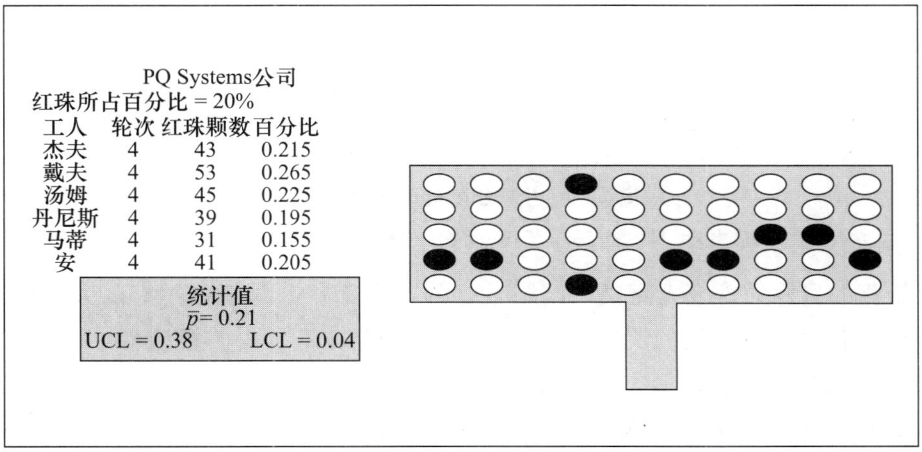

图 2－8　第四天累计的结果（铲子里显示了最后一位叫安的工人的结果）

资料来源：Copyright PQ Systems，www. pqsystems. com.

红珠实验为管理者提供了几条重要启示。

● 变异存在于系统内部，如果变异是稳定的，就可以预测。如果我们画出每天每位工人生产的红珠比例图，就可以很容易地观察到变异。图 2-9 就是一段时间内生产出红珠的趋势图。所有的点都在整体平均值 0.21 上下波动，波动区间大致在 0.10～0.40 之间。在第 8 章我们将学习计算变异的统计界限（0.04～0.38），即我们期望稳定系统的结果落在此界限之间。本实验的变异情况显示，珠子生产系统确实是稳定的，也就是说，变异来自常见原因。尽管我们无法预测每一铲会有多少红珠，但可以对系统进行统计描述。

● 红珠生产中的所有变异和每位工人每天的变异都来自过程本身。在这个实验中，戴明有意消除了管理者通常认为最重要的变异源：人员。每名工人基本一样，没有证据显示某人胜过其他人。他们无法控制生产出的红珠数量，也无法超出系统做得更好。不管是激励还是威胁，对结果没有任何影响。遗憾的是，很多管理者坚信，所有变异都是可控制的，并责备那些对此无能为力的人。

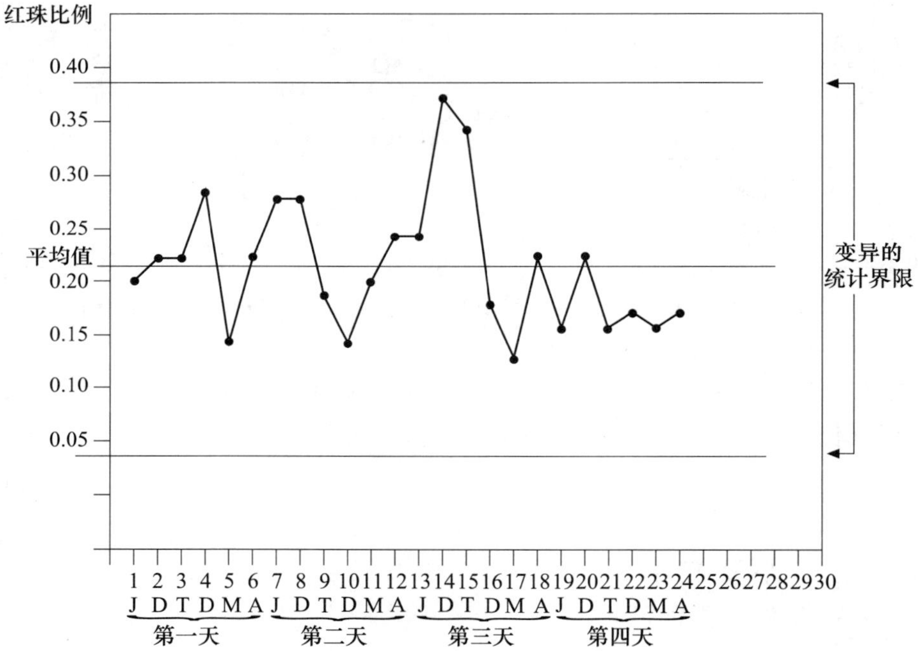

图 2-9　生产出的红珠比例趋势图

说明：从左到右，J 代表杰夫，D 代表戴夫，T 代表汤姆，D 代表丹尼斯，M 代表马蒂，A 代表安。

● 量化的目标通常毫无意义。给绩效好的人发工资，对绩效不好的人采取留用察看的领班，名曰是对绩效的奖惩，其实奖励和惩罚的是过程的绩效而非工人的绩效。武断的排名或评价员工只能令士气消沉，特别是当工人无法影响产出时。不管目标是什么，它对实际生产红珠的数量不会有任何影响。告诫工人要“尽自己的最大努力”只会让工人产生挫败感。管理层没有任何根据假定过去表现最好的工人未来依然表现最好。

● 管理层对系统负责。这个实验向人们展示了什么是糟糕的管理。程序很严格，这些志愿者工人在改进过程方面没有发言权。管理层负责材料输入，但并没有和供应商一起改进系统的输入。管理层设计了生产系统，并决定通过检查来控制过程。这些决策比工人的工作对产出有更大的影响。三位检查员耗费的成本可能和六位工人一样多，却未对产出增加任何价值。

戴明的第二个实验是**漏斗实验**（funnel experiment），其目的是证明人可以并确实会影响很多过程的结果，通过“干预”过程或不分青红皂白地试图消除导致变异的常见原因而造成不必要的变异。在这个实验中，将一个漏斗悬挂在桌子上方，在下面的桌布上画一个靶子。实验目标是击中靶子。参与者从漏斗中丢下一颗弹珠，并在其最终掉落的地方做记号。弹珠很少会落在靶子上。该变异是由过程的常见原因导致的。一个战略是顺其自然，让漏斗挂在原处，落下的弹珠会在靶子周围形成一些变异的点。这个可以称为：法则 1。可是，很多人认为他们可以通过调整漏斗的位置来改善结果。调整漏斗的三种可能的法则是：

法则 2：测量弹珠最终停止的地方距离靶子的偏差，将漏斗从当前位置与偏差等距反方向移动（见图 2-10（a））。

法则 3：测量弹珠最终停止的地方距离靶子的偏差，将漏斗从靶子处与偏差等距反方向移动（见图 2-10（b））。

法则 4：将漏斗置于弹珠最后停止的位置。

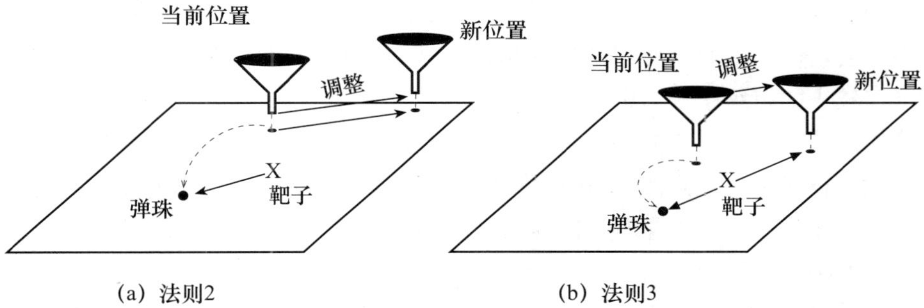

图 2-10 调整漏斗的两种法则

图 2-11 显示的是模拟的这些法则的结果。显而易见，第一个法则——顺其自然——的变异最小。

人们总是不适当地使用这些法则，产生比正常情况下更多的变异。当一个业余高尔夫球爱好者击出一个差球时，通常倾向于立即做出调整；如果最近一次制造的部件偏离了规范，就去调整设备；如果上个月的计划没有实现，就去改变过程；如果上一季度的收入低于预期，就赶紧清理库存；如果一名雇员上周的业绩欠佳（或优秀），就惩罚（或奖励）他。在上述各种情况中，差错往往因反应不当而变大。所有这些做法都来源于对变异缺乏了解，根源是对过程缺乏了解。

（正式的统计方法对于现代质量管理至关重要，我们会在第 6 章中对重要的统计概念和方法进行回顾，并在其他章节中加以运用。）

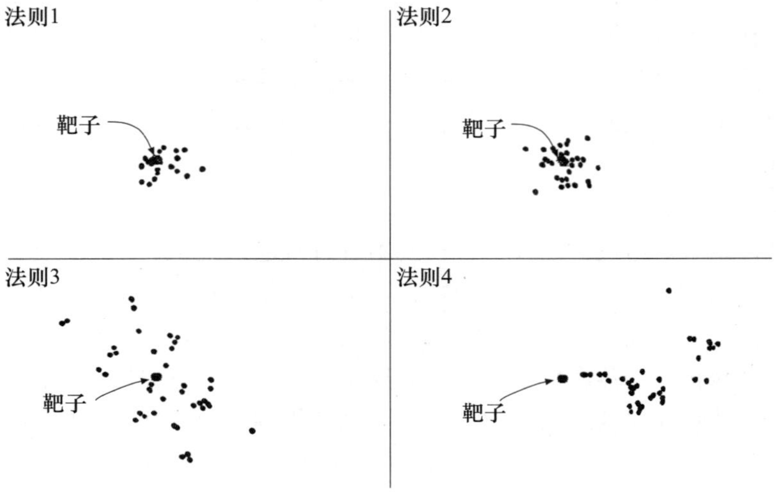

图 2-11 漏斗实验的结果

2.7 质量管理体系

质量可以通过不同的方式进行管理。许多组织是设置一个集中的质量部门；有些组织是在不同业务部门或组织的各个部分（大型组织中很常见）安排质量负责人；有些是设中央委员会，由多个职能部门的领导组成；还有一些组织依靠高层领导团队来指导质量工作（在较小的组织中较为常见）。[24]

无论如何管理质量，企业都需要一种结构化和系统化的方法来贯彻执行全面质量的原则、实践和技术。[25]按照 ASQ 在线术语表，**质量管理体系**（quality management system，QMS）可以看作一种管理并持续改进核心流程的机制，“使组织以最低的总成本实现最大的顾客满意度”。它综合运用各种标准、方法和工具，以实现与质量相关的各种目标。因此，质量管理体系代表质量概念、标准、方法和工具的一种特定的实施方式，并且对一个组织而言是特有的。要创建有效的质量管理体系，需要最高管理者的承诺、资源可用性、沟通、全组织内的整合培训、整合审核、技术准则、顾客、员工以及认证机构的支持。[26]质量管理体系为流程记录工作提供了基础，流程记录常用于控制和改进运营，推动创新并实现以下目标：

- 更高的产品一致性和更小的变异。
- 更少的缺陷、浪费、返工和人为差错。
- 提高生产率、效率和效益。

首先要做的事情之一便是制定**质量方针**（quality policy）——用于展现承诺实现高质量和满足顾客期望的正式文件。接下来，管理层必须根据自己的 QMS 建立组织架构，包括职责、沟通方式、重要记录和文件的维护以及绩效评审程序。管理者必须识别和提供合适的资源，以实现质量方针中设定的目标。这些资源可能包括拥有特定技能的人员、培训、工作场所、生产设备、检验技术、电脑软件和配套的工作环境。个人必须要被赋予责任，能够采取行动来预防缺陷和错误的发生，识别和解决与质量相关的问题，并验证解决方案的实施。

QMS 的核心是专注于创造顾客需要的产品和服务。因此，QMS 应包括识别顾客需求过程、产品规划和设计过程、采购过程、在整个供应链上有效控制产品和服务生产的方法和技术、检验和/或试验、不合格品处置以及测量和试验设备的验证和维护。

了解绩效要有测量和数据分析过程，以评估产品和服务的符合性、顾客满意度以及QMS 本身的完整性。这种测量应为纠正措施和持续改进以及未来问题的预防提供基础。

质量手册（quality manual）是实施和维护质量体系的一个稳定参照物。质量手册无须很复杂，小公司的质量手册可能只需十几页，大公司的所有关键职能可能就要一本手册。应该保持充分的记录以证明符合要求，验证质量体系是否有效运行。需要维护的典型记录包括检验报告、测试数据、审核报告和校准数据。它们应当便于查阅和分析，以便识别趋势和监督纠正活动的效果。其他如图纸、规范、检验程序和说明、作业指导书、运行表单等文件，对实现质量目标都很重要，同样需要加以控制。

最后，体系还需要维护和更新。可以通过**内部审核**（internal audits）来促进维护，审核的重点是确认是否遵守程序以及是否有效，并向管理层报告问题，以采取纠正措施。内部审核通常包括审核过程记录、培训记录、抱怨、纠正措施以及过去的审核报告。典型的内部审核始于询问操作人员如何工作。[27]将他们的陈述与书面程序进行对照，发现一致和不一致的地方。接下来，通过检查跟踪文件或其他数据来确定过程是否与书面程序的目的和员工解释相一致。内部审核员还需要分析过程是否满足目标，关注持续改进。

虽然构筑 QMS 有很多方式，但许多组织是从 **ISO 9000 族标准**（ISO 9000 family of standards）开始做起，这是一组代表国际上对好的质量管理实践一致认可的质量管理体系的标准和指南。[28]它们为设计和管理质量管理体系提供了全面的框架，帮助组织建立过程导向和规章制度来记录和控制关键过程。

2.7.1 ISO 9000 族标准

ISO 9000 族标准着重于开发、记录和实施程序，以确保生产和服务交付过程中的运营和绩效的一致性，以持续改进为目标，并以全面质量的基本原则为支持。这些标准是通用的，适用于任何组织，无论其类型、大小或提供的产品如何。

为什么要制定这些标准？随着质量成为全球企业的焦点，各种不同的组织都制定了相应的标准和指南。诸如质量管理、质量控制、质量体系和质量保证这样的术语在国际、国内甚至某个行业内有了不同的甚至互相矛盾的含义。[29]为了使得欧洲共同市场内的国家间以及希望与其开展业务的国家间的质量要求标准化，一个专门的标准化机构——国际标准化组织（IOS）——于 1946 年成立，由来自 91 个国家的国家标准机构的代表组成，并于 1987 年通过了一系列成文的质量标准。国际标准化组织在命名标准时用“ISO”作为前缀。ISO 是一个科学术语，意为等同（如在气象图等温线上，它表明温度相等）。这样做是确保通过 ISO 9000 族标准认证的组织具有与同行相同的质量。该标准已被美国国家标准学会采用，获得了美国质量学会的认可与合作。该标准在全世界范围内得到了认可。

该标准规定所有影响质量的过程要文件化，标准认为通过审核来遵循标准将带来持续的改进。在某些外国市场上，公司不会向那些未通过认证的企业采购。例如，在欧洲销售的许多产品都要求取得产品认证以确保安全，如通信终端设备、医疗器械、燃气用具、玩具、建筑产品等。通常要取得产品认证，首先必须通过 ISO 9000 族标准认证。因此，达到这些标准成为开展国际业务的要求。

1992 年，在荷兰的马斯特里赫特市签署的旨在建立成员国之间的自由贸易并使质量成为关键战略目标的《欧洲联盟条约》(Treaty on European Union)，使这些标准变得尤其重要。1994 年对这些标准进行了修订。ISO 9000：1994 标准由质量体系的 20 个基本要素组成，包括管理职责、设计控制、采购、产品的识别和可追溯性、过程控制、检验和试验、纠正和预防措施、内部质量审核、培训和统计方法等。这些标准是为了满足以下五个目标：

1. 达到、保持和持续改进符合要求的产品（包括服务）质量。
2. 改进运营活动的质量，持续满足顾客和利益相关者明示或隐含的需要。
3. 让内部管理层和员工相信，质量要求正在实现，改进正在进行。
4. 让顾客和其他利益相关者相信，所交付的产品满足了质量要求。
5. 让大家相信，质量体系的要求得到了实现。

虽然这些目标肯定符合全面质量理念，但最初的标准和 1994 年的修订版标准都引起了很大的争论。[30]标准只是要求组织有一个文件化的、可验证的过程，以确保自始至终地生产该组织所宣称要生产的东西。一家公司可以一方面符合标准的要求，一方面却生产出劣质的产品！由于很多公司更关注“通过考试”而不是将精力集中在质量过程和改进上，欧盟要求降低对 ISO 9000 族标准认证的重视。作为回应，国际标准化组织在 2000 年修订了标准。ISO 9000：2000 有了一个全新的结构，它建立在表 2-2 所列的七项质量管理原则的基础上。在 1997 年由 36 位代表参加的一次会议上，经过投票这七项原则获得一致通过。[31]

2008 年发布了标准的修订版，旨在澄清一些术语和概念，并提高其与流行的环境标准 ISO 14001：2004 的相容性。它侧重于阐明法律标准、外包、内部审核、能力的概念、设计和开发过程、监督和测量过程以及控制不合格品。[32]然而，标准的主要关注点没有太大改变。

2015 年末发布的最新版本将标准更新为更像一个企业管理系统。在这版标准中，对表 2-2 中的质量管理原则做了一些关键修改。该修订版加强了对领导力、计划、知识管理、运营、绩效评估和改进的关注。例如，标准要求组织确定外部和内部问题，它们会影响组织的战略方向（参见第 11 章）及通过质量管理体系取得结果的能力。该标准更适用于服务行业。在许多方面，这些修改使该标准与我们将在第 10 章中介绍的波多里奇准则更相似。

这套标准由两个主要文件构成：

1. ISO 9000：2015——该文件提供了基本的背景信息，如概念和原则，并对标准中用到的关键术语进行了定义。

2. ISO 9001：2015——这是标准的核心文件，提供了质量管理体系的具体要求，以帮助企业稳定地提供满足顾客和其他监管要求的产品。标准规定了质量体系必须满足的要求，但没有规定应该如何实现，使得可以对其进行解释和应用，满足不同类型的企业或国家文化的特有需求。标准没有要求组织对其质量体系进行审核，以验证它是否有效地管理过程。该标准也可用于顾客审核或第三方认证。许多组织实施这项标准以提供其质量管理体系独立的可信性和认可度。

ISO 9000 族标准给出了基本的质量保证体系的架构。标准的各部分涉及以下内容：

● 质量管理体系——如质量手册、文件控制和过程这些基本要求。

● 管理职责——最高管理层为了确保有效的质量体系所必须做的事，如在组织内推动对质量重要性的认识，建立和实施质量管理体系，识别和满足顾客要求，确定组织的质量方针和质量目标，明确质量职责，控制文件和记录。

● 资源管理——确保组织提供充分的人员、设施和培训资源。

● 产品实现——控制生产/服务过程，从接收订单或配额开始，经过设计、原材料采购、制造和服务提供、分销，一直到现场服务。

● 测量、分析与改进——控制程序，确保产品和过程质量，质量数据的分析，纠正、预防和改进计划活动，如内部审核。

这套标准可能相当难以理解，但有很多资源可以帮助管理者解读和使用它们。[33]

虽然制造业是 ISO 9000 族标准最大的采用者，但这套标准旨在适用于所有类型的企业，包括电子、化工以及医疗、银行、运输等服务业领域。标准的演进已经摆脱了制造业的根基，更容易为服务业所采用。例如，位于纽约的软件开发商爱思兰迪亚计算机公司（Computer Associates of Islandia）有 14 000 多名员工，分布在 40 多个国家。公司使用 ISO 9001 在其所有的网点（其中有许多是通过收购其他软件公司获得的）建立起一个强有力的架构，以对产品开发和支持进行标准化。西尔斯·罗巴克公司（Sears，Roebuck and Co.）对其将近 400 家产品维修中心和家庭服务项目进行了 ISO 9001 认证。再如，医疗保险与医疗救助服务中心（Centers for Medicare and Medicaid Services）要求对所有新业务合同实施 ISO 9001 认证。[34]一些专业人士认为，ISO 9000 族标准可以为公立学校系统提供更加有效的管理。[35]

ISO 9000 族标准创立的初衷只是作为一种建议性的方法，用于交易双方（在顾客与供应商之间）和内部审核，但是它很快发展成为公司希望通过第三方审核——通常是研究所或其他认证机构（所谓的注册商）——证明自己的质量管理水平或取得认证。这种做法始于英国。它并非由一个顾客审核一个供应商对标准的符合性，而是由一个认证机构审核某个公司，认证结果为该公司的所有顾客所接受。

实施 ISO 9000 族标准并非易事。[36]要达到认证的标准需要花费相当大的努力和金钱，常常需要组织制定和实施许多新的程序，培训很多人员。ISO 9000 族标准要求所有的独立场所都取得认证而不只是公司整体认证。所有的费用都由申请者承担，因此认证的成本很高。认证审核的花费从 1 万美元到 4 万美元不等，用于文件化、培训方面的内部费用可能会超过 10 万美元。此外，每三年要求进行一次再认证。成功实施 ISO 9000 族标准需要资源和高层管理者的支持，但对关键工作过程的识别、开发和文件化这些具体的任务主要落在运营经理、基层管理者和员工的身上。

实施 ISO 9000 族标准的好处主要有以下三个[37]：

● 提供了一种纪律约束。审核要求促使组织对其质量体系进行例行评审。如果组织没能很好地保持该质量体系，审核过程就会发现这一点，并要求采取纠正措施。

- 包含一个好的质量体系的基础。标准包含了任何一个健全的质量体系所应当具有的基本要素，如了解顾客需求，确保满足要求的能力，确保有做这项工作的人，确保满足产品要求所需的资源和支持服务，确保发现和纠正问题。
- 提供了一种市场营销方案。获得 ISO 认证的组织可以利用自己的认证身份在顾客眼中显得与众不同。

许多机构都从实施 ISO 9000 族标准中获得了显著的益处，包括实现更高的顾客满意度和保留率、更高质量的产品以及更高的生产率等。例如，在杜邦公司，通过实施 ISO 9000族标准，准时交货率从 70%提高到 90%，运转周期从 15 天减少到 1.5 天，首次通过率从 72%提高到 92%，检验程序数量减少了 1/3。太阳微系统公司（Sun Microsystems）的 Milpitas 工厂于 1992 年通过了认证，管理者坚信它促进了交付给顾客的质量和服务的改进。[38]加拿大多伦多塑料公司（Canada，Toronto Plastics，Ltd.）在实施 ISO 9000 族标准一年后，产品缺陷率从 15%降到 1.5%。[39]总部在密歇根州的 Delcor Homes 公司是第一家取得认证的房屋建筑商，两年内将可修复故障率从 27.4%降到 1.7%，并将建筑经验认可率从 65 分左右提高到 95 分左右（满分为 100 分）。[40]由此可见，使用 ISO 9000 族标准作为质量体系的基础可以提高生产率、降低成本、提高顾客满意度。此外，组织发现使用 ISO 9000 族标准促进了将数据应用作为经营管理的工具，提高了管理层的承诺和管理评审的有效性，并改进了顾客沟通。[41]

ISO 标准在全世界得到应用。一项由美国质量学会和美国生产力与质量中心所做的调查显示，大多数受访组织都将 ISO 作为质量框架。欧洲国家，如捷克、德国，使用 ISO 9000 族标准的组织要多于美国。

（关于 ISO 标准的现有信息可以登录 ISO 网站（http：//www.iso.org）获得。）

2.7.2 建立有效的质量管理体系

一名实践工作者观察到许多质量管理体系更注重符合性而不是提高质量。这是一个很容易陷入的误区，尤其是在应用 ISO 9000 族标准或其他一些符合性过程时，如在美国食品药品监督管理局（Food and Drug Administration）监管的生命科学领域中的制造过程。[42]一旦组织所关注的只是简单地维护数据和文件以表示其通过了 ISO 认证或满足了监管要求，质量部门的目标就很容易与组织的质量过程相分离。例如，生命科学领域的研究表明，不到 40%的企业将质量管理体系与企业资源计划（ERP）相整合，不到 30%的企业将质量管理体系与制造执行系统（MES）相整合，只有 25%的企业将质量管理体系与供应链管理（SCM）相整合。[43]

一个有效的质量管理体系需要与诸如 ERP、MES 和 SCM 的企业系统相整合，并着眼于制定可操作的决策，寻找问题的根源，改进流程和系统。它应该在整个组织范围内推动质量管理的原则，通过促进有效的实践来落实表 2－3 中所描述的原则。正如戴明、朱兰和克劳斯比经常指出的，这些是组织领导的责任。ISO 9000 族标准强调在推动质量管理体系中领导的作用。例如，标准要求："最高管理者应通过以下活动，为其建立、实施质量管理体系并持续改进其有效性的承诺提供证据：（a）向组织传达满足顾客和法律法规要求的重要性；（b）制定质量方针；（c）确保质量目标的制定；（d）开展管理评审；（e）确保资源的可获取性。”

质量实践

将质量原则带入 KARLEE 公司[44]

位于得克萨斯州加兰市的 KARLEE 公司是一家精密钢板和为电信、半导体、医疗器械行业提供机械部件的制造商。KARLEE 公司为顾客提供从最初的部件设计到最终成型的装配产品的垂直一体化服务。它的服务内容包括：

- 先进的设计工程技术支持；
- 原型制作；
- 精密机械加工及金属制品的制造和装配；
- 产品精加工（喷漆、丝印、电镀）；
- 增值拼装一体化（综合布线、电源和背板安装、电气试验）。

纵观其业务，KARLEE 公司在其商业实践中体现了全面质量的原则。下面的内容描述了一些示例。

关注顾客。KARLEE 公司做出一项战略决策，要慎重选择支持自己价值观的顾客——特别是一套系统的经营和绩效管理方法，以期建立起长期的合作伙伴关系，并成为全球领导者。管理人员和团队领导会与每位顾客合作确定当前的要求和未来的需求，为每位顾客分配一个三人顾客服务团队，全天 24 小时随叫随到以处理日常生产问题。

领导力。高级行政领导（Senior Executive Leaders，SELs）和 KARLEE 领导委员会（KARLEE Leadership Committee，KLC）设定公司的战略方向，并通过绩效考核、参与改进或战略性项目、与顾客和团队成员定期交流以及表彰团队成员的成就，来沟通和加强价值观和期望。

全员参与。生产和交付过程都是围绕单元生产而设计的。团队有责任了解其顾客的要求，并根据这些要求进行生产。如果他们认为有助于实现更高绩效，团队有权改变战略计划建议的目标，还可以安排工作、管理库存以及设计工作区的布局。

过程方法。诸如原型开发、调度、生产设置、制造、组装和交付等过程要求专人负责维护，以满足顾客的要求。质量保证团队成员与制造团队共同创建过程文件。

改进。各团队使用一种结构化的方法来评估和改进其过程，并进行记录，向高层领导和 KARLEE 领导委员会提交改进的状态报告。各团队通过与竞争对手、“最佳实践”企业和顾客进行对标来向他人学习。

基于事实的决策制定。团队通过分析缺陷数据、顾客投诉的问题以及生产过程中的控制图，识别出问题和改进空间。每项业务目标和计划都定义了测量方法，高层领导每周开会审查公司的绩效，确保与公司方向和计划保持一致。

关系管理。供应商对公司的成功至关重要。KARLEE 公司选择和发展那些和它一样致力于实现顾客满意度的供应商，以确保它们有支持其顾客所需的材料和服务。公司会与单个供应商讨论其绩效问题和对其的期望，并在年度供应商研讨会上发布。

所有这些都带来了销售额的增长、高水平的顾客和员工满意度，以及高水平的经营业绩和质量，使 KARLEE 公司获得了 2000 年的波多里奇奖。

关键问题讨论

1. 根据本节所提供的信息以及第 1 章中对质量的定义，你认为 KARLEE 公司是如何定义质量的？

2. 讨论 KARLEE 公司的质量实践是如何体现戴明、朱兰和克劳斯比的理念的。

质量实践

使用 ISO 9001 改进供应链[45]

建立质量管理体系（QMS）的 ISO 9001 要求为业务运营提供框架，该框架抓住了供应链流程的复杂性，同时提供了改进运营的方法。在由美国国际开发署（USAID）资助，并由总部位于华盛顿特区的一家开发公司 Chemonics International 实施的 ISO 9001 认证的肯尼亚制药公司项目中，可以看到使用 ISO 9001 标准进行供应链管理的一个例子。

肯尼亚制药公司为肯尼亚的艾滋病患者提供可靠的高质量、低价格的药品。该项目的顾客是该国一些最贫穷和偏远地区的儿童和成人，包括孕妇。肯尼亚制药公司有一个由需求驱动的（拉式）分销系统，有 169 个订购点向中央仓库提交订单。通过辐射式分销网络，这 169 个订购点为 626 个抗逆转录病毒治疗（ART）配发点供应肯尼亚制药公司的全部产品。该公司于 2011 年开始建立 QMS，2012 年夏天获得了 ISO 9001 认证。从逻辑上讲，ISO 9001 的实施是建立在肯尼亚制药公司供应链基础上的，基于使用私营部门和国际认可的管理实践，可支持供应链运作，抵抗艾滋病在肯尼亚的蔓延。

决定实施 ISO 9001 认证的 QMS 是出于要为供应链创建一个系统方法的目的，以确保为肯尼亚人提供不断改进的服务。ISO 9001 可以确保系统地记录和解决供应链中出现的问题，不仅可以解决紧急问题，还可以收集更大范围的数据，这些数据会影响该项目为顾客提供服务的能力。但是，成功实施常常不仅取决于技术知识，还取决于一些软件方面。有效的变革管理、团队和高管的承诺，即便不是更重要，也是同等重要的。要确保工作是基层的，由项目人员设计并为了项目人员而设计，这是该方法最重要的一点。

ISO 9001 具有以下优点：

- 记录控制准则要求员工创建记录并集中存储。从长远来看，这样做可以节省员工的时间，文档更易查找，并使内部运营更有效。
- 它通过一套固定的词汇表和项目围绕运转良好的事物建立结构，使流程管理和改进在某种程度上更加正式。
- 它使在供应链中不同节点工作的人能够更好地了解彼此的角色。

通过 ISO 9001，可以更平稳、更快速地改变供应链运作，同时保持整体一致性。凭借 ISO 9001 文件控制、员工意识和培训要求，肯尼亚制药公司的 QMS 建立起一个中央系统，可以有效地捕获所有工作流程和变更通知。流程改进在供应链的各方面得以无缝实施。这对肯尼亚制药公司尤其重要，因为该项目必须对政策变化和来自外部的监管要求保持敏感，如世界卫生组织、美国国际开发署、美国政府和肯尼亚政府。现在，它可以将信息和变更更快地推送给在全国工作的远程现场服务代表，有时他们可能在非常偏远的地方。此外，自实施质量管理体系以来，肯尼亚制药公司的供应链在其他许多领域也得到了显著改善：海运和空运货物的平均清关时间分别从21.8天和2.5天减少到5.7天和1.8天。通过供应链数据质量审核的医疗机构从53%增加到68%，并且该项目在预测未来管理绩效和运营供应链成本方面得到了显著改善。

最后，该项目还改变了组织文化。内罗毕项目员工——一个40人的团队，其中有两名肯尼亚人，分享了一件轶事，该项目使工作人员成为一个团队，使他们更多地投入到肯尼亚制药公司的工作中。持续改进流程创造了一种文化，每个人都有发言权，都在学习，并在创新和改进中发挥作用。

●关键问题讨论

1. 表2-2中的质量管理原则如何在本案例中体现？
2. 其他组织可以从本案例中学到什么？

复习题

1. 与第1章中所讨论的质量的定义相比，如何理解戴明对质量的定义——“一件产品或一项服务，如果对某人有用，或是能保持良好而长久的市场地位，就是有质量的”？
2. 阐释戴明的链式反应理论。
3. 阐释戴明十四点。每一点是如何与渊博知识体系中的四个要素建立联系的？
4. 概述渊博知识体系的四个要素。它们彼此之间是如何相互支撑的？
5. 什么是系统？为什么说“系统思考”对于质量管理来说非常重要？
6. 为什么说从统计学的角度理解变异很重要？
7. 解释彼得·斯科尔特斯所提出的人们未能理解渊博知识体系的内容的含义。
8. 解释朱兰的质量三部曲。
9. 总结朱兰所倡导的质量改进的“突破历程”。
10. 朱兰的理念与戴明的理念有何异同？
11. 简述克劳斯比的“质量管理的基本原则”和“改进的基本要素”。它们与戴明十四点有何异同？
12. 总结费根鲍姆和石川馨对现代质量思维的主要贡献。
13. 解释质量原则、实践和技术之间的差异。
14. 列出并简要介绍质量管理的七项原则。
15. 陈述两三项与质量管理每个原则相关的实践活动。
16. 什么是统计思考？为何统计思考对于组织的管理者和员工都非常重要？
17. 过度变异产生的运营问题是什么？
18. 解释导致变异的常见原因和特殊原因之间的区别。
19. 解释管理者在试图改进的过程中经常犯的两类基本错误并举例说明。
20. 红珠实验和漏斗实验的启示是什么？试举一些与这些启示相悖的事例。
21. 什么是质量管理体系（QMS）？一个良好的QMS应具备的特征是什么？

22. 简要概括 ISO 9000 背后的基本原理。这套标准的目标是什么？
23. ISO 9000 三个主要的好处是什么？
24. 为什么不是所有的质量管理体系都有效？怎么做才能让它们有效？

案　例

纪律处分[46]

一家快递服务公司拥有 40 名司机负责在整个市区范围内递送包裹。偶尔，司机会犯错误，如在货运单据上输入错误的包裹编号，未能得取顾客签字确认等。全年共发生了 280 个错误。负责该项运营的经理针对每个错误向司机做出了纪律处分。

◆ **讨论题**

1. 你对经理的做法有何看法？其与戴明的理念相比如何？

2. 如何通过对这些数据的分析来帮助经理了解系统中的变异情况？（根据数据绘制图形以获得一些深入的观察。）如何利用这些数据帮助经理提高该系统的绩效？

纳什维尔定制吉他公司[47]

纳什维尔定制吉他公司（Nashville Custom Guitars，NCG）是一家小规模的制造企业，每年生产不到 800 件吉他。该公司没有正式的质量部门，也未有意识地尝试应用全面质量管理的原则。然而，对其设备和工艺的参观显示出全面质量管理和戴明十四点的许多原则是显而易见的。

尽管在生产吉他小零件上运用了现代计算机数字控制（CNC）设备，但 NCG 的成功秘诀在于被称为制琴师的 14 名工匠，他们将谨慎和注意力用在细微之处，手工制作每把吉他的主要部件。车间分成六个操作工位，吉他在这里从一个工位到下一个工位逐步组装而成。经验丰富的制琴师有权做出自己的质量决策，为每个工位配置工作人员。除非制琴师和另一位更高级的制琴师都满意当前工作的质量，否则吉他不会进入下一个工位。制造部门检查自己所生产的产品。该公司只招收那些希望在团队中工作并爱好吉他制作的员工。

制作吉他的过程包括七个主要步骤。

1. 挑选和烘干木材：吉他的制作过程始于对最高品级音木的挑选。木材在蒸发除湿窑中慢慢地去除水分。目标水分含量为 3%，但当暴露在车间的温度/湿度条件下时，水分含量稳定在 6%。车间湿度保持在 47%，这是保持水分状态平衡的最佳环境。

2. 粗切木材：木材烘干后，就进入下一步工作，即利用传统的工具粗略地塑造出木材的外形。然而，NCG 是使用现代计算机数字控制机床来塑造吉他的琴颈部位。

3. 弯曲侧面：要想塑造出一定的外形，首先要将吉他的侧面浸在水中 10 分钟以调理木材，然后将其放在一个热的弯曲模板上用手按压。这时，木材的张力会变得松弛，最终形成模板的形状。这一过程最好手工完成，因为如果由机器塑形，当吉他的侧面进入模具中时，会出现反弹。

4. 切割顶部和背面：吉他的顶部和背部被切割成形，在每个面上打上音梁。顶部和音梁的厚度最能影响吉他音色。制琴师要从顶部和音梁上刨下木头的一些条形带以形成音调，通过敲击顶部的方式听取不同刨取厚度所产生的音调，直至找到完美的音调。由于乐器的真实声音只有在组装完成后才能完全呈现，制琴师会在筑造顶部的过程中记录下步骤。组装完成后，如果一把吉他发出非常特别的、足以让弹奏者大吃一惊的声音，筑造顶部的制琴师会立即得到通知，要求检查他的笔记，看看这是如何实现的，以便这样的声音可以复制。

5. 切割颈部：大约 60% 的 NCG 吉他的颈部是在现代计算机数字控制机床上切割而成的。这也是唯一不是手工制作的重要部件。颈部的尺寸一致性至关重要，在这一点上现代计算机数字控制机床确实比手工操作更好。另外 40% 的琴颈是根据顾客的特殊要求手工制成的。随后将嵌有珍珠母的乌木指板粘在琴颈上。

6. 抛光处理：吉他琴体用专门配制的以硝化纤维和增塑剂为主要成分的 12 层防护漆进行表面处理，以保护木材表面。漆涂得很薄以使声音不受影响。

7. 完成最后的组装和调试：琴颈是用连接结构安装在琴体上并胶合到位的。然后将琴桥粘到琴体上。接下来是安装用牛骨制成的用来将琴弦悬接在乐器上的鞍座和螺母。最后，将琴弦安在吉他上，进行首次弹奏。接着技师会对琴弦的高度或琴颈进行调整，以优化乐器的手感和弹奏能力。

NCG 有一个网页，在这里吉他用户可以得到有关他们吉他的问题的答案。NCG 鼓励工人通过在外面上课或是每年制作两把供个人使用的乐器来进一步提高他们的技能。这些机会让工匠们探索新的吉他制作方面的技术，熟悉整个吉他的制作过程。NCG 甚至鼓励工人有一天能走出去开展自己的业务。

基于这次 NCG 之旅，这些经营活动和质量实践是如何体现戴明十四点的？

沃克汽车销售服务公司

沃克汽车销售服务公司（Walker Auto Sales and Service，WASS）是一家为国内各大汽车公司提供全面服务的经销商。从本质上讲，WASS 提供三项主要服务：新车销售、二手车销售以及维修和保养服务。由于市场的竞争性，该公司的老板达伦·沃克（Darren Walker）想要采取更加系统的方法来改善服务，并获得高水平的顾客满意度。通过问卷调查、焦点小组座谈以及投诉数据和信息分析，他确定了这些服务的一些重要需求。顾客希望进入经销店时能拥有良好的体验——有各种类型的汽车和选择可供评估、销售人员的及时接待、感觉舒适没有压力。他们还希望销售人员有礼貌、熟悉汽车相关知识、尊重他们的顾客和兑现口头承诺。对于维修和保养服务，顾客希望有适当的操作说明，将所有必要的工作充分告知他们，并在工作完成后进行检查。他们希望有很好的时间估计，并与服务部门进行沟通。

供应商在公司业务和整个价值链中发挥着重要作用。经销商需要合格的零部件、及时供应的产品以及公平的价格。WASS 还在员工福利和特定培训课程、信息技术规划和局域网/互联网开发、市场营销和广告以及战略计划方面得到企业资助。WASS 正面临着熟练员工方面日益激烈的竞争、导致需求变化的顾客人口统计特征的不断变化以及外国经销商的竞争。达伦·沃克认识到有必要在其市场“成为首选经销商”。

利用质量管理的原则以及第 1 章所提出的服务的特殊性，评述达伦·沃克为实现他的愿景所必须考虑的一些问题。制定一个他可能会考虑的行动计划表。

季度销售报告[48]

罗恩·哈格勒（Ron Hagler），Selit 公司的销售副总裁，刚刚收到一份有关他管辖地区过去五年季度销售数据的报告。由于报告结果不令人满意，他接通了秘书的电话：“玛莎，通知地区经理今天下午我要和他们谈话，每个人都必须参加。”

玛莎担任哈格勒的秘书差不多有十年了。她从他的语气中知道他要动真格了，因此她打电话通知地区经理下午 2 点召开临时会议。下午 1 点 55 分，地区经理鱼贯而入。只有当哈格勒不满意时，他们才会被召集到一起开会。

哈格勒没有浪费时间，他直奔主题。“我刚刚收到季度销售报告。东北地区的销售非常出色。史蒂夫，你不仅在第四季度提高了 17.6 个百分点，还比上一年增加了高达 20.6% 的销售额。我不知道你是怎么做到的！”听到这里，史蒂夫笑了。他以在年末清理库存这一重拳来结束这一年工作的销售理念又一次得到了回报。哈格勒没有注意到史蒂夫第一季度的销售额处于低迷状态。

哈格勒继续说道："特丽，西南地区的销售也非常好。你在第四季度增加了 11.7 个百分点，比上一年同期增加了 11.8%。"特丽也笑了。她不知道是怎么做得这么好的，但她确定的是她不会做任何改变。

"简，西北地区的销售额在第四季度增长了 17.2%，但比上一年下降了 8.2 个百分点，"哈格勒说，"你需要找出你之前做了什么让你的销售额飞涨。即便如此，你在第四季度的表现还是不错的。"简试图掩饰自己的困惑。尽管他在 11 月份接到一大笔订单，但这是他在很长一段时间内接到的第一笔大订单。总体而言，西北地区的销售额在下降。

哈格勒现在准备好处理问题地区了。"莱斯利，中北部的销售额在第四季度下降了 5.5%，但比上一年增加了 4.7 个百分点。我不明白怎么你的销售额变化如此之大，你需要更多的激励吗?"莱斯利视线下移。在过去的五年里她一直很努力地工作，并获得了许多新客户。事实上，她在 2009 年因为争取到最多的新客户而获得一笔奖金。

"金，大西洋海岸中部地区的销售额在第四季度下降了 3.2%，比上一年下降了 2.6 个百分点。我对你的表现很失望，你曾经是我最好的销售代表。我对你有很高的期望。现在，我只希望你第一季度的业绩能表现得有活力一些。"金感到她的脸红了起来。她知道她在第一季度售出了更多的设备。"哈格勒怎么能知道这些呢，"她心想，"他只是位不做具体工作的管理者。"

转向戴夫，哈格勒顿时感到肾上腺素飙升。"戴夫，中南地区的销量是最糟糕的！销售额在第四季度下降了 19.7%，比上一年下降了 22.3 个百分点。你能解释一下吗? 你重视你的工作吗? 我希望这个季度的销售业绩能得到明显改善，否则的话……"戴夫头皮一阵发麻。这是一个棘手的地区，竞争很激烈。确实，这些年客户流失了很多，但也有很多新的客户进来。他怎么会做得这么糟糕?

哈格勒如何才能应用统计思考的原则来改善他的工作方式? 使用任何你认为适当的数据分析方法，如构造 Excel 图表或汇总统计数据，来充分说明你的想法并帮助他加以改进。

注　释

1. John Hillkirk, "World-Famous Quality Expert Dead at 93," *USA Today,* December 21, 1993.
2. *Motor Trend,* November 2009, p. 86.
3. W. Edwards Deming, *The New Economics for Industry, Government, Education* (Cambridge, MA: MIT Center for Advanced Engineering Study, 1993).
4. Matthew W. Ford and James R. Evans, "The Role of Follow-Up in Achieving Results from Self-Assessment Processes," *International Journal of Quality and Reliability Management,* 23, no. 6, 2006.
5. Walter A. Shewhart, *Economic Control of Quality of a Manufactured Product* (New York: Van Nostrand, 1931).
6. Adapted from March Laree Jacques, "Big League Quality," *Quality Progress,* August 2001, 27–34.
7. Russell L. Ackoff, *Recreating the Corporation: A Design of Organizations for the 21st Century* (Oxford: Oxford University Press, 1999).
8. The quincunx simulator is contained in the Quality Gamebox, a registered trademark of P-Q Systems, Inc., 10468 Miamisburg-Springboro Road, Miamisburg, OH 45342; 937-885-2255; 800-777-3020. It can be purchased and downloaded at: http://www.pqsystems.com/products/sixsigma/QualityGamebox/QualityGamebox.php.
9. Clarence Irving Lewis, *Mind and the World* (Mineola, NY: Dover, 1929).
10. Reprinted with permission from Peter Scholtes, "Communities as Systems," *Quality Progress,* July 1997, 49–53. Copyright © 1997 American Society for Quality. No further distribution allowed without permission.
11. "Juran Honors Japanese Quality at His 100th Birthday Event," *Quality Digest,* June 2004, 6.
12. Jeremy Main, "Under the Spell of the Quality Gurus," *Fortune,* August 18, 1986, 30–34.
13. Philip B. Crosby, *Quality Is Free* (New York: McGraw-Hill, 1979), 200–201.
14. Facts in this section were obtained from "Profile: the ASQC Honorary Members A. V. Feigenbaum and Kaoru Ishikawa," *Quality Progress* 19, no. 8 (August 1986), 43–45; and Bruce Brocka and M. Suzanne Brocka, *Quality Management: Implementing the Best Ideas of the Masters* (Homewood, IL: Business One Irwin, 1992). A related article that summarizes the contributions of these individuals as well as others is "Guru Guide: Six Thought Leaders Who Changed the Quality World Forever," *Quality Progress,* November 2010, 14–21.
15. More about Feigenbaum can be found in Gregory H. Watson, "Feigenbaum's Enduring Influence," *Quality Progress,* November 2005, 51–55, and on the General

Systems Company website at http://www.gensysco.com/.

16. James W. Dean, Jr. and David E. Bowen, "Management Theory and Total Quality: Improving Research and Practice Through Theory Development," *Academy of Management Review,* 19, no. 3 (1994), 392–418.
17. Source: ISO 9000 Quality Management Principles. http://asq.org/learn-about-quality/iso-9000/overview/quality-management-principles.html.
18. Adapted from Brian L. Joiner, *Fourth Generation Management* (New York: McGraw-Hill, 1994), 129.
19. Reprinted with permission from Galen Britz, Don Emerling, Lynne Hare, Roger Hoerl, and Janice Shade, "How to Teach Others to Apply Statistical Thinking," *Quality Progress,* June 1997, 67–79. © 1997, American Society for Quality. No further distribution allowed without permission.
20. Steven A. Melnyk and R. T. Christensen, "Variance is Evil," *APICS The Performance Advantage,* June 2002, 19.
21. Kimberly Weisul, "So Your Lie May Always Be True," *BusinessWeek,* February 25, 2002, 16.
22. Based on descriptions given in W. Edwards Deming, *The New Economics For Industry, Government, Education* (Cambridge, MA: MIT Center for Advanced Engineering Study, 1993).
23. Frank H. Squires, "The Triumph of Statistics," *Quality,* February 1982, 75.
24. The ASQ Global State of Quality Research Discoveries 2013. www.globalstateofquality.com.
25. Nicole Radziwill, Diane Olson, Andrew Vollmar, Ted Lippert, Ted Mattis, Kevin Van Dewark, and John W. Sinn, "Starting from Scratch, Roadmap and Toolkit: Recipe for a New Quality System," *Quality Progress,* 40 (2008), 40–47, http://asq.org/quality-progress/2008/09/basic-quality/starting-from-scratch.html.
26. Noted by Paulo Sampio, University of Minho, Portugal, in The ASQ Global State of Quality Research Discoveries 2013. www.globalstateofquality.com.
27. Tom Taormina, "Conducting Successful Internal Audits," *Quality Digest,* June 1998, 44–47.
28. International Organization for Standardization, "ISO 9000 Essentials," http://www.iso.org/iso/iso_catalogue/management_and_leadership_standards/quality_management/iso_9000_essentials.htm.
29. Michael J. Timbers, "ISO 9000 and Europe's Attempts to Mandate Quality," *Journal of European Business,* March-April 1992, 14–25.
30. Amy Zuckerman, "ISO/QS-9000 Registration Issues Heating Up Worldwide," *Quality Observer,* June 1997, 21–23.
31. Amy Zuckerman and Rosalind McClymont, "Tracking the Ongoing ISO 9000 Revisions," *Business Standards, 2,* no. 2 (March–April 2000), 13–15; Jack West, with Charles A. Cianfrani and Joseph J. Tsiakals, "A Breeze or a Breakthough? Conforming to ISO 9000:2000," *Quality Progress,* March 2000, 41–44. See also by West et al., "Quality Management Principles: Foundation of ISO 9000:2000 Family, Part 5," *Quality Progress,* February 2000, 113–116; and "Quality Management Principles: Foundation of ISO 9000:2000 Family, Part 6," *Quality Progress,* March 2000, 79–81.
32. Dirk Dusharme, "ISO 9001: The Shift to Service," *Quality Digest,* July 2005, 33–36; John Scott, "ISO 9000 in Service: The Good, the Bad, and the Ugly," *Quality Progress,* September 2005, 42–48.
33. For example, one excellent book is C. A. Cianfrani, J. J. Tsiakals, and J. E. West, *ISO 9001:2008 Explained,* 3rd ed., (ASQ Quality Press, 2009).
34. John E. "Jack" West, "Small Change, Big Payoff," *Quality Progress,* April 2009, 47–52.
35. William A. Stimson, "Better Public Schools with ISO 9000:2000," *Quality Progress,* September 2003, 38–45.
36. Implementation guidelines are suggested in the case study by Steven E. Webster, "ISO 9000 Certification, A Success Story at Nu Visions Manufacturing," *IIE Solutions,* April 1997, 18–21.
37. Jack Dearing, "ISO 9001: Could It Be Better?" *Quality Progress,* February 2007, 23–27.
38. ISO 9000 Update, *Fortune,* September 30, 1996, 134[J].
39. Astrid L. H. Eckstein and Jaydeep Balakrishnan, "The ISO 9000 Series: Quality Management Systems for the Global Economy," *Production and Inventory Management Journal* 34, no. 4 (Fourth Quarter 1993), 66–71.
40. "Home Builder Constructs Quality with ISO 9000," *Quality Digest,* February 2000, 13.
41. Sandford Liebesman and James Mroz, "ISO 9000:2000 Experiences: First Results Are In," *Quality Progress,* April 2002, 52–59.
42. Karim Lokas, "Why Your QMS Should Concentrate on the Product Instead of Compliance," *Quality Progress,* August 2011, 47–52.
43. Lokas, *ibid.*
44. Adapted from KARLEE 2000 Malcolm Baldrige Application Summary, National Institute of Standards and Technology, U.S. Department of Commerce.
45. Tiffany Darabi, "To All Corners of Kenya," *Quality Progress,* June 2013, 18–25.
46. Based on an anecdote in W. Edwards Deming, *Out of the Crisis* (Cambridge, MA: MIT Center for Advanced Engineering Study, 1986).
47. Adapted from Luke T. Foo, "Good Vibrations: Ingrained Quality Practices Mirror Deming's 14 points," *Quality Progress,* February 2008, 25–30. Copyright © 2008 American Society for Quality.
48. Adapted from Galen Britz, Don Emerling, Lynn Hare, Roger Hoerl, and Janice Shade, "How to Teach Others to Apply Statistical Thinking," *Quality Progress,* June 1997, 67–79. Copyright © 1997 American Society for Quality.

第3章 关注顾客

关注顾客可能是质量管理最重要的原则。例如，通用电气的文化是由五个“GE 信念”驱动的，其中第一个就是“顾客决定我们的成功”。顾客是产品和服务质量的最终评判者，并且“没有顾客，就没有企业”[1]已经是一个不争的事实！日语中有一个词叫做“客样”（okyakusama），这个词既表示“顾客”，又有“贵客”的意思。那些世界级的公司都执着于满足和超越顾客的期望。许多公司都构筑在使顾客满意的基础之上，如丽思卡尔顿酒店、迪士尼、丰田的雷克萨斯等。

顾客在购买、使用和服务体验过程中的许多因素都会影响到他对价值和满意度的感知。通用汽车公司的全球质量战略执行董事曾评论说：“如果顾客对产品的整个体验过程都感到满意，这样才能说你拥有了一个高质量的产品。”[2]这里的关键词是“整个体验过程”。为了满足甚至超越顾客的期望，组织必须充分理解产品和服务是如何构成顾客价值并决定顾客满意和忠诚的。为此，企业不能止步于使产品符合规范、减少次品或者处理顾客投诉，它们必须能够设计出真正让顾客喜欢的产品，还必须能够快速应对市场和顾客需求的变化。贴近顾客的企业知道顾客需要什么及顾客如何使用，并能够预测顾客尚未表达出来的需求，还能不断发展新方法来深化与顾客的关系。

关注顾客是 ISO 9000 的一项核心要求。例如，其中的一个要求是“最高管理者应以增强顾客满意为目的，确保顾客的要求得到确认并予以满足”。这就将关注顾客的职责置于高层的领导之下。在产品实现部分，标准要求组织识别顾客的要求，包括交付和交付后的活动，以及顾客没有提出但对于规定和预期用途而言必要的要求。另外，组织必须建立相应的程序，以便与顾客沟通产品信息及其他问题，获取包括投诉在内的反馈。在测量、分析与改进部分，标准要求组织监测顾客的感知以确定组织是否满足了顾客要求，即顾客是否满意。

本章的重点是顾客驱动的卓越。表 3－1 概述了为实现关注顾客所需采取的主要质量实践活动，我们将在本章的后续部分详细阐述。“质量档案”专栏给出了两个组织的案例，它们都将注意力放在了顾客身上。

表 3-1 质量管理中关注顾客的主要实践活动

- 在考虑竞争对手和其他潜在顾客的前提下，明确定义关键的顾客群体和市场，并对其进行相应的细分，以更好地满足不同的需求。
- 了解顾客的长短期需求和期望（“顾客之声”）并采取系统的方法倾听来自顾客以及竞争对手的顾客的声音，从而获取有关产品和顾客支持的可操作的信息。
- 理解顾客需求与产品设计、生产和交付过程之间的联系，并利用顾客的需求信息来识别和创新产品供应和顾客支持过程，以满足并超越顾客的需求和期望，拓展关系，确定和吸引新的顾客和市场。
- 创建一种顾客方便联络的组织文化和支持架构，使顾客获得持续积极的体验，提供反馈信息，获取帮助，使问题及时解决并推动改进。
- 管理顾客关系，以建立顾客忠诚度，提升顾客满意度和契合度，并获取新的顾客。
- 测量顾客满意度、契合度和不满意度，将测量结果与竞争对手和行业标杆进行对比，并利用这些信息来评估和改进其内部过程。

质量档案　柯林斯堡市公司和 K&N 管理公司

科罗拉多州的柯林斯堡市公司是一家提供全方位服务的市政公司，由自治的理事会-经理形式的政府经营。根据柯林斯堡公民调查，该市在以下方面的排名为全国城市排名前 10%：最佳居住地，最佳工作场所，文化和娱乐，工作机会，空气质量和吸引力。在饮用水质量和应急准备方面，它排名前 1%。该市将这些出色的结果归功于其多种聆听市民声音的方法。自 2008 年以来，该市的高层领导采用“合作模式”与居民和企业合作解决城市挑战，因此总体绩效得分一直高于地区和全国的水平。“合作模式”包括社区聚会、电话市政厅、传统的公开会议、互动式网站以及提供适合不同年龄段、生活方式和偏好的互动机会的移动应用程序。27 个公民参与的咨询委员会决定战略规划流程。

该市根据产出预算（BFO）流程制订财务计划，该计划涉及各级市政工作人员及市民。该过程使柯林斯堡市可以调整财务预测，备足盈余资金。市政工作人员和社区成员发现问题后会提出创新的解决方案。例如，气候行动计划就是根据市民的意见制订的。BFO 流程已被政府财务官员协会评为分配资源的最佳实践。柯林斯堡市优化对信息技术的使用，收集居民和其他方面的声音。例如，通过柯林斯堡网站提交的投诉/评论和建议会得到确认，并在十个工作日内解决。通过这个网站（经过重新设计，可使用平板电脑和智能手机），市民还可以支付罚单和水电费，并从公共记录中检索文件。去年，技术友好型服务使该市获得了 Govtech. com 的“三大数字城市”称号。

K&N 管理公司（K&N Management）是一家位于得克萨斯州首府奥斯汀的特许经营商，它是鲁迪乡村杂货及烧烤店的投资开发商以及马迪·法恩汉堡包薯条奶昔店的开创者，这是两种新型的快速休闲餐饮理念。公司的文化是以质量和卓越为基础，与顾客建立良好的关系，其愿景是“成为每一次都让每一位客人愉悦的世界知名品牌”。K&N 管理公司创建并维持的一个企业聚焦点是“愉悦顾客”，通过创新和技术手段创造出满足甚至超越客人需求的产品种类。客人可以通过网站和社交媒体访问店面信息和相关事件，还可以通过公司自创的方式——如在每家马迪·法恩汉堡包薯条奶昔店铺都有的 Eye-Click 交互系统——实现访问。公司通过在主餐时间利用 iPad 实施简短的问卷调查收集顾客反馈信息，并将信息上传到第三方服务器进行汇总。外卖客人则被引导通过网络方式进行在线调查。

公司各层级的领导人都随身携带一部掌上电脑，以获取客人的意见和投诉以及每天的绩效结果等信息。公司通过不断倾听和学习的方式维护出一份与关键业务驱动相一致的关键客人需求（key guest requirement，KGR）清单。公司会针对绩效情况进行系统的测量，并与全体员工进行沟通交流。绩效差距和改进机会被归纳成从问题解决到战略计划的各种适当的规划方案。

在销售方面，K&N 管理公司下属餐馆明显优于当地竞争对手和全国各家连锁店。对于该公司的这两种餐饮理念，客人对其食品质量、热情程度、整洁、服务速度和价格方面的满意度打分在5分制中不少于4.7，优于最强的竞争对手；客人总体满意度打分超过了4.7，同样击败了其最强的竞争对手。

3.1 顾客满意和互动

ASQ质量术语表将顾客满意定义为“提供满足顾客要求的产品或服务所获取的结果”。顾客满意对顾客维系和业务增长来说至关重要。例如，安飞士公司（Avis）很早就认识到在汽车租赁业中增加市场份额的两个主要途径是：（1）以极低的费率揽入大量的企业业务；（2）通过改进顾客满意度来提高重复购买的意愿和回头业务。然而，安飞士公司宣称，它不会只为了增加市场份额这一目的而以低价招揽生意；相反，它将重点聚焦在提高顾客满意度上。安飞士的营销部门实施了广泛的研究和分析以跟踪市场变化的趋势，并制订了相应的响应顾客需求的计划。安飞士还对顾客满意度的趋势和水平进行监测，每月打电话给顾客以详细评估满意度。[3]

顾客满意对于公司收益而言是一个重要的因素。典型公司65%的业务来自现有顾客，挖掘一名新顾客的成本是使一名现有顾客满意所花费的成本的五倍还要多。[4]统计表明，市场份额以及财务收益的增长与顾客满意度高度相关。一项研究发现，顾客保有率为98%的公司的盈利是顾客保有率为94%的公司的两倍。以汽车保险为例，J. D. Power数据显示，高满意度的顾客中有32%不会转换公司，相比之下，一般满意的顾客只有18%坚守原来的选择；在银行业中，高满意度的顾客留下来并向其他人推荐银行的可能性是一般满意的顾客的四倍。[5]Johnson Controls，Inc. 公司（JCI）发现，91%的续签合同都来自那些满意或者非常满意的顾客。总体满意度分值提高1个百分点的价值相当于每年续签了1 300万美元的合同。JCI发现，那些不满意的顾客的流失率要高得多。认识到顾客满意对财务的影响后，JCI将提高顾客满意度作为关键举措。[6]

满意固然重要，现代的公司还应该看得更远。首先，它们必须避免因产品或服务失败而产生不满意的顾客。研究表明，不满意的顾客向朋友讲述不好的体验的次数是讲述好的体验的两倍。例如，在一次圣诞购物季期间，大型商场的顾客平均向六个人分享其不好的购物经历，最终被告知不愉快经历的人数是之前的五倍之多，大家都有意避开这家商场。[7]其次，它们必须努力发展忠诚的顾客，亦即追随一家公司并积极向他人推荐的那些顾客。满意和忠诚是两个完全不同的概念。按照丽思卡尔顿酒店的首席质量官

(chief quality officer, CQO) 帕特里克·梅内 (Patrick Mehne) 的话来说,“满意是一种态度,忠诚则是一种行为”。只是满意的顾客还可能因便利、促销或其他因素而常常向竞争者购买。忠诚的顾客则将与某家特定的组织做生意放在一个优先的地位,他们常常愿意绕道或出高价来与某个公司保持往来。忠诚的顾客花费更多,他们愿意付出较高的价格,会推荐新的客人,与之做生意的成本则较少。例如,凯迪拉克汽车经销商卡尔·休厄尔 (Carl Sewell) 计算出其每一位忠诚顾客的终身消费价值是 300 000 美元。[8]研究人员指出,忠诚主要由产品质量、可靠性和性能驱动,顾客服务的影响较小。但是,服务水平低下很容易引起不忠诚。

顾客满意和忠诚已经演变成一个新的概念:**顾客参与** (customer engagement),是指顾客对某一品牌和产品的投入或承诺。顾客参与是关注顾客的文化以及组织的倾听、学习和卓越绩效战略的一项重要成果。顾客参与的特征包括:

- 顾客留存和忠诚;
- 顾客愿意为和该组织保持业务往来而努力;
- 顾客愿意积极地拥护和推荐该品牌和产品。

顾客参与受一个组织的信誉以及它与顾客之间所建立的关系影响。[9]正如一位小企业主所说:“我们是通过向顾客告知真相而建立起顾客忠诚,而不论这个真相是好消息还是坏消息。”[10]

(顾客参与是在《2009—2010 年波多里奇卓越绩效评价准则》中被引入的。我们将在第 10 章的波多里奇卓越绩效准则部分进行讨论。)

顾客参与可以通过良好的沟通得到改善,例如询问顾客有关产品和服务的经历,让顾客参与脸书等在线社区,甚至与顾客分享有关组织及其员工的故事,以建立情感联系。[11]虚拟现实和聊天机器人等创新是吸引顾客的另一种方式。例如,奥迪提供了虚拟现实头戴式显示器,以显示车内状况,甚至可以看到车在月球上的样子。[12]聊天机器人使用人工智能来模拟与人之间的对话。医疗保健和银行业已成为这项技术的早期采用者。[13]

美国顾客满意度指数[14]

1994 年,密歇根大学商学院与美国质量学会首次发布美国顾客满意度指数(ACSI),这是一个在全国测量顾客满意度的新的经济指标,也是美国测量顾客满意度的第一个跨行业的标杆。此前在瑞典和德国曾有过类似的指数。与消费者价格指数和其他经济指标一样,该指数的目标之一是提高公众对质量的感知和理解。这种认识的提高有助于解释价格和生产率测量指标并促进由顾客导向的质量。

ACSI 依据的是顾客对于在美国所购买的产品和服务的质量的评价,这些产品和服务是由美国公司以及在美国有相当大市场份额的外国公司提供的。ACSI 是基于电话调查的结果,调查针对最近购买和使用过某家公司的产品或服务的 46 000 位消费者所构成的一个全国性样本。该指数采用一个经过验证的多元计量经济学模型(如图 3-1 所示)计算得出。这一计量经济学模型将顾客满意与其决定因素联系起来,这些因素包括顾客期望、感知质量和感知价值。顾客满意相应地又与顾客忠诚联系起来,后者又影响着盈利能力。

采用该模型可以计算出全国顾客满意度指数、10 个产业集群和 43 个细分行业的顾客满意度指数等。英国已采用 ACSI 方法制定了对其国民经济的顾客满意度指数。

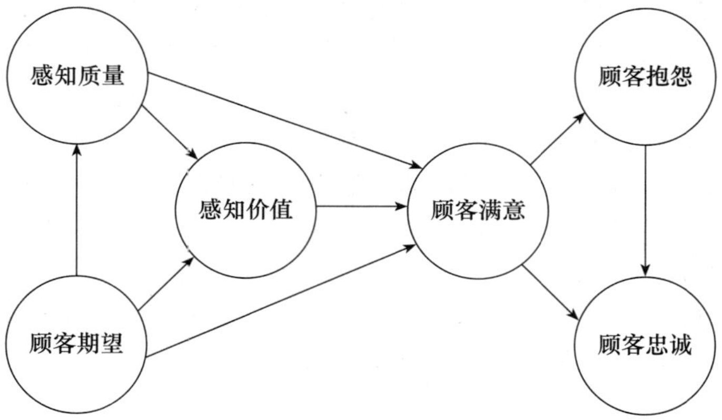

图 3-1　ACSI 模型

资料来源：National Quality Research Center，University of Michigan Business School for the ACSI. Cosponsored with the American Society for Quality，1994.

1994 年 ACSI 成为一个基准，可以按时间来追踪满意度水平的变化。ACSI 可以回答这样的问题，即全国的产品和服务的顾客满意度及其评价是在改善还是在恶化？特定的产业部门或行业的顾客满意度及其评价是在改善还是在恶化？最初的 1994 年的结果表明，非耐用品制造业的顾客满意度得分较高，公共管理和政府部门的得分则相对较低。美国的总体顾客满意度指数到 1997 年为止一直在下降，此后逐渐提高。零售、金融和电子商务部门的提高幅度最大。

该指数量化了顾客赋予产品的价值，对质量的改进起到了推动作用。利用这些数据，企业可以评估顾客忠诚的情况，识别进入市场的潜在壁垒，预测投资回报，找到顾客期望未得到满足的那些领域。ACSI 按每季度测量 1～3 个经济部类来滚动更新。

（《财富》《华尔街日报》等通常会公布最新的 ACSI 结果。测量结果和其他相关信息可以从 ACSI 的网站（http：//www. theacsi. org）上获得。）

3.2　识别顾客

要想关注顾客，就必须首先知道公司的顾客是谁。这听起来很简单，但“顾客”的概念有多种阐述。大多数员工会认为“顾客”就是最终购买和使用公司产品的那些人。这些最终用户或**消费者**（consumers）很重要，识别他们是高层管理者的任务，涉及公司的使命和愿景。但并非只有消费者才是企业的重要顾客群体。最简单的识别顾客的方法是按照顾客-供应商关系来进行思考。

AT&T 使用如图 3-2 所示的顾客-供应商模型。供应商提供输入，经过模型输出给顾客。反馈回路表明供应商也必须被视为顾客，需要掌握适当信息来满足要求。在同一个组织中，接受产品、服务或信息的一方称为**内部顾客**（internal customers）。内部顾客可以是组织内的其他部门或员工。例如，制造部门是采购部门的顾客，护理部是医院洗衣部的顾客，预订部门是航空公司或宾馆的信息系统部门的顾客。第 1 章的图 1－2 表示了一家典型的制造业公司中的内部顾客-供应商关系。此外，每个员工都从他人那里接受输入，并向内部顾客产出某种输出。这里的内部顾客可能是下一个工位的装配工人、主管的秘书、麦当劳餐厅传递订单给食品制备人员的订单接收员、听从医师指令的 X 光机技师等。内部顾客-供应商关系有助于过程所有者和员工了解他们的工作是如何与最终产品相联系的。

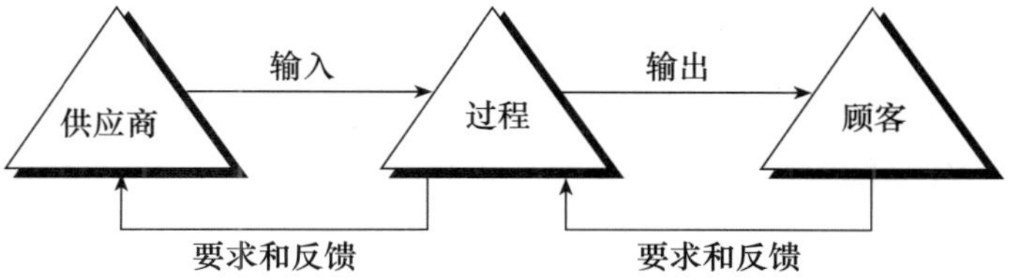

图 3－2　AT&T 的顾客-供应商模型

资料来源：Based on AT&T Archives and History Center.

企业与消费者之间还存在着各种各样的**外部顾客**（external customers），他们都有独特的需求和期望。例如，消费品制造商将产品分销给各种零售店，如沃尔玛、杂货店等，这些零售店是制造商的外部顾客，它们对于及时交货、适当的产品展示、准确的票据等有具体的要求。

识别顾客始于几个基本问题：

1. 所生产的产品或服务是什么？
2. 谁使用这些产品或服务？
3. 员工给谁打电话、写信或回答问题？
4. 谁供应这个过程的输入？

最终，每个人都能够更好地理解其在实现顾客满意中所发挥的作用，这里的顾客不只是内部顾客，也包括外部顾客。这种在个人、部门和职能间的顾客-供应商关系构成了贯穿整个公司的“顾客链”，将个人、职能与外部顾客和消费者联系起来，体现出公司的价值链。

同样重要的是，要认识到员工和公众也是一个组织重要的顾客。如果一个组织认识到其顾客还包括员工，它就会有意识地去建立和维持一个有利于全体员工的福祉和成长的工作环境，其中包括对健康、安全和人体工程学（在工作场所、工具、仪器等设计中对于人的身体能力的研究）等方面的关注。组织还必须预计到公众的隐忧并评估其产品、服务和运营对社会可能造成的在安全性和环保等方面的影响。这些问题将在其他章节中加以介绍。

顾客细分

顾客通常有不同的要求和期望。例如，梅西百货将其核心顾客群界定为四种不同类型的生活方式：“凯瑟琳”（Katherine）——传统、经典的着装品位，风险厌恶型且崇尚质量；“朱莉”（Julie）——新古典主义流派，造型略显前卫，但不失经典；“艾琳”（Erin）——现代顾客类型，爱好新奇，崇尚品牌；“亚历克斯”（Alex）——时尚顾客群体，只追求最新最好（该类型还有男士版！）。[15]一家公司很难用同样的产品或服务来满足所有的顾客。这一问题对于那些全球经营的公司尤为重要（想想各国汽车法规的差异以及美国与欧洲在电力系统上的不同）。因此，公司需要将顾客加以细分并相应定制产品和服务，以更好地满足顾客的需要。顾客细分使得公司能够赋予顾客群不同的优先度，例如，通过考虑各个群体要求得到满足时的收益和未得到满足时的后果来进行。

顾客细分的方式有很多。可以根据地理因素、人口统计特征、产品使用方式、数量因素或期望的服务水平等对顾客进行细分。例如，摩托罗拉公司的商业、政府和行业解决方案事业部按照两种不同的方式对其顾客进行细分：一是依据世界区域；二是依据分销渠道（直接的或间接的）。丽思卡尔顿酒店按照体量、区位和利润对潜在和现有顾客进行细分。加拿大皇家银行识别出其主要顾客群体"避寒者"（snowbirds）——那些在佛罗里达州和亚利桑那州过冬的加拿大人，这些人想在美国贷款购买公寓或洋房，并希望由对美国和加拿大都非常了解甚至在必要时能讲法语的员工提供服务。为此，加拿大皇家银行专门在佛罗里达州开设了一家分行，并取得了优异的业绩。[16]

朱兰建议将顾客细分为两大群体，即关键的少数和有用的多数。[17]例如，各种会议的组织者大量预订宾馆客房且有大量的饮食需要。对于宾馆而言，他们代表着关键的少数，值得单独地予以特别重视。个人旅行者和家庭是有用的多数，一般只需给予标准化的关注。

另一种细分顾客的方式是着眼于经营结果，即根据盈利性来划分顾客。许多公司往往花费了大量的金钱去争取那些不具有盈利性甚至将来也不可能为公司带来盈利的顾客。盈利潜力可以由**顾客净现值**（net present value of the customer，NPVC）[18]来测量。NPVC 是按时间贴现的总利润（来自顾客的收入与服务顾客的支出之差）。例如，汽车经销店的顾客相关利润是销售轿车利润与服务利润之和。与回头客的交易数容易估算，对航空公司而言，常客代表着高 NPVC 的顾客。通过分析旅行频率，航空公司能确定为了留住老顾客和吸引潜在顾客而采取的提升常客福利的措施的净现值。同样，公司也可以通过 NPVC 来减少那些低价值和负价值的顾客，这些顾客对公司来说只是一种负债。例如，富力集团（Fleet Financial Group）下调了其基本储蓄账户的利率，希望仅有储蓄账户的那些顾客离开。[19]

顾客细分有助于组织根据最重要顾客的期望或者他们对股东价值的影响来安排其内部流程。例如，富达投资公司（Fidelity Investments）发现，一些生意不多的顾客过多地使用公司昂贵的服务代表资源，该公司随即推广更便宜的渠道：自助电话服务和网站服务，将它们做得更加友好、更易使用。顾客若仍然想和服务代表交谈，电话系统会识别出他们的电话并转接到排队时间更长的队列，以此对打电话形成负强化，从而使那些最具盈利性的顾客能够得到更快的服务。从提高盈利性的角度，富达投资公司愿意失掉一些生意不多的顾客，因为这样可以提高盈利性，同时，96%的顾客留了下来，大多数转向更低成本的服务渠道。[20]

3.3 理解顾客的需要

在 Ideo（苹果公司的第一个鼠标、站立式牙膏等诸多创新产品都是该公司的杰作）

这一世界领先的设计公司中，其设计并非从什么不寻常的概念或很酷的图纸开始，而是始于对最终将使用这些产品和服务的人的深刻理解，这些理解建立在人类学、心理学、生物力学等多种学科的基础之上。[21] 组织首先需要了解什么影响顾客满意，即顾客想要或希望从产品和服务中得到什么。例如，信用卡用户对于信用卡的四项关键业务活动可能有以下期望：

1. 账户申请：便利、快捷、准确、专业。
2. 信用卡的使用：易用且不麻烦、有特色、合理收费、信用额度。
3. 结账：准确、及时、易于理解。
4. 顾客服务：便利、快捷、专业。

了解顾客需要并以此来提高竞争实力，弗兰克·珀杜（Frank Perdue）的鸡肉生意是个很好的例子。[22] 珀杜了解到顾客购买鸡肉产品的关键标准包括黄鸡种、高出肉率、无残毛、新鲜、采购方便以及品牌形象，他还确定了每个标准的相对重要性，以及自己公司和竞争者在每个标准上做得如何。通过系统性地改进自己的能力，珀杜成功地赢得了市场份额，尽管其鸡肉的定价更高。珀杜采取了许多创新性的做法，清除残留的羽毛根。

有相当多的营销活动都是致力于正确地识别顾客的需要。例如，福特公司在销售和服务方面识别出了顾客期望的 90 多个特色，如把车送去保养时希望能够送他们一程，能够将预约确定为具体的某一天等。福特公司将这些要求整理成 7 项服务标准和 6 项销售标准，据此来衡量经销商的工作。[23]

3.3.1　产品和服务的质量维度

戴维·加文（David A. Garvin）指出产品和服务具有许多质量维度。[24]

1. 性能：产品的基本运行特性。以汽车为例，其性能包括加速、刹车距离、行驶性能和操纵性能。

2. 特色：产品的“诱人之处”。一辆轿车可能有功率选择、CD 播放器、iPod 连接器、卫星广播以及防抱死制动器。

3. 可靠性：产品在规定使用条件下在规定时间内正常运行的可能性。汽车在寒冷天气下的启动能力和故障频率都是可靠性因素。

4. 符合性：产品的外观或性能特征符合预先确定的标准的程度。轿车的装配紧凑以及没有杂音噪声都属于这一维度的范畴。

5. 耐用性：产品在损毁或更换前的使用量。如车辆内饰的抗蚀及耐磨程度。

6. 服务性：修理工作的速度、礼貌以及能力。汽车车主可能会关心可否获得备件、大修间隔里程和服务费用等。

7. 美学特性：产品的外观、感觉、声音、味道。例如，轿车的颜色、仪表板设计、控制器布置和“路感”，可以产生美学上的愉悦。

表 3－2 针对一件产品和一项服务给出了关于上述维度的一些例子。

表 3-2 产品和服务的质量维度

质量维度	产品（立体声放大器）	服务（活期存款账户）
性能	信噪比；功率（瓦特数）	业务办理时间
特色	SD 卡；鼓套件	自动支付账单
符合性	精确的调谐器	准确
可靠性	平均失效时间	每月按时收到结算单
耐用性	不会因频繁的装卸和运输而损坏	与行业趋势保持同步
服务性	易于修理	差错的更正
美学特性	旋钮和控件的位置和大小	银行大厅的外观

资料来源：Adapted and modified from Paul E. Pisek, "Defining Quality at the Marketing/Development Interface," *Quality Progress*, Vol. 20, No. 6, pp. 28-36. Copyright © 1987 American Society for Quality.

现如今，与实体货物相比，顾客更加注重服务。一项研究发现，因感知服务问题而转投其他产品的顾客是因价格问题或产品质量问题而转投其他产品的顾客的五倍还要多。另一项研究估计，公司平均每年会流失多达 35%的顾客，其中大约2/3是因为糟糕的顾客服务。因此，了解与服务相关的需求和期望是很重要的。对于服务而言，研究表明有五个服务质量的关键维度影响顾客的感知。

1. 可靠性：可靠、准确地提供所承诺事项的能力。这方面的例子包括顾客服务代表在承诺的时间内做出响应，听从顾客的指示，提供无误的发票和账单，一次就能正确修复等。

2. 保证性：员工的知识、礼貌及其传达信任和信心的能力。这方面的例子包括回答问题的能力，做好所需工作的能力，监视信用卡交易以避免欺诈，打交道时的礼貌和愉悦。

3. 有形性：有形的设施和设备、人员的外表。有形性包括吸引人的设施，穿着得体的员工，设计适当、易于阅读和理解的表格等。

4. 移情性：给顾客以关爱和个别注意的程度。这方面的例子包括根据顾客的方便安排服务日程，以通俗的语言解释技术术语，记住常客的姓名等。

5. 响应性：帮助顾客并迅速提供服务的意愿。例如快速解决问题，迅速退还商品的款项，快速更换缺陷产品等。

例 3-1

根据服务质量维度划分顾客需求

一家汽车租赁公司从以下几个侧重点对其顾客进行调查。

- 租赁设施的清洁度；
- 工作人员的礼貌行为；
- 车辆提取/返还的效率；
- 车辆的清洁度；
- 工作人员在解释合同和选项方面的专业化程度。

我们可以根据上述五个服务质量的维度对每个侧重点进行如下分类：

1. 租赁设施的清洁度：有形性；

2. 工作人员的礼貌行为：保证性；

3. 车辆提取/返还的效率：可靠性；

4. 车辆的清洁度：有形性；

5. 工作人员在解释合同和选项方面的专业化程度：保证性。

请注意，这些侧重点中没有涉及移情性和响应性。在本章的稍后部分，我们将讨论如何才能设计出一份有效的顾客调查问卷。

3.3.2 顾客要求的狩野模型

狩野纪昭（Noriaki Kano），日本东京理科大学荣誉退休教授，将顾客要求分为三个类别。

1. 不满因素（必备因素）：预期的产品和服务要求。例如，汽车的收音机、加热器和安全特性，通常顾客会认为这是不言而喻应具有的特性，如果不具备这些特性，顾客就会不满。

2. 满意因素（期望因素）：顾客表述出的他们想实现的要求。许多买车者希望有天窗、卫星广播或导航系统。这些要求人们一般不会奢望，满足这些要求可以产生满意。

3. 魅力因素/欣喜因素（超越预想因素）：顾客不曾想到的新的或创新性的特性。比如汽车内部独立的可供孩子观看DVD电影的后座视频控件或WiFi功能，这些未曾预想到的特性能使人们一旦拥有便爱不释手。

提供前两者一般被认为只是保证企业生存的最低要求。这些因素通常可以通过问卷调查、投诉分析以及与流失顾客进行面谈的方式加以确定。要想真正具有竞争力，企业就必须超越顾客的基本要求和期望，使顾客喜出望外和心悦诚服。例如，医院系统目前正在推出众多旨在改变传统的病人护理服务的创新举措，其中不仅包括显著的改进膳食服务——位于费城的Doylestown医院实施了一项名为“应您的要求”的美食选项供给计划，还包括诸如病房按摩、视频点播、无线接入，乃至产房香槟在内的其他福利设施。[25]为了实现创新，组织可以利用其领导者（想想苹果公司的史蒂夫·乔布斯）和员工的创造力、外部专家顾问和顾客焦点小组的建议和意见以及在新技术论坛上捕获的想法。

然而，创新的魅力会衰减。顾客会随着时间的流逝而对欣喜因素习以为常，这些因素转会变为满意因素。例如，汽车的防抱死制动系统和牵引力控制系统在初期属于魅力因素/欣喜因素，但现在绝大多数的汽车买主都期望有这些装置。最近还属于魅力因素/欣喜因素的车用卫星导航系统正在越来越普遍，或许很快就会被视为满意因素。随着技术的进步，消费者的期望也在持续升高。最终，满意因素又会转变为不满因素。

在狩野的分类系统中，不满因素和满意因素比较容易通过常规的市场调研来确定。例如，热销的福特F-150轻型卡车在启动再设计过程时就开展了深入的消费者调研。然而，传统的市场调研在了解魅力因素/欣喜因素时也许并不奏效，甚至会适得 其反。例如，福特公司抽取了一个顾客的样本，询问他们是否喜欢小型货车上有第四个门。只有1/3的人认为这是个好主意，所以福特公司放弃了这个念头。克莱斯勒公司花了大量的时间与货车车主待在一起，观察他们的行为，看到他们费力地将东西搬进搬出，注意到这些场合下如有第四个门的话就会十分方便，结局是克莱斯勒公司在引入第四个门后取得了巨大的成功。[26]

3.3.3 收集顾客之声

顾客要求称为**"顾客之声"**（voice of the customer，VOC），它是用顾客自己的术语来表达的。顾客想表达的含义构成了这种信息中至关重要的部分。正如惠而浦公司的营销副总裁所指出的："消费者是用密码来说话的。"[27]惠而浦公司的调查表明，顾客想要清洁的冰箱，这可以理解为他们想要易于清洁的冰箱，但经过分析数据和提出更多的问题，惠而浦公司才发现绝大多数顾客实际上想要的是并不花哨看上去很干净的冰箱。最终，惠而浦公司开发出看不出指印的冰箱型号。

当迪士尼的前高管保尔·普雷斯勒（Paul Pressler）出任盖璞公司（Gap）的CEO时，他会见了盖璞公司50位高管中的每一位，向他们询问诸如这样一些标准的问题，如"盖璞公司的哪些方面你希望保持？为什么？""盖璞公司的哪些方面应当改变？为什么？"等。但他也加了一个自己的问题："你用来识别顾客期望的最重要的工具是什么？"[28]组织使用各种方法收集顾客的信息，内容包括顾客的需求和期望、他们的重要性以及顾客对公司表现的满意程度。收集顾客信息的方法包括：意见卡与正式调查、焦点小组、直接的顾客接触、现场情报、投诉分析以及互联网和社交媒体监测。每一种做法都有其优缺点。

- 意见卡与正式调查。意见卡与正式调查是获取顾客信息的简单易行的方法，通常侧重于对顾客满意度的测量、顾客对特定质量维度重要性的感知以及一些开放性的问题。但是，一般很少有顾客会在放置在餐厅桌子上或酒店房间里的意见卡上写上反馈，即便有也可能不具代表性。正式调查可以科学地抽取顾客群，但同样存在无应答所引起的偏差。即便如此，仍然有一些组织在运用这两种方法并发现它们很有效。
- 焦点小组。焦点小组是由一些个人（顾客或非顾客）组成的专门小组，就某家公司及其竞争对手的产品和服务的有关问题进行回答。这种面谈的方式使得公司能够精心挑选小组成员，并针对一些重要问题进行深入调查。这些关键问题包括：你最喜欢这项产品或服务的哪些方面？最令你称心或喜悦的方面有哪些？你最不喜欢哪些方面？你有没有遇到过什么问题？如果有可能的话，你会对这项产品或服务的哪些方面进行改变？绘儿乐（Crayolas）的制造商Binney & Smith公司与其最终顾客——年幼的孩子们一起开展焦点小组活动。焦点小组的优势在于它能向组织提供最直接的顾客反馈，缺点在于其实施成本与其他方法相比要高一些。
- 直接的顾客接触。在顾客驱动的组织中，高层管理人员通常会亲自走访顾客，直接听取顾客的争议点和抱怨。例如，百得公司（Black & Decker）的高管会前往业主车间查看顾客是如何使用其生产的工具的，询问他们为什么喜欢或不喜欢某些特定的产品，甚至观察他们完成工作时是如何清理工作区的。

● 现场情报。任何与顾客直接接触的员工，如销售人员、维修技术人员、电话接线员以及接待员等，都可以通过对话和倾听顾客之声来获得有用的信息。这种方法的有效性取决于鼓励与顾客进行公开交流的文化。另一种方法是员工只需观察顾客的行为即可。某家酒店注意到顾客并没有使用其免费提供的沐浴晶盐，因此取消了该项服务（可以节约成本），并增加了其他顾客想要的功能。现场情报也许是最少利用的用来倾听和获取信息的方法之一。[29] 为了运用好这种方法，组织需要提高对收集信息需求的认识，开发一种将信息提供给中央收集点进行分析和传播的系统，培训经常与顾客直接联系的员工，积极倾听顾客之声，并通过系统反馈信息，将信息审核作为公司管理审核流程的标准组成部分，并确保正确的人员采取行动和跟进。

● 投诉分析。虽然投诉从服务的角度来看很不可取，但投诉可以说是获取顾客信息的一个关键来源。投诉分析使得组织能够了解产品故障和服务问题，尤其是期望与绩效之间的差距。例如，惠普公司将顾客的每一条反馈都分配给公司内部的某位员工，该员工负责对该条信息进行处理并将结果反馈给投诉者。如果顾客抱怨打印机，就会有人去检查公司的数据库，查看该项投诉是否非常普遍以及公司对这件事是如何处理的。

● 互联网和社交媒体监测。互联网和脸书等社交媒体为组织提供了一个找出消费者是如何看待其产品的舞台。互联网用户经常会向其他用户询问有关产品的优缺点，互相分享服务质量，或提出需要解决的问题。[30] 例如，通过监测讨论组和博客的对话，管理者可以获得有关顾客感知和产品或服务质量方面的有价值的见解。在公开的网络论坛中，顾客的意见往往可以转化为创造性的产品改进。此外，互联网可能是一个很好的获取竞争对手的产品信息的来源。相对于其他类型的调查方法的成本而言，监测互联网对话的成本是最小的，顾客也不会对被问到的问题抱有偏见。然而，这些对话可能会相当随意且没有重点，可用信息可能较少。此外，与焦点小组或电话采访方法不同的是，这种方法不能对认识上的偏差或事实性错误加以纠正。诸如脸书和推特等社交媒体还可以提供丰富的信息。例如，K&N 管理公司使用分析性营销工具来衡量顾客的参与度，从而监控社交媒体的活动。

许多领先的组织收集顾客信息，然后交叉检查结果的有效性，并将信息进行整合。例如，Love's Travel Stops（遍布美国的卡车停靠站和连锁便利店）通过醒目的海报告诉顾客，他们可以通过多种方式提供反馈，如使用店内自助服务终端或移动应用、与商店经理交谈、发送电子邮件，或拨打 1-800 号码。表 3－3 给出了雀巢普瑞纳宠物食品公司（Nestle Purina PetCare Company）所使用的针对不同细分顾客群的各式各样的倾听和获取信息的方法，该公司生产各种宠物食品。表中，“消费者”是指购买公司产品的宠物主人，“顾客”是指在各自的商店储备并销售这些产品的零售商（外部顾客）。当然，宠物本身也是重要的顾客！

表 3－3　雀巢普瑞纳宠物食品公司所使用的各种顾客倾听方法

顾客倾听方法	目的
消费者	
Millward Brown 调查	确定品牌的知名度/形象
尼尔森数据	监测消费者的产品使用情况

续表

顾客倾听方法	目的
固定样本数据	监测消费者的行为
广告宣传得分	测度电视广告的效果
消费者投诉/反馈	获取消费者的反馈信息
焦点小组	获取有关产品的详细反馈
新产品测试	评估推广使用的风险/反馈
顾客	
与每位关键顾客开展“高层对高层”会议	了解独特的目标/战略和高层次的问题/关注点
联合规划会议	调整战术的执行
与每位大客户开展月度商务会议	检查战术的执行情况；进行必要的调整
顾客咨询委员会	了解行业的发展趋势
与公司每位大客户的 CDG 副总裁召开会议	评估顾客管理及执行的质量；了解关键问题

资料来源：Malcolm Baldrige Award Application Summary.

有些组织使用非传统的和创新的方法来了解顾客。得州仪器公司（Texas Instruments）创建了一个模拟课堂，用以了解数学教师是如何使用计算器的；李维斯（Levi Strauss）的一位经理过去常常与排队购买摇滚演唱会门票的青少年进行交谈。福来鸡公司（Chick-fil-A）的总裁以及公司所有员工，每年都至少一天在餐厅当服务员，该公司的总裁也在短短一年的时间里在十几家新店开张之际与顾客一起彻夜排队等候开业。在惠而浦公司，一旦顾客满意度调查结果显示顾客给竞争对手产品的评分更高时，工程师们就会把产品拆开来查找原因。公司还邀请数以百计的消费者随意摆弄计算机模拟的产品，工程师们会通过视频的方式记录下使用者的反应。[31]

除了消费者，组织还必须关注外部顾客的需求。乐柏美公司（Rubbermaid）在设计其“冰冷骑士”（Icy Rider）雪橇时综合运用了现场调研、竞争产品分析和消费者焦点小组。除此之外，公司还听取了主要零售商如沃尔玛的意见，零售商希望此类产品是可叠起堆放的以节省空间。[32]有时，对外部顾客需求的关注会为企业生产出魅力/欣喜质量的产品提供机会。通用电气公司（GE）免费为西南航空公司提供六西格玛专家，负责解决与 GE 产品毫不相关的问题。GE 还提供其管理技术方面的培训，在全球范围内分享其专业知识，并允许顾客使用其业务部门开发的市场信息和基础研究。正如一位通用电气高管所说：“我们的顾客越成功，我们就会越成功。”[33]

对内部顾客需求的了解与对消费者和外部顾客需求的了解同等重要。这一点反映在图 3-2 所示的 AT&T 的顾客-供应商模型上。例如，在许多服务行业，与顾客接触的员工依赖于信息系统部门、仓储和生产调度部门以及工程和设计部门等内部供应商的信息和支持。如果不能满足与顾客接触的员工的这些需求将会对外部顾客造成不利的影响。前通用电话电子公司（General Telephone and Electronics Corporation，GTE）（现更名为威瑞森电信公司（Verizon））设有一个名为“GTE 供应”的部门，负责为每个 GTE 的地区电话公司的内部电话业务的顾客群体协商合同、购买产品以及分发货物。为了应对其内部顾客投诉，GTE 供应部门开始对其内部顾客进行调查以确定需求和改进信息。

这一方法大大提高了满意度水平，降低了成本，并缩短了周期。[34]

3.3.4 分析顾客之声数据

顾客之声数据通常由大量的口头评论或其他的文本信息构成。这些信息需要加以分类归并，以便管理者理解其中的关键主题。对于大量信息进行整理和分类的一种有效方法称为**亲和图**（affinity diagram）。亲和图是日本人类学家川喜田二郎（Kawakita Jiro）于 20 世纪 60 年代开发出来的 KJ 法的主要组成部分，这是一种收集和整理大量意见和信息的技术。[35]

例 3-2

创建一个及时还贷的亲和图

假定某银行认识到抵押贷款最重要的是顾客及时还贷。[36]通过焦点小组和顾客访谈，列出了以下几项及时还贷的关键因素：

1. 快捷的过程
2. 可靠性
3. 一致、准确的信息
4. 有竞争力的利率
5. 行业变化的告知
6. 预先批准
7. 创新性
8. 计算机之间的连接
9. 买方导向
10. 项目多样性
11. 对工作的相互理解
12. 灵活性
13. 专业精神
14. 及时准确的状态报告

该银行将这些因素按照其逻辑类别进行分组（使用即时贴便条，这样可以轻易地在墙上挪动），并为每一个类别确定一个描述性的标题。这样做的结果就是如图 3-3 所示的亲和图，该图揭示了及时还贷的关键是沟通、有效的服务和贷款产品。

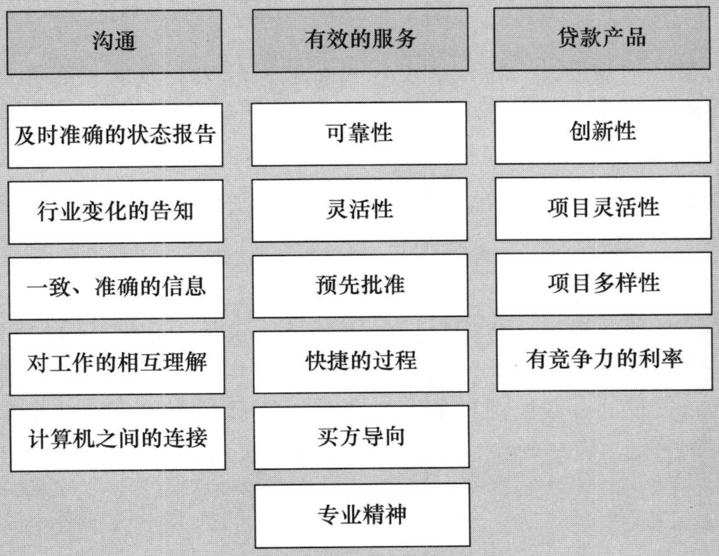

图 3-3　亲和图

通过组织亲和图，可以使用信息来更好地设计公司的产品和流程，以满足顾客的需求。亲和图可以用于许多其他应用程序。例如，它可用于组织任何大批复杂的想法或问题，如质量问题的潜在原因，或公司为成功销售产品而必须做的事情。

诸如文本挖掘和文本分析之类的工作分析方法可以使捕获和分析大量文本数据的过程自动化，并日益成为了解顾客的重要工具。文本分析可以让使用者从语言上打破句子结构，从而提取出有价值的信息，以便对其进行搜索、汇总、计数以及统计分析。

质量聚光灯

捷蓝航空公司

捷蓝航空公司（JetBlue Airways）每天都从乘客那里接收将近 500 封电子邮件以及每月 40 000 份的调查反馈。[37] 另外还有一部分反馈来自其数以千计的"TrueBlue"会员的在线顾客调查。一半的数据来源于非结构化文本的开放性问题。这种方法根本没有任何成本效益可言，更不用说读取或分析所有的评论了。然而，顾客关系经理希望了解和分析顾客的意见，并且能够深入地了解问题和要求。因此，捷蓝航空公司决定开发文本分析软件，以实现跟踪和分析顾客反馈过程的自动化。该软件会自动从调查反馈、电子邮件、网络论坛、博客、新闻文章以及其他顾客沟通方式中提取相关数据，为分析人员和管理人员提供更深入地了解顾客满意度、意见和忠诚度的相关信息。除了对顾客的反馈进行积极的每日、每周和每月分析之外，捷蓝航空公司的管理人员还会收到定制的汇总顾客反馈报告，使高管和经理们能够做出关于公司长期战略活动的明智决定。

3.4 将顾客的信息与设计、生产和服务交付联系起来

顾客之声信息必须与设计、生产和交付过程联系起来。以电子商务为例，网上银行服务的一项研究发现，顾客感知质量取决于三大因素：顾客服务质量、银行服务产品的质量、在线系统的质量。[38]

- 顾客服务质量：可靠性、响应性、能力、礼貌、诚信、便利、沟通、了解顾客、合作和持续改进；
- 银行服务产品的质量：产品品种/功能多样；
- 在线系统的质量：内容、准确性、易用性、时效性、美观性和安全性。

然而，研究表明，网上银行在满足这些需求方面一直都做得不好。顾客要求与本应满足这些要求的过程之间存在明显的脱节。虽然银行已经将更多的技术整合到服务流程中，但埃森哲咨询公司（Accenture）的一项研究发现，很少有顾客认为技术提高了服务的质量，事实上，62%的人认为技术根本起不到任何作用。[39]

质量聚光灯

先端电路

先端电路（Advanced Circuits），一家位于丹佛的生产印刷电路板的小公司，是将生产流程与顾客需要相融合的一个典范。[40]在与海外对手的激烈竞争中，先端电路公司通过聚焦于顾客及其需要来重新设计生产流程，产品价格降低了一半，生产能力提高了三倍，利润率提高了一倍。该公司从明确的顾客细分策略开始：虽然它无法竞争交货期长的生产订单，但在交货时间很关键的情况下（通常为三天或更短）或订单量太小而无法吸引大型制造商的兴趣时，它就可以成功。它将同一生产周期中的不同作业以及每个批次所用的原材料组合起来，从而降低了生产成本，提高了产能。它还发现，顾客在设计过程中急需电路板的原型，通常需要在两三天内拿到，但需要的量很少，并且经常需要与加工者就设计规范直接进行沟通。

为了支持这一策略，该公司向顾客邮寄了固定价格的报价单。这件事情本身在行业中就具有革命性的意义，在此之前，所有的报价都是个别进行的。它还添加了赊账业务，承诺如果不能如期到货将免收费用。它利用互联网来提供更快、更好的服务，例如，工程师可以在线设计参数，从而能够即刻回复报价单。（即使在今天，许多竞争者也需要一周才能够回复报价。）顾客开始利用这种报价单来作为一种设计工具。因为能够迅速得到报价，所以顾客可以尝试各种不同的电路板设计方案、密度和尺寸。正如该公司的创建者所强调的那样："顾客导向是激励员工的一股巨大力量，因为它澄清了决策过程中所有的含糊不清。我们的观点是，对顾客有利的事情，对我们就可能是有利的。"

理解顾客之声和内部过程之间的联系的一种方式是通常我们所说的**缺口模型**（gap model）。图 3-4 所示的过程描述了顾客的需要和期望是如何转化为设计、生产和交付过

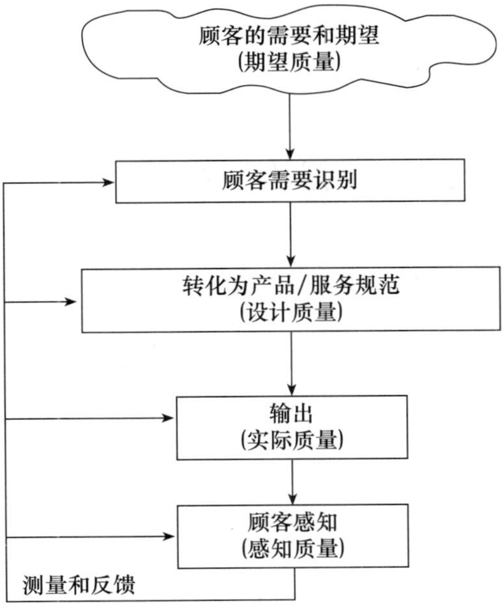

图 3-4 缺口模型

程的输出的。真实的顾客需要和期望可称为期望质量。期望质量是顾客认为将会从产品中得到的东西。厂商识别这些需要和期望并将其转化为产品和服务的规范。实际质量是生产过程产出并交付给顾客的东西。顾客通过比较他们的期望（期望质量）和他们所得到的（实际质量），对质量进行评价并形成自己的感知（感知质量）。如果期望质量比实际质量高，顾客可能就会不满。如果实际质量超过了期望质量，顾客就会满意，甚至可能得到意外的惊喜。

但是，如果信息在从图 3-4 中的一个步骤到下一个步骤的传递过程中被丢失或者被误解，实际质量就可能会与期望质量出现相当大的差别（此时便形成了"缺口"）。例如，差劲的市场调研活动可能会错误地评价实际的顾客需要和期望。产品和服务的设计者可能会设计出不能充分反映这些需要的规范。生产人员或直接服务顾客的人员就可能未按照规范进行交付。因此，企业应该尽其所能来保证实际质量和期望质量一致，将顾客想要的和顾客实际得到的之间的缺口降至最小。为此，组织职能之间良好的内部沟通是很重要的。

图 3-4 还表明，企业需要与顾客建立良好的沟通关系。[41]顾客有时不能正确使用产品，或对产品的用途有不切实际的期望；营销部门有时会做出难以兑现的承诺，广告有时也会具有误导性。这些问题表明，企业必须更加重视顾客的整体体验，包括提供更好的使用手册、更恰当的产品包装信息以及避免言过其实的广告等。

许多组织都了解在其价值链中整合顾客信息的重要性。例如，2012 年在一位副总裁的推动下，通用汽车成为汽车行业中第一个将其产品质量和顾客体验结合在一起的组织。将顾客之声与服务交付过程联系起来的一个极好的方式就是授权员工（这一概念的更详细讨论参见第 4 章）。例如，特色连锁杂货店乔氏超市（Trader Joe's）的员工与顾客广泛交谈，并有权采取行动来满足顾客的需求。他们可以为某一顾客打开其想品尝的任何产品，并鼓励他们推荐自己喜欢的产品以及诚实表达他们不喜欢的产品。所有的超市员工都可以通过电子邮件直接与顾客交流想法或获取顾客反馈。乔氏超市的店面设计和库存直接源于顾客反馈。[42]

3.5　建立一个关注顾客的组织

创建一个关注顾客的组织需要付出艰苦的努力和严格的磨炼。它必须建立在良好的政策、优秀的人才和高效的过程的基础上。一个很好的关注顾客的例子是鹿谷滑雪场（Deer Valley Ski Resort）。鹿谷所有的一切，从它的设施、服务和过程以及员工与客人之间的互动，都旨在以顾客为中心。这也就难怪鹿谷一直被滑雪爱好者评为北美最好的滑雪胜地了。

质量聚光灯

鹿谷滑雪场

位于犹他州帕克城的鹿谷滑雪场提供优质的服务和卓越的滑雪度假体验，被许多人视为美国首屈一指的滑雪胜地。该度假村提供路边滑雪管家服务以帮助客人从车中拿取设备，提供停车场侍者服务以确保高效停车，还提供从停车场到雪公园旅馆的来往班车服务。在有坡度的地方会铺设具有加热功能的防止路面结冰并辅助除雪的路面供客人通行。位于缆车起点附近的中央聚集区宽敞平坦，有足够的空间放置设备并方便进出缆车。在一天结束时，客人可将滑雪板免费存放在租住的旅店里。该度假村对山顶滑雪者的数量进行了限制以减少排队和拥堵，并为专业级和中级滑雪者免费赠送雪山观光项目。这里每个人都在致力于确保每一位客人有一个美好的体验，从驻扎在吊索顶部负责回答问题并提供指导的“雪山东道主”，到自助餐厅和餐馆友好的工作人员，他们的餐饮和服务一贯受到很高的评价。“我们的目标是让每一位客人都感觉像一个赢家，”副总裁兼总经理鲍勃·惠顿（Bob Wheaton）说，“我们提供更细致的服务，从滑雪培训到整个餐饮服务，因为我们想让客人知道他们是第一位的。”[43]

组织通过在其整个过程和人员中建立信任、与顾客交流以及有效管理与顾客之间的互动和关系来提升顾客满意度和参与度。关注顾客的组织专注于四个关键方面：

1. 向顾客做出真诚的承诺；
2. 确保高质量的顾客接触；
3. 选择和培养与顾客沟通的员工；
4. 投诉管理与服务补救。

3.5.1 顾客承诺

笃信其产品质量的公司向顾客做出了强有力的承诺。有效的承诺可以打消顾客的主要顾虑，不会附加可能会削弱顾客信任和信心的条件，其沟通清晰简洁。一项顾客承诺可以简单如保证电话或 E-mail 询问得到迅速回复。（您是否曾遇到一个带有免责声明“我们不能总是回答收到的每个问题”的网站?）许多承诺都采取明确的保证和担保形式。一项卓越的保证承诺了非凡的、不妥协的质量和顾客满意，并以旨在充分恢复顾客好感的几乎无条件的退货来支持这种承诺，这是企业用来改进自身的最有力的举措之一。[44] 里昂比恩（L. L. Bean）的保证便是一个很好的例子：“我们出售的一切均提供100%的无条件的保证，我们不希望您从里昂比恩得到任何不能够完全满意的东西，否则您可以任何理由在任何时候退回购买的任何东西。”

3.5.2 顾客接触与互动

顾客与组织之间以各种方式进行互动。顾客与组织之间的每一次互动，无论是与销售人员或客服代表之间面对面的接触还是网站上的在线接触，都称为**关键时刻**（moment of truth)。在关键时刻，顾客通过将他们的期望与实际结果进行比较来形成对服务质量的看法。因此，顾客的满意或不满意发生在顾客与公司的员工接触的每一刻。

例如，考虑一家航空公司，顾客进行预订、在线购买机票、在线或在机场办理登机手续、托运行李、登机、要饮料、要杂志、下飞机并提取行李，这些都是关键时刻。将这些关键时刻乘以乘客数量和每日航班数量，就很容易看到每天有成千上万的关键时刻。每次关键时刻都会影响公司的正面或负面印象。在当今的数字世界中，每次点击都是关键时刻。因此，许多网站设计师受过培训，可以从顾客的角度考虑网站的设计。

购买产品时，顾客体验通常遵循以下周期：

1. 当顾客认识到需求时，通常会上网收集信息。

2. 然后顾客将潜在产品与替代产品和竞争产品进行比较。

3. 购买产品后，顾客开始使用。

4. 最后，在使用一段时间后，顾客通常会做出正式的评论（例如在线评分和帖子）或非正式的评论（口口相传）。

谷歌引入了一个新概念来解释初始在线体验的重要性，称其为“真实瞬间”（Zero Moment of Truth）。研究表明，大约 88%的购物者会进行在线调查，在购买前平均会咨询 10 个卖家。因此，“真实瞬间”对于塑造顾客的认知并最终做出购买决定至关重要。

质量聚光灯

美国运通

呼叫中心通常专注于吞吐量，也就是使顾客得到快速响应。2005 年，在吉姆·布什（Jim Bush）接管美国运通之前，美国运通的顾客服务并没有什么不同。[45]在吉姆·布什的领导下，公司改变了培训员工服务顾客的方式，将接听顾客电话变成了积极的体验。他意识到，呼叫中心不再被视为业务成本，而是建立顾客关系的投资。正如他所解释的那样：“每个关键时刻都是以个性化的方式为顾客带来变化的机会。因此，我们从以交易为导向转变为建立与顾客的关系。我们从机器人的脚本化环境转变为对话式环境，将个性融入工作并实现了一对一的联系，这最终建立并维持了人际关系。”呼叫中心的员工现在被称为“顾客服务专业人员”。AmEx 软件为员工提供了各种各样的信息，使他们可以与顾客建立个人关系并更好地满足他们的需求。吉姆·布什还降低了对生产率的关注，将其作为一种绩效衡量标准，让顾客确定他们要投入多少时间，提高了顾客忠诚度以及顾客支出。

关注顾客的组织会向顾客提供与其员工联系的便捷途径。1974 年，宝洁是第一家引入免费服务电话的公司。如今，E-mail 和网站正在日益成为许多顾客选用的媒介。例如，普瑞米尔公司（Premier Inc.）给寻求援助、开展业务和进行投诉或建议的顾客提供了多种途径，包括免费服务电话、互联网、顾客解决方案中心、顾客咨询委员会会议、产品使用者小组会议、现场工作人员实地考察、技术支援传真、区域绩效改进论坛以及产品支持中心。再如，珊瑚泉市提供网站、城市电视、城市广播、城市博客、顾客服务中心、季度杂志、年度报告、社区和商业会议以及咨询董事会和委员会。

顾客接触要求（customer contact requirements）定义了组织与顾客联系的质量，表现为为了满足顾客期望而需达成的可以被衡量的绩效水平。顾客期望可能包括技术要求，例如响应时间（在铃响两声之内接听电话或当天发货）或行为要求（可能时要称呼顾客的姓名）。圣鲁克医院（St. Luke's Hospital）将其对患者希望如何对待的理解进行了转化，建立起一套清晰的顾客接触要求（见表3-4）。

表3-4　堪萨斯市圣鲁克医院的顾客接触要求

1. 跟患者/客人打招呼首先从自我介绍开始，除非特殊告知，否则按姓氏称呼患者/客人。
2. 真诚地询问："我有什么可以为您效劳的吗?"
3. 敲门，得到允许后方可进入房间，并解释来此的缘由以及将要做的事情。
4. 对所有患者都要在8小时内完成初步评估。
5. 向所有患者/客人告知其要求已确认，并负责开展后续工作。
6. 在24小时或更短的时间内解决所有的投诉。
7. 更换任何护理员都要另做介绍。
8. 提倡家庭化的护理理念：仔细倾听患者/客人的心声，并及时与适当的人员进行沟通以采取行动。
9. 尊重并认可自己的患者、患者的家庭、来访者以及自己同事的多样化、文化和价值观。
10. 对所有的信息进行严格的保密。
11. 知道或能够获得与自己的具体职责相关的法律和监管要求以及护理方面的标准。
12. 感谢顾客对圣鲁克医院的支持。

资料来源：Malcolm Baldrige National Quality Award Application Summary，2003，National Institute of Standards and Technology，Depadtent of Commerce，Courtesy of St. Luke's Health System.

3.5.3　选择和培养直接服务顾客的员工

与顾客接触的员工在提高顾客满意度方面尤其重要，因为他们通常是顾客与组织进行交互的唯一桥梁。Prime Performance公司的总裁吉姆·米勒（Jim Miller）在谈到银行业时指出："对于大多数顾客而言，柜员不仅代表银行，他们就是银行。这就是为什么他们的行为和态度如此重要的原因……成功的服务取决于简单的行动，其中包括进入大厅后立即向顾客打招呼，微笑，使用顾客的名字，说'谢谢'以及提供帮助。快速准确的交易至关重要，但是大多数银行都擅长于此，因此这不是竞争优势。"[46]

宝洁将其消费者关系部门称为"公司之声"。该部门的250多名员工每年与顾客的接触超过300万次。他们把使命表述为："我们是一个世界级的消费者响应中心。我们向与宝洁联系的消费者提供卓越的服务，促进人们再次购买产品，帮助构筑品牌忠诚。我们维护公司的形象和我们品牌的声誉，在投诉扩散到政府主管机构和媒体之前就要将其解决。我们收集消费者的数据并将之报告给关键的公司职能部门，识别和共享消费者的真知灼见，就消费者议题和趋势给产品提出建议，管理危机时的消费者事务处理和影响。"

公司必须仔细地选拔直接服务顾客的员工，并施以良好的培训，通过授权赋能使他们满足和超越顾客的期望。许多公司以招募过程为起点，选拔那些表现出具有建立良好顾客关系的能力和意愿的员工。诸如宝洁这样的大公司在选人时要求候选人应具备以下素质：良好的人际沟通能力，较强的解决问题和分析问题的技能，果断，能够承受压力，耐心、体贴、精确，注重细节和熟练应用计算机的能力等。候选人常常要经过严格的筛选过程，主要包括智力测试、顾客服务角色扮演训练、背景审查、信用审查以及医疗检查等。

接下来，组织必须对他们进行培训。对于许多组织而言，顾客关系培训涉及与顾客接触的每一个人。例如，圣鲁克医院的顾客接触要求被纳入到一个新型的以患者为中心的医疗服务模式中，所有医护团队成员都要根据这些接触要求进行培训。所有员工都会收到一张关于这些要求的 VIP（Very Important Principles，非常重要的原则）卡，这些原则还会张贴在整个医院里。直接服务顾客的员工必须对其产品和服务有充分的理解，足以回答任何问题，养成良好的倾听和处理问题的技能，并有信心解决问题。费尔蒙酒店（Fairmont Hotels）创建了一项入职培训计划，帮助新员工了解作为一个客人的感受是什么样的，甚至包括亲身体验侍者代客停车服务以及在该酒店入住一晚服务。丽思卡尔顿酒店的员工在完成入职培训之后还要接受在岗培训，随后必须取得上岗证书。该公司每天都在强化其价值观，它表彰突出的成就，根据在入职培训、在岗培训和取得上岗证书过程中灌输的期望来评价绩效。

3.5.4 服务补救和投诉管理

即使千方百计让顾客满意，企业还是会遇到不满意的顾客。如果得不到有效处理，顾客的抱怨会对企业产生负面影响。一家名为 TARP 的公司，以前的名称为技术支援研究规划公司（Technical Assistance Research Programs，Inc.），其进行的研究揭示了以下信息。[47]

1. 有 96%的不满顾客的声音不会为企业所听到。不满意的个人和公司顾客往往不愿意投诉。公司所接到的每一次投诉都意味着有 26 个以上的顾客遇到了问题，其中有 6 个人的问题还是非常严重的。

2. 对于投诉的顾客而言，如果其投诉得到解决，有一半以上还会继续光顾。如果顾客感觉到投诉解决得很快，这个数字会跃升至 95%。相反，如果顾客投诉后仍不满意，则会造成很大的负面口碑。

服务补救是维护顾客关系的重要元素。服务管理相关研究表明，对服务质量评价高的顾客对服务补救的期望也是高的。当问题没有得到解决，忠诚的顾客最有可能感到不满，但只要问题被认为已经成功得到解决，忠诚的顾客也最容易提高或保持忠诚。然而，对于非忠诚顾客而言，即便某项失败的服务得到了解决，他们也很可能降低其忠诚度。这表明响应非忠诚顾客的服务问题有很多好处，但也强调了这可能很难实现。[48]关于服务补救对于顾客满意的影响，《财富》杂志的一篇文章报道了一个有趣的结果：

> 一家全球酒店连锁公司吃惊地发现，其关注顾客的六西格玛活动居然产生了一个有悖常理的结果。显然，宾客对连锁酒店提供无忧住宿的真诚努力感到满意，但是真正令顾客满意的是，当发生问题时酒店的反应如何。遇到问题并得到迅速而礼貌的解决的客人要比那些根本没有遇到任何问题的顾客对酒店的服务评价更高。还有，相对于那些没遇到麻烦的顾客而言，在遇到问题并得到愉快解决的顾客中，有更多的人表示他们会向他人推荐该酒店。[49]

那些关注顾客的组织将投诉视为改进的机会。通过鼓励顾客投诉、使投诉更为方便、有效地解决投诉，来提高顾客的忠诚度和保有率。一个非常典型的例子是沃尔玛的一位顾客写给《财富》杂志的一封信。他打电话给沃尔玛总部投诉其在阿根廷拉普拉塔的分店。电话立即被转到了负责跨国经营的副总裁处，副总裁首先感谢他的来电，询问细节，然后问他是否愿意将问题向拉美区的副总裁再复述一遍，随后电话立即被转接过去。之后他又被询问是否愿意和阿根廷分店的经理谈一谈。十分钟后，他接到了来自拉普拉塔分店的电话。该顾客说道："当我一年后再去阿根廷时，我发现该商店已经脱胎换骨了。难怪沃尔玛是世界上最大的零售商!"

许多组织都有明确定义的投诉处理过程。例如，图 3－5 展示了嘉吉谷物加工公司(Cargill Corn Milling，CCM) 所采用的投诉处理过程，该公司是一家从事糖类和谷物制品加工的生产商。该公司投诉处理过程的基本步骤包括记录事件、调查、识别、评审以及实施纠正措施。在整个过程中，CCM 通过接触顾客来寻求信息，并验证纠正措施的有效性。所有事件都在通报的 24 小时内被输入顾客关系跟踪（Customer Relationship tracking，CRT）系统。该数据库使得公司能够按时间段、不合格品类型、产品、顾客、位置、部门或功能区域对数据进行复审。

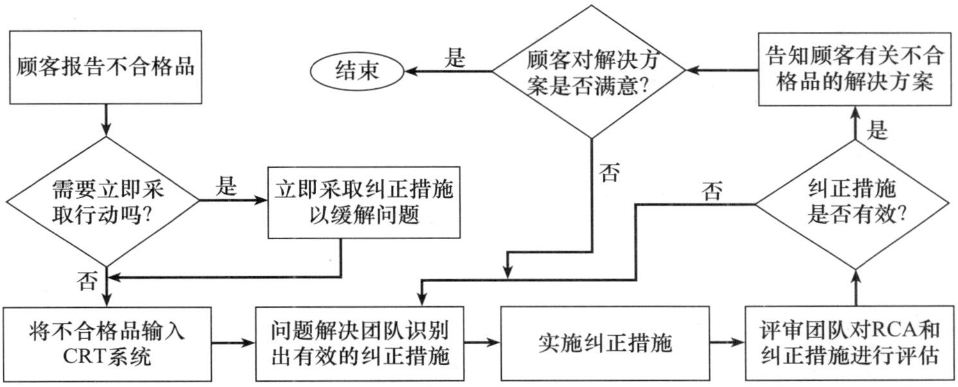

图 3－5　嘉吉谷物加工公司的投诉处理过程

资料来源：Cargill Corn Milling 2008 Baldrige Award Application Summary－Public Version; www.nist.gov/baldrige.

在处理投诉的过程中，员工必须仔细地倾听以判断顾客的感觉，要以同情的方式加以回应，确保真正搞清楚了顾客的投诉。他们应尽一切努力来迅速解决问题。这就要求首先要承认顾客确实遇到了问题（"很抱歉让您遭遇了这样的问题"）来表达对顾客遇到的不便之处的同理心；要心甘情愿地接受投诉（"谢谢您让我们知道了这一切"）；要言简意赅地描述纠正措施（"这些是我们针对该事件所要做的事情"）；呼吁顾客继续保持忠诚（"如果您能再给我们一次机会的话，我们将会不胜感激"）。目标是促使投诉转化为长期的顾客忠诚。[50]

许多组织都用富有含义的缩写词来帮助员工牢记服务补救的步骤。例如，伯德谷健康系统公司（Poudre Valley Health System）使用的缩写词是 CARE：明确（Clarify）顾客的关注点和期望，道歉（Apologize）并承认问题的存在，解决问题（Resolve），并解释（Explain）问题将如何得到补救和改善。星巴克的服务补救过程是倾听（Listen）、认同（Acknowledge）、采取行动（Take action）、表示感谢（Thank the person）并鼓励再次光临（Encourage to return）——恰恰是以 LATTE（拿铁咖啡）的方式为员工所熟记。不管使用哪种方法或名称，最重要的是要遵循某一流程，并对所有人员进行培训来应用这一流程。

关注顾客的组织会向其一线人员授权赋能，使他们能够做必要的事情以实现顾客满意。在丽思卡尔顿酒店，所有员工都被授权做必要的事情来实现"即刻解决"。如果某个正在处理客人投诉的同事求助，其他的员工无论其正常的职责如何，都必须立即提供协助。丽思卡尔顿酒店的员工在不需要任何请示的情况下有权动用高达 2 000 美元来处理客人投诉。但是，授权员工的行动应当被置于共同愿景的指引之下，也就是说，对于应当和可以采取哪些行动，员工要有一个一致性的理解。

为了有效地改进产品和过程，企业不能只满足于纠正问题，必须有一个系统的过程来收集和分析投诉信息并利用这些信息进行改进。例如，丽思卡尔顿酒店实施了"客人事件处置表"，每个酒店按月总计填报，以确保投诉得到有效的处理并采取措施消除问题产生的原因。

质量聚光灯

亚利桑那州梅奥诊所[51]

为了提高患者的满意度和价值感，亚利桑那州梅奥诊所（Mayo Clinic Arizona，MCA）开发了一种服务质量模型，其中包括：

1. 多数据源驱动。数据被合并到一个单一的部门级计分卡中，该计分卡将服务绩效与跨多个属性和顾客组的目标进行比较，从而使管理人员能够评估其绩效。

2. 服务质量责任制。服务委员会每季度监测一次临床结果并将其报告给临床质量监督小组，该小组要求未达到绩效期望的部门的经理提出行动计划和 90 天的进度报告。

3. 服务咨询和改进工具。亚利桑那州梅奥诊所设立了一个服务协调员职位，以提供分析、教育、培训和以数据为依据的咨询。绩效低于 90%的部门会触发服务咨询和关键服务绩效数据分析。

4. 服务价值和行为。服务价值和行为标准在整个组织中传达。亚利桑那州梅奥诊所使用易于记忆的首字母缩写词：SERVE（解决方案）——专注于解决方案（Solutions focused），善解人意（Empathetic），可靠（Reliable），重视他人（Value others），超越患者期望（Exceed patient expectations）。

5. 教育和培训。来自患者满意度调查和焦点小组的数据用于确定培训需求和设计培训内容。

6. 持续的监控。建议管理人员开发监视和控制系统以维持服务表现。

7. 认可和奖励。在卓越服务日会议上表彰患者认可达到 90%的部门。

3.6 顾客关系管理

真正卓越的公司会努力促进与顾客之间的关系，从而实现顾客忠诚。例如，在雷克萨斯车主习惯了上门取车的维修、免费的代用车以及其他种种极具特色的服务之后，当他们需要换新车时，发现自己很难舍弃掉这些服务。在蒙特利尔银行的私人顾客服务部门，银行职员在提供服务时根据顾客的偏好，更注重便利和时间。比如，在顾客的家里或办公室与之会面。[52]

顾客关系可以通过战略伙伴关系和联盟来加以促进，并利用技术手段与顾客更好地沟通以及联系内部运营。

3.6.1 战略伙伴关系与联盟

当今的供应商被要求承担更大的责任来帮助它们的顾客。随着组织将更多的精力放在自己的核心竞争力上（它们最擅长的事情），它们正在向外部组织寻求非关键支持流程的帮助。**顾客-供应商伙伴关系**（customer-supplier partnerships）（以团队合作和相互信任为特征的长期关系）代表了实现卓越和业务成功的重要战略联盟。例如，顾客可能参与产品或服务设计、原型设计、供应链或交付过程。ASQ甚至创造了一个术语Qustomer，即在组织活动的生命周期中整合顾客。战略伙伴关系的好处包括：获得内部无法获得的技术或分销渠道，在新投资和产品开发中共同承担风险，通过基于供应商能力的早期设计建议来改进产品，以及通过更好的沟通来降低运营成本。例如，联邦快递和乔斯滕斯（Jostens）建立了战略合作伙伴关系，双方都能从经销珠宝和年鉴的新销售中受益。[53]它们充分利用了彼此的优势：乔斯滕斯提供高质量的产品和优质的服务，联邦快递则提供可靠而快速的送货服务，从而实现了这些时间紧迫产品的批量、短间隔交付。

许多公司都与拥有共同价值观的供应商进行了密切合作，通过传授质量方面的工具和做法，改善供应商的能力。尽管许多企业都有正式的供应商认证计划（将在第5章中讨论），通过这个计划对供应商进行评级，但有些企业反其道而行之，要求供应商从顾客的角度来评价自己。摩托罗拉建立了一个由15名成员组成的供应商理事会，以评估摩托罗拉的做法，并提出改进摩托罗拉的生产进度或设计布局的准确性的建议。[54]可能会向供应商提出的一些典型问题包括[55]：你未被满足的期望有哪些？你希望从我们这里获得哪些技术帮助？你希望从我们这里得到什么类型的反馈？你希望在合作关系中得到什么好处？好的双向沟通既能够改进产品，又可以改善关系。

3.6.2 关注顾客的技术和分析

技术可以大大提高组织利用与顾客相关的信息并提供更好的顾客服务的能力。例如，大陆航空公司（Continental Airlines）的在线系统在飞机延误时会向该公司发出警报，并评估乘客的需求，推迟其他航班或接送车班次以方便航班或车次衔接；英国电信集团（BT Group）更新了其顾客用于管理电信账户的自助服务网站，并将其链接到公司的顾客支持人员系统，以提高一致性。[56]

如今大多数公司都会使用高级分析来挖掘并了解顾客数据。例如，日本最大的视频、书籍和CD连锁店Tsutaya[57]通过总部和特许经营店以及名为Tsutaya Online（TOL）的网站和无线站点，对库存进行实时跟踪，了解顾客的购买情况、人口统计特征、消费者行为以及背后隐含的生活方式和兴趣爱好。这使得Tsutaya能够提供个性化的产品推荐。例如，如果您购买了某位艺术家的CD，则TOL将在下一张专辑上市时向你的电子邮箱发送该专辑的数字音乐片段。Tsutaya还开发了一套先进的推荐引擎，该引擎能够根据顾客的影片租赁历史和心境推荐理想的影视精选。奈飞（Netflix）和亚马逊等许多组织也有类似的技术。超市和零售商店使用会员卡来捕获和分析有关顾客购买行为的详细数据。

技术和分析是**顾客关系管理**（customer relationship management，CRM）软件的关键推动力，该软件旨在帮助企业提高顾客忠诚度，锁定最赚钱的顾客并简化顾客沟通流程。典型的 CRM 系统包括市场细分和分析、顾客服务和顾客关系构建、有效的投诉处理、交叉销售产品和服务、订货流程以及现场服务等。

CRM 通过以下方面来为企业建立和保持竞争优势：

- 根据人口统计特征和行为特征来细分市场。
- 按顾客和市场细分跟踪销售趋势和广告效果。
- 识别哪些顾客拥有更高响应率，确定目标市场营销计划的重点。
- 预测顾客保有率（和流失率）并就消费者为何离去等提供反馈。
- 研究哪些产品和服务是被一起购买的，进而找到将它们捆绑销售的方法。
- 研究和预测哪种网页风格对消费者最具有吸引力以及如何改进网站。

CRM 系统为经理人员提供了多种多样的有用的运营数据，包括对顾客的问题、言论和关注点的平均反应时间，平均的订货时间，每个顾客（有时包括他们的家人和公司）购买的所有产品和服务所产生的总收入，顾客对公司经济价值贡献的总体情况，每次营销活动的成本以及价格差异。

3.7 测量顾客的满意度和参与度

顾客反馈对于企业而言是至关重要的。通过反馈，公司可以了解顾客对其产品和服务的满意度，有时还可以了解顾客对其竞争对手的产品和服务的满意度。顾客满意度和参与度的测量过程如图 3-4 所示的循环。BI 公司使用三种方法来跟踪顾客满意度：用于即时反馈的交易型顾客满意度指数，用于了解满意度和重复业务意向的年度关系顾客满意度指数，以及用于观察其相对竞争力的竞争性研究。SSM 医疗中心对五个主要的患者群体通过使用定制的、标准化的满意度调查研究、与病人以及家属进行非正式的讨论和沟通、焦点小组等，来分析患者的满意与不满。该医疗中心使用在线分析处理软件深入到特定的护理部门，例如，检查住院病人的忠诚度并将其与医院内的其他部门进行比较，然后把那些取得了重大改进或对患者满意度产生了重大影响的结果报告给高层管理者和患者满意度协调员。

有效的顾客满意度评估系统能够获得顾客对于特定的产品和服务特征的评价以及这种评价与顾客未来的市场行为之间的关系的可靠信息。顾客满意度和参与度指标使得企业能够：

1. 了解顾客对于企业在满足顾客需求方面做得如何的看法，比较公司相对于竞争对手的绩效。

2. 识别引起不满和未达成顾客期望的原因，识别顾客喜悦的驱动因素，了解顾客忠诚或不忠诚的原因。

3. 确定可提高满意度和忠诚度的内部工作流程，发现在产品和服务的设计与提供以及员工的培训和指导方面需要作哪些改进。

4. 跟踪趋势以确定变化是否真正带来了改善。

顾客满意度的指标可包括：产品属性，如产品质量、产品性能、可用性和可维修性；

服务属性，如态度、服务时间、准时提供、异常处理、问责制和技术支持；图像属性，如可靠性和价格；整体满意度指标。最有用的顾客数据包括与主要竞争者的比较。与主要竞争者的比较可能会很有洞察力。企业通常依靠第三方来进行匿名调查，以确定谁是主要的竞争者并比较它们的产品和服务。竞争性的比较可以明确质量改进与顾客满意的关系，或发现可能遗漏的关键质量特性。例如，俄勒冈州波特兰市每年向大约10 000名居民发送问卷，让他们评价警察局、供水办公室、环境服务和公共运输的表现，同时，询问市民晚上在社区、公园及商业中心行走时是否安全，街道是否足够干净，对所提供的休闲娱乐服务的感觉，以及对该市的生活适宜性的评价等。这些结果会与其他六个城市相比较，如果波特兰市做得不够好，市长就会努力查明原因。[58]

然而，必须认识到，顾客满意是一种态度，这种态度很难直接测度，只能间接地观察。图 3－1 所示的 ACSI 模型表明，顾客满意受到顾客对于质量和价值的期望和感知的影响。因此，将这些复杂的关系用单个的指标来测量是十分困难的。

3.7.1 设计满意度调查

开展顾客满意度调查的第一步是确定目的，也就是说，组织要回答哪些研究问题。调查的设计应清楚地向调查结果的用户提供决策所需的信息。调查应关注“必不可少”的信息而不仅仅是“容易获取”的信息。要考虑的一个关键问题是“谁是顾客”。经理、采购代理、最终用户以及其他人都可能受到公司产品和服务的影响。例如，施乐公司将特定的调查发送给购买者、管理人员和使用者。购买者提供的反馈是关于销售过程的感知，管理人员提供的反馈是关于结账和其他管理过程的输入，使用者提供的反馈是关于产品性能和技术支持。

顾客满意度测量不应只限于外部顾客，来自内部顾客的信息也有助于评价组织的优势和劣势。引起员工不满的问题常常也是导致外部顾客不满的原因。许多公司采用员工意见调查或类似的工具来寻求员工关于工作环境、收益、薪水、管理、团队活动、奖励与认可以及公司的计划和价值观的反馈。员工满意度的其他指标包括旷工、离职、抱怨和罢工，这些指标通常可以提供比许多员工不重视的调查更好的信息。

第二个需要考虑的问题是由谁来进行调查。独立的第三方机构通常会让回答者觉得有更高的可信度，有利于确保结果的客观性。在完成了这些预备性的步骤之后，就必须确定抽样的范围，亦即抽取样本的目标群体。根据调查目的的不同，框架可能是整个顾客群或特定细分市场。例如，商用草坪拖拉机的制造商可能会为购买拖拉机的高尔夫球场主管设计一份调查，对每天使用拖拉机工作的用户再设计一份调查。

下一步是选择适宜的调查形式。正式的书面调查是测量顾客满意度最常用的手段，其他的形式包括面对面的访谈、电话访问、焦点小组等。书面调查的优点是数据收集成本低、自我管理、易于分析，使用时应注意简明易懂。另外，书面调查有助于进行深度的探究。它也有缺点，回答率低会导致偏差，要求的样本量很大，测量的项目是预先确定的，相应减小了有可能获得的定性信息的范围。与之相比，面对面的访谈和焦点小组所要求的样本量要小得多，常常可以获得大量的定性信息，但会产生高昂的成本和与会人员的时间投入。电话访问处于两者之间，适合企业顾客数量有限的公司。邮件调查适于追踪日常交易，这些场合的关键属性不随时间变化。例如，丰田公司采用邮件调查来识别不满的顾客，随后会给他们打电话了解更详细的情况。当大多数顾客都满意时，这种方法具有成本效益。[59]

顾客满意度调查是很难设计得当的，你可以在许多餐馆和零售商那里找到很多糟糕无效的调查示例。有些调查太长，有些则太短。重要的是要仔细选择对顾客最重要的问题。应避免那些引导性的问题、包含一个以上主题的复合性问题、模棱两可的问题，避免使用被访者不理解的缩写和行话以及双重否定。

在调查中提出的问题必须正确措辞，以获得可行的结果。所谓可行（actionable），是指直接与关键业务流程联系在一起，可以为改进流程提供明确信息。信息可以转化为成本/收益影响，以支持确定改进重点。许多调查问题缺乏可靠性，也就是说，它们通常无法反映所测量属性，或者不同的顾客对问题的理解不同。例如，关于“您如何评价服务质量这个问题”，对于餐厅而言过于模棱两可，几乎无法提供任何可操作的信息。有些人可能将服务质量解释为服务员对顾客需求的关注程度，还有些人可能将其解释为服务员是否可以回答有关菜单的问题，或者上菜节奏太快还是太慢。更好的问题是：“服务员对您的需求有多关注?”“服务员能否回答您有关菜单的问题?”“您的用餐节奏如何?”更具体的问题可以帮助确定不满意的根源。诸如“在您的这次来访经历中，哪件事情是您最喜欢的?”或“为了改善您的体验，您最希望我们做的一件事情是什么?”这样的开放式问题常常会获得有用的信息。

通常采用利克特量表来对回答加以衡量（见表3－5)。利克特量表使顾客能够表达他们的意见程度。7分制或10分制的量表都很常见，5分制的利克特量表表现出了很高的可靠性，故常被采用。5分表明公司做得很好。4分表明满足了顾客的期望，但顾客很容易流向竞争者。3分意味着产品或服务几乎不能满足顾客的期望，还有很大的改进空间。1分和2分表明有严重的问题。大多数类似量表都存在响应偏差，人们倾向于给很高或很低的分值。如果回答集中在高分，就很难区分各个回答，分布的偏斜会产生误导性的均值。

表3－5 用于测量顾客满意度的利克特量表示例

很差	差	既不差也不好	好	很好
1	2	3	4	5
非常不同意	不同意	无所谓同意不同意	同意	非常同意
1	2	3	4	5
很不满意	不满意	既无满意也无不满	满意	很满意
1	2	3	4	5

图3－6是一家餐馆的一个简单的顾客满意度调查的例子。这一调查旨在获取餐饮还有其他诸如清洁度、服务和员工态度等不满的反馈，并有开放式评论的空间。然而，其中遗漏了顾客再次光临和推荐给他人的意愿调查，有研究表明这类问题与顾客忠诚密切相关。

我们的关爱

地点＿＿＿＿＿＿ 日期＿＿＿＿＿＿ 时间＿＿＿＿＿＿（上午/下午）
□外卖 □早餐 □午餐 □晚餐
□店内用餐 □单点/套餐

请对以下选项打分：	优秀	良好	一般	差
清洁度	□	□	□	□
服务	□	□	□	□
员工态度	□	□	□	□
分量	□	□	□	□
味道	□	□	□	□
价格	□	□	□	□
环境	□	□	□	□

您是： 在本餐厅逗留的时间：
□第一次光顾 □1～10 分钟
□偶尔光顾 □11～20 分钟
□经常光顾 □超过 20 分钟

服务是否及时？＿＿＿＿＿＿＿＿＿＿
洗手间是否清洁够用？＿＿＿＿＿＿＿＿＿＿
餐饮区及用具是否整洁？＿＿＿＿＿＿＿＿＿＿
您在本餐厅品尝过哪些食物？＿＿＿＿＿＿＿＿＿＿

更多问题：
您对新菜单有哪些建议？

请发送：餐饮信息□ 外卖菜单□ 套餐信息□
选填项：
姓名：＿＿＿＿＿＿＿＿＿＿
地址：＿＿＿＿＿＿＿＿＿＿
城市：＿＿＿＿＿＿国家：＿＿＿＿＿＿邮政编码：＿＿＿＿＿＿
电话：＿＿＿＿＿＿＿＿＿＿
电子邮箱：＿＿＿＿＿＿＿＿＿＿
意见：＿＿＿＿＿＿＿＿＿＿

我们的目标是让您满意。我们希望顾客能够享受 Izzy's 的食物和用餐体验——您的意见将帮助我们保持高标准的服务、质量、价值和体验。敬请花一分钟完成此卡。请将此卡填好后交给收银台或邮寄给我们，或在 www.izzys.com 上发表意见。感谢您的帮助，欢迎再次光临！

图 3-6 一家餐馆的顾客满意度调查

资料来源：www.izzys.com.

最后一项任务是设计调查报告格式和数据输入方法。诸如计算机数据库以及各种统计分析工具之类的现代技术可帮助跟踪顾客满意度并提供持续改进的信息。需要强调的是，调查应进行预先的试验，以确定所做说明是否可以理解，找出可能会产生误解或措辞不当的问题，评估完成调查所需的时间，确定顾客感兴趣的水平。

Graniterock 公司是加利福尼亚州一家高质量建筑材料生产商，为道路和高速公路的建设和维护以及居民住宅和商用楼的建设提供原材料。主要产品包括石料、沙石、预拌混凝土、沥青以及其他一些产品。对主要顾客群进行调查是 Graniterock 公司提高顾客满意度的主要方法之一。该调查要求受访者评价从 Graniterock 和竞争对手处购买混凝土的各个因素。（图 3－7 展示了这样一份调查问卷。）从调查中得到的信息来看，Graniterock 公司发现顾客最看重的是及时交货、产品质量、时间安排（在短时间内送货的能力）、问题解决、价格、信用期限以及销售人员的技能。每年公司都对其顾客以及非顾客进行调查，以获得一张有关它们服务的“报告卡”（见图 3－8）。随着优先因素的改变，尤其是经济情况的变动，Graniterock 公司每三四年会重复进行调查。该调查也针对顾客的喜好问一些开放性的问题。[60] 第 6 章的“质量档案”中会再次提到 Graniterock 公司。

您最看重的是什么？

请对以下项目评分，5分代表对您的购买决策最为重要。

重要性	混凝土 最低→最高	建筑材料 最低→最高
对于特殊需要的响应	1 2 3 4 5	1 2 3 4 5
订货简易	1 2 3 4 5	1 2 3 4 5
产品质量一致	1 2 3 4 5	1 2 3 4 5
及时交货	1 2 3 4 5	1 2 3 4 5
账单准确	1 2 3 4 5	1 2 3 4 5
价格最低	1 2 3 4 5	1 2 3 4 5
信用期限有吸引力	1 2 3 4 5	1 2 3 4 5
销售人员的技能	1 2 3 4 5	1 2 3 4 5
调度员的技能	1 2 3 4 5	1 2 3 4 5
司机态度	1 2 3 4 5	1 2 3 4 5
供货商解决问题公正且迅速	1 2 3 4 5	1 2 3 4 5

请列出上面未给出但对您的购买决策最为重要的项目：

____

____

图 3－7 Graniterock 公司的“顾客最看重什么”的调查表

资料来源：Reprinted with permissicn of Graniterock.

3.7.2 分析和应用顾客的反馈

戴明强调利用顾客反馈来改进公司的产品和过程的重要性（见图 1－3）。通过考察顾客满意度指标的趋势并将满意度数据与内部过程相联系，企业可辨识出需要改进的领域及进展情况。接下来，公司要委任一名员工或一个团队负责根据顾客满意度结果来制订改进计划。许多公司将管理人员的年终奖与顾客满意度结果挂钩。这种做法可激励管理人员，并为他们的工作指明方向。

良好的顾客满意度评估可以识别对满意度有重大影响的流程，并区分绩效低下的流程和绩效良好的流程。一种评估和有效使用顾客满意度的方法是收集关键质量特性的重

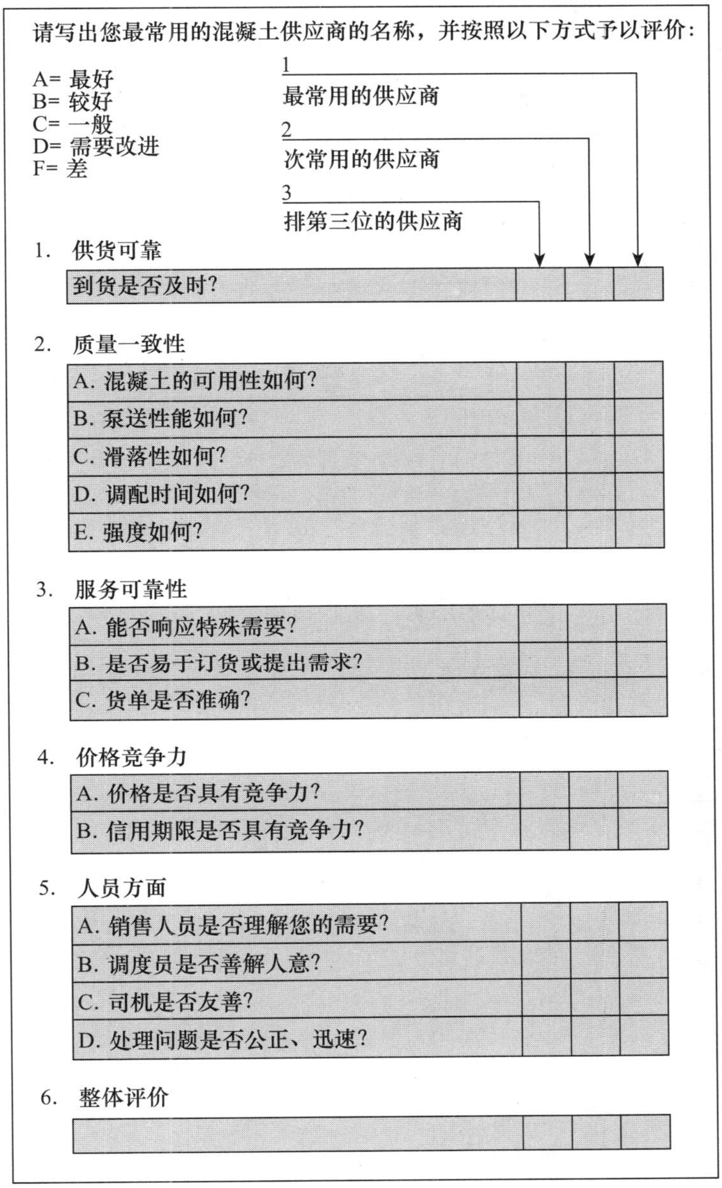
请写出您最常用的混凝土供应商的名称，并按照以下方式予以评价：

A= 最好
B= 较好
C= 一般
D= 需要改进
F= 差

1 最常用的供应商
2 次常用的供应商
3 排第三位的供应商

1. 供货可靠

	3	2	1
到货是否及时？			

2. 质量一致性

A. 混凝土的可用性如何？			
B. 泵送性能如何？			
C. 滑落性如何？			
D. 调配时间如何？			
E. 强度如何？			

3. 服务可靠性

A. 能否响应特殊需要？			
B. 是否易于订货或提出需求？			
C. 货单是否准确？			

4. 价格竞争力

A. 价格是否具有竞争力？			
B. 信用期限是否具有竞争力？			

5. 人员方面

A. 销售人员是否理解您的需要？			
B. 调度员是否善解人意？			
C. 司机是否友善？			
D. 处理问题是否公正、迅速？			

6. 整体评价

图 3-8　Graniterock 公司的顾客报告卡

资料来源：Reprinted with permission of Graniterock.

要性和绩效表现两方面的信息。例如，作者最近在网上续订了杂志。下单后，网站要求对服务的四个属性的重要性和满意度评分：下单耗时、下单成功的有效性、是否便于查找在线订购资源以及是否易于使用在线订购服务。这类数据可利用如图 3-9 所示的方格图加以评价，图中标出了每个属性的绩效和重要性。[61] 理想情况下，公司希望其重要属性具有高绩效，但不希望在重要性低的属性上浪费资源。公司若是在不重要的属性上浪费资源实现高绩效（过度），或是在重要的属性上表现过差，会使公司处于不利的竞争地位。这种分析结果可以帮助公司进行改进和节省成本，并为战略规划提供有用的输入。通常公司还会绘制竞争对手的数据，以与竞争对手进行比较。上面提到的 Graniterock 公司就使用了这个方法。重要性调查和竞争性绩效调查的结果汇总起来，标在一个重要性/绩效图上，以此来评价公司和竞争对手的优势和劣势。横轴与纵轴都代表行业平均值。Graniterock 公司的评估分数与竞争者的评估分数相去甚远。如果评分很接近，顾客难以区分出 Graniterock 和其竞争对手。该公司把这些图张贴在公告板上，确保所有员工，尤其是销售人员，都清楚这些调查结果。

		绩效	
		低	高
重要性	高	弱势	优势
	低	无所谓	过度

图 3-9　绩效-重要性比较示例

例 3-3

分析顾客满意度数据

对某家快餐店的以下顾客满意度结果（以 5 分制计算）进行分析。你会对管理人员提出哪些建议？

属性	重要性	绩效
面包新鲜	4.83	4.80
奶酪已融化	4.26	4.82
饮料口感好	4.88	4.64
薯条很脆	4.85	4.80
薯条已调味	4.12	4.48
服务速度快	4.93	4.61
24 小时营业	3.91	4.81
食物种类多	4.46	3.87
营养数据展示	3.76	4.65
提供儿童菜单	4.80	3.97
台面保持整洁	4.91	4.89
提供低脂食品	3.62	4.55

图 3-10 给出了绩效-重要性方格图。均值由实线表示，重要性分数与绩效分数相对应。每个象限中包含的属性有：

- 无所谓：薯条已调味、提供低脂食品。
- 过度：奶酪已融化、24 小时营业、营养数据展示。
- 弱势：食物种类多、提供儿童菜单。
- 优势：薯条很脆、服务速度快、饮料口感好、台面保持整洁、面包新鲜。

这一分析表明，餐厅应努力增加食物的种类并提供儿童菜单，以便在市场中拥有竞争优势。此外，餐厅还可以通过取消24小时营业以节省大笔资金。在确保奶酪融化或营养数据展示方面，由于这些属性的更改可能作用不大，餐厅可以减少资源的投入，继续在识别出的优势方面给予重视。

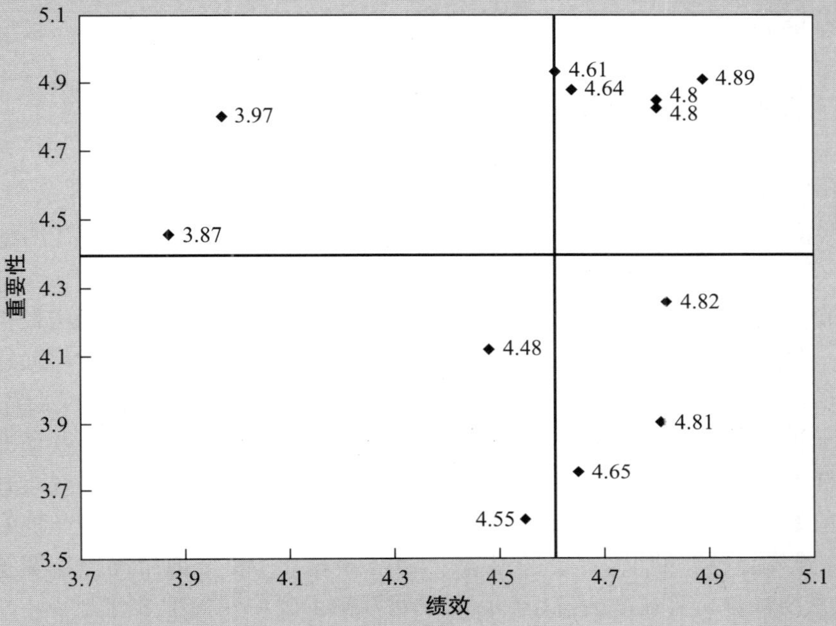

图3-10 绩效-重要性比较示例

许多公司将顾客反馈整合进持续改进活动及产品和服务的再设计中。例如，俄亥俄州梅森市的多技能护理公司（请参阅第1章中的案例部分）是一家价值2 500万美元的私营区域性医药产品供应商，面向长期护理、辅助生活、临终关怀和家庭环境等提供服务。该公司参照波多里奇质量奖得主温莱特工业公司（Wainwright Industries）的做法，设计了一个顾客评分卡来测量其顾客满意度。评分卡使用了与学校评分类似的A、B、C、D评分系统，如表3-6所示。先将关于质量、响应性、交货和沟通四个问题的得分由字母转化为数字，然后平均。如果某个问题的得分在C等及以下，顾客服务团队就会立即给顾客打电话或者亲自拜访来调查和解决问题。一个依据反馈来改进的例子是，公司在“交货”方面得了低分。管理层认定这样存在着失去重要顾客的风险。通过调查发现，问题并不在交货的及时性方面，而在公司当日发货订单的截止时间。如果顾客错过了这个截止时间，他们就要等到第二天才能收到货，顾客就会认为公司送晚了。公司对这项顾客需要的反应是延长药店订货时间并大幅调整了订货过程和药店员工的工作时间。最终，它增加了5个小时供顾客打电话或发传真来订购当天能收到的货品。结果，在“交货”这一项目上的满意度分数有了大幅提高。

表 3-6 多技能护理公司的顾客评分卡

A=顾客非常满意	100 分
B=顾客一般性满意	90 分
C=顾客一般性不满意	50 分
D=顾客非常不满意	0 分

资料来源：Reprinted with permission of Skilled Care Pharmacy，Inc.

3.7.3 为什么许多测量顾客满意度的活动会失败[62]

确定和使用顾客满意度信息应被视为关键业务流程。只做做样子通常会失败。A. 布兰顿·戈弗雷（A. Blanton Godfrey）提出了顾客满意度测量未能产生有用结果的几个原因。

1. 不良的测量方案。只用 5 分制的利克特量表来衡量顾客满意度无法提供可采取行动的信息。许多调查提供了有偏见的结果，因为很少有不满意的顾客做出回应，或是调查缺乏足够的样本量或具有随机性。调查设计者需要对统计概念有适当的了解。

2. 未能识别适当的质量维度。许多调查针对的是公司认为重要的问题而非顾客认为重要的问题。造成这种失败的原因是未掌握有关顾客的需要和期望的可靠信息。

3. 未能赋予各个维度以适当的权重。一些组织尽管测量的维度正确，但它们可能不了解哪一个维度重要。结果，它们在得分低但对顾客并不重要的维度上花费了太多的努力。绩效-重要性分析等技术的使用可以帮助将注意力集中在关键维度上。

4. 缺乏与主要竞争者的比较。质量和对质量的看法是相对的。没有适当的比较数据，竞争对手的改进速度可能比组织所意识到的要快得多。

5. 未能度量潜在的顾客和以前的顾客。若是不了解那些潜在顾客为什么不光顾本公司，或更为重要的，为什么老顾客会离开本公司，组织就面临着市场份额被竞争者夺走的风险，进一步会走向灭亡。

6. 混淆了忠诚与满意。顾客忠诚所反映的是一个组织的未来；顾客满意仅仅涉及的是现在。我们将在接下来的这一部分对这一问题进行讨论。

3.7.4 测量顾客忠诚度

正如我们在本章开始所指出的，满意度和忠诚度是两个不同的概念。常用来测量顾客忠诚度的因素有[63]：

- 总体满意度；
- 首次购买者回购的可能性；
- 推荐的可能性；
- 继续购买同一产品或服务的可能性；
- 购买其他产品或服务的可能性；
- 增加购买频次的可能性；
- 转投其他供应商的可能性。

如今，许多公司使用一种称为**净推荐值**（net promoter score，NPS）的度量指标，它是由 Fred Reichheld，Bain & Company 和 Satmetrix 开发（并注册）的。NPS 被认为与市场和收入增长密切相关。该指标以一个简单的问题为基础，即“你向他人推荐我们的可能性有多大?”评价的范围为 0～10 分。9 或 10 分表示忠诚的顾客也就是通常所说的回头客（“推荐者”）；7 或 8 分是满意但有可能会转向其他竞争对手的顾客（“被动者”）；6 分及以下代表不满且有可能散布负面评论的顾客（“贬损者”）。推荐者对价格较不敏感且更有利可图，贬损者对价格比较敏感，流失率较高，因此从其获取的利润也较少。NPS 就是推荐者所占百分比与贬损者所占百分比之差。

例 3-4

计算净推荐值

一个由 300 名顾客构成的样本对“你向他人推荐我们的可能性有多大?”这一问题做出了回答，结果如下：

得分	人数
10	63
9	82
8	64
7	41
6	21
5	12
4	6
3	7
2	3
1	0
0	1

推荐者的总数是 63＋82＝145；贬损者的总数是 21＋12＋6＋7＋3＋0＋1＝50。各自占总人数的百分比分别是 48.3％和 16.7％，因此净推荐值为 48.3％－16.7％＝31.6％。

像乔氏超市、好市多、苹果这样的成功公司，其 NPS 得分可能在 70％～90％之间，NPS 得分超过 50％的公司就被认为是不错的。[64]然而，一些对于 NPS 的批评开始涌现，即 NPS 与基于顾客忠诚度的行为没有紧密联系，仅凭其本身并不能提供有关顾客意图的完整信息。[65]它应该有其他相关指标和方法的支持，以更好地了解顾客的行为。

除了传统的顾客满意度测量，测量**顾客感知价值**（customer perceived value，CPV）是另一种方法，该测量更加关注顾客忠诚而不是顾客满意。[66]CPV 测量顾客根据成本（例如购买价格、安装成本或时间等）评估的收益（例如产品性能、易用性或节省时间）。顾客决定是否购买时，能够提供最高 CPV 的卖主总能赢得生意。CPV 测量包括潜在的买主而不只是当前的顾客，是前瞻性的而不是追溯性的，是相对于其他的选择而非期望来进行评价的。CPV 提出的典型问题包括：“哪些利益对你而言是重要的?”“你认为每个产品或供应商在提供这些利益时表现得有多好?”这些问题关注的是对未来价值的感知而不是对过去体验的感知。

CPV 方法识别出了潜在顾客比较不同厂商产品时所用的最重要的产品属性及其相对重要性和绩效。评估重要性的一种做法是让顾客对每个属性赋予一个用百分比表示的重要度，所有属性的重要度之和为 100%，这样就避免了通常人们会给每一个因素都赋高值的问题。让顾客对不同提供者的产品的同一属性按 10 分制评分，就可以评估相对绩效，得分的差就是相对绩效。

例 3－5

评估竞争性绩效

对某家休闲餐厅的四个属性进行相对重要性的评估，某位顾客的打分可能是：菜品种类为 30%，食物质量为 20%，餐厅氛围为 10%，价格为 40%。实质上这是对诸如价格、菜品种类、食物质量以及餐厅氛围等属性进行了一次大排名。接下来，让这位顾客再对两家餐厅 A 和 B 进行绩效比较，得到了如下结果：

属性	相对重要性	餐厅 A	餐厅 B	相对绩效
菜品种类	30%	8	10	－2
食物质量	20%	7	4	3
餐厅氛围	10%	8	8	0
价格	40%	7	6	1

将绩效和相对重要性相乘并求和，我们可以看出，餐厅 A 获得了 7.4 分的加权感知价值，餐厅 B 获得了 7.0 分的加权感知价值。由此得出，加权感知价值之差为 0.4。总体来说，餐厅 A 拥有更高的感知价值，但是仍然可以通过改进菜品种类来提高其感知价值。这些信息是战略决策的基础。

质量实践

哈雷-戴维森公司[67]

哈雷-戴维森公司（Harley-Davidson，Inc.）成立于 1903 年，是由威廉·哈雷（William S. Harley)、阿瑟·戴维森（Arthur Davidson）和沃尔特·戴维森（Walter Davidson）兄弟创建的。该公司以其摩托车闻名。在北美、欧洲、中东、非洲、亚洲、太平洋地区和拉丁美洲进行设计、制造和销售。它还提供其他产品和服务：

- 零部件和配件：替换零部件以及机械和装饰配件。
- MotorClothes 日用百货：服装和骑行装备。
- 特许经营产品：T 恤、车辆配件、首饰、小型皮具、玩具和许多其他产品。
- 哈雷-戴维森博物馆：2008 年，哈雷-戴维森博物馆在威斯康星州的密尔沃基市开业。占地 130 000 平方英尺，建有哈雷-戴维森博物馆和档案馆、餐厅、咖啡厅、零售店以及特别活动区域。该博物馆致力于提供一种该公司品牌与骑手以及一般公众之间的纽带。

● 其他服务：哈雷-戴维森还向其独立经销商提供各种各样的服务，包括服务和业务管理培训项目、经销商定制软件包以及摩托车送货服务。

产品主要通过电视、报刊、广播、直接邮寄以及电子广告和社交网络的广告和促销活动向全球顾客销售。此外，哈雷-戴维森与独立经销商合作来完成本地营销工作。

重量级摩托车市场的竞争取决于许多因素，包括价格、质量、可靠性、造型、产品功能、顾客喜好、保修和融资可用性（通过金融服务部门）。公司在以下两个方面建立起自身的竞争优势：(1) 通过活动、骑乘、公路赛车会等方式向各类人士展示摩托车运动的生活时尚；(2) 向顾客提供前面所提到的其他产品和服务以及可利用的融资方式。

自20世纪80年代以来，该公司一直努力保持市场份额、使工会员工满意以及打造健康的财务业绩。其最新的财务报告显示，在全球经济异常严峻的情况下，该公司在不断前进的同时还开始了新一轮的自我重塑过程。哈雷-戴维森早已意识到营销和生产之间的重要联系，它在过去的几十年里一直致力于打造品牌知名度和顾客忠诚度。

新款哈雷-戴维森摩托车的美国个人买家既包括核心顾客群也包括延伸性顾客群，并且在年龄、性别和种族方面各有不同。公司将其美国核心顾客群界定为35岁以上的男性，将延伸性顾客群界定为女性、年轻人以及种族多元化的成年人。哈雷-戴维森是在美国注册的重量级摩托车（街道合法行驶的排量为651cc+）市场的领导者，注册范围包括其所有的顾客群：35岁以上的男性、女性、年轻人以及种族多元化的成年人。[68]大约一半的哈雷-戴维森摩托车的美国个人买家的家庭收入在85 000美元左右。超过3/4的哈雷-戴维森摩托车的美国个人买家至少有高中以上学历，34%的买家拥有学士/硕士学位。[69]

哈雷-戴维森将其重量级摩托车（651cc+）划分为以下几种类型：

● 传统型（摩托车基本款，通常设有能搭载一两名乘客的直坐式座椅）；

● 运动型摩托车（采用赛车技术、符合空气动力学的造型、适合“运动型”骑乘姿势的低手把以及高性能的轮胎）；

● 巡航舰（强调造型和私人业主定制）；

● 旅行车（包含的功能有挂包、整流罩，或大型行李架，并强调骑手的舒适性和负载能力）；

● 双功能车（既适合公路行驶也适合越野使用）。

该公司还在美国以外的市场上推行多代、多文化的顾客营销策略。

关注顾客是公司的一项重要工作，这清楚地反映在哈雷-戴维森公司的愿景上：

> 我们通过提供卓越的摩托车和非凡的顾客体验来实现由这世间的条条道路所激发出的梦想。我们为我们的顾客自由彰显激情提供燃料。[70]

顾客体验历来是该公司了不起的市场推广的核心所在。为了吸引顾客并实现其目标，公司在世界各地参加各种摩托车拉力赛，还参加各种摩托车消费者展览会、赛车音乐节以及其他特殊的推广和慈善活动。1983年，成立了哈雷车主会®，亲切地称之为H. O. G.®。哈雷车主会迅速成为世界上最大的由生产厂商赞助的摩托车俱乐部，目前在全球拥有大约 100 万名会员。除了推销哈雷-戴维森产品以及与之相关的生活方式之外，俱乐部还赞助了许多摩托车赛事，包括各种摩托车拉力赛以及遍布世界各地的哈雷-戴维森摩托车爱好者的骑行活动。2010 年，公司建立“创新模式”，即利用基于网络的众包模式作为其主要的营销创新发展的源泉。众包模式借鉴了世界各地充满激情的品牌粉丝的想法，以帮助指导品牌的创意方向。哈雷-戴维森还与在媒体、数字营销以及植入式广告领域的外部专家密切合作以扩大其市场影响。

公司生产策略在于不断提高产品质量和生产效率，同时降低成本，以灵活应对不断变化的市场。灵活的制造流程、供应链、劳资协议和成本优势是应对顾客的关键因素。公司于 2009 年启动对美国制造工厂的重组，其目的是使公司更加灵活和具有成本竞争力，能够在交付时间里为顾客生产出正确的产品。为了支持其全球发展计划，该公司在巴西和印度建立了全拆卸（Complete Knock Down，CKD）组装厂。CKD 组装厂利用美国工厂生产的或供应商提供的组件工具包为当地市场组装摩托车。

● **关键问题讨论**

1. 本章所介绍的各种质量维度是如何与哈雷-戴维森及其顾客重视的质量特性相匹配的？

2. 讨论哈雷-戴维森公司的做法是如何帮助它持续关注顾客并提高顾客满意度、忠诚度和参与度的。你可能需要根据最新的年度报告进行研究并获取相关信息。

质量实践

独特网上家具公司[71]

独特网上家具公司（Unique Online Furniture，Inc.）是一家通过多家电子商务网站（UniqueVanities.com、UniqueMirrorsOnline.com、UniqueLightFixture.com、UniqueEcoFurniture.com 和 UniqueIronCurtainRods.com）向美国、加拿大的个人零售顾客销售各种家居用品的公司。产品包括浴室盥洗台、洗涤槽、水龙头、镜子、灯具和窗帘杆。

该公司面临着众多竞争对手的竞争，包括 CSN Stores、eBay 和亚马逊。虽然这些竞争对手提供品牌产品和较低的价格，但它们缺乏密切的、个性化的顾客关系和沟通。独特网上家具公司利用对手的竞争劣势，从关键顾客的角度出发确定其业务模式。

1. 承受能力：顾客希望以合理的价格获取独特的产品。

2. 多样化：顾客在市场上寻找各种各样的家居产品，这些产品不一定能在当地的实体店里找到。

3. 网上购物的安全性：当顾客在网上购买大额商品时，他们希望在交易过程中有十足的安全感。

4. 担保或低风险：顾客希望将潜在风险最小化。

5. 免费或低收费送货：顾客希望大件商品能送货上门而无须支付额外费用。

独特网上家具公司在其网站上提供超过 2 000 种独特产品。该网站提供安全的网上购物体验，并在商业促进会（Better Business Bureau）进行了注册。它还有一项不满意退货政策，顾客可以无理由退货只需负责退回的运费。如果订单有任何问题，它所做的工作超出了其他一般零售商的范围，它以诚恳和正直的态度及时处理困难的情况，以适应顾客的需求。

对个体顾客的个性化关注使得该公司脱颖而出。该公司在整个购买过程中提供了极高水平的顾客服务。它有一个正式的顾客体验流程，顾客服务团队成员应遵循此流程（见表3-7），并使用多种沟通机制（电话、电子邮件和实时聊天）来满足顾客的沟通需求。流程包括一封公司总裁对订购和提出的意见或建议表示感谢的电子视频邮件、一通在订单收到后24小时内确认所有细节的私人电话、一封提供了关于如何正确接收大型商品的详细说明的送货电子视频邮件、一条有关如何处置大量包装材料的环保解决方案的视频、一张可用于未来订单的礼品券以及一份预先包装好的邮寄给每一位顾客的答谢礼物。

更令人惊讶的是，该公司对待它的供应商就像对待顾客一样，并认可能帮它提供出色顾客体验的人员（其中许多人在自己的组织中都没有得到过认可）。例如，该公司会向每家供应商企业里与其直接合作的人员送圣诞礼物。还有一项创新是向其生产商企业里的某位在帮助它的过程中所做的超出它所期望的个人发放“完全被你震撼”（You Totally Rock）证书和一件小礼物。

通过这些关注顾客的方法，独特网上家具公司建立起了一个庞大的顾客群以及良好的以顾客服务和质量为基础的声誉，从竞争者中脱颖而出。当你得知这是一个只有四个人的组织，你是不是感到很惊讶？

- **关键问题讨论**

1. 独特网上家具公司的关键顾客要求是如何与表3-1中所列出的质量管理中关注顾客的主要实践活动相对照的？

2. 你能否利用“顾客体验清单”（见表3-7）提出其他用来测量顾客满意度或提升顾客在独特网上家具公司的体验的方法？

表3-7　独特网上家具公司的顾客体验清单

顾客体验清单		
使命	独特网上家具公司可以使顾客获得有实体店外观和感觉的电子商务购物体验。我们将为顾客提供个性化的服务。我们的顾客将有信心从我们这里购买其未经查看的商品，因为我们会为他们料理好一切。我们将通过专注于组织中的个人和职业发展来实现这一切。	每天
订单处理过程 负责人：销售专员 所有订单将在24小时内处理 如果在营业日（周一至周五）美国中部时区下午4点之前收到订单，则在当天进行处理；如果下午4点之后收到订单，则在下一个营业日进行处理		
顾客通过电话/互联网方式下单	所有电话订单都会通过网站进行处理，除非特殊情况需要通过 authorize. net 进行处理；如果是通过 authorize. net 进行处理，详细的订单信息需要包含在处理程序的顾客电子邮件主办人代号记录中。	不适用

续表

	顾客体验清单	
顾客确认电子邮件（自动发送）	顾客收到由我们发送的确认电子邮件，包括订单状态链接、送货信息和退货政策。	即时
致谢电子邮件（自动发送）	顾客收到“对您的此次订购表示感谢”的带有视频链接（http：//www.uniquevanities.com/thank-you.html）的电子邮件。	即时
订单接收	通过互联网接收订单。	即时
如果顾客确认邮件反馈未送达	如果电子邮件反馈无法送达，就需要再次将确认电子邮件转发给顾客。	即时
与生产商确认是否有货	打印订单并通过电话与生产商确认商品库存情况。	24 小时内
顾客接触点：通过电话与顾客确认订单	打电话给顾客确认商品是否有货并附网站的其他商品。	24 小时内
顾客接触点：通过电子邮件与顾客确认订单	更新标有商品是否有货的订单状态并向顾客发送电子邮件。如果库存或配送中心无现货，就准备一些有现货的同类替代品（同样的大小、款式和价格）。使用顾客沟通文本模板，以顾客沟通为基础进行个性化处理。	24 小时内
提交订单	将订单通过电子邮件上传给生产商。	24 小时内
捕获支付信息	捕获 Authorize.net 或 Paypal 网站上的支付信息。	24 小时内
生产商确认	在以下时限内需要收到确认。	1～3 个营业日
送货日程安排	根据生产商的指引安排送货日程。	收到生产商确认后即刻进行
顾客接触点：电子邮件追踪信息	每天晚上检查全天所有的集运追踪信息，更新订单状态模块并通过电子邮件发送给顾客。顾客追踪电子邮件包括有关运送和接收说明以及回收或再利用包装材料的环保解决方案的视频链接（网站特定的）：http：//www.uniquevanities.com/shipping-receiving-instruc-tions.html、http：//www.uniquevanities.com/eco-friendly-package-disposal.html。使用顾客沟通文本模板，以顾客沟通为基础进行个性化处理。	货物运送当天
顾客接触点：邮寄礼品券	追踪信息电子邮件发送的同时会生成礼品券，并于第二天寄出。	货物运送当天
顾客接触点：邮寄答谢礼物	邮寄答谢礼物（网站特定的）。	每两周一次
	顾客服务跟进过程 负责人：运营团队	
顾客接触点：发送产品评价电子邮件（自动发送）	发送产品评价电子邮件（通过订单状态模块自动发送）	订单状态更改为已发货 3 周后自动发送
顾客接触点：电子邮件调查	电子邮件调查	每月一次

续表

顾客体验清单		
读取产品评价/调查	所有的产品评价和调查都需要读取。对顾客通过电话（主要方式）和电子邮件（次要方式）提出的任何问题都要进行跟进。对任何问题都要提供解决方案。对任何具体的表示赞扬的评论都要跟进并回复一封感谢信。在每月的团队电话会议上进行复核。	每月一次
更新顾客评价页面	在网站上张贴经确认的顾客评价，给团队成员发送一封带有相应链接的电子邮件，供大家阅读。在每月的团队电话会议上进行复核。	每月一次
待发货订单跟进指南		
待发货订单	如果接收的订单现在缺货，那么顾客必须被告知你将按照以下时间间隔跟进：如果是一个月期的待发货订单，则会在两周内更新；如果是一个月以上的待发货订单，则每月跟进一次；创建一份待发货订单跟进日程一览表以记录你将何时进行跟进。可以电子邮件的方式告知顾客跟进的日程安排；电话告知的方式最佳。记录下所有的沟通信息。	按日程表进行

复习题

1. 哪些因素对顾客价值和顾客满意有影响？
2. 在 ISO 9000 框架中提到过哪些关注顾客的具体问题？
3. 总结组织为实现卓越绩效所需的关注顾客的主要实践活动。哪些实践活动在柯林斯堡市和 K&N 管理公司中有所体现？
4. 解释顾客满意和顾客忠诚的区别。为什么顾客忠诚更为重要？
5. 什么是顾客参与？它与顾客满意的区别是什么？
6. 描述计算美国顾客满意度指数（ACSI）所使用的模型。企业如何使用 ACSI 数据库中的信息？
7. 阐释消费者、内部顾客、外部顾客之间的差异。
8. 阐释 AT&T 的顾客-供应商模型，并简要阐述它在新员工培训中的重要性。
9. 为什么细分顾客十分重要？细分顾客的主要方法有哪些？
10. 解释产品和服务质量维度的两种分类。对于服务而言，对比两种分类之间的异同。
11. 阐述狩野模型及其对质量管理的影响。
12. 什么是“顾客之声”？说明收集顾客信息的主要方法并对比各种方法的优缺点。
13. 说明如何用亲和图来组织和处理有关顾客的信息。
14. 阐释图 3-4 所示的缺口模型。期望质量、实际质量和感知质量的含义是什么？它们之间的相互关系如何？
15. 什么是关键时刻？这一概念如何用来提高质量？
16. 什么是真实瞬间？它是如何影响顾客的购买决策、参与度和满意度的？
17. 说明承诺对于建立顾客关系的重要性。
18. 直接服务顾客的员工包括哪些人？为什么他们对于组织而言十分重要？
19. 为何直接服务顾客的员工培训和授权对于实现顾客满意而言十分重要？

20. 定义顾客接触要求这一术语并列举一些本书之外的示例。
21. 公司为何应当使顾客的投诉简单易行？描述有效的投诉处理过程应具备的功能。
22. 列举一个好的服务补救所应包含的关键因素。
23. 战略伙伴关系和联盟为何对于组织很重要？
24. 顾客关系管理（CRM）软件如何帮助公司改进对于顾客的关注？
25. 组织为什么要测量顾客满意度？描述在设计顾客满意度调查时应遵循的主要步骤。
26. 顾客满意度调查中应包含哪些类型的问题？
27. 什么是绩效-重要性分析？它对组织有何益处？
28. 为何许多测量顾客满意度的活动都失败了？
29. 如何测量净推荐值？该值能为管理人员提供哪些洞察信息？
30. 什么是顾客感知价值？组织能从这一指标的测量中获得哪些益处？

案　例

Rosie's Pizzeria 公司[72]

Rosie's Pizzeria 是一家在中西部地区有 50 家比萨连锁店的私人企业。Rosie's Pizzeria 公司与诸如必胜客、棒约翰这样的全国性连锁店以及其他当地餐馆相抗衡，拥有 45%～50% 的市场份额。作为一项新的战略规划过程的一部分，Rosie's Pizzeria 公司将增长确定为一项关键战略目标。然而，由于当地市场基本饱和，公司增长战略在三年的时间里没有产生明显的效果。陷入僵局的原因之一在于缺乏健全的、真实的数据。行政管理团队制定了三大增长战略，但由于缺乏一个基于事实的决策基础，对于究竟遵照哪一项战略实施没有形成一致意见。

为了解决这一问题，公司成立了一个项目团队，给予该团队根据顾客的需求和期望针对意大利菜/比萨店提出任何建议的权力。该团队由营销总监（组长）、两名执行副总裁、运营总监、两名特许经营业主、一名外部战略合作伙伴以及该团队的倡导者——首席执行官构成。团队认为有必要充分了解顾客的声音。为了做到这一点，他们进入社区聆听消费者的需求与期望。团队完成了大量深入的、与他们当前所在的市场区域内外的消费者一对一的访谈，获取了这些人的就餐经历，查出了“好的、坏的和令人厌恶的事情”。下面是当前竞争对手和潜在竞争对手的顾客的一些反馈。

1. “我像养的牛一样，站在坚硬的水泥地面上，每次门开时都有寒风吹裂我的脚踝，一等再等，等着叫我们的名字！”

2. “然后我就看到了一块肮脏的破布在一张肮脏的桌子上晃荡着！”

3. “经理说，‘这不是小虫子，是黑胡椒。’于是，我说我知道黑胡椒和昆虫之间的区别，黑胡椒上面是没有小翅膀的！”

4. “卫生间是如此肮脏，你不得不竭尽全力避免接触到任何东西。”

◆ **讨论题**

1. 顾客给出的四个反馈实际上是在说什么？使用可行的商业语言将其转换为顾客要求。

2. 除了问题 1 之外，顾客还有以下要求：适当温度的食物和饮料、新鲜食品、满足成年客人和家庭的独特需求、超越期望的服务、易于阅读和理解的菜单以及贴心的员工。如何将这些顾客要求转化为生产和服务提供过程和活动？

3. 对你的学校或学院开展类似的顾客之声活动。你从中学到了什么？

杰西卡的购物经验

杰西卡（Jessica）在一家购物中心的两家零售服装店购物。在商店 A 中，一位服务员正为第二天的促销做准备，没有关注杰西卡是否需要帮助。杰西卡向后走去看清仓处理的衣服，在那儿她看到另一位服务员假装折叠桌子，实际上是在藏他的电话。没有人关注她，她不得不在商店里四处晃悠，询问试衣间的位置。在试衣间里面，也没有员工关怀她。她问一个服务员是否有某个尺码的存货，但该员工表示她的系统无法查到这一点。杰西卡去结账时，过了好一阵子才有收银员发现她在等待。在处理交易时，收银员与另一位同事交谈，根本没有与她互动。电脑运行也很慢。

在商店 B 中，她从走进商店那一刻起就受到欢迎，问她是否需要帮助找到想要的东西。与她打招呼的服务员确保杰西卡在离开她视线之前，了解了商店中的所有促销活动。服务员经常回来关照她，并将她挑中的衣物带到试衣间。她试穿的衣物没有合适的尺码存货，店员帮她在网上找到了。

◆ **讨论题**

1. 对比杰西卡在这两家商店的经历。她的经历将如何影响她的满意度和忠诚度?
2. 使用狩野模型，讨论杰西卡可以定义哪些属性为不满因素、满意因素和魅力因素/ 欣喜因素。

马克船长的海鲜小屋

杰尔姆（Jerome）、他的妻子桑迪（Sandy）和他们的两个女儿正在度假，他们去了一家受欢迎的餐馆——马克船长的海鲜小屋（Captain Mark's Seafood Shack），该餐厅在美国东部有多个分店。餐馆女主人很友善，考虑到他们年幼的小孩，特别安排了他们的餐桌位置。杰尔姆观察到餐厅服务员非常注意他们的需求，他们的水和软饮料杯永远不会空着，他们也不必要求更多面包。与此同时，家庭也能有足够的私密性，可以进行最亲密的对话。服务员还特别注意了杰尔姆的小孩，在等待一个 5 岁女孩的点餐决定时，他表现出了优雅、耐心和一些幽默。

用餐服务很及时，所有的菜品出得都很快。此外，杰尔姆的一个朋友将要加入他们的晚餐，通过电话告诉服务员他想要的菜品。但是，杰尔姆朋友在菜准备好时还没到。服务员不用提示，就把食物带回厨房以保持温度。整个晚上，服务员始终如一地检查是否满足了他们的需求。当天晚些时候，杰尔姆的一个孩子胃痛并呕吐。第二天早上，桑迪打电话给这家餐厅，不是为了抱怨，因为她女儿早上已经恢复，而是让他们检查食物。在那次电话中，她称赞了他们的服务员。几天后，她接到了餐厅老板办公室的电话。该代表打电话感谢她，并让她知道他们正在派一名食品检查员去那家餐厅。此后，她几乎每天都接到电话，向她通报检查的进展情况。最后，她被告知餐厅食品检查结果是卫生的。尽管如此，几周后杰尔姆和桑迪还是收到了一张 200 美元的礼券，即使他们女儿的症状可能与暴饮暴食有关。

◆ **讨论题**

1. 在你看来，餐厅为什么为回应桑迪的电话而竭尽全力?
2. 这种经历如何说明五个客户服务维度：可靠性、保证性、有形性、移情性和响应性?

新工艺微酿啤酒

作为一名服务员在该市工作了数年且最近晋升为值班经理之后，你被任命为新工艺微酿啤酒（Newcraft Ale Microbrewery）的总经理。新工艺微酿啤酒是一个在某大城市中颇受欢迎的酒吧，在六个区域性城市中设有分店，并经营一个公司网站。该网站的特色之一是设有一个客户反馈板块，可直接将反馈意见发送给公司副总裁和分管总经理。在任职后的第一个周末，你收到了以下评论：

我们上周六在你们的餐厅经历了一次糟糕的服务体验。我们每年都会有几次在看电影之前去那里用餐并预订 6：15 的就餐时段，这样我们就能最晚在 7：30 或 7：40 用完餐——包括甜点时间，准时到达电影院。但是，这次服务非常慢。我们终于在大约 7：20～7：25 时点了甜点，女服务员至少在 10 分钟之后才来告诉我们没有特价单上所列的椰子酸橙派，我们就点了别的东西，等了又等。最后，我们只好找到女服务员，告诉她取消订单，因为我们没有时间了。我的妻子花了半小时试图向她打手势表示需要续咖啡。最糟糕的是，我们甚至没有得到一句道歉，她唯一动作快的事情就是结账。她显然由于负责太多的桌位而没有时间为我们提供充分的服务。我们对这个曾经最喜欢的地方感到非常失望，尤其是我们还带了朋友，他们之前从没来过这里。

起草一份给该顾客的回复。对你的同学们的回复进行分析。一个好的“服务补救”的回复是什么样的？制定一些一般性的准则。

注　释

1. Don Peppers and Martha Rogers, "Customers Don't Grow on Trees," *Fast Company*, July 2005, 19–20.
2. "GM's New Approach to Quality," *Automotive Design and Production*, June/July 2012, 24.
3. Avis 1992 Annual Report and *Quality Review*.
4. Jane Norman, "Royal Treatment Keeps Customers Loyal," *Cincinnati Enquirer*, May 31, 1998, E3, E5.
5. "Customer Champions," *Fortune Special Advertising Section*, March 17, 2014.
6. Steve Hoisington and Earl Naumann, "The Loyalty Elephant," *Quality Progress*, February 2003, 33–41.
7. "Revenge of the Irate Shopper," *Business Week*, April 17, 2006, 14.
8. Carl Sewell and Paul B. Brown, *Customers for Life* (New York: Doubleday-Currency, 1990).
9. J. M. Juran, *Juran on Quality by Design* (New York: The Free Press, 1992), 7.
10. The Forum Corporation, "Customer Focus Research," executive briefing, Boston, 1988.
11. Shu Liu, "Like Abilities," *Quality Progress*, June 2015, 25–29.
12. Jonathan Vanian, "Virtual Reality's Money Quest," *Fortune*, January 1, 2017, 28.
13. "Chatbot Chatter," *Quality Progress*, July 2017, 6–7, 9.
14. Model developed by National Quality Research Center, University of Michigan Business School for the American Customer Satisfaction Index, (ACSI). Cosponsored with American Society for Quality Control, 1994.
15. "Here's Mr. Macy," *Fortune*, November 28, 2005, 139–142.
16. Larry Selden and Geoffrey Colvin, "5 Rules for Finding the Next Dell," *Fortune*, July 12, 2004, 103–107.
17. J. M. Juran, *Juran on Quality by Design* (New York: The Free Press, 1992), Chapter 3.
18. Michael J. Stahl, William K. Barnes, Sarah F. Gardial, William C. Parr, and Robert B. Woodruff, "Customer-Value Analysis Helps Hone Strategy," *Quality Progress*, April 1999, 53–58.
19. "Time to Put Away the Checkbook: Now Fleet Needs to Bring Order to Its Furious Expansion," *Business Week*, June 10, 1996, 100.
20. Larry Selden and Geoffrey Colvin, "Will This Customer Sink Your Stock?" *Fortune*, September 30, 2002, 127–132.
21. Daniel H. Pink, "Out of the Box," *Fast Company*, October 2003, 104–106.
22. Robert D. Buzzell and Bradley T. Gale, *The PIMS Principles: Linking Strategy to Performance* (New York: The Free Press, 1987).
23. Rahul Jacob, "Why Some Customers Are More Equal Than Others," *Fortune*, September 19, 1994, 215–224.
24. David A. Garvin, "What Does Product Quality Really Mean?" *Sloan Management Review* 26, no. 1 (1984), 25–43.
25. Dawn Fallik, "Hospitals Try to Woo Patients with Amenities," *Cincinnati Enquirer*, October 9, 2005, A28.
26. "Getting an Edge," *Across the Board*, February 2000, 43–48.
27. "How to Listen to Consumers," *Fortune*, 11 January, 1993, 77.
28. Patricia Sellers, "Gap's New Guy Upstairs," *Fortune*, April 14, 2003, 110–116.
29. Russ Westcott "Your Customers Are Talking, But Are You Listening?" *Quality Progress*, February 2006, 22–27.
30. Byron J. Finch, "A New Way to Listen to the Customer," *Quality Progress* 30, no. 5 (May 1997), 73–76.
31. "How to Listen to Consumers," *Fortune*, January 11, 1993, 77.
32. Bruce Nussbaum, "Designs for Living," *Business Week*, June 2, 1997, 99.
33. Diane Brady, "Will Jeff Immelt's New Push Pay Off for GE?" *Business Week*, October 13, 2003, 94–98.
34. James H. Drew and Tye R. Fussell, "Becoming Partners with Internal Customers," *Quality Progress* 29, no. 10 (October 1996), 51–54.
35. "KJ" is a registered trademark of the Kawayoshida Research Center.
36. This example is adapted from Donald L. McLaurin and Shareen Bell, "Making Customer Service More Than Just a Slogan," *Quality Progress* 26, no. 11 (November 1993), 35–39.
37. Adapted from Bryan Jeppsen, "Safe Landing: Thanks to Text Analytics, JetBlue Ensures Customers Are Heard," *Quality Progress*, February 2010.
38. Minjoon Jun and Shaohan Cai, "The Key Determinants of Internet Banking Service Quality: A Content Analysis," *International Journal of Bank Marketing* 19, no. 7 (2001), 276–291.
39. Robert Wollan. "CIOs and the Battle for Consumers," *Bank Systems & Technology*, January 31, 2006, http://www.banktech.com/news/showArticle.jhtml?articleID=177103806&pgno=2.
40. Ron Huston, "Made in the U.S.A," *Quality Digest*, December 2004, 22–25.
41. John A Goodman, Dianne Ward, and Scott Broetz-mann, "It Might Not Be Your Product," *Quality Progress*, April 2002, 73–78.
42. "2004 Fast Company Customers First Awards," *Fast Company*, October 2004, 79–88.
43. Courtesy of Deer Valley Resort.
44. Christopher Hart, "What Is an Extraordinary Guarantee?" *Quality Observer* 3, no. 5 (March 1994), 15.
45. "Can I Help You?" *Fortune*, April 30, 2012, 63–68.
46. "Bank Tellers Have Huge Impact on Customer Satisfaction," http://www.prweb.com/releases/2011/2/prweb8205782.htm.
47. Karl Albrecht and Ronald E. Zemke, *Service America* (Homewood, IL: Dow Jones-Irwin, 1985), and John Goodman and Steve Newman, "Understanding Customer Behavior and Complaints," *Quality Progress*, January 2003, 51–55.

48. Christopher W. Craighead, Kirk R. Karwan, and Janis L. Miller. "The Effects of Severity of Failure and Customer Loyalty on Service Recovery Strategies," *Production and Operations Management* 13, no. 4 (Winter 2004), 307–321.
49. Michael Schrage, "Make No Mistake?" *Fortune*, December 11, 2001.
50. Craig Cochran, "Leveraging Customer Complaints into Customer Loyalty," *Quality Digest*, December 2004, 26–29.
51. Denise M. Kennedy, Richard J. Caselli, and Leonard L. Berry, "Healthy Returns," *Quality Progress*, October 2012, 32–39.
52. Jane Carroll, "Mickey's Not for Everybody," *Across the Board*, February 2000, 11.
53. AT&T Corporate Quality Office, *Supplier Quality Management: Foundations* (1994).
54. Myron Magnet, "The New Golden Rule of Business," *Fortune*, February 21, 1994, 60–64.
55. Patricia C. La Londe, "Surveys as Supplier Relationship Tool," ASQ's 54th Annual Quality Congress proceedings, Indianapolis, IN, 2000, 684–686.
56. "Pacesetters—Customer Service," *Business Week*, November 21, 2005, 85.
57. Eric Almquist and Carla Heaton, "Customers Are Disappearing," *Across the Board*, July-August, 2002, 61–63.
58. Lucy McCauley, "How May I Help You?" *Fast Company*, March 2000, 93.
59. John Goodman, David DePalma, and Scott Breetzmann, "Maximizing the Value of Customer Feedback," *Quality Progress* 29, no. 12 (December 1996), 35–39.
60. Malcolm Baldrige National Quality Award Profiles of Winners, 1988-1993; and materials provided by Graniterock, including the 1992 Malcolm Baldrige Application Summary; Edward O. Welles, "How're We Doing?" *Inc.*, May 1991; Martha Heine, "Using Customer Report Cards Ups Service," undated reprint from *Concrete Trader*, and "Customer Report Cards at Graniterock," available at http://www.baldrigeplus.com.
61. Importance-performance analysis was first introduced by J. A. Martilla and J. C. James, "Importance-Performance Analysis," *Journal of Marketing* 41 (1977), 77–79.
62. A. Blanton Godfrey, "Beyond Satisfaction," *Quality Digest*, January 1996, 15.
63. Bob E. Hayes, "The True Test of Loyalty," *Quality Progress*, June 2008, 20–26.
64. More information may be found at the official website for the net promoter community, http://www.netpromoter.com.
65. See Timothy L. Keiningham, Lerzan Aksoy, Bruce Cooil and Tor Wallin Andreassen, "Linking Customer Loyalty to Growth," *MIT Sloan Management Review* 29, no. 4 (Summer 2008), 50–57.
66. David C. Swaddling and Charles Miller, "Don't Measure Customer Satisfaction," *Quality Progress*, May 2002, 62–67.
67. Much of the information in this case is adapted from Harley-Davidson, Inc. SEC Form 10-K (Annual Report), 02/24/11 for the Period Ending 12/31/10.
68. Source: R. L. Polk & Co. 2009 motorcycle registrations.
69. Sources: 2010 Company Studies.
70. HarleyD_Annual Report2010.pdf, back cover. http://investor.harley-davidson.com/phoenix.zhtml?c=87981&p=irol-irhome&locale=en_US&bmLocale=en_US&locale=en_US&bmLocale=en_US (accessed 2/3/2012).
71. We are grateful to Julia Ritzenthaler, owner of Unique Online Furniture, Inc., for providing the information in this case.
72. Our thanks go to Brian Cundiff of LaRosa's Inc. for providing the foundation for this fictionalized case.

第4章 关注员工

《财富》杂志副总编克利夫顿·利夫（Clifton Leaf）通过观察发现："对于那些足够明智、能够识别并挖掘出员工队伍的人力资本的公司来讲，人力资本是其拥有的最好资产：它比工厂或设备更具流动性，长期来看比资本投资更具回报，比品牌或市场份额更易于利用。毕竟，是人的思想激发了发明和进步；人的渴望和创造力催生了出色的技巧和变通方法；人情味、幽默感、直觉和同理心促使与顾客建立联系并成功销售产品。"[1]戴明强调一个组织如果没有优秀的人才就无法生存，优秀的人才一直在进步。人力资源是竞争对手唯一不能复制的，也是唯一能协同增效的，即协同价值大于其部分之和的产出。用花旗银行前首席执行官沃尔特·里斯顿（Walter Wriston）的话来说就是"知道如何利用组织的集体智慧的人将战胜对手"。

组织逐渐明白，要让顾客满意，首先必须让员工满意。这里的员工是指每个积极参与完成组织工作的人，既包括带薪员工、志愿者和合同工，也涵盖团队领导、主管和经理等各层级管理人员。许多公司将员工称为"合伙人"或"伙伴"，以强调人才在推动公司业绩上的重要性。员工满意度与顾客满意度密切相关，最终体现在与业务绩效密切相关。例如，联邦快递发现顾客满意度与员工满意度之间存在直接的统计相关性；员工满意度下滑，则顾客满意度也将在两个月后下滑。通信、银行、快餐等行业的服务运营领域的研究者们也观察到了类似的联系。[2]盖洛普对 36 家公司的7 939家业务单元进行了广泛调查，结果显示员工满意度和敬业度不仅与顾客满意度及忠诚度正相关，也与公司生产率、利润、营业额、安全正相关。[3]

员工是基础质量体系中的一个重要组成部分。ISO 9000 标准包含了几项以员工为中心的要求。这些标准要求"从事影响产品质量工作的人员应具备适当的教育、培训、技能和经验基础"。它们进一步要求组织确定员工所需的能力水平，提供培训或其他方法以确保员工能够胜任工作，并对培训或其他方法的有效性予以评估，确保员工了解他们的工作对于质量目标实现的作用，并保留适当的教育、培训和经验记录。这些标准从提供办公地点、工作空间、公用设施、办公设备和服务等角度规定了达到符合产品要求所需的工作环境，还对工作环境的确定与管理提出了要求，内容涵盖安全、人体工程学和其他环境因素等。

为了满足不断变化的顾客需求和发挥技术创新的力量，组织必须采取新方法进行员工管理。在本章中，我们将探讨组织为建立高绩效的工作环境所必须关注的重要问题。表 4-1 总结了为实现高质量而采取的关注员工的实践策略。"质量档案"专栏描述了两个组织如何利用这些实践策略取得出色的成果。

表 4-1 关注员工的高质量实践

● 了解驱动员工敬业度、满意度和动机的关键因素。
● 通过工作和职位设计促进有效沟通、合作、技能共享、授权以及从员工的多元化想法和思维中受益的能力，形成一种高绩效、高激励的组织文化。
● 为员工和组织领导者的发展和学习进行适当投资。
● 创造一个确保和改善员工健康、安全和防护的工作环境，并通过制度、服务和福利等支持员工发展。
● 开发一个基于薪酬、认可、激励的绩效管理体系以支持高绩效工作，提高员工敬业度。
● 评估员工敬业度和满意度，并将结果用于改进。
● 评估员工能力及能力需求并将评估结果转化为核心竞争力，以应对战略挑战、招聘和留住高技能人才。
● 管理整个员工队伍的职业发展并制订管理层和领导层继任计划。

质量档案 美国退伍军人事务部联合研究项目药物临床开发研究协调中心和 Stellar Solutions 公司

美国退伍军人事务部联合研究项目（VACSP）药物临床开发研究协调中心是一个联邦政府组织，为解决美国退伍军人健康问题的临床试验提供支持。该中心重点负责退伍军人事务部联合研究项目、其他联邦机构及该行业在全球范围内设计与实施临床试验相关的药品、安全和监管。该中心对临床试验材料（药品、设备）进行生产、包装、储存、分类、分发和跟踪，同时对病人的安全进行监控。

该中心将敬业度视为评价员工满意度的唯一重要标准。对于工作场所的优异表现、卓越的客户服务以及个人参与组织改进的行为，将会通过该中心的绩效管理系统以可见的、有形的形式如休假或现金等给予奖励。管理层和同事之间可以使用多种方法来判断员工工作完成情况。该中心还通过提供资金和其他支持来鼓励员工接受教育和培训，获得职业发展和个人成长。实际上，员工要想有资格获得组织的最高绩效评级，就需要完成正式和非正式的课程学习。

在专业性、科学性和技术服务领域，该中心员工的敬业度超过盖洛普 Q12 测评的 75 分位点，员工满意度同样超过盖洛普 Q12 测评总体的 75 分位点。低离职率、支持性学习环境和领导才能使该中心获得 2008 年和 2009 年联邦执行委员会最佳雇主奖，并被评为“2009 年新墨西哥州最佳工作场所”前十名。

Stellar Solutions 是一家在航空航天相关政府和商业计划中提供系统工程、集成和项目管理专业知识的全球供应商。除核心服务外，该公司还开发了地震预报技术和方法，旨在建立全球预警系统。该公司的愿景是让每个员工都能从事他们梦寐以求的工作。新员工在入职的一个月内填写一份新的入职清单以及“梦想工作”列表，并在入职第 30 天和第 90 天这两个里程碑之日去所在部门副总裁那里登记并与总裁进行面对面交流，副总裁每月都要与所有员工进行面谈，以了解他们对顾客、个人成就、幸福及什么能帮助他们实现梦想工作的想法与见解。

为了获取外部评估和基准数据，该公司从 2012 年开始申请被列入《财富》杂志“最佳工作场所”中小型公司清单，并采用排名前 95 分位点的结果作为自己员工调查数据的基准。数年来，该公司被《财富》杂志评选为“最佳工作场所”。在工作场所文化氛围测量中，该公司与“最佳工作场所”基准相比，满意度排名高于 95 个分位点，员工认为该公司创造了一个良好的工作环境，他们能够在工作中感知到身体、心理和情感的健康。该公司对员工的承诺主要体现在为工作-生活平衡提供广泛的健康和资金支持，例如每年为所有员工提供 40 小时的职业发展时间。在接受调研的 150 名工程部员工中，近 100%的人认为他们获得了适当的管理支持，能够得到随时反馈并知晓管理层明确的期望。员工承诺也体现在顾客数据上：2013—2016 年接受调查的顾客 100%表示会向其他人推荐该公司。

资料来源：Malcolm Baldrige National Quality Award，Profiles of Winners，National Institute of Standards and Technology，Department of Commerce.

4.1 员工管理的演变

近年来，随着商业和技术的不断发展，人在工作中的角色也发生了改变。工业革命以前，熟练工匠在产品质量方面发挥着关键作用，主要是因为他们的家庭生计依赖于这些产品的销售。对产品质量的重视不仅出于对自身手艺的自豪感，也是为了生存需要。泰勒的科学管理（以下称泰勒制）宣告了手工艺时代的结束。泰勒主张，一个工厂应该在科学的基础上进行管理。他关注工作方法的设计、日常工作标准的制定、工人的挑选和培训以及按件计酬。泰勒将计划与执行分开，认为当时的工头和工人缺乏制订工作计划所必需的教育。工头的作用是确保工人达到生产率标准。科学管理的其他先驱，如弗兰克（Frank）、莉莲·吉尔布雷斯（Lillian Gilbreth）和亨利·甘特（Henry Gantt），通过动作研究、方法改进、人体工程学、轮班和薪酬激励制度等研究，进一步完善了泰勒制。

一方面，泰勒制大大提高了生产力，但也把许多制造工作变成了一系列枯燥无味无须思考的机械任务。如果缺乏系统视角和对顾客的关注，产品质量的责任就会从工人转移给质检员，结果导致质量受损。泰勒制也为工会的发展做出了贡献，但在劳动者和管理者之间形成了一种对立关系——直到现在这种对立关系还未完全消弭。尽管如此，泰勒制仍是推动 20 世纪经济爆发式增长的关键力量。

另一方面，泰勒制未能充分利用一个组织最重要的资产——员工的知识和创造力。正如丽思卡尔顿酒店的高管所说，人并非工具，他们有目标、有追求，人力资源职能的作用就是释放员工的能力以实现组织的目标。[4]研究表明，这种新的管理理念带来了更高的质量、更低的成本、更少的浪费、更好的效能，提升了能力，降低了离职率和缺勤率，推动更快地实施变革，并实现员工技能的更大发展和更强的自尊感等。[5]该理念还要求更多地关注工作的心理层面——这也是戴明管理理念的主要原则之一。

员工管理（workforce management）泛称**人力资源管理**（human resource management，HRM），是组织中的一种职能，它通过最有效地利用组织中的人（员工）来实现组织和个人目标。[6]有效的员工管理系统的目标是建立一个高绩效工作场所并维持一种卓越的质量环境，促使员工和组织实现战略目标并适应变革。员工管理活动包括确定组织的员工需求；协助设计工作系统；招聘、筛选、培训和发展、咨询、激励和员工奖励；充当工会和政府组织的联络处以及处理与员工福利相关的其他事项。人力资源专业人员的作用是培养员工的胜任能力和责任心，提升管理者战略执行能力，帮助构建顾客关系，增强股东对公司未来价值的信心。[7]

（现代的员工管理实践大多由20世纪20年代末西方电气公司霍桑实验的结果演变而来。有趣的是，戴明和朱兰当时都就职于西方电气公司，也许正是这段经历影响了他们对质量和员工的看法。）

如今，员工管理已不再只是人力资源部门的职责，其管理理念已经渗透到各级管理者的日常工作职责中。通过培训和辅导提升技能、推动团队合作和参与、激励和认可员工并提供有意义的沟通等，这些都是管理者为了实现卓越绩效所必须掌握和实践的重要人力资源管理技能。例如，在施乐公司，管理者直接负责制订和实施支持公司质量目标的员工计划。因此，掌握员工管理的理论与实践是公司所有管理者的一项重要任务。

员工管理在企业中开始承担更多的战略角色。例如，在BI公司，公司人力资源部门由副总裁亲自领导，这一事实充分反映了员工管理的重要性。**战略人力资源管理**（strategic human resource management）不仅涉及人力资源战略对组织效能的贡献，还涉及这些贡献是如何实现的。[8]它包括制定和实施一套内部统一的制度与实践，以确保组织的人力资本（员工的集体知识、技能和能力）服务于总体业务目标。[9]研究表明，战略人力资源管理实践与组织绩效指标正相关，如股价、利润、人均净销售额、总资产收益率、员工保有率、员工态度和客户保有率等。尽管如此，有证据表明，大多数组织尚未从传统的人力资源实践转为战略导向的人力资源管理。例如，美国人力资源管理协会的一项调查发现，只有56%的受访者称他们组织的人力资源部门制订了战略计划。[10]人力资源管理的战略视角要求企业思维方式发生根本转变。表4-2总结了人力资源的关键问题，并对传统人力资源和战略人力资源进行了比较。

表4-2 传统的人力资源与战略人力资源[11]

关键问题	传统的人力资源（HR）	战略人力资源（SHR）
基本思维模式	● 事务型 ● 合规/执行导向	● 变革型 ● 顾问导向
组织观	● 微观的 ● 狭窄的技能应用	● 宏观的 ● 广泛的技能应用
教育和培训	● 传统人力资源管理（人力资源专家） ● 有限的业务敏锐度	● 基本业务能力 ● 人力资源教育/培训重点如下： 组织理论 组织文化 组织变革 战略管理 职位设计
关键技能	● 组织能力 ● 执行力	● 战略思维 ● 规划 ● 诊断和分析 ● 咨询 ● 管理变革
对员工的看法	● 人头、成本 ● 人是可利用的资源	● 头脑、资本 ● 人是核心资源

续表

关键问题	传统的人力资源（HR）	战略人力资源（SHR）
时限	● 短期，眼前需求	● 中期到长期，当前和未来的需求
过程/结果导向	● 主要关注过程 ● 过程控制	● 主要关注成果 ● 流程创新
风险	● 低风险 ● 依赖已验证的方法	● 高风险 ● 尝试新的有前景的方法
应对变革	● 无法灵活应对变革	● 灵活应对变革
人力资源制度和实践	● 常规的、既定的方案和制度（例如传统的培训方案）	● 适应性创新计划和制度，以满足未来需求（例如基于网络的即时培训）
制度开发方法	● 标杆分析，最佳实践 ● 需求反馈	● 超前预测，预测需求 ● 识别未提出的需求
主要实施领域	● 事务性工作，重复性高（例如，招聘/甄选、培训、薪酬、劳动关系）	● 转型、变革、创新（如战略、知识管理、文化、组织变革、人才管理、领导力发展）
在组织中的地位	● 弱势	● 强势

4.2 高绩效工作文化

简单来说，绩效是指个人工作对于组织目标实现的贡献程度。工作设计、工作环境、组织和管理对高绩效的实现至关重要。**高绩效工作**（high-performance work）是指用来系统地追求更高水平的组织绩效和员工绩效的工作方法。高绩效工作的特点是灵活性、创新性、知识和技能共享、与组织方向一致、关注顾客，能够对不断变化的业务需求和市场需求做出快速反应。

高绩效工作文化带来出色业绩。员工需要了解顾客满意度的重要意义，需要得到培训并承担职责，并感到他们确实能有所作为。高绩效工作文化的创建始于高层领导对员工的承诺。[12]一流的组织会在愿景、使命和价值观中做出明确承诺，并设有常态化机制来倾听员工诉求。它们努力成为最好的工作场所。位于科罗拉多州柯林斯堡市的伯德谷健康系统的总裁兼首席执行官鲁伦·斯泰西（Rulon Stacey）说："我喜欢在人们热爱工作的地方工作。我喜欢在公司到处走动，和人们交谈，看到他们快乐地工作。我们首要的战略目标一直是满足员工的需求，因为这是基础。"他对员工说："我们希望你能给病人提供他们接受过的最好的护理。如果你没有在最好的地方工作，我们却期望你能给予最好的护理，这是不公平的。"[13]

工作生活进步联盟（Alliance for Work-Life Progress）发现，那些具有高绩效工作文化的组织拥有一支更快乐、更有效的员工队伍，高绩效工作文化主要体现在员工有工作自主权、工作具有挑战性、有持续学习的机会、员工能够参与决策、管理者支持员工从工作中获得成就感以及灵活的工作选择等方面。你只需看看《财富》杂志的年度"100

家最佳工作场所”列表就会认同上述发现。虽然这个列表每年都有变化，但谷歌已经有好几年都位于列表首位。正如《财富》杂志所指出的：

> 在谷歌，你可以水洗和干洗衣服，更换机油并洗车，在健身房锻炼，参加有补助的运动课，做按摩，学习汉语、日语、西班牙语和法语，请私人助理预订晚餐，当然，你也可以在谷歌理发。想买辆混合动力汽车吗？公司将会给你 5 000 美元的补助帮助你实现环保目标。[14] 公司首席执行官兼联合创始人拉里·佩奇（Larry Page）在接受《财富》杂志采访时被问：“谷歌所提供的从免费食物到免费通信等美妙的生活方式，对于你所追求的员工体验有多重要？”他的回答是：“我不认为这是哪个人的事情。重要的是，公司是一个家庭，员工感到他们是公司的一部分，公司对他们来说就像一个家庭。当你这样对待员工时，你会获得更高的生产率。与其关心工作时长，不如关心产出。我们应该继续在员工关系方面创新，找出我们能为他们做的最好的事情。”[15]

凯·肯达尔（Kay Kendall）和格伦·伯迪森（Glenn Bodison）提出了五个协作条件，即尊重、统一的价值观、共同的目标、沟通和信任[16]，并认为它们是高绩效文化的特征。

- 尊重意味着相信他人的内在价值，尊重也意味着要考虑他人的观点和需求。当你尊重他人时，你会在做计划和做决定时考虑什么因素对他人很重要。
- 价值观是一系列指导原则和行为，体现了一个组织及其员工被期望的状态。价值观能够反映和强化一个组织的文化。统一的价值观能将组织的信念与个人的信仰达成一致。
- 目标是一个组织存在的根本原因。它激励着组织并指导确定其价值观。通常与组织有共同目标的人工作动力会更高。有一个共同的目标可以促进员工之间的合作，因为它将对个人需求的关注降到最低，且将关注点扩展到更大范围的提升。
- 沟通经常被认为是与员工激励相关的最重要因素之一。全方位的自由沟通促进了合作。
- 信任——管理层信任员工，反之亦然——至关重要。总部位于弗吉尼亚州安南达尔市的 MasteryWorks 公司的一项调查发现，缺乏信任导致员工离职，并指出“几乎每个离开组织的人都存在缺乏信任的问题”。[17]

大多数被公认为最佳工作场所的公司在上述五个方面都做得不错。

4.3 员工敬业度与激励

约瑟夫·朱兰认为，日本管理者对整个员工队伍的知识和创造力的充分利用是日本快速取得质量成就的原因之一。当管理者为员工制定良好决策提供工具、鼓励授权让他们做出贡献时，他们实际上保证了更高质量的产品和生产过程的产生。高绩效的员工管理实践建立在理解员工敬业度与动机的基础上。

4.3.1 员工敬业度

创造更满意的员工的一种方法是让他们参与到工作中，并使他们成为组织的一部分。伦敦商学院的一位教授指出，管理者应该问，“我们如何创造一个致力于培养创造力和激情的工作环境和归属感”而不是问“我们如何让员工为公司服务”。[18] **员工敬业度**（workforce engagement）是指员工在情感和智力上对完成组织的工作、使命和愿景的承诺程度。敬业度在戴明的“自豪与快乐”工作理念中有所体现，这在其十四点里也有反映。敬业是指员工能够在工作中找到个人的意义和动机，与他们所在的组织有强烈的情感纽带，积极参与和尽心工作，认为他们的工作很重要，知道他们的意见和想法是有价值的，并经常为了组织的利益而承担超出他们直接职责范围的工作。研究表明，敬业度能提高员工的满意度并改善组织绩效。[19] 员工敬业度高的组织往往具有高绩效的工作环境，在这种环境中，人们有动力为客户的利益和组织的成功尽最大的努力。

2002 年，美国西南航空公司（Southwest Airlines）前首席执行官赫伯·凯莱赫（Herb Kelleher）就当时的燃料成本危机向每一位员工发了一封信，这是一个引人注目的关于员工敬业度的案例。“喷气燃料的价格是一年前的三倍。西南航空每周使用 1 900 万加仑燃料。我们的盈利能力岌岌可危。”他要求每个员工找出一种能够每天节省 5 美元的办法。他在信中解释说，这将使西南航空每年节省 5 100 万美元。员工立即做出响应。一群机械师想出了如何降低飞机加热的成本。一个部门主动提出自己做清洁工作。在这封信寄给员工的六周内，这个大型组织找到了节省 200 多万美元的方法。[20]

员工敬业度植根于人类心理需求，并得到马斯洛、赫茨伯格和麦格雷戈相关激励理论的支持，这个我们将很快讨论。员工通过激动人心的工作、责任和认可来激励自己。敬业度提供了一个最大限度实现自我需求的有力手段。与传统的管理实践相比，员工敬业度具有许多优势：

- 用信任与合作取代对立心态；
- 培养个人的技能和领导能力，创造使命感，培养信任感；
- 提高员工士气和对组织的承诺；
- 培养创造力和创新能力，这是竞争优势的源泉；
- 帮助人们理解质量原则，并将这些原则融入企业文化；
- 允许员工立即在源头解决问题；
- 提高质量和生产力。[21]

遗憾的是，2013 年盖洛普全球的一项研究指出，只有 13%的员工敬业。[22]

质量聚光灯

美德瑞达公司

美德瑞达公司以《财富》杂志进行的“最佳工作场所”（GPTW）调查结果为基础，来了解本公司关键敬业因素。[23] GPTW 基于 20 年的研究提出了最佳工作场所的三个因素和五个维度。这些维度包括可靠、尊重、公平、自豪感和友善，如表 4－3 所示。它们与员工的敬业度和满意度以及业务绩效密切相关。美德瑞达公司在实施与上述结果相关的全球行动计划过程中验证了这些结果。虽然它们与整个公司层面的结果一致，但团队和部门之间在结果上有所不同。这一过程使组织能够根据不同团队和部门有针对性地采取提高敬业度和满意度的决策。任何群体都可以访问 GPTW 数据库，以学习排名前 100 的公司及其最佳实践。GPTW 为其他组织提供了向美德瑞达公司学习的机会，使组织能够确定特定团队和部门的敬业度和满意度的驱动因素。[24]

表 4-3 美德瑞达公司员工敬业度的关键驱动因素

关键驱动因素及相关调查维度
1. 员工信任共事之人
可靠
● 沟通是开放和无障碍的
● 协调人力和物力的能力
● 一以贯之地实施构想
尊重
● 支持职业发展并表示赞赏
● 与员工共同做出相关决策
● 关心员工个人生活
公平
● 公平——在报酬方面对所有人一视同仁
● 公正——在招聘和晋升方面无偏
● 正义——没有歧视
2. 员工对自己的工作感到自豪
● 体现在个人工作、个人贡献中
● 体现在团队和小组工作中
● 体现在组织的产品和社会形象中
3. 员工乐于与同事相处
● 能够坚持真我
● 氛围友好热情
● 充满“家”或“团队”的归属感

资料来源：MEDRAD 2010 Baldrige Application Summary，http：//www. baldrige. nist. gov/Contacts _ Profiles. htm.

每个组织都有独特的文化。不同组织中驱动员工敬业的因素有所不同，因此，每个组织都应开展自己的研究以确定本组织员工敬业度的驱动因素。例如，美国密苏里州堪萨斯市的圣鲁克医院，通过正式调查、开放论坛（高层领导参加）、焦点小组、高管走访、在职和离职人员面谈以及同行评审申诉流程等探索决定员工福利、满意度和动机的因素。

睿仕管理公司（Right Management）进行了一项关于员工敬业度的全球标杆研究，从 26 项驱动因素中提取了以下 10 项。[25]

1. 对组织价值观的承诺；
2. 了解顾客对产品和服务的满意度；
3. 相信意见的重要性；
4. 清楚理解工作期望；
5. 了解个体贡献如何帮助满足顾客需求；
6. 得到公平的认可和奖励；
7. 知道高层领导重视员工队伍；
8. 受到尊重和平等对待；
9. 能够专注于任务和工作流程；
10. 使个人工作目标与工作计划保持一致。

研究发现，不同国家敬业度的驱动因素存在差异，但是对组织价值观的承诺是所有国家都有的一项驱动因素。这表明了创建价值观驱动型组织的重要性。在许多非营利组织中，员工和志愿者被他们的工作吸引并从中寻找意义，因为该工作与他们的个人价值观是一致的。

一家成功的旅行社老板曾经说过："通过保持一个愉快的、没有官僚作风的工作环境，一个鼓励创新思考的环境……以及真诚的沟通，人们可以自由地专注于顾客的需求。"[26]

4.3.2 员工参与

敬业始于参与。**员工参与**（employee involvement，EI）是指一切员工参与和工作相关的决策和改进活动，其目的是激发所有员工的创造性并提高工作积极性。汤姆·彼得斯（Tom Peters）建议，组织可以让每个人都参与所有的事项，比如质量和生产力的提高、测量和监测结果、预算编制、新技术评估、招聘和雇佣、致电顾客以及参与顾客走访等活动。[27]库尔斯酿酒公司（Coors Brewing）的首席执行官皮特·库尔斯（Pete Coors）简单地解释道："我们以前的工作环境是这样的，上司说，'这就是要做的，如果你不喜欢，就去别的地方。'现在的工作环境则大不相同，随着形势的变化，上司召集下属时会说，'各位，你们是设备的操作者，你们认为我们应该做什么？'"[28]

员工参与并不是近期才出现的。[29]100 多年来，许多工业工程师、统计学家和行为科学家在其项目和实验中已经进行了员工参与计划的实践。早期的尝试对现代组织实践影响重大。遗憾的是，这些方法缺乏全面质量管理的补充要素，如顾客导向、高管的领导和支持以及一套用于解决问题和持续改进的工具。

员工参与的方式多种多样，可以是简单的信息共享或针对工作方面的问题提一些意见和建议，也可以是在跨职能团队中承担职责，例如目标设定、做出业务决策或问题解决等。

设立**员工建议制度**（employee suggestion system）是实现员工参与的最简单的方法之一。作为一种管理工具，员工建议制度可以用于提交、评估和实施员工关于节省成本、提高质量或改进其他工作要素如安全的想法。例如，在丰田，员工每年提出近 300 万条建议——平均每个员工每年提出 60 条建议，其中 85%被管理层采纳实施。公司通常会对那些提出可采纳建议的员工进行奖励。

简单的员工建议制度可带来许多好处。思考解决工作中的问题使日常工作变得有趣，写下这些建议可以提高员工的思维能力和写作技能。建议被实施可以带来满意度并使工作变得更简单、更安全或更好。对建议的认可会导致更高水平的驱动力、同伴认可和可能的物质回报。员工对他们的工作有了更多的了解，因此可能得到提拔，职场人际关系也可能变得更好。

质量聚光灯

温莱特工业公司

员工建议制度往往与奖励挂钩。温莱特工业公司开发了一种独特而有效的方法，该方法已成为业界标杆被广泛效仿。[30]许多公司的员工建议制度既不系统也不持续，并没有融入日常运营中。温莱特的做法从以下几方面克服了这些缺点：

- 将员工的关注点聚焦于自己能负责和控制的领域内的微小的、渐进的改进上；
- 依据员工的参与水平而非改进的价值给予奖励；
- 扩展基于团队的改进工作，最大限度地减少停机时间并为人们提供产生成功结果的工具和技术；
- 主管通过在员工参与和改进过程中提供辅导和支持，成为文化变革的催化剂。

该过程包含两个主要部分：个人层面的改进和基于团队的系统改进。向员工提供培训，使其有责任在主要工作职责范围内自觉进行改进而无须事先批准，不是向其他人提出建议以供批准和实施。实施改进后，他们将改进事项填入表格提交给上级，上级在此处的作用不是批准或不批准而是认可改进，同时向员工提出还有哪些问题需要考虑。每周提交的表格都会根据各单位确定的奖励标准随机抽奖。在每个季度结束时，每一个实现改进目标的人都将得到某种形式的奖励。基于团队的改进是将大的改进项目分解成小的可管理项目。分解大的任务可以让员工了解他们的个人工作与团队工作的联系，吸引大量员工参与的同时减少对单个员工时间投入的要求。温莱特平均每位员工每年提供50多项改进，远远超过了美国和日本大多数公司。

4.3.3 激励

理解人类的行为和激励是第2章所探讨的戴明理念的一大要素。戴明认为激励主要是内在的，并对诸如奖金、分红等之类的外在激励表示怀疑。多年来为了界定和完善激励这一概念，人们以人和动物为对象进行了数以千计的研究。但迄今为止，它仍然是一个尚未被人们完全理解的极为复杂的现象。在高绩效工作环境中，管理者扮演着教练和促进者的角色，其激励员工的技能也因此变得更加重要。

索尔·格勒曼（Saul W. Gellerman）将激励定义为："一种创造条件使每个人都能实实在在地以个人最高效率工作的艺术。"[31]另一个关于激励的更正式的定义是："个体对其感知到的需要的反应。"因此，一些刺激（激发事件）让人们产生做出反应的需要，进而导致反应行为的产生。例如，一个工人接到的任务是他所生产的零部件实现零缺陷，由此他可能会产生一种保住自身工作的需要。工人被恐惧刺激，进而做出仔细生产零部件的反应来实现目标。另一位不太担心的工人或许会有让其工作得到同事或上级赞许的需要，在此刺激下生产出高质量的零部件。

没有不能激励的员工，只有阻碍或增强员工工作积极性的机制。学者提出了许多理论和模型来描述人们是如何和为何被激励的。理论是对现实世界中观察到的事物进行描述、预测和控制的一种方法。模型则是以图形或符号的方式对理论内容加以说明。一般而言，模型与理论联系十分紧密，这两个术语往往可以相互替换。例如，赫茨伯格的双因素理论描述了激励模型中的两大因素：保健因素和激励因素。保健因素是员工所期望的工作条件，如安全的工作环境、合理的工作保障水平、工作指导，甚至恰当的工资报酬。这些条件都得到满足的工人不会不满意，但保健因素一般不会提供任何让人更努力工作的动机。激励因素，如认可、进步、成就和工作本身的性质等因素，一般比较抽象但确实能激励员工更努力地工作并对工作更满意。从赫茨伯格的理论中产生了职位丰富化的概念。随着工作的丰富，员工从每个周期任务的完成中获得满足感。掌握跨职能技能、团队协作和增加授权是职位丰富化的形式。

理论和模型往往可以根据共同主题分类。詹姆斯·鲍迪奇（James L. Bowditch）和安东尼·博诺（Anthony F. Buono）将激励理论归为三类：基于内容的激励理论、基于过程的激励理论和基于环境的激励理论。[32]这些理论在传统的管理课程中都有介绍，表

4－4对其进行了总结。在行为科学以及纯粹科学中，理论的起源越来越难以界定，因为许多学者的思想经常发生重叠。因此，表 4－4 中的信息只是参考性地列举了一些与这些理论发展有关的学者。

表 4－4　激励理论的类型

激励理论	提出者	理论类型
内容理论		
需求层次理论	亚伯拉罕·马斯洛（Abraham Maslow）	需求
激励因素和保健因素	弗雷德里克·赫茨伯格（Frederick Herzberg）	需求/满意
X－Y 理论	道格拉斯·麦格雷戈（Douglas McGregor）	管理预期
成就、亲和、权力三需求理论	大卫·麦克利兰（David McClelland）	习得需要
过程理论		
偏好-期望	维克多·H. 弗鲁姆（Victor H. Vroom）	期望
权变理论	波特和劳勒（Porter and Lawler）	期望/奖励
目标设定	爱德华·洛克（Edward Locke）	目标
路径-目标领导力理论	罗伯特·豪斯（Robert J. House）	目标
基于环境的理论		
作业条件	斯金纳（B. F. Skinner）	强化
公平理论	斯泰西·亚当斯（J. Stacy Adams）	公平
社会学习/自我效能	班杜拉、斯奈德和威廉姆斯（A. Bandura，Snyder and Williams）	社会学习/自我效能

在任何组织中，激励理论都可以用于支持高绩效实践活动。例如，赫茨伯格的双因素激励理论认为，忽视指导、工作条件、薪资、人际关系、地位和安全等保健因素将会引起员工的不满，并对工作氛围产生负面影响，强化激励因素则会产生积极的影响。因此，理解和运用这些理论有助于更有效地设计工作制度和工作环境。

在激励理论和实践发展中存在着一种相当令人困惑的情况。近些年来，学者们几乎没有对激励概念或方法进行新的研究。然而，工作场所一直经历着持续混乱的变化，在激励方面产生了新的挑战，正如斯蒂尔斯（Steers）等指出：

- 公司同时存在缩减和扩张（通常在不同的部门或层次同时发生）；
- 员工队伍日趋多样化，其需求和要求也各不相同；
- 信息技术频繁地改变着工作活动的方式与地点；
- 新的组织形式（如电子商务）越来越普遍；
- 团队正在重新定义等级以及传统的权力分配的观念；
- 派遣员工的使用逐渐增多；
- 知识型员工的管理持续让各行各业富有经验的管理者感到困惑；
- 全球化和跨国管理的挑战现在已成为常态而非特例。[33]

显然，混乱无序的内容、过程和环境将对员工和领导者/管理者提出新的要求。为了控制影响激励的任何因素，必须根据组织的需要和文化以及员工个人的需要调整激励方法。例如，美国最大的钢铁公司之一纽柯钢铁公司（Nucor）通过其创新的薪酬结构激励员工。美国运通公司主要通过一种名为“标签和纽带”（label and link）的方法帮助员工达到发展目标（员工调查结果表明，学习和发展是首选事项）。当上级给员工分配任务时，他们应该给该事项贴上标签，并将它与对员工重要的事情联系起来。[34]因此，通过允许员工实现自己独特的卓越水平并对他们所做的贡献进行评估，他们将会受到激励并愿意为共同的组织目标而努力。

4.4 高绩效工作系统设计

工作的设计应能向个体提供内在和外在的激励，从而实现质量和运营方面的绩效目标。一流公司十分重视工作系统设计，将其放在与公司核心产品和流程同样的地位。例如，嘉吉厨房解决方案公司（Cargill Kitchen Solutions，CKS）将工作系统设计的重点放在安全、质量、薪酬和认可以及员工发展上，以支持个人发展目标和组织长期目标的实现。CKS有许多业界独特的工作系统。例如，“加速”时间表允许新员工每天只在特定的时长内学习和了解其工作，并最大限度地减少潜在的重复性压力损伤；轮换制度使员工每20分钟轮换到另一个工作台，这种方式可以确保工人了解每个阶段的流程并能够处理任何阶段的产品质量问题，对他们的内部顾客也有充分的了解，还可以有效防止工作厌倦，减少重复性压力损伤，促进工作技能学习。此外，CKS还采用伙伴制度，新员工将与一位经验丰富的优秀员工搭档，优秀员工在业务和行为能力方面发挥着榜样作用。

4.4.1 工作和职位设计

工作设计是指员工在正式和非正式单位（例如部门和团队）中的组织方式。职位设计旨在为个体分配职责和任务。工作和职位设计对组织效能和个人工作满意度至关重要。遗憾的是，管理者往往不理解员工的需求。一项研究发现，员工在工作中的五大需求是：（1）有趣的工作；（2）认可；（3）参与感；（4）安全；（5）薪酬。然而，管理者认为薪酬是第一位的。许多公司认为，提升工作满意度和激励员工的最佳方法是使工作富有回报，这可能意味着使工作内容多样化，强调工作的重要性和意义，提供更多的自主权和授权，并为员工提供有意义的反馈。

哈克曼（Hackman）和奥尔德姆（Oldham）提出的整合理论能够帮助我们理解工作设计是如何影响激励、满意度和组织效能的。[35]他们的理论模型已在许多组织情境中得到验证。该理论指出，职位设计的五大核心要素会使员工产生三种关键心理状态，这些心理状态会驱动员工完成工作。其中，职位设计的五大核心要素是：

1. 任务重要性：所从事的工作在多大程度上使员工觉得他们的工作对组织或社会非常重要。例如，解决客户的问题而非简单地撰写文件。

2. 任务完整性：员工将任务视作一个整体的、可识别的、从头到尾完整的工作的程度。例如，制作整个组件而非执行一个小的重复性任务。

3. 技能多样性：该职位要求员工运用多种技能和才能的程度。例如，加工零件所需的身体技能或使用计算机跟踪质量测量的心理技能。

4. 工作自主性：该职位允许员工自由、独立和自行控制工作进度的程度。例如，有权暂停生产线来解决一个问题。

5. 来自工作的反馈：员工能够及时、准确获知个人工作有效性信息的程度。这些信息不仅来自主管，还来自员工能够直接测量的指标。

高水平的技能多样性、任务完整性和任务重要性能为员工创造一种“感知到意义”的心理状态，即员工希望其工作对组织或社会具有重要贡献的一种心理需求。高度的工作自主性促使产生“感知到责任感”的心理状态，即员工希望为其工作质量和数量负责的心理需求。来自工作的反馈创造了“对结果了解”的心理状态，即员工希望知道他们的工作被如何评价以及评价结果的心理需求。这些心理状态影响着员工积极性、成长满意度、工作整体满意度、工作效能等关键工作结果。该模型表明，如果管理者想要提高员工积极性、满意度和工作效能，他们应该通过努力改善职位的上述五大核心要素来提高工作意义、责任感和对结果的了解。

这五大核心要素都直接或间接地与质量相关。员工技能的充分发挥无疑会提高产品或服务的质量，技能的提升受到任务完整性和任务重要性的影响。更直接地说，能够体现工作自主性与质量特征反馈的职位设计可以提升工作质量。作为主要输出结果的高工作满意度和高工作效能又创造、巩固和强化了卓越的质量水平。

为了验证前述理论模型，我们来看笔者的一个学生的亲身经历。该学生在大学时主修文科，后来在大学所在城市的一家美术馆工作。她的叙述如下：

> 工作三年后，我能够更自主地完成工作和解决问题，通过采取手段来解决遇到的问题，并主动改进我的工作。在美术馆使命宣言和本部门使命宣言的指导下，我感到有能力做出改变或采取步骤以实现美术馆的战略目标。过了一段时间，我发现我的工作并未完全遵循严格的程序。当我发现自己独立而认真的决策能够使参观者、志愿者或同事受益时，我对工作有了更深的领悟。例如，每年 5 月，美术馆会迎来一大批学校组织的参观团。这是一年中最繁忙的时期，从周二到周五的每一天、每个小时、每半个小时都让人忙得喘不过气来。这些情形经历的次数越多，我越能够采取措施来应对“春季高峰”。两年前，美术馆举办了一次埃及文物展，预计将吸引大量学校参观团。通过与其他部门如安全部和市场部的共同努力，我成功地将学校参观安排到了通常不对公众开放的周一，同时解决了因参观需求旺盛而带来的一些问题。[36]

这名学生的讲述验证了授权能够促进自主性提升。她使顾客、志愿者和同事受益的事例，体现了任务重要性和工作自主性以及技能多样性。显然她也从中感知到了这项工作的意义与责任。虽然没有收到直接的工作反馈，但从利益相关方的体验以及她对实现这些体验的贡献中能够得到一定反馈。这个案例主要表现了工作设计对那些一线服务（直接接触顾客）职位的重要性。它同样适用于其他类型的职位，比如更难体现任务重要性的制造岗位。

这一理论模型支持以下几种常见的工作设计方法——职位扩大化、职位轮换和职位丰富化。IBM 显然是最早采用**职位扩大化**（job enlargement）方法的公司，员工的工作被扩展为包括多个任务而非单一的、低层次的任务。这种方法减少了任务分散性，通常会提高员工满意度和提升质量，但它要求更高的工资水平以及购买更多的检测设备。**职位轮换**（job rotation）是一种员工通过从一个岗位到另一个岗位的轮换来学习多项工作的方法。职位轮换的目的是使员工获得新的职业兴趣或工作激励，并扩大其职业技能。然而，一些研究表明，职位轮换的主要成效是提高员工的技能，在激励方面的效果不太显著，如果有的话，其好处是可以期待的。[37]最后，**职位丰富化**（job enrichment）需要"纵向的任务增加"，即赋予员工更多的权限、职责和自主权，而不是简单地完成更多或不同的工作。

加文（Garvin）用一个有趣的例子描述了日本空调制造业的管理者是如何看待职位丰富化对质量的重要性的。[38]在日本，新雇用的工人在分配到具体的职位工作之前要接受相应的岗前培训，这项培训通常持续6～12个月，美国空调制造业的公司新雇用的生产工人的标准岗前培训时间是一两天。这种"丰富化"培训的好处在于：由于工人对整个生产流程非常了解，他们能够更好地找出缺陷的来源和解决问题。职位丰富化在许多公司都得到了成功的应用，最著名的是AT&T，其员工满意度和绩效都得到了显著提升，此外还有得州仪器、IBM和通用食品公司（General Foods）等。

在当前技术主导的时代，工作的性质不断发生变化。如今，习惯使用脸书和智能手机的基层员工也会在他们的工作中使用博客和维基（可编辑网站）等。例如，在德国金融公司德累斯顿-克莱沃特-华瑟施坦（Dresdner Kleinwort Wasserstein），大约1 500名员工通过虚拟工作区实时开展项目创建、编辑、评论和修改等工作。另一个例子是提供在线协作项目管理服务的Basecamp软件，该服务能够使各群体成员简单地在个人网页上完成消息和文件发布、创建待办事项列表、设置项目时间节点等。通过该服务，一家公司可以将之前至少需要两年时间完成的大规模重新设计项目缩短为八个月。现在，只要使用一个iPhone应用程序，人们就可以在任何时间、任何地点利用Basecamp软件来进行交互协作。[39]为了有效实现组织目标，激励员工并提高其满意度，管理人员将不断面临工作和职位设计方面的新挑战。

4.4.2 授权

授权（empowerment）简单来说就是赋予员工职权，使其基于自身的判断做出决策，控制自己的工作，承担风险并从错误中吸取教训，从而促进变革。它意味着组织决策职责的向下转移——从管理层转移到生产车间的工人或一线的服务人员。授权要求员工走出他们的传统角色，做出先前由管理者做出的决策。[40]此外，正如温莱特工业公司的管理层指出的那样，授权需要"真诚的信念和信任"。

为了取得质量管理的成功，需要激活员工队伍，这在很久之前就被人们认识到。朱兰曾写道："理想情况下，质量控制应最大限度地授权给普通员工。"[41]戴明十四点中有五点直接涉及授权的理念：

第六点：开展培训。

第七点：进行领导。

第八点：驱除恐惧；建立信任；营造创新氛围。

第十点：消除警告。

第十三点：鼓励教育和自我提升。[42]

这些要点表明，管理者需要让工人更直接地参与决策过程，给予他们做决策的安全感和信心，并为他们提供必要的工具和培训。

授权的例子不胜枚举。在 AT&T，如果发现质量问题，设计工程师有权停止设计，生产线操作人员有权停止生产。在丽思卡尔顿酒店，为了让顾客满意，每位员工可自行决定2 000美元额度内的花费。在得克萨斯铭牌公司（Texas Nameplate），由于员工个人和团队的高度授权，该公司解散了其质量控制部门，将质控活动分配给各类从事具体工作的人员负责。在库尔斯酿酒公司，包装部门的工人互相进行绩效评估，甚至为生产线筛选、面试和雇用新人。在康宁玻璃（Corning Glass）的一家工厂，一个“专家”职位替代了 21 个不同的职位，并在生产计划和劳动分工方面赋予员工团队广泛的权力。

授权可以使购买产品和服务的顾客受益。例如，授权的员工通常可以减少繁文缛节（如需要上司审批），交易更迅速、更愉快。例如，在摩托罗拉，销售代表有权为顾客更换已售出六年的缺陷产品，这一决定在过去需要最高管理层的批准。施乐公司前首席执行官安妮·穆尔卡西（Anne Mulcahy）举了一个简单的例子来描述授权的好处，主角是处理顾客的电话并接收订单的客服代表：

> 客服代表是一个对员工要求比较苛刻的职位，向来也缺乏灵活发挥的空间。几年前，我们的一个呼叫中心遇到了真正的问题。员工效能和士气下降，缺勤率和离职率上升。当管理者试图用强硬手段来进行管理时，情况变得更糟。因此，我们尝试了一些截然不同的措施——我们让客服代表自行制订计划表。我们这样做之后，所有的措施都开始步入正轨。[43]

被授权的员工必须聪明地知道该做什么，什么时候做，做这件事的动机，了解完成任务所需的正确工具。[44]这些要求可能意味着工作系统的重大变革，具体而言，包括以下内容：

- 为员工提供培训、资源和激励。
- 废除制度或流程中对员工服务顾客能力的不必要的限制。
- 营造信任而非憎恶和惩罚失败的氛围。
- 实现信息的自由共享，而不是将其视为控制和权力的来源加以严密保护。
- 员工认为他们的努力是值得的，是组织成功的必要条件。
- 给予管理者必要的支持和培训，使其采取“放手”式领导风格。
- 尽可能地对员工进行培训。制定决策规则和提供角色扮演场景是培训员工的好方法。[45]

授权也意味着领导者和管理者必须放弃他们以前所拥有的一部分权力。在这种权力转移中，管理层通常会担心员工滥用这种特权。然而，经验表明，一线员工在权力运用中通常比管理者更保守。例如，那些授权员工对同事的业绩进行评估并以此决定工资涨幅的公司发现，员工比管理者要谨慎得多。

授权赋予管理者新的职责，他们必须雇用和培养那些能够授权、鼓励冒险和认可成就的人。向员工提供公司有关财务数据和授权决策造成的财务影响也很重要。在杜邦公司的特拉华河工厂，管理层将公司的成本信息告知全体员工。[46]通过分享这些信息，管理层相信员工会为公司考虑更多并清楚公司的目标。为了帮助员工进行生产方面的决策，伊士曼化学公司（Eastman Chemical）得克萨斯工厂的一名部门经理向员工提供每日财务报告，指出他们的决策对净利润的影响。员工提出许多节约成本的建议，结果部门利润在四个月内翻了一番，产品质量也大幅提高。[47]

戴维·盖斯勒（David Geisler）称，传统上的授权做法并不允许员工最大限度地利用他们的技能和天赋。[48]他提出将**自我决定**（self-determination）概念作为强化授权的延伸，并认为当允许员工实现自己独特的卓越水平时，个人和组织的效能将会随之得到释放；当员工确信组织不存在障碍，他们的价值由贡献决定并能够充分表达自己时，他们的个体能力将得到提升。

4.4.3 团队协作

也许，在全面质量管理中，组织变革的最大成果之一就是团队协作。一个人很少有足够的知识或经验来全面理解那些重要的工作过程。因此，团队协作对于实现高质量和卓越绩效至关重要。

团队（team）是一个群体，他们通过协作共同承担工作和责任。[49]团队协作打破了个人、部门、条线和员工职能之间的壁垒，这是戴明十四点中的一个举措。团队为个人提供了机会，他们有可能解决单靠自身所无法解决的问题。参与团队活动的员工得到更多授权，对公司质量方面的改进效果更满意，获得了更多与工作相关和解决问题的技能方面的培训。

团队还让组织能够充分激发和运用员工的各种创意、文化和思维。在研究非常成功的团队时，《财富》杂志发现，尽管情感很重要，但正如有一个共同的目标一样，促进团队协作的因素不是唯一的。“如果没有办法建立强大的团队，你就无法建立一个成功的公司。”[50]

团队鼓励成员之间自由互动。波音公司的运输机和加油机分部（Boeing Airlife and Tanker Programs）有100多个集成产品开发团队（integrated product tean, IPT），通常由工程师、工作团队、顾客和供应商代表组成。得克萨斯州欧文市使用50个跨职能团队来完成工作和战略目标，这种方式使该市能够避免在最近的经济衰退期辞退员工并继续满足市民的需求。Graniterock公司只有不到400名员工，却拥有大约100个职能团队，除了10个质量团队，还有各种项目团队、采购团队、特别任务小组和由在不同地点做同样工作的人员构成的职能团队。

团队可以经常开展各种解决问题的活动，如确定顾客需求、制定流程图以研究某一流程、通过头脑风暴发现改进机会、选择项目、建议纠正措施以及跟踪解决方案的效果。团队也可能承担许多传统的管理职能。例如，可能负责面试并雇用工人，审批供应商的零件，选择生产设备并自行管理预算。

不同的公司和行业存在不同类型的团队（表4-5是浸信会医院（Baptist Hospital）的团队类型示例）。其中最常见的包括以下几种。

表 4-5 浸信会医院的各种团队

人才	服务	质量	财务	成长
浸信会大学董事会 教育规划委员会 员工福利团队 创意团队 多元化委员会 信仰行动 青少年行动	患者忠诚团队： • 文化 • 沟通 • 顾客忠诚度 • 医生忠诚度 • 员工忠诚度	临床优秀团队： • 急性心肌梗死 • 心力衰竭 • 肺炎 皮肤护理团队 药物事件活动 关爱环境委员会	营收周期团队： • 支付合规 • 患者登记 • 结算收款 • 管理式护理定价 • 记录与编码 • 物品逾期归还/遗失收费 • 收费项目总目录	服务类型： • 肿瘤学 • 心脏病学 • 骨科

资料来源：Malcolm Baldrige National Quality Award Application Summary. National Institute of Standards and Technology，U. S. Department of Commerce，2003. Courtesy of Ava Abney，VP Quality & Safety，Baptist Health Care.

• 管理团队：该类型的团队主要由来自不同职能的经理组成，如销售经理和生产经理，以协调团队之间的工作。

• 自然工作团队：该类型的团队要承担完整的工作任务而不只是专门的装配线式工作。

• 自我管理团队（SMT）：这是一种被特别授权的工作团队，一般由 6～18 名训练有素的员工组成，负责产出某个最终产品的特定部分，也称为**自我指导的工作团队**（self-directed work team）。特定部分可以是一个最终产品（如冰箱或滚珠轴承）或是一项服务（如全程保险赔付），还可以是一个完整的中间产品或服务（如冰箱电机、飞机机身、电视机的电路板等）。[51]

• 虚拟团队：团队成员通过计算机进行交流沟通，轮流担任团队领导，并根据需要加入或退出团队。[52]这种类型的团队通过综合使用云计算、电子邮件、视频会议、计算机屏幕共享等技术来完成工作。

• 品管圈：工人和管理团队定期开会，解决工作中涉及的质量和生产率的相关问题。[53]

• 问题解决型团队：该团队的成员集中在一起主要是为了解决某些特定问题，任务完成后团队就会解散。（和品管圈的区别在于品管圈通常存续的时间要长得多。）

• 项目团队：这种团队担负着开发某种新产品或完成复杂任务的特定使命。（项目团队发端于第二次世界大战，甚至可能更早。近来由于六西格玛活动的开展，项目团队开始受到更多关注和重视。）

管理团队、自然工作团队、自我管理团队和虚拟团队通常从事常规的业务活动，这些活动通常是工作组织和设计的一个组成部分，例如组织管理、生产产品或设计电子系统。品管圈、问题解决型团队和项目团队更多是基于特定的场景，为了完成特定的任务或解决特定问题，通常与质量改进有关。此外，自然工作团队、自我管理团队和品管圈通常是组织内的，也就是说，成员通常是同部门的或同职能的。管理团队、问题解决型团队、虚拟团队和项目团队通常是跨职能的，不管各自的组织归属，通过打破不同部门之间的边界相互合作以完成一些特定的任务或项目。关于跨职能团队，一个典型的案例是克莱斯勒公司开发的平台团队方法。[54]在汽车行业，这种方法首次将工程、设计、质量、制造、商业规划、计划管理、采购、销售、营销和财务等专业人员集中在一起，共同合作将一辆新车推向市场。今天，几乎所有汽车制造商都使用类似的跨职能团队方法进行产品研发。

虚拟团队给管理者带来了特殊的挑战。[55]虚拟团队需要特别关注沟通、技术、支持和领导问题。例如，团队领导需要处理其在传统团队中从来没有遇到的问题。该类型团队最大的缺点是缺乏经验的成员需要彼此协作。他们不了解对方的工作标准，也无法像传统团队一样对这些标准和规范进行严格审查。要解决这个问题，可以让所有团队成员共同制定作业协议，书面明确大家需要做什么或不能做什么。虚拟团队的另一个问题是，沟通变得更复杂，因为在虚拟平台沟通时，肢体语言、语调变化和其他当面沟通的细微之处被弱化了。因此，虚拟团队成员必须能够善于传达自己的想法和领会他人传达的信息。

品管圈是最早关注质量的团队之一。虽然品管圈从 1960 年左右开始在日本广泛推广和实施，其流行和普及往往归功于石川馨教授，但历史表明，这一概念最早出现在巴尔的摩与俄亥俄铁路的“合作计划”中，由丹尼尔·威拉德（Daniel Willard）提出并实施。“合作计划”始于工人与管理层联合会议——旨在提出和评估与服务质量有关的问题和建议。[56]据日本科技联盟推算，日本工商业中品管圈的参与人数从 1962 年的 400 人增加到 1968 年的 20 万人，到 1978 年更是超过 70 万人。20 世纪 60 年代末，品管圈开始在美国兴起，并在 80 年代初达到巅峰，但随后开始失去高管们的青睐。[57]对品管圈的失望大都是由于管理者不知如何正确地实施和管理它。但是，许多美国公司从此开始注意到关于团队协作和参与式管理的想法，许多公司直到现在仍然在这样做。更为重要的是，品管圈为更多团队形式的出现开拓了新道路，特别是在亚洲。[58]

由于六西格玛项目天然具有跨部门性质，组建项目团队尤为重要。完成六西格玛项目需要涵盖从技术分析到提出和实施创造性解决方案等多样化的技能。六西格玛团队不只处理当前的问题，还为团队成员提供个体学习、管理发展和职业发展的环境。

（关于六西格玛项目团队构建和管理的更多细节详见第 9 章。）

团队领导和团队成员需要具备多样化的技能[59]，其中，团队领导需要具备以下专业知识和能力：

- 冲突管理和解决能力；
- 团队管理能力；
- 领导能力；
- 决策能力；
- 沟通能力；
- 谈判能力；
- 跨文化培训能力。

冲突管理包括积极处理争论，当两名或多名技术专家一起工作时可能会出现分歧。团队管理包括确保项目成员持续专注于项目目标、时间进度以及项目中自己所负责部分的成本。领导能力要求项目领导能够指导团队工作并带领团队发展，能够引领项目走向成功、向外对其他项目团队和团队领导进行管理。决策能力则需要领导者能够及时做出适当的决策。沟通能力是指在整个项目中必须建立和维护沟通渠道。谈判的作用是确保能够获得顺利完成项目所需的各种资源。跨文化培训能力则主要针对团队成员来自不同国家或者来自观点分歧的不同职能领域的情形。无论哪种情形，让团队成员听取和了解团队内外部对项目共同目标的不同看法是极其重要的——团队外部人员可能对正在考虑的问题有不同的想法。

与收集和分析数据的技术工具相比，那些涉及人的“软技能”诸如项目管理和团队发展更难教授和学习。对团队成员来说，他们需要掌握有效参与会议的技能和与他人达成共识的能力。下面是有效会议的一些法则[60]：

- 利用议程表；
- 确定主持人；
- 做会议记录；
- 拟定下一项议程；
- 会议评估；
- 坚持“100 英里”法则。

此外，建议使用详细的议程表，内容包括各项议题、对议题重要性的简单阐述、议题提出者、议题的估计时间和议题类型（比如讨论、决策或信息）。

会议中应指定一个主持人，负责使讨论按时推进且不偏离目标，避免有人说得多而有人被忽视，并推动讨论适时结束。会议还应指定专人做会议记录，负责记录会议议题、决策和会后谁负责执行。在会议结束时起草下一次会议的议程，有助于制订之后的行动计划。对会议进行评价是一个持续改进的步骤。坚持“100 英里”法则明确要求参会者将关注点放在会议上。“任何人都不应该被叫离会场，除非问题非常严重，以至于他在距工作场所 100 英里外参加会议也必须离开会场返回工作岗位。”[61]

我们通常采用**名义小组技术**（nominal group technique，NGT）让团队成员之间达成协议或共识，这是一种在项目定义阶段将关注焦点集中于优先考虑和重要的项目目标的方法。[62]该技术的主要优点是，它平衡了决策过程中每个参与者的权力。关键步骤如下：

1. 要求所有参与者（通常是 5～10 人）写下或说出他们认为最重要的问题或事项。
2. 记录所有问题或事项。
3. 形成问题或事项总清单。
4. 生成一份表格并分发给每个参与者，其中的问题和事项不按特定顺序排列。
5. 要求每个参与者选出他们认为最重要的五个问题或事项，并按照重要性排序和打分，其中最重要的打 5 分，最不重要的打 1 分，以此类推。
6. 将每个问题或事项的得分加总。
7. 得分最多的问题或事项成为整个团队最重要的问题。
8. 讨论结果并生成最终排名的流程改进行动计划列表。[63]

这种方法提供了一种更民主的决策方式，使每个人觉得他们在这一过程中做出了贡献。

此外，团队成员必须具备共同的愿景和各种行为技能。一个共同愿景可以团结团队，并为成功实施项目或变革计划提供激励。共同愿景通常需要团队在早期讨论确定。遗憾的是，缺乏经验的项目领导为了让项目顺利启动经常会忽略掉这些讨论。技术导向的人往往会忽视行为技能，认为这些技能对于解决技术问题而言并不必要。

在组织内部，团队通常是在管理者、领导者或管理机构的指示下形成的。它通常被赋予一个广泛的目标（按照一定的指导方针去执行，如在十年中将人类送上月球，等等）。如果是项目团队，还会给项目团队一定的时间和资源限制。

其中，自我管理团队最具挑战性。使用自我管理团队的组织通常通过两种途径来建立团队：组织创建之初就组建自我管理团队，或由其他初级团队转换而来。第二种方式通常发生在其他类型的员工参与项目成熟后的下一个阶段。图 4－1 显示了波音公司的运输机和加油机分部开发的自我管理团队的创建方法，这是公司和工会之间签署的一项支持员工参与和授权的历史性协议的产物。有不少证据证明这一过程的有效性。在由美国质量学会团队和工作场所卓越论坛主办的 2007 年国际卓越绩效团队比赛中，波音公司的 C-17 尾部整流锥团队取得了第一名的好成绩。[64]

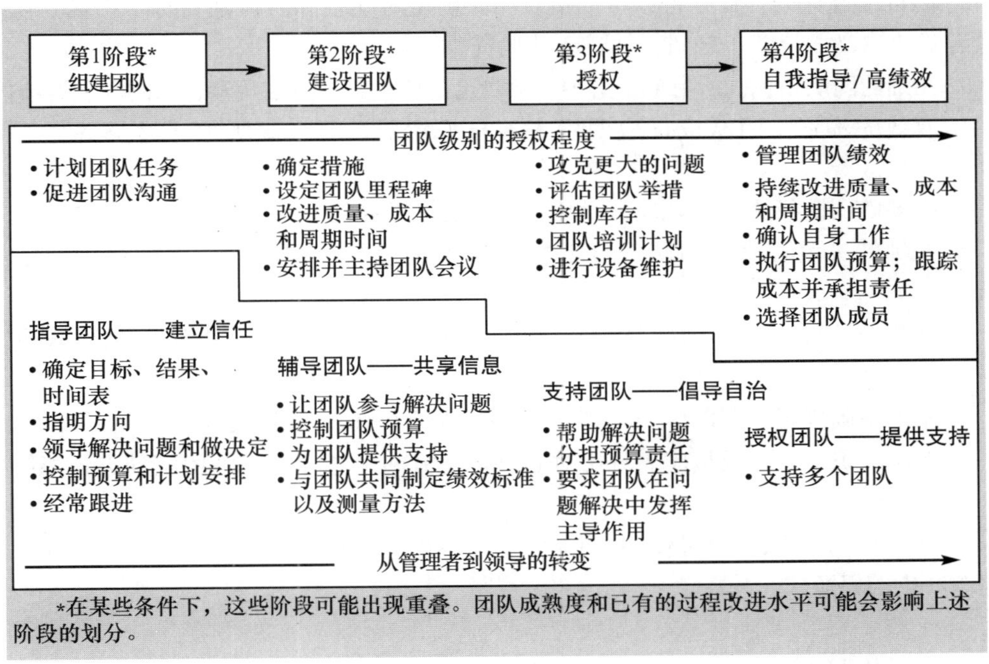

图 4－1　波音公司的运输机和加油机分部团队的创建过程

资料来源：Courtesy of Boeing Airlift and Tanker Programs.

无论团队的任务和目标如何，都会经历一个具有高度可见性的组建与成长的循环。团队生命周期的主要阶段包括组建、冲突、稳定、运行和终止。[65]组建阶段也就是团队成立、集中在一起探索新的任务安排的阶段。冲突阶段就是团队成员对各自在团队中的角色和团队运作模式发生分歧的阶段。稳定阶段发生在团队圆满解决前一阶段问题的时候，团队成员对其角色、工作规则、行为方式达成共识。运行阶段是团队生命周期的产出阶段，在此阶段，团队成员共同合作解决问题和完成他们的工作任务。在终止阶段，团队进入项目总结阶段，圆满完成目标，准备解散或者转向另一个项目。

团队需要多样化的领导和维护工作，特别是当团队很大，项目或工作任务非常复杂时。团队成员应包括以下典型角色：高层领导、发起人、团队领导、主持人、时间控制员、会议记录员及其他团队成员。研究表明，团队遇到的许多问题都是团队运行机制的故障造成的。[66]团队运行不畅的因素包括缺乏会议技巧、议程设置不当、未明确团队成员的角色和责任、没有确定和维持基础规则以及缺乏适当的推进行为等。有人认为这些故障产生的根源可归结为三大问题：一是组织实践问题，如糟糕的决策、愚蠢的程序、模糊的愿景、拙劣的奖励制度、混乱的目标、不明确的角色、反团队文化；二是领导问题，如糟糕的领导、反馈和信息不足、错误的工具；三是个人/团队之间的问题，如不匹配的需求、隐藏的议程、个性冲突、缺乏团队信任、拒绝变革。[67]管理人员必须仔细评估将团队引入组织的方式，并将团队建设视为一个关键的工作过程。

彼得·斯科尔特斯是一位质量改进团队方面的权威，他提出了成功团队的十大要素。这些建议有助于廓清团队组建时的疑惑，减少可能导致冲突的问题。

1. 清晰的团队目标。团队就其使命、宗旨、目标达成共识。

2. 制订改进计划。计划可以帮助指导团队确定时间表和阶段性目标，帮助团队明确可能需要的建议、帮助、培训、材料和其他资源。

3. 明确的团队角色。所有成员必须了解自己的职责，知道谁负责什么问题和哪项任务。

4. 有效的沟通。团队成员应明确表达自身意愿，积极倾听他人意见并做到信息共享。

5. 有益的团队行为。团队应鼓励成员使用有效的技巧和方法来推进讨论和会议。

6. 明确的决策程序。团队应该把数据作为决策的基础，学会在关键问题上达成共识。

7. 均衡的参与。每个成员都应该参与，贡献自己的才能，并分享对团队成功的承诺。

8. 制定基础规则。团队应明确描述可接受的行为和不可接受的行为。

9. 团队意识。团队成员应表现出对非语言交流的敏感性，了解团队动态，能够处理团队中的问题。

10. 使用科学方法。通过使用结构化方法解决过程中的问题，团队可以更容易地找到问题产生的根源。[68]

4.4.4 工作环境

由于员工对于任何一个组织而言都是重要的利益相关方，他们的健康、安全和福利是工作环境中的重要因素。健康和安全向来是大多数公司优先考虑的因素，但是现在的工作环境已不再局限于保障安全、清洁这些基本问题了。例如，随着我们对人体工程学的研究，对于如腕管综合征或其他重复性压力损伤的了解，雇主有更大的责任将健康和安全因素纳入人力资源计划。联邦快递教导员工如何处理危险物品、正确搬运大件包裹以及安全驾驶等。在俄亥俄州蓝灰镇，强生爱惜康内镜外科部设有一个员工健身中心，配有健身房和健身设备，供制造和研发部门的员工使用。员工可以在工作时间前后或休息期间使用健身中心。此外，负责产品组装的工人每工作数小时可休息，并被要求在休息期间做一些专门设计用来防止重复性压力损伤的运动。在丽思卡尔顿酒店，项目团队配置了最好的技术和程序组合以消除安保问题。雇主还应考虑的其他因素包括：为残疾员工提供合理的住宿环境、保障员工不会受到性骚扰。

许多公司创造了大量条件来提升员工的生活质量。包括：提供个人和职业咨询、职业发展和就业能力服务、文娱活动、日托服务、设立家庭责任或社区服务的特别假、灵活办公、安置服务以及退休人员长期医疗保障。例如，Graniterock公司定期举办员工野餐和聚会活动。要确定哪种类型的项目和福利更适合员工，最好的方法莫过于直接询问员工。许多公司都会进行问卷调查，询问员工最喜欢什么福利，希望公司提供哪些福利。这不仅提高了员工的满意度，而且提高了他们的敬业度。

质量聚光灯

SAS研究所

美国SAS研究所（SAS Institute，Inc.）是一家总部位于北卡罗来纳州凯瑞市的高科技软件开发公司，它是《财富》杂志“100家最佳工作场所”之一。公司创始人和首席执行官詹姆斯·古德奈特（James Goodnight）特别推崇“以人为本”。该公司最引人注目的是它的7小时工作日制度。公司的所有员工都不会通宵加班。这个身价数十亿美元的首席执行官更是以身作则，每天下午5点准时离开办公室。员工可以在公司享受到一系列充满人性化的福利待遇，从日托中心、哺乳室、早教中心和大学预科私立高中到5.5万平方英尺的体育中心、免费按摩、免费洗车和年终奖金。这有何回报？SAS研究所每年的员工流失率仅为4%，远低于行业20%的平均水平。[69]

4.4.5 员工学习与发展

培训可能是组织最大的成本之一，毫不奇怪，它也是许多公司都不愿意投资的领域之一。然而，研究表明，重视培训投入的公司在证券市场上的总回报率要比那些培训投入明显较少的公司高得多。因此，健全员工发展制度对于高绩效工作系统来说至关重要。

质量先驱——戴明、朱兰和克劳斯比——曾积极地推进质量培训和教育。例如，戴明十四点中有两点是专门讨论这些问题的（第六点“开展培训”和第十三点“鼓励教育和自我提升”）。培训和教育要侧重于人们需要了解的东西以及他们需要知道如何做事情。与质量有关的培训一般包括质量意识、领导力、项目管理、沟通技巧、团队协作、问题解决能力、数据分析和应用、满足顾客需求、过程分析、过程优化、减少浪费、缩短项目周期、防差错以及其他影响员工效能、效率和安全的问题。教育需求包括基本职业技能，如阅读、写作、语言、数学或计算机操作。

培训必须满足组织的主要需求并有助于实现组织的使命与愿景，同时，组织还应有效实施培训，对培训效果进行评估并确保培训效果可在工作中得到强化。联邦快递的客服代表在独立工作前一般需要接受五周的相关培训。斯通纳公司（Stoner，Inc.）是一家小型的家族企业，只有不到50名员工，每位新员工在开始工作前都要完成为期两周的入职培训。除了职业道德和安全培训，新员工还将花一天的时间来观察公司的每一项工作，包括与公司总裁相处。浸信会大学（Baptist University）是浸信会医院的一个内部教育和培训部门，是培训浸信会医院所有员工的主要场所。浸信会医院的所有员工每年都要完成 60 小时的学习。

每家公司员工发展的方法各有不同，培训与教育的实施方式多种多样，既有在岗培训，也有传统的现场授课。有些公司是由管理人员如首席执行官采取自上而下的方式对员工进行培训。施乐公司就是这种方式的早期实践者，在公司推行全面质量管理初期是由首席执行官亲自推动的。其他公司采取现场授课或者依托远程教学等方式让员工自学。一些小公司通常会聘请外部顾问来培训。有些餐饮企业如 Pal's Sudden Service 和 Chuck E. Cheese 根据当前的技术和年轻员工的特质使用 iPod 来进行培训。[70] 找到培训机会并实施应被当做一个主要业务流程。图 4－2 显示了美德瑞达公司是如何使用一个系统的过程来设计、实施和评估教育培训活动的。

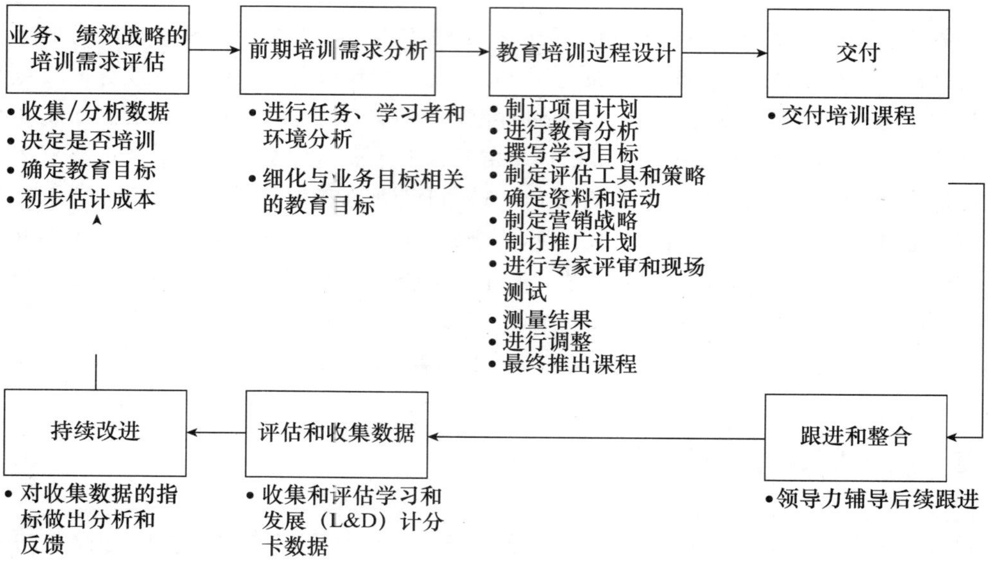

图 4－2　美德瑞达公司的员工学习和发展过程

资料来源：Adapted from MEDRAD. Malcolm Baldrige Application Summary，2003，National Institue of Standards and Technology，U. S. Department of Commerce.

对培训中学到的东西进行持续强化是十分必要的。许多公司让员工参加培训课程，但随后便置之不理了。新知识的强化有若干方式。摩托罗拉利用在岗辅导的方式来巩固培训效果，丽思卡尔顿酒店采取各种后续措施来跟踪培训效果，比如每天在每个工区举行一个“高质量产品阵容”的简报会。在会议期间，公司对员工如何取得公司内部的质量认证给予指导。各工区班组负责制定各个岗位的质量认证考核标准。最后，公司还要对培训效果进行评估。丽思卡尔顿酒店要求员工必须通过笔试和技能测试。一些公司会采取在岗评估或模拟工作环境等方式进行培训效果评估。还有些公司会对员工的行为和态度的变化进行测量。培训效果最终还是要看业绩。通过明确培训活动与业绩之间的联系，公司可以确定培训对顾客满意度的影响，并发现培训工作的不足。

4.4.6　薪酬与认可

个体通常会受到来自内部和外部的激励。有趣的工作和职位设计、授权、团队协作和一个良好的工作环境是内在激励。员工总会问："这对我来说有什么好处?"因此，组织需要一套行之有效的薪酬与认可体系。

薪酬和认可是指工资和奖励的各个方面，包括晋升、奖金和认可，既包括货币方面的，也包括非货币方面的，既有针对个体的，也有面向群体的。薪酬一直是一个棘手的问题，与激励和员工满意度密切相关。尽管货币性收入可以成为一种激励因素，但它也经常会让员工产生不公平感，会削弱内在激励，形成有输有赢的局面。一个好的薪酬体系的目标应该是吸引和留住员工而不是削弱员工的积极性，它还应该减少无法解释的工资差异（想想戴明理念）并鼓励内部合作而非竞争。大多数公司仍然以诸如收入增长、收益率和成本管理等传统的财务指标作为确定薪酬的依据，一些领先的公司在做出薪酬决策时会考虑质量方面的指标，如顾客满意度、缺陷降低率、工作周期缩短等。

许多领先公司基于市场工资水平来确定那些已经证明有能力的人的薪酬，并根据能力、职责、资历、业绩进行薪酬调整。例如，美德瑞达公司就是基于市场定价而非内部职位评估流程来确定员工的薪酬。一个跨职能项目团队开发了一个基于市场的薪酬体系，能够强化公司的目标。该体系根据市场上相似职位的薪酬水平，取 75 分位点来确定薪酬。团队重新设计薪酬结构以实现以下目标：

- 留住和吸引公司各层次高绩效人才；
- 使个人和团队目标与公司目标保持一致；
- 支持公司文化及员工的成长和发展；
- 保持底薪只是总体薪酬的一个组成部分的观点，除底薪外，总体薪酬还包括可变的激励性工资、收益分享、津贴和其他奖励和计划。

美德瑞达使用职位描述将所有职位与市场薪资数据相匹配。新的薪酬结构能够体现职位的市场价值和个人的能力素质。每个职位现在都有一个对应的目标区域市场的薪酬水平。美德瑞达的目标是根据员工的绩效表现和经验，让员工在一段时间后能够达到其目标薪酬水平。

许多公司都将薪酬与公司的订单记录、部门业绩、团队绩效或个人成就等因素挂钩。[71]基于团队的薪酬和**收益分享**（gainsharing）计划是一种比较流行的让所有员工平等分享收益的做法。员工的薪酬有时与习得新技能有关，这往往发生在持续改进的项目背景下，所有员工都有机会提升工作能力。

质量聚光灯

纽柯

纽柯是美国最大的钢铁生产商之一，因其成功地使用独特的收益分享计划来解决质量、生产率、员工参与和薪酬问题而闻名世界。纽柯在北美和世界各地拥有 200 多个运营机构，也是世界上最大的钢铁回收商之一。纽柯在使命中明确描述了其管理理念：

> 纽柯公司由 2 万多名团队成员构成，我们的目标是尽力满足顾客的需求。我们正努力通过成为世界上最安全、质量最佳、成本最低、生产率和利润率最高的钢铁和钢铁制品生产企业来实现这一目标。

我们致力于成为工作社区的文化和环境管理者。我们通过合作取得成功。

满足顾客需求意味着要满足我们所有顾客的需求，包括我们的员工、股东以及购买和使用我们产品的消费者。[72]

虽然纽柯是一家身家数十亿美元的公司，其总部员工却只有95个人，并且一直保持着相对简单的组织结构，从CEO到一线员工只设五个层级。纽柯引以为傲的是公司并没有为高管提供特殊福利，比如特设停车位、度假计划或头等舱旅行等。当市场艰难时，高管的薪酬会比一线员工薪酬先被削减。

纽柯基于绩效发放薪酬。在工厂，这意味着工资与每天的钢铁产量挂钩。该公司发现，这种薪酬设计使员工的薪酬高于业内平均水平，并实现了惊人的生产力水平。通过将决策权下放到组织的一线员工，员工有权在发现问题时暂停生产，或直接与客户交谈以探索提高质量的方法。允许员工失败以鼓励其尝试新想法。

纽柯的员工关系主要基于下列四项原则：

1. 管理层有义务按照此种薪酬结构管理纽柯，使员工有机会根据其生产力获得相应报酬。
2. 员工应该对公司有信心，相信只要干好工作，他们明天就不会失去工作。
3. 员工有权得到公平对待，且坚信必将如此。
4. 当员工认为遭受不公平的对待时，必须有申诉渠道。

纽柯认为员工是企业文化及持续获得成功的重要因素。为了强调员工的重要性，公司在年报开篇按字母顺序列出了部分员工的姓名。在过去数年中，纽柯在年报中一共列出了20 500名员工的姓名，累计占14页篇幅。尽管纽柯曾经历了极为艰难的时期，即使是2008—2010年的经济衰退阶段，纽柯仍然坚持一贯的不裁员政策。纽柯被《财富》杂志评为世界上最受尊敬的公司之一。欲了解更多有关纽柯的故事，请登录其官方网站：http：//www.nucor.com。

认可和奖励可以成为强大的激励因素。认可和奖励既可以是货币性的，也可以是非货币性的，既可以是正式的，也可以是非正式的，既可以是针对个人的，也可以是针对群体的。奖励包括旅行、促销礼品、衣物、休假、奖牌和证书，或是简单的表彰仪式。在多数情况下，非货币方面的真诚认可比货币性奖励或礼物更受员工珍视，而且货币性奖励或礼物常常会导致怨恨情绪。无论哪种类型的认可和奖励，都应该具有象征意义，能够在今后激励员工。Pal's Sudden Service公司的“发现好做法”计划（Caught Doing Good）就是一个简单的例子。在该公司，任何员工或团队如果被发现在生产或顾客服务中有改进或值得效仿的做法，都会得到公开的书面表扬。员工、管理者甚至顾客或供应商都可以将其发现的好做法记录在一张特制的表格上，张贴在门店的公告栏上。[73]

员工明白他们的努力会有回报，组织重视员工并关心其成功，这样能够强化他们的自豪感和自尊心（记住戴明对工作中“自豪与快乐”的关注）。组织从受到认可的员工那里获得更大的积极性、忠诚度、努力以及更高的绩效，从而增强组织相对于竞争对手的优势。[74]因此，认可能给员工及组织带来极大的益处，它提供了一套提升质量努力的可行方法，并告诉员工组织重视他们的努力，从而激发了他们持续改进的动力。研究表明，拥有“高认可度文化”的组织要优于那些没有“认可文化”的组织。例如，在组织中排名前20%的人，其自愿离职率降低了31%。[75]

不过，并非每个人都重视相同类型的认可和奖励。一家企业联合会的研究发现，货币性和非货币性相结合的奖励对文职人员或小时工来讲效果更好，对于管理人员、专业人士或技术人员来讲，股票期权等基于薪酬的激励措施则更成功。[76]因此，任何认可和奖励方式都应根据员工群体的具体需要和诉求来量身定制。

一些有效的认可和奖励实践如下：

- 个体奖励与团队奖励相结合。在丽思卡尔顿酒店，员工个人奖励包括口头和书面表扬或者最理想的职位配置。团队奖励包括奖金池和分红等。
- 将奖励与可衡量的绩效挂钩。当定制调查公司（Custom Research Incorporated）实现一个特定的公司目标时，整个公司的员工都会被带去旧金山和迪士尼乐园之类的地方旅游。
- 全员参与。认可计划应面向全员，既包括一线员工，也包括高层管理者，并应当吸纳员工参与该计划的设计。
- 驱动支持组织价值观和高绩效的行为。一流公司的认可和奖励对象不仅是结果，还包括行为。

表4-6显示了普瑞米尔公司所应用的不同类型的认可和奖励机制。

表4-6 普瑞米尔公司的认可和奖励机制

奖励	认可
普瑞米尔奖	基于价值的高绩效
普瑞米尔团队奖	基于团队的高绩效
现金奖励	项目/目标成就
普瑞米尔“神龟”奖	变革创新
员工选择奖	自发的价值增值行为
服务贡献奖（5，10，15，20，25，30年）	在普瑞米尔的服务年限
提成计划	完成销售目标
团队认可计划	行为和绩效

资料来源：Premier，Inc. Recognition and Reward Mechanisms；Premier Performance Management Process，2007 Malcolm Baldrige Application Summary，NIST，U. S. Department of Commerce.

- 广泛宣传。许多公司通过新闻简报、证书和徽章、早餐或午餐以及竞赛等活动来表彰员工。公开的宣传强化了它的意义，让高层管理者主持传达出一个重要讯息，即他们真正了解并欣赏员工的努力。
- 让奖励富含趣味。美国富国银行（Wells Fargo Bank）让员工有机会选择一种不一样的奖励，比如“在公司自助餐厅里以你的名字命名的菜单项目”或“公司主席或总裁替你工作一天，你在一旁进行培训和监督”。在美国加州奥克兰，一名牙医给员工的奖励不是直接发放现金而是带他们去商场购物。他递给每个人一个信封，里面装着现金，并说：“你们必须在一小时内花掉所有的钱来为自己挑选礼物，至少要买五种不同的东西，没花完的钱再还给我。现在出发吧!”接下来的一小时里，员工们疯狂地从一家商店跑到另一家商店，大声相互转告自己淘到的宝贝。完成购物后，员工们再次聚到一起，相互展示自己购买的礼物并讲述奇妙的购物经历。[77]

4.4.7 绩效管理

“一个人受到的评价决定其表现”，在这句话中可发现相当多的现实问题。这些现实问题可能十分危险。许多年前，模拟设备公司（Analog Devices）是马萨诸塞州一家成功的模拟设备制造商，该公司积极开展全面质量管理，却发现其股价在不断下跌。原来该公司全面质量管理的关键举措之一是将新产品上线周期从 36 个月缩短至 6 个月，并将该指标与管理人员的奖金挂钩。结果，产品研发团队的工程师为了实现这一目标，放弃了风险更高的新产品，设计不再满足顾客需求的旧产品的普通衍生品。该公司最终不得不放弃了缩短新产品上线周期这一目标。[78]

绩效评价（performance appraisal）是对员工工作质量进行主观评价的过程。绩效评价是一项相当有难度的活动。组织进行绩效评价的目的通常有以下几个：向员工提供工作反馈，使其充分认识到自己的优势并对劣势进行改进；确定培训需求、薪酬和奖金分配；识别可晋升的员工；评估整个组织的人才储备情况；识别绩优者和绩劣者。这样一来，组织可以将绩效评价结果作为书面证据来应对员工提起的违法解雇的诉讼，还可作为对业绩垫底员工的一种正式警告机制。[79]许多一流组织还通过使用绩效评价来改变企业文化。

传统的绩效评价过程通常包括制定一个特定周期（通常是未来一年）的目标，可以由管理者制定，也可以由管理者与员工共同制定。这些目标包括知识或技能的发展、产出和生产率、行为。评价周期结束时，组织会根据所设定的目标对业绩完成情况、优势和劣势或与工作相关的个人特质进行评价。

绩效评价表通常包括 10～15 类具体或抽象的评价指标，诸如工作数量、工作质量、与他人的协作情况、工作积极性等。每个指标从“优”到“不合格”再到“差”分为五档或七档。在绩效面谈中，一般会告知员工关于加薪、奖金或晋升的信息。在某些情况下，公司会制定绩效评价结果的分布规则，例如“任何部门评为优秀的员工不得超过 10%”或“只有被评为优秀或良好的员工才能获得晋升或奖金”。

对传统的绩效评价制度存在不满的情况很常见，其中不只包括管理者（评价者），也包括被评价者（员工）。例如，通用汽车公司发现 90%的员工认为他们的表现应该排在前 10%。被评价过低是多么令人沮丧！考虑到潜在的负面影响，许多管理者倾向于给予较高的评价。在过去几十年中，大量研究指出绩效评价存在诸多问题和缺陷。[80]

对于绩效评价的批评主要包括[81]：

- 鼓励平庸和不鼓励承担风险。
- 过度关注短期和可衡量的结果，阻碍长期规划或思考，忽视更难测量的行为因素。
- 侧重考核个人，因此往往阻碍或破坏部门内部和部门之间的团队合作。
- 以事后检查为导向而非以预防为导向。
- 结果常常不公平，因为管理者无法对所有工作进行准确观察。

- 无法区分员工可控因素和不可控的系统决定因素。

360度绩效反馈（360-degree feedback）是一种能够克服上述问题的考核方法。理想的360度绩效反馈方法是指由供应商、客户、同事、内部顾客、上级和下级等与员工（或团队）经常互动的群体来共同参与目标制定过程和绩效评价过程。这一过程要求双方进行沟通并在沟通中讨论确定服务水平、反应时间、工作准确性等要求，并以书面服务协议形式确定下来。在评价周期结束时，参与目标制定的人员对协议目标完成情况进行评估并提供反馈。绩效评价最终结果由员工自我陈述和他人评价结果组成，并作为下一个时期工作目标和员工发展目标设定的参考。该方法还比较新，其有效性的系统研究较少，但从用户反馈来看，结果比较理想。

基于组织战略发展、最佳实践和持续改进的绩效评价是最有效的。一个有效的绩效管理流程应注重反馈和改进。表4-7显示了普瑞米尔公司实施绩效管理的一个典型流程。流程的第一步是清晰描绘组织期望员工实现的目标。作为战略规划的一部分，通过制订绩效计划表将公司目标和行动层层分解到部门和员工个人，以确保员工目标与公司目标和部门目标保持一致。管理者单独与每位员工沟通，表达期望其实现的目标并与员工达成共识，同时确认完成目标所需要的资源和支持。这些计划由管理者和员工共同制订以支持部门目标的实现。第二步，管理者提供持续反馈、辅导和方向调整，以推动目标的达成和组织核心价值观的实现。在整个绩效周期内，管理者和员工会经常进行正式或非正式的沟通与检查，管理者在年度内至少会与每位员工进行两次正式面谈。第三步发生在每年年底，管理者与每位员工进行面谈并给予正式评价。第一部分的评估主要测量公司目标的实现情况以及个体对年度目标的贡献度——这些情况都将记录在绩效计划表中。第二部分的评估主要包括三个方面：个人绩效、公司基于核心价值观的能力、领导力和团队支持技能。[82]

表4-7 普瑞米尔公司的绩效管理流程

步骤	流程
1	建立期望（定义预期结果和行为）
2	管理绩效（提供绩效反馈和过程支持）
3	衡量和奖励绩效（评估绩效，奖励适当的结果/行为）
4	改进绩效（为持续改进和增长提供发展和成长的机会（个人发展计划））

资料来源：Premier Performance Management Process，2007 Malcolm Baldrige Application Summary，NIST. U. S. Department of Commerce.

当前，许多一流组织专注于识别对组织成功至关重要的核心能力。[83]这些核心能力是组织期望每个员工拥有的行为、技能和特质。它们还使用**能力描述**（mastery descriptions）来对员工掌握某一能力后可能表现出的行为特征进行描述。例如，“关注顾客”的能力描述如下：

> 致力于满足内外部顾客的期望和要求。知道每一个顾客是谁，并了解每个顾客的期望。掌握顾客的第一手信息，并将其用于产品和服务改进。用心与顾客沟通并付诸行动。接受顾客合理的投诉与抱怨。善于管理顾客期望。与顾客建立和保持良好的关系，争取他们的信任和尊重。积极寻求顾客对产品和服务质量的反馈。

考核者还经常使用行为频次量表来评估上述行为出现的频率（例如，很少、偶尔、频繁或定期）。这避免了对绩效的定量评价，减少了员工的抵触情绪，并提供了改进指导。

在戴明理念的指导下，许多公司开始使用提供改进反馈的员工发展和学习机制来取代绩效评价。例如，Graniterock 公司不再强调过去的业绩，而是结合公司的需要为员工制定职业发展目标。员工不会因失败留下劣迹，公司的主要目标是让每个人都能得到充分发展。

4.5 员工效能、满意度和敬业度评估

通过测量员工效能、满意度和敬业度，可以评价工作系统运行情况及其对组织战略目标的贡献度，并为持续改进奠定良好的基础。事实上，研究发现，如果组织在一系列平衡的业务管理指标中加入人员测评，它所取得的投资回报率会更高。尽管如此，只有极少数组织有明确的人员测评来预测关键业绩成果。[84]倾听“员工的声音”，特别是与员工满意度、管理制度及其内部顾客和供应商相关的信息，有助于组织改进其人力资源管理实践。

质量聚光灯

萨特戴维斯医院

位于加州戴维斯的萨特戴维斯医院（Sutter Davis Hospital，SDH）运用多种方法评估员工的敬业度。主要方法包括对年度员工、医生和志愿者的满意度调查。这些调查提供了满意度结果和敬业度结果，并促使组织关注改进那些从员工队伍中发现的问题。员工意见调查被当作现代医疗保健业“最佳工作场所”调查的补充调查。SDH 被公认为美国医疗保健业的杰出雇主，在过去 4 年连续被评为现代医疗保健最佳工作场所。[85]

结果和过程指标都能为员工效能评估提供数据支撑。结果指标包括团队数量、增长率、员工参与的比重、已实施的建议数量、对建议予以反馈的时间、员工离职率、员工缺勤率和员工投诉率等定量指标，也包括对团队合作和管理效能、敬业度、满意度和授权的看法。典型的过程指标包括员工提出的建议数量、参与项目团队的人员数量以及参与教育培训项目的人数。团队过程效能可以通过跟踪完成流程改进项目所需的平均时间来进行评估，并由此判断团队在执行方面是否做到了更好、更灵敏、更快的改进。组织还应寻找其他绩效指标，如团队选择和计划过程的改进、员工使用质量改进工具的频率、员工对问题解决方法的理解以及高级管理者的参与。许多公司还要求员工对管理者领导、沟通和支持方面的表现进行评价。

最常见的对员工的感受与满意度进行评估的方法是采取正式调查。调查问题一般可分为以下几种基本类型：工作质量满意度、团队协作、沟通、培训机会、设备、领导力、薪酬、福利等。例如，Marlow Industries 公司使用覆盖各种问题的调查模板来进行调查，包括管理支持、公司的全面质量体系、组织效能、培训、持续改进和员工满意度。表 4-8 列举了该调查所包括的大多数问题，答案从完全不同意到非常同意分为五档。施乐公司的调查问卷有 25 种语言的版本，包括 54 个问题，分为八大类：指导/沟通、重视人的价

值、信任、学习、反馈、认可、实践/参与和团队协作。施乐公司还将其调查结果与类似的公司进行对比，如联信（Allied Signal）、霍尼韦尔、太阳微系统、得州仪器等。目前有许多工具可用于研究和商业调查。[86]

表 4-8 Marlow Industries 公司的员工质量调查

管理层支持
1. 总裁是公司质量工作的积极支持者。
2. 高级管理人员是公司质量工作的积极支持者。
3. 我的主管是公司质量工作的积极支持者。
4. 我的主管更关心我的工作质量而不是我的工作数量。
全面质量管理体系
1. 公司的全面质量管理体系并非徒有其表，它将长期发挥作用。
2. 全面质量管理体系使我的工作绩效得到提升。
3. 全面质量管理体系使我的工作能力得到提高。
4. 我理解质量方针的含义。
5. 我相信质量方针的含义。
6. 我理解质量保证的含义。
7. 我相信质量保证的含义。
8. 公司所有部门都支持全面质量管理体系。
9. 我的同事赞成质量第一。
10. 我的同事相信质量保证。
11. 我的“供应商”同事把我当作他的“顾客”，并满足我的需求。
12. 我知道我的内部顾客是谁。
13. 我能够满足内部顾客的要求。
14. 我相信提高质量是保持公司成功的关键。
组织效能
1. 我所收到的反馈能够帮助我更好地完成工作。
2. 如果有些事情看起来不对劲，我会停下来提出疑问。
3. 我们提供给外部顾客的产品质量很高。
4. 公司提供可靠的工艺和设备，以便我能从一开始就把工作做好。
5. 我不使用有缺陷的材料。
6. 我有正确的流程来完成我的工作。
培训
1. 我接受了相应的培训，从而能够在一开始就把工作做好。
2. 我接受了相应的培训，从而能够判断我所做的工作是否符合公司的工艺标准和顾客的要求。
3. 我接受了足够的安全培训，了解到我工作的安全和健康要求。
4. 我的主管接受了足够的培训，能够一开始就把工作做好。
5. 我的同事接受了足够的培训，能够一开始就把工作做好。
6. 我接受了持续的培训。
7. 我接受的培训对我的工作很有帮助。
工作满意度和士气
1. 我的工作满意度很高。
2. 我的士气很高。
3. 我所在部门的士气很高。
参与
1. 我有较强的参与感。
2. 我希望能够进一步参与。

资料来源：Reprinted with permission of Marlow Industries.

这些调查结果可为评估和改进提供相应依据。在堪萨斯市的圣鲁克医院，员工满意度调查结果被细分为部门级别、职位类型、岗位轮换等，这可为医院领导层提供足够的信息，以便采取行动提高员工的满意度和敬业度。在评估结果时，应强调长期趋势和长期结果，并将评估结果反馈给员工。一个好的绩效管理系统应该定期反馈结果，可以是每月也可以是每季度反馈一次，在年终总结报告中尽可能使用图形作为辅助。详细报告应反馈给基层管理人员，以便其了解绩效结果。总结报告应当提交给更高层的管理者，并始终基于考核结果采取具体行动，如培训、奖励或认可或者增加对员工的福利等。

员工敬业度测量

（Q12 方法是盖洛普公司 30 多年来对 1 700 多万名员工进行深入的行为经济学研究所取得的成果，与该方法相关的研究先后发表于《应用心理学杂志》《哈佛商业评论》等和盖洛普出版的两本专著。[87]）

在表 4－3 中，我们给出了美德瑞达公司根据最佳工作场所调查进行的员工敬业度测量的主要维度。许多咨询机构如本章先前提到的睿仕管理公司也提出了测量员工敬业度的调查工具。其中，盖洛普公司组织开发和实施的 Q12 方法最为有名。Q12 方法由 12 个调查问题构成，盖洛普发现这 12 个问题能集中体现员工敬业度。包括：了解员工对工作的期望；员工拥有合适的器材和设备来完成工作；在进步和发展方面得到认可和反馈；个人意见受到重视，并感受到工作的重要性；拥有学习成长和发展的机会。（Q12 方法由盖洛普公司所有，其调查问题只有经过授权才可使用。）

盖洛普对调查结果进行分析并生成一个敬业度指数，该指数将员工分为三类：

1. 对工作充满激情，对公司有一种深厚的归属感的敬业型员工，他们驱动变革并促进组织向前发展。

2. 在工作中如同梦游的非敬业型员工。他们在工作中也投入了时间，但缺乏足够的精力和激情。

3. 既对工作充满不快也将不快表现出来的消极怠工型员工。这些员工每天都在对那些敬业型员工完成的工作进行破坏。

盖洛普指出，在世界级的组织中，消极怠工型员工的比例为 9.57∶1，在一般组织中，这一比例为 1.83∶1。据推算，仅在美国，消极怠工型员工带来的损失就超过 3 000 亿美元。盖洛普的研究结果对组织具有重要意义，推动组织去构建可培育敬业度的工作环境和掌握员工的敬业度水平。

4.6 维持高绩效工作系统

组织必须从长远看待工作体系并采取必要手段确保高绩效体系持续运行。这需要定期评估员工的能力与数量需求，雇用合适的员工，做好员工职业发展规划和继任者计划。

员工能力和量能

员工能力（workforce capability）是指一个组织通过其人员的知识、技能、能力和胜任力来完成其工作过程的能力。这些能力包括：建立和维持顾客关系的能力；创新和技术转型的能力；开发新产品、服务和工作流程的能力；满足不断变化的业务、市场和监管要求的能力。**员工量能**（workforce capacity）是指一个组织确保足够的人员配置以完成其工作并成功地将产品和服务交付给顾客的能力，包括满足周期性或多样化需求的能力。

员工能力和量能不仅应考虑组织当前的需要，还应考虑基于战略目标和行动计划的未来需要。我们将在第10章结合战略策划对人力资源计划的重要性进行讨论，例如，为了评估员工能力，第15学区联合学校向其部门工作人员提出一系列问题，以厘清他们对完成学校任务的贡献。这些问题的答案有助于确定下一阶段需要完成的工作以及制订学校改进计划。为了管理员工量能，圣鲁克医院开发了一个员工计划系统，以应对当前及未来不断变化的医疗保健需求。该系统含有一个“员工计划和评估工具”，对所有部门进行详细的人员配置分析，并根据战略策划制订人力资源行动计划。

雇用合适的员工是满足和超越顾客期望的第一步，员工的技能和态度将支持和提升组织目标。首先，组织必须知道员工需要哪些技能和能力。例如，在美德瑞达公司，人力资源部与高级别员工一起根据公司愿景和对公司当前能力的评估，对未来领导需求进行分析，列出了一份核心行为/管理能力清单。之后，美德瑞达公司聘请一家咨询公司对这些核心能力的定义和使用进行完善和扩展。咨询顾问在人力资源顾问委员会和高级别员工的协助下，对那些潜力高、业绩好的公司进行了广泛访谈，并根据其分析和行业经验提出了完善和扩展建议。表4-9显示了美德瑞达公司希望员工具备的核心竞争力。

表4-9 美德瑞达公司员工的核心竞争力

● 绩效发展 ● 高绩效导向 ● 适应能力 ● 合理的判断能力 ● 细节导向 ● 计划组织能力 ● 沟通能力（书面、口头、专业） ● 激励和授权 ● 跨职能团队协作 ● 关注顾客	● 价值观驱动（尊重他人、诚信等） ● 持续创新和改进（创新过程导向等） ● 变革实施 ● 说服和建立共识 ● 美德瑞达公司/市场/行业知识 ● 全球视角 ● 建立伙伴关系 ● 战略愿景 ● 项目管理

资料来源：Adapted from MEDRAD.

接下来，人力资源部在招聘过程中识别具备这些技能和能力的职位候选人。布兰奇-史密斯印刷公司（Branch-Smith Printing）明确了完成一项工作所需的技能，通过一系列特定问题来对候选人进行评估，筛选出能够胜任该职位的最佳人选。它通过基于行为的问题来评估候选人能否适应公司以团队为基础、以质量为中心的工作环境。满足这一标准的候选人还将接受另外两项附加的评估：一个是入职前筛选工具，用于评估候选人关于诚信、责任心、职业道德等方面的态度；另一个是使用先进技术来预测候选人与其申请的岗位之间的匹配度。

今天的员工队伍中直接面向顾客的员工占据了很大比例。由于具有能力完成复杂且多变的工作的人员有限，管理者不得不重新考虑他们的选人标准。传统做法侧重于认知或技术能力而非人际交往能力。现在的标准正转变为热情、机智、创造力和快速学习新技能的灵敏性等特质。内部顾客的理念意味着每个员工都需要具备良好的人际交往能力。对技能的要求也在改变。为了在工作中更好地运用质量管理原则，所有员工都必须具备基本的数学和逻辑思维能力。为确保候选人具备必要的技能，组织在招聘过程中开始使用心理测试和情景角色扮演等新的方法。

一些组织已开始使用高度创新的方法来进行员工招聘。例如，医疗行业一直以来面临着护士等核心人员的严重短缺。北密西西比医疗中心（North Mississippi Medical Center）有一套独特的招聘流程，它首先运用“让我们假装在医院”（Let's Pretend Hospital）工具来对医疗专业的一年级学生施教。还有其他一些专为中学生设计的项目，例如暑期健康学院和高级健康学院。高中和职业高中的学生可以参加“医学探索者”（Medical Explorers）、工作见习和参观医疗设施等项目。高中阶段有志于从事医疗行业的高年级学生可成为年度医学奖学金的候选人。护士指导学院则为参与者提供 16 小时的讲座、客座演讲、工作见习以及护理职业的体验。

为了长期保持员工能力和量能，制订领导和管理职位的继任计划变得格外重要。许多公司有正式的制度和流程来识别、发展和确定未来将担负重要职责的领导者。许多管理者被要求寻找继任者并制订正式的继任计划，其中包括培养目标和培养活动，如指导或辅导、职位轮换等。例如，佛罗里达州的珊瑚泉市就通过“领导力发展项目”正式确定继任计划。该项目主动寻找和培养有发展潜力的员工，为未来担任领导或关键职位的专家储备人才。该项目设计了“高级领导者”和“管理者领导力”两条发展路径来支持个体成长并确定发展时间线。高级领导者发展路径的参与者需要参加一系列指定的战略学习活动，包括珊瑚泉市领导者课程、佛罗里达国际大学的战略管理课程、高管团队/参与者联合会、季度监管者论坛、360 度绩效反馈、每季度出席一次城市委员会会议以及参加所有战略规划和预算研讨会。除了战略学习活动，参与者还将制订职业发展计划，并有一名高管团队的导师。管理者领导力发展路径的参与者将参加一系列指定的活动，包括季度监管者论坛、招标流程、焦点小组和跨职能团队以及性格测试。

职业发展随着组织对质量和高绩效的关注正在发生变化。当管理角色从指挥和控制转向指导和促进时，管理者必须处理大量跨职能问题，他们更多地受益于横向调动而非同一职能领域的向上晋升。扁平化组织在一定程度上减少了晋升机会。因此，职业发展的目标是增加更多的学习机会，创造更具挑战性的任务，而非增加管理幅度。在 Pal's Sudden Service 公司，随着掌握更多的工作技能和运营经验，员工按照职业规划不断晋升并担任流程团队中的相应角色。最有能力的团队成员被选出来协助助理经理，并被确定为助理经理的继任者，将来有可能接任餐厅所有者/运营者的角色。

质量实践

本田为提高服务质量开展的培训[88]

美国本田汽车公司是本田北美业务的一部分，位于加利福尼亚州的托兰斯市，业务范围包括提供信息服务、产品购买、金融服务、租赁支持以及本田在北美所有业务和制造部门的相关销售与营销服务。2001 年，美国本田的员工学习和组织发展小组对培训方法进行了广泛的评估，主要查看了培训内容、培训原因、培训对象和培训方法。该评估的一大关注点是加强公司内部支持部门和服务部门对质量的重视，相比之下，生产部门的各个环节已十分重视质量工作。负责员工学习和组织发展的经理卢·于内曼（Lou Juneman）说："本田的理念是鼓励每个人不断提升自己的能力，以判断并影响内部和供应商的质量。创新、品牌、顾客满意度和效率是我们成功的关键。因此，质量是开展一切工作的核心。"

员工学习和组织发展小组面临的挑战是扩展员工培训领域，缩短脱产培训时间，充分利用不断发展的技能和基础设施，最终确保学到的技能转化为有形的成果，即让内部服务质量提升至一个全新的水平。本田通过在线学习来提高服务质量的方法是较为专注和规范的。首先，公司采用学习管理系统（LMS）来计划、管理和跟踪培训。该系统不仅可以应用于讲师授课，还可以应用于在线培训、混合式学习（在线课程和讲师授课相结合）和其他课程。通过使用定制的学习管理系统，本田员工和管理者都通过个人学习网站来制订和管理个人的培训计划，并在上面注册、跟踪进度和完成课程。

本田还要决定提供的培训内容，确定哪种形式能更好地支持公司所强调的增长与质量。本田推出的混合式学习可为员工提供在线学习、讲师授课和自学的最佳组合。本田提供的"解决问题和做出决策"课程就采用了混合式学习的方法。该课程可以帮助员工提高问题分析能力，识别出哪些问题需要立即关注，采取系统且理性的方法来解决问题，制定决策或确定行动计划。这些理性思维技能已经在美国本田成功地教授了多年，过去是通过讲师授课的方式进行传播，效果一直不错。这些技能对于确立和维持本田生产和服务支持部门的质量水平至关重要。为了更好地传播这些知识技能，美国本田与数家供应商密切合作，缩短讲师授课的时间，制作在线学习内容，并以电子方式记录学习结果。混合式学习方法还使美国本田得以获取和分析许多详细的有用数据，如问题解决和决策流程如何影响和改善关键服务和支持部门的质量。

美国本田意识到，一开始，培训本身不会带来质量改进。定期和准确地应用培训中所学到的经验和技能需要大量的实践和支持。针对这一特点，美国本田提出了培训的三阶段学习模型（见图 4-3）。

第一阶段是线上学习。该阶段的学习为期两到三周，学习者将学习一系列有效解决问题和制定决策的在线课程。学习者可以自行控制学习进度，但由于由网络服务器管理，讲师可以监测每个学习者的学习进度并给予及时的鼓励和支持。在第一阶段，要求学习者能够识别出这些方法的应用场景，以便在参加研讨学习时能够关注到这些场景。将初步的学习与场景应用相结合的方法很好，不仅能让后续的学习更高效，还能让学习者更深刻地理解所学知识，从而更加主动地在工作中加以运用。

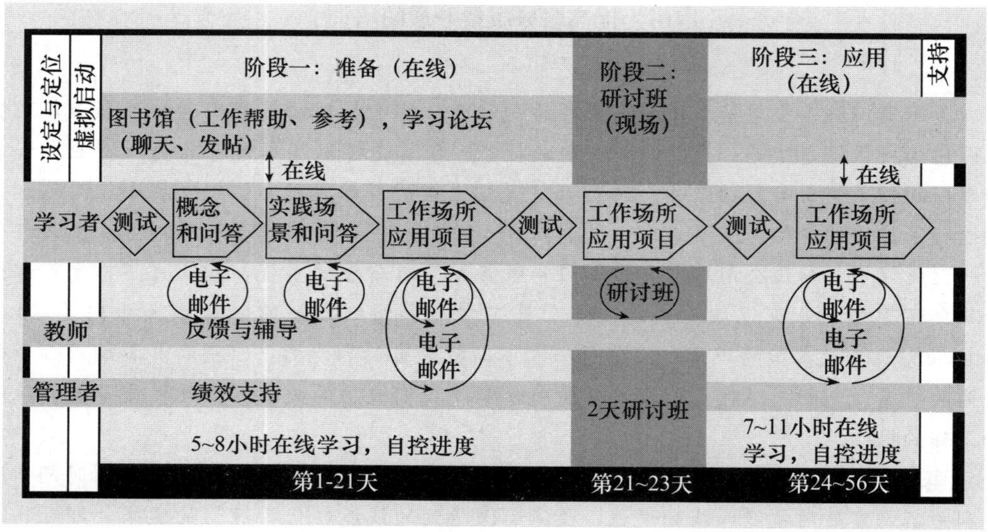

图 4-3 美国本田的三阶段学习模型

资料来源：Text adapted from Wayne Stottler, "Improving Service Quality at Honda," *Quality Progress*, October 2004, 33-38. Copyright © 2001, American Society for Quality. Reprinted with permission.

第二阶段是研讨班学习。在讲师的指导下，学习者将根据线上学习所掌握的知识，花上两天时间对某一问题的最佳实践案例进行讨论，学习解决问题和制定决策的技巧，并在详细的模拟场景中进行练习，加深对所学知识的理解。当学习者开始处理自身遇到的工作问题时，实现技能转换和提高学习效果的速度最快。在这一阶段，对第一阶段中找出的问题、决策和计划进行探讨占据重要位置。与此同时，学习者还将获得讲师和其他人的辅导与反馈。当研讨班结束时，学习者已经具有全面运用所学知识的能力，并将在今后的工作中继续使用在研讨班中学到的知识。

最后一阶段的学习又回到线上。在研讨班结束三周内，学习者大多解决了在研讨班上发现的工作问题。他们将解决问题过程中所使用的具体方法记录下来，以备讲师评估、反馈和审核。在第三阶段，学习者可以访问大量的在线支持工具和信息。他们可以随时联系讲师请教问题。这一阶段的目标是确保使用所学知识、建立信心、取得效果，同时了解问题解决和决策制定工具是如何影响美国本田公司的，以及他们是如何通过应用来创造质量和价值的。

本田的管理者了解大量关于在线学习的知识。正如一位管理者所说："真正的在线学习需要一场文化变革。与任何变革一样，它也需要计划、沟通和坚持。"在线学习代替了一定的研讨班时间——研讨班时间由三天减到两天，学习者必须花时间上网学习。这需要参与培训的各方都养成新的行为习惯，学习者必须学会排除干扰，抽出时间学习，管理者必须鼓励并保障员工在线学习所需的时间，讲师则成为学习者的伙伴，确保向学习者提供辅导和支持。

为提高在线学习者的成功率，美国本田在每届培训开始前都会召开网络会议，阐明组织的期望并为学习者提供一些实用的在线学习建议。此外，学习者所在部门的管理者也会被纳入培训，培训要求他们提供各种需要优先处理的问题、决策或计划以供研讨班选用。讲师也接受了额外的培训，以便更有效地帮助在线学习者，当他们遇到问题时能够迅速提供帮助。公司还创建了一个在线图书馆，内含大量参考和辅助材料，方便讲师查阅。

由于讲师能够对第一阶段的学习进度进行实时跟踪，在学习者参加研讨班之前，讲师可以向他们提供直接辅导。这样，讲师可以通过在线方式因材施教，最大限度减少传统培训中“一刀切”方式的不足。在研讨班结束后，讲师则扮演随叫随到的辅导员角色——他们对学习者的进度进行跟踪、辅导和答疑解惑。因此，在研讨班结束后的关键时期里，学习者可得到个性化的支持。反观传统培训，学习者在这一阶段常常遇到很多困难却无法得到解决，最终在沮丧中放弃。

新的培训方式可以提供更优质的学习体验，让学习者充满动力。这可以很好地帮助学习者将所学内容长期应用到工作中去。由于学习者在线提交了他们解决问题的记录，讲师更容易查看他们是如何应用所学知识，并可以评估培训活动对组织盈亏有何影响。他们发现了证明培训计划取得成功的五项指标：

1. 学习者在参加研讨班前的知识储备得到了提高；
2. 能够更好地识别相关应用课题；
3. 增加了方法应用的完成数量；
4. 研讨班后的应用能带来更大的收益；
5. 持续的技能应用。

在过去的几年里，有300多名学习者从混合式学习中受益。对于这一结果，美国本田非常满意。卢·于内曼举了一个例子：“当经销商支持部门中的员工使用这些理性思考过程来系统地找到并解决长期存在的计算机系统问题时，我知道该员工以及整个组织中的许多人将能够更有效地工作。这些人通过学习提高了工作效率，我知道他们只是组织中的众多受益者之一。新技能的应用带来了个体产出质量的改善和顾客效率、满意度的提高，学习者也因此更加愿意反复使用这套问题解决流程，以期取得类似的结果。”

● **关键问题讨论**

1. 为什么本田使用混合式学习方法而非其他方法，例如纯粹的在线学习方法？
2. 三阶段学习模型有哪些好处？它是如何为实现高绩效提供支持的？
3. 其他组织可以从本田的经验中学到什么？

资料来源：Text adapted from Wayne Stottler，“Improving Service Quality at Honda，” *Quality Progress*, October 2004，33－38. Copyright © 2001，American Society for Quality.

质量实践

通过六西格玛提高员工保留率[89]

翰威特公司（Hewitt Associates）是一家总部位于伊利诺伊州林肯郡的人力资源外包与咨询公司。与许多公司一样，一方面，翰威特公司高度依赖客服人员来完成外包流程，这要求客服人员接受重要的培训，以掌握处理来自客户公司数据的专用系统的操作方法。另一方面，翰威特公司的客服人员流失很严重，每年离职率近 100%——客服行业中这样高的离职率十分普遍。翰威特公司后来意识到，如果采取好的制度来留住客服人员每年可节约数百万美元。翰威特公司高层领导要求人力资源部做到这一点。于是，人力资源部实施了一个六西格玛项目。

第一步是对客服代表的离职成本进行量化以确保必要的投资和预期投资回报率（ROI）。离职成本包括硬性成本和软性成本，即离职处理成本、替代招聘成本、新人培训成本以及生产率损失等。人力资源部召集了负责协调和管理 2 500 多人的客服中心的成本统计人员、人力资源工程师和一线主管，组成项目团队。团队主要关注诸如招聘和培训等硬性成本，但也花大量时间对客服生产率损失进行估算，这是各种离职模型中损耗最大的成本。通过估算，该团队得出结论：如果避免一位客服代表离职，公司平均能节省 2.4 万美元的硬性成本。根据当年的离职率，翰威特公司外包部因员工离职造成的生产率损失约为 150 万美元，再加上培训和招聘的硬性成本，翰威特公司每年在员工离职上产生的损失约为 1 600 万美元，占当年经营收入的 13%。

根据团队的结论，翰威特公司意识到员工敬业度和组织绩效存在显著的正相关关系。具体而言，员工敬业度更高的公司通常会有更好的销售增长和更高的股东回报。由此，翰威特公司进行了一次年度员工敬业度调查，不但测量了对晋升机会的满意度这样的标准员工意见项目，还打算展示某些对公司业绩产生影响的行为（见图 4-4）。其中的一个调查问题为："一年后你继续留在翰威特公司工作的可能性有多大？"预测分析显示，填写问卷调查的客服代表大多认为他们不大可能一年后还继续在翰威特公司工作，其中的一半确实在一年内离开了公司。这使该调查问题成为了解客服人员留任情况的重要指标。

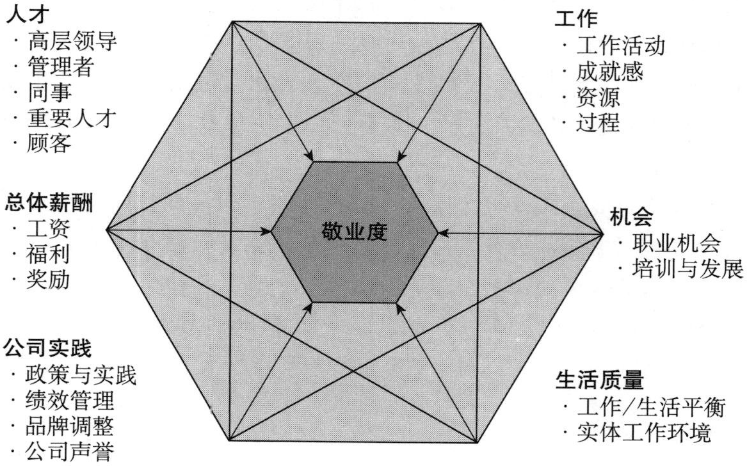

图 4-4　翰威特公司的员工敬业度框架

资料来源：Adapted from Jon Leatherbury, "Talent Show," *Quality Progress*, Vol. 41, No. 11, November 2008. Copyright © 2008 American Society for Quality.

翰威特公司还使用回归分析来确定促使客服代表留下的最重要原因。对工作环境的满意度较低时，充足的成长机会、培训和薪酬（工资和认可）会产生较高的员工保留率。对工作环境的满意度较高时，如果员工感觉自己的工作被忽视，保留率也会受到较大影响。这时的影响因素包括工作内容、管理者和领导者等。

项目团队主要通过激励因素尤其是薪酬方面的激励因素来留住人才。通过对近期市场数据进行仔细的评估，他们发现翰威特公司的薪酬已经下降到略低于市场平均水平。团队对一个由熟练客服代表构成的目标小组进行了薪酬改革试点，在其基本工资的基础上增加了经市场修正后的补偿工资，结果获得补偿工资的目标小组客服代表保留率远高于没有获得补偿收入的群体（两者的保留率是96%对83%）。

经过分析，人们发现翰威特公司能额外减少80位熟练客服代表的离职。如果以每避免一位员工离职可节省2.4万美元成本计，则增加的收益为192万美元。

最初，公司高层领导不愿意对历来流动率特别高的客服代表增加薪酬投入，但在坚实的数据、一线管理人员的参与以及人力资源部门的大胆建议的共同作用下，高层领导最终改变了观点。最终，年化投资回报数据获得了高层领导的肯定，同时也凸显了人力资源部门的重要地位——通过以数据为基础的决策，让公司获得了较高的投资回报。

提供有竞争力的工资只是解决方案的一部分。翰威特公司还采用其他手段，强化那些吸引客服代表留下来的因素。人力资源部门编写了一套切实描述职位的简介，旨在让求职者详细了解该职位最初几个月的工作内容——刚入职的几个月是员工离职率最高的时期。这些数据将帮助人们了解职位匹配对预测未来绩效有多大的帮助。人力资源部门的目标是进一步对员工入职最初六个月的磨合期施加影响——对员工而言，他们往往容易放弃工作、不能达到基本生产率要求，抑或不喜欢自己的日常职责。

人力资源部门重新设计技术培训方案来确保新人能更快地投入工作，帮助他们更好地了解工作绩效与个人成长的正相关关系。公司还编制正式的职业路径图，用来帮助客服代表更有效地规划职业生涯。人力资源部确定的目标是，缩短新人在入职第6～12个月内的磨合和熟悉时间——在入职第6～12个月内，客服代表的工作能力会越来越强，但通常会离开以寻找更好的职业发展机会。最后，人力资源部门还为管理者和现场领导者安排了一套正式的管理者效能课程，主要内容为互动式管理、团队领导和冲突解决。管理者还会接受交流互动方面的培训，以提高他们对客服代表的一对一辅导能力。这些举措将带来极高的敬业度，并且能让客服代表和管理者有较高的保留率。此外，互动和辅导方面的改善还会带来员工生产率的提高。

借助六西格玛方法，翰威特公司的人力资源专家对业务问题有了全新的思考，能够更快地发现问题的根源，并直观地向高层展示人才保留方案带来的投资回报。

- **关键问题讨论**

1. 阐述使用数据驱动型分析工具（如六西格玛方法）解决人力资源管理问题的重要性和好处。

2. 讨论输威特公司得出的解决方案如何支持员工敬业度、提升敬业度水平并最终提高员工保留率。

复习题

1. 解释为什么顾客满意度与员工满意度之间存在逻辑关系。
2. 描述泰勒制对质量、生产率、员工管理的影响。全面质量管理原则与泰勒制有什么不同?
3. 请对关注员工以实现卓越绩效的主要做法进行总结。
4. 定义员工管理，并从战略角度阐述其在组织中的作用。
5. 解释员工敬业度的概念。它能够给组织带来什么样的好处?
6. 什么是员工参与? 讨论员工参与的不同途径。
7. 定义激励的概念，并解释为什么激励对卓越绩效至关重要。
8. 列出体现高绩效工作特征的主要因素。
9. 阐述工作设计和职位设计的差异。哈克曼和奥尔德姆提出的整合理论模型是如何帮助我们理解职位设计如何对激励、满意度和组织效能产生影响的?
10. 比较职位扩大化和职位丰富化。它们是如何支持哈克曼-奥尔德姆模型的?
11. 什么是授权? 它是如何同时给组织和员工带来好处的?
12. 阐述自我决定的概念。它与授权有何不同?
13. 什么是团队? 请对当前组织中常见的各类团队进行定义。
14. 比较品管圈和自我管理团队。自我管理团队有哪些品管圈没有的特点?
15. 讨论团队生命周期中通常需要经历的五个阶段。
16. 阐述组织成功组建团队时必须考虑的重要问题。
17. 在工作环境下，组织在健康、安全和员工福利方面必须考虑哪些问题?
18. 列举并描述召开有效会议所需的方法。
19. 使用名义小组技术（NGT）需要哪些步骤?
20. 支撑卓越绩效理念的薪酬做法有哪些?
21. 阐述认可和奖励方法的主要做法。
22. 简要总结传统的绩效评价过程。从卓越绩效的角度看，这些过程有什么缺点? 简要描述现代组织中的一些绩效评价方法。
23. 什么是 360 度绩效反馈? 它与传统的绩效评价有何不同? 它是如何弥补传统绩效评价方法的不足并支持全面质量管理活动的?
24. 为什么说评估员工敬业度和满意度十分重要? 试举一些常见的评估方法。
25. 列举盖洛普 Q12 员工敬业度测评法的主要特点，并阐述如何管理根据敬业度指数划分的三类员工。
26. 在设计和保持高绩效工作系统的过程中，为什么考虑员工能力和员工量能十分重要?
27. 阐述组织在雇佣、员工学习和职业发展方面的一些现代做法。

案　例

卡拉的快餐店工作[90]

卡拉（Carla）在一家快餐店工作。她从未参与过任何解决问题的活动，因为制度要求出现问题时必须听从经理的要求。此外，她从未被要求向上级提供建议和意见。她的经理会告诉她该怎么做，并对她的工作进行管理。日常信息、时间表和工作方法改变（例如更换新菜单）会被张贴在休息室的公告板上。卡拉对自己的工作不太满意，正在考虑辞职去找其他工作。在过去的一年中，她看到将近一半的同事辞职了。

◆ **讨论题**

1. 快餐行业的高流失率可能归因于组织内较低的员工敬业度。高流失率对快餐行业的产品质量和顾客服务以及组织的成本产生怎样的影响?

2. 卡拉的经理或公司管理者该如何改善员工的参与度和敬业度?

功能失调的经理

克里斯蒂娜（Christina）在一家购物中心的零售商店工作。经理使她的工作压力很大。她从来没法按时获取下星期的工作安排。因此，克里斯蒂娜和其他员工从未制订充分的计划。他们会说："好吧，如果经理都做不好，我为什么要这么做?" 当轮到与经理一起工作时，经理通常会玩手机，很少关注顾客，但她又不让员工在工作时使用手机。结果，当经理不在附近时，大多数员工都在玩手机，很少去销售。经理也很少关注存货管理，这导致员工和顾客之间的压力，因为即使电脑显示有顾客要的商品也无法及时找到。工作时间经常记录错误，导致工资也被发错。员工流失率很高，销售收入很低。过了一段时间，这位经理被换掉了。新经理通过使用频次计数法改善了存货管理，准确率达到 99% 以上。工作安排提前两周完成；快速处理工资错误问题，确保正确；对员工的工作表示感谢。员工能够更轻松地找到商品，销售额也增加了。克里斯蒂娜指出："那之后我便乐于工作，这使我变得开心、友善并希望更正确地完成工作。"

◆ **讨论题**

1. 克里斯蒂娜的经验与本章中的概念有何关系? 请清晰地解释我们所描述的各种理论的含义和关系。

2. 为了改善商店的日常运营，美德瑞达公司所使用的员工胜任力清单如何应用到被选作经理的员工身上?

黄金套房酒店

桑德拉·威尔福德（Sandra Wilford）最近被晋升为圣迭戈黄金套房酒店（Golden Suites Hotel）的总经理。她以前是该公司在丹佛一家酒店的助理经理。丹佛酒店实际是一个基于团队的组织。桑德拉看到过团队合作的好处，正是团队合作使丹佛酒店的客户满意度在公司内名列前茅。实际上，这也是她被要求接管圣迭戈酒店的原因之一。前任总经理的制度使员工大量流失，市场份额持续下降，最终导致被解雇。

桑德拉正在查看她与酒店所有主管和助理经理开会的笔记。这次会议试图根据她在丹佛的经验来分析为什么许多员工不愿意成为"团队参与者"，甚至不愿意参加她试图发起的团队。找出的具体原因如下：

- 育儿义务、参加课程和其他外部事项使一些员工在轮班前后很难碰到。
- 许多不识字的保管人员在与其他同事的交往中感到不自在。

- 一些员工认为他们目前的工作要求太严而无法参加其他必要的会议。
- 一位助理经理认为她的一些下属更喜欢独立工作，参会时通常会打断会议。
- 许多员工因为前任总经理而变得消极怠工，很多人不信任管理层。他们认为团队仅仅是一种为了使不受欢迎的决策得到支持的手段。前任总经理构建了一些团队，但失败惨重，许多员工痛苦不堪，还与其他部门发生了冲突。"这对我有什么好处"的态度似乎很普遍。
- 一些员工认为对团队流程的期望过大的话，一旦失败，他们将被追究个人责任，并危及他们的职业生涯。还有一些人认为他们的工作可能会被淘汰。

桑德拉盯着这份原因列表，想知道自己陷入了什么困境。你会向她提出哪些建议来解决这些问题？

夜班药剂师

玛吉（Maggie）是一家大型医院的夜班药剂师。药剂师主要在药房工作，他们与患者的联系有限，大量时间花在用电脑验证订单和药房柜台上。护理药剂师助理与医疗团队保持联系，每天拜访每一位患者。他们帮助提供出院后的药物咨询并负责指导药剂学专业的学生。夜班工作为工作和职位设计提供了一些独特的方面。下面将讨论其中的一些独特之处。

从病人进入急诊室的那一刻起，玛吉开始负责病人需要接受的药物治疗。她手动检查进入急诊室自动配药柜的所有药物，以确保护士可以轻松获得准确的未过期的药物。当急诊药物的订单送达时，她告诉整个药房团队，要尽快将药物送往急诊室。当患者从急诊室转为住院时，她负责对主治医师继续使用的药品进行检查，查看所订购的药物与实际服用的药物之间是否存在差异，以避免出现错误。当听到蓝色按钮呼叫时，她会推着药车去病人的房间。玛吉会定期传递信息，确保在换班过程中不会出现错误。如果出现用药错误，她有责任跟进问题，并向主管部门报告。在任何一个夜晚，都可能会发现她数秒前正在自行补充配药柜中的药品，之后就得去急诊室给患者插管。她每天从医学杂志上阅读一篇文章，以使自己及时了解可能影响她工作的正在发生的变化。

在夜班工作中，她没有闲暇去咨询其他医师或药剂师。如果她有问题，则必须在咨询其他人之前已进行过研究并提出自己的意见。她需要优先处理好自己的任务。如果医疗机器人出现故障，她必须对接下来的工作流程做出决定，直到问题解决。但是，夜班期间她的决定很难得到反馈。没有反馈，她就无法判断自己的决定是否正确，尤其是对于那些必须迅速做出决定的事情。药剂师与护理药剂师助理非常不同。

◆ **讨论题**

1. 你如何用哈克曼和奥尔德姆提出的整合理论模型评估玛吉的工作？基于案例中的情况，列出涉及的该模型的所有要素。
2. 你对护理药剂师助理的评估可能有何不同？

注　释

1. Clifton Leaf, "How to Make Human Capital Count," *Fortune*, February 1, 2017, 6.
2. James L. Heskett, W. Earl Sasser, Jr., and Leonard A. Schlesinger, *The Service Profit Chain* (New York: The Free Press, 1997), 101.
3. James K. Harter, Frank L. Schmidt, and Theodore L. Hayes, "Business-Unit-Level Relationship Between Employee Satisfaction, Employee Engagement, and Business Outcomes: A Meta-Analysis," *Journal of Applied Psychology*, 87, no. 2 (2002), 268–279.
4. Town Hall discussion at the Quest for Excellence Conference, Washington D.C., March 2000.
5. Richard E. Walton, "From Control to Commitment in the Workplace," *Harvard Business Review* 63, no. 2 (March/April 1985), 77–84. © by the President and Fellows of Harvard College; all rights reserved.
6. Lloyd L. Byars and Leslie W. Rue, *Human Resource Management*, 10th ed. (New York: Irwin/McGraw-Hill, 2010), 4.
7. "How to Do HR Right," *Fast Company*, August 2005, 46.
8. J. Ericksen, and L. Dyer, "Toward a Strategic Human Resource Management Model of High Reliability Organization Performance," *International Journal of Human Resource Management*, 16, no. 6 (2005), 907–928.

9. J. Bret Becton and Mike Schraeder, "Strategic Human Resources Management: Are We There Yet?" *Journal for Quality & Participation,* January 2009, 11–18.
10. S. Fegley, "Strategic HR Management Survey Report," *SHR Research,* 2006.
11. J. Bret Becton and Mike Schraeder, "Strategic Human Resources Management: Are We There Yet?" *The Journal for Quality & Participation,* January 2009, 11–18.
12. Kay Kendall and Glenn Bodison, "The Power of People in Achieving Performance Excellence," *Journal for Quality & Participation,* July 2010, 10–14.
13. Poudre Valley Health System Baldrige Award Video, U.S. Department of Commerce, Baldrige Award Program.
14. Adam Lashinski, "Google Is No. 1: Search and Enjoy" *Fortune,* January 8, 2007. http://money.cnn.com/magazines/fortune/fortune_archive/2007/01/22/8397996/index.htm (accessed 4/9/09).
15. Adam Lashinski, "The Fortune Interview: Larry Page," *Fortune,* February 6, 2012, 99.
16. Kay Kendall and Glenn Bodison, "The Power of People in Achieving Performance Excellence," *Journal for Quality & Participation,* July 2010, 10–14.
17. "It's My Manager, Stupid," *Across the Board,* January 2000, 9.
18. B. Martinuzzi, "How to Get Disengaged Employees to Go the Extra Mile." American Express Open Forum, 2013. https://www.americanexpress.com/us/small-busi-ness/openforum/articles/how-to-get-your-staff-to-go-the-extra-mile/?linknav=us-openforum-search-article-link2.
19. E. E. Lawler, S. A. Mohrman, and G. E. Ledford, Jr., *Employee Involvement and Total Quality Management: Practices and Results in Fortune 1000 Companies* (San Francisco: Jossey-Bass, 1992), 60; and Linda Grant, "Happy Workers, High Returns," *Fortune,* January 12, 1998, 81. A formal research study of the relationship between employee engagement and business outcomes is reported in James K. Harter, Frank L. Schmidt, and Theodore L. Hayes, "Business-Unit-Level Relationship Between Employee Satisfaction, Employee Engagement, and Business Outcomes: A Meta-Analysis," *Journal of Applied Psychology* 87, no. 2 (2002), 268–279.
20. The Employee Involvement Association's e-newsletter *Ideas & Inspirations,* which gave credit to: *The CEO Refresher* by Freda Turner, Ph.D. The Web link is no longer active.
21. Joseph J. Gufreda, Larry A. Maynard, and Lucy N. Lytle, "Employee Involvement in the Quality Process," in Ernest C. Huge (Ed.), *Total Quality!: An Executive's Guide for the 1990s,* Ernst & Young Quality Improvement Consulting Group (Homewood, IL: Richard D. Irwin, 1990).
22. Daniel H. Pink, *Drive: The Surprising Truth about What Motivates Us* (New York: Riverhead Books, 2009).
23. See http://www.greatplacetowork.com for details and information about the survey and services offered by this firm.
24. 2010 MEDRAD Baldrige Award Application Summary, available at http://www.nist.gov/baldrige.
25. "Right Management Global Benchmarking Employee Engagement Study," December 2008; cited in Tom Becker, "Happiness Helps: Career Development, Breeds Employee Engagement, Boosts Organizational Performance," *Quality Progress,* January 2011.
26. Hal F. Rosenbluth, "Have Quality, Will Travel," *TQM Magazine,* November/December 1992, 267–270.
27. Tom J. Peters, *Thriving on Chaos: Handbook for a Management Revolution* (New York: Alfred A. Knopf, 1988).
28. Alan Wolf, "Golden Opportunities," *Beverage World,* February 1991.
29. A more comprehensive review of history and the forerunners of quality circles from the early 1900s can be found in William M. Lindsay, "Quality Circles and Participative Work Improvement: A Cross-Disciplinary History," in Dennis F. Ray (ed.), *Southern Management Association Proceedings* (New York: Mississippi State University, 1987), 220–222.
30. From materials provided by Mike Simms, former plant manager.
31. Saul W. Gellerman, *Motivation in the Real World* (New York: Dut-ton, 1992).
32. James L. Bowditch and Anthony F. Buono, *A Primer on Organizational Behavior,* 2nd ed. (New York: John Wiley & Sons, 1990), 52.
33. Richard M. Steers, Richard T. Mowday, and Debra L. Shapiro, "Introduction to Special Topic Forum: The Future of Work Motivation Theory," *Academy of Management Review,* 29, no. 3(2004), 379–387.
34. "Making the Job Meaningful All the Way Down the Line," *Business Week,* May 1, 2006, 60.
35. Portions adapted from Chapter 4, "Motivation Through the Design of Work," in J. R. Hackman and G. R. Old-ham (eds.), *Work Redesign* (Reading, MA: Addison-Wesley, 1980).
36. Our appreciation goes to Ms. Gretchen Faulkner for providing this example.
37. Hackman and Oldham, *Work Redesign.*
38. David A Garvin, *Managing Quality* (New York: The Free Press, 1988), 202–203.
39. Robert D. Hof, "Teamwork, Supercharged," *Business Week,* November 21, 2005, 90–94.
40. Douglas K. Miscikowski and Eric W. Stein, "Empowering Employees to Pull The Quality Trigger," *Quality Progress,* October 2008, 43–48.
41. J. M. Juran, *Juran on Leadership for Quality: An Executive Handbook* (New York: The Free Press, 1989), 264.
42. Phillip A. Smith, William D. Anderson, and Stanley A. Brooking, "Employee Empowerment: A Case Study," *Production and Inventory Management* 34, no. 3 (1993), 45–50.
43. "Leader of the Pack," insert in special advertising feature "Work Life," *Fortune,* September 19, 2005, S4.
44. John Troyer, "Empowerment," Guest Editorial, *Quality Digest,* October 1996, 64.
45. AT&T Quality Steering Committee, *Great Performances* (AT&T Bell Laboratories, 1991), 39; and William Smitley and David Scott, "Empowerment: Unlocking the Potential of Your Work Force," *Quality Digest* 14, no. 8 (August 1994), 40–46.
46. "Changing a Culture: DuPont Tries to Make Sure That Its Research Wizardry Serves the Bottom Line," *Wall Street Journal,* March 27, 1992, A5.
47. Robert S. Kaplan, "Texas Eastman Company," Harvard Business School Case, No. 9-190-039.
48. David Geisler, "The Next Level in Employee Empowerment," *Quality Progress,* 38, no. 6 (2005), 48–52. Copyright © 2001, American Society for Quality. Reprinted with permission.
49. Dictionary of Human Resources and Personnel Management (2006), © A & C Black Publishers Ltd 2006. Retrieved from http://www.credoreference.com/entry/

acb/team (accessed 2/6/12).

50. "The New Teamwork," *Fortune,* April 28, 2014, 78–82.
51. Jack D. Orsburn, Linda Moran, Ed Musselwhite, and John H. Zenger, *Self-Directed Work Teams* (Homewood, IL: Business One-Irwin, 1990), 27-34.
52. Brian Dumaine, "The Trouble with Teams," *Fortune,* September 5, 1994, 86–92.
53. For a historical perspective, see J. M. Juran, "The QC Circle Phenomenon," *Industrial Quality Control,* January 1967, 329–336.
54. "Platform Approach at Chrysler," *Quality '93: Empowering People with Technology, Fortune* Advertisement, September 20, 1993.
55. Mark R. Hagen, "Teams Expand into Cyberspace," *Quality Progress,* June 1999, 90–93.
56. David M. Vrooman, *Daniel Willard and Progressive Management on the Baltimore and Ohio Railroad,* Ohio State University Press, Columbus (1991).
57. Sidney P. Rubinstein, "QC Circles and U.S. Participative Movements," *1972 ASQC Technical Conference Transactions,* Washington, D.C., 391-396. For more about the history and impact of quality circles in the early 1980s in the United States, see William M. Lindsay, *Measurement of Quality Circle Effectiveness: A Survey and Critique,* unpublished M.S. thesis, University of Cincinnati, College of Engineering (May 1986), 72, 117–120.
58. Quality Digest, "Quality Circles Still Big in India," http://www.qualitydigest.com/currentmag/news.shtml#7; and http://www.cmseducation.org/icsqcc/. Flyer for Fourteenth International Convention on Students' Quality Control Circles 2011. Accessed 2/6/12.
59. James P. Lewis, *Team-Based Project Management* (New York: Amacom, 1998).
60. Peter R. Scholtes, *The Team Handbook,* 3rd ed. (Madison, WI: Oriel, Inc., 2003), 4-2–4-5.
61. Scholtes, *Team Handbook,* 4–5.
62. Andre L. Delbecq, Andre H. Van de Ven, and David H. Gustafson, *Group Techniques for Program Planning* (Glenview, IL: Scott Foresman, 1975).
63. John E. Bauer, Grace L. Duffy, and Russell T. Westcott (eds.), *The Quality Improvement Handbook* (Milwaukee, WI: ASQ Quality Press, 2002), 108–109.
64. Nicole Adrian, "A Gold Medal Solution," *Quality Progress,* March 2008, 44–50.
65. Samuel C. Certo, *Modern Management,* 9th ed. (Upper Saddle River, NJ: Prentice Hall, 2003), 389. See also Gina Abudi, "The Five Stages of Project Team Development," http://www.pmhut.com/the-five-stages-of-project-team-development, retrieved March 27, 2012.
66. George Eckes, *The Six Sigma Revolution* (New York: John Wiley & Sons, 2001), 251–254.
67. Harvey A. Robbins and Michael Finley, *Why Teams Don't Work: What Went Wrong and How to Make it Right* (Princeton, NJ: Peterson's/Pacesetter Books, 1995), 14–15.
68. Peter R. Scholtes et al., *The Team Handbook: How to Use Teams to Improve Quality* (Madison, WI: Joiner Associates, Inc., 1988), 6-10–6-22.
69. Michelle Conlin and Kathy Moore, "Photo Essay—SAS," *Business Week,* June 19, 2000, 192–202.
70. "The Boss Is Watching—So Watch Your iPod," *Business Week,* April 24, 2006, 16.
71. "Bonus Pay: Buzzword or Bonanza?" *Business Week,* November 14, 1994, 62-64.
72. http://www.nucor.com/story/chapter4 (accessed 3/27/12).
73. Pal's 2001 Malcolm Baldrige Application Summary, http://www.nist.gov/baldrige.
74. Craig Cochran, "The Sound of All Hands Clapping," *Quality Digest,* September 2003, 38–40.
75. http://www.forbes.com/sites/joshbersin/2012/06/13/new-research-unlocks-the-secret-of-employee-recognition/
76. Bruce N. Pfau and Steven E. Gross, *Innovative Reward and Recognition Strategies in TQM,* The Conference Board, Report Number 1051, 1993.
77. Cited in Matt Weinstein, "Having Fun with Reward and Recognition," #284 from *Innovative Leader* 6, no. 7 (July 1997), http://www.winstonbrill.com/bril001/html/article_index/articles/251-300/article284_body.html (accessed 3/4/12).
78. Bruce N. Pfau and Steven E. Gross, *Innovative Reward and Recognition Strategies in TQM,* The Conference Board, Report Number 1051, 1993.
79. George Eckes, "Practical Alternatives to Performance Appraisals," *Quality Progress* 27, no. 11 (November 1994), 57–60.
80. Douglas McGregor, "An Uneasy Look at Performance Appraisal," *Harvard Business Review,* September-October 1972; Herbert H. Meyer, Emanuel Kay, and John R. P. French, Jr., "Split Roles in Performance Appraisal," *Harvard Business Review,* January–February 1965; Harry Levinson, "Appraisal of What Performance?" *Harvard Business Review,* January-February 1965; A.M. Mohrman, *Deming Versus Performance Appraisal: Is There a Resolution?* (Los Angeles, CA: Center for Effective Organizations, University of Southern California, 1989).
81. John F. Milliman and Fred R. McFadden, "Toward Changing Performance Appraisal to Address TQM Concerns: The 360-Degree Feedback Process," *Quality Management Journal* 4, no. 3 (1997), 44–64.
82. Adapted from 2007 Malcolm Baldrige Application Summary, National Institute of Standards and Technology, U.S. Department of Commerce. Reprinted with permission.
83. Dick Grote, "The Secrets of Performance Appraisal: Best Practices from the Masters," *Across the Board,* May 2000, 14–20.
84. Brian S. Morgan and William A. Schiemann, "Measuring People and Performance: Closing the Gaps," *Quality Progress,* January 1999, 47–53.
85. Sutter Davis Hospital 2013 Malcolm Baldrige National Quality Award Application. http://www.nist.gov/baldrige
86. See John D. Cook, Susan J. Hepworth, Toby D. Wall, and Peter B. Warr, *The Experience of Work* (London, Academic Press, 1981); and Dale Henderson and Fess Green, "Measuring Self-Managed Workteams," *Journal for Quality and Participation,* January-February 1997, 52–56.
87. http://www.gallup.com/consulting/52/employee-engage ment.aspx.
88. Text adapted from Wayne Stottler, "Improving Service Quality at Honda," *Quality Progress,* October 2004, 33–38. Copyright © 2001, American Society for Quality.
89. Adapted from Jon Leatherbury, "Talent Show," *Quality Progress,* 41, no. 11 (November 2008), 48–55. Copyright © 2008, American Society for Quality.
90. This case was inspired by Carlotta S. Walker, "Get Them in the Game," *Quality Progress,* December 2012, 53–56.

第5章 关注过程

在得州仪器防御系统与电子集团（Texas Instruments Defense Systems & Electronics Group）（现在是雷神公司的一部分）前总裁的办公室里有这样一幅标语："如果你不去改变过程，怎么能指望改变结果?"戴明和朱兰注意到，绝大部分质量问题都与过程有关，只有极少数是员工直接造成的。因此，对肩负职责的管理层来说，掌握如何设计、管理和改进过程极为重要。

过程（process）就是旨在实现某一结果的系列相关活动，如生产一件产品或为组织内外部的顾客提供服务等。一般而言，过程是在明确界定的系列步骤或行动中，对包括人员、机器、工具、方法、材料和改进在内的各种要素进行组合。[1]我们通常以生产为背景对过程进行思考，生产即一整套将各种输入（实体设施、材料、资本、设备、人员以及能源）转化为输出（产品或服务）的活动或作业集合。常见的生产过程包括机械加工、混合、填表或审批贷款等。不过，如图5-1所示，现代组织中几乎每个重要活动都涉及一个跨越多个传统组织职能的过程。例如，一个订单执行过程可能需要销售员下单，市场代表输入电脑，财务人员做信用调查，配送和物流人员提取、包装并发运货物，财务人员开出发货单，最后是外勤服务工程师进行安装。过程视角可以将所有必要活动联系起来，增进人们对整个系统的理解而不会局限于小范围。许多改进组织的最佳机会便位于组织结构图中各部门方框之间的空白处。

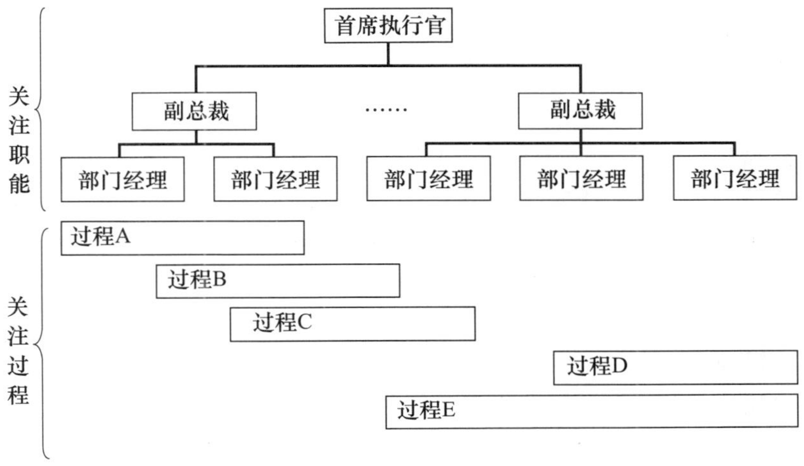

图5-1 过程与职能

本章我们将主要讨论理解与管理质量过程的重要性。表 5-1 总结了所有组织都应采用的关于过程管理的最佳实践。“质量档案”专栏介绍了两家组织通过强调过程给顾客带来利益。

表 5-1 质量管理中一些重要的关注过程的做法

● 确定与以下内容相关的重要工作过程：核心竞争力、提供顾客价值、利润率、组织成功和可持续性。 ● 确定重要工作过程的要求，从顾客、供应商、伙伴和合作者那里将输入整合起来。 ● 设计并改进工作过程来满足所有的需求，并在过程中充分导入新技术、组织知识、卓越产品、敏捷性需求、周期时间缩短、成本控制及其他提高效率和效能的因素。 ● 想方设法预防缺陷、服务错误以及返工，将与检查、测试、过程或绩效审计相关的成本降至最低。 ● 实施工作过程并控制员工的日常作业，确保他们满足设计要求，根据需要对来自顾客、供应商、伙伴和合作者的输入项进行适当的测量。 ● 改进工作过程来实现更好的绩效，减少变异，改进产品和服务，根据业务需求和方向的变化对过程进行调整，与组织中其他单位和过程分享改进方法，以此推动组织学习和创新。 ● 在整个供应链中采用行之有效的管理措施。

质量档案 圣迭戈特许学校与波音航空支持部

圣迭戈特许学校（CSSD）在圣迭戈县运营着 21 个教学和教育资源中心，拥有 187 名员工。圣迭戈特许学校成立于 1994 年，专门针对那些因为在传统教育中不成功而前途堪忧的学生。圣迭戈特许学校致力于提供个性化的教育计划，培养学生的学习信心和参与度，使他们能够在圣迭戈特许学校毕业或回到传统的高中毕业。圣迭戈特许学校与学生及其家人或其他监护人建立关系，从针对性营销信息开始，吸引新学生。一对一的互动促进了工作人员与学生/家庭在整个入学期间的关系。学校通过系统地利用多来源的数据和信息，包括当地学区、学生调查和社区人口统计，确定为学生及其家庭提供哪些教育计划和支持。学校的学生录取过程决定了每个学生的需求。通过与圣迭戈特许学校的课程个性化教育计划流程相关的会议和数据审查，教师可以监控学生需求的变化，并在每个圣迭戈特许学校资源中心与学习榜样一起工作，将学生家庭与本地资源联系起来。圣迭戈特许学校通过其流程设计和改进系统以及“计划、执行、学习、处理”流程来管理和支持创新。如果提议的创新与学校的战略计划相吻合，创新将获得资源、资金、开发和试点。如果实现了目标，则创新将正式确定并实施，然后在需要时进行改进。在工作人员中，圣迭戈特许学校的“计划、执行、学习、处理”流程使知识可以共享，学习则可以嵌入到整个组织中。该流程鼓励资源中心团队和教职工委员会根据学生的需求和最佳实践，考虑全年的教学和相关变化。

2010—2015 年圣迭戈特许学校的学生和家长总体满意度保持在接近 100%的水平。2013—2014 年圣迭戈特许学校的总体辍学率为 2.4%，优于全县的 2.7%和全州的 3.1%。圣迭戈特许学校的学生入学时平均语言艺术水平落后于同龄人 2～3 个年级，数学成绩落后于同龄人 3～4 个年级。尽管最近几年州政府的资金总额减少了 43.14%，但圣迭戈特许学校的年终资金余额在过去六年中一直在增加。

波音航空支持部（Boeing Aerospace Support）隶属于世界最大的航空公司——波音公司。它提供的产品和服务包括：飞机维护、改装和维修，训练机组人员和维修人员，减少飞机的全寿命成本和提高效能。波音航空支持部97%的业务来自军队客户。对波音航空支持部来说，它之所以能够提供高质量的产品和服务，主要源于规划缜密、良好的管理过程以及鼓励知识共享和团队协作的企业文化。波音航空支持部制定了一套包含七个步骤的方法，用来定义、管理、稳定和改进过程。这种基于过程的管理方法（PBM）也常用来设定目标和绩效指标。该方法要求过程所有者、使用者、供应商和顾客之间进行互动并达成一致。那些负责公司复杂作业与过程的员工团队，也是公司打造高绩效工作的核心力量。波音航空支持部还拥有一个高度结构化的工作流程，即航空支持部人员系统。该系统可确保团队成员了解部门的工作重点和期望，确保成员拥有足够的知识、培训和工具来完成工作和评估绩效情况。

自1999年以来，波音航空支持部在产品服务、重要硬件以及其他产品的维护改造活动方面的准时交付率一直保持在95%～99%。C-17运输机维护活动的质量评分自1998年起一直接近100%，超出竞争者的水平。供应商准时交付率从1999年的68%提高到2003年的95%。供应商交付质量一直保持在99.5%以上。

资料来源：Malcolm Baldrige Award Profiles of Winners. National Institute of Standards and Technology，U. S. Department of Commerce.

5.1 过程管理

过程管理（process management）涉及对以下方面所需活动的计划与管理，即实现关键业务过程的高绩效，识别改进质量和运营绩效以及顾客满意的机会。过程管理主要包括三大活动：设计、控制和改进。[2]其中，设计侧重确保过程的输入（如材料、技术、工作方法以及经过培训的员工等）是充足的且过程能够满足需要；控制重视通过评估绩效和采取必要的纠正措施来保持输出的一致性；改进则关注持续实现更高水平的绩效，如减少变异、提高产出、减少缺陷错误以及周期时间等。**周期时间**（cycle time）指的是完成一个过程循环所需的时间（如顾客订购一件产品到产品交付所需的时间，或推出一种新产品所需的时间）。周期时间是过程管理最重要的指标之一。

名为**过程所有者**（process owners）的个人或群体对过程绩效负责，拥有管理和改进这些过程的职权。过程所有者可以是管理跨职能过程的高层管理者，也可以是车间里负责一个生产单元或流水线工位的工人。指定过程所有者可确保有人对过程的管理和优化负责。

在ISO 9000系列标准中，有许多讨论过程管理活动的内容。（实际上，整个ISO 9000族标准都在讨论组织理解、界定、记录和管理过程的能力。）例如，标准要求组织对产品研发进行计划和控制，并对研发中各个群体间的联络进行管理，以确保沟通有效和职责明确。标准还包括：如何对研发活动中的输入和输出进行管理，如何使用系统评审来推算满足要求所需的能力，如何识别问题并提出必要的解决措施；采购过程；控制生产和服务（包括测量和过程确认）；控制用来评估一致性的监视和测量设备；分析和改进；监视和测量质量管理过程；持续改进（含预防和纠正措施）。标准要求组织使用质量方针、质量目标、审核结果、数据分析、预防纠正措施以及管理评审来持续地改进质量管理系统的效能。

为了能够运用过程管理技巧，过程必须具有重复性和可测量性。重复性意味着过程必须随着时间的推移反复出现。这个周期可能很长（如产品研发过程或专利申请），也可能很短（如制造作业或订单输入过程）。可测量性帮助我们获取重要的质量和绩效指标，以便揭示关于过程绩效的模式。满足这两大条件可保证我们收集到足够的数据，以便从中探寻过程控制和改进的信息。

几乎所有领先的公司都将过程管理看做最基本的业务活动。例如，AT&T 发现下列原则可以用来指导过程管理活动：

- 将过程改进的重点放在整个过程上；
- 质量思维是一种预防和持续改进的措施；
- 在某种程度上，每个人都管理着一个过程，并兼任顾客和供应商两种角色；
- 顾客的需求驱动着过程的改进；
- 纠错措施的重点是消除问题的根本原因而不仅仅是消除其表面症状；
- 简化过程可减少出错和返工的机会；
- 过程改进是质量管理原则全面系统运用的结果。[3]

许多公司还使用一套综合框架来指导它们的过程管理活动。例如，波音航空支持部发展了一套基于过程的管理框架，由三个阶段组成：定义过程（设计）、测量过程（控制）和改进过程（改进）。框架始于设计阶段，其任务是定义过程，建立以顾客为中心的指标来对过程绩效进行测量。控制阶段的任务是监测指标，让过程平稳运行以确保绩效处于可预期状态。改进阶段的任务是设定改进目标，制订改进计划并加以实施。三个阶段使用六西格玛、精益工具及其他经典方法。当改进措施得到实施后，组织将重返控制阶段（第二阶段）来对新实施的改进加以监控。注意，这里提到的过程管理的三大活动——设计、控制和改进——都是整合到一个大框架内，作为一个整体实施的。

5.2 识别过程和需求

组织所做的任何事情都可以看成一个个过程。常见的过程有很多种，比如获取顾客和市场知识、战略计划、研究与开发、采购、开发新产品或服务、制造组装、填写顾客订单、管理信息、测量和分析绩效以及培训员工等。在整个价值链中，领先的组织善于识别关乎顾客交付价值的能力的重要过程。这些重要的过程一般分为价值创造过程和支持过程两大类。

5.2.1 价值创造过程

按照 AT&T 的说法，过程主要考虑如何用工作为顾客创造价值。[4] **价值创造过程**（value-creation processes）（有时候称为核心过程）对经营企业以及保持或实现可持续竞争优势具有无可比拟的重要性。价值创造过程需要经常调整，以便与组织的核心能力及战略目标保持一致，这一点我们将在第10章详细讨论。价值创造过程推动产品和服务创造，决定着顾客满意度，并对组织战略目标的实现产生重大影响。例如，康宁电信产品事业部在其业务领域中共找出并记录了800个过程，其中有50个属于需要特别重视的核心业务过程，每个核心业务过程都由一位业务领导负责和管理。

价值创造过程通常包括产品设计和生产/交付过程。产品设计过程较为复杂，涵盖了将顾客需求、新技术和组织知识整合到产品或服务功能中所采取的一切活动。生产/交付过程则创造和交付实际的产品，如制造、组装、分销药物、授课等。此外，价值创造过程还包括其他关键业务过程，如研发、技术引进、供应链管理、企业并购和项目管理。在非营利组织，价值创造过程可能包括筹款、媒体关系和公共政策提议等。

（我们将在第7章对产品设计的质量进行深入探讨，同时探讨对产品设计过程提供支持的各种工具和方法。）

在许多组织中，价值创造过程以项目的形式出现。**项目**（project）是一种临时性工作组织形式，一般经历启动、生产产品或服务、完结的过程。[5]有些组织由于工作性质，往往只以项目形式开展业务。这些组织一般根据具体客户的具体需求，交付独一无二的个性化产品或服务，比如市场调查研究、咨询、系统安装以及为医药公司进行临床试验等。在这种情况下，项目是实现价值创造的主要手段。项目一般需要打破组织的职能部门划分，要求组织内不同部门或职能单位密切协作。**项目管理**（project management）涵盖与项目计划、日程安排和控制有关的一切活动。虽然每个项目都有其独特性，但大多数项目还是拥有相同的基本过程。因此，从过程管理的角度对这些项目进行审视不无裨益。

质量聚光灯

定制调查公司

定制调查公司（Custom Research Incorporated，CRI）的主要业务是为各行业的组织提供个性化的市场调查研究服务。定制调查公司的一个周期时间任务小组（Cycle Time Task Force）发现，所有的市场调研都包括九个相同的过程：识别客户需求/期望、调查问卷设计、调查问卷编程、采样、数据收集、数据制表、报告与分析、内部沟通和客户沟通。定制调查公司还成立了一个过程任务小组来绘制客户每个过程的图形并提出改进建议。定制调查公司开发了一套“统一输入系统”——可避免多次向计算机输入数据，能够检验调查问卷的有效性和可靠性，并减少了几个编程步骤，这有助于减少周期时间。定制调查公司还有一个客户团队负责所有研究项目。客户团队负责识别并报告过程中与项目有关的任何问题。客户团队利用问题解决技能，首先判断过程的问题是因为特殊原因变异还是一般性原因变异，随后分析变异出现的具体原因，最后采取预防变异出现的改进措施。每个项目完成后，客户团队将完成一份名为“项目质量概要”（Project Quality Recap）的文档，其中记录了项目主题、解决方案以及内部各部门表现的评分。当遇到类似的项目或同一客户后续项目时，客户团队将参考这些项目质量概要文档。[6]

5.2.2 支持过程

支持过程（support processes）对组织的价值创造过程、员工和日常运营十分重要。它为价值创造过程提供基础，但一般不直接为产品和服务增加价值。支持过程可能包括财会、设施管理、法律服务、人力资源服务、公关以及其他行政服务。例如，在一个学校的系统中，支持过程可能包括运输、保管、集中储存、信息技术以及维护。此外，像订单输入这种行为，在一家公司可能被看做价值创造过程（如开展直邮业务的经销商），在另一家公司却可能被看做支持过程（如承接定制业务的制造商）。一般而言，价值创造过程要比支持过程更受重视。不过，如果支持过程没有得到足够重视，会对价值创造过程造成损害。

我们可以用层级的方式对过程向下分解。位于顶层的过程是组织必须识别的主要价值创造过程和支持过程，它们需要得到高层管理者的关注。每个主要过程都由多个子过程构成，并由职能经理或跨职能团队负责管理。每个子过程又由大量具体的工作步骤构成，它们由位于执行层的员工实施。例如，波音公司的运输机和加油机分部提出了“企业过程模型”，将所有业务看做八个相互联系的过程集群。这些重要的过程集群涵盖了从企业领导和新业务发展到生产和交货后支持的广泛领域。每个过程集群包括的主要过程多至 10 个，主要过程又由多层支持子过程构成。运输机和加油机分部的犬牙交错的“超大过程”关系还扩展到供应商和顾客。

5.2.3 过程需求

要想设计过程，必须首先了解过程需求。在 SSM 医疗中心，人们对过程进行设计时提出的首要问题就是：“顾客期望从过程中得到什么结果？”为回答这个问题，SSM 医疗中心采取了诸如查看患者/顾客反馈数据、专门调查、焦点小组以及将顾客纳入设计团队等方法进行探究。

考虑到价值创造过程的多样性，不同过程之间的需求和绩效特性可能千差万别。一般而言，价值创造过程的需求是由消费者或外部顾客的需要驱动的。例如，如果酒店顾客希望得到快捷无误的入住服务，那么入住登记过程的设计就必须考虑快捷性和准确性。与之相对，支持过程的需求是由内部顾客的需要驱动的，并且必须与重要的价值创造过程保持一致。例如，酒店的信息技术过程必须对快捷无误的入住登记过程给予支持，这要求前台能实时获悉客房的使用情况。

表 5－2 显示了美国东南地区连锁快餐公司 Pal's Sudden Service 所确定的价值创造过程以及相关要求。该快餐公司的支持过程包括财会、人力资源、维护、管理信息系统、订单和仓储等。其他有助于业务成功和增长的重要支持过程包括：研究开发、技术引进、供应链管理与供应商合作、并购、项目管理以及市场营销等。由于各组织在产品服务性质、顾客和市场需求、全局重点以及其他因素方面的不同，各组织间的过程区分存在极大差异。例如，一家医院可能会定义主要价值创造过程为入院前初诊、入院登记、评估与诊断、治疗、出院以及跟进，定义主要支持过程为员工管理、医疗记录与信息技术、财务规划、供应链管理、环境服务、硬件设施运营等。

表 5-2　Pal's Sudden Service 公司的价值创造过程

过程	主要要求
接受订货	准确、快速、友善
烹制	温度适宜
产品组装	次序得当，卫生、成分和数量适当，速度、温度适宜，整洁
现金收取	准确、快速、友善
切片	切片大小适宜、新鲜度/颜色
辣椒制作	温度适宜、质量、新鲜度
火腿/鸡肉制备	温度适宜、质量、新鲜度
供应链管理	价格/成本、订单准确性
资产收购	出售潜力、坚持预算
建设	准时完成、不超预算
营销与推广	信息清晰、品牌认可度

资料来源：Reprinted with permission of Pal's Sudden Service.

识别过程需求可为过程绩效测量提供依据。例如，SSM 医疗中心对重要过程进行监控的手段如表 5-3 所示。通过每天、每周、每月和每季度的绩效评价，SSM 医疗中心对这些手段进行审查和管理，并找出可能出现的错误，以免对患者造成不良影响。

（我们将在第 8 章和第 12 章对表中的测量指标做更细致的探讨。）

表 5-3　SSM 医疗中心的过程要求和测量指标

过程	关键要求	测量指标
入院		
入院手续/登记	及时	● 从患者到达到开始治疗的时间 ● 患者满意度调查给出的及时性评价
检查		
患者检查	及时	● 24 小时内或术前体检率 ● 一定间隔内的疼痛检测
化验室与透视室	准确、及时	● 质量控制结果/重复率 ● 检查时间 ● 医护人员满意度调查回答率
护理/治疗		
临床护理	护士的响应、疼痛管理、临床结果	● 患者满意度调查和医护人员满意度调查回答率 ● 止痛等候时间 ● 慢性心力衰竭患者处置率 ● 心肌缺血患者出院率 ● 意外再次返回急诊或手术室 ● 死亡率
药品使用	准确	● 开药时容易出错的缩略语的使用情况 ● 用药出错导致的医疗错误或有害药物事件
手术/麻醉	专业、能力、沟通	● 手术或麻醉同意书记录清楚 ● 手术死亡率 ● 手术室感染率
出院		
病案管理	恰当利用	● 平均住院日（ALOS） ● 拒付费用 ● 非计划性再入院
出院过程	协助和指示	● 为病人书写和提供出院指南 ● 患者满意度调查回答率

资料来源：Reprinted with permission of SSM Health Care.

5.3 过程设计

过程设计的目标是设计一个有效的过程来满足内部和外部顾客的需求，且能够在质量和绩效方面达到要求的水平。在过程设计中，需要考虑的因素包括安全、成本、变异、生产率、环境影响、“绿色”制造、测量能力以及设备维护等。由于过程通常横跨传统的组织职能，且很少有单独运作的情况，因此在过程设计时必须考虑相关过程的影响。

进行过程设计，首先要了解过程的目的和需求，顾客是谁，生产的产品是什么。例如，一个制造过程的目的是生产可用于下一个制造过程的部件或半成品。因此，过程设计通常始于详细的技术分析，分析对象包括产品特性、机器设备的技术能力、所需工序、组装方式等，这些分析通常由工业工程师或制造工程师完成。订单接收过程的目的是以友好的方式准确识别顾客需求，因而进行过程设计时，应先找出顾客喜欢的下单方式和愿意等待的时间。

技术是过程设计中一个有机组成部分，它让服务和制造过程生产率更高，并且比以往更好地满足顾客需求。例如，史泰博公司（Staples）将机器人技术应用于订单执行过程。两英尺高、三英尺长的小型机器在仓库的过道间穿梭，读取地板上粘贴的条码。在计算机将储存位置信息传送给它们后，它们会滑到货架下，将货物连带货架一起托起运送到工作台，工人将所需产品抽出来打包装运。然后这些机器将货架送回原来的位置。引入这些机器后，史泰博公司的生产率提高了 60%，顾客能更快得到他们订购的产品。快餐店对食物准备和传送过程进行了精心设计，让顾客能更快、更准确地获取食物。为了满足这些要求，快餐店采用了新的免提内部通信系统、更好的麦克风（可减少厨房环境噪声）以及可显示顾客订单的屏幕等设备。[7]

5.3.1 绘制过程图

设计过程需要系统的方法。对大多数过程来说，这包括定义一系列需要实施的步骤，还要对程序和需求进行正式的记录。为了描述过程的具体步骤及其顺序，我们通常绘制**过程图**（process map）或**流程图**（flowchart），并配以标准操作程序和工作说明书。图 5-2是一张对印刷操作员进行培训的过程图。过程图定义了操作员获得资格所需的步骤和决策点，并确保所有的要求都得到满足。

（美国质量学会（ASQ）为创建流程图提供了一个免费的、可下载的 Excel 模板。可通过访问 ASQ 质量学习网站获得：https：//asq.org/quality-resources/learn-about-quality。）

作为设计工具，过程图让管理者能在实施之前对过程进行研究和分析，以改善质量和操作的效果。我们在第 3 章中介绍过 AT&T 的顾客-供应商模型，它为我们提供了一种创建详细的过程图的方法。该方法从输出或者顾客需求入手，沿着过程回溯，逐一找出实现每个输出的关键步骤，一直到供应商输入阶段停止。AT&T 把这种技术称为回溯

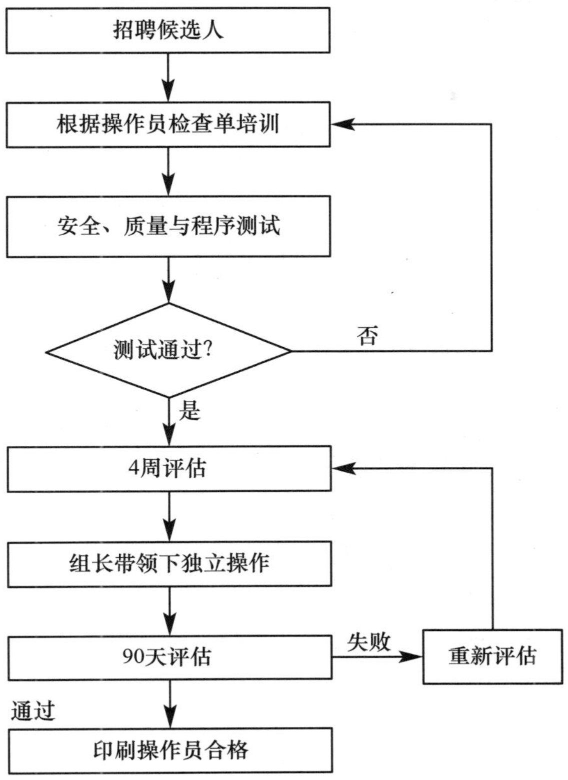

图 5-2　培训印刷操作员的过程图

式策略。[8] AT&T 建议采取以下步骤：

1. 从过程的输出开始，提问："对于生产过程的输出，最后一个基本子过程是什么？"

2. 对该子过程提问："生产该过程输出需要的输入是什么？"对于每种输入，检验其价值以确定是不是必要的。

3. 对于每种输入，确定其来源。在许多情况下，输入是之前子过程的输出。在一些情况下，输入可能来自外部供应商。

4. 继续回溯，每次一个子过程，直到所有的输入都来自外部供应商。

例 5-1

假设一家医院想要设计一个过程对一位病人进行药物治疗。显然，最后一个子过程是"病人收到药物"。这个子过程的输入是"药房送来药物"。继续回溯，我们找到再前面的子过程分别是"药房按处方抓药"和"医生开处方"。然后我们可以对每个子过程进行扩展来设计更多的细节，如检查和审核以及更多的详细步骤。图 5-3 显示了该设计可能的结果。

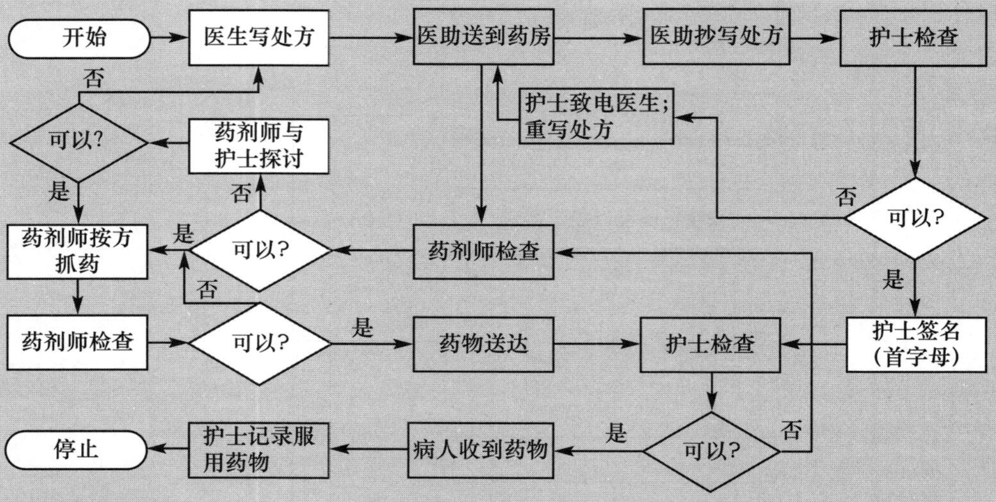

图 5-3　药物治疗过程

资料来源：Based on Ellen Williams and Ray Tailey, "The Use of Failure Mode Effect and Criticality Analysis in a Medication Error Subcommittee," *ASQC Health Care Division Newsletter*, Winter 1996, 4. Copyright © 1996 ASQC.

过程图绘制完成后，我们可以通过询问几个基础性问题来分析过程和创造更有效的设计：

- 过程各步骤是按照逻辑顺序安排的吗？
- 所有的步骤都能增加价值吗？为了改进质量或运营绩效，能否省略某些步骤或增加某些步骤？可以合并一些步骤吗？应该对某些步骤重新排序吗？
- 每个步骤的能力是否平衡，即是否存在造成额外的顾客等候时间的瓶颈？
- 过程的每个步骤分别需要哪些技能、设备和工具？哪些步骤应该实现自动化？
- 在系统的哪些节点上可能出现导致顾客不满的错误？这些错误应该怎样纠正？
- 应该在哪个或哪些节点上对质量进行测量？
- 当与顾客互动时，员工应遵循哪些程序或指南来树立积极的形象？

例如，为判定一个过程步骤是否有价值，我们可能需要提出如下更详细的问题：

- 如果去除该步骤，顾客是否会注意到价值损失？
- 如果没有该步骤，产品或服务会显得不完整吗？
- 如果你必须在紧急情况下完成该产品或服务，这个步骤是否因为重要而无法省略？
- 如果你是企业的所有者，去掉该步骤能够节省资金，你会保留该步骤吗？
- 如果该步骤是审查或检查，那么拒绝率是否显著？该步骤出错的后果是否严重？

如果对上述任一问题的答案是否定的，那么该步骤的价值就值得怀疑，需要对其进行更全面的调查。[9]

密歇根州大急流城的麦德龙保健医院（Metro Health Hospital）进行了一个有效应用过程制图和分析的示例，以减少在药房服务操作中将第一剂药物提供给患者的前置时间。[10]前置时间是从订单到达药房到在适当的医院楼层交付为止的时间。一个过程改进小组仔细地列出了所有涉及的过程步骤，发现这个过程有14个步骤，其中有一些不必要的步骤导致总的交付时间为166分钟。在评估过程中，药房计算出技术员花费了77.4%的时间来寻找药物。当药剂师需要技术员进行临床活动时，该技术员通常会停止寻找药物。研究小组概述了这一过程中几个非增值步骤，其中只有一个步骤是药房无法控制的（将订购的药物送到适当楼层所需的时间）。总的来说，麦德龙保健医院通过消除非增值步骤，将为患者提供药物的时间减少了33%，并将过程步骤从14个减少到9个。与药房相关的患者用药错误减少了40%，并且这些错误的严重性有所降低。

在知识工作领域，如战略计划或研究开发，过程遵循的可能并不是严格的步骤，而是在绩效方面有常规的表现即可。因此，定义知识工作过程可能并不需要流程图，只需对相关要求进行一般描述。

5.3.2 服务的过程设计

大多数的跨职能业务价值创造过程以及全部支持过程基本上都是以服务为导向的。因此，了解制造和服务过程的根本差异就非常重要。首先，服务过程的输出并不像制成品那样界定明确。例如，虽然所有银行都提供类似的有形产品，如支票、贷款、自助柜员机等，但它们因提供服务的差异而各不相同。其次，大多数服务过程都包括大量的顾客互动，这通常会让过程更容易识别顾客的需求和期望。同时，顾客通常并不确定他们需要什么服务，只有经过一些参考或比较他们才能得出自己的看法。

服务过程通常涉及人员和技术，正如我们在第1章中提到的。例如，在银行，服务糟糕的原因可能是柜员对待顾客态度恶劣，也可能是信息系统或交流设备的质量很差——这些因素是柜员无法控制的。因此，在服务设计中必须同时考虑员工行为和支持过程及技术。

设计一项服务本质上涉及对于人员和技术的有效平衡。过多或过少地强调某个要素会导致质量差或效率低。例如，对技术的过度强调可能会使服务及时高效，但也可能导致对顾客的麻木和冷漠。对人员和他们行为的过度强调可能会提供一个友好和个性化的环境，却是以缓慢、不一致或混乱的服务为代价的。

我们在第3章中介绍的五个关键服务维度（可靠性、保证性、有形性、移情性和响应性）为服务质量的设计提供了基础。例如，有形性和可靠性是技术的关键方面，保证性、移情性和响应性与员工的行为有关。

质量聚光灯

珊瑚泉市

位于美国佛罗里达州的珊瑚泉市显然了解它的顾客（市民）需求，并将这些需求融入它的过程设计中。该市在建筑许可工作过程中按照响应、专业、一致和方便的要求进行设计，在政府车队维护工作的过程中按照可靠、方便和响应的要求进行设计。珊瑚泉市在对过程进行变更前，一般会采取多阶段测试修改和让市民参与设计的做法，使过程设计考虑到所有关键需求。当现有过程无法适应需求变化，或对最佳实践的研究表明现有途径无法充分满足新需求时，团队将提出创新方案。负责信息服务的工作人员分布在市政府各部门，他们负责将新的技术引入到过程中。他们对最佳实践进行研究，并在专业协会、用户组和地方政府网络中寻找和点评新的技术。珊瑚泉市还将网络平台引入建筑许可过程、雇佣过程和自来水缴费等活动中。[11]

设计服务的一个有用方法是认识到服务在三个维度上是不同的：

1. 顾客接触与互动；
2. 劳动强度；
3. 定制化。

例如，铁路运输在这三个维度上水平都很低。与之相比，室内设计服务则在这三个维度上水平都很高。一家典型的快餐店可能在顾客接触与互动上处于中等水平，在劳动强度上处于高水平，在定制化上则处于中低水平。

三个维度水平都很低的服务非常类似于制造业组织。对质量的重视应该集中在技术上。随着顾客与服务系统的接触与互动增加，员工的行为变得更加重要。过程设计可能必须包含帮助顾客了解并遵循过程步骤的信息。此类服务过程还需要指导这些服务的提供者处理与顾客的可能行动或行为相关的突发事件，这些行动或行为不总是可以预测的。

当劳动强度增加时，员工个体差异开始变得重要，不过，只要定制化、接触与互动程度保持较低水平，员工行为就相对不重要。随着定制化程度的提高，员工行为成为影响提供高质量服务的更大因素。在所有三个方面都很高的服务中，人员和技术的作用必须保持平衡。

在设计服务过程时，应该对下列问题加以考虑[12]：

- 需要满足的服务标准是什么？
- 所提供服务的最终结果是什么？
- 服务的起点在哪里？完成的标志是什么？
- 顾客能够容忍的最长等待时间是多久？
- 提供服务需要多长时间？
- 在完成服务期间，消费者必须和谁打交道？
- 服务最基本的组成部分是什么？最理想的呢？超出期望的呢？
- 在满足服务标准的情况下，服务的哪些部分可以因人而异？

5.3.3 敏捷性设计

由于顾客的需求和期望始终处于变化之中，组织在设计过程时应更加注重敏捷性。**敏捷性**（agility）这一术语常用来描述灵活性和较短的周期时间。例如，与传统的商铺相比，电子商务要求更快、更灵活和更个性化的响应能力。**灵活性**（flexibility）指的是迅速而有效地适应要求变化的能力。从一种产品迅速转换为另一种产品，对需求量改变迅速做出响应，提供大量定制服务的能力，这些都是具有灵活性的表现。实现灵活性可能需要一些特殊策略，如模块化设计、通用零部件、通用生产线、对员工的特殊培训等。

它还涉及外包、与关键供应商的协定和创新的合作伙伴关系。实现敏捷性的因素包括：与顾客建立密切的关系以理解顾客不断变化的需要和要求、授权员工成为决策者、有效的制造和信息技术、供应商与合作伙伴的密切关系以及突破性改进。

敏捷性的一个很好的例子是西班牙服装公司 Inditex，其最知名的品牌是 Zara。[13] Zara 使用高度自动化的模切工厂，将劳动密集型的缝纫和收尾工作分包给西班牙、葡萄牙和摩洛哥的 300 多家小型区域工厂（称为“邻近采购”），也将部分生产外包给亚洲工厂。其一半以上的生产都在其设计和配送中心附近进行。相反，大多数其他时装零售商将所有制造业务都外包给亚洲工厂以降低人工成本，导致供应链缓慢，这就要求设计师在销售旺季之前尽早做出款式和数量的安排。尽管邻近采购成本更高，但 Inditex 能够快速改变款式、扩大制造规模并将产品送到商店，这使其能够利用最热门的趋势，并通过增加收入来抵消人工成本。事实上，其供应链可以实现在欧洲和美国 24 小时交货，在亚洲和拉丁美洲 48 小时交货。

对这种以顾客为中心的大规模定制策略（以与大规模生产相当的低廉价格，向顾客提供个性化定制产品以满足不同需求的策略），敏捷性尤为重要。美国服装直销商 Lands’End 公司允许顾客在家简单测量 T 恤和裤子尺寸，并在网上回答顾客提出的一系列问题。然后，通过一系列算法，Lands’End 公司将这些信息转化成定制款式并将设计发给制造商（公司在美国和海外有五大合同制造商），工厂将剪裁缝制好的服装直接寄到顾客手中。顾客订购服装的相关数据还会存储在网上，当其再次购买时，调用预存数据后下单过程将迅速完成。[14] 传统制造过程要么强调定制的产品，要么强调大规模生产的标准化产品，但大规模定制需要做出重大改变。[15] 大规模定制过程要求融入灵活的制造技术、即时制和信息技术，并强调缩短周期时间。

5.3.4 防差错过程

人类不可避免地会犯错。[16] 在生产中，典型的错误包括：过程中的疏忽遗漏、安装错误、部件缺失、部件错误和调试错误等。这些错误可能是由以下原因造成的：

- 因缺乏强化或指引而造成的遗忘；
- 因对过程或程序不熟悉而造成的误解或错误识别；
- 缺乏经验；
- 心不在焉或缺乏注意力，尤其是当过程自动进行时。

责备工人不仅会让他们心情沮丧、士气低落，而且不能从根源上解决问题——按照戴明和朱兰的说法，这通常是系统的问题。

我们可以通过三种方式来预防差错：

1. 在设计时对潜在缺陷和错误予以消除。很明显，这种方法是防差错的最有效形式，因为它消除了所有可能发生的错误或缺陷，避免了返工、废品或时间浪费。

2. 发现潜在的缺陷和错误，并在其真正出现前停止过程。尽管这种方法消除了缺陷和错误，但停止并纠正过程会导致非增值时间的增多。

3. 在缺陷和错误出现后立即进行识别并对过程加以纠正。这种方法避免了继续生产大量的缺陷和错误产品，但显然已经造成了一定的废品、返工以及资源浪费。

优秀的设计可以消除许多缺陷和错误，但人的因素依然无可取代。

防差错（poka-yoke）是一种在过程中使用自动设备或简单方法来避免人为错误的方法。防差错主要关注两个方面：(1) 预测，或者说在差错将要发生时发现并提出警告；(2) 检测，即当差错已经发生时发现并停止过程。防差错概念是由日本制造工程师新乡重夫（Shigeo Shingo）在 20 世纪 60 年代早期提出并完善的。新乡重夫后来还开发了丰田生产系统。[17] 当时，新乡重夫参观了一家工厂，发现对于质量缺陷，该厂并未采用测量或统计过程控制系统加以跟踪。问及原因时，经理竟然说没有任何质量缺陷可供追踪！此次调研让新乡重夫开始开发一种防止差错发生的方法，即零缺陷质量控制（zero quality control，ZQC)。零缺陷质量控制由简单经济的检查过程驱动，如连续检验（操作者在开始自己的工作之前，对上一道工序的工作进行检查）和自我检验（操作者对自己产品的质量进行评估)。防差错的设计旨在辅助这一过程或彻底消除人为因素。

许多防差错应用乍一看很简单，实施成本也很低廉，实际上是非常有创造性的。防差错是一种让工人不断实施改进活动的好方法。新乡重夫最初设计的一批防差错工具中有一个用在山田电机公司（Yamada Electric）的工厂。在该工厂的一个装配过程中，工人要组装一种有两个按钮的开关，每个按钮由两条弹簧支撑。[18] 有时候工人会忘记安装其中一条弹簧，结果客服部门不得不进行代价高昂且令人尴尬的维修。按照过去的方法，工人从一个装有大量零件的盒子中取出两条弹簧装入开关。为避免出现漏装，新方法要求工人首先取出两条弹簧，放在零件盒前面的一个小碟子里，然后装配开关。如果碟子里剩下一条弹簧，操作者马上就知道发生了错误。该解决方案简单经济，可以向操作者提供即时反馈。还有许多其他的例子：

- 许多机器上装有传感器，只有当零件安装到正确位置时它们才能被激活；
- 在钻头上安装一个计数装置，统计一个部件上的钻孔数。如果该部件在完成正确钻孔数之前被移走，会响起警报声；
- 计算机程序在关闭未保存的文档时会弹出警告信息；
- 为网上账户设置密码，要求输入两次；
- 对重要的飞机零件订单，使用只可容纳正确零件的预制泡沫包装，确保发出的货品无误；
- 亚马逊的员工用可称重的箱子对产品进行整理，并与订单上的标重进行比较。如果两者重量不一致，员工会立即对各项物品进行检查。

理查德·蔡斯（Richard B. Chase）和道格拉斯·斯图尔特（Douglas M. Stewart）指出，同样的概念也可用于服务业。[19] 防差错方法在服务业中的主要不同包括：一是必须同时考虑顾客行为和生产者行为；二是要考虑顾客和服务提供者之间的互动。蔡斯和斯图尔特按照旨在防止的错误类型将服务业的防差错划分为服务者错误和顾客错误。其中，服务者错误是由任务、处置或有形服务造成的。顾客错误则发生在准备、面对面服务或实施解决方案期间。下面是一些典型的服务错误及对应的防差错手段。

- 任务错误包括工作中发生了错误、做了未要求的工作、工作顺序错误或工作进展过于缓慢。一些用于防范任务错误的工具包括：计算机提示、收银机的彩色按键、类似炸薯条勺之类的量具以及各种信号设备等。医院使用的手术器械托盘中有放置每一种器械的凹槽，避免医生将器械遗留在患者体内。经常使用的还有检查清单。例如，生命之翼公司（LifeWings）善于将航空业中经过飞行实践验证的安全经验移植到医药行业中，该公司通过与医疗团队合作，为每一个医疗程序都制定了标准检查清单。[20]

● 处置错误在服务商与顾客的接触中产生，比如举止不够礼貌，或没有正确地识别顾客、倾听他们的声音、做出恰当的反应。一家银行要求柜员在开始交易时在检查表上记录顾客眼睛的颜色，以此来促进职员与顾客的眼神接触。一家快餐店为了提升友善的形象，培训者做出何时应该微笑的四个特别提示：欢迎顾客时、接收订单时、介绍特色菜时以及找零时。他们鼓励员工观察顾客是否以微笑相回应，这无疑是对他们微笑的一种自然强化。

● 有形错误主要见于服务的物质要素，如不干净的设备、肮脏的制服、不适宜的温度及文字错误等。酒店在毛巾外缠绕纸条，以便保洁员分辨哪些是干净的，哪些需要更换。文字处理软件中的拼写检查功能可减少文档拼写错误（当然前提是使用该功能）。

● 准备阶段的服务错误包括没有携带必要的材料到柜台，没有正确理解自己在服务交易中的角色，或没有正确地提供服务。一家计算机制造商为顾客提供了一份流程图，具体说明如何拨打客服电话。拨打客服电话时，电话首先提示顾客回答三道是非题，流程图则让顾客在拨打电话前了解必要的信息来回答这些问题。

● 面对面服务中的错误可能是注意力不集中、误会或遗忘造成的，也可能是记不住过程的步骤或没有遵循指示造成的。防差错的例子包括：游乐设施上的高度杆指示游客的身高要求、ATM 用提示音提醒顾客取走银行卡、飞机上洗手间的门锁必须关闭才能打开洗手间的灯。

● 解决问题阶段的服务错误包括未告知服务欠缺、未吸取经验教训、未调整心理预期和未采取恰当的后续行动。酒店为鼓励客人提供反馈，可能会准备一份小礼物。快餐店通过有策略地布置托盘回收处和垃圾桶有助于提醒顾客送还托盘。

5.4 过程控制

英国航空公司的一架波音 777 客机升空后遭遇发动机着火，不得不在休斯敦紧急迫降。事故调查发现，发动机着火是因为制造商通用电气向客户交付了错误的发动机叶片——预防此类错误的检查手段并不充分。通用电气在关于该事故的“质量通报”中指出，在该发动机叶片铸模被送到工厂时员工没有发现型号错误，在加工完毕并抛光准备安装时也没有发现型号错误。通报建议在相关制造过程中的几个阶段新增确认要求，后来通用电气也确实这么做了。此次事故让通用电气损失了 800 万美元。[21] 虽然通用电气很快采取行动解决了问题，但这个例子表明了过程控制的重要性。过程控制之所以重要，主要有两个原因：首先，过程控制方法是进行有效日常管理的基础；其次，如果不能首先让过程处于控制状态，就谈不上长期的改进。

控制（control）是确保行动符合要求、遇到问题时采取行动加以纠正以及维持稳定绩效的活动。控制和改进之间的区别如图 5-4 所示。任何对过程绩效的测量都会自然地围绕某个均值上下波动。反常条件或非正常事件可能让过程绩效偏离这一模式。过程控制的精髓就是消除导致异常的原因并保持绩效稳定。不过，即便是受控的过程，如果其本身的变异太大，也可能对顾客满意度和企业财务绩效造成不良影响。例如，对航空业的研究表明，服务缺乏一致性（如到达时间）对顾客满意度显然有不好的影响。研究者注意到，对那些绩效出色的公司而言，由于顾客期望很高，保持过程一致的重要性丝毫不亚于提高平均绩效。[22]因此，改进可以说成是将平均绩效提高到新的水平或减少当前平均绩效中的变异。过程控制是一线工作者的职责，如机器操作员、订单执行员工等。长期改进通常是管理层的职责，员工主要承担落实和协助工作。

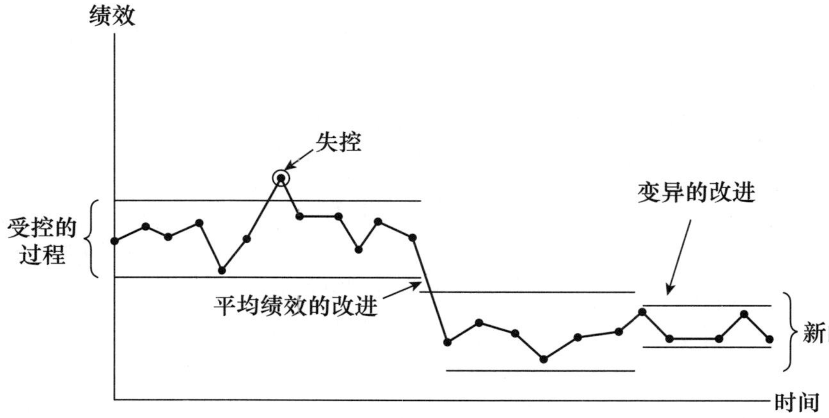

图 5-4　控制与改进

任何控制系统都有四大要素：（1）一个标准或目标；（2）一套测量结果的方法；（3）将实际结果与标准对比，并将反馈信息作为改正行动的基础；（4）采取适当纠正措施的能力。目标和标准在计划和设计过程中制定，它们指明了需要完成什么。这些目标和标准由可测量的质量特性反映出来，如产品尺寸、服务时间或员工行为。例如，高尔夫球必须符合高尔夫规则要求的五项标准：最小尺寸、最大重量、球体对称性、最大初速度以及总体距离。[23]在一些呼叫中心，员工必须按规定脚本说话，或按规定向每位顾客提出一些问题。

对过程质量特性的测量可通过一定的检查活动完成。例如，高尔夫球尺寸的测量是将球丢入一个金属环中——符合规范的球会卡在环上，不符合的会从环中漏出。重量的测量由精确到千分之一克的电子秤完成。初速度的测量则通过特殊设备进行，首先以 98 英里/小时的速度击球，该球将在一个 6.28 英尺长的管子中飞行，管子末端设有弹道屏，通过测量击球到球撞破弹道屏所需的时间来衡量初速度是否合格。呼叫中心可能采取记录顾客和员工通话的方式实施测量。表 5-4 显示了佛罗里达州珊瑚泉市某些主要工作过程、过程的要求以及用来控制这些过程的长期和短期措施。

表 5-4 珊瑚泉市的工作过程

过程	要求	绩效测量	过程中测量
警察巡逻	清晰可辨，6分钟内应急响应，犯罪和事故率低于布劳沃德市其他地区	对重要电话的响应时间，犯罪率，主要交叉路口的事故数量	每日报告响应时间，关于犯罪率分布模式的GIS周报告，关于事故的GIS周报告
警察调查	低犯罪率	结案率	月度公开案例报告
灭火	8分钟内应急响应，拥有齐全装备和合格人员以最大限度减少损失	来自用户调查的评分，8分钟内响应百分比	每日报告响应时间和出动灭火的消防员
应急医疗服务	8分钟内应急响应，对医疗形势做出恰当的响应，手法专业，富有同情心	来自用户调查的评分，8分钟内响应百分比	每日报告响应时间并对使用医疗服务的家庭进行事务调查
公园维护	安全、美观、实用	调查获取的维护评分，公园安全评分	数据来自季度面谈调查

资料来源：Adapted from City of Coral Springs Baldrige Application Summary；www. nist. gov/baldrige.

通过将结果与标准或目标进行对比，可以判断是否需要采取纠正措施。许多公司采用统计过程控制（见第8章）来判定过程偏离是否到了需要采取纠正行动的程度。这里说的纠正行动，可能是对机器设置进行调整，也可能是对呼叫中心员工的再培训。

控制应当成为组织学习的基础。很多公司采用美国军队中广泛采用的一种方法，即**行动后评审**（after-action review 或 debrief）。这种评审包含四个基本问题：

1. 应该发生什么？
2. 实际发生了什么？
3. 为什么会有差别？
4. 我们能学到什么？

重点在于预防事件再次发生而不只是简单地纠正不可接受的事件。

5.4.1 制造中的过程控制

在制造业，控制通常针对进厂原材料、关键过程以及最终的产品和服务。在制造中，过程控制从原材料的采购和接收过程开始。显然，如果购进材料质量低劣，最终产品的质量也好不到哪里去。在全面质量管理的环境下，顾客不必依靠反复检查来确保所购物品的质量。提供高质量产品应是供应商承担的职责。为了检验产品的符合性，顾客也许偶尔会进行检查，但供应商应该主动提供文档和统计证据，表明产品符合规范。

由于生产过程中可能会出现不期望的变异，我们需要对整个生产过程实施过程中控制。各制造设施采用许多不同的机制来控制产品质量。例如，戴姆勒-克莱斯勒公司在墨西哥的托鲁卡组装厂为确保质量，从冲压车身、喷涂到最后组装的所有步骤对零部件、过程、安装和成品进行检验。质量控制通过采用质量预警系统实现可视化管理，异常情况发生时能立即引起相关人员的注意。该系统针对每个工位的加工、生产、维修和材料流动提供了相应的视听信号。[24]当过程所有者承担起检验员的角色时，由特殊原因导致的变异能够迅速被发现并立即纠正以稳定系统。如果这方面工作做得好，甚至不需要其他的检验活动。在许多情况下，控制过程是自动进行的。例如，在生产塑料板时，厚度是由温度决定的。传感器监测板的厚度如果超过了容差限度，系统就会调整温度以改变厚度。韩国现代汽车公司采用光学传感器来测量容差，以确保焊接牢固和各面板之间的缝隙最小，公司还会通过高水压房来测试车门密封条的完整性。

最终检验是制造过程中生产者确定产品是否符合顾客要求并避免外部失效成本的最后一道关卡。对很多消费品而言，最终检验涉及功能测试。在现代汽车公司的亚拉巴马工厂，每辆车都会经过专用车道的实地测试。在许多行业（如电子行业），计算机化的检测设备广泛采用，厂商能够迅速经济地对产品进行 100%的检验。

有效的质量控制系统包括：所有关键过程的文件化程序；关于设备和工作环境的明确规定；监视和控制关键质量特性的方法；设备的批准过程；工艺标准，如书面标准、样品或图表等；保养活动。企业通常会在其**过程控制计划**（process control plan）中记录详细的控制程序。辛辛那提玻璃纤维公司（Cincinnati Fiberglass）是一个小型汽车玻璃纤维零部件生产商，它的每个生产过程都有一个控制计划，包括过程名称、所用工具、标准作业程序、公差、检验频率、样本量、责任人、报告表、处理措施。尤为重要的是，构成产品的所有组件都可以追溯到相应的关键设备、操作者以及所用的原材料。过程控制还包括监控设备的精度和变异、操作员的知识和技能、测量结果和所用数据的准确性以及时间和温度之类的环境因素。

5.4.2 服务中的过程控制

对很多服务业而言，过程控制的套路与制造业基本相同，即定义一个标准或目标，对业绩进行测量，将业绩与标准进行对比，必要时采取纠正措施。在顾客接触、劳动强度以及定制化水平较高的服务领域，过程控制可能极富挑战性。人（包括顾客和服务提供者）的行为往往比机器或自动化过程更难控制。在下面的“质量聚光灯”专栏中，我们将对丽思卡尔顿酒店为突出个性化服务特色而采用的前瞻质量控制方法进行介绍。

质量聚光灯

丽思卡尔顿酒店

丽思卡尔顿酒店广泛采用各种系统来收集和使用与质量相关的指标。[25]每一家丽思卡尔顿酒店都对服务质量指标进行日常跟踪。这些酒店注意到，许多顾客的要求是感觉上的，很难衡量。不过，酒店通过对员工进行选拔和培训，让员工熟悉和掌握丽思卡尔顿酒店关于服务的“黄金标准”，以便用适当的感官（味觉、视觉、嗅觉、听觉和触觉）来评估自身的工作和采取相应措施。

酒店采用三种控制过程来实现高质量的服务：

1. 员工基于先天的自然行为和后天的习得行为进行自我控制。

2. 由每位员工实施的基本控制机制。最先发现问题的员工被赋予职权，可以暂停日常工作，立即调查并解决问题，同时做好事件记录，然后回到日常工作中去。

3. 对关键过程实施的关键成功因子控制。过程团队使用顾客和组织要求的测量数据来确定质量、速度和成本方面的表现。酒店将这些测量数据与标杆和顾客满意度数据进行对比，以此决定纠正措施和资源分配。在自我评估方面，丽思卡尔顿采取自我审查和外部审查相结合的方式。自我审查由内部实施，涵盖从个体到部门再到整个酒店的全范围。酒店每天都进行过程审查，高管则在不同时间间隔的正式审查中对现场工作情况进行评估。外部审查由独立旅游与酒店餐饮评级机构实施。所有审查都将记录存档，任何结论和发现都将提交给受审部门的高管。他们负责采取行动，并对建议纠正措施的实施和效果进行评估。

5.5 过程改进

1950 年，戴明在为日本战后重建工作提供帮助期间，强调了持续改进的重要性。在向一群拥有全国近 80%资产的日本实业家演讲时，他绘制了如图 5-5 所示的生产系统图。该图不仅描述了输入、过程和输出的关系，还描述了消费者和供应商所扮演的角色、组织中各过程的相互依存、消费者研究的用途以及对生产系统中所有要素进行持续改进的重要性。戴明告诉日本企业，充分理解顾客和供应商对制订质量计划十分重要。他建议，通过更好地理解顾客要求来持续改进产品和生产过程才是占领国际市场的关键。戴明预言，在五年内日本制造商将会生产出世界一流质量的产品，并在国际市场上获得很大的份额。他预言错了。实际上，实施这些理念后，日本制造商不到四年就进入了几大国际市场！

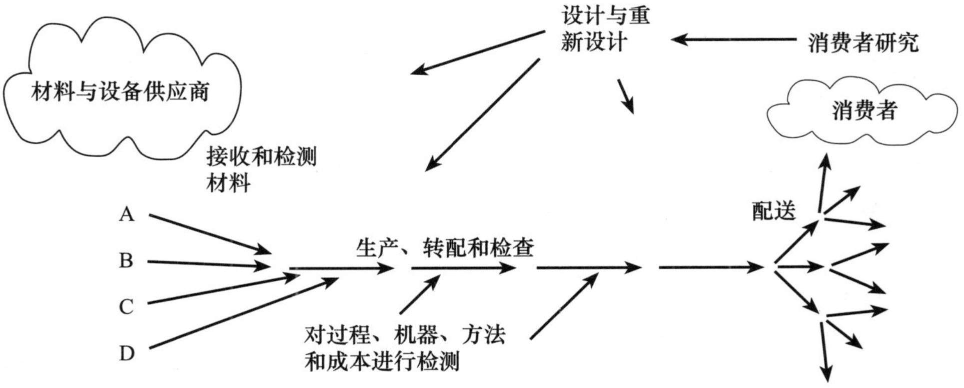

图 5-5 戴明关于生产系统的观点

资料来源：Adapted from Deming W. Edwards，*Out of the Crisis*，figures：Deming's View of a Production System，page 4；The Deming Chain Reaction，page 3，© 2000 Massachusetts Institute of Technology.

持续改进（continuous improvement）既包括细小的、逐步的渐进式改进，也包括那些突破性的、巨大而快速的改进。持续改进是全面质量原则的一大基石。在竞争市场中，它是重要的企业战略。这是因为：

- 顾客忠诚度是由让渡价值驱动的；
- 让渡价值是由业务过程创造的；
- 在竞争市场上始终保持成功要求企业不断提高其让渡价值；
- 为了不断提高价值创造能力，企业必须持续地改进其价值创造过程。[26]

管理层应将改进看做机会并主动追求，而不是遇到问题和竞争威胁时被动反应。

组织中存在很多改进的机会，最明显的如减少制造缺陷或服务差错。有这么一个关于戴尔公司的例子。在计算机行业，戴尔在某些领域拥有业内最高的质量评分。不过首席执行官迈克尔·戴尔（Michael Dell）并不满足，始终执着于进一步降低机器的故障率。他判断故障与硬盘在组装过程中的传递次数有关，因此坚决要求降低硬盘的“触碰”次数。通过调整产品线，他将硬盘的“触碰”次数由 30 次降到 15 次以下。这样做的结果很快显现，硬盘不合格率降低了 40%，产品总故障率也降低了 20%。[27]其他关于改进的例子包括推出新的/改进的产品与服务、减少浪费和成本、采用更高效的制造系统、提高所有资源利用的生产率和效能、在解决顾客投诉或引入新产品时提高响应速度和减少周期时间等。组织还应该考虑对各种管理做法进行全面改进，如我们将在本书第Ⅲ篇详细探讨的领导力和战略计划等。

实施改进的一大重要领域是减少周期时间。减少周期时间可以达到两个目的。首先，它可以加快工作流程，这样一来顾客的响应时间缩短了。其次，减少周期时间只能通过优化简化流程、消除诸如返工这样的非增值步骤才能实现。该方法迫使人们改进质量以减少失误和出错的可能性。通过减少非增值步骤，成本能得到削减。因此，减少周期时间通常会同时带来公司在组织、质量、成本以及生产率方面的改进。更显著地减少周期时间，不仅要对单个子过程加以关注，还必须对整个组织内跨职能的流程进行全面检查。通过这些活动，公司开始掌握如何在整个组织层面开展工作，如何以协同形式开展工作。因此，减少周期时间通常会推动质量和生产率方面的改进。

质量聚光灯

宝洁公司

这是宝洁公司的非处方药临床事业部关于减少周期时间的一个例子，它主要从事临床研究工作，包括对药品、保健品的疗效进行测试以及开展病患治疗等。[28]这些测试将遵循严格的设计、实施、分析和数据汇总。宝洁公司至少有四种方法从事临床研究，它需要从中找出满足研发需求的最佳方法。公司的质量团队选择以周期时间减少为重点考虑因素。他们的方法构建在基本的全面质量原则之上：关注顾客、基于事实的决策、持续改进、授权、合适的领导结构、理解工作流程。团队发现最终报告需要数月的准备。绘制过程图之后，他们才充分意识到产品生产的时间之长以及评估和签核阶段的返工和再循环物料数量之大。通过将原来的串行活动重新构造为并行活动，找到监控过程的关键测量指标，团队将最终报告的准备时间减少为不到四周。图 5-6 显示了改进是如何在过程图中体现的。

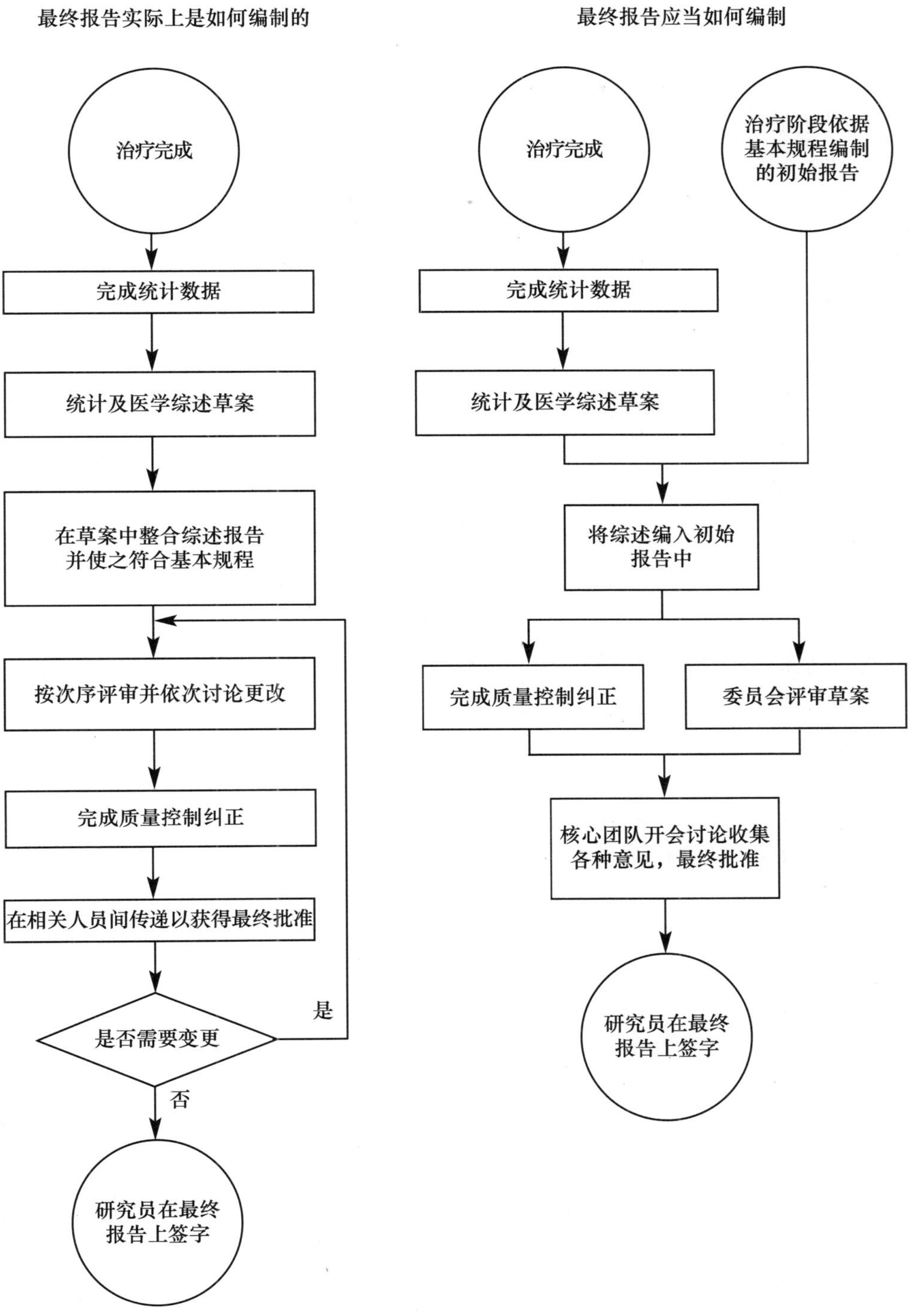

图 5－6　最终报告“实际”和“应当”的过程图范例

资料来源：Based on David A. McCamey，Robert W. Bogs，and Linda M. Bayuk，“More，Better，Faster From Total Quality Effort，” *Quality Improvement Handbook*，2nd edition，August 1999，pp. 43－50.

真正的改进取决于学习，也就是要通过实践和结果之间的不断反馈来理解变革为什么能够成功，并确立新的目标和方法。一个**学习循环**（learning cycle）由四个阶段构成：

1. 计划；
2. 执行计划；
3. 评估进展；
4. 根据评估结果对计划进行修正。

麻省理工学院的彼得·圣吉（Peter Senge）教授是学习型组织运动的主要倡导者。他将**学习型组织**（learning organization）定义为：

> ……一个持续扩展其创造未来的能力的组织。对于这样的组织来说，仅仅寻求生存是不够的。“生存学习”或人们更常说的“适应性学习”固然非常重要，事实上也是必要的，但是对于一个学习型组织而言，“适应性学习”还必须结合“产出性学习”，亦即提高我们创造能力的学习。[29]

（组织学习并非新概念。它发端于 20 世纪五六十年代发展起来的一般系统论[30]、系统动力学[31]以及组织心理学中的学习理论。）

要理解这一定义背后的概念框架，就必须理解和综合全面质量哲学中的许多概念和原则。彼得·圣吉再三强调：“长期来看，卓越的绩效取决于卓越的学习。”持续的改进和学习应当成为组织日常工作的常规组成部分，要在个人、工作单位和组织层次上实施，要通过能够带来重大变化的机会驱动，并要重视在整个组织中的共享。

5.5.1 持续改进

持续改进的概念可以追溯到很多年前。美国最早的持续改进的例子之一是在全美现金出纳机公司（National Cash Register，NCR）。1894 年在一批有缺陷的出纳机被退回后，公司创始人发现令人不快和不安全的工作条件是主要原因。他做了很多改变，包括提供更好的照明条件、新的安全装置、通风装置、休息室和个人储物柜等。公司开办了夜校以提升员工的知识和技能，还成立了收集员工建议的项目组。员工的最佳想法获得了金钱奖励或其他方式的认可。20 世纪 40 年代，该公司平均每年收到 3 000 多条建议。

多年来，很多公司像林肯电气（Lincoln Electric）、宝洁等都开发了创新而有效的改进方法。不过，这些方法中很大一部分只关注生产率和成本。1946 年东芝、1950 年松下和 1951 年丰田先后推行了正式持续改进项目。值得一提的是，丰田公司最早开发了即时制（JIT），显示了企业能够以近乎零缺陷的质量水平来高效地生产产品。即时制确立了一套被日本人称为**“改善”**（kaizen）的改进理念。

在日语中，“改善”意味着渐进而有序的持续改进。[32]改善注重在较长一段时间内小规模、渐进性和经常性的改进活动。改善所要求的财务投资是最低的，组织的全体成员都参与其中。改善理念涵盖了组织中所有的业务活动和人员。根据该理念，所有业务领域的改进（包括成本、满足交货日程、员工安全和技能培训、供应商关系、新产品开发、生产率等）都能起到提高质量的作用。因此，能够实现改进的任何活动都属于改善的范畴。诸如建立传统的质量控制系统、采用自动化和先进技术、建立员工建议系统、维护设备以及实施 JIT 生产系统等活动，都能带来改善。

日本的改善研究院（http：//www.kaizen-institute.com）提出了一些实施改善的基本建议。这些建议包括：不要追求完美；摒弃常规的思维定式；思考如何做某事而不是找理由不去做；不去找借口，但应该对当前的行为保持质疑；追求"集体智慧而非个人知识"。通过接受改善的理念和使用基本质量改进工具的培训，员工把这一理念贯彻到工作中并持续地改进本职工作。这种基于过程的改进方法鼓励员工和管理者之间的持续沟通。改善在丰田的员工中根深蒂固，引用一位经理的话说："当我在割草时，我会尝试不同的方向角度，看我能否更快地完成"。[33]质量聚光灯描述了丰田的一个例子，展示了改善的力量。

质量聚光灯

丰田乔治敦工厂

在丰田公司的肯塔基州乔治敦工厂中，有一种用来安装汽车遮阳板和安全带的工作台，每个工作台由8个装满配件的架子构成。这些架子挤满了工作台，供安装工人随时取用可能需要的配件。工人看到汽车从流水线上过来时，走到摆放遮阳板和安全带的架子前，拿取符合要求的配件后冲向汽车。工人将进入缓慢前进的汽车内，用螺钉固定好安全带和遮阳板，下车回到地面，等待下一辆汽车到来——整套动作在55秒内完成，这也是缓慢移动的汽车经过工作台所需的时间。这里的问题在于：供工人挑选安装的遮阳板有12种组合，安全带也有9种型号。对工人来说，单是准确判断拿取哪些配件就绝非易事。每个班次中，有500辆汽车经过工作台的配件架，每辆汽车需要4个特定的配件，即每一班次的工人有2 000个犯错的机会。即便其99%的工作准确无误，每一班次也至少有5辆汽车装配了错误型号的遮阳板或安全带。后来，一个由装配线员工组成的团队想出了一个解决方案。其核心是，不要让工人去拣选配件，让他们将注意力集中在安装本身。预先选好的遮阳板和安全带将成套送达工作台——每套所含配件数量和型号正好对应待装配汽车的需求。该团队在解决这个问题上运用了最简单的技术——一个乐柏美的塑料盒。

改善需要组织每位成员（从最高管理层到一线员工）都经历重大的文化变革。大多数组织很难实现这一点。由于这一因素，再加上一般企业都追求短期结果且试图寻找一劳永逸的解决方案，改善并非总能得到妥善的实施。[34]

成功的改善计划具有三大要素：操作实践、全员参与和培训。[35]首先，操作实践将带来新的改进机会。诸如即时制等实践在暴露先前过程的浪费、低效的同时，还暴露出质量的低劣。其次，在改善活动中，所有员工都要努力追求改进。比如，最高管理层将改进视为公司战略的内在组成部分，通过有效地配置资源和促进改进的奖赏机制对改进活动提供支持。中间管理层负责实施最高管理层的改进目标，包括建立、优化及维持反映这种目标的操作标准；改进部门间的合作；强化员工对于承担改进责任的意识，培养他们解决问题的能力。基层管理者可以把更多的注意力放在改进而不是监督上，这将有助于促进沟通以及更好地指导员工。最后，员工要积极参与改进，包括采取建议制度、进行小组活动、参加问题解决法的培训项目、提升岗位操作技能等。所有这些改进都需要有相当数量的培训，既包括理念方面的培训，也包括工具、方法的培训。

美国乃至全球的许多公司都接受并应用了改善的理念。地处纽约的 ENBI 公司主要生产打印机、复印机和传真机用的精密滚轴、滚筒，通过实施改善项目，该公司的生产率提高了 48%，周期时间缩短了 30%，库存减少了 73%。[36]巴西的梅赛德斯-奔驰卡车厂也成功实施了改善活动，在三年内减少了 30%的制造空间和 45%的库存，从订货到交货的时间缩短了 70%，准备时间减少了 70%，该工厂有 16 位员工专职从事改善方面的活动。[37]

虽然改善的本意是要成为日常活动的一部分，但许多组织面临亟须立即处理的质量或绩效问题。这种情况下，改善概念被引入团队及其实施的由项目驱动的改进计划，即**改善活动**（kaizen event）中。改善活动是一种紧张、快速的改进过程，与传统上由兼职完成的改进方法不同，在改善活动中，一个团队或部门在短期内将全部资源投入改进项目。改善活动团队一般由过程中各相关领域的员工组成，他们能够理解过程并及时地实施变革。改善活动中，改进快速且激动人心，令过程中所有相关者都感到满意。例如，Magnivision 公司模塑镜片部门每天有两个班次，使用 13 名员工，每天可生产 1 300 个镜片。生产线各节点的人员配置并不均衡，造成一些工作台上工作堆积，导致工作过程遭到破坏且质量问题突出。在三天的快速改善之后，团队将生产班次减少为一个，使用 6 名员工，保持生产线的平衡，将返工率由 40%降到 10%，每天的产量提高到 3 500 个，最终带来超过 17.9 万美元的节约。[38]

5.5.2 突破性改进

与主张渐进、连续改进的改善理念正好相反，**突破性改进**（breakthrough improvement）指的是不连续的变革。突破性改进是革新和创造性思维的结果，一般由**挑战性目标**（stretch goals）或**突破性目标**（breakthrough objectives）推动。挑战性目标强迫组织以完全不同的方式思考，在实施渐进改进的同时鼓励重大的改进。当设定 10%的改进目标时，管理者或工程师一般可以通过一些细小的改进来实现。不过，如果设定的改进目标是 1 000%，员工就必须具有创造性，打破思维的禁锢。通过实现重大改进并极大地鼓舞士气，那些看似不可能的目标通常都能达成。摩托罗拉实施六西格玛的动力来自其设定的产品服务质量改进目标：两年内提升 10 倍，四年内至少提升 100 倍。挑战性目标要想成功，必须与公司战略保持一致。组织绝不能设定会导致员工无端压力的目标，或是对失败进行惩罚。此外，组织还必须向实施者提供适当的帮助和工具以完成任务。公司在挑战性目标上实现突破性改进可以运用两种方法，即标杆分析法和再造法。

组织在制定和实现改进目标尤其是挑战性目标时，经常要使用标杆分析法作为辅助。**标杆分析法**（benchmarking）的定义是："对照最佳公司的绩效来测量你的绩效，分析最佳公司是如何达到这种绩效水平的，并以这些信息为基础来确定本公司的目标、战略和实施方法。"[39]或者更简单地说，标杆分析法就是"寻求实现卓越绩效的行业最佳实践"。[40]所谓**最佳实践**（best practices），是指能产生杰出效果的做法，它通常在技术或人力资源管理上有创新，并得到顾客或行业专家的认可。当 GTE 公司重新设计其电话业务的八个核心过程时，它分析了来自不同行业的 84 家公司的最佳实践。研究外部的最佳实践，有助于公司识别和采用新的技术、技能、结构、培训和能力。[41]

标杆分析并不是一个新概念。19 世纪早期，美国新英格兰地区的实业家弗朗西斯・洛厄尔（Francis Lowell）就远渡重洋，前往英国最好的工厂学习制造技术。亨利・福特到芝加哥的屠宰场参观，屠宰后的动物被挂在钩子上通过轨道从一个工作台移到另一个工作台，福特从中得到启发，发明了装配流水线。丰田公司的 JIT 生产系统受到美国超市的补货活动的启发。现代的标杆分析法是由施乐公司发起的，当时该公司希望改进自己的备件分销系统。施乐公司将里昂比恩公司的仓储和分销实践看做最佳实践并采用了其方法。

组织实施标杆分析的理由有若干。它消除了因“重新发明轮子”而造成的资源和时间浪费。它帮助组织识别与竞争对手的绩效差距，从而设定现实的目标。它鼓励员工持续创新。最后，它是一个持续学习的过程，强调对顾客需求不断变化的敏感性。[42]

许多组织在开始时多采用**竞争性标杆分析**（competitive benchmarking）——研究同行业竞争对手的产品或业务绩效来对比产品或服务的定价、技术质量、特点及其他的质量或绩效特征。例如，一家电视电缆公司可以将其顾客满意度水平或服务响应时间与其他的电缆厂商进行对比；一家电视机生产商可以与竞争对手比较生产成本或故障率。所发现的显著差距就是重要的改进机会。

过程标杆分析（process benchmarking）可以识别具有相似职能的公司中那些关键工作过程的最佳实践，无论这些公司处于哪个行业。例如，当 Graniterock 公司无法找到其他测量混凝土准时交付指标的公司时，它便向达美乐比萨饼公司（Domino's Pizza）请教，学习测量和改进自身流程的新办法——达美乐在按时送达易变质产品方面堪称世界领先企业，刚搅拌好的混凝土在配送方面与比萨饼有相似之处。得州仪器公司研究了包括玫琳凯化妆品公司在内的六家公司的订单准备方法，设计了融合六家公司之长的过程，将订单准备时间缩短了一半。位于加利福尼亚州洛代市的通用磨坊（General Mills）的工厂更换机器平均需要 3 小时。人们提出要将更换时间“从 3 小时缩短到 10 分钟”。于是他们来到全美赛车协会的赛道上观察车队维修人员的工作并拍摄录像，深入分析赛车维护的过程并考虑如何将这些原则应用到机器更换过程中。几个月后，他们将机器更换的平均时间降到 17 分钟。[43]因此，组织的标杆分析不应只瞄准直接竞争者或相似的组织。事实上，这样做可能是错误的。如果一个公司只是在行业内寻找标杆，它可能会变得没有竞争力，原本处于行业领先地位的领域也会逐渐失去优势。通过从其他行业寻找标杆，公司可能学到使自己超越行业最佳者并获取独特优势的理念、过程和新的应用。

通过标杆分析，企业能够发现自己的优势和劣势以及行业领先者的优势和劣势，并学会如何将最佳实践融入自己的运营活动中。标杆分析能够帮助员工认识到别人能做到什么，从而激励员工完成挑战性目标。例如，波音公司的团队研究了世界上最好的生产各种产品的生产商，从电脑制造商一直到造船厂，以期实现将新的波音 747 和波音 767 飞机的生产周期从 1992 年的 18 个月缩减到 8 个月这一挑战性目标。四年内，波音将生产周期缩短到 10 个月。[44]

再造（reengineering）的定义是：“对业务过程进行根本的再思考和彻底的再设计，以在成本、质量、服务和速度这些关键绩效指标方面实现显著的改进。”[45]对业务过程的质疑能够揭示过去陈旧、错误或不恰当的前提假设。彻底再设计意味着废除现有的过程并重新设计而非仅仅加以改进，其目标是实现绩效的巨大飞跃。成功的过程再造需要彻底理解过程，用创造性的思维打破老传统和旧假设，同时还要有效利用信息技术。再造必须对业务过程提出这样一些问题：我们为什么要做？为什么按照这种方法来做？下面是一些关于成功实施再造的例子。

● 英特尔公司曾经用一个耗资上千美元、步骤繁复（91 个步骤）的过程去采购圆珠笔——使用了与叉车采购相同的过程！改进后的过程只需要 8 个步骤。

● 塔可钟公司（Taco Bell）重新思考了公司的宗旨，定位为顾客驱动的零售服务公司而非制造公司。它取消了餐馆里的厨房，肉类和豆类的制作与加热在餐馆外的制作中心进行。其他的食品如薯条、洋葱及卷心菜等都预先制备好。这一创新每年让公司节约了约 1 100 万个工时和 700 万美元的费用。[46]

标杆分析能在很大程度上辅助过程再造。没有标杆分析的再造可能会带来 5%～10%的改进，标杆分析则能将这个百分比提高到 50%～75%。

5.6 管理供应链过程

供应链的基本目标是在正确的时间、正确的地点以正确的数量提供正确的产品。供应链管理过程是最重要的业务过程之一，它包括许多重要的价值创造和支持过程，比如供应商选择与认证、采购与合同谈判、物流、接收以及绩效测量等。供应链可为企业带来配送、灵活性和削减成本方面的竞争优势。美国 AMR Research 公司的一份研究报告称，拥有出色供应链运营能力的公司在其他财务指标上也会表现得更好。正如 AMR Research 公司的一位高管所言："价值链绩效可转化为生产力和市场领导力……供应链领导力不仅仅意味着低成本和高效率，它还要求组织拥有通过创新产品和服务来塑造并响应需求变化的超强能力。"[47]

2011 年日本北部发生地震和海啸后，高质量供应链的重要性愈发凸显。丰田和本田以及亚洲其他公司的生产设施遭遇了严重的供应链中断。丰田 4 月份的全球产量比前一年下降了 47.8%，本田的产量下降了 52.9%。[48]然而，由于供应链的强大，两家公司都迅速恢复了产能。

供应商（suppliers）不仅包括提供材料和组件的公司，还包括分销商、运输公司以及信息、医疗保健和教育提供商。关键供应商可能提供企业内部无法提供的独特设计、技术、集成或营销能力，因此对于实现诸如降低成本、加快上市时间和提高质量等战略目标至关重要。为了实现这些目标，组织需要评估和选择供应商、监控供应商绩效、建立和维持牢固的合作关系以及认证供应商的过程。

5.6.1 评估和选择供应商

供应商选择的第一步是明确最重要的产品要求。例如，在决定从哪些公司购买喷气发动机时，航空公司通常会考虑燃油消耗、性能和维护成本。在明确产品要求之后，组织需要确定能够提供所需产品或服务的供应商，根据生产和质量等标准对其进行资格鉴定，选择最适合组织需求，并且在管理和员工能力、技术、质量过程、生产控制系统、财务稳定性、总成本、产能等方面符合要求以及有成为长期合作伙伴潜力的供应商。这可能需要正式的提案和报价、行业研究以及样品评估。通常团队会访问供应商网站进行这样的评估，并使用评分模型根据不同的标准对潜在的供应商进行排名，以此作为选择的基础。

5.6.2 监控供应商绩效

ISO 9000 族标准要求客户评估供应商的绩效。包括供应商调查；质量认证记录、测试和检验报告以及过程控制数据；供应商现场审计、交付产品的接收检验，以及记录缺陷率和准时交付率等关键指标。这些活动可以为根据成本、质量和交付标准对供应商进行评分提供依据。

5.6.3 供应商伙伴关系

供应商越来越被视为客户的合作伙伴，因为彼此通常存在着相互依存的关系。供应商伙伴关系的一个有力例子是，当一场火灾摧毁了丰田关键刹车阀的主要来源时，丰田做出了反应。[49]没有它，丰田不得不关闭在日本的 20 家工厂。在灾难发生后的几个小时内，其他供应商开始绘制蓝图，改进工装系统并建立临时生产线。几天之内，36 家供应商在 150 多家分包商的帮助下，近 50 条生产线小批量生产刹车阀，甚至有一家从未生产过汽车零件的缝纫机公司也花了 500 个工时改装了一台铣床，每天生产 40 个刹车阀。丰田承诺向这些供应商提供大约 1 亿美元的奖金“聊表谢意”。

强有力的供应商伙伴关系基于三项指导原则：

1. 认识到供应商在实现业务目标特别是最小化总体拥有成本方面的战略重要性。
2. 通过长期的伙伴关系而不是作为对手发展双赢关系。
3. 以开放和坦诚的态度建立互惠互利的信任关系。

例如，通过与注重质量的供应商建立长期伙伴关系，得克萨斯铭牌公司几乎取消了对来料的检查。这些“直接入库”的供应商必须至少两年内无缺陷，并满足采购订单上指定的所有要求。比如波音公司就成功地与合适的供应商保持紧密的伙伴关系，2010 年它在遍及全球 52 个国家的 17 525 家供应商处花了 360 亿美元。2008 年，波音创建了一个论坛，每两个月它与供应商代表会面，目标是改进供应商的绩效测量过程及相关工具。正如霍尼韦尔航空航天部的多萝西·奈特（Dorothy Knight）指出的：“我非常看重与波音合作的机会。这些论坛充分表明，波音知道与供应商真正合作的价值。”[50]

质量聚光灯

梅萨产品公司[51]

梅萨产品公司（MESA Products，Inc.）的经营理念是成为客户的首选供应商和供应商的首选客户。ISO 质量体系包括确保选定供应商合格的机制，以及在满足战略目标的过程中持续评估供应商绩效的机制。它还提供了批准新供应商的可接受方法指南。不合格报告（NCR）过程在整个工作系统的事务级别向供应商提供反馈。对于每个不合格报告，供应商必须及时提供根本原因分析和纠正措施。如果供应商的绩效不符合预期，梅萨产品公司会与供应商沟通确定根本原因和纠正措施以便提升绩效。在供应商的绩效没有提高到允许梅萨产品公司满足客户要求的水平的情况下，则终止关系并寻求替代来源。

梅萨产品公司拥有一组精选的“关键供应商”和分包商，与之有优先关系。关键供应商的选择基于对梅萨产品公司工作系统和/或产品供应的重要性，无论是由于数量还是缺乏合适的替代产品。梅萨产品公司与关键供应商密切合作，预测产品需求、共享市场和客户信息。关键供应商每年年初都会收到梅萨产品公司首席执行官的一封信，其中概述了战略计划中的重点领域。梅萨产品公司使用与其工作系统相同的绩效指标来跟踪关键供应商的准时装运率。发货结果以及不合格报告数据每月进行一次沟通。梅萨产品公司与关键供应商的沟通非常频繁，通常至少每年对其所在地进行一次实地考察（反之亦然），并在全年的贸易展和会议期间进行互动。梅萨产品公司与关键供应商密切合作，确定工作系统中改进和创新的机会，包括寄售库存协议、产品设计变更和包装变更，以提高制造效率。

5.6.4 供应商认证

许多公司根据供应商对企业的重要性将其划分为几类并进行相应的管理。例如，在康宁公司，提供原材料、包装箱和硬件的一级供应商被视为业务成功的关键，由包括工程、材料控制、采购和供应商代表在内的团队进行管理。二级供应商提供特殊材料、设备和服务，由内部顾客进行管理。三级供应商提供商品，由采购部统一进行管理。[52]尽管这种细分有助于管理不同类别的供应商，但其他公司不仅如此，还使用某种类型的供应商认证过程来帮助管理其供应链。**供应商认证过程**（supplier certification process）旨在对以低成本、高效和及时的方式提供优质材料的供应商进行评级和认证。例如，美国药品研究和制造商协会将**认证供应商**（certified supplier）定义为那些经过广泛调查后得到认可的供应商，它们所提供的材料质量足够好以至于不需要对收到的产品逐批进行例行检测。认证使高质量的供应商获得认可，从而激励其不断改进并招揽更多业务。美国塔吉特百货（Target）在全球3 000多家工厂采购货物。每家工厂都必须满足其全球社会合规要求，并且必须通过突击审核。塔吉特百货还对工厂生产产品的质量、文档、产能和产量进行评估。这些工厂需要按照塔吉特百货的建议采取纠正措施，否则将面临失去供应商资格的危险。[53]

供应商认证由绩效测量和评分过程推动。例如，波音公司从以下几个方面对供应商进行评分：交付率——供应商在 12 个月内按时交货的比率；总体绩效——由波音的专家从管理、进度安排、技术问题、成本和质量等方面对供应商业务管理绩效进行综合评估；质量——采用的指标有 12 个月内的产品接受比率、12 个月内接收产品中不合格品的成本，或波音和供应商共同选定的质量指标。这些评分最终转化为金牌、银牌、铜牌、黄牌和红牌五个绩效等级。如果供应商在整个绩效年度中获得了金牌或银牌，它们将获得年度“波音卓越绩效奖”。[54]

供应商认证过程可能需要很长时间且管理起来代价不菲。有一个很好的办法可以避免不必要的审核成本，并让买家确保供应商遵循了特定的行为规范，那就是使用诸如ISO 9000 这样统一的标准。我们在第 2 章曾经谈到，ISO 9000 其实就是为了满足广泛的供应商认证需求制定的。

质量实践

K&N管理公司[55]

K&N管理公司[56]是一家位于得克萨斯州首府奥斯汀的特许经营商，它是鲁迪乡村杂货及烧烤店、马迪·法尼汉堡包薯条奶昔店的投资开发商及授权代理商。K&N管理公司提供有限种类的精品食物和快速服务，强调业务少而精。2005年，公司在鲁迪地区的餐厅由一处扩展到四处。2009年，经过短短两年的经营，马迪·法尼汉堡包薯条奶昔店以其在休闲食品领域的创新概念被评为全美最佳休闲快餐创业企业。同年，公司又增开两家新店。

顾客需要友好的团队成员快速、准确地提供优质食品（K&N管理公司称员工为“团队成员”）。这要求过程必须界定良好，具有清晰的要求和测量标准。K&N管理公司使用一套集成了设计、控制和改进的综合系统来实施过程管理（见图5-7）。工作过程的设计与提供的产品有关，在推出新品或改进产品后（见图5-7的框1~3），可能有必要对工作过程进行重新设计。首先，根据设备能力需求和选择的特点（见图5-7的框4和框5）对设备需求进行分析。其次，确定员工需求，包括对工作站和员工需要的能力进行设计（见图5-7的框6和框7），对操作进行设计，以满足质量需求、过程效率以及作业程序（见图5-7的框8~10）的要求。由于餐饮业存在季节波动，K&N管理公司设计了可满足不同程度需求的工作过程。进行过程设计/重新设计时，需要对周期时间（见图5-7的框4，5，6和10）、生产率（见图5-7的框9）以及成本控制因素（见图5-7的框5，10和13）进行考虑。

过程控制和改进是在过程剩下的步骤（见图5-7的框11~15）中完成的。包括绘制与记录过程、培训相关团队成员、复制过程到能够应用的领域、测量与审核规格、评估与改进。K&N管理公司采用精益原则，通过去除过程中的非增值步骤来提高质量和生产率。员工的自我培训包括掌握如何识别和纠正问题的基本知识，以及清楚不将次品交给顾客的重要性。

每一过程都经过设计，以确保过程要求都转化为可操作步骤，这些步骤为一组行为和方法，如果按照标准实施这些行为、方法，所生产的产品将满足标准。K&N管理公司采用视觉标准来控制过程输入，这样团队成员可以直观地看到过程是否符合标准。这些过程步骤（含相关行为和方法）和视觉标准可提供过程中控制。在大多数工作过程中都设有指示器，用以显示过程是否符合标准。例如，负责准备的团队成员将检查份餐重量，并用目视检查方式将其与标准进行比较。如果从油锅捞出来的薯条颜色看起来不对劲，团队成员将进行纠正或扔掉。此外，公司还把各种检查作为防差错措施。例如，每个汉堡包在包裹前都会与顾客订单进行检查确认；收银员向顾客大声念出订单来确认其完整性；团队成员使用“三检制”来验证团餐订单的准确性；收银员在将餐食打包前，会先在打包提示板上划掉相关项目。

每个操作在设计时会考虑团队成员处于自我控制状态，即他们知道标准，有能力检查过程输出是否符合标准，有权在产品未能100%满足标准时修正或扔掉产品。公司给予团队成员必要的指导训练、材料以及设备使用知识和使用权限。团队成员了解过程、标准以及对结果的期望。公司赋予他们的权限不仅包括实施过程，还包括在发现产品没有100%满足标准时停止过程。

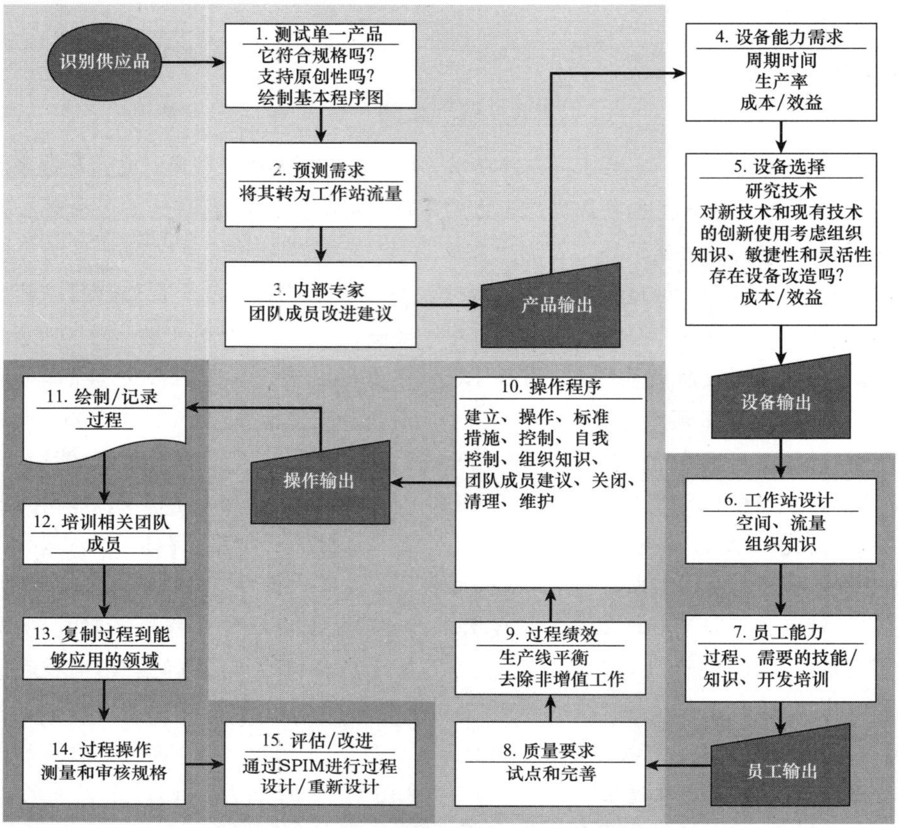

图 5-7　K&N 管理公司的过程管理框架

资料来源：Adapted from 2010 K&N Management Malcolm Baldrige National Quality Award Application summary，https：//www.nist.gov/sites/default/files/documents/2017/10/11/2010 _ K%26N _ Management _ Award _ Application _ Summary.pdf.

表明过程需要改进的数据主要来自操作检查、过程审核、团队成员以及顾客的反馈。即便是高层领导也使用系统方法来评估和改进他们自身的工作过程。对于一个门店在工作过程上的改进经验和失败教训，其他门店将推广，以促进组织学习和创新。如果新的过程或过程变革通过审核，标准发生了变化，则所有适用的地方将随之进行调整。实施过程变革后，公司将使用新的标准进行审核，对其中的不符合之处进行纠正。如果不清楚问题的原因，公司将实施特别的问题解决过程加以处理。包括找出问题的根本原因、确定最佳解决方案、设计改进方法并加以实施以及确定效果是否良好，如果效果良好，公司将对解决方案进行标准化。在问题解决过程的帮助下，公司在整个组织范围内减少了过程的变异，改进了生产和服务过程，实现了更好的绩效。

- **关键问题讨论**

1. 回顾第 3 章开头给出的质量档案。K&N 管理公司获得“顾客之声”的一些做法是如何对产品和过程设计中的步骤产生影响的？

2. K&N 管理公司进行过程管理的目的是什么？在确保过程管理活动完美、顺畅实施方面，团队成员有多大的重要性？

质量实践

在北美打造日本质量[57]

长期以来，雷克萨斯汽车在质量方面保持着行业领先地位。2000年，丰田公司在加拿大安大略省剑桥市设立了雷克萨斯在日本以外的第一家工厂，主要生产雷克萨斯RX330型多功能运动车。该工厂负责制造的副总经理指出："我们从一开始就知道，要想获得认可，就必须超过而非仅仅看齐九州工厂（丰田在日本开设的雷克萨斯工厂）。"

在剑桥工厂，团队协作一开始是向工人讲解过程中的每一阶段，并告诉他们其他团队成员的职责。这样不仅强化了每项工作都很重要的观念，还提高了人们的积极性：了解其他人完成工作的情况、各项工作之间如何相互影响，每位团队成员都能更好地完成本职工作。这些都是改善理念的一部分，在剑桥工厂意味着由一线员工提出的大量小型发明和创新。这些发明和创新多数是只有一线工人才能想出来的小创意（如一个零件挂钩，或是用一个零件取代多个零件），他们将这些小发明称为"改善"。

为了培养这种不断改善的心态，工程师和管理者将工厂布置得干净、明亮和整洁：一尘不染的房间，像医学实验室那样的照明，物品摆放得井井有条。传统的汽车制造厂房阴暗嘈杂，空气中飞舞着火花，冲压机床的撞击声响彻厂区。雷克萨斯剑桥工厂则截然不同，厂房墙壁上是室内设计师调配的淡雅颜色，地面没有一点灰尘（员工经常用扫帚和簸箕清理的结果）。这些都是工厂提出的"5S"工作站的要求，也是精益生产的一个重要组成部分（参见第9章）。清洁发挥着巨大的作用，这是因为在一般的汽车制造厂，大部分缺陷来自制造过程本身，来自工人引起的碰撞和剐蹭。这也是为什么在剑桥工厂中，你看不到项链和手表，也没有紧身的带铆钉牛仔裤，金属碎片产生后立即被清除，以免进入喷涂系统。雷克萨斯的生产理念是基于这样的深刻认识：质量必须融入生产过程的每一阶段而非来自事后的检查或修补。每位工人都是质量控制员，他们的任务是在转入下一项工作前消除本项工作中的缺陷。

为服务这一目标，在高处设置的计算机监视器显示每个生产点的状态。必要时，团队成员只要拉动一根细绳，即可停止整条装配线。如果有人拉绳，该消息将通过灯塔的灯光信号和各工作站独有的简洁铃声（类似于手机铃声）显示出来。在剑桥工厂，雷克萨斯通过引入"质量门"的做法让质量控制再上新的台阶。所谓质量门，就是在顾客特别关心的项目（如完美的油漆表面、车灯严丝合缝地嵌入车身等）上设置检查点，对质量进行检查和评估。比如，在焊接方面的质量门，员工用锤子和凿子对焊接部分的牢固度进行检验，并用夹具测量焊接部分的对齐情况。团队成员对每辆车的焊接完整性进行检查，并用醒目的颜色将自己姓名的首字母标在检查部件上。这些对质量的个人担保将伴随汽车的一生——即使它们被油漆覆盖，或是隐藏在顾客看不到的角落。然后，在焊接过程结束时，汽车车身将接受更加仔细的检查，这些富于人情味的检查将雷克萨斯与其他汽车公司区别开来。在由轻型管材构成的斜顶支架下，团队成员用手仔细触摸汽车外部的每一寸表面。他们戴着手套，拿着黑色的磨砂块，将外表面上的任何突起和不规则物打磨光滑。

焊接工序结束后，车身将移动到喷涂车间，这里对灰尘的控制比工厂其他任何地方更严格，其空气清洁程度堪比硅谷的电子车间。这里的团队成员身着特制的抗静电服。进入喷涂区之前，他们先要通过由两道门构成的气闸室。气闸室通过下沉气流和栅栏过道下的水池来吸附棉绒纤维和尘埃。该区域还严禁使用厚纸板。每辆车在喷涂前都由真空吸尘器吸掉残留的金属刨花。基底涂层本身（赋予汽车色彩的关键涂层）采用的是水溶性涂料，其中不含对环境有害的溶剂。喷涂作业由持有涂料仓的机械臂完成。涂料仓中盛放的涂料正好可供一辆车使用，可以反复灌装。使用涂料仓的好处是喷涂线上可处理多种颜色的汽车，不必一次性对多辆红色或蓝色车辆进行集中喷涂作业。最后是涂漆质量检查。工厂采用感知器对汽车表面的光泽和光滑度进行检测，即对汽车表面的反光变化进行测量，看是否存在被称为“橘皮”的波纹效应。

喷涂结束后便是装配工序。该环节的重点在于安装车门、车窗和其他重要项目（如内部重要部件）。在装配工序的初期，车门将从车身上卸下来独自传送，最后与车身（当然是原车身）组合。卸下车门后，工人进出汽车更加方便，可避免车门上的皮革和木制材料被破坏。为了安装顶篷——车顶上的最大单件——一位团队成员将坐在一个安在悬臂上被称为“Raku”的小座位上，座位十分灵巧，伸进车体内后可自由转动。接着是安装内部的各种细小项目，如木制面板等。每辆车所配木制部件都来自同一段原木，并且是一起上色和涂漆的。如果装配过程中一块木制部件损坏，整套部件将被替换。

装配线的最后一般是选一辆汽车，在稳定的模拟暴雨中对汽车进行抗风雨测试，另外还要选两辆汽车安放到舱架中进行发货质量审核——两辆车中随机选出一辆来进行特别仔细的无限制半拆解式检查。然后，组装完毕的 RX330 汽车将在颠簸的测试道上进行试驾。试驾者尝试加速和刹车，将手从方向盘上移开以检验汽车能否直线行驶。通过检查后，该批汽车将运送到各地进行销售。剑桥工厂已经超越日本本土的工厂，这一态势至少目前并未改变，它们甚至向九州工厂提供改善措施。

● **关键问题讨论**

1. 讨论剑桥工厂的过程采用哪些设计来支持生产高质量的产品？过程中哪些具体方面与设计、控制和改进有关？

2. 我们可以从中得出哪些能够推广到其他（非汽车行业）公司的教训或最佳实践？

复习题

1. 什么是过程？试举几个例子。
2. 简述质量管理中几种关注过程的重要实践。
3. 定义过程管理及其三大活动。为什么说过程管理对任何企业来说都非常重要？
4. 讨论 ISO 9000 族标准是如何处理过程管理的。
5. 为什么说过程具有重复性和可测量性十分重要？
6. 阐述价值创造过程和支持过程的差异，并分别举出一些例子。
7. 试列举一些以项目作为主要价值创造过程的组织。对暂时使用项目和经常使用项目的公司或部门进行比较，说明这些组织中的项目管理过程有何不同。
8. 什么是绘制过程图？为什么说它在过程设计中十分重要？
9. 当对过程图进行分析以创造更有效的设计时，应该提出哪些重要的问题？

10. 解释制造产品和服务的过程设计有什么差异。应该怎样对服务过程进行设计？
11. 为什么说在今天的商业环境中，敏捷性对过程十分重要？
12. 人为什么会因疏忽大意而犯错？防差错是如何预防这类错误的？
13. 列举服务防差错法所预防的错误类型。
14. 定义过程控制并说明它为什么重要。
15. 描述任何控制系统都有的四大要素。
16. 解释“行动后评审”的概念。
17. 过程控制在制造业和服务业中一般是如何实施的？描述它们的相同和不同之处。
18. 什么是持续改进？试举几个组织应该关注的改进类型的例子。
19. 列出学习循环的四个阶段。为什么说组织学习很重要？
20. 解释“改善”和“改善活动”的概念。它们有何相似之处？有何不同之处？
21. 减少周期时间如何为过程带来改进？
22. 什么是突破性改进？它与改善有何不同？
23. 什么是挑战性目标？挑战性目标是如何给组织提供帮助的？
24. 定义标杆分析法并列举它的益处。
25. 什么是再造？如何利用全面质量管理原则来协助实施再造工作？
26. 解释与供应商选择相关的因素。
27. 为什么与供应商建立牢固的伙伴关系十分重要？
28. 简述对供应商进行认证的一些常见实践。ISO 9000 是如何给这些实践提供支持的？

案 例

海港社区学院：餐饮服务计划

海港社区学院（Harbour Community College）提供两年制餐饮服务学位课程。学生学习如何在酒店、医院、学校、企业等建立和管理餐饮服务运营。最重要的课程之一是餐饮服务卫生与安全。参加该课程的学生必须学习政府规定的餐饮服务过程控制方法，即危害分析和关键控制点（HACCP）。他们需要进行一些研究来了解危害分析和关键控制点。他们也被要求将这种方法应用于海港社区学院的自助餐厅。

克里斯蒂娜·克拉克（Christina Clark）正在上餐饮服务卫生与安全课程，并在自助餐厅实习。她负责根据危害分析和关键控制点原则制订过程控制计划，以满足食品安全要求。例如，对热狗的要求包括：

- 接收：冷藏热狗接收时应在 34°F～40°F 之间；
- 储存：储存温度应在 34°F～40°F 之间；
- 烹饪：热狗应放到烤架上，在 30 分钟内加热至 145°F；
- 熟食储存：必须盖好剩余的热狗，并立即置于冷藏中，在 4 小时内达到 40°F 或更低的温度；
- 重新加热：热狗必须在 20 分钟内重新加热到 165°F 的温度，只能加热一次。

◆ **讨论题**

1. 如果你是克里斯蒂娜·克拉克，你将如何设计过程控制计划以确保满足这些要求？

2. 设计一个流程图和表格或“标准操作程序”，使之有助于实施你的计划，特别是热狗的例子。

3. 考虑到此类产品的细菌污染风险要高得多，如何修改过程控制计划以处理包裹着的生肉，如汉堡包或猪肉香肠？

州立大学的体验

哇！那个州立大学的视频真是太酷了。它有许多专业；它离家不远，我可以继续我的工作；父母前往参观时也非常喜欢它。我想知道在那里上学的实际情况如何。嗯，我想应该让父母带我去校园游览一番……

毫无疑问，我们将在夏天最热的日子里前往校园。校园很大——我们花了两个小时才走马观花地看了一遍，还有许多地方没去。我不太确定带领我们游览的导游是否清楚自己在干什么。当我们走进一个很大的教室时，管理员连灯都没开。导游也找不到管理员，我们不得不一直开着门，好让阳光照进房间。在游览进行到大概 3/4 时，导游说："州立大学是个不错的地方，只是你们必须学习这套系统。"我在想，他这么说是什么意思？

入学申请令人迷惑不已。怎么才能让招生办公室知道我对物理、机械工程和工业设计感兴趣呢？我的父母也不明所以。我想，我得致电招生办公室问问看……

我激动不已！妈妈刚刚将一封大学寄来的信交给我。也许他们已经录取我了。什么？这是什么？他们说我需要附上成绩单。我明明在两周前邮寄入学申请时附上了成绩单。到底怎么回事？希望这不会影响到我的申请。最好与招生办公室核对一下……他们找不到我的文件？我还以为他们只是找不到我的成绩单。我询问我的指导老师，看她是否寄出了申请。她告诉我上周已经寄出去了。哦，他们找到我的文件后会给我电话？好吧……

最终，我被学校录取了！等等。不对，我可没有申请大学学院，那是两年制的专科。我想要读的是物理、机械工程或工业设计。没办法，学院是我唯一的选择，我又非常想上这个州立大学，我想我会将确认表寄回去。这个过程与入学申请过程非常相似。事实上，我知道我给了他们许多相同的信息。我奇怪他们为什么再次索要。似乎是浪费时间……

入学情况介绍倒是非常有趣。我很高兴在学院报到时没遇到什么问题。不管怎么说，大学生活还是让人愉快的。我遇到了许多同学。我见了指导老师，选好了要修的课程。剩下的就是交学费了。哎呀！学费账单上，我申请的助学金一笔都没有。我记得我填写了所有的申请表格，因为我收到了一封州立大学发给我的奖学金信。如果没有助学金，我和父母可付不起这么高的学费。账单最底部注明，如果不及时支付，我将失去所有的上课资格。

难道是我在电脑上填写完后没有确认？我老早就交了助学金申请表和相关费用，现在完全记不清了。接下来我该怎么办？我可不想失去所有的上课资格。我必须去招生办公室或学院办公室，要他们开具函件证明我是已确认录取的学生。好吧。如果明天就去办，是不是就能保留我的上课资格呢……

我无法入睡，我对即将到来的第一天感到紧张……

◆ **讨论题**

1. 这个学生在服务过程中遇到的问题是什么？
2. 州立大学的管理者应该采取哪种类型的过程管理活动？

金星辣酱餐厅：过程管理[58]

金星辣酱餐厅（Gold Star Chili）是辛辛那提地区的一家连锁餐厅。图 5－8 显示了该公司基于过程的组织结构图。三大价值创造过程将公司经营与它的顾客和其他利益相关者联系起来。

1. 特许经营；
2. 餐厅运营；
3. 制作/配送。

特许经营过程旨在确保新开的餐厅顺利达成公司的目标。由于特许经营过程出现延误会造成较

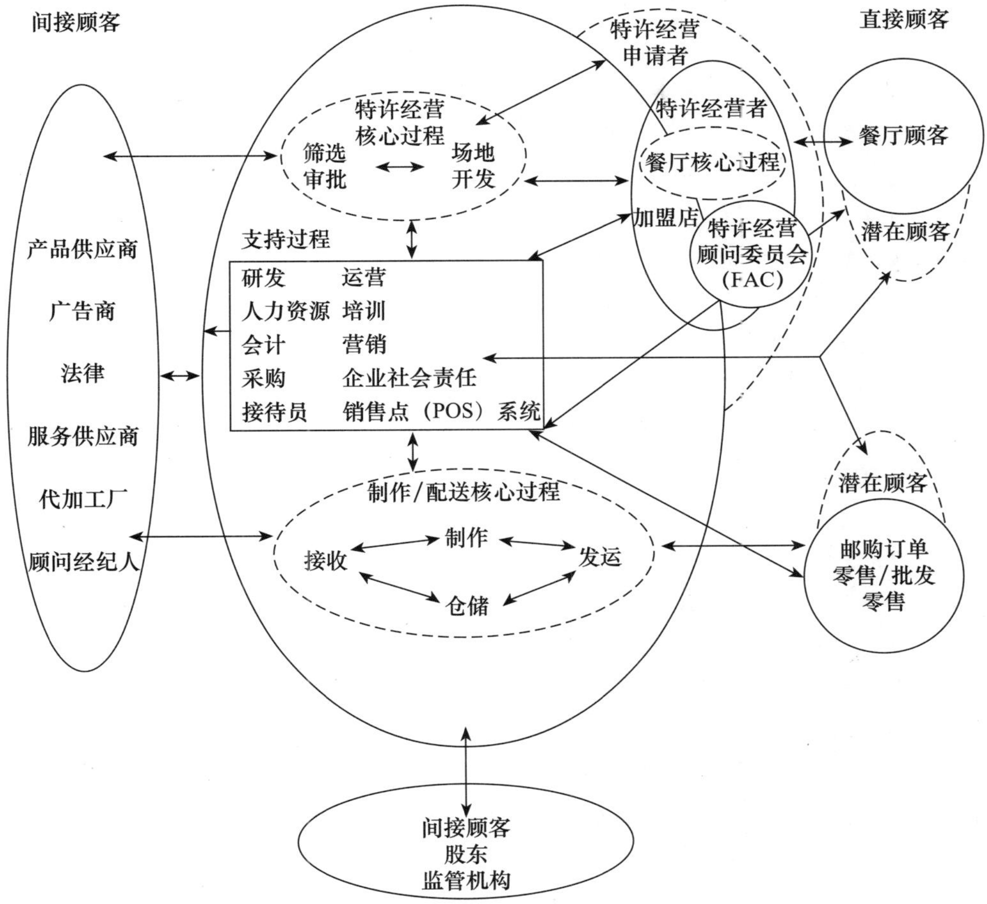

图 5-8 金星辣酱餐厅的组织结构

资料来源：Reprinted with permission of Gold Star Chili.

大的损失，公司确定了相应过程来消除变异、缩短周期时间、减少新餐厅筹备和开业过程中可能发生的问题。餐厅运营过程则包括收银、带有蒸汽保温设备的餐桌、汽车餐厅、室内桌餐、收拾餐具以及管理。辣酱是在金星供应部生产制作后运送到各餐厅的。这些过程需要各种支持过程，如研发、人力资源、会计、采购、运营、培训、营销和顾客满意度，此外还有新产品、菜单和设施的设计过程。

根据提供的信息，请你为该公司制订一套过程管理计划。在应该如何处理过程设计、控制和改进活动方面，给出清晰而具体的建议。

IBM的集成供应链[59]

集成供应链的管理高度依赖质量管理实践。IBM 将高度有效的供应链运营看成是提高竞争力的重要因素，并在战略层面建立了集成供应链（ISC）体系。IBM 的集成供应链建设始于 1999 年。IBM 的供应链经理认为：

> 供应链管理毫无疑问是 IBM 保持竞争力的重要因素。当前，竞争不再是单个组织之间的竞争，而是多个组织构成的集成供应链之间的竞争。我们不要忘记，组织中的其他职能，如质量，每一阶段都与供应链息息相关。除此之外，市场营销、财务会计也是我们战略的重要

组成部分。1999 年我们开始在物流方面实施转型，目标是将碎片重新整合为一幅完整的拼图。

启动变革计划前，最重要的是清楚地表达和传播 IBM 的价值观。IBM 员工秉持的核心价值观是：成就顾客、创新为要、诚心负责。

因为拥有共同的价值观，IBM 可以快速做出直接影响供应商绩效和顾客满意度的决策。价值观的影响还体现在个人工作、与他人接触以及更广阔的领域。供应链经理指出，领导风格与 IBM 的文化保持一致很重要。"我在 IBM 工作了 20 多年。在这里，我遇到过一些有极好个性且魅力十足的人，他们不适应 IBM 的文化。我想这并不是说他们不是好的领导，而是说他们的领导方式与 IBM 的文化不一致。我认为领导风格和组织文化应该保持一致。"

2002 年 1 月，IBM 建成了集成供应链管理系统，并在 2003 年对系统任务进行了扩展。该集成供应链由四个划分明确但联系紧密的领域组成：顾客履约、全球物流、制造以及采购。这些职能领域以集成供应链业务转型和运营战略为基础，后者为其提供内容上的深度。与此同时，IBM 还组建核心团队，负责在集成供应链的框架内主动实施各种活动。其中三个团队为运营团队、战略团队和人才团队，它们为集成供应链提供组织上的广度。

IBM 集成供应链的主要目标：一是在供应链各种活动中削减成本；二是致力于持续的再创造——以质量管理战略原则为基础。基于这些原则，IBM 对"随需应变供应链"（on-demand supply chain）提出了以下具体目标：提供成本竞争优势并减少成本和开支结构上的变异；通过减少销售代表的订单履行时间，将年度销售生产率提高 25%；通过不断改善库存、应收账款和供应商付款条件，在两年内将现金循环周期缩短 33%；库存周转率每年增加一次，每年应收账款回款期缩短1～2 天；在供应链能力上取得显著进步，为 IBM 实现一流的顾客满意度做贡献。

IBM 在集成供应链管理系统上取得的大多数成就主要归功于它的随需应变业务模型和将集成供应链当做竞争利器来使用。IBM 在随需应变业务模型中，对随需应变供应链系统的核心要素进行了最好的描述："企业的业务过程（在整个公司内以及与关键伙伴、供应商和顾客进行端对端集成）可以迅速对任何顾客需求、市场机遇或外部威胁做出反应。"

◆ **讨论题**

1. 质量管理原则是如何与 IBM 的集成供应链直接或间接相关的？
2. 讨论过程管理在供应链中发挥的作用，你可以运用本案例提供的任何信息来支持你的论点。

注　释

1. 2011–2012 Criteria for Performance Excellence, Baldrige Performance Excellence Program, U.S. Department of Commerce.
2. In his article, "Beyond PDCA—A New Process Management Model," *Quality Progress*, July 2006, 45–52, Praveen Gupta proposes a variation of these activities: prepare, perform, perfect, and progress, as an easily understood and implementable framework for process management.
3. AT&T Quality Steering Committee, *Process Quality Management & Improvement Guidelines* (AT&T Publication Center, AT&T Bell Laboratories, 1987).
4. *AT&T's Total Quality Approach*, (AT&T Corporate Quality Office, 1992), 6.
5. Paula K. Martin and Karen Tate, "Projects That Get Quality Treatment," *Journal for Quality and Participation*, November/December 1998, 58–61.

6. Custom Research Incorporated, "Highlights of CRI's Best Practices," *Baldrige Application Abstract*, 1996, 13–14.
7. Sarah Anne Wright, "Putting Fast-Food to the Test," *Cincinnati Enquirer*, July 9, 2000, F1, 2.
8. AT&T Quality Steering Committee, *Reengineering Handbook* (AT&T Bell Laboratories, 1991), 45.
9. Gary Vansuch, "Improving the 'Improve' Step in Six Sigma DMAIC Projects: Lean Enterprise and Process Streamlining Tools—Part 1," *Competitive Advantage* 12, no. 2 (Spring 2004), 1, 4–5.
10. Patricia Houghton, "Improving Pharmacy Service," *Quality Digest*, October 18, 2007.
11. City of Coral Springs 2007 Baldrige Application Summary.
12. Adapted and modified from Charles D. Zimmerman, III, and John W. Enell, "Service Industries," Sec. 33 in J. M. Juran (ed.), *Juran's Quality Control Handbook*, 4th ed. (New York: McGraw-Hill, 1988).
13. Vivienne Walt, "Meet the Third-Richest Man in the World," *Fortune*, January 14, 2013, 74–79.
14. Julie Schlosser, "Cashing in on the New World of Me," *Fortune*, December 13, 2004, 245–250.
15. Rebecca Duray and Glenn W. Milligan, "Improving Customers Satisfaction Through Mass Customization," *Quality Progress*, August 1999, 60–66.
16. For an interesting, albeit academic discussion of the psychology of human error and its relationship to mistake-proofing, see Douglas M. Stewart and Richard B. Chase, "The Impact of Human Error on Delivering Service Quality," *Production and Operations Management* 8, no. 3 (Fall 1999), 240–263; and Douglas M. Stewart and John R. Grout, "The Human Side of Mistake Proofing," *Production and Operations Management* 10, no. 4 (Winter 2001), 440–459.
17. From *Poka-Yoke: Improving Product Quality by Preventing Defects*. Edited by *NKS/Factory Magazine*, English translation copyright © 1988 by Productivity Press, Inc., P.O. Box 3007, Cambridge, MA 02140, 800-394-6868. Reprinted by permission.
18. Harry Robinson, "Using Poka-Yoke Techniques for Early Defect Detection," Paper presented at the Sixth International Conference on Software Testing and Analysis and Review (STAR '97).
19. Excerpts reprinted from Richard B. Chase and Douglas M. Stewart, "Make Your Service Fail-Safe," *Sloan Management Review* 35, no. 3 (Spring 1994), 35–44. © 1994 by the Sloan Management Review Association. All rights reserved.
20. Michael A. Prospero, "Top Scalpel," *Fast Company*, April 2006, 31.
21. "GE errors linked to plane fire," *Cincinnati Enquirer*, December 14, 2004, F1, 2.
22. N. Tsikriktsis and J. Heineke, "The Impact of Process Variation on Customer Dissatisfaction: Evidence from the U.S. Domestic Airline Industry," *Decision Sciences* 35, no. 1, Winter 2004, 129–142.
23. "Testing for Conformity: An Inside Job," *Golf Journal*, May 1998, 20–25.
24. "DaimlerChrysler's Quality Practices Pay Off for PT Cruiser," News and Analysis, *Metrologyworld.com* (accessed 3/23/00).
25. Adapted from the Malcolm Baldrige National Quality Award Application Summaries of The Ritz-Carlton Hotel Company, LLC, 1992 and 1999.
26. Robert A. Gardner, "Resolving the Process Paradox," *Quality Progress*, March 2001, 51–59.
27. Andrew E. Serwer, "Michael Dell Turns the PC World Inside Out," *Fortune*, September 8, 1997, 76–86.
28. David A. McCamey, Robert W. Bogs, and Linda M. Bayuk, "More, Better, Faster from Total Quality Effort," *Quality Progress*, August 1999, 43–50.
29. Peter M. Senge, *The Fifth Discipline: The Art and Practice of the Learning Organization* (New York: Doubleday Currency, 1990), 14.
30. L. von Bertalanffy, "The Theory of Open Systems in Physics and Biology," *Science* 111 (1950), 23–19.
31. J. W. Forrester, *Industrial Dynamics* (New York: John Wiley & Sons, 1961).
32. Masaaki Imai, *KAIZEN—The Key to Japan's Competitive Success* (New York: McGraw-Hill, 1986).
33. "No Satisfaction at Toyota," *Fast Company*, December 2006, 82.
34. For a perspective on this and related issues from Japan's "Father of Continuous Improvement," see Laura Smith, "Profiles in Quality with Masaaki Imai," *Quality Digest*, October 2005, 54–56.
35. Alan Robinson (ed.), *Continuous Improvement in Operations* (Cambridge, MA: Productivity Press, 1991).
36. Lea A. P. Tonkin, "Kaizen Blitz℠ 5: Bottleneck-Bashing Comes to Rochester, NY," *Target* 12, no. 4 (September–October 1996), 41–43.
37. Mark Oakeson, "Makes Dollars & Sense for Mercedes-Benz in Brazil," *IIE Solutions* (April 1997), 32–35.
38. Eleanor Chilson, "Kaizen Blitzes at Magnivision: $809,270 Cost Savings," *Quality Management Forum* 29, no. 1 (Winter 2003).
39. Lawrence S. Pryor, "Benchmarking: A Self-Improvement Strategy," *Journal of Business Strategy*, November/December 1989, 28–32.
40. Robert C. Camp, *Benchmarking: The Search for Industry Best Practices That Lead to Superior Performance* (Milwaukee, WI: ASQC Quality Press and UNIPUB/Quality Resources, 1989).
41. Christopher E. Bogan and Michael J. English, "Benchmarking for Best Practices: Winning Through Innovative Adaptation," *Quality Digest*, August 1994, 52–62.
42. Cathy Hill, "Benchmarking and Best Practices," The 54th Annual Quality Congress *Proceedings of the American Society for Quality*, 2000.
43. John Hackl, "New Beginnings: Change Is Here to Stay," *Quality Progress*, February 1998, 5.
44. Shawn Tully, "Why to Go for Stretch Targets," *Fortune*, November 14, 1994, 45–58.
45. Michael Hammer and James Champy, *Reengineering the Corporation* (New York: HarperBusiness, 1993), 177–178.
46. Hammer and Champy, *Reengineering the Corporation*.
47. "Supply Chain Excellence," Special Advertising Section, *Business Week*, April 25, 2005.
48. "Toyota and Honda to Recover Quickly from Supply Chain Disruption," http://www.wheelsunplugged.com/ViewNews.aspx?newsid=10012 (accessed 2/6/12).
49. Valerie Reitman, "Toyota's Fast Rebound After Fire at Supplier Shows Why It's Tough," *Wall Street Journal*, May 8, 1997, 1.
50. Kirsten Parks and Timothy Connor, "An Inside Look at How Boeing's Supplier Rating System Keeps the Aviation Giant Focused on Continuous Improvement," *Quality Progress*, April 2011.

51. 2012 Malcolm Baldrige National Quality Award Application, Baldrige Performance Excellence Program, http://www.nist.gov/baldrige.
52. Larry Kishpaugh, "Process Management and Business Results," presentation at the 1996 Regional Malcolm Baldrige Award Conference, Boston, Massachusetts.
53. William H. Murphy, "An Inside Look at How Target Ensures Quality in a Complex Supply Chain," *Quality Progress,* June 2010.
54. Parks and Connor, op. cit.
55. Adapted from 2010 K&N Management Malcolm Baldrige National Quality Award Application summary, https://www.nist.gov/sites/default/files/documents/2017/10/11/2010_K%26N_Management_Award_Application_Summary.pdf.
56. You might wish to review the K&N Management Quality Profile at the beginning of Chapter 3 for additional information about the company.
57. Adapted from Phil Patton, "Northern Exposure," *Lexus Magazine,* Quarter 1, 2004, 39–42.
58. Reprinted with permission of Gold Star Chili.
59. Adapted from Mile Terziovski and Phillipe Hermel, "The Role of Quality Management Practice in the Performance of Integrated Supply Chains: A Multiple Cross-Case Analysis," *Quality Management Journal* 18, no. 2 (2011), 10–25.

第Ⅱ篇

质量工具与技术

Tools and Techniques for Quality

▷▷▷ 第 6 章 质量管理统计方法
▷▷▷ 第 7 章 设计卓越的产品和质量
▷▷▷ 第 8 章 质量测量与质量控制
▷▷▷ 第 9 章 过程改进与六西格玛

质量专业人员既需要在管理实践方面有扎实的基础，又需要在技术方面有专业的知识。产品和服务的质量保证主要是通过恰当使用有效的统计工具和其他分析技术来分析数据，解决问题，设计、控制和改进流程，减少故障发生的可能性来实现的。在本书的第Ⅱ篇，我们将重点介绍用于质量管理的工具和技术。

第 6 章回顾了重要的统计方法，并提供了大量示例说明其在质量方面的广泛应用。该章尽可能多地使用 Excel 以简化数值计算，介绍了几个简单易用的电子表格模板。第 7 章介绍了支持设计工作的各种工具，包括质量功能展开、田口损失函数、可靠性、故障模式及影响分析以及其他实用技术。第 8 章侧重于过程测量和控制，我们对统计过程控制进行了全面介绍，同样使用简单易用的 Excel 模板。最后，第 9 章介绍了过程改进方法，引入六西格玛方法作为改进的框架，并突出强调支持过程改进和解决问题的各种分析和可视化工具。

第6章 质量管理统计方法

统计学（statistics）是一门涉及“收集、整理、分析、解释和呈现数据”的科学。[1]统计学对质量和贯彻持续改进理念至关重要（参见“质量档案”专栏）。统计方法帮助管理者掌握数据并了解过程管理中发生变异的本质。所有经理、主管、生产工人、行政人员都应掌握一定的统计方法和应用知识。如今强大的个人计算机和便于操作的数据分析与可视化软件等，为我们在日常办公中使用统计与质量工具带来了便利。

统计方法在质量方面的应用可以追溯到1903年，当时贝尔系统公司面临中心机房的设计问题。[2]用户拿起电话，听到拨号音，这意味着他连接到一条通往中央机房的干线。问题是：“需要多少条这样的干线?”从理论上讲，每个用户都可以同时使用电话，但实际上只有一定比例的用户能够同时使用。分析人员收集并分析了每天每小时的电话需求信息，辨识出高峰期以确定干线的数量来满足一定的服务标准（没有拨号音的概率）。20世纪20年代，贝尔实验室认为工厂可以应用统计技术，并开始进行统计抽样实验，促进了控制图的发展。约瑟夫·朱兰博士致力于将这种新技术推广到工厂中，但收效甚微，直到第二次世界大战，由于军方提升质量的压力，统计方法的使用在工厂获得推崇。从那时起，统计方法在质量方面得到了广泛应用，包括产品和市场分析、产品和过程设计、过程控制、测试和检验、过程改进的识别和验证以及可靠性分析。统计方法是六西格玛实践的基础。事实上，六西格玛大幅提升了统计在商业分析中的重要地位，使得所有层级的员工得以接受统计学的培训，这是史无前例的。

本书读者需要掌握一些统计学基础知识。本章简要回顾了在质量领域中概率和统计的一些重要概念，但不会全面介绍。我们的主要目的是阐明在质量方面的一些典型应用，为后续章节奠定基础。本章对想获得六西格玛绿带认证的学生也有帮助。根据经验，我们发现统计学是一门每次回顾学过的知识都会有新见解的学科。

（在本书中，我们将在统计计算和创建图表时使用 Microsoft Excel。）

质量档案 Graniterock 公司和萨特戴维斯医院

Graniterock 公司成立于1900年，生产石料、砂石、预拌混凝土、沥青、道路养护材料和可回收的路基材料。它还销售其他制造商生产的建筑材料，并经营高速公路铺路业务。它在从旧金山向南延伸至蒙特利的6个县级地区展开竞争。主要竞争对手是跨国建筑材料公司。

每个产品线的图表都可以帮助高管根据客户的优先级，评估 Graniterock 公司在关键产品和服务属性方面相对于竞争对手的绩效。在设定年度改进目标后，执行委员会希望各分支机构制订自己的实施计划。10 个公司质量团队负责促进跨部门协调，监督并调整整个组织的改进工作。

Graniterock 公司致力于降低过程变异并提高产品可靠性，作为其中的一部分，许多员工在统计过程控制、根本原因分析以及其他质量保证和问题解决方法方面接受了培训。这种员工能力有助于公司充分利用投资于计算机控制处理设备带来的优势。该公司最新的配料车间采用计算机控制的程序来搅拌混凝土，使关键过程指标能够实时监控。Graniterock 公司帮助供应商设计的电子控制系统使几个关键工序的可靠性达到了六西格玛水平。

将统计过程控制应用于所有产品线，有助于该公司降低可变成本并生产超出客户要求以及行业和政府设定标准的材料。例如，Graniterock 公司的混凝土产品始终超出行业性能规范 100 倍。

萨特戴维斯医院（Sutter Davis Hospital）是位于加利福尼亚州戴维斯的一家非营利急性病护理医院，有 48 张床位。其 385 名专业员工致力于在所服务的社区提供全面的流程和服务。该医院改进绩效的主要方式是计划、执行、研究、行动（PDSA）方法（见第 9 章），其优点是动作快且以数据为指导，团队能够对有效或需要继续完善的流程变更做出快速反应。过程改进和创新团队与跨学科实践委员会负责对流程进行监督，跟踪协调改进和创新机会。过程改进和创新团队是过程改进的基础，也是过程改进活动的参谋团队，改进活动包括教育，参与部门过程改进和创新，促进跨学科改进，参与战略实施，与高层领导者讨论重要战略项目的优先级，维护内部网站以显示项目状态并分享最佳实践。

系统的数据分析和绩效评估可以识别改进和创新的机会。高层领导者、流程负责人和部门使用决策面板来衡量关键绩效指标，以平衡整个组织的绩效，并创造患者、客户和利益相关者的价值。过程改进和创新团队工作人员利用控制图、帕累托分析、方差计算和相关性等统计工具资源，帮助解读数据和结果。

由于采用了以数据为导向的流程方法，急诊患者从家到医生救治的平均时间从 2008 年的 45 分钟下降到 2012 年的 22 分钟，远低于加利福尼亚州的标杆水平 58 分钟。萨特戴维斯医院在肺炎、心力衰竭和急性心肌梗死方面的再入院率和平均住院时间超过了全国前 10%的标杆基准，医疗保险和整体住院治疗的平均住院时间也是如此。

资料来源：Adapted from Malcolm Baldrige National Quality Award，Profiles of Winners and award application summaries，and National Institute of Standards and Technology，Department of Commerce，www. nist. gov/baldrige.

6.1 概率的基本概念

为了正确地应用统计学，需要对概率和概率分布有一个基本的了解。在统计学术语中，**试验**（experiment）是产生某种结果的过程。比方说从某一生产过程中抽取 10 个零件作为样本，或者点亮一盏灯直到其熄灭。试验的**结果**（outcome）是指我们观测到的结果，它可能是样本中次品的数目，也可能是灯泡熄灭前所经历的时间长度。某次试验所有可能结果组成的集合称为**样本空间**（sample space）。例如，在 10 个零件中可能有 0 个、1 个、2 个或多达 10 个次品；一只灯泡的寿命可以是任意时间长度，由于我们不能确定上限，其时间长度可以用一个 0 到（理论上）无穷大的实数表示。一个样本空间可能包含少量离散结果，也可能包含无限的可数结果或实数。

概率（probability）是对一个结果发生可能性大小的度量。假定我们标记一个样本空间中 n 个结果分别为 O_1，O_2，…，O_n，其中 O_i 表示样本空间中第 i 个事件的结果。$P(O_i)$表示结果 O_i发生的概率，有以下性质：

- 任一结果发生的概率必定在 0～1 之间，或可表述为：

  对任意事件 O_i，$0\leqslant P(O_i)\leqslant 1$

- 所有可能结果的概率之和为 1，或可表述为：

  $P(O_1)+P(O_2)+\cdots+P(O_n)=1$

事件（event）是样本空间中一个或多个结果的集合，比如在10 个样本中至多有 2 个次品，或者一个灯泡的发光时间超过 1 000 小时。若 A 为事件，那么事件 A 的**补集**（complement）可表示为 A^c，A^c为样本空间中除集合 A 以外的所有结果的集合。例如，事件 A 是在 10 个样品中至多发现 2 个次品，则事件 A^c为至少发现 3 个次品。

如果两个事件没有交集，则它们是**互斥事件**（mutually exclusive）。例如，如果 A 是“在样本中至多发现 2 个次品”，B 是“在样本中至少发现 5 个次品”，很明显，A 和 B 是互斥事件。

以下性质可用于计算事件的概率：

性质 1：任意事件的概率都是构成该事件所有结果的概率之和。

性质 2：事件 A 补集的概率为 $P(A^c)=1-P(A)$。

性质 3：如果事件 A 与事件 B 为互斥事件，则 $P(A\cup B)=P(A)+P(B)$。

性质 4：如果事件 A 与事件 B 不是互斥事件，则 $P(A\cup B)=P(A)+P(B)-P(A\cap B)$。

在这些性质中，$A\cap B$ 表示事件 A 与事件 B 的交集，即所有结果既属于 A 又属于 B。

例 6-1

概率性质的应用

一家公司在对新组装完成的个人计算机进行测试时发现，在 100 个样本中，3 台计算机因为母板问题而无法正常启动，4 台出现硬盘故障，2 台计算机同时出现了这两种问题。假设 A 为事件“不能正常启动”，B 为事件“硬盘故障”。那么 $P(A)=3/100$，$P(B)=4/100$。但这两个事件不是互斥事件，因为事件 A 与事件 B 可以同时发生。具体而言，$P(A\cap B)=2/100$。因此，发生第一种或者第二种故障的概率为 $P(A\cup B)=P(A)+P(B)-P(A\cap B)=3/100+4/100-2/100=5/100$。

条件概率（conditional probability）指事件 A 在另一个事件 B 为真或已发生的前提下发生的概率。通常给定已发生的事件 B，则事件 A 的条件概率为：

$$P(A \mid B) = \frac{P(A \cap B)}{P(B)} \tag{6.1}$$

将符号 $P(A \mid B)$ 记为"事件 B 已发生的条件下事件 A 发生的概率"。

可以用其他方式来应用条件概率公式。例如，用 $P(B)$ 与式（6.1）的两边相乘，得到 $P(A \cap B) = P(A \mid B)P(B)$。也可以交换 A 和 B，得到 $P(B \cap A) = P(B \mid A)P(A)$，但是 $P(A \cap B)$ 与 $P(B \cap A)$ 相同，因此可以用两种方式表示 $P(A \cap B)$：

$$P(A \cap B) = P(A \mid B)P(B) = P(B \mid A)P(A) \tag{6.2}$$

这个公式通常称为**概率乘法法则**（multiplication rule of probability）。

例 6-2

条件概率的应用

产品或设备的诊断测试往往是不可靠的。例如，如果测试结果显示失效，则该结果在某些运行时间内可能是错误的；同样，一个显示合格的测试结果也可能是错误的。假设某产品有缺陷，则诊断测试表明该产品只有 94%的时间是有缺陷的，如果该产品是合格的，则该测试错误地指出该产品有 2%的时间是有缺陷的。假设产品有缺陷的真实百分比为 1%。这种情况可以通过如图 6-1 所示的树形图来说明。每条分支上所列出的概率都与前面已发生的事件有关。因此，右侧顶部分支上所列出的 0.94 表示在产品实际有缺陷的情况下，测试结果显示该产品有缺陷的概率。

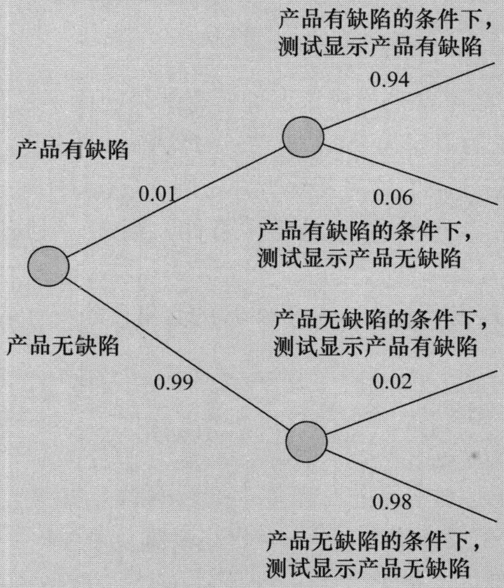

图 6-1　诊断测试的树形图和概率

利用乘法法则，沿着树的分支将概率相乘，就可以得到产品实际有缺陷并且测试显示该产品有缺陷的概率（这些联合概率的计算见图6-2）。医此：

P(测试显示有缺陷且产品有缺陷)

$=P$(测试显示有缺陷｜产品有缺陷)P(产品有缺陷)

$=0.94\times0.01=0.009\ 4$

同样，

P(测试显示有缺陷且产品无缺陷)

$=P$(测试显示有缺陷｜产品无缺陷)P(产品无缺陷)

$=0.02\times0.99=0.019\ 8$

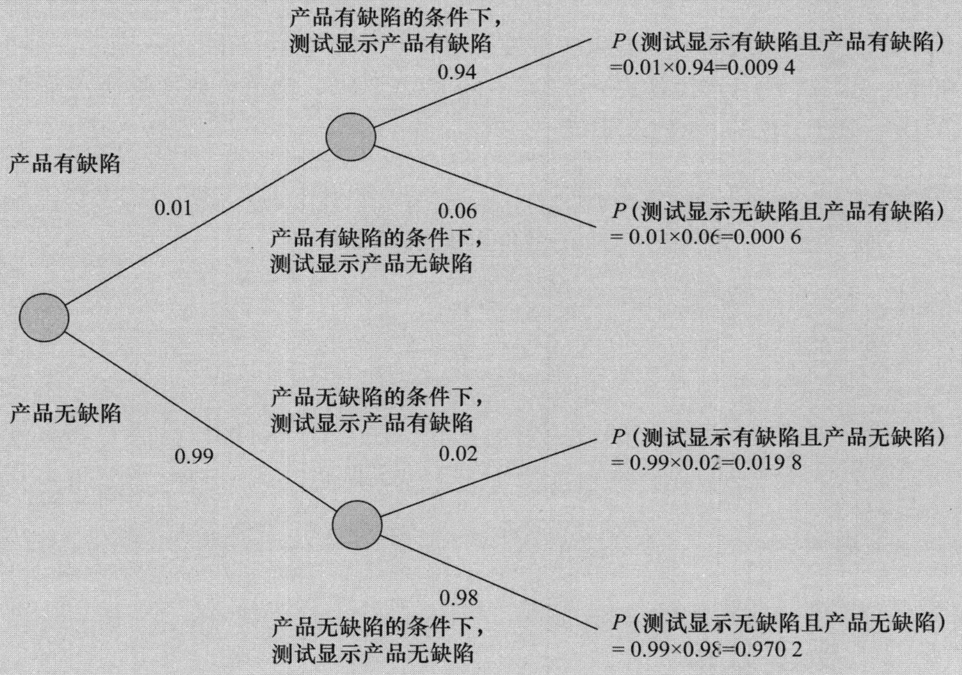

图6-2　联合概率的计算

同样，

P(测试显示有缺陷且产品无缺陷)

$=P$(测试显示有缺陷｜产品无缺陷) P(产品无缺陷)

$=0.02\times0.99=0.019\ 8$

因此，对于任何随机抽样的产品而言，测试显示该产品有缺陷的概率是$0.009\ 4+0.019\ 8=0.029\ 2$，即使其真实有缺陷的概率是0.01。同样，测试显示该产品无缺陷的概率是$0.000\ 6+0.970\ 2=0.970\ 8$。

已知测试的结果，我们可以计算该产品实际有缺陷的条件概率。例如，应用式(6.1)，有

P(产品有缺陷 | 测试显示有缺陷)
$=P$(测试显示有缺陷且产品有缺陷) $/P$(测试显示有缺陷)
$=0.009\ 4/0.029\ 2=0.321\ 9$

同样，

P(产品无缺陷 | 测试显示有缺陷)
$=P$(测试显示有缺陷且产品无缺陷) $/P$(测试显示有缺陷)
$=0.019\ 8/0.029\ 2=0.678\ 1$

可以验证，P(产品无缺陷 | 测试显示无缺陷) $=0.999\ 38$ 以及 P(产品有缺陷 | 测试显示无缺陷) $=0.000\ 62$。

如果 $P(A \mid B)=P(A)$，则称事件 A 与事件 B 相互**独立**（independent）。如果两个事件相互独立，用 $P(A)$ 代替式（6.2）中的 $P(A \mid B)$，则可将概率乘法法则简化为：$P(A \cap B)=P(B)P(A)=P(A)P(B)$。

例 6-3

独立事件的乘法法则

假设一个过程由两个连续的步骤组成。第一个步骤（事件 A）生产合格产品的概率为 0.95，第二个步骤（事件 B）生产合格产品的概率为 0.98。显然这两个事件是相互独立的，因此在此过程中生产出合格产品的概率为 $P(A \cap B)=P(A)P(B)=0.95\times 0.98=0.931$。这意味着生产 1 000 个产品，最后只有 931 个是合格的。在质量控制方面的专业术语中，这通常称为直通率（rolled throughput yield），我们会在第 8 章中正式定义。

6.2 概率分布

随机变量（random variable）是对试验结果的数量描述。从形式上讲，随机变量是一个函数，它为样本空间中的每个可能结果赋值。例如，假设某次试验包括 10 个样本并计算次品的数量。我们可以定义随机变量 X 为样本中有次品的数量。如果试验为测试组装后的产品，则结果将为通过或失败。我们可以定义一个随机变量 Y，如果结果通过则 Y 为 1，如果结果失败则 Y 为 0。随机变量可以是离散的，也可以是连续的，这取决于其数值特性。

概率分布（probability distribution）描述了随机变量可能取值以及取得对应值的概率。概率分布可以是离散的，也可以是连续的，这取决于随机变量的性质。对于随机变量 X，X 的概率分布用函数 $f(x)$ 表示。符号 x_i 代表随机变量 X 的第 i 个值，$f(x_i)$ 代表其概率。**累积分布函数**（cumulative distribution function）$F(x)$ 指随机变量 X 取值小于或等于指定值 x 的概率，也可以用 $P(X\leqslant x)$ 表示，读作“随机变量 X 小于或等于 x 的概率”。

6.2.1 离散型概率分布

我们将回顾质量应用中两个重要的离散型概率分布，即二项分布和泊松分布。

二项分布 **二项分布**（binomial distribution）描述的是在 n 次重复试验（称为试验序列）中，取得 x 次“成功”的概率。“成功”可以是每次试验两种结果中的任意一种。在某些情况下，它可能代表的是不合格品，在其他情况下，它可能代表的是合格品。每次试验成功的概率都是常数 p。二项分布的概率函数如下：

$$f(x) = \binom{n}{x} p^x (1-p)^{n-x}$$

$$= \frac{n!}{x!(n-x)!} p^x (1-p)^{n-x}, \quad x=0, 1, 2, \cdots, n \qquad (6.3)$$

式中，p 为一次成功的概率；n 为样本中重复试验的次数；x 为期望成功的次数，取值为 0，1，2，…，n。二项分布的期望值、方差和标准差为：

$$E[X] = \mu = np \qquad (6.4)$$

$$\sigma^2 = np(1-p) \qquad (6.5)$$

$$\sigma = \sqrt{np(1-p)} \qquad (6.6)$$

二项分布的概率质量函数相当复杂，手工计算二项分布概率也非常烦琐，但在 Excel 中使用如下函数可以很容易地计算出来：

BINOM. DIST（number _ s，trials，probability _ s，cumulative）

在此函数中，number _ s 起着 x 的作用，probability _ s 相当于 p。如果将 cumulative 设置为 TRUE，则此函数将返回累积概率函数 $F(x)$，否则默认为 FALSE，并返回概率质量函数 $f(x)$ 的值。

（Microsoft Excel 提供了非常有用的函数，可用于计算本书中讲述的概率分布的概率值。）

例 6-4

二项分布的应用

如果某过程生产次品的概率是 0.2，则 10 件样品中有 x 件次品的概率分布可用式 (6.3) 加以描述，其中，$n=10$，$p=0.2$：

$$f(x) = \begin{cases} \binom{10}{x} (0.2)^x (0.8)^{(10-x)}, & x=0, 1, 2, \cdots, 10 \\ 0, & \text{其他} \end{cases}$$

因此，为了计算出 10 件样品中有 3 件次品的概率，我们有

$$f(3) = \binom{10}{3} (0.2)^3 (0.8)^{(10-3)} = \frac{10!}{3!\ 7!} (0.008)(0.209\ 715\ 2)$$

$$= 120 \times 0.008 \times 0.209\ 715\ 2 = 0.201\ 33$$

二项分布的概率分布和累积概率分布可以使用 Excel BINOM. DIST 功能形成表格来计算。图 6-3 给出了应用 Excel 计算二项分布概率的结果。

	A	B	C	D	E
1	Binomial Probability Distribution				
2	Enter data only in yellow-shaded cells.				
3					
4	Number of successes, *x*			3	
5	Sample size, *n* (up to 50)			10	
6	Probability of a success,			0.2	
7	*f*(x) = P(*X* = *x*)			0.2013	
8					
9	x	f(x)	F(x)		
10	0	0.10737	0.10737		
11	1	0.26844	0.37581		
12	2	0.30199	0.67780		
13	3	0.20133	0.87913		
14	4	0.08808	0.96721		
15	5	0.02642	0.99363		
16	6	0.00551	0.99914		
17	7	0.00079	0.99992		
18	8	0.00007	1.00000		
19	9	0.00000	1.00000		
20	10	0.00000	1.00000		

Binomial

图 6-3　应用 Excel 计算二项分布概率

泊松分布　质量控制中经常用到的第二个离散型分布是**泊松分布**（Poisson distribution）。泊松分布如下式所示：

$$f(x)=\frac{e^{-\lambda}\lambda^{x}}{x!} \tag{6.7}$$

式中，λ——均值或者期望值；$x=0$，1，2，3，…；e=2.718 28。

泊松分布与二项分布紧密相关。它是由当样本容量（n）非常大（趋于无穷）并且成功或者失败的概率（p）非常小（趋于 0）时，期望值（np）保持不变为常数推导出来的。因此，当 n 远大于 p 时，二项分布可以由泊松分布近似计算。通常当 $p\leqslant 0.05$ 且 $n\geqslant 20$ 时，就可以用泊松分式近似计算，其中 $\mu=np$*。泊松分布常用于计算在单位时间或空间内随机事件发生的次数，例如抛光表面上每平方英寸的划痕数。

和二项分布一样，泊松分布的概率手工计算较为烦琐。利用 Excel 的函数 POISSON.DIST（x，mean，cumulative）可以较为容易地计算其概率。我们将在例 6-5 中使用。

例 6-5

泊松分布的应用

假设在产品喷漆后的检查中发现外观有缺陷的次品（可以补漆和抛光）平均数量为 12 个。恰好发现 x 个次品的概率由式（6.7）中的泊松分布可以得到，平均值为 12，即

* 这里应该使用泊松分布的期望 $\lambda=np$。——译者

$$f(x)=\begin{cases}\dfrac{e^{-12}12^x}{x!}, & x=0, 1, 2, \cdots\\ 0, & 其他\end{cases}$$

将 $x=5$ 代入式中，则恰好发现5个次品的概率为 $f(5)=0.012\,74$。图6-4给出了使用泊松 Excel 模板进行计算的过程。

	A	B	C	D	E
1	Poisson Probability Distribution Template				
2	Enter data only in yellow-shaded cells.				
3					
4	Number of outcomes, *x*			5	
5	Mean, λ			12	
6	*f*(x) = P(*X* = *x*)			0.01274	
7					
8					
9	x	f(x)	F(x)		
10	0	0.00001	0.00001		
11	1	0.00007	0.00008		
12	2	0.00044	0.00052		
13	3	0.00177	0.00229		
14	4	0.00531	0.00760		
15	5	0.01274	0.02034		
16	6	0.02548	0.04582		
17	7	0.04368	0.08950		
18	8	0.06552	0.15503		
19	9	0.08736	0.24239		
20	10	0.10484	0.34723		
21	11	0.11437	0.46160		
22	12	0.11437	0.57597		
23	13	0.10557	0.68154		
24	14	0.09049	0.77202		
25	15	0.07239	0.84442		

Poisson

图6-4 应用 Excel 计算泊松分布概率

6.2.2 连续型概率分布

连续型随机变量定义在一个或多个实数区间上，因此有无限个可能值。描述连续型随机变量结果的曲线称为**概率密度函数**（probability density function），用函数 $f(x)$ 表示。对于连续型随机变量，定义一个特定值 x 的概率是毫无数学意义的，因为有无限个数值。概率只能在区间上定义。因此，我们可以计算两个数 a 和 b 之间的概率，$P(a\leqslant X\leqslant b)$，或者在 c 值左侧或右侧的概率，如 $P(X\leqslant c)$ 和 $P(X\geqslant c)$。$P(a\leqslant X\leqslant b)$ 是在区间 $[a, b]$ 上概率密度函数下的面积。

连续型随机变量的累积分布函数与离散型随机变量的表达形式相同，即 $F(x)$，表示随机变量 X 小于或等于 x 的概率 $P(X\leqslant x)$。$F(x)$ 则表示 x 在密度函数中左侧的面积。

知道 $F(x)$ 就可以很容易地计算连续分布的区间概率。X 在 a 和 b 之间的概率等于在这两点上计算的累积分布函数之差，即

$$P(a\leqslant X\leqslant b)=P(X\leqslant b)-P(X\leqslant a)=F(b)-F(a) \tag{6.8}$$

对于连续分布，我们不需要像离散分布那样关心端点，因为 $P(a\leqslant X\leqslant b)$ 和 $P(a<X<b)$ 是一样的。

6.2.3 正态分布

正态分布（normal distribution）的概率密度函数用熟悉的钟形曲线表示。然而，并不是每一条对称的单峰曲线都是正态分布，也不能假定一个样本或总体的所有数据都服从正态分布。然而为了简化某些计算，通常假设数据服从正态分布。在大多数情况下，这一假设对结果影响不大，但从理论角度来看很重要。

正态分布的概率密度函数如下所示：

$$f(x)=\frac{1}{\sqrt{2\pi\sigma^2}}e^{-(x-\mu)^2/2\sigma^2},\quad -\infty<x<\infty \tag{6.9}$$

式中：

μ——随机变量 x 的均值；

σ^2——x 的方差；

e——2.718 28…；

π——3.141 59…。

如果一个服从正态分布的随机变量的均值 $\mu=0$ 且标准差 $\sigma=1$，则称其服从**标准正态分布**（standard normal distribution）。通常用字母 z 来表示这个特殊的随机变量。分别用常数 0 和 1 来代替均值和标准差，正态分布的概率密度函数可以简化为：

$$f(z)=\frac{1}{\sqrt{2\pi}}e^{-z^2/2} \tag{6.10}$$

标准正态分布的概率密度函数如图 6-5 所示。由于 $\sigma=1$，z 轴上的刻度以标准差为单位的形式表示。标准正态分布曲线下方的面积由附录 A 中的表给出，来辅助计算概率。

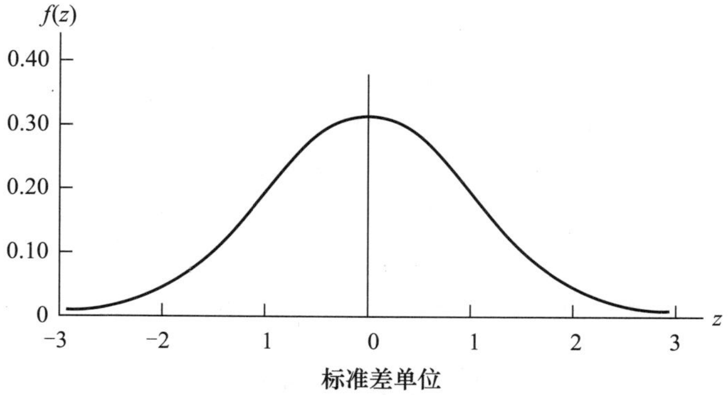

图 6-5 标准正态分布

幸运的是，如果 x 是均值为 μ、标准差为 σ 的正态分布上的任意值，我们可以使用下面的公式轻松地将其转换为标准正态分布的等效值：

$$z=\frac{x-\mu}{\sigma} \tag{6.11}$$

这通常用于使用标准正态分布表（见附录 A）来计算正态分布的概率。可以使用 Excel 函数 NORM. DIST（x，mean，standard deviation，TRUE）计算给定均值和标准差的累积概率 $F(x)=P(X\leqslant x)$。使用 Excel 函数 NORM. S. DIST（z）计算标准正态分布中任意 z 值的累积概率。

式（6.11）表示所求变量（x）减去均值（m）再除以标准差（s），其计算结果为服从标准正态分布的随机变量 z。该变量的概率可以通过查找附录 A 来获取。

例 6-6

正态分布的应用

一家用于医疗诊断的 MRI 扫描仪制造商的数据显示，设备故障间隔时间的平均天数（μ）为 1 020 天，标准差为 20 天。假设其服从正态分布，那么设备进行修理的间隔天数小于 1 044 天的概率是多少？超过 980 天的概率是多少？在 980～1 044 天之间的概率是多少？

根据附录 A 的表格，首先将 x 转换为 z 值。已知 $x=1\,044$ 天，则

$$z=\frac{x-\mu}{\sigma}=\frac{1\,044-1\,020}{20}=1.2$$

这意味着 1 044 天是均值为 1 020 天的标准差的 1.2 倍。因此，通过查询附录 A，$P(X\leqslant 1\,044)=P(z\leqslant 1.2)=0.884\,9$。

该结果可以通过 Excel 函数 NORM. DIST（1 044，1 020，20，TRUE）直接得到。图 6-6 给出了使用正态概率分布模板进行计算的过程。

	A	B	C
1	**Normal Distribution Probability Template**		
2	**Enter data only in yellow-shaded cells**		
3			
4	**Mean, μ**	1020	
5	**Standard deviation, σ**	20	
6	***x*-value**	1036.83	
7	**Calculated *z*-value**	0.8	
8	**$F(x) = P(X \leq x)$**	0.79997	
9			
10	**x**	**z**	**F(x)**
11	960.00	-3.00	0.00135
12	962.00	-2.90	0.00187
13	966.00	-2.70	0.00347
14	968.00	-2.60	0.00466
15	970.00	-2.50	0.00621
16	972.00	-2.40	0.00820
17	974.00	-2.30	0.01072
18	976.00	-2.20	0.01390
19	978.00	-2.10	0.01786
20	980.00	-2.00	0.02275
21	982.00	-1.90	0.02872
22	984.00	-1.80	0.03593
23	986.00	-1.70	0.04457

Normal

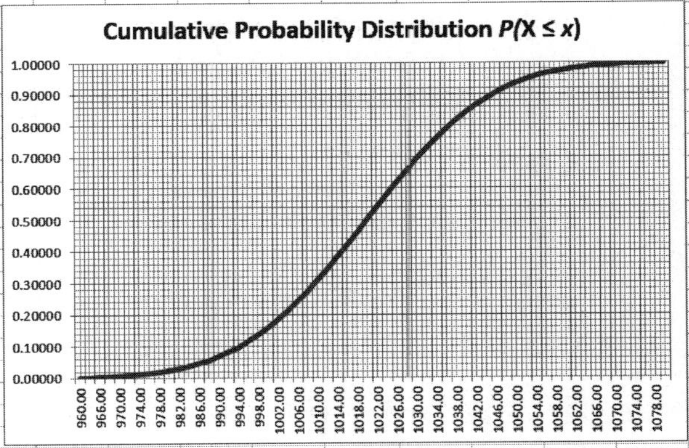

图 6-6　应用 Excel 计算正态分布概率（Excel 工作表正态部分）

要求出 X 超过 980 天的概率，首先应求出对应的 z 值：

$$z=\frac{x-\mu}{\sigma}=\frac{980-1\ 020}{20}=-2.0$$

可以得到 $P(X\leqslant 980)=P(z\leqslant -2.0)=0.022\ 75$。因此，$P(X>980)=1-0.022\ 75=0.977\ 25$。这一结果可以通过 Excel 函数求出，即 1—NORM.DIST（980，1 020，20，TRUE)。

最后，X 在 980～1 044 天之间的概率可通过式（6.8）得

$$\begin{aligned}P(980\leqslant X\leqslant 1\ 044)&=P(X\leqslant 1\ 044)-P(X\leqslant 980)\\&=F(1\ 044)-F(980)=0.884\ 93-0.022\ 75\\&=0.862\ 18\end{aligned}$$

当我们知道累积概率但不知道变量 x 时，可以使用 Excel 函数 NORM. INV（probability，mean，standard _ dev）来计算。该函数中，probability 是所求变量 x 所对应的累积概率。

例 6－7

正态分布反函数的应用

假设 MRI 扫描仪的生产商想知道在多长时间间隔里设备不会发生故障的概率为 0.8。在这里，我们知道 $P(X\leqslant x)=0.8$。这相当于 $P(Z<z)=0.8$，其中 $z=(x-1\ 044)/20$。根据附录 A，我们可以确定 z 近似等于 0.84。因此通过求解 $0.84=(x-1\ 020)/20$，得到 $x=1\ 060.8$。图 6－7 给出了此例正态分布反函数 Excel 模板的应用。

	A	B	C
1	**Normal Inverse Distribution Calculation Template**		
2	Enter data only in yellow-shaded cells		
3			
4	**Mean, μ**	1044	
5	**Standard deviation, σ**	20	
6	**Probability P(X ≤ x)**	0.8	
7	**Calculated x-value**	1060.83	
8			

Normal Inverse

图 6－7　正态分布反函数计算模板

遗憾的是，大多数业务流程并不服从正态分布。[3]缺乏正态分布往往是由于人们对过程有严格控制的倾向，这消除了很多自然变异源，并且受人类行为、物理规律和调查实践的影响。例如，有关客户偿还账单所需天数的数据表明，很多人喜欢提前支付，有的人则是在最后还款日刚过还款到账。人们的这种行为特点导致形成一个陡峭的曲线而不再服从正态分布。在热镀锌工艺流程中，当基础材料达到熔融锌的温度时才会形成锌层。然而，如果在达到临界温度之前将基础材料移开，则不会形成锌层。因此，在该分布的

右侧，所有基础材料都将有最小厚度的锌层，左侧不会像正态分布那样逐渐减少。导致数据不服从正态分布的其他情况有[4]：

1. 由于测量或数据录入错误导致出现很多极端值。

2. 由于来自不同过程的数据混淆导致两个或多个分布的叠加。

3. 测量中的舍入误差或测量设备的准确度较低会使数据看起来是离散的而不是连续的。

4. 数据已经分类，比如在检查后去掉了超出规格范围的样本，使得正态分布被截尾，数据更加集中。

5. 过程中有很多数值接近零，导致出现正偏态分布。通常情况下，数据可以通过数学转换方法（如取对数）转化为正态分布。

6. 有些数据本身服从其他类型的分布，比如电子器件的寿命、每天机器的最长停机时间等极端值。

因此，在应用基于正态假设的统计理论之前，充分理解数据的性质是很重要的。

6.2.4 指数分布

另一种常应用于质量领域的连续分布是**指数分布**（exponential distribution）。指数分布可对随机事件发生的时间间隔建立模型，例如机器或者电子部件从生产到发生故障或两次故障之间的间隔时间。在第 7 章中，我们可以看到它被广泛地用于可靠性模型中。指数分布与泊松分布是相互联系的：如果事件发生的时间间隔服从指数分布，那么在一段时间内事件发生的次数服从泊松分布。例如，如果一台机器发生故障的平均间隔时间服从以 500 小时为均值的指数分布，那么每小时发生的平均故障数服从以 1/500（次数/小时）为均值的泊松分布。

概率密度函数为：

$$f(x)=\lambda e^{-\lambda x},\quad x\geqslant 0 \tag{6.12}$$

式中：

$1/\lambda$——指数分布的均值（λ 为对应的泊松分布的均值）；

x——变量所代表的时间间隔或距离跨度；

$e=2.718\,28\cdots$（自然对数的底），其累积分布函数为：

$$F(x)=1-e^{-\lambda x} \tag{6.13}$$

指数分布具有以下性质：其下边界为 0，在 $x=0$ 时概率密度最大，随着 x 的增大其概率密度逐渐下降。Excel 函数 EXPON.DIST（x，lambda，TRUE）可用于计算指数分布累积概率。

例 6-8

指数分布的应用

一家为平板电脑生产电子元件的公司测试了大量电子元件。发现发生故障的平均时间间隔为 $1/\lambda=4\,000$ 小时。那么一个电子元件在 500 小时内发生故障的概率是多少？

在 4 000 小时内发生故障的概率呢？

平均故障率为 $\lambda=1/4\ 000=0.000\ 25$ 次/小时。因此，在 500 小时内发生故障的概率为：

$$F(500)\ =1-e^{-(0.000\ 25\times 500)}=0.117\ 5$$

Excel 函数 EXPON. DIST（x，0.000 25，TRUE）计算 x 小时内发生故障的可能性。因此，EXPON. DIST（500，0.000 25，TRUE）将计算出相同的结果。图 6－8 显示了此例应用 Excel 模板的计算过程。

4 000 小时内失效的概率为：

$$F(4\ 000)=1-e^{-(0.000\ 25\times 4\ 000)}=0.632\ 1$$

注意 4 000 小时是平均故障时间。但是，在 4 000 小时之前发生故障的概率不是 0.5，这是对指数分布均值普遍的误解。该示例可以清楚地表明均值与中位数不同。

	A	B	C	D
1	**Exponential Probability Distribution Template**			
2	**Enter data only in yellow-shaded cells.**			
3				
4	**Mean rate, λ**	0.00025		
5	***x*-value**	4000		
6	***F*(*x*) = *P*(*X* ≤ *x***	0.6321		
7				
8	x	F(x)		
9	0	0.0000		
10	800	0.1813		
11	1600	0.3297		
12	2400	0.4512		
13	3200	0.5507		
14	4000	0.6321		
15	4800	0.6988		
16	5600	0.7534		
17	6400	0.7981		
18	7200	0.8347		
19	8000	0.8647		
20	8800	0.8892		
21	9600	0.9093		
22	10400	0.9257		
23	11200	0.9392		
24	12000	0.9502		
25	12800	0.9592		
26	13600	0.9666		
27	14400	0.9727		
28	15200	0.9776		
29	16000	0.9817		

Exponential

图 6－8　应用 Excel 计算指数概率

6.3　统计方法

图 6－9 汇总了质量管理统计方法的基本要素。统计方法通常从用图形和数值描述数

据开始。**描述性统计**（descriptive statistics）是一种以可视化和数值形式呈现数据的方法，包括图表（如 Excel 中的柱状图、折线图和饼图）、组织和呈现数据的频率分布和直方图、集中趋势的衡量指标（平均值、中位数、比例）和离散趋势的衡量指标（极差、标准差、方差）。例如，航空公司可能会调查行李丢失的问题，想要确定问题的主要原因是丢失或损坏标签、行李袋上的标签有错误还是行李误转。通过对每种原因的频率分析，可能会发现丢失或损坏标签占问题的 50%，标签有错误占 30%，误转只占 20%。航空公司还可以计算每个月每 1 000 名乘客发生行李丢失问题的平均次数，并将数据制成图表以识别趋势，确定过程改进是否有效。

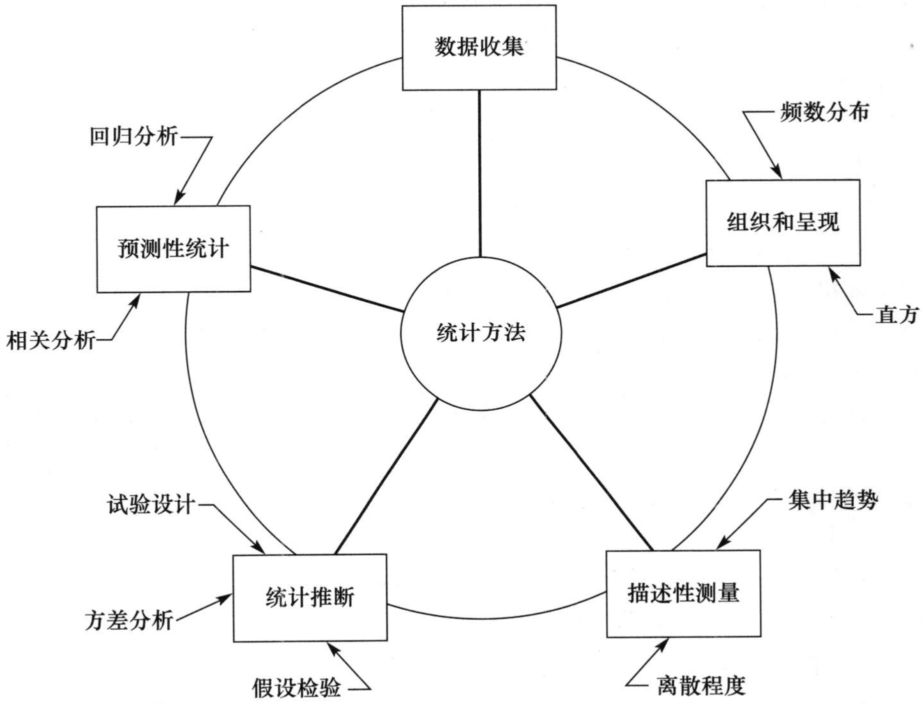

图 6-9　质量领域的基本统计方法

统计方法的第二部分是统计推断。**统计推断**（statistical inference）是利用已知数据来推断总体未知特征的过程。在这个过程中使用的方法包括置信区间、假设检验和试验设计。例如，化学品制造商可能对温度对一种新制造工艺产量的影响感兴趣。基于产量的变化，可以建立一个置信区间来量化样本数据的不确定性。在对照试验中，制造商可以通过验证温度对产量没有影响的备择假设不成立来证明温度对产量有影响。如果验证温度确实是一个至关重要的变量，接下来要想办法将温度维持在适当的水平，并根据提取的样品推断其过程是否仍处于受控状态。试验设计对于理解过程因素对产出质量的影响和优化系统非常重要。

统计方法的最后一个组成部分是**预测性统计**（predictive statistics），其目的是根据历史数据对未来情况的发展进行预测。相关分析和回归分析是两种经常使用的统计方法。通常这些方法可以阐明过程的特征并预测未来的结果。例如，在质量保证中，相关分析经常用于设备校准的检测研究中。在此类研究中，使用检测仪器测量已知特征的标准测试样品。将实际结果与已知结果进行比较，根据误差进行相应的调整。

Microsoft Excel 提供了多种函数和数据分析工具来进行统计计算。数据分析工具库特别有用（但目前在苹果 Macintosh® （Mac）的 Excel 中不能使用）。如果想查看 Excel 中可用分析工具的列表，请点击 Excel 菜单栏中“数据”选项卡，并单击其“分析”组中的“数据分析”选项。如果找不到“数据分析”选项，则必须安装加载项。在 Excel 中安装加载项，需要先点击“文件”选项卡，然后单击左侧列表中的“选项”。之后在弹出的对话框左侧列表中选择“加载项”。在对话框底部，确保在“管理”选项框中选择了“Excel 加载项”，然后单击“转到”。在“加载项”对话框中，如果未选中“分析工具库”和“分析工具库 VBA”，请选中它们，然后单击“确定”。之后每次运行 Excel 时，不需要再重复这一过程。

6.3.1 抽样

抽样是统计应用的基础。抽样有多种方法，以下是一些常见的方法。

1. 简单随机抽样（simple random sampling）：总体中每个个体被抽中的概率相同。

2. 分层抽样（stratified sampling）：将总体分为若干群体或层级，样本从不同的群体中进行抽取。

3. 系统抽样（systematic sampling）：每隔 n 个个体（如每隔 4 个，每隔 5 个等）抽取一个样本。

4. 整群抽样（cluster sampling）：将总体划分为多个组（群），然后以群为抽样单位。所选群中的所有个体都包含在样本中，或者从被选群中抽取一个随机样本。

5. 判断抽样（judgment sampling）：根据专家意见抽取样本。

一个好的抽样方案应以最低成本抽到一个最能代表总体特征的样本，并且符合该研究精确度和可靠性的要求。

简单随机抽样是常见的抽样方法，是大多数科学统计调查（审计和市场研究等）的基础，也是进行质量保证研究的有用工具。很多统计过程都依赖于随机抽样。如果不使用随机样本，可能会产生偏差。例如，假设我们的检测对象是卷制的线圈，如果生产线圈的过程随着时间变化，则仅从线圈的外露端取样很容易导致偏差。简单随机抽样通常用于估计总体参数，如均值、比例和方差。要有效地使用简单随机抽样，必须确定合适的样本量。

任何抽样过程都会导致两种类型的误差：**抽样误差**（sampling error）和**系统误差**（systematic error）。无论我们如何仔细地选取样本，样本都不足以代表总体，这样的事实使抽样误差从本质上来说是必然的。减少抽样误差的唯一方法是从总体中抽取更大的样本。系统误差通常是样本设计不当造成的，可以通过设计细致的抽样计划来减少或消除。

6.3.2 描述性统计

总体（population）是研究对象的全体集合；**样本**（sample）是从总体中抽取的一个

子集。描述性统计总结了总体或样本的数量特征。重要的描述性统计量和公式如下。

集中程度 总体的均值用希腊字母 μ 表示，样本均值用 $\bar{x}$ 表示。如果总体中包含 N 个观测值 x_1，x_2，…，x_N，则总体均值 μ 的计算公式为：

$$\mu = \frac{\sum_{i=1}^{N} x_i}{N} \tag{6.14}$$

包含 n 个观测值 x_1，x_2，…，x_n 的样本均值 $\bar{x}$ 的计算公式为：

$$\bar{x} = \frac{\sum_{i=1}^{n} x_i}{n} \tag{6.15}$$

我们可以在 Excel 中使用函数 AVERAGE（data range）来计算均值。

当数据从小到大排列时，处于中间位置的数即为**中位数**（median）（或 50%）。一半的数据低于中位数，另一半高于中位数。当观测值为奇数个，中位数是排序数据中居于中间位置的数。当观测值为偶数个，中位数是中间两个数值的平均值。我们可以使用 Excel 函数 MEDIAN（data range）来计算中位数。

众数（mode）是观测值中出现最多的数。对于由唯一值组成的小规模数据集来说，众数是非常有用的。对于重复值较少的数据集，众数没有太大的实用价值。在 Excel 中可以使用函数 MODE. SNGL(data range）或 MODE. MULT（data range）来识别数据中的一个或多个众数。

离散程度 **极差**（range）是最简单的离散程度度量指标，为数据集中最大值与最小值之间的差值。尽管 Excel 中没有提供特定计算极差的函数，但可以利用公式"=MAX（data range）-MIN（data range)"进行计算。

方差（variance）是对基于所有数据的离散程度度量指标。方差越大，数据越偏离均值，观测结果的变异性也就越大。总体方差的计算公式为：

$$\sigma^2 = \frac{\sum_{i=1}^{N} (x_i - \mu)^2}{N} \tag{6.16}$$

式中，x_i 为第 i 个观测值；N 为总体中观测值的数量；μ 为总体的均值。本质上，方差是观测值与均值的平方和的均值。样本方差的计算公式为：

$$s^2 = \frac{\sum_{i=1}^{n} (x_i - \bar{x})^2}{n-1} \tag{6.17}$$

式中，n 为样本中观测值的数量；$\bar{x}$ 为样本的均值。Excel 中可以用函数 VAR. S（data range）计算样本方差 s^2，用函数 VAR. P（data range）计算总体方差 σ^2。

标准差（standard deviation）是方差的平方根。对总体而言，标准差的计算公式为：

$$\sigma = \sqrt{\frac{\sum_{i=1}^{N} (x_i - \mu)^2}{N}} \tag{6.18}$$

样本标准差的计算公式为：

$$s=\sqrt{\frac{\sum_{i=1}^{n}(x_i-\overline{x})^2}{n-1}} \tag{6.19}$$

Excel 中函数 STDEV. P（data range）可以计算总体标准差 σ，用函数 STDEV. S（data range）计算样本标准差 s。

例 6-9

计算基本统计量

下面列出 Stayside 酒店 30 名服务员分别清理一间客房所需时间：

16，13，12，14，10，12，14，10，15，17，13，9，16，13，18，10，17，12，13，17，9，18，12，11，14，15，9，12，8，15

使用 Excel 中的函数计算均值、中位数、众数、极差、样本方差和样本标准差。计算结果如图 6-10 所示。每个函数的数据范围为 B4:B33。因此，D 列中的 Excel 函数分别为：

均值“=AVERAGE（B4:B33）”

中位数“=MEDIAN（B4:B33）”

众数“=MODE. SNGL（B4:B33）”

极差“=MAX（B4:B33）－MIN（B4:B33）”

样本方差“=VAR. S（B4:B33）”

样本标准差“=STDEV. S（B4:B33）”

	A	B	C	D
1	Example 6.9			
2			Mean	13.133
3	Observation	Value	Median	13
4	1	16	Mode	12
5	2	13	Range	10
6	3	12	Sample variance	8.257
7	4	14	Sample standard deviation	2.874
8	5	10		
9	6	12		
10	7	14		
11	8	10		
12	9	15		
13	10	17		
14	11	13		
15	12	9		
16	13	16		
17	14	13		
18	15	18		
19	16	10		
20	17	17		
21	18	12		
22	19	13		
23	20	17		
24	21	9		
25	22	18		
26	23	12		
27	24	11		
28	25	14		
29	26	15		
30	27	9		
31	28	12		
32	29	8		
33	30	15		

图 6-10 利用 Excel 计算基本统计量

比例 在顾客满意度调查中，可以收集关于性别、受教育程度、收入水平、工作性质等方面的数据，或者记录产品功能测试是否通过的结果。这些数据称为分类数据，不能数值化，因此使用均值和方差等统计量是不合适的。我们通常感兴趣的是具有特定特征的部分数据，例如，女性或男性受访者的占比。统计学上我们称其为**比例**（proportion），通常用 π 表示。样本比例用 p 表示。比例是分类数据（如缺陷或错误）的关键描述性统计。如果数据保存在 Excel 工作表中，可以使用 Excel 函数COUNTIF（range，criteria)来查找在一定范围内满足特定条件的单元格数量，然后计算该部分占总观测值的比例。

例 6-10

计算样本比例

Excel 电子表格 Example 6.10.xlsx 提供了生产作业完成后对 100 个产品进行检查后的结果样本，如图 6-11 所示。每一个产品的检查结果被记录为“良好”或“有缺陷”。为了计算“良好”和“有缺陷”的产品数量，我们使用公式“=COUNTIF（A3:J12，‘良好’)”和“=COUNTIF（A3:J12，‘有缺陷’)”，将结果分别保存在 A15 和 B15 单元格中。因此，样本中有缺陷的产品比例为 25/100 或 0.25。

	A	B	C	D	E	F	G	H	I	J
1	**Example 6.10**									
2										
3	Good	Good	Good	Defective	Good	Defective	Good	Good	Good	Defective
4	Good	Good	Defective	Good	Defective	Defective	Good	Good	Good	Good
5	Defective	Defective	Good	Good	Good	Good	Good	Defective	Good	Defective
6	Good	Good	Defective	Good	Good	Good	Good	Good	Defective	Good
7	Good	Good	Good	Good	Good	Good	Defective	Good	Good	Good
8	Good	Defective	Good	Good	Good	Defective	Good	Good	Good	Defective
9	Good	Good	Good	Defective	Defective	Good	Good	Defective	Defective	Good
10	Good	Good	Good	Good	Defective	Good	Defective	Good	Good	Good
11	Good	Good	Good	Good	Good	Defective	Good	Good	Good	Good
12	Defective	Good	Good	Good	Good	Good	Good	Defective	Good	Good
13										
14	Good	Defective								
15	75	25								

图 6-11 使用 COUNTIF 函数

形状度量 **偏度**（skewness）描述数据的非对称性。**偏度系数**（coefficient of skewness，CS）度量均值周围观测值的非对称程度。如果偏度系数为正，则数值分布是正偏态的；如果偏度系数为负，则数值分布是负偏态的。偏度系数越接近零，偏态程度越小。偏度系数大于 1 或者小于 −1 时表示高度偏态，偏度系数在 0.5～1 或者 −1～−0.5时表示中度偏态，偏度系数在 −0.5～0.5 时表示分布比较对称。

峰度（kurtosis）指的是直方图的高耸（高，窄）或平坦（短，平顶）程度。**峰度系数**（coefficient of kurtosis，CK）度量总体的峰度程度。峰度系数小于 3 的分布更加平坦，离散程度较大；峰度系数大于 3 的分布更为陡峭，离散程度较小。

6.4 使用 Microsoft Excel 进行统计分析

适用于 Windows 和 Mac（2016 或更高版本）操作系统的 Microsoft Excel 中的数据分析

工具库提供了许多进行统计分析的程序，只需导入数据或将数据输入单元格中，该工具就会执行运算并输出结果。两个最有用的 Excel 统计分析工具分别是描述统计和直方图。

6.4.1 Excel 描述统计工具

利用 Excel 描述统计工具可以较为简便地获取样本数据的基本汇总统计量。单击 Excel菜单栏中的“数据”选项卡下的“数据分析”。从工具列表中选择“描述统计”，将出现如图 6－12 所示的“描述统计”对话框。只需输入数据的范围即可，该范围必须在单行或单列中。如果数据在多个列中，该工具会根据指定的分组方式将每一行或每一列视为单独的数据集进行计算。这意味着如果有一个矩阵格式的数据集，那么在应用描述统计工具之前需要将数据排在一列中。如果标签包含在输入范围内，请勾选对话框中“标签位于第一行”复选框。你可以选择将结果保存在当前工作表或一个新的工作表中。对于基本汇总统计量，只需勾选“汇总统计”复选框即可，不用再勾选其他的部分。描述统计提供了基本的统计量，如集中程度、离散程度、形状度量以及标准误差，其中标准误差是标准差与观测次数的比值。标准误差将在本章后面讨论。

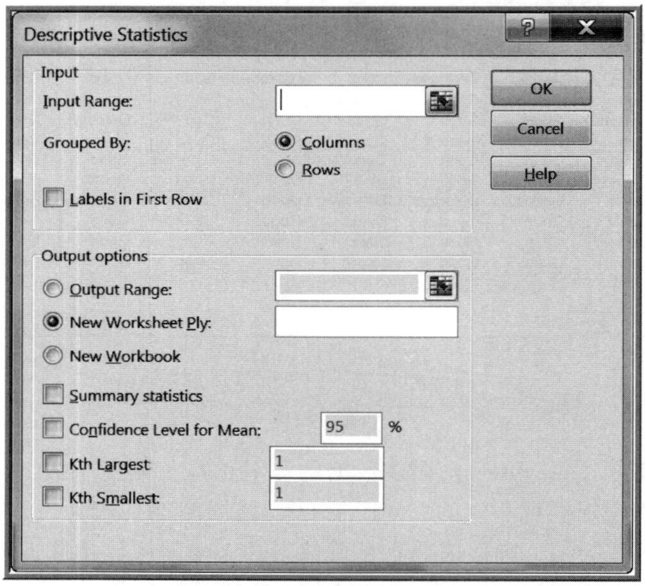

图 6－12 Excel 描述统计对话框

6.4.2 Excel 直方图工具

频率分布（frequency distribution）是显示各个不重叠组观测值数量的表格。以柱状图的形式对数值数据的频率分布进行图形化描述的图称为**直方图**（histogram）。通常可以使用 Excel 中的数据分析工具库来创建频率分布和直方图。在 Excel 菜单栏中，单击“数据”选项卡下“分析”组中的“数据分析”，然后从列表中选择“直方图”。在对话框（如图 6－13 所示）中，“输入区域”选定相对应的数据。如果选定范围包含列标题，请同时选中“标签”框，以便 Excel 知道范围中包含标签。“接收区域”用于确定频率分布的分组。如果不指定“接收区域”，Excel 将自动确定频率分布和直方图的该值，这通常会导致不太理想的结果。

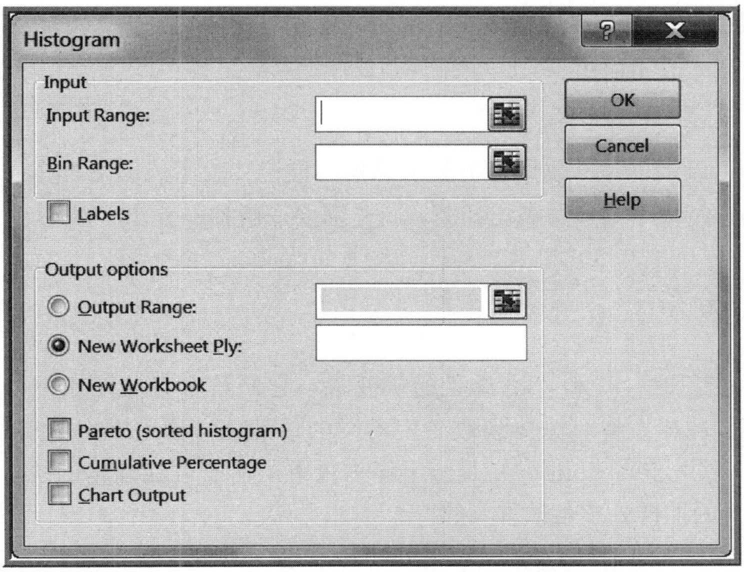

图 6-13 Excel 直方图对话框

如果有一系列离散数据，那么可以在电子表格中将这些数据设为一列，并在“接收区域”中指定该范围。对于具有许多离散值且重复性很小或连续的数据，其“接收范围”应对以下几个方面进行界定：

1. 分组的数量；
2. 每个组的组距；
3. 每个组的上下限值。

需要注意的是，每个组都是不能重叠的，这使得每个数值能准确属于一个组。

可以在了解数据的范围之后确定所需的分组。一般来说，可以选择 5～15 个组来描述数据，并且每个组的组距相同。有时候需要通过实验找到可以使数据可视化来提供有用信息的最佳分组数量。选取比总数据的最小值更小的数作为第一组的下限（LL），比总数据的最大值更大的数作为最后一组的上限（UL）。通常取一个合适的整数比较有意义。然后可以计算组距：

$$组距 = (UL - LL) / 组数 \tag{6.20}$$

勾选“图表输出”复选框，可以在输出结果中得到频率分布和直方图。

6.4.3 频率分布和直方图的电子表格模板

直方图工具和大多数 Excel 数据分析程序的一个主要缺点是：结果与数据之间不是动态链接的。如果更改数据或使用不同数量的单元格，则必须重新运行该工具。为实现可替代性，我们创建了一个简单的电子表格模板——Frequency Distribution and Histogram. xlsx，它允许为多达 150 个观测值创建频率分布和直方图，并使用不同数量的单元格进行实验。

6.5 统计推断

统计推断可以基于样本数据得出关于总体的推论。为了能够对样本统计量和总体参数之间的关系进行概率描述并做出推断，首先需要了解抽样分布。

6.5.1 抽样分布

样本统计量诸如$\bar{x}$，s 和 p 之类是随机变量，它们具有自己的概率分布、均值和方差。因此，不同的样本将对总体参数产生不同的估计值。这些概率分布称为抽样分布。**抽样分布**（sampling distribution）是一定样本量下的所有可能样本的统计量分布。在质量领域，$\bar{x}$和 p 的抽样分布是最重要的。

我们首先考虑$\bar{x}$的抽样分布。采用简单随机抽样时，$\bar{x}$的期望值就是总体的均值 μ。$\bar{x}$的标准差（通常称为**均值的标准误差**（standard error of the mean））由以下公式给出：

$$\sigma_{\bar{x}}=\frac{\sigma}{\sqrt{n}} \text{（适用于无限总体或从无限总体中重复抽样）} \quad (6.21)$$

$$\sigma_{\bar{x}}=\sqrt{\frac{N-n}{N-1}}\frac{\sigma}{\sqrt{n}} \text{（适用于有限总体）} \quad (6.22)$$

当 $n/N<0.05$ 时，$\sigma_{\bar{x}}=\sigma/\sqrt{n}$给出了有限总体很好的近似值。

我们还需要描述$\bar{x}$的概率分布。如果实际的总体分布未知，中心极限定理（CLT）可以提供一些有用的见解：

> 如果从任意一个均值为 μ 且标准差为 σ 的总体中抽取样本量为 n 的简单随机样本，当 n 非常大时，样本均值的概率分布趋近于均值为 μ 且标准差（标准误差）为 $\sigma_{\bar{x}}=\frac{\sigma}{\sqrt{n}}$ 的正态分布。用更精确的数学术语来表达：当 $n\to\infty$ 时，随机变量 $z=(\bar{x}-\mu)/(\sigma/\sqrt{n})$ 的分布无限趋近于标准正态分布。

中心极限定理的原理可以通过质量游戏箱软件的计算机模拟看到。[5] 图 6 - 14 显示了样本量分别为 1，2，5 和 10 的时候，从三角形分布中抽样的结果。当样本量达到 5 个时，抽样分布开始变成对称的钟形正态分布形式，同时观察到方差随着样本量的增加而减小。当样本量大于或等于 30 时，可以假设抽样分布近似于正态分布。如果已知总体是正态分布的，则任意样本量下 $\bar{x}$ 的抽样分布都是正态分布。

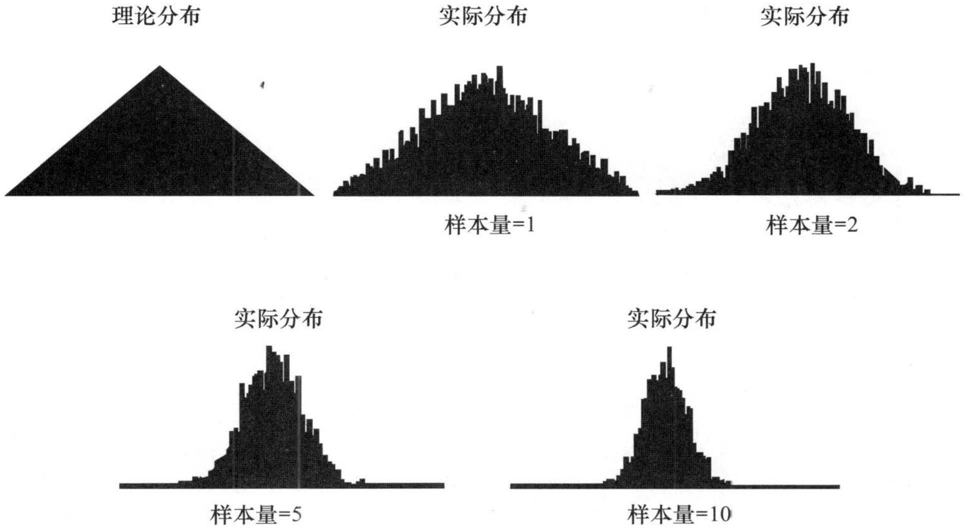

图 6-14 中心极限定理的图示

资料来源：Copyright PQ Systems，www.pqsystems.com.

例 6-11

均值抽样分布的应用

某车床加工的轴的平均长度历来为 50 英寸，标准差为 0.12 英寸。如果抽取 36 根轴组成一个样本，样本均值大于 50.04 英寸的概率是多少？

该均值的抽样分布近似于均值为 50，标准差为$\frac{0.12}{\sqrt{36}}=0.02$的正态分布，因此有

$$z=\frac{\overline{x}-\mu}{\sigma/\sqrt{n}}=\frac{50.04-50}{0.12/\sqrt{36}}=2.0$$

z 值为 2.0 时，对应的累积概率 $P(z<2.0)=P(\overline{x}<50.04)=0.9772$。此结果也可以使用 Excel 函数 NORM.DIST(50.04，50，0.02，TRUE) 计算得到。因此，$P(z>2.0)=P(\overline{x}>50.04)=1-0.9772=0.0228$。样本量为 36 的样本，其均值大于 50.04 英寸的概率仅为 0.022 8。抽样分布对统计质量的适用性在于：用具有代表性的小样本可以快速发现总体均值的偏移，因此可以有效地监控过程。

同样，如果抽取的样本量为 64，则抽样分布的标准误差为$\frac{0.12}{\sqrt{64}}=0.015$，那么

$$z=\frac{\overline{x}-\mu}{\sigma/\sqrt{n}}=\frac{50.04-50}{0.015}=2.67$$

则 $P(z>2.67)=P(\overline{x}>50.04)=0.0038$。当样本量逐渐增加时，均值大于 50.04 的可能性逐渐变小。

接下来，我们将考虑样本比例 p 的抽样分布。p 的期望值为总体比例 π。对于无限总体，p 的标准差为：

$$s_p=\sqrt{\frac{\pi(1-\pi)}{n}} \tag{6.23}$$

对于有限总体，或者当 $n/N\geqslant 0.05$ 时，修正 s_p 可表现为：

$$s_p=\sqrt{\frac{N-n}{N-1}}\sqrt{\frac{\pi(1-\pi)}{n}} \tag{6.24}$$

按照中心极限定理，对于大样本而言，p 的抽样分布近似为正态分布。

例 6-12

中心极限定理的应用

Fabulous Flavors 公司生产无醇饮料的香精，拥有生产过程的历史数据。具体来说，长期收集的数据显示平均 15%的批次不符合规范要求。如果对 35 个批次进行检测，那么最多有 9 批次不合格的概率是多少？

p 的抽样分布的均值 $\pi=0.15$，其标准差为：

$$s_p=\sqrt{\frac{\pi(1-\pi)}{n}}=\sqrt{\frac{0.15\times 0.85}{35}}=0.06$$

样本比例 $p=9/35=0.257\ 14$。因为样本量相当大，所以可以基于中心极限定理将其假设为正态分布，最多有 9 批次不合格的概率可以使用 Excel 函数 NORM. DIST（0.257 14，0.15，0.06，TRUE）＝0.963 得到。我们也可以利用二项分布的函数 BINOM. DIST（9，35，0.15，TRUE）＝0.970 8 得到精确的概率。

6.5.2 置信区间

置信区间（confidence interval，CI）是总体参数的区间估计，它反映了该区间包含真实总体参数的可能性。这种概率称为置信水平，记为 $1-\alpha$，通常以百分比的形式表示。例如，我们可以说“均值 90%的置信区间是 10±2”。10 是根据样本数据计算的点估计值，2 可以被认为是一个误差范围。因此，区间估计为［8，12］。然而，这个区间可能包含真实的总体均值，也可能不包含。如果我们抽取另一个样本，很可能会得到不同的点估计，比如 11.4*，这导致区间估计为［8.4，12.4］。同样，这个区间可能包含真实的总体均值，也可能不包含。如果抽取 100 个样本，得到 100 个不同的区间估计，我们希望其中的 90%——在 90%的置信水平下——包含真实的总体均值。我们解释为有 90%的把握认为从样本数据中得到的区间包含真实的总体均值。常用的置信水平是 90%、95%和 99%。置信水平越高，越有把握认为真实的总体参数落在区间内。随着置信水平的提高，置信区间变大，从而提供更高的保证水平。

一些常用的置信区间有：

样本量＝n，当标准差已知时，均值的置信区间表示为：

$$\bar{x}\pm z_{\alpha/2}\sigma/\sqrt{n} \tag{6.25}$$

---

* 这里的点估计值应该为 10.4。——译者

样本量$=n$，当标准差未知时，均值的置信区间表示为：

$$\bar{x}\pm t_{\alpha/2,n-1}(s/\sqrt{n}) \tag{6.26}$$

样本量$=n$，某一比例的置信区间表示为：

$$p\pm z_{\alpha/2}\sqrt{\frac{p(1-p)}{n}} \tag{6.27}$$

其他总体参数也可以计算置信区间，如方差以及两个总体的均值或比例之差。一些高级软件包和电子表格加载项提供了额外的支持手段。我们希望你查阅全面的统计参考资料。

例 6-13

计算总体标准差已知时的置信区间

一家医院的实验室需要确保其灭菌器的平均温度至少保持在100℃。经过一段时间，总体标准差被证明稳定在$\sigma=0.5$（因此，假定其是已知条件）。如果采集了36个样本数据，并发现样本均值$\bar{x}=100.3$，则总体均值的95%置信区间是多少？

根据式（6.25），我们可以计算置信区间：

$$\bar{x}\pm z\frac{\sigma}{\sqrt{n}}=100.3\pm1.96\left(\frac{0.5}{\sqrt{36}}\right)=100.3\pm0.163$$
$$=[100.1367,\ 100.4633]$$

这表明灭菌器的平均温度超过100℃，符合要求。图6-15给出了在Excel中利用置信区间工作簿中的总体标准差已知时模板的计算结果。

	A	B	C	D	E	F	G
1	Confidence Interval for Population Mean, Standard Deviation Known						
2							
3	Alpha	0.05					
4	Standard deviation	0.5					
5	Sample size	36					
6	Sample average	100.3					
7							
8	Confidence Interval	95%					
9	Error	0.1633					
10	Lower	100.1367					
11	Upper	100.4633					

图6-15　计算总体标准差已知时的置信区间模板

例 6-14

计算总体标准差未知时的置信区间

假设在与例6-13相同的情况下，总体标准差未知，抽取一个$n=16$的样本。样本标准差$s=0.7$。如果样本均值$\bar{x}=100.3$，则总体均值的95%置信区间是多少？

根据式（6.26），可以计算置信区间：

$$\overline{x} \pm t\frac{s}{\sqrt{n}} = 100.3 \pm 2.131\left(\frac{0.7}{\sqrt{16}}\right) = 100.3 \pm 0.3730$$

$$= [99.9270, 100.6730]$$

在这个例子中，在 95%的置信水平下，不能保证灭菌器的温度保持在 100℃以上。图 6-16 给出了在 Excel 中利用置信区间工作簿中的总体标准差未知时模板的计算结果。

	A	B	C	D	E	F
1	Confidence Interval for Population Mean, Standard Deviation Unknown					
2						
3	Alpha	0.05				
4	Sample standard deviation	0.7				
5	Sample size	16				
6	Sample average	100.3				
7						
8	Confidence Interval	95%				
9	t-value	2.1314				
10	Error	0.3730				
11	Lower	99.9270				
12	Upper	100.6730				

图 6-16　计算总体标准差未知时的置信区间模板

例 6-15

计算比例的置信区间

一家市场调查公司对 200 名潜在购买者的偏好进行了抽样调查，以确定他们会购买其客户的电子阅读器还是购买竞争对手品牌的阅读器。样本显示，42%的潜在购买者更喜欢其客户品牌的电子阅读器。客户想知道有 99%的可能性购买其产品的潜在购买者比例。式（6.27）在此适用。置信区间为：

$$p \pm z_{\alpha/2}\sqrt{\frac{p(1-p)}{n}} = 0.42 \pm 2.5758\sqrt{\frac{0.42 \times 0.58}{200}} = 0.42 \pm 0.0899$$

$$= [0.3301, 0.5099]$$

这表明基于上述样本，33%～51%的潜在购买者有 99%的可能性会购买客户的电子阅读器。图 6-17 给出了在 Excel 中利用置信区间工作簿中的比例模板的计算结果。

	A	B	C
1	Confidence Interval for a Proportion		
2			
3	Alpha	0.01	
4	Sample proportion	0.42	
5	Sample size	200	
6			
7	Confidence Interval	99%	
8	z-value	2.5758	
9	Standard error	0.0349	
10	Lower	0.3301	
11	Upper	0.5099	

图 6-17　计算比例的置信区间模板

6.5.3 假设检验

假设检验（hypothesis testing）指从两个与总体参数值相关的相反命题（假设）中得出推论的过程，其中一个假设在没有矛盾数据的情况下为真（称为原假设，记为 H_0），另一个假设在原假设被拒绝时为真（称为备择假设，记为 H_1）。例如，假设一家公司想要检验一个新工序的效果，该工序旨在缩短制造周期。可以通过检验原假设（新工序的生产周期均值与现有工序的生产周期均值是相同的）和备择假设（新工序的生产周期均值与现有工序的生产周期均值是不同的）来进行评估。

假设检验包含以下步骤：

1. 提出要检验的假设。
2. 选择显著性水平。
3. 确定得出结论的决策规则。
4. 收集数据并计算检验统计量。
5. 应用决策规则检验统计量，得出结论。

显著性水平 α 指当原假设为真时，我们却做出备择假设为真的错误结论的风险。通常 α 取 0.10，0.05 和 0.01。拒绝或接受 H_0 的决定取决于检验统计量与临界值的比较，临界值是在检验统计量抽样分布上根据原假设和所选显著性水平确定的。检验统计量的抽样分布通常是正态分布、t 分布或其他一些众所周知的分布。例如，当总体标准差未知时，均值的单样本检验的检验统计量为：

$$t=\frac{\overline{x}-\mu_0}{s/\sqrt{n}} \tag{6.28}$$

式中，μ_0 为未知总体的假设均值。该统计量的抽样分布是自由度为 $n-1$ 的 t 分布。（对于大样本来说，当 $n \geqslant 30$ 时，常常近似看做正态分布。）举另一个例子，单样本检验中比例的检验统计量为：

$$z=\frac{p-\pi_0}{\sqrt{\pi_0(1-\pi_0)/n}} \tag{6.29}$$

式中，π_0 为总体的假设比例。该统计量的抽样分布是标准正态分布。其他类型的检验统计量可以在统计学综合类图书中找到。

临界值将抽样分布划分为拒绝域与接受域两个部分。如果原假设为假，则检验统计量更可能落入拒绝域。若如此，就拒绝原假设；否则，不能拒绝原假设。如果 H_0 为真而检验统计量落入拒绝域，这时发生了概率为 α 的第Ⅰ类错误。在单尾检验中，拒绝域位于概率为 α 的左尾部或右尾部；在双尾检验中，拒绝域位于两个尾部。通常每个尾的概率是 $\alpha/2$。

例 6-16

均值的假设检验

一家为航空业生产计算机辅助设计软件的生产商需要接听大量寻求技术支持的电话。跟踪软件用来监控其响应和解决问题所需的时间。公司的服务标准为 4 天是平均解决时间。不过，技术支持小组的经理一直收到一些解决时间过长的投诉。在一周内，抽样调查了 44 个客户电话，结果样本均值为 5.23，标准差为 13.5。即使样本的均值超过了 4 天的标准，经理是否有充足的证据得出平均服务时间超过 4 天的结论，或者这仅仅是抽样误差的结果？

要检验的假设是：

H_0：平均响应时间≤4

H_1：平均响应时间>4

合适的检验统计量来自式（6.28），其中 $\mu_0=4$：

$$t=\frac{\overline{x}-4}{s/\sqrt{n}}$$

这是一个单尾检验，临界值是 $t_{n-1,\alpha}$。显著性水平为 0.05 时，$t_{43,0.05}=1.6811$。由于这是一个右尾检验，决策规则是当 $t>1.6811$ 时，拒绝 H_0。我们计算得到检验统计量为：

$$t=\frac{\overline{x}-4}{s/\sqrt{n}}=\frac{5.23-4}{13.5/\sqrt{44}}=\frac{1.24}{2.035}=0.609$$

因此，不能拒绝原假设，经理没有充足的统计证据证明平均响应时间超过 4 天。可以利用 Excel 函数 T. INV(probability，deg _ freedom）计算临界值。在本例中，T. INV(0. 05，43) =1. 681 1。这些函数可以很容易地在 Excel 工作表中实现。

因为样本量超过了 30，我们可以利用正态分布替代 t 分布来计算临界值。在本例中，NORM. S. INV(0. 95) =1. 645，这个值非常接近真实的 t 值。

在假设检验中，将检验统计量与临界值进行比较的另一种方法是，当原假设为真时，找出获得检验统计量值等于或大于从样本数据中获得的检验统计量值的概率。这个概率通常称为 **p 值**（p-value），或**观测的显著水平**（observed significance level）。将 p 值与所选的显著性水平 α 进行比较从而得出结论；当 $p<\alpha$ 时，拒绝原假设，否则不能拒绝原假设。p 值使获取假设检验的结论变得简单，通常的统计软件都会给出 p 值。

检验类型	Excel 程序
双样本均值检验，σ^2 已知	Excel z 检验：双样本均值差检验
双样本均值检验，σ^2 未知且不等	Excel t 检验：双样本异方差假设
双样本均值检验，σ^2 未知且假设相等	Excel t 检验：双样本等方差假设
成对双样本均值检验	Excel t 检验：均值的成对双样本
方差相等的双样本检验	Excel F 检验：双样本方差

例 6－17

Excel 假设检验工具的应用

一家公司的采购经理观察到，两大供应商 Bryant Products 公司和 Elgin Metals 公司的订单在交货期上存在一些差异。订单样本（见图 6－18）显示，Bryant Products

公司的平均交货期为 7.00 天，Elgin Metals 公司的平均交货期为 4.92 天。因此，他想检验以下假设：

$$H_0: \mu_1-\mu_2\geqslant 0$$

$$H_1: \mu_1-\mu_2<0$$

式中，μ_1——Bryant Products 公司的平均交货期；μ_2——Elgin Metals 公司的平均交货期。拒绝原假设即 Bryant Products 公司的交货期在统计学上小于 Elgin Metals 公司的。然而，如果我们不能拒绝原假设，即使 Elgin Metals 公司的平均交货期较短，两个公司存在的差异也可能是由于样本误差导致的，我们不能得出在统计上存在显著差异的结论。

	A	B	C	D	E	F	G	H	I
1	**Supplier**	**Order Date**	**Arrival Date**	**BP Lead Time**		**Supplier**	**Order Date**	**Arrival Date**	**EM Lead Time**
2	Bryant Products	10/15/12	10/20/12	5		Elgin Metals	10/01/12	10/06/12	5
3	Bryant Products	10/20/12	10/27/12	7		Elgin Metals	10/03/12	10/08/12	5
4	Bryant Products	08/08/12	08/14/12	6		Elgin Metals	10/09/12	10/14/12	5
5	Bryant Products	09/01/12	09/10/12	9		Elgin Metals	10/07/12	10/12/12	5
6	Bryant Products	09/05/12	09/12/12	7		Elgin Metals	10/05/12	10/11/12	6
7	Bryant Products	10/25/12	11/03/12	9		Elgin Metals	10/15/12	10/20/12	5
8	Bryant Products	10/29/12	11/04/12	6		Elgin Metals	10/05/12	10/10/12	5
9	Bryant Products	10/10/12	10/17/12	7		Elgin Metals	09/25/12	09/30/12	5
10				7.00		Elgin Metals	08/25/12	08/28/12	3
11						Elgin Metals	09/05/12	09/09/12	4
12						Elgin Metals	09/27/12	10/03/12	6
13						Elgin Metals	10/25/12	10/30/12	5
14						Elgin Metals	09/29/12	10/04/12	5
15									**4.92**

图 6-18　供货商交货时间数据

为了进行比较交货期的假设检验，请从“数据分析”菜单中选择“*t* 检验：双样本异方差假设”。对话框如图 6-19 所示。对话框提示输入每个变量的数据区域、假设均值之差、区域是否有标志以及显著性水平 α。如果“假设均值之差”框是空的或输入 0，那么检验的是均值是否相等的假设。在本例中，变量 1 的区域范围是 Bryant Products 公司的交货期，变量 2 的区域范围是 Elgin Metals 公司的交货期。

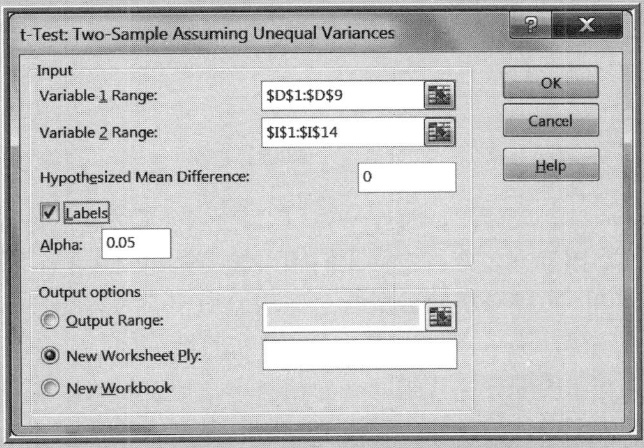

图 6-19　Excel 的 *t* 检验对话框

图 6-20 显示了工具运行的结果。该工具同时提供了单尾检验和双尾检验的信息。因为该案例是一个左单尾检验，所以我们只需查看输出结果中的单尾检验信息。必须非常谨慎地解读输出结果中的信息，并遵循以下规则：

a. 如果检验统计量为负，对于左单尾检验来说，其单尾 p 值是正确的 p 值；但是，对于右单尾检验来说，必须用 1 减去单尾 p 值才能得到正确的 p 值。

b. 如果检验统计量非负（为正或零），对于右单尾检验来说，其单尾 p 值是正确的 p 值；但是，对于左单尾检验来说，必须用 1 减去单尾 p 值才能得到正确的 p 值。

c. 对于左单尾检验，必须要改变单尾临界值的正负号。

	A	B	C
1	t-Test: Two-Sample Assuming Unequal Variances		
2			
3		*BP Lead Time*	*EM Lead Time*
4	Mean	7	4.923076923
5	Variance	2	0.576923077
6	Observations	8	13
7	Hypothesized Mean Difference	0	
8	df	10	
9	t Stat	3.827958507	
10	P(T<=t) one-tail	0.001664976	
11	t Critical one-tail	1.812461123	
12	P(T<=t) two-tail	0.003329952	
13	t Critical two-tail	2.228138852	

图 6-20 供应商比较的 t 检验结果

在本例中，t 统计量是正值且是左单尾检验，因此，根据规则，正确的 p 值为 1－0.001 66＝0.998 34。仅凭这一点，我们无法拒绝原假设，得出 Bryant Products 公司的平均交货期在统计学上高于 Elgin Metals 公司的结论。通过比较 t 统计值和 t 单尾临界值，我们可以得到相同的结论。因为这是一个左单尾检验，所以正确的 t 单尾临界值应该是负的，即－1.812。比较该值与 t 统计量的大小，只有当 t 统计量＜t 单尾临界值时才能拒绝 H_0。由于 t 统计量不比 t 单尾临界值小，所以我们不能拒绝原假设。

6.5.4 方差分析

方差分析（analysis of variance，ANOVA）是判断多个总体均值是否一致的一种假设检验方法。在最简单的单因素方差分析中，我们感兴趣的是比较在单个因素的几个不同水平下所观察到的相应均值。方差分析检验所有总体均值均相等的假设，其备择假设是至少有一个均值不等于其他均值。为了进行推断，方差分析将数据的总变异分为两部分：组间变异和组内变异。如果与组内变异相比组间变异相当小，则表明总体本质上是相同的。如果组间变异相当大，则表明总体间的均值存在差异。数据中的差异通过计算其与相应样本均值的偏差的平方和（SS）得到，以方差或均方（MS）来度量。将组间均方除以组内均方，

可以计算出 F 统计量。如果 F 值大于临界值 F_{crit}，则表明总体间的均值不同。

Microsoft Excel 提供了一个简单的程序来运行单因素方差分析。从数据分析菜单中选择“数据分析：单因素方差分析”。在弹出的对话框中，输入电子表格中数据的范围，并选择分组方式是行还是列。

例 6-18

Excel ANOVA 工具的应用

Megalife 电池公司生产笔记本电脑的锂电池。该公司的质量分析员想测试三种电池生产工艺，以放电时间来确定是否有一种生产工艺比其他更好。分析员想要检验的假设是：所有工艺流程产品的平均放电时间相同。与其对应的备择假设是：在 0.05 显著性水平下，至少有一个均值不同。通过对三种工艺流程生产的 5 个电池进行测试，得出以下数据：

流程 A	流程 B	流程 C
8.4	8.8	8.0
8.1	7.8	7.0
8.3	8.9	7.5
6.8	8.0	6.9
8.3	8.8	8.0

Excel 工具“数据分析：单因素方差分析”提供了图 6-21 的结果。将计算得到的 $F=3.631\,048$ 与临界值 $F_{crit}=3.885\,294$ 进行比较，发现不能拒绝原假设并且得出结论，三种工艺流程生产的电池之间没有显著差异。同样，p 值$=0.058\,461$ 大于显著性水平 0.05，得出相同的结论。即使方差分析得出的结论是均值存在差异，也不能准确地告诉我们哪些总体均值不同于其他均值。其他统计检验可以解决这些问题，但它们超出了本书的范围。

	A	B	C	D	E	F	G	H	I	J	K
1	**Megalife Batteries**				Anova: Single Factor						
2											
3	Process A	Process B	Process C		SUMMARY						
4	8.4	8.8	8.0		*Groups*	*Count*	*Sum*	*Average*	*Variance*		
5	8.1	7.8	7.0		Process A	5	39.9	7.98	0.447		
6	8.3	8.9	7.5		Process B	5	42.3	8.46	0.268		
7	6.8	8.0	6.9		Process C	5	37.4	7.48	0.277		
8	8.3	8.0	8.0								
9											
10					ANOVA						
11					*Source of Variation*	*SS*	*df*	*MS*	*F*	*P-value*	*F crit*
12					Between Groups	2.401333	2	1.200667	3.631048	0.058461	3.885294
13					Within Groups	3.936	12	0.330667			
14											
15					Total	6.369333	14				

图 6-21 应用 Excel 工具 ANOVA 得出的结果

6.5.5 回归与相关性

回归分析（regression analysis）是一种建立统计模型的工具，用来描述因变量和一个或多个自变量之间的定量关系。只包含一个自变量的回归模型称为一元回归，包含多个自变量的回归模型称为多元回归。线性回归假设自变量和因变量之间存在线性关系，是最常见的形式。在验证线性关系之前，我们建议首先绘制数据散点图，以确定线性回归是否适用。

相关性（correlation）是对两个变量 X 和 Y 之间线性关系的度量，通过（总体）相关系数来衡量。相关系数取值范围从－1 到＋1。相关系数为 0 时，表示这两个变量之间不存在线性关系。因此，如果一个变量发生变化，就无法使用线性方程合理地预测另一个变量可能会如何变化（然而，如果有一个拟合非常好的非线性关系，或许可以预测另一个变量的变化）。相关系数为＋1，表示一个严格的正线性关系，随着一个变量的增加，另一个变量也会增加。相关系数为－1，也表示一个严格的线性关系，不同的是，随着一个变量的增加，另一个变量会减少。相关系数的平方（R^2）称为判定系数，用来衡量可根据自变量解释因变量变化的比例。

回归是一个复杂的论题，这里我们假设你已事先熟悉基本概念和理论。Microsoft Excel 的一个数据分析工具库可以用来进行一元或多元线性回归。接下来我们介绍其在质量方面的一个简单应用。

例 6－19

在这个例子中，我们将探讨一个常见的质量问题（在后面的章节中会继续讨论该话题）——保证仪器正确校准。原则上，检查校准很简单，我们可以利用一个已知工具来检验设备，例如，使用一个非常精确的电压发生器来检查电压表，或者使用一个已知尺寸的精密量块来检查千分尺，然后通过获得的读数，来确定仪器是否准确测量已知工具。在实践中，过程中的许多变异源可能会使校准变得困难。

图 6－22 中的数据是从校准电压表上获得的实际读数与从精确电压发生器上获得的标准源读数。源读数故意不设置为整数增量，以便最大限度地减少检查人员在实际读数时可能产生的偏差。为了判断仪器校准是否准确，可以利用数据建立一个回归方程。使用 Microsoft Excel 中的回归工具，输入图 6－23 所示的数据范围和属性，得到图 6－24 所示的结果。估计的回归方程为 $Y=0.026\,5+0.991\,4X$，其中 Y 是实际读数，X 是产生的真实电压。

	A	B	C
1	**Voltmeter Calibration Data**		
2			
3	Actual (Y)	Source (X)	
4	1.09	1.05	
5	2.12	2.15	
6	3.08	3.12	
7	4.09	4.08	
8	5.11	5.11	
9	6.08	6.07	
10	7.2	7.23	
11	8.3	8.34	
12	9.59	9.66	
13	10.41	10.49	

图 6-22　电压表校准数据

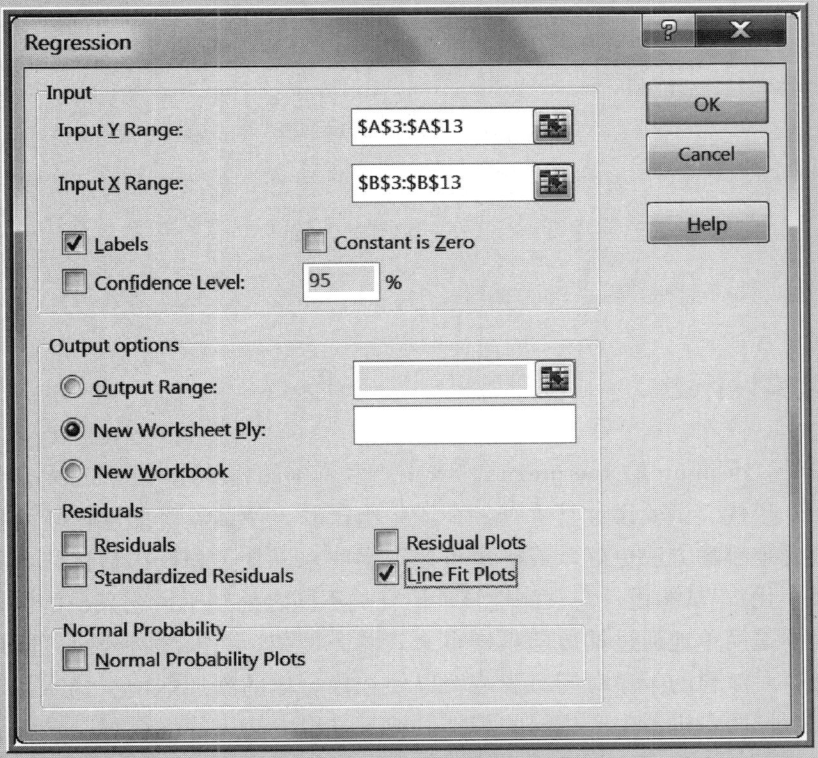

图 6-23　回归工具对话框

SUMMARY OUTPUT

Regression Statistics	
Multiple R	0.999967043
R Square	0.999934087
Adjusted R Square	0.999925848
Standard Error	0.027282724
Observations	10

ANOVA

	df	*SS*	*MS*	*F*	*Significance F*
Regression	1	90.33725522	90.33725522	121364.4291	5.16118E-18
Residual	8	0.005954776	0.000744347		
Total	9	90.34321			

	Coefficients	*Standard Error*	*t Stat*	*P-value*	*Lower 95%*	*Upper 95%*	*Lower 95.0%*	*Upper 95.0%*
Intercept	0.02648404	0.018447595	1.435636437	0.189027821	-0.016056191	0.069024271	-0.016056191	0.069024271
Source (X)	0.991364042	0.002845689	348.3739787	5.16118E-18	0.984801871	0.997926213	0.984801871	0.997926213

RESIDUAL OUTPUT

Observation	*Predicted Actual (Y)*	*Residuals*
1	1.067416284	0.022583716
2	2.15791673	-0.03791673
3	3.119539851	-0.039539851
4	4.071249331	0.018750669
5	5.092354294	0.017645706
6	6.044063774	0.035936226
7	7.194046063	0.005953937
8	8.294460149	0.005539851
9	9.603060685	-0.013060685
10	10.42589284	-0.015892839

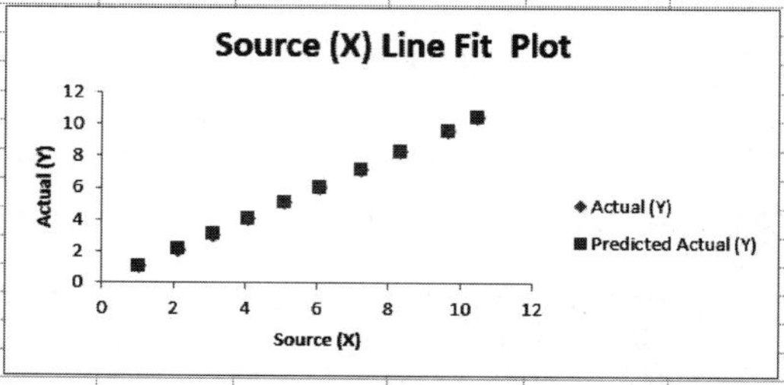

图 6-24　电压表校准回归结果

R^2 的值为 0.999 9，表示拟合程度非常好。还注意到截距接近 0，斜率接近 1，我们可以得出结论，该仪器校准精度非常高，如图 6-24 中的线性拟合图所示。

6.5.6　试验设计

试验设计（design of experiments，DOE）由英国的费希尔（Fisher）开创，可追溯到 20 世纪 20 年代。试验设计是进行一个或一组试验，使试验者能够比较两种或两种以上的方法以确定哪种方法更好，或确定可控因素的水平使过程产出最优化，或使响应变量的变异最小化。[6]试验设计与观测性统计研究的不同之处在于：感兴趣的因素是由试验者控制的而不是简单地通过抽取随机样本来观测。例如，一家涂料公司可能想确定不同的添加剂是否对涂料的干燥时间有影响，以便选择合适的添加剂使干燥时间缩短。再举一个例子，假设两台机器生产相同的零件，加工过程中使用的材料可以采用手动或自动两种装填方式。试验者可能希望确定机器类型和材料装填方式是否影响缺陷数量，然后选择机器类型和装填方式使缺陷数量最小化的工艺组合。试验设计方法作为一种提高质量的实用工具，在许多行业都取得了令人瞩目的成就。

质量聚光灯

维益食品公司

维益食品公司（Rich Products Corporation）着手开发一种纯天然面团，该面团的质量和口味标准应与该公司广受欢迎的传统面团相同。[7]几乎所有的冷冻面团产品都使用化学物质如氧化剂、乳化剂和还原剂等，以使其在冷冻、解冻和烘烤后仍然保持韧度。几乎没有纯天然成分的冷冻面团。消费者对产品质量不满意且面团的冷冻保质期短。该公司的一位食品科学家发现了一组可能的天然食品原料，然后使用试验设计优化每种成分的含量，以满足口味、外观、柔软度以及其他品质方面的规定要求。每个样本根据10个不同方面的响应进行评估，其中四个响应是客观指标，包括体积、长度、烘烤后面包的高度和宽度。味觉测试人员组成的小组主观评估了其他方面的响应，包括整体喜爱度、面包皮味道、面包屑味道、松软度、孔隙大小和面包屑密度。基于可行性和成本，他确定了最佳配方，为公司形成新的面团生产线奠定了基础。

从历史上看，由于工程师在处理工业问题中的大量变量及其在不同水平上的相互作用时缺乏有效手段，试验设计在工业质量改进研究中并没有得到广泛应用。然而，随着计算机软件的发展和六西格玛的广泛应用，试验设计已成为提高质量的重要工具。

一种常见的试验设计称为**析因试验**（factorial experiment）。在析因试验中，各因素不同水平的所有组合都需要考虑。最简单的析因试验是两个因素各有两个水平，这将导致 $2^2=4$ 种可能的组合来进行测试。一般来说，m 因素下有 k 种水平的试验将会有 k^m 个组合。因素不同水平的组合称为**处理**（treatment）。因素水平通常被指定为“高”或“低”。因此，在 2^2 析因试验中，我们可以将处理指定为：

处理	因素1	因素2
A	低	低
B	高	高
C	低	高
D	高	低

通常每个组合取多个观测值以防止样本误差。每个组合都需要以随机方式进行试验，以减少任何潜在的系统误差。

析因试验的目的是估计每个因素的影响和可能存在的交互作用。**主效应**（main effect）衡量一个因素水平变化对反应的影响。例如，不管反应时间的长短，提高温度会有什么影响？或者，在不考虑温度的情况下，增加反应时间会有什么影响？找出每一水平上均值的差异，可以很容易地回答这些问题。主效应的计算公式如下所示：

$$\text{主效应}=\text{高水平的平均响应值}-\text{低水平的平均响应值} \tag{6.30}$$

例 6-20

计算试验设计中的主效应

假设在某化学过程中，温度和反应时间是影响产出的重要因素。目前，该工艺的操作温度为 100℃，反应时间为 60 分钟。为了降低成本和提高产量，工厂经理想确定如果将温度更改为 120℃、反应时间为 75 分钟，是否会对产量产生显著影响，如果是，确定这些因素的最佳水平以优化产量。

对于该试验，我们有四种不同的处理组合：

处理	温度	时间
A	100℃（低）	60 分钟（低）
B	120℃（高）	60 分钟（低）
C	100℃（低）	75 分钟（高）
D	120℃（高）	75 分钟（高）

例如，处理 A 对应于将温度设定为 100℃，反应时间 60 分钟。

例 6-21

计算试验设计中的主效应

根据例 6-20 中的信息，假设得到以下结果（每个处理有两个观测值）：

处理	温度	时间	产出（%）
A（低，低）	100℃	60 分钟	84
B（高，低）	120℃	60 分钟	90.5
C（低，高）	100℃	75 分钟	88.5
D（高，高）	120℃	75 分钟	81

主效应的计算如下：

温度主效应＝高水平的平均产出－低水平的平均产出

＝（90.5%＋81%）/2－(84%＋88.5%)/2

＝85.75%－86.25%＝－0.5%

反应时间主效应＝高水平的平均产出－低水平的平均产出

＝（88.5%＋81%）/2－（84%＋90.5%）/2

＝84.75%－87.25%＝－2.5%

从这些结果中可以得出这样的结论：提高温度或增加反应时间都会降低该工艺的产量，当温度和反应时间均从低水平到高水平时，都会以 0.5%＋2.5%＝3.0%的幅度降低产量。但是，只有在不存在交互作用的情况下，我们才能以这种方式给出主效应。**交互作用**（interaction）是一个因素变化时其他因素在不同水平的差异。交互作用描述了因素之间的依赖关系。例如，当因素 2 处于低水平时，增加因素 1 可能导致响应变量增加；然而，当因素 2 处于高水平时，增加因素 1 可能导致响应变量减少。当不存在交互作用时，当因素 1 增加时，无论因素 2 的水平如何，我们都会看到响应变量发生相同的变化。

我们可以通过在因素都处于高水平或低水平时取不同响应（产出）的均值，并减去因素处于相反水平时不同响应的均值来量化交互作用：

$$交互作用=\frac{两个因素在相同}{水平下的平均响应值}-\frac{两个因素在不同}{水平下的平均响应值} \tag{6.31}$$

该值越接近零，交互作用就越小。

例 6-22

计算试验设计中的交互作用

在前面的例子中，我们看到如果温度保持在 100℃不变，反应时间的增加会导致更高的产量。然而，当温度为 120℃时，反应时间的增加则会降低产量。温度和反应时间之间的交互作用计算如下：

$$温度\times反应时间=\frac{两个因素在相同}{水平下的平均产量}-\frac{两个因素在不同}{水平下的平均产量}$$

$$=(84\%+81\%)/2-(90.5\%+88.5\%)/2=-0.7\%$$

在这个例子中，存在显著的交互作用。交互作用测量了反应时间对温度的影响程度。例如，温度的主效应为−0.5%，因为交互作用为−7.0%，那么当反应时间变化时，温度会以增加或减少−7.0%随之变化，而不再是均值−0.5%。因此，如果反应时间固定在高水平下（处理 B 和 D）检验试验结果，通过增加温度，产出的平均差为 81%−88.5%=−7.5%，即该值为−0.5%的主效应与−7.0%的交互作用之和。如果我们需要了解反应时间固定在低水平的结果，增加温度时其产出的平均差为 90.5%−84%=6.5%。该值同样可以通过主效应与交互作用之差得到，即−0.5%−（−7.0%）=6.5%。本例的结论是高水平的温度和低水平的反应时间相结合可以使产出最优化。

图 6-25 显示了我们讨论过的化学过程示例的结果。交互作用图上的线显示了当因素 2 保持在低水平或高水平时因素 1 的响应。如果直线几乎平行，则不存在相互作用。如果这两条线略微平行，但不完全平行，则存在较小的交互作用。如果直线具有相反的斜率，则存在显著的交互作用。在本例中，我们观察到有显著的交互作用。当存在交互作用时，我们不能通过简单地计算主效应来估计响应的变化，某一因素的效应会受到其他因素所处水平的影响。

析因试验可以用于多个水平下多种因素的分析。例如，两个水平下三因素的试验设计会有 $2^3=8$ 种处理：

处理	因素 1	因素 2	因素 3
A	低	低	低
B	高	低	低
C	低	高	低
D	高	高	低

E	低	低	高
F	低	高	高
G	低	高	高
H	高	高	高

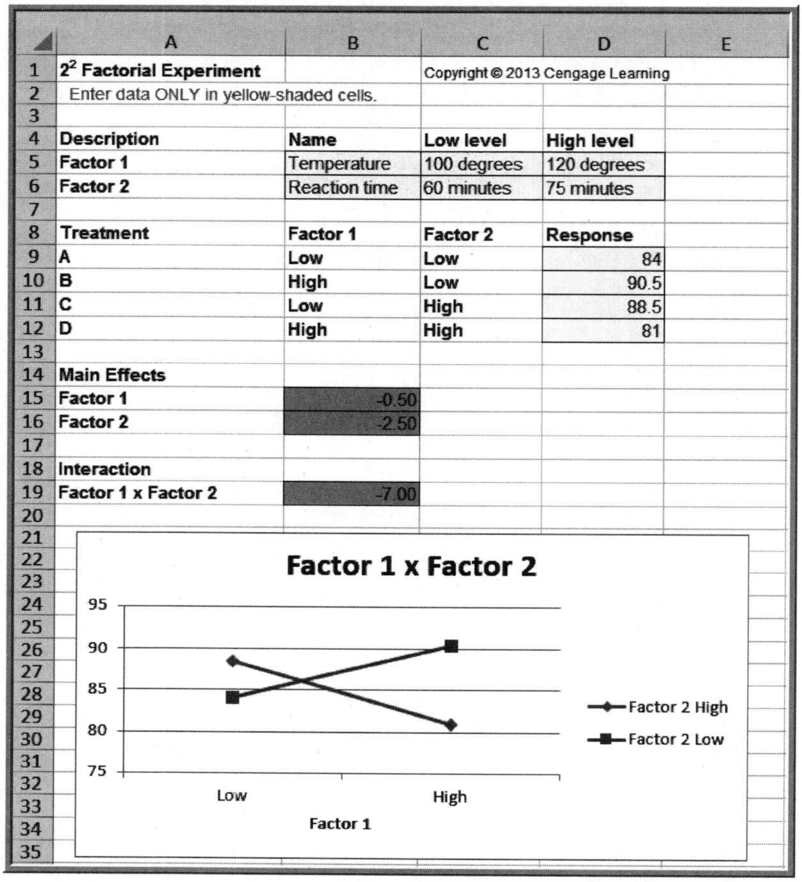

	A	B	C	D	E
1	2^2 Factorial Experiment		Copyright © 2013 Cengage Learning		
2	Enter data ONLY in yellow-shaded cells.				
3					
4	Description	Name	Low level	High level	
5	Factor 1	Temperature	100 degrees	120 degrees	
6	Factor 2	Reaction time	60 minutes	75 minutes	
7					
8	Treatment	Factor 1	Factor 2	Response	
9	A	Low	Low	84	
10	B	High	Low	90.5	
11	C	Low	High	88.5	
12	D	High	High	81	
13					
14	Main Effects				
15	Factor 1	-0.50			
16	Factor 2	-2.50			
17					
18	Interaction				
19	Factor 1 x Factor 2	-7.00			

图 6-25　析因试验的 Excel 模板

利用式（6.30）和式（6.31）可以相同的方式计算主效应和交互作用。

经典的试验设计往往需要进行多次且大多数费用较高的试验评估所有的主效应和交互作用。日本工程师田口玄一（Genichi Taguchi）提出了另一种试验设计方法。他开发的试验方法将重点聚焦在关键因素上，同时不强调它们之间的交互作用，这样便可极大减少试验的次数。然而，田口玄一的方法违反了一些传统的统计原则，在统计界备受争议。[8]此外，田口玄一引入了一些统计上无效的和误导性的分析，忽视了数据分析的现代图形方法，并且在进行试验时放弃了随机性。尽管这些问题存在许多争议，但许多公司还是使用田口玄一的方法并从中获益。

质量实践

统计学在质量领域的现代应用[9]

正如我们在本章开始所指出的，由于控制图和其他统计质量控制方法的发展，统计学首先在20世纪20年代和30年代在工商业中（主要是在生产中）得到普及。在第二次世界大战期间，对无故障批量生产的需求和为国防活动而产生的制造系统进一步促进了统计方法的使用。战后，这种做法逐渐应用到工商业。除了可以确保生产的稳定性外，主要用处是检查来料是否符合规格和拒绝不良产品。随着组织开始更多地关注顾客满意度，并将质量考虑进产品和过程设计，越来越清楚的是，一般的统计概念特别是试验设计，在帮助构建和验证高质量产品方面发挥着重要作用。如今，统计的各种方法广泛应用于质量领域。其中包括以下几种。

产品设计与可靠性：在产品设计方面进行统计的主要目的是开发出尽可能好的产品，并引导成功地生产制造。包括参与设定设计目标、确保测量能力、设计满足或超过目标的产品、验证设计以及成功地生产。统计数据有助于：

- 通过市场调研确定顾客需求和期望。
- 评估关键变量对产品特性的影响，并通过试验设计评估制造条件和产品功能发生变化的稳健性。
- 通过设计和分析加速测试程序来评估和提高产品的可靠性。过去可靠性活动大部分是被动的，主要是处理意外的现场故障。例如，量化问题的严重性，评估是否需要召回，如果需要，确定需要召回产品的哪一部分。不幸的是，这种问题今天仍然存在。重点是如何避免这些问题，并将如何持续生产高可靠性产品放在首位。

其中许多概念将在第7章中进一步讨论。

制造业：在制造过程中进行统计的主要目的是确保持续制造出高质量产品。典型的应用是利用统计计划和分析程序的结果，以便：

- 评估制造能力和稳定性。
- 通过测量重复性和再现性研究，评估并消除测量偏差，量化和减少测量可变性。
- 消除与目标绩效的偏差，减少绩效可变性。
- 监控过程（通常使用控制图）——发生重大变化时发出信号，识别和消除特殊的变异原因，并提供持续改进的途径。

这些将在第8章中进一步讨论。

离散零件的制造通常需要使用不同于加工行业的统计工具，可能需要在计算机上进行试验设计（例如，有限元分析和计算流体动力学）和追溯性研究以确定性能问题的来源，或者进行公差叠加分析。此外，产品可靠性评估通常对此类产品很重要。在加工行业中，一个常见的统计挑战是确定和保持产品成分的组合，以优化产品性能。

过程改进：统计数据广泛用于改进业务流程。此类项目通常以六西格玛项目的形式进行（我们将在第9章中介绍）。一些例子包括重新设计计费流程以消除错误并更快地统计收入，提高呼叫中心成功解决顾客问题的及时性，以及在完成顾客订单时减少周期时间和发货错误。

现场支持：在现场支持中使用统计的主要目的是制定最佳服务和避免故障的策略，并利用这些信息，通过以下方式对未来产品进行改进：

- 开发程序来跟踪产品的可靠性，识别故障及其产生原因，加以解决，并避免未来同类故障的发生。
- 比较产品与竞争产品的现场性能，并根据结果做出具有统计意义的广告声明。
- 建立主动的产品服务计划，如预防性维护和零件更换，以避免现场故障并减轻故障的影响。

许多新兴行业如生物信息学、医学成像和纳米技术等，也逐渐使用统计技术。以下是一些比较突出的实例。

- 医药业：为了确保新引进的药品是安全有效的，其临床前期和临床试验均需要进行设计、实施和报告，这就要求对控制的严格性和调查计划的统计有效性进行设计和分析。其他比较重要的统计应用包括产品安全评估、制造工艺改进和长期绩效跟踪。
- 半导体行业：半导体行业的特点是有许多工艺步骤，并且要尽力提高产量，是高度数据密集型的行业。例如，统计数据技术用于研究和理解生产过程中一个阶段的工艺变量对后续阶段性能的影响，监测和控制关键工艺变量，并使用产品老化试验来清除潜在的早期现场故障。
- 通信行业：统计在这个数据密集型行业的典型应用包括识别使用时间高峰，并评估在此时间内提供正常服务的能力，评估软件可靠性，评估新定价策略的影响以及研究互联网流量模式。
- 服务业：人们越来越认识到，统计概念和方法也可以对服务业的经营和改善做出重要贡献。金融交易涉及的大量资金使得金融成为统计建模的一个特别有吸引力的领域。典型的应用包括制定信用评分以确定哪些申请人应获得批准；制定欺诈检测方案以最大限度地识别罪犯，同时尽量减少被错误怀疑的无辜者数量；确定可能对其他公司产品感兴趣的现有顾客的营销策略以及进行风险评估。

● 关键问题讨论

1. 为什么一个组织的所有部门和所有级别的员工都要学习并理解统计学？

2. 根据该“质量实践”观点，按照统计在质量中应用的类型，对本章中的例 6-1 至例 6-22 进行总结和分类。换句话说，该“质量实践”观点说明了统计技术在产品设计、可靠性、制造、服务等哪方面的应用？

质量实践

通过试验设计提高波峰焊工艺的质量[10]

印刷电路板集成件（PCA-Encoder）是打印机底座装配的一个关键组件。印刷电路板集成件的生产过程是将电子元件放在含有 8 块小电路板的印刷电路板上，用波峰焊工艺将元件焊接起来。任何焊点中的缺陷都将导致电路故障。因此，确保焊接无缺陷是很重要的。典型的焊接缺陷是气孔（焊接不充分）和桥连（两个接头焊接）。位于印度班加罗尔的惠普印度有限公司（Hewlett-Packard India，Ltd.）发现焊接的缺陷率很高，必须对所有电路板进行 100%的检查。发现的任何缺陷都需要人工返工，这需要花费大量时间。

为减少缺陷，消除工艺后的检验阶段，对波峰焊工艺进行了优化研究。质量工程师对焊接缺陷进行了详细研究，以了解波峰焊工艺的哪些方面可能会影响焊接质量。识别出来的因素包括：

1. 走板速度；
2. 走板角度；
3. 焊浴温度；
4. 焊接波峰高度；
5. 波峰振动；
6. 预热器的温度；
7. 风刀；
8. 酸值（焊剂中的固体含量），由于环境条件而难以控制。

由于通过反复试错试验来调整工艺参数需要很长的时间，而且对不同参数可能产生的联合效应缺乏洞察力，工程师决定使用试验设计。通过与技术人员讨论，选择了七因素三水平进行试验，如表 6-1 所示。走板速度和走板角度是固定的。一个完整的析因试验需要进行 1 458 个试验来论证，这是不切实际的。由试验设计的统计学理论可知，仅通过进行 18 次试验就可以估算出七个主要影响，如表 6-2 所示。试验结果（响应）是电路板上（352 个焊点）不良焊点的数量。每个试验重复 3 遍。

表 6-1　试验因素和水平

因素	编码	水平		
		1	2	3
浴温（℃）	A	248[a]	252	
波峰高度[b]	B	4.38	4.40[a]	4.42
过热（OH-PH）（PH-1）	C	340	360[a]	380
预热器-1（PH-1）（℃）	D	340	360[a]	380
预热器（PH-2）（℃）	E	340	360[a]	380
风刀	F	0	3[a]	6
Ω[c]	G	0	2[a]	4

a. 现有水平。
b. 波峰高度衡量泵送焊料时发动机的转速。
c. Ω 指焊接时波峰的振动。

表 6-2　第一次试验的数据

试验序号	(1)浴温(℃)	(2)波峰高度	(3)OH-PH(℃)	(4)PH-2(℃)	(5)PH-1(℃)	(6)风刀	(7)Ω	响应		
								1	2	3
1	248	4.38	340	340	340	0	0	1	2	1
2	248	4.38	360	360	360	3	2	0	2	0
3	248	4.38	380	380	380	6	4	0	1	0
4	248	4.40	340	340	360	3	4	1	0	1
5	248	4.40	360	360	380	6	0	4	2	0
6	248	4.40	380	380	340	0	2	8	1	6
7	248	4.42	340	360	340	6	2	2	4	3
8	248	4.42	360	380	360	0	4	4	1	0
9	248	4.42	380	340	380	3	0	2	2	4

续表

试验序号	(1)浴温(℃)	(2)波峰高度	(3)OH-PH(℃)	(4)PH-2(℃)	(5)PH-1(℃)	(6)风刀	(7)Ω	响应		
								1	2	3
10	252	4.38	340	380	380	3	2	1	3	1
11	252	4.38	360	340	340	6	4	1	2	1
12	252	4.38	380	360	360	0	0	6	3	2
13	252	4.40	340	360	380	0	4	3	3	4
14	252	4.40	360	380	340	3	0	4	3	8
15	252	4.40	380	340	360	6	2	2	1	1
16	252	4.42	340	380	360	6	0	2	7	3
17	252	4.42	360	340	380	0	2	2	1	3
18	252	4.42	380	360	340	3	4	4	2	1

资料来源：Based on "From Quality Improvement Through Design of Experiments: A Case Study by Kalyan Kumar Chowdhury，E. V. Gigo，and R. Raghavan".

通过方差分析，发现浴温、波峰高度和 Ω 对焊接缺陷有显著的影响。将因素设置在通过试验所确定的最佳水平之下，预测的缺陷水平为 1 670 ppm，但当前的缺陷率超过 6 000 ppm。然而，预测的均值和试验结果不足以完全取消检验要求，因此进行了额外的试验设计以减少缺陷。

接下来的试验考虑了第一次试验的结果和一些非可控因素。不同的是，在第二次试验中，第一次试验中的显著因素的水平可以在最佳水平周围变化。根据这些额外试验的结果，各个因素新的最佳水平被重新确定并实现了显著改进。图 6 - 26 显示了试验过程中的缺陷水平，此次试验只用了 45 天。

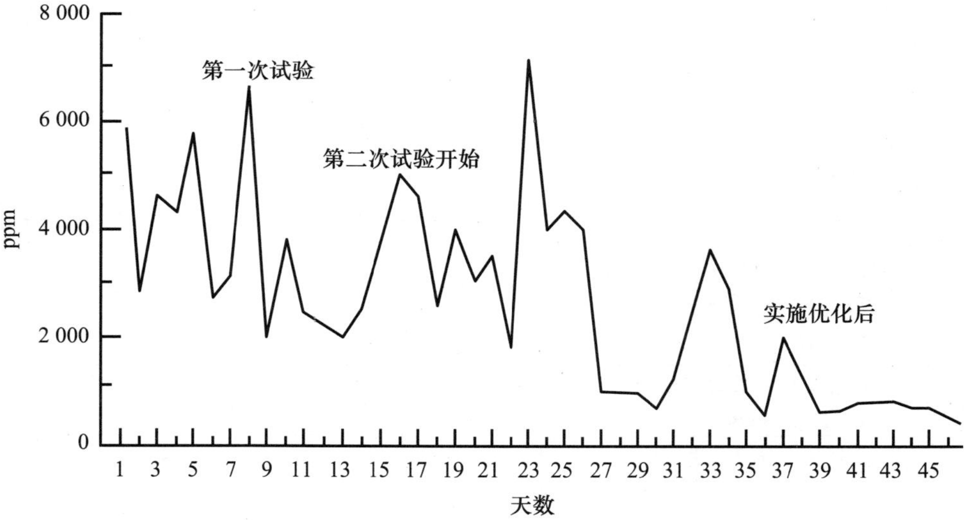

图 6 - 26　试验设计优化后的缺陷水平

● 关键问题讨论

1. 为什么第一次试验不能发现能使缺陷最大幅度减少的最佳因素组合？
2. 试验设计方法与传统的试错法相比有哪些优势？

复习题

1. 什么是统计学？为什么它在质量管理中很重要？
2. 解释试验、结果和样本空间之间的差异。
3. 陈述计算事件发生概率的四条规则。
4. 阐述概率的乘法法则。独立事件如何影响乘法规则？
5. 列出质量管理中重要的概率分布类型。
6. 离散概率分布与连续概率分布有何不同？
7. 列出并解释统计方法的三个基本要素。
8. 描述抽样方案的常见类型。
9. 抽样误差和系统误差有什么区别？为什么理解这些很重要？
10. 解释总体和样本之间的区别。
11. 列出常见的集中程度统计量并阐述如何计算它们。
12. 列出常见的离散程度统计量并阐述如何计算它们。
13. 阐述如何计算比例。
14. 解释标准差和均值标准误差之间的区别，它们有什么关系？
15. 用自己的话说明中心极限定理的意义，并说明它对统计质量控制技术的发展和使用的重要性。
16. Microsoft Excel 中提供了哪些描述性统计工具？如何使用这些工具？
17. 什么是置信区间？它有什么价值？
18. 描述一些适用于第 3 章、第 4 章和第 5 章主题的假设检验的应用。
19. 阐述方差分析中的假设检验。
20. 阐述相关性和回归的概念。
21. 试验设计的目的是什么？
22. 描述析因试验，并提供一些可用于解决质量相关问题的析因试验的例子。

案　　例

Burrito Brothers 快餐店

Burrito Brothers 是一家位于中西部的小型连锁快餐店。它专营四种类型的墨西哥卷饼：鸡肉、牛肉、猪肉和一种以豆类为主的素食。墨西哥卷饼是定制的，顾客可以加米饭、奶酪、鳄梨酱、番茄、生菜和萨尔萨辣酱。然后将卷饼放入纸袋中，以确保便携和卫生地递给顾客。

最近，店长赫克托・古斯塔沃（Hector Gustavo）听到了很多顾客的抱怨，比如“面饼（面包）太薄了，都破了”“食物不热”“每次我吃到的墨西哥卷饼似乎都是不同大小的”“我的卷饼里放错了配料”。店长知道他需要进行系统的顾客调查。许多投诉是通过公司网站提交的。赫克托的区域经理最关心的是投诉的数量。为了保持竞争力，顾客得到始终如一的食品和服务是很重要的。

赫克托认识当地大学一位讲授质量管理方面 MBA 课程的教授。教授告诉赫克托他一直在为学生团队寻找项目。赫克托决定咨询教授，其学生团队是否可以设计一个顾客调查，指导员工如何称量和记录卷饼重量，收集顾客意见，分析数据，并提出改善快餐店运营的建议。

学生团队基于表 6-3 中的问题设计了一个调查问卷，前 10 个问题适用于利克特 5 分量表法（5＝优秀或完全同意；1＝差或完全不同意）。最后两个问题被编码为 1，2，3 或 4。他们随机向 25

名顾客开展了问卷调查，收集了 150 个墨西哥卷饼重量的数据（相关数据见 www. cengage. com/decisionsciences/evans/quality/11e 上的 C06 Burrito Brothers Case Date 工作薄）。

表 6-3 顾客调查问题

菜单容易阅读吗？
准备的食物与订单一致吗？
食物美味吗？
食物是热的吗？
员工是否彬彬有礼？
餐厅干净吗？
在您看来，物有所值吗？
您的满意度是多少？
您下次光临的可能性有多大？
您向朋友或家人推荐我们的可能性有多大？
您多久在此用一次餐？第一次；每个月少于 1 次；每个月 1～3 次；每周一次？
您卷饼中的主要配料是什么：鸡肉、牛肉、猪肉、豆类？

◆ **讨论题**

1. 当你计算数据库中每份调查问卷中关于答复的描述性统计量时，你会得出什么结论？

2. 如果按顾客对前七个问题的回答取均值，那么这些均值与满意度得分的关系有多密切？分析中应包括散点图。

3. 利用满意度得分与回归分析能否预测顾客下次光临 Burrito Brothers 的可能性？基于 R^2 值，这个预测的准确性如何？

4. 使用描述性统计量（如均值和标准差）和工具（如频率分布和直方图）对墨西哥卷饼的重量数据进行分析。关于食物重量的统一性，你的结果说明了什么？

5. 你会向赫克托·古斯塔沃提出哪些决策和改进建议？

玛吉的炸薯条研究

几乎每个人都在麦当劳吃过饭。这家公司每天售出数百万份薯条，然而，并没有忽视薯条发生的变化。一则日本新闻曾报道用日本标准重量来挑战麦当劳的试验。试验称取了 20 个大份炸薯条共计3 200克，得出的结论是，每份重量比 170 克的标准少 10 克。[11] 在新西兰，进行了多个小规模试验来确定订单大小对价值与价格的影响。中份和大份订单之间唯一的区别是平均相差 12～13 克的薯条，结论是相较价格的提高，这笔费用不值得。[12]

为了研究薯条长度和外观质量的变化，一位名叫玛吉·戴利（Maggie Daly）的学生测量了 868 份薯条，这些薯条分别取自俄亥俄州辛辛那提市两家不同的麦当劳店的小份、中份和大份。长度以厘米为单位记录。她还根据六种外观属性对每根薯条进行了评级：褐色或斑点、破损或裂纹、一概完整的薯条、薯条上有烧焦的土豆皮、透明性（不脆）和萎蔫的质感。如果一根薯条有其中至少一个属性，则视为不合格（相关数据见 www. cengage. com/decisionsciences/evans/quality/11e 上的 C06 Maggies'French Fry Study Case Data 工作薄）。

◆ **讨论题**

1. 使用本章讨论的统计工具来分析数据。考虑长度的总体分布、数据的常用统计量、符合标准的薯条的百分比以及集中程度的差异。你还可以计算置信区间并进行假设检验，以确定集中程度是否存在差异。

2. 将结果汇总到一个精心撰写的报告中。

伯顿公司[13]

伯顿卡片公司（Berton Card Company）是一家为消费者和娱乐企业生产扑克牌和新奇纸牌的制造商。扑克牌按不同的规格生产，包括客户对颜色和图案的要求以及其他影响耐久性的质量特征，如厚度、硬度、平滑度或粗糙度。生产过程包括在连续纸卷上印刷油墨图案，刷一层涂料，干燥纸料，切割成包含整副纸牌的 220×260 英寸的纸片，最后把纸片切成单独的卡片，进行包装和装运。

涂料是由金属滚轴挤压在纸料上的，一个压在纸料的正面，一个压在纸料的背面。每个滚轴有两个压力设置，一个高，一个低。伯顿卡片公司最近安装了一个新的滚轴来挤压涂料，需要找到最佳的速度和压力设置。

技术人员设计了一个三因素（线速度、正面压力和背面压力）两水平（低和高）的 2^3 析因试验，如表 6-4 所示。操作人员对应这 3 个因素的每一个组合共进行了 8 次试验。

表 6-4　试验的因素和水平

因素	低	高
线速度	1 000 英尺/分钟	1 150 英尺/分钟
正面压力（表面）	900 磅/平方英寸	1 000 磅/平方英寸
背面压力	765 磅/平方英寸	800 磅/平方英寸

资料来源：From Quality Improvement Through Design of Experiments：A Case Study by Kalyan Kumar Chowdhury，E. V. Gigo，and R. Raghavan.

每次试验选取 5 张纸片组成样品送到实验室，使用一种特殊的机器测量表面粗糙度。

使用任何你认为合适的统计计算方法分析这些数据（见 www. cengage. com/decisionsciences/evans/quality/11e 上的 C06 Berton Card Company Case Date 工作薄），并准备一份报告，得出你的结论并提出控制线速度和滚轴压力的建议。要包含适当的图表以有助于解释发现的结果。

电池试验[14]

多达 1/ 10 的遥控模型赛车爱好者认为，花大价钱购买质量高的电池，使用昂贵的镀金连接器，并在低温下储存电池，将提高电池在比赛中的使用寿命。为了验证这一假设，设计了一个电路试验来检测不同配置下电池的放电时间。每个因素（电池类型、连接器类型和温度）设定处于两个水平，得到 $2^3=8$ 种试验条件，如表 6-5 所示。

表 6-5　电池性能测试试验设计

试验轮次	电池类型	连接器类型	温度	放电时间（分钟）
1	高成本	镀金	常温	493
2	高成本	镀金	低温	490
3	高成本	标准	常温	489
4	高成本	标准	低温	612
5	低成本	镀金	常温	94
6	低成本	镀金	低温	75
7	低成本	标准	常温	93
8	低成本	标准	低温	72

遥控模型赛车爱好者也想要确定不同品牌的电池是否存在显著差异。了解电池性能可能存在的差异是研究连接器或温度是否对性能有影响的第一步。表 6-6 显示了三种不同品牌的电池通过试

验检测到的放电时间。

表 6－6　不同品牌的电池放电时间数据

观测值	品牌		
	A	B	C
1	493	108	94
2	490	95	75
3	489	115	93
4	612	82	72

◆ **讨论题**

1. 利用表 6－5 中的数据，确定三个因素的主效应、交互作用和交互作用图（使用 www. cengage. com/decisionsciences/evans/quality/11e 上的 2 × 3 Factorial Experiment 工作薄中的数据）。详细解释你的结果。

2. 使用表 6－6 中的数据和 Excel 数据分析工具进行方差分析，以确定不同的电池类型之间是否存在显著差异，并解释方差分析的输出结果和你的结论。

注　释

1. J. M. Juran and Frank M. Gryna, Jr., *Quality Planning and Analysis,* 2nd ed. (New York: McGraw-Hill, 1980), 35.
2. Scott M. Paton, "Juran: A Lifetime of Quality: An Exclusive Interview with a Quality Legend," *Quality Digest,* August 2002, 19–23.
3. Thomas Pyzdek, "Non-Normal Distributions in the Real World," *Quality Digest,* December 1999, 36–41.
4. ArneButhmann,"DealingwithNon-normalData,"*iSixSigma Magazine,* May-June 2009, http://digital.isix-sigma-magazine.com.
5. Quality Gamebox is a product of PQ Systems; further information is available at http://www.pqsystems.com/products/sixsigma/QualityGamebox/QualityGamebox.php.
6. Johannes Ledolter and Claude W. Burrill, *Statistical Quality Control* (New York: John Wiley & Sons, 1999).
7. Jerry Fineman, "A Formula for Flavor Company Uses Statistics to Improve Taste of Its Bread Dough," *Food Quality* (June/July 2009), http://www.foodquality.com/details/article/807869/A_Formula_For_Flavor.html (accessed 10/15/2011).
8. Joseph J. Pignatiello, Jr., and John S. Ramberg, "The Top 10 Triumphs and Tragedies of Genichi Taguchi," presented at the 35th ASQC/ASA Fall Technical Conference, Lexington, KY, 1991.
9. Adapted from Gerald J. Hahn and Necip Doganaksoy, "By the Numbers," *Six Sigma Forum Magazine,* August 2009, 25–29.
10. Kalyan Kumar Chowdhury, E.V. Gigo, and R. Raghavan, "Quality Improvement Through Design of Experiments: A Case Study," *Quality Engineering* 12, no. 3 (2000), 4072416. Copyright 2000 by Marcel Dekker, Inc.
11. Steven Simonitch, "Is McDonald's Skimping on French Fries?" *Rocket News,* 24, November 29, 2011, Web. http://en.rocketnews24.com/.
12. Katherine Irvine, "Upsized Fries a Joke, Says Student," *Factivia,* University of Cincinnati, February 22, 2011.
13. We greatly appreciate the contribution of one of our former students, Stephen Berton, in preparing this case.
14. Reprinted with permission from Quality Progress © 1999 ASQ, www.asq.org.

第 7 章　设计卓越的产品和质量

今天的企业面临着巨大的压力：它们需要不断提高产品质量、降低成本，满足日益复杂的法律和环境要求；要更快地推出新产品来满足不断变化的消费者需求，保持市场竞争力。正如我们在第 1 章质量和盈利能力的讨论中所提到的（见图 1－3），质量设计是组织成功的一项重要决定因素。**质量源于设计**（quality by design，QbD）意味着不仅要把质量融入产品和服务，还要用于产品制造或服务提供的过程中。[1]好的设计不仅降低成本，还会提高产品质量。例如，简易的设计通常有更少的组件，这意味着出现故障和装配错误的机会也更少。[2]

虽然制造和服务技术取得了显著进步，但企业和消费者仍然受到产品失效或服务失败的困扰。消费者没有收到他们订购的产品，或者得到了不准确的信息；每年有成千上万人死于医疗事故；许多产品的控制软件很容易发生故障。[3]本质上这些问题多数是由于设计不佳或不完善的过程设计所致。

尽管有时我们倾向于将产品设计等同于产品制造，但也要意识到设计同样适用于服务业。例如，花旗银行曾设计一种新的抵押贷款审批手续，将业务处理周期从 45 天减少到不足 15 天；联邦快递一直在丰富它的包裹邮寄服务。[4]正如本章质量档案所提到的，有效的设计过程对满足顾客需求、实现质量和创新至关重要。在本章，我们将介绍一些支持高质量设计工作的重要实践及相关工具。

质量档案　动力集团和伯德谷健康系统

动力集团（Momentum Group）成立于 1994 年，总部在加利福尼亚尔湾市，是美国规模最小的纺织品合约经销商之一。如今，该公司已成为室内装饰设计行业公认的领导者，为包括建筑设计公司、商业家具制造商在内的客户提供特色的、注重设计的纺织品。为了践行“让我们的世界更美好”的核心价值观，动力集团在行业内率先推出了低环境影响面料的全套纺织品产品线。公司是研究、测试、应用具有创新性、可持续、环境友好型涂层织物材料的先行者。

动力集团通过建立质量领导队伍、设立问题解决小组、开展全员质量培训、树立标杆、表彰最佳实践等一系列措施，为质量过程改进体系的构建奠定了基础。公司投入资金进行工艺升级，实现了样品生产时间缩短 50%，单位产量提高 20%，并同供应商紧密合作以避免制造过程的误解和失误。其他质量措施还包括随机检查、强光照射以筛查进料中的染色产品，以及一个通过识别产品或颜色实现避免发错产品的自动系统。

动力集团将社会福利和可持续发展纳入其战略规划及实施过程。该公司在总部使用太阳能电池板发电，为远程销售团队制定绿色汽车政策，向全体员工提供绿色汽车激励等。

在短短 20 多年的时间里，该公司销售额增长了 400%以上。在该公司运营的 22 年里，有 19 年的业绩超过了整个行业。

伯德谷健康系统（Poudre Valley Health System，PVHS）是一个私营的、非营利的医疗健康组织，服务于北科罗拉多州、内布拉斯加州和怀俄明州的居民。PVHS 运用顾客之声（VOC）方法设计新的服务。在规划最新的落基山医疗中心过程中，社区的顾客之声数据促进了一系列改进和优化，包括急诊室布局、带壮丽山景和窗户的病房、康复花园、淋浴和厨房等家庭设施等。

伙伴关系帮助 PVHS 聚焦未来，并且将竞争对手变成盟友。在与医生建立关系后，PVHS 扩大了合作伙伴的范围，包括家庭健康机构、长期护理员、社区健康组织和健康计划管理者等实体，这一伙伴关系每年为当地雇主节省 500 万美元。落基山医疗中心是与东北部斯科茨布拉夫的一家社区医院合作建造的，于 2007 年 2 月开放。PVHS 的合作伙伴正在通过设计并测试创新系统和技术来推动创新，以满足医疗保健的需求。例如，PVHS 是美国首批在四个医学专业领域使用机器人辅助手术系统的医疗系统之一，也是全球首批 24 个跨服务线路集成医疗成像系统的医疗系统之一。

从新的服务设计到临床护理，PVHS 通过构建跨学科团队来满足患者的需求。美国外科医师学会（American College of Surgeons）最近的一项调查显示，“相较于美国其他任何创伤项目，这种跨学科团队体现了护士和医生之间的最佳合作”。2008 年，该系统员工的总体离职率降至 8%，远低于竞争对手，达到了医疗人力资源管理局前 10%的水平。该系统的总体员工满意度在全美排名前 97%，《现代医疗》（*Modern Healthcare*）杂志将 PVHS 评为 2008 年“美国 100 个最佳医疗保健工作场所”之一。PVHS 被美国护士协会（American Nurses Association）和国家护理质量指标数据库（NDNQI）评为全国第一的持续卓越护理医院。PVHS 连续 5 年入选汤姆逊 100 强医院（以卓越的疗效、患者安全、运营和财务表现）。

资料来源：Adapted from Malcolm Baldrige National Quality Award，Profiles of Winners，National Institute of Standards and Technology，Department of Commerce.

7.1 产品开发

大多数公司都有某种类型的结构化产品开发过程。典型的产品开发过程如图 7－1 所示，包括六个阶段。

1. 创意产生。新的或重新设计的产品创意应该包含顾客的需求和期望。然而，真正的创新往往超越顾客表达的欲望，因为顾客可能在拥有它之前不知道自己喜欢什么（想想 iPhone 或 iPad）。因此，想法的产生通常关注激励和愉悦，正如第 3 章的魅力模型所

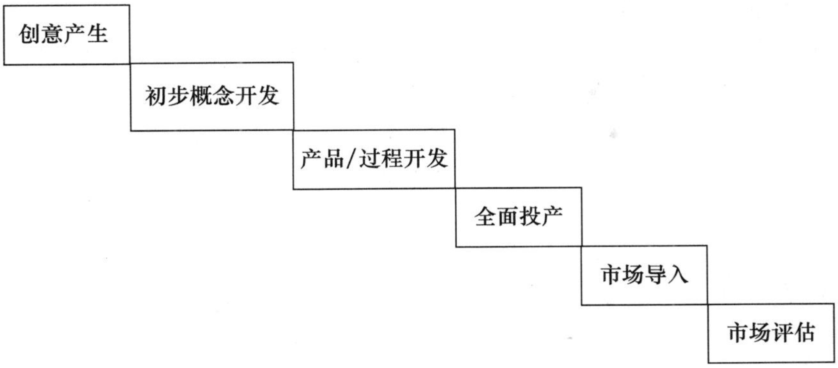

图 7-1　结构化产品开发过程

资料来源：Adapted from D. Daetz, "The Effect of Product Design on Product Quality and Product Cost," *Quality Progress*, 20, no. 6, 63-67, June 1987. Copyright © 1987 American Society for Quality.

描述的那样。

2. 初步概念开发。在此阶段研究新想法的可行性，要解决以下问题：产品是否满足顾客的需求？它能经济、高质量地制造出来吗？这些都需要客观的标准来测量及测试与这些问题的相关属性。

3. 产品/过程开发。如果一个想法通过了初步概念开发阶段——很多都没有通过，实际的设计过程从评估设计方案和确定所有材料、部件和部件的工程规范开始。这个阶段通常包括原型测试。在这个阶段中，构建一个模型（真实的或模拟的）来测试产品的物理性能或在实际操作条件下的使用以及消费者对原型的反应。与此同时，公司开发、测试和标准化将用于生产产品或提供服务的流程，其中包括选择适当的技术、材料和供应商，并进行试点运行以验证结果。

4. 全面投产。一旦设计被批准且生产过程已经建立，公司将产品移交给制造或服务提供团队。

5. 市场导入。产品分销给顾客。

6. 市场评估。戴明和朱兰都提倡持续进行产品开发过程，依靠市场评估和顾客反馈来启动持续的改进。

许多公司将顾客和供应商视为产品开发中的重要合作伙伴，将他们纳入计划和评审会议。顾客的参与使公司能够在整个过程中整合市场评估，供应商参与有助于提高采购材料、部件的质量，提升供应链管理水平。

质量聚光灯

卡特彼勒

卡特彼勒在产品开发过程使用一种称为 DMEDI（定义（define）、测量（measure）、探索（explore）、设计（design）、实施（implement））的方法。

1. 定义机会。通过目标陈述、制订计划和资源识别来理解要开发的过程的目的。

2. 测量顾客需求。通过检查顾客需求和竞争分析，了解新流程所需的输出内容。

3. 探索设计概念。使用创造性的技术来开发替代概念，并通过验证顾客需求来评估这些想法。

4. 开发详细设计。通过工艺和产品设计、试点项目和测试，将概念变成现实。

5. 实施详细设计。全面部署新流程，并根据预期结果评估其价值。

7.1.1 并行工程

速度在产品开发中的重要性无论怎样强调都不为过。为了在竞争激烈的市场中取胜，公司必须迅速推出新产品。几乎每个行业都聚焦于缩短产品开发周期。以前，汽车制造商开发一个新车型需要 8 年的时间，现在大多数汽车制造商都努力在一年之内完成。快速的产品开发需要组织内不同职能的参与和协作，例如市场营销、工程、制造等。遗憾的是，高效产品开发的一个最关键障碍就是组织内部协作效率不高。

在许多公司中，产品开发是以串行方式完成的，如图 7－1 所示。在开发的早期阶段，设计工程师主导整个过程，接着原型机被转移到生产阶段，然后市场营销人员和销售人员参与到后续过程。这种方法有几个缺点：首先，产品开发时间太长；其次，还未到工艺设计阶段可能就已耗费高达 90％的制造成本；最后，推出的最终产品可能不是最适合市场需求的产品。

并行工程（concurrent engineering）是一个产品推向市场的产品开发过程，需要从概念到销售所有业务职能的持续参与。这种方法不仅有利于顺利实现后期的产品/服务宣传推广，还能有效提高质量、降低成本、缩短产品开发周期。并行工程由一个跨职能团队完成，通常由 4～20 名涵盖公司所有专业的人员组成。这个团队在执行、协调产品开发过程中的活动时，不是顺序机械式的，而是同步即时性的。例如，本田公司在全球六个地区分别设立了一名业务经理，以监督全部开发、生产和采购过程。正如本田首席执行官所说的："以前每一个小的车型变更，都由研发部门先进行初步审查，接着由汽车运营部门正式批准，然后在实际研发前再发布研发说明。现在销售、制造、研发和采购部门作为一个团队协同工作，能迅速做出决定。"[5]波音公司拥有超过 100 个集成产品团队（IPT），负责监督 C-17 飞机多达 125 000 个部件以及相关服务的设计、生产和交付。类似的方法也适用于服务组织。在丽思卡尔顿酒店，跨职能团队会为一些酒店提供定制产品和服务，如会议、宴会活动等，提供充分的保障服务。这些团队包含所有的内外部供应商，在每次活动之前仔细核实产品或服务的交付能力、样品评价，并对相关结果综合评估。

名列《快公司》（*Fast Company*）杂志全球最具创新力 50 家公司名录的两家公司——苹果和 Jawbone（蓝牙耳机的生产商）也是通过实施并行工程获得了竞争优势。[6]实施并行工程有显著效果：开发时间减少 30％～70％，工程变更减少 65％～90％，上市时间减少 20％～90％，质量提高 200％～600％，工作效率提高 20％～110％，资产回报率提高 20％～120％。[7]

7.1.2 六西格玛设计

六西格玛设计（design for six sigma，DFSS）是一种结构化的产品开发方法，也是一套工具方法，能够确保产品和服务满足顾客的需求，实现性能目标，高质量地完成生产和交付过程。DFSS 帮助设计师、工程师更好地将顾客需求转化为概念设计、将概念转化为详细设计、将详细设计转化为优质产品或高效服务。通过良好的沟通及提前参与产品开发过程，这种方法可以降低成本，提高质量，聚焦顾客。DFSS 是对六西格玛改进方法的补充和扩展，我们将在第 9 章学习。DFSS 中多数工具的使用已经有一段时间，其独特之处是它们被整合成了一个具有明确业务目标、由六西格玛体系驱动的规范化方法。

DFSS 包括四项主要活动[8]：

1. 概念开发。概念开发的重点是创造和构思一个产品创意，并根据顾客的要求、技术能力、经济情况来确定其功能。

2. 详细设计。详细设计的重点是制定具体的要求和设计参数，如规格和公差，以确保产品满足概念的功能要求。

3. 设计优化。设计优化旨在细化设计，以识别和消除潜在的故障，实现高可靠性，并确保可以方便地制造、组装并以符合环境要求的方式交付。

4. 设计验证。设计验证确保产品达到质量水平和可靠性要求。

这些活动通常包含在 DMADV 的流程中，DMADV 的意思是定义（define）、测量（measure）、分析（analyze）、设计（design）和验证（verify）。定义是聚焦于识别和理解市场需求或机会。测量是通过收集顾客的意见来确定顾客最重要的关键特性，并概述产品的功能需求，以满足顾客的需求。分析是聚焦于从工程学和美学角度进行概念开发，通过绘图、创建虚拟模型、模拟来了解和开发产品的功能特性。设计是着重于制定详细的规格、采购要求等，从而使概念得以实现。最后，验证涉及原型开发、测试和执行生产计划。

通用电气是 DFSS 的一个早期应用者。例如，早在 1998 年的年报中通用电气就表示："未来的每一个新产品和服务都将是 DFSS 设计的……从本质上说，它们是由顾客设计的，使用了顾客在产品中想要的所有关键质量性能特征（critical to quality，CTQ），并对关键质量性能特征进行严格的六西格玛过程设计。" DFSS 的一个早期应用是在通用电气的医疗系统部门，电子计算机断层扫描（computed tomography，CT）系统是第一个完全使用 DFSS 设计和开发的产品。CT 使医生能够即时获取患者某一部位的多维图像。最终，在获得高质量图像的同时工作效率也实现了翻倍提升。[9]

质量聚光灯

约翰·迪尔公司

约翰·迪尔公司总部在艾奥瓦州的滑铁卢市，它设计和制造的发动机满足顾客及相关监管标准的高要求。2006 年开始应用 DFSS 帮助公司构建起竞争地位。2011 年美国环境保护署（Environmental Protection Agency，EPA）开始强制要求大幅减少发动机排放，要求企业减少 90%的颗粒物和 50%的氮氧化物排放。要满足这些标准就需要更复杂的排放控制策略，因此，更复杂的引擎技术必不可少。DFSS 为公司提供了一种方法，能够在时间短、资源投入少的情况下找到设计解决方案，帮助公司在设计和开发过程中尽可能早地将系统布置到位。[10]

本章的其余部分将介绍支持 DFSS 四个阶段的各种工具和方法。

7.2 概念开发和创新

概念开发（concept development）是应用科学、工程和商业知识来开发满足顾客需求和制造或服务交付要求的基本功能设计的过程。开发新概念需要创新和创造力。

创新（innovation）涉及一种理念、过程、技术、产品或业务模式的应用，它们或是新的内容，或是新推出的应用。创新的结果是一个间断的或突破性的改变，它会带来受到顾客喜爱的、新颖的、独特的产品和服务，同时创造竞争优势。美国小企业管理局（Small Business Administration）将创新分为四类：

1. 一种全新的产品类别（如 iPod）；
2. 市场上已有产品类别中的第一种全新的产品形式（如 DVD 播放器）；
3. 对现有技术的重大改进（如蓝光光盘技术）；
4. 对现有产品的适度改进（如新款的 iPad）。

创新一直是苹果公司和乔布斯的标志。乔布斯的灵感源于这些理念：简单易用，用电脑做创造性的工作，让生活更轻松。[11]《商业周刊》的一项民意调查发现，绝大多数高级管理人员表示，创新是他们优先考虑的三个问题之一，其实施的速度以及将理念推向市场所需协调过程的能力是创新成功的最大障碍。[12]

创新建立在强大的研发（R&D）过程的基础上。许多大公司都设立了专门的研发部门。政府机构也积极推动创新。例如，美国商务部下属的国家标准与技术研究院（NIST）大力推广测量科学、相关标准和技术，以此增强经济安全、提高生活质量，从而促进美国的创新和工业竞争力的提升。NIST 实验室从事促进美国技术基础设施的研究，这是美国工业持续改进产品和服务所需要的；霍林斯制造业扩展伙伴关系（Hollings Manufacturing Extension Partnership），是一个全国性网络平台，它为小制造商提供技术和商业援助；技术创新计划面向工业、大学和财团，通过成本分摊的方式，研究潜在的革命性技术，解决国家和社会关键需求。

创造力（creativity）是用新的或新颖的方式看待事物。创造性思维不同于分析性思维。有许多工具可以促进创造性思维，尤其是在由左右脑混合支配的个体所组成的团队中。创造性的工具，如头脑风暴和“书面头脑风暴”，旨在产生许多想法和可能的解决方案，不带主观评价，用于帮助人们改变看待问题或机会的旧有观念，带来新的视角。思维导图开发了一种可视化的表现形式，用于表述不同概念、问题之间的相互关系，帮助人们理清思路、促进相互理解。

（名为《美丽心灵》（A Beautiful Mind）的电影讲述了杰出数学家约翰·纳什的一

生，纳什的一个同事曾这样描述纳什的创造力："其他人想登上顶峰，都是通过在山上找一条路，纳什则会爬上另一座山，然后从远处的山峰回望这座山峰。"[13]）

一个在产品设计中广泛使用的创造性工具是 TRIZ，它是俄语中"发明问题的解决理论"的首字母缩写。一位俄罗斯专利办案员在研究数千份专利申请并观察科技进步中常见的创新模式后，总结提出了 TRIZ 方法，他认识到这些概念是可以传授的，于是开发了大约 200 个练习来培养创造性解决问题的能力。三星、福特、摩托罗拉、宝洁、3M、飞利浦、LG 等公司都使用过 TRIZ。它在提高半导体工厂的产量、为洗衣机设计新电机、增加液晶电视的观看角度等方面发挥了作用。[14]

在概念开发过程中我们必须问的第一个问题是：产品（或服务）的目的是什么？在第 3 章中，我们强调了理解顾客之声的重要性。这是概念开发的起点。如何将顾客的意见转化为现实的或可操作的规范，以及产品或服务的生产过程，决定了产品的成功与否。其他设计考虑的因素还包括产品的重量、尺寸、外观、安全性、寿命、可服务性和可维护性。当这些因素的确定仅仅从工程技术角度出发而没有围绕顾客需求时，这种不完善的设计在市场上的失败往往是最终的结果。

在想法确定之后，使用成本/收益分析、风险分析以及其他一些技术对它们进行评估。最后，通常使用某种类型的评分矩阵来对选择标准进行加权，从而确定最佳的概念。

质量聚光灯

达美乐

2009 年末，世界最大的比萨饼外卖连锁店达美乐（Domino's）宣布，它将改进核心业务比萨饼的每一部分——新的比萨饼皮、奶酪、酱料。负责美国业务的总裁说："我们一直被称为 30 分钟送货员，没有理由不做市场上最好的比萨饼。"达美乐在新配方上花费了两年时间，测试了几十种奶酪、15 种酱汁和 50 种调味料。随着经济危机以及人口结构和消费者口味的变化，从竞争的角度来看这种变化是必要的。达美乐的首席营销官说："在口感上我们不可能满足所有人。"[15]

7.3 详细设计

概念设计必须转化为可衡量的技术要求，然后转化为详细的设计规范。详细设计的重点是建立技术要求和规范，它代表了从研发人员的一种概念到可制造的设计的过渡，同时也确保能够被经济、高效和高质量地生产出来。麻省理工学院的南·舒赫（Nam Suh）博士开发了一种称为**公理设计**（axiomatic design）的方法论，它基于一个前提：好的设计受到与自然科学类似的规律制约。设计过程遵循两个公理：

1. 独立公理。当设计的功能需求相互独立时，就会出现好的设计。
2. 信息公理。好的设计对应小的复杂性。

用这些公理指导设计过程，目的是创造最好的产品，实现所需的功能。该方法已被福特汽车等许多公司成功应用，缩短了设计时间，取得了较好的设计效果。公理设计的原则帮助研发人员更好地应用相应的工具方法，如 TRIZ、质量功能展开（我们在下文中讨论）等。

7.3.1 质量功能展开

传统产品开发过程的一个主要问题是顾客和工程师讲不同的语言。技术要求，有时称为设计特征，是将顾客之声转化成技术语言，为设计规范（如尺寸和公差）提供基础。顾客对汽车的要求可能是“容易启动”，这个要求转化成技术语言可能是“汽车将在曲柄连续转动 10 秒内启动”。或者，将“肥皂让我的皮肤感觉柔软”的要求转化成肥皂的 pH 值或硬度规格。这些规范为生产过程的设计和控制提供了可操作的信息。

质量功能展开（quality function deployment，QFD）是一个强大的工具，它能够建立满足顾客需求的技术设计要求，并将其展开到后续的生产活动中。这个用来描述此过程的词听起来让人困惑，它其实是日本词语的翻译。QFD 只是一个规划过程，通过在组织内部整合顾客之声，指导产品的设计、制造和营销。通过 QFD，每一个设计、制造和控制决策都是为了满足顾客的需求。QFD 通过改善价值链中所有成员间的沟通和团队合作来使公司获益，如营销和设计之间、设计和生产之间以及生产和质量控制之间等的沟通和团队合作。

QFD 最早源于 1972 年三菱的神户造船厂，丰田进一步完善了这个概念，从 1977 年开始推广使用，取得了很好的效果。从 1977 年 1 月到 1979 年 10 月，丰田在推出一款新面包车时实现了 20%的启动费用削减。到 1982 年，相比 1977 年启动费用下降了 38%，到 1984 年下降了 61%。此外，在提高质量的同时，研发时间也减少了 1/3。

施乐和福特于 1986 年在美国开始使用 QFD 方法（当时，超过 50%的日本大公司已经在使用这种方法）。今天，QFD 方法被汽车、电子、电器、服装和建筑设备的制造商广泛运用，如马自达、摩托罗拉、施乐、IBM、宝洁、惠普和 AT&T。非营利组织美国供应商协会和马萨诸塞州咨询公司 GOAL/QPC 在美国宣传并推广了这一概念。

在 QFD 方法理念中，一个公司所有的运营活动都是由顾客之声驱动的，而非最高管理层的命令或设计工程师的意见或愿望。QFD 与传统的产品规划过程不同，在传统的产品规划过程中，产品概念源自研发团队或研发小组，经过测试和改进，再进行生产和销售等。通常大量时间和精力浪费在产品和生产体系的重复设计上，直到满足顾客的需求为止。如果顾客需求可以在一开始就被准确地识别，那么这种精力的浪费就可以避免，这也是 QFD 的重点。

产品目标在生产过程中能被更好地理解和解释，因为所有关键的设计信息都被获取和综合起来。这种方法有助于理解研发中的折中（妥协），促进管理者之间达成共识。QFD 的使用集中在顾客满意和不满意的驱动因素上，是高层管理者对产品质量进行竞争分析的有用工具。生产力和质量的提升通常都是结果。也许最重要的是，QFD 减少了新产品的研发时间。QFD 可以用来模拟新的设计理念、概念的效果。通过这个优势，企业可以缩短产品开发时间，更快地将新产品推向市场，从而获得竞争优势。

QFD 使用一组相互关联的矩阵来确保顾客的意见贯穿整个生产/交付过程（见图 7-2）。由于其视觉上的特征，被称为“质量屋”。第一个质量屋是将顾客之声（顾客需求）与产品的整体技术要求联系起来；第二个是将技术要求与组件要求联系起来；第三个是将组件要求与过程操作联系起来；最后一个是把过程操作和质量控制计划联系起来。在这种情况下，每一个设计和生产决策，包括生产过程的设计和质量测量的选择，都可以追溯到顾客之声。如果应用正确，该过程可确保最终产品满足顾客需求。我们将聚焦第一个矩阵，即图 7 - 3 所示的顾客需求规划矩阵（通常称为质量屋）。

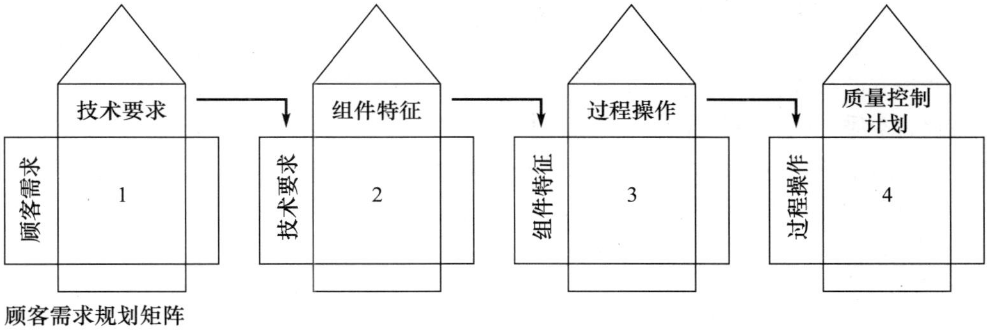

图 7 - 2　四个相连的质量屋

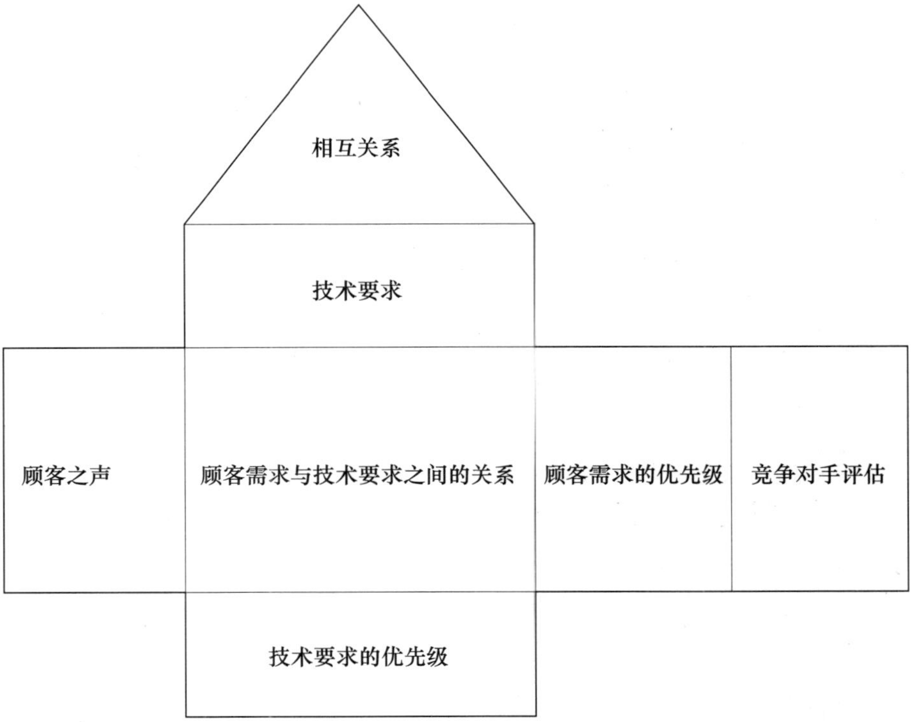

图 7 - 3　质量屋

构建质量屋包括六个基本步骤：

1. 确定顾客需求。
2. 识别技术要求。

3. 将顾客需求与技术要求联系起来。

4. 评估竞争产品或服务。

5. 评估技术要求和制定研发目标。

6. 确定哪些技术要求在生产/交付过程中展开。

为了说明质量屋的演变以及质量功能展开过程，下面提供一个实际案例，结合小区里现有两家竞争对手的资料，设计一个新的健身中心。

步骤 1：确定顾客需求。顾客之声是 QFD 过程的主要输入。正如第 3 章所讨论的，可以使用许多方法来收集顾客的有效信息。这个过程中最关键和最困难的步骤是抓住顾客需求和期望的本质。顾客说的原话对消除设计师和工程师的误解至关重要。图 7-4 显示了健身中心质量屋里的顾客之声，它们可能是基于电话调查或小组座谈获得的。它们被分为五类：项目与活动、设施、氛围、员工和其他。这些分组可以很容易地使用亲和图来完成。

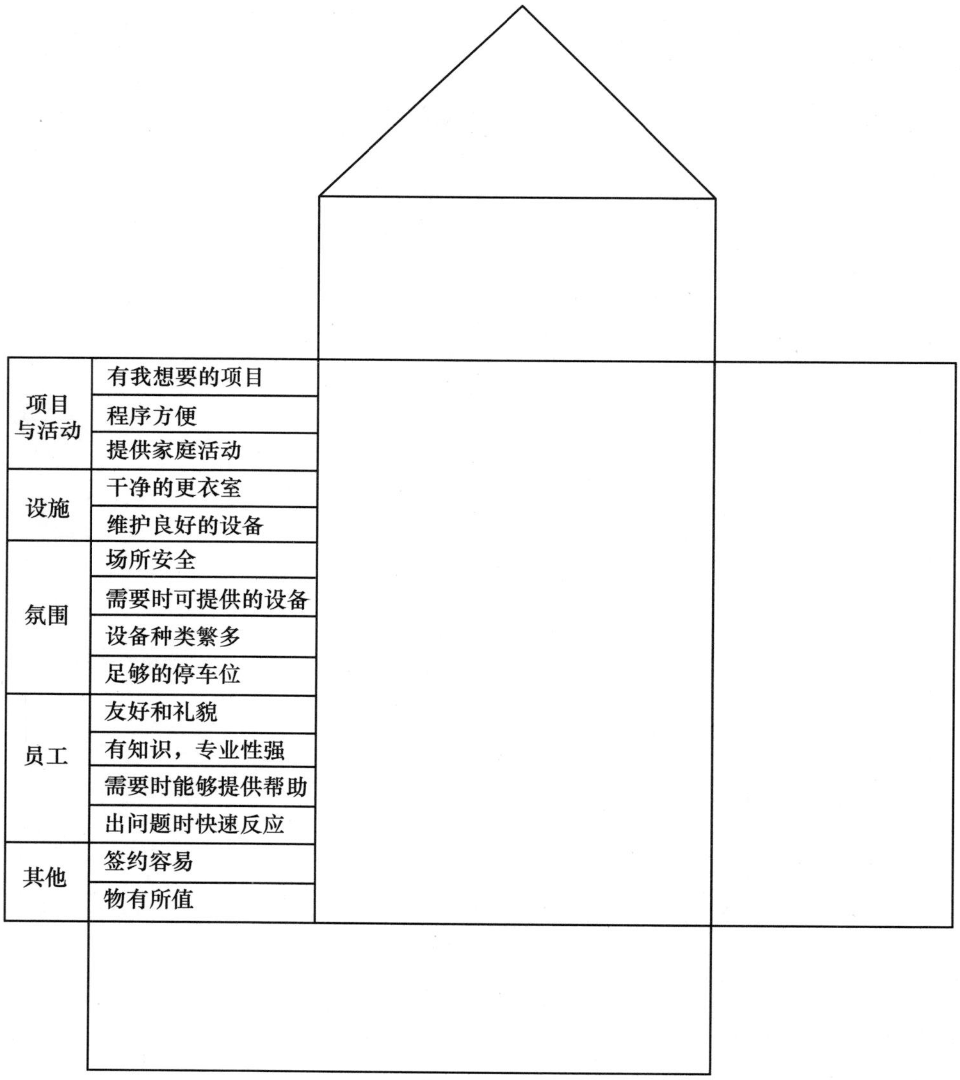

图 7-4　质量屋中的顾客之声（步骤 1）

步骤2：为产品或服务的设计提供基础的技术要求。技术要求是用工程师或研发人员的语言来描述顾客需求的可衡量的设计特征。本质上，它们是公司对“什么”做出反应的“方法”，“什么”是决定顾客满意或高兴的顾客需求，这个通常称为关键质量性能特征(CTQ)。它们必须与顾客需求有直接的关系，并且是可衡量的，因为与客观目标相比，产出是可控的。对于健身中心来说，这些需求包含项目用品和设备的数量及类型、时间、人员配备要求、设施特点和维护情况、费用结构等。图7-5将这些信息都添加进了质量屋。

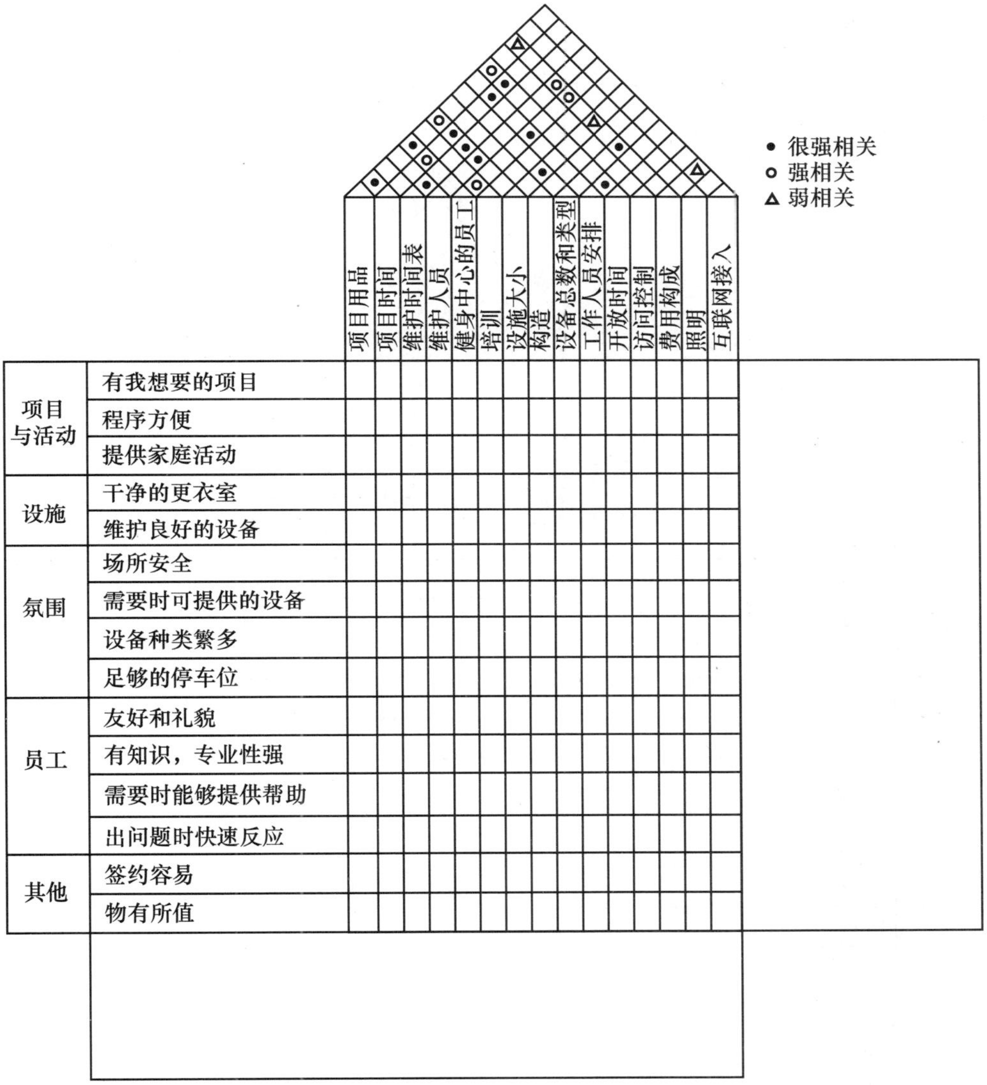

图7-5 质量屋中的技术要求（步骤2）

质量屋的屋顶显示了任何一对技术要求之间的相关关系，可以用不同的符号来表示这些相关关系。典型的示例是：使用符号●表示很强相关，○表示强相关，△表示弱相关。这些相关关系回答了诸如“某技术特征的改变如何影响其他技术特征”等问题。例如，增加项目内容可能需要更多的员工、更大的设施、更长的时间和更高的成本，雇用更多的维护人员、建造更大的设施、购买更多的设备可能会导致更高的会员费。因此，不能孤立地看待设计决策，这个关系矩阵有助于评估得失。

步骤 3：在顾客需求和技术要求之间建立一个关系矩阵。顾客需求列在左栏，技术要求列在顶部。在矩阵中，用符号表示相关的程度。关系矩阵的目的是显示技术要求是否充分地满足了顾客需求。这种评估通常基于专家经验、顾客反馈或受控实验。

顾客需求和技术要求之间缺乏强有力的关系表明：要么是顾客需求没有得到满足，要么是最终设计难以满足需求。同样，如果一项技术要求没有响应任何顾客的需求，它可能是多余的，或是研发人员错过了一些重要的顾客需求。例如，顾客要求“干净的更衣室”与维护计划有很强的关系，并且只与维护人员的数量有很强的关系。“签约容易”可能与“互联网接入”是强相关，与“开放时间”是弱相关。图 7-6 显示了这些关系的一个示例。

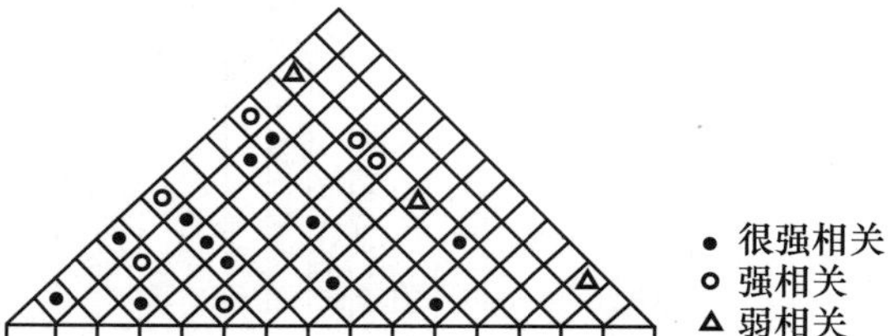

		项目用品	项目时间	维护时间表	维护人员	健身中心的员工	培训	设施大小	构造	设备总数和类型	工作人员安排	开放时间	访问控制	费用构成	照明	互联网接入
项目与活动	有我想要的项目	●				△								○		
	程序方便		●									○				
	提供家庭活动	●														
设施	干净的更衣室			●	○											
	维护良好的设备			●	○					△						
氛围	场所安全			○		△	△		○				●		○	
	需要时可提供的设备									●		●				
	设备种类繁多									●						
	足够的停车位							●								
员工	友好和礼貌					○	●									
	有知识，专业性强					○	●									
	需要时能够提供帮助										●					
	出问题时快速反应					○	●				○					
其他	签约容易											△				●
	物有所值	○						△		●				●		

图 7-6 矩阵关系（步骤 3）

步骤 4：添加竞争性评价和主要卖点。此步骤确定每个顾客需求的重要性等级，并评估竞争对手的现有产品或服务（见图 7－7）。顾客重要性评级代表顾客所表达的兴趣和期望的等级。竞争性评价突出竞争产品的绝对优势和劣势。通过这一步，设计师可以发现改进的机会。它还将 QFD 与公司的战略愿景联系起来，并给出设计过程的优先次序。例如，如果一个重要的顾客需求在所有竞争对手的产品上得到了较低的评价（如“提供家庭活动”），那么通过关注这个需求，公司可能会获得竞争优势。这些需求成为关键的卖点和制定营销策略的依据。

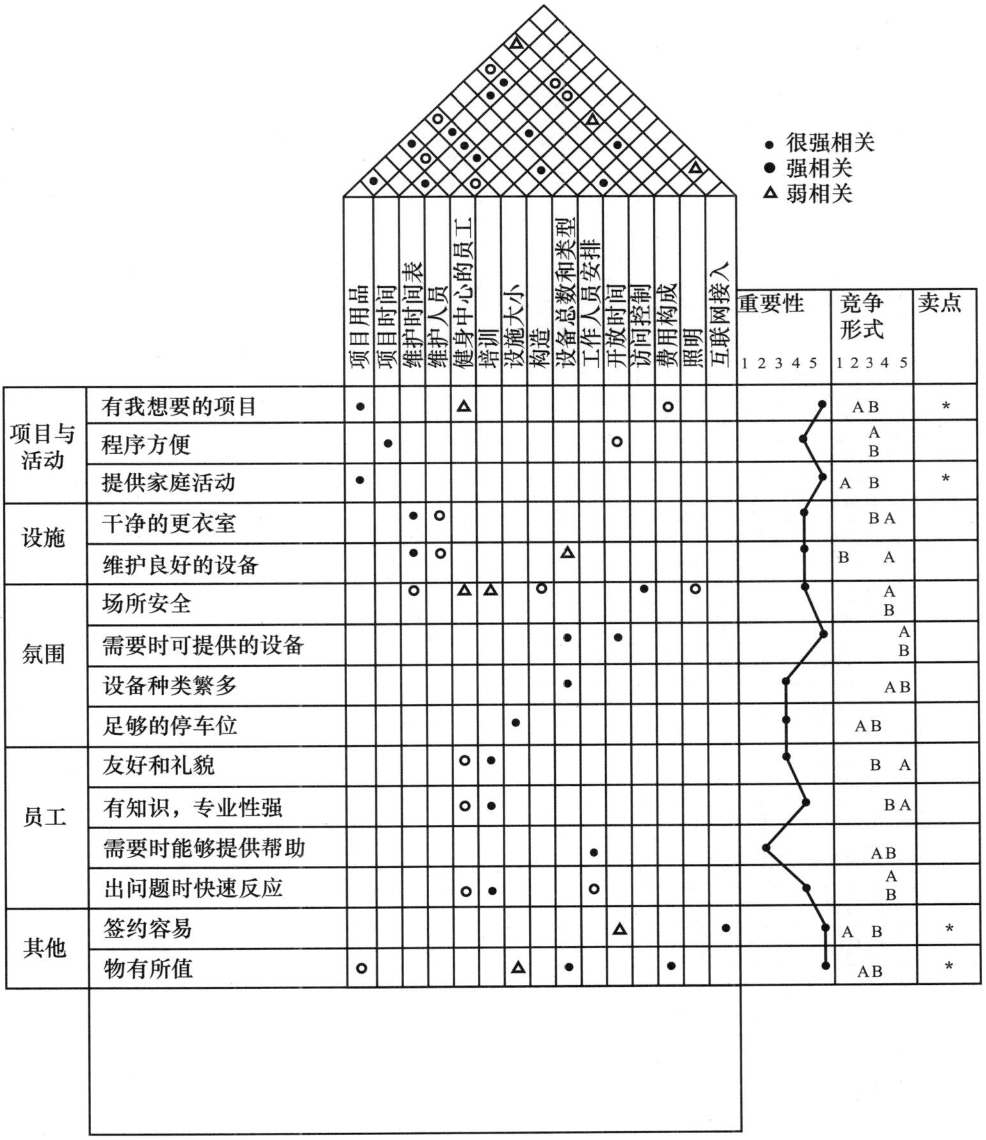

图 7－7　竞争性评价（步骤 4）

步骤 5：评估竞争产品和服务的技术要求，制定目标。这一步通常通过情报收集或产品测试来完成，然后转化为可衡量的术语。将这些评估与顾客需求的竞争性评估进行比较，以确定顾客需求与技术要求之间的不一致，对相关技术要求的评估表明，如果不一致，要么是所使用的措施有错误，要么是产品存在形象差异（对竞争对手是正面的，对公司是负面的），影响了顾客的感知。根据顾客重要性评级和现有产品的优缺点，为每项技术要求设定目标，如图 7－8 所示。例如，顾客对“有我想要的项目”和“提供家庭活动”的评价是高度重要的，而竞争性评价则是相当低的。为重要性高的需求设定更高目标将有助于满足关键需求，成为竞争优势的来源。

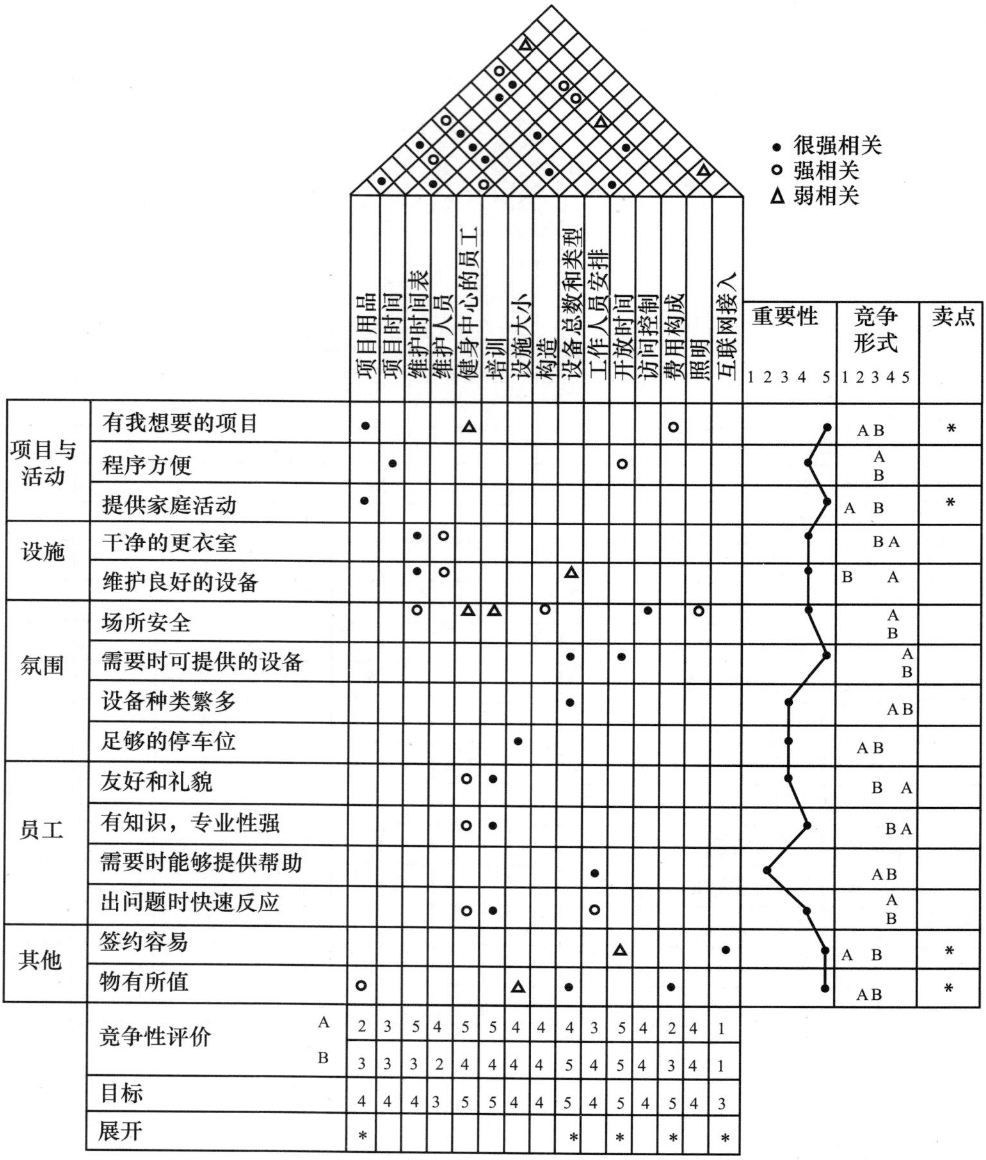

图 7－8　技术要求评估、目标与展开（步骤 5、步骤 6）

步骤 6：在其余的过程中选择要展开的技术要求和目标。在此步骤中要确定那些与顾客需求有密切关系、竞争性较差或有很强卖点的技术要求。这些特性具有最高的优先级，需要在设计和生产过程的其余部分展开，来积极响应顾客需求。那些非关键特征不需要如此密切的关注。例如，在设计健身中心时，项目用品、设备总数和类型、开放时间、费用构成和互联网接入等在图 7－8 中确定为关键问题。

正如我们在图 7－2 中所指出的，作为 QFD 过程的一部分，质量屋与其他三个“屋”或规划矩阵相关联。第二个屋将整体设计扩展为更详细的组件特征。例如，在健身中心的例子中，我们可以为项目产品开发更详细的顾客需求和技术要求。第三部分将组件特征与关键的过程操作联系起来，表示从计划到执行的过渡。对于健身中心来说，这一步可能包括创建一个项目计划来选择、设计和评估项目。关键过程操作是最后一个质量屋中质量控制计划的基础。在这一点上，健身中心可以设计会员调查来评估项目，检查维护清单，开发员工的绩效评估方法以及设备故障和问题的解决措施。这些活动必须在持续开展的基础上进行测量和评估，以确保过程持续满足第一个质量屋所定义的重要的顾客需求。

7.3.2 目标与公差设计

在确定了基本的技术要求之后，研发人员必须为关键的制造或服务特性设定具体的尺寸、目标和公差。这些可能来自顾客反馈的产品功能或其他考虑因素，如安全性。例如，美国国家公路交通安全管理局（National Highway Traffic Safety Administration）规定了机动车的相关标准，如雨刷器的两种摆动速度，一种是每分钟必须超过 45 个往复摆动，另一种是每分钟至少 15 个往复摆动，可以比最快的速度慢，但不得低于每 3 秒 1 个往复摆动的速度。[16]

生产规范包括公称规格和公差。公称规格是指理想的尺寸或制造业努力满足的目标值。因为意识到要持续满足目标的困难，公差是一种允许的变化。公差是必要的，因为在生产过程中，由于“5M”（人、材料、机器、方法和测量）的自然变化（常见原因），并不是所有的部件都能精确地按照公称规格生产。

例 7－1

公称规格和公差

以一个典型的微处理器为例，图 7－9 中的图纸显示了微处理器的一些关键尺寸和公差。“比率”符号（$\frac{0.514}{0.588}$）表示尺寸允许的范围。除非另有说明，一般公称规格是中点。因此，$\frac{0.514}{0.588}$的规格可以解释为公称规格为 0.551，公差为±0.037，通常写成 0.551± 0.037。生产中质量规范要求的定义就是这些公差。

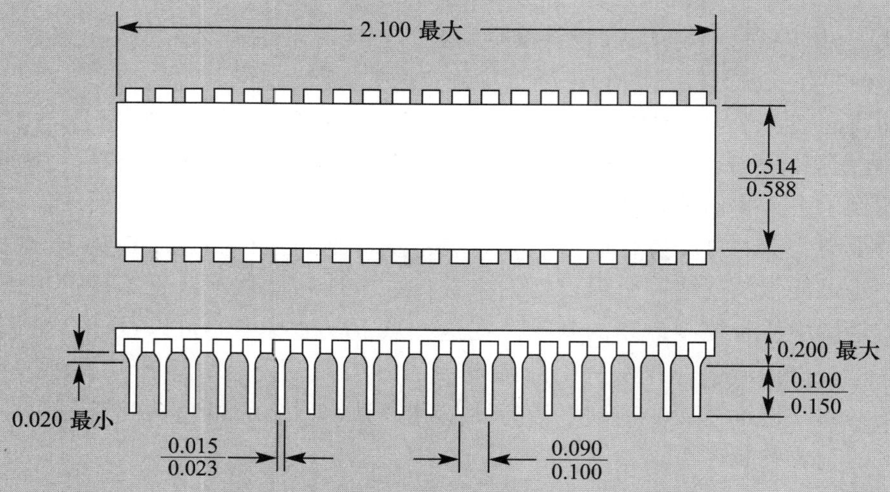

图 7-9 微处理器规格

虽然我们主要关注产品制造，但类似的方法也适用于服务过程。在星巴克，牛奶的蒸煮温度必须至少达到 150 华氏度，但绝对不能超过 170 华氏度。每一杯浓咖啡都必须在服务提供的 23 秒内完成，否则就会被倒掉。[17] 政府法规通常会规定食品和药品的规格。例如，美国食品药品监督管理局（FDA）规定了食品中有害物质的质量标准。[18] 每 100 克沥干的蘑菇或 15 克干蘑菇允许含有 20 个大小不等的蛆，100 克花生酱可能平均含有 30 个昆虫碎片和一根啮齿动物的毛发。(还需要更多例子吗?)

公差设计（tolerance design）是要确定在一定范围内的允许偏差。为了有效地设计公差，工程师必须了解必要的得失。过小的公差不仅提高生产成本，也会提高工厂和现场零部件的互换性、产品性能、耐久性和外观质量。一方面，需要一个公差冗余或安全系数来应对工程的不确定性，即最大允许偏差和卓越满意产品的兼容性。另一方面，宽泛的公差提高了材料利用率、机器加工量和劳动生产率，但对产品特性会有负面影响，就像上文提到的。因此，扩大公差的因素包括生产计划要求；工具设计、制造和安装；工具调整和更换；过程产量；检查、测量控制和维护；劳动和监督要求。

传统上，公差是由惯例而不是科学决定的。设计者可以参考以前规定的公差，或根据过去的经验来决定。不恰当的公差设置可能耗费巨大。例如在工厂里，轴承座的加工要消耗很多物料，成本超过 1 000 美元。研发工程师规定了精度公差，当超过公差时，每个月不得不报废一两个零件。然而，一项研究表明，这种轴承不需要如此高精度的公差。当公差范围扩大时，这个问题就消失了。仅这项设计变更每年便节省约 2 万美元。

缺乏经验的设计师设计公差时常常是比较封闭的，在不清楚生产过程与设计要求能力是否满足的情况下，就将公差应用到零件或产品上。即使是经验丰富的设计师也很难掌握最新的工艺能力，这些能力包括不断变化的设备、技术转移以及难以用方法测量的不断变化的几十家工厂，它们位于数百或数千英里以外，远离中央产品设计部门。因此，特别是在应用 DFSS 方法时，设计工程师要了解过程满足他们设定的规格的能力，这是非常重要的。

7.3.3 田口损失函数

通常公差设置未考虑产品功能、可制造性或经济后果变化的影响。汽车专栏作家艾伦·冯德哈尔（Alan Vonderhaar）对奥迪 TT Coupe 首次推出时指出："二挡同步器显然存在一些问题，这是一种用来减轻换挡压力的装置。结果，当功率从一挡换到二挡时，我经常遇到齿轮碰撞问题。"他在浏览网上新闻时留意到其他人也有同样的问题，由此得出一个结论："这是一个在整个产品系列中一再出现的问题，它可能是一个公差问题——当相关零件满足规格要求时，整个系统就运转得很好，当处于生产公差范围以外时，就会出现这些问题。"[19]

冯德哈尔观察到的情况可以用生产质量的定义来解释。例如，假设某一质量特性的规格是 0.500±0.020。使用这个定义，质量特性的实际值可以在 0.480～0.520 的范围内。该方法认为顾客即消费者或生产过程中的下一道工序会接受 0.480～0.520 范围内的任何值，但不会接受超出这个范围的值（见图 7-10）。

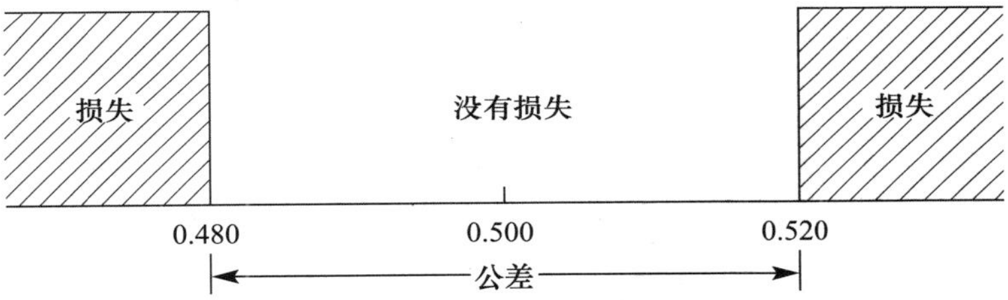

图 7-10　符合规格的传统经济观点

但是 0.479 和 0.481 之间的真正区别是什么呢？前者将被视为"不符合规格"，需要返工或报废，给公司造成经济损失，后者则是可以接受的。实际上，这两个值对产品性能的影响大致相同。这两个值离公称规格 0.500 这一质量特性理想目标值都有点距离。

日本工程师田口玄一——他的理念受到戴明的强烈推崇，坚持认为"质量门"定义存在内在缺陷，同时解释了减少变异和公称规格的经济价值。田口玄一认为，没有严格的分界点来区分优质和劣质，但只要偏离公称规格就会出现损失。下面的案例支持这个说法。

日本报纸《朝日新闻》（*Asahi Shimbum*）举了一个例子，比较了索尼在日本和美国圣迭哥两家工厂生产的电视机的成本和质量。[20] 在圣迭哥工厂生产的所有产品的颜色密度均在规格范围内，在日本工厂生产的部分产品则不在规格范围内（见图 7-11）。然而，圣迭哥工厂的每单位平均损失比日本工厂高出 0.89 美元。这增加了成本，因为工人在圣迭哥工厂调高了公称规格（超过公称规格一个单位的规格），因此额外增加了过程费用。此外，与目标值相比，调整为符合最低限度规格，更有可能产生顾客投诉，导致较高的现场服务成本。图 7-11 显示，满足颜色密度目标值的美国工厂的产品较少。日本工厂的产品质量比较均匀地分布在目标值附近，虽然有些超出了规格，但总成本较低。

田口玄一将质量作为设计规范目标值变化的度量，然后将这种变化转换为经济损失

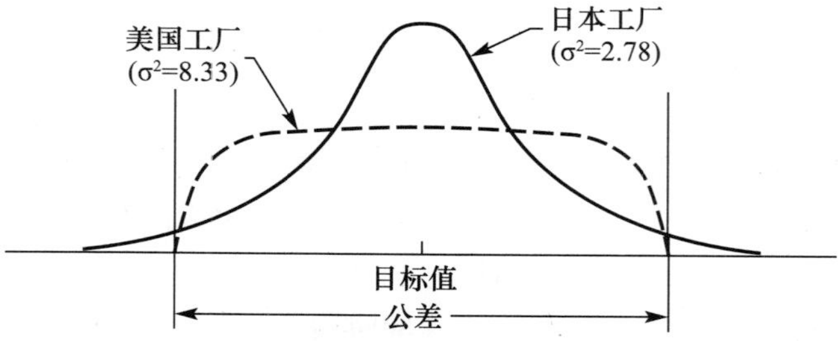

图 7-11 美国工厂和日本工厂电视机颜色密度的差异

函数，以货币形式表示变化的成本。用数学术语来说，田口玄一假设损失可以用二次函数来近似，因此偏离目标越大，损失就越大。在用特定目标值 T 来求解最佳性能的情况下，实际值远离目标值的任何一侧，质量就会下降，损失函数表示为：

$$L(x) = k(x-T)^2 \tag{7.1}$$

式中，x 为质量特性的任意实际值；k 为某个常数。因此，$(x-T)$ 表示实际值与目标值的偏差，损失按偏差的平方增加。这称为**田口损失函数**（Taguchi loss function），如图 7-12 所示。

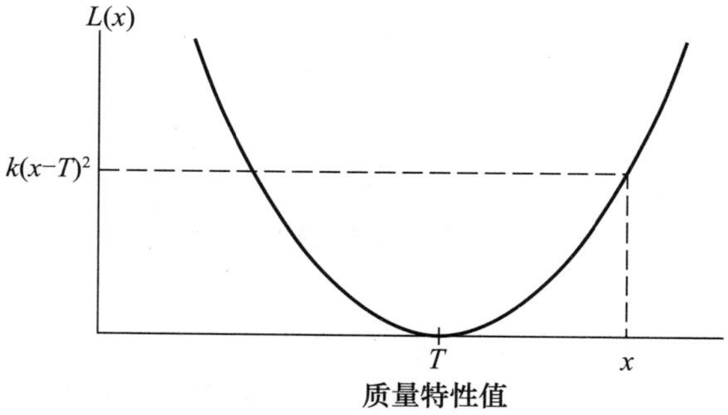

图 7-12 田口损失函数

常数 k 是通过确定与某个偏离目标值相关的成本来估算的，如下面的例子所示。

例 7-2

确定田口损失函数

假设某一质量特性的规格为 0.500 ± 0.020。对公司记录进行的分析显示，如果质量特性值超过了 0.500 的目标值，两侧的公差为 0.020，那么该产品很可能需要在保修期内花 50 美元的修理费进行维修。$50=k\times(0.020)^2$，$k=50/0.0004=125\ 000$。因此，根据式（7.1），损失函数为：

$$L(x) = 125\ 000(x-T)^2$$

所以，如果质量特性值是 0.510，损失为：

$$L\times 0.510 = 125\ 000(0.510-0.500)^2 = 12.50(\text{美元})$$

图 7-13 显示了使用田口 Excel 模板进行的计算。

	A	B
1	**Taguchi Loss Function**	
2	Enter data only in yellow cells.	
3		
4	**Calculation of *k* for the Loss Function**	
5	Deviation from target	0.02
6	Loss associated with deviation	$50.00
7	k	$125,000.00
8		
9	**Loss Calculation for a Specific *x***	
10	Target specification, T	0.5
11	Dimensional value, x	0.51
12	k	$125,000.00
13	Loss	$12.50

图 7-13　使用田口 Excel 模板计算损失函数

并不是所有的质量特性值都是兼具两侧公差的公称目标。在某些情况下，如化学过程中的杂质或燃料消耗“越小越好。”在有些情况下，则是“越大越好”，比如断裂强度或产品寿命。“越小越好”的损失函数为：

$$L(x)=kx^2$$

“越大越好”的损失函数为：

$$L(x)=k(1/x)^2$$

这些公式应用的方式与前面的例子类似。

如果目标值的变化分布是已知的，通过常规的期望值计算找出损失的期望值，就可以计算出每单位的平均损失。

例 7-3

期望损失计算

假设规格为 0.50 ± 0.02 的两个过程 A 和 B，其质量特性值分布如下：过程 A，过程的输出在 0.48～0.52 的范围内，可能性均等。过程 B，60%的预期输出为 0.50，15%的输出为 0.49，以此类推，如下所示：

尺寸	过程 A 概率	过程 B 概率
0.47	0	0.02
0.48	0.2	0.03
0.49	0.2	0.15
0.50	0.2	0.60
0.51	0.2	0.15
0.52	0.2	0.03
0.53	0	0.02

注意，过程 A 的输出分布在 0.48～0.52 的范围内，完全在规格范围中。在过程 B 中，输出集中在目标值附近，但并不完全在规格范围内。

在损失函数 $L(x)=125\ 000(x-0.50)^2$ 中，通过将与每个维度值相关的损失乘以其概率并加总，可以容易地计算出每个过程的期望损失，如下所示。

尺寸	损失（美元）	过程 A 概率	加权损失（美元）	过程 B 概率	加权损失（美元）
0.47	112.50	0	0.00	0.02	2.25
0.48	50.00	0.20	10.00	0.03	1.50
0.49	12.50	0.20	2.50	0.15	1.88
0.50	0.00	0.20	0.00	0.60	0.00
0.51	12.50	0.20	2.50	0.15	1.88
0.52	50.00	0.20	10.00	0.03	1.50
0.53	112.50	0	0.00	0.02	2.25
		期望损失	25.00		11.25

显然，尽管一些输出超出了规格范围，但过程 B 总的期望损失较小。

期望损失 EL 也可以用一个简单的公式来计算，这个公式只包含质量特性值的方差 σ^2 和平均值与公称规格偏差的平方：

$$EL=k(\sigma^2+D^2) \tag{7.2}$$

例 7-4

期望损失公式的应用

对于例 7-3 中的数据，我们可以使用下列离散概率分布统计公式来计算质量特性值的方差：

$$Var[X]=\sum_{j=1}^{\infty}(x_j-E[X])^2 f(x_j) \tag{7.3}$$

图 7-14 显示了用一个电子表格计算每个过程的期望值和方差，然后应用期望损失公式（7.2）。例如，Excel 表格 B18 单元格中的公式为 B5 *（B17+（B16-B4））。这个结果与我们在例 7-3 中计算的期望损失值相同。

	A	B	C	D	E	F
1	Example 7.4					
2						
3	Process A			Process B		
4	Nominal	0.5			Nominal	0.5
5	k	125000			k	125000
6						
7	Dimension, x	Probability, f(x)	(x - E[X])^2	Dimension, x	Probability, f(x)	(x - E[X])^2
8	0.47	0	0.0009	0.47	0.02	0.0009
9	0.48	0.2	0.0004	0.48	0.03	0.0004
10	0.49	0.2	0.0001	0.49	0.15	0.0001
11	0.5	0.2	0	0.5	0.6	0
12	0.51	0.2	0.0001	0.51	0.15	0.0001
13	0.52	0.2	0.0004	0.52	0.03	0.0004
14	0.53	0	0.0009	0.53	0.02	0.0009
15						
16	Expected Value, E[X]	0.5		Expected Value, E[X]	0.5	
17	Variance, Var[X]	0.0002		Variance, Var[X]	0.00009	
18	Expected Loss	25.00		Expected Loss	11.25	

图 7-14 期望值、方差和期望损失的计算

为了将期望损失公式与上面所讲的索尼电视的例子联系起来，k 确定为 0.16。由于两种颜色密度分布的均值均落在目标值上，因此美国和日本工厂都是 $D^2=0$。但是，分布的方差是不同的。圣迭戈工厂的方差 $\sigma^2=8.33$，日本工厂的方差 $\sigma^2=2.78$。因此，圣迭戈工厂的平均单位损失为 $0.16\times8.33=1.33$ 美元，日本工厂的平均单位损失为 $0.16\times2.78=0.44$ 美元，单位损失的差额为 0.89 美元。

如果质量特性值是一个正态分布或一个平均值和方差已知的分布，那么期望损失的计算就很简单，如下例所示。

例 7-5

用已知的过程特性值计算期望损失

假设零件的规格为 0.6500 ± 0.0275，田口损失函数为 $L(x)=99\,174(x-T)^2$。假设生产零件的过程是正态分布，均值为 0.662 0，标准差为 0.008 7，那么方差是 $(0.008\,7)^2=0.000\,075\,69$ 和 $D^2=(0.662\,0-0.650\,0)^2=0.000\,144$。因此，期望损失为：

$$EL=99\,174(0.000\,075\,69+0.000\,144)=21.79(\text{美元})$$

田口 Excel 模板还提供了期望损失的计算，如图 7-15 所示。

	A	B
1	Taguchi Loss Function	
2	Enter data only in yellow cells.	
14		
15	Expected Loss Calculation	
16	Target specification, T	0.65
17	Process mean	0.662
18	Process variance	0.00007569
19	k	$99,174.00
20	Expected Loss	$21.79

图 7-15　使用田口 Excel 模板计算期望损失

7.3.4　利用田口损失函数进行公差设计

利用田口损失函数可以一种更经济的方式进行公差设计。下例结合盈亏平衡分析来说明。

例 7-6

利用田口损失函数和盈亏平衡分析进行公差设计

盒式磁带仍然用在一些手持录音设备和不太昂贵的便携式录音设备中。盒式磁带的理想速度是 1.875 英寸/秒。偏离这个值会导致音高和节奏的变化，导致很差的音质。假设在保修期内，当客户投诉并退回设备时，调整磁带速度要花费制造商 20 美元(这个修理费用不包括因客户不满而产生的其他费用，因此最多是实际损失的一个下限)。产品销售前工厂会对机组进行测试，必要时会进行调整，成本比较低仅需 5 美元，主要是投入的劳动力成本。那么在工厂调整前公差应该是多少？

根据以往的信息，如果磁带速度偏离目标速度至少 0.15 英寸/秒，一般客户会退回播放器，所以 $L(0.15)=20$ 美元。损失函数的常数是通过求解 $20=k(0.15)^2$ 得到 $k=888.9$。因此田口损失函数为 $L(x)=888.9(x-1.875)^2$。例如，如果实际速度是 1.925 英寸/秒，田口损失函数估计损失将是 $L(1.925)=888.9(1.925-1.875)^2=2.22$ 美元。有些客户（但不是所有）可能会觉得这个小偏差的音质不好，要求退货进行调整，所以平均损失较小。

磁带速度在 1.725～2.025 英寸/秒时的经济损失如下。

磁带速度（x）	$L(x)$（美元）
1.725	20.00
1.740	16.20
1.755	12.80
1.770	9.80
1.785	7.20
1.800	5.00
1.815	3.20
1.830	1.80
1.845	0.80
1.860	0.20
1.875	0.00
1.890	0.20
1.905	0.80
1.920	1.80
1.935	3.20
1.950	5.00
1.965	7.20
1.980	9.80
1.995	12.80
2.010	16.20
2.025	20.00

我们可以使用损失函数进行简单的盈亏平衡分析来找到经济的设计规范。使用以上数据，如果磁带速度小于 1.800 英寸/秒或大于 1.950 英寸/秒，那么不调整磁带造成的损失将大于 5 美元。因此，如果实际速度超出这个区间，检查和调整是更经济的。如果速度在 1.800～1.950 英寸/秒之间（阴影值），那么检查和调整的成本显然高于按原样发货的成本。这种类型的盈亏平衡分析也可以用田口 Excel 模板进行，如图 7－16所示。

	A	B
1	**Taguchi Loss Function**	
2	**Enter data only in yellow cells.**	
21		
22	**Economic Design Specifications**	
23	**Target specification, T**	1.875
24	**k**	$888.89
25	**Cost of inspection and adjustment**	$5.00
26	**Break-Even Tolerance**	0.075
27	**Lower specification limit**	1.800
28	**Upper specification limit**	1.950

图 7-16 使用田口 Excel 模板计算经济的设计规格

7.4 可靠性设计

可靠性——产品在一段时间内按预期运行的能力——是质量的主要维度之一。随着产品整体质量的不断提高，消费者期望每一次购买都有更高的可靠性，他们只是不满意那些意外失败的产品。可靠性是产品和工艺设计的一个重要方面。今天在运输（飞机）、通信（卫星）和医学（心脏起搏器）等领域使用的尖端设备都要求高可靠性。高可靠性也可以为许多消费品提供竞争优势。日本汽车获得了很大的市场份额，主要是因为它们的高可靠性，当前的车型通常会在《消费者报告》（*Consumer Reports*）年度可靠性预测排行榜上占据主导地位。不管怎么说，美国国内制造商已经取得了重大进步。[21]同样，在生产中自动化的普及、机器的复杂性、低利润率和基于交期的竞争等特点，使得生产过程的可靠性成为企业生存的关键环节。然而，现代产品日益增加的复杂性使得高可靠性更难实现。

正式意义上，可靠性是指产品、设备或系统在规定的运行条件下，在规定的一段时间内执行其预期功能的概率。这个定义有四个重要元素：概率、时间、性能和运行条件。

首先，可靠性被定义为概率，即介于 0～1 之间的值。因此，它是一种具有精确意义的数字度量。用这种方式表示可靠性，为比较不同产品和系统的设计提供了有效基础。例如，0.97 的可靠性表明，平均而言，在给定的时间和特定的运行条件下，100 个中有 97 个能稳定运行。为了便于描述，可靠性通常用百分数来表示。

第二个要素是时间。显然假定设备寿命较长的情况下，对于一个可靠性系数 0.97，1 000 小时运行时间的设备可靠性不如拥有相同系数运行时间为 5 000 小时的设备。

性能是第三个要素，它指的是产品或系统所对应的目标。当预期功能没有达到期望的运行状态时，使用术语“故障”来描述。有两种类型的故障：由于制造或材料缺陷（如连接缺失或部件故障），在产品寿命开始时出现功能故障；运行一段时间后出现可靠性故障。可靠性故障的例子包括：一个设备根本不工作（汽车无法启动）；设备运行不稳定（汽车猛烈地空转）；设备性能下降（换挡困难）。由于每种情况下故障的性质不同，因此必须明确定义故障。

可靠性定义的最后一个要素是运行条件，它包括类型、使用量以及产品的使用环境。例如，“从阿拉斯加州巴罗市的极寒天气到亚利桑那州沙漠中的高温，汽车必须能在不同环境下行驶。在砾石路或崎岖不平的混凝土路上，也能安全运行。更严酷地，哪怕平时司机没有什么维护，对相关的要求也漠不关心，汽车也必须能够可靠地运行”。[22]

> **质量聚光灯**
>
> **洛克希德马丁公司的导弹和武器火力控制事业部**
>
> 为了追求世界级的性能，洛克希德马丁公司（Lockheed Martin）设定了100%的质量（产品可靠性）和准时交付的目标。为了达到目标，公司放弃了表现不佳的供应商，促使供应商提升保障能力，并通过关注绩效数据、经验教训和持续改进的方法来衡量、分析和改进供应商的绩效。公司以六西格玛水平或接近六西格玛水平运行，即“99.999 66%的产品在统计上被认为是零缺陷”的水平，能够持续提供比客户要求更高的可靠性水平。

通过定义产品的预期环境、性能特征和寿命，制造商可以使用设计、测试来测量产品成功（或失效）的概率。此类测试的分析能够更好地预测可靠性，并改进产品和工艺设计。可靠性工程师区分了**固有可靠性**（inherent reliability）和**实际可靠性**（achieved reliability），固有可靠性是产品或工艺设计所决定的预期可靠性，实际可靠性是在使用过程中观察到的真实可靠性。由于制造工艺和使用条件的影响，实际可靠性可能低于固有可靠性。

7.4.1 可靠性数学

（可靠性测试成本较高，因此组织通常维护相关故障信息的历史数据，使用它们计算新的部件和系统的故障率。此外，政府和商业故障数据也是能够获取的。比如，电子设备可靠性预测 MIL-HDBK-217F，为军用电子元器件提供故障率数据。）

在实践中，可靠性是由给定时间内单位时间的故障次数所决定的（称为**故障率**（failure rate），λ）。有些产品出现故障必须报废或更换，有些能够修复。对于发生故障时必须更换的产品，故障率（每个故障的时间单位维度）的倒数称为**平均故障时间**（mean time to failure，MTTF）。对于可修复的产品，使用**平均故障间隔时间**（mean time between failure，MTBF）。

我们可以通过记录产品在单元运行总时长内发生故障的次数来计算故障率，即：

$$\text{故障率}\ (\lambda) = \frac{\text{故障数}}{\text{单元运行总时长}} \tag{7.4}$$

或

$$\lambda = \frac{\text{故障数}}{\text{测试单元} \times \text{测试小时}} \tag{7.5}$$

例 7-7

故障率计算

假设在 100 小时内测试了 10 个单元。4 个单元故障，在 6，35，65 和 70 小时分别故障 1 次。其余的 6 个单元在测试结束前都表现得令人满意。单元运行总时长如下：

1×6=6

1×35=35

1×65=65

1×70=70

6×100=600

6+35+65+70+600=776

因此，λ=4 次故障/776 单元运行总时长=0.005 15 次故障/小时。换句话说，平均 1 小时内大约 0.5%的设备会出现故障。或者说，预计在 100 小时内，有大约 0.005 15×100=0.515 或 51.5%的单元会出现故障。在实际测试中，只有 40%的单元会出现故障。

许多电子元件常表现出早期较高但不断下降的故障率（曲线的陡坡说明了这一点），随后一段时间的故障率相对稳定，最后故障率不断上升，如图 7-17 所示，称为**产品生命特征曲线**（product life characteristics curve），它显示了任意时间点的瞬时故障率（这通常称为“浴盆”曲线）。我们看到，在产品生命周期的开始阶段，故障率相当高，然后在较长时间内趋于平稳，最终又开始上升。这是半导体等电子元件和灯泡等消费产品的典型特征。

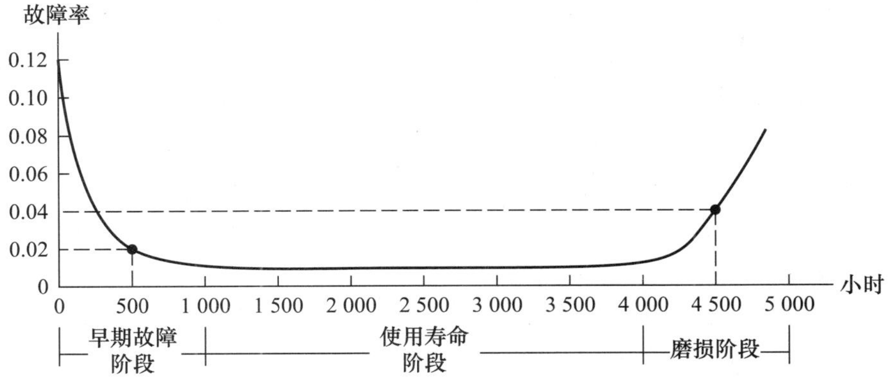

图 7-17　故障率曲线

在图 7-17 中，可以明显看到三个不同的时间段：早期故障阶段（0～1 000 小时）、使用寿命阶段（1 000～4 000 小时）和磨损阶段（4 000 小时以上）。第一个是早期故障阶段，有时称为**早期失效期**（infant mortality period）。不当的生产或质量控制程序导致的隐患部件往往会造成产品生命周期早期的高故障率。特别是在电子半导体产品中，这种高故障率一般是无法通过正常的测试程序检测到的，此类零部件或产品不允许进入市场。产品生命特征曲线的第二阶段描述了产品使用寿命中随机失效的正常模式。这一时期通常具有较低的、相对恒定的故障率，这些故障率由不可控的因素造成，例如材料或环境中复杂的相互作用导致的突发的、意外的压力。虽然这些因素通常无法根据个别情况来预测，但是此类故障的总体情况可以用统计数据来建模。最后，随着年限的增加，磨损阶段开始了，故障率不断升高。

新车车主普遍经历过这种现象。在购车后的头几个月里，车主可能不得不把车退还给经销商，以避免粗糙的工艺或制造流程、电子故障或震动所引发的故障。您可能听过 J. D. Power 提出的初始质量指标，它可以用来监测这样的缺陷。汽车在成熟期内可能很少有故障，但是随着零件磨损加剧，故障的数量和故障率都会开始升高，直到更换为止。

了解产品生命特征曲线有助于工程师做出预测和相应的决策。例如，如果制造商知道微处理器的早期故障期是 600 小时，那么它就可以在芯片上市前对芯片进行 600 小时的测试（或者使用名为老化试验的技术来测试最短时长，我们稍后会讨论）。

可靠性是产品在给定时间内不会失效的概率。我们用**可靠性函数**（reliability function）$R(T)$ 来表示，代表产品到时间 T 时正常的概率。它有以下性质：

1. $R(0)=1$；
2. 当 T 变大时，$R(T)$ 没有增加；
3. $R(T)=1-F(T)$，其中 $F(T)$ 是故障的累积概率分布。

因此，要编制可靠性函数表，我们只需知道累积故障随时间的概率分布。

例 7-8

可靠性函数计算

了解产品的可靠性在制定保修条款时很有用。来看一个轮胎制造商的例子，它必须要为一个新的轮胎系列确定里程保修政策。假设一个轮胎的平均寿命是 50 000 英里，标准差是 1 500 英里，呈正态分布，那么我们可以用累积正态分布来计算可靠性函数。例如，对轮胎行驶 48 000 英里出现磨损的概率使用 Excel 函数计算，即 NORM. DIST(48 000，50 000，1 500，TRUE) =0.091 2。

图 7-18 显示了一个电子表格，它计算了在 x 英里之前发生故障的概率及正常的概率，即可靠性函数。例如，大约 25%的轮胎预计寿命超过 51 000 英里。如果确定 48 000英里的保修期，管理层就可以计算出约 9%的轮胎更换的预期成本。如果确定 45 000英里的保修，那么几乎不会更换轮胎。当然，保修期的确定必须考虑竞争对手的产品。在这个例子中，保修期不是按日历时间来计的，而是按产品使用情况来计的。

	A	B	C
1	Example 7.8		
2			
3	Mean	50000	
4	Standard deviation	1500	
5			
6	Tire Life, x	P(failure)	P(survival)
7	45000	0.00043	0.99957
8	45500	0.00135	0.99865
9	46000	0.00383	0.99617
10	46500	0.00982	0.99018
11	47000	0.02275	0.97725
12	47500	0.04779	0.95221
13	48000	0.09121	0.90879
14	48500	0.15866	0.84134
15	49000	0.25249	0.74751
16	49500	0.36944	0.63056
17	50000	0.50000	0.50000
18	50500	0.63056	0.36944
19	51000	0.74751	0.25249
20	51500	0.84134	0.15866
21	52000	0.90879	0.09121
22	52500	0.95221	0.04779
23	53000	0.97725	0.02275
24			

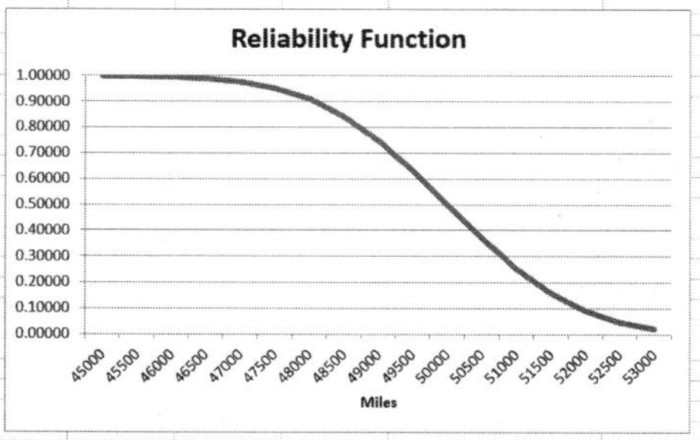

图 7-18 计算可靠性函数的电子表格

故障率在产品的使用寿命期内假定为常数。从数学上讲，故障率随时间的变化通常呈指数概率分布。这不仅得到了数学证明，而且在许多可观察的现象中得到了验证，如灯泡、电子元件的故障，以及汽车、计算机和工业机械等可修复系统的故障。

如果以 λ 为故障率，则故障的指数概率密度函数为：

$$f(t) = \lambda e^{-\lambda t},\quad t \geqslant 0 \tag{7.6}$$

因此，时间 T 的故障概率由累积分布函数得到

$$F(T) = 1 - e^{-\lambda T} \tag{7.7}$$

我们可以很容易地计算出产品在一个时间间隔内（t_1，t_2）故障的概率：

$$F(t_2) - F(t_1) = e^{-\lambda t_1} - e^{-\lambda t_2} \tag{7.8}$$

因为可靠性是正常的概率，所以可靠性函数为：

$$R(T) = 1 - F(T) = e^{-\lambda t} \tag{7.9}$$

指数分布的简单性使它易于在可靠性计算中使用。

例 7-9

指数的可靠性函数

例如，一个正常使用 100 小时的组件的可靠性为 0.97。通过式（7.9）可得到故障率 λ，将 $R(100) = 0.97$ 和 $T = 100$ 代入该方程，可得

$$0.97 = e^{-\lambda(100)}$$

$$\ln 0.97 = -100\lambda$$

$$\lambda = -(\ln 0.97)/100$$

$$= 0.0304/100$$

$$\approx 0.0003/\text{小时}$$

因此，可靠性函数 $R(T) = e^{-0.0003T}$。我们可以将这个函数制成表格，并将其绘制在一个 Excel 电子表格中，如图 7-19 所示。图中显示了该组件预期在每 1 000 小时间隔后仍然正常运行的累积比例。

	A	B
1	**Exponential Reliability Function**	
2		
3	Failure rate	0.0003
4		
5	T	R(T)
6	0	1.000
7	1000	0.741
8	2000	0.549
9	3000	0.407
10	4000	0.301
11	5000	0.223
12	6000	0.165
13	7000	0.122
14	8000	0.091
15	9000	0.067
16	10000	0.050
17		
18		
19		
20		

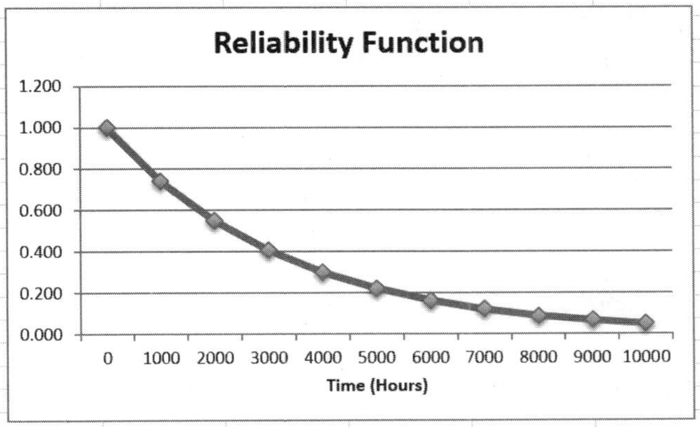

图 7-19 指数可靠性计算和可靠性函数

可靠性工程师用风险函数来表示随时间变化的瞬时故障率，其计算方法如下：

$$h(t)=f(t)/[1-F(t)]=f(t)/R(t) \tag{7.10}$$

风险函数可以解释为在时间 t 之前未有故障而在时间 t 之后立即有故障的概率。对于指数分布，风险函数如下：

$$h(t)=\lambda e^{-\lambda t}/e^{-\lambda t}=\lambda \tag{7.11}$$

这只是说明瞬时故障率是恒定的（例如，图 7－17 在使用寿命阶段假设其是恒定的）。然而，请注意，指数分布不适用于描述图 7－17 中所示的产品生命特征曲线整个寿命期内的可靠性，因为风险函数在整个范围内不是常数，仅在使用寿命阶段如此。

（当故障的分布具有不同于指数的概率分布时，风险函数对于描述故障率曲线是很有用的（这个主题超出了本书的范围）。对此，有关可靠性的专业书籍进行了更详细的讨论。）

可靠性计算常采用故障率的倒数。对于不可修复项目，$\theta=1/\lambda$ 被定义为平均故障时间（MTTF）。因此，在上面的例子中，$\lambda=0.000\ 3$/小时，$\theta=1/0.000\ 3=3\ 333$ 小时。也就是说，平均每 3 333 小时就会发生一次故障。故障概率分布函数和可靠性函数可以用 MTTF 表示为：

$$F(T)=1-e^{-T/\theta} \tag{7.12}$$

和

$$R(T)=e^{-T/\theta} \tag{7.13}$$

对于可修复项目，u 通常称为平均故障间隔时间（MTBF）。例如，假设一台机器运行 10 000 小时，发生了 4 次故障并即时恢复，那么平均故障间隔时间为 $\theta=10\ 000/4=2\ 500$小时，故障率为：

$$\lambda=1/2\ 500=0.000\ 4\text{（每小时故障数）}$$

例 7－10

利用 MTTF 进行可靠性预测

假设一个电子元件每小时的故障率为 $\lambda=0.000\ 1$。MTTF 为 $\theta=1/0.000\ 1=10\ 000$小时。通过式（7.13）可以求出该元件在 15 000 小时内不发生故障的概率为：

$$\begin{aligned}R(15\ 000)&=e^{-15\ 000/10\ 000}\\&=e^{-1.5}\\&=0.223\end{aligned}$$

7.4.2 系统可靠性

许多系统是由可靠性已知的单个组件所组成。在设计阶段，利用单个组件的可靠性数据可以预测系统的可靠性。元件系统可以是串联的、并联的或者是某种混合。框图是表示系统配置的有用方法，其中模块表示功能组件或子系统。工程师可以使用可靠性计算来预测性能，并在成本、尺寸或其他限制条件下评估可选设计，以优化性能。

我们首先考虑一个串联系统，如图 7－20 所示。在串联系统中，所有组件必须同时正常工作，否则系统会发生故障。例如，圣诞树灯采用串联系统，如果一个灯灭了，所有灯都会灭。如果元件 i 的可靠性为 R_i，则系统的可靠性为单个可靠性的乘积，即

$$R_s = R_1 R_2 \cdots R_n \tag{7.14}$$

这个方程基于概率的乘法法则。

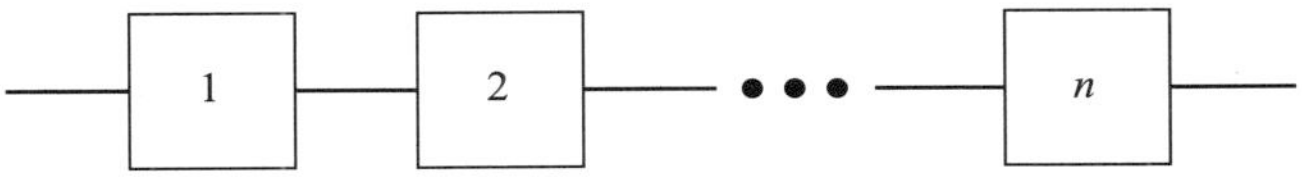

图 7－20　串联系统

例 7－11

计算串联系统的可靠性

假设一台个人计算机系统由处理器、显卡和键盘组成，其可靠性分别为 0.997，0.980 和 0.975。很明显，如果其中一个部件发生故障，计算机将不能正常工作。根据式（7.14），系统的可靠性为：

$$R_s = 0.997 \times 0.980 \times 0.975 = 0.953$$

请注意，当可靠性小于 1 时，系统的可靠性会随着附加部件的串联而下降。因此，串联系统越复杂，失效的可能性越大。

如果元件 i 的可靠性与故障率 λ 呈指数关系，例如 $R_i = e^{-\lambda_i T}$，则串联系统的可靠性为一个简单的公式：

$$\begin{aligned} R_s &= e^{-\lambda_i T} e^{-\lambda_2 T} \cdots e^{-\lambda_x T} \\ &= e^{-\lambda_1 T - \lambda_2 T \cdots - \lambda_x T} \\ &= e^{-\left(\sum_{i=1}^{n} \lambda_i\right) T} \end{aligned} \tag{7.15}$$

例 7－12

具有指数故障率的串联系统可靠性

假设一个双组件串联系统每小时的故障率分别为 0.004 和 0.001。根据式（7.15）得到

$$\begin{aligned} R_s(T) &= e^{-(0.004+0.001)T} \\ &= e^{-0.005T} \end{aligned}$$

100 小时内不发生故障的概率为：

$$\begin{aligned} R_s(100) &= e^{-0.005(100)} \\ &= e^{-0.5} \\ &= 0.606\,5 \end{aligned}$$

冗余（redundancy）提供了备份组件，当系统中的任何一个组件的故障可能导致整

个系统的故障时，可以使用这些组件。冗余组件可以显著提高可靠性。冗余对于发生故障代价极高的系统至关重要，比如飞机或卫星通信系统。例如，飞机有双点火系统，每个汽缸有两个火花塞，并有两个磁石为火花塞充电。然而，冗余会增加系统的成本、大小和重量。如图 7-21 所示，在**并联系统**（parallel system）配置中设计冗余组件。在这样的系统中，单个组件的故障没有串联系统中那么严重，只要有一个组件正常工作，系统就能正常运行。

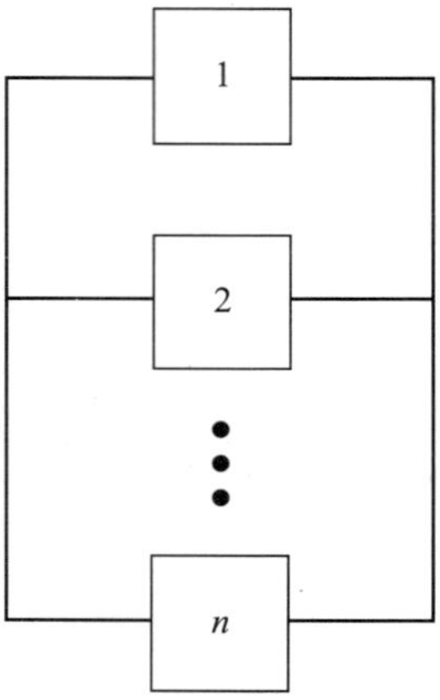

图 7-21 并联系统

图 7-21 中并联系统的可靠性推导如下：若 R_1，R_2，…，R_n 为单个组件的可靠性，则故障概率分别为 $1-R_1$，$1-R_2$，…，$1-R_n$。因为只有每个组件都故障，系统才会故障，系统的故障概率为 $(1-R_1)(1-R_2)\cdots(1-R_n)$。因此，系统的可靠性为：

$$R_s = 1-(1-R_1)(1-R_2)\cdots(1-R_n) \tag{7.16}$$

如果所有组件具有相同的可靠性 R，那么

$$R_s=1-(1-R_1)^n \tag{7.17}$$

例 7-13

计算并联系统的可靠性

航天飞机上的计算机在设计上有内置的冗余功能，以便出现故障时使用。5 台计算机是并行设计的。例如，如果各组件的可靠性均为 0.99，使用式（7.17）表示系统的可靠性为：

$$R_s=1-(1-0.99)^5=0.999\ 999\ 999\ 9$$

如果并联系统各组件的可靠性是指数级的，则只需将式（7.15）或式（7.16）中的 R_i 替换为 $R_i=e^{-\lambda_i T}$ 即可。

例 7-14

具有指数故障率的并联系统可靠性

假设双组件并联系统各组件的故障率为 0.01。这个系统的可靠性为：

$$R_s=1-(1-e^{-0.01T})^2=2e^{-0.01T}-e^{-0.02T}$$

单个组件 100 小时无故障的概率为 $e^{-0.01(100)}=0.367\ 88$，那么系统 100 小时无故障的概率为 $2e^{-0.01(100)}-e^{-0.02(100)}=2\times0.367\ 88-0.135\ 33=0.600\ 4$。

图 7-22 显示了例 7-11 至例 7-14 使用 Excel 系统可靠性模板得到的结果。

大多数系统是由串联和并联系统组合而成的。为了计算这些系统的可靠性，要将系统分解为更小的组件串联和/或并联子系统，再计算这些子系统的可靠性，然后继续下去，直到剩下一个简单的串联或并联系统。

	A	B	C	D	E	F	G	H	I	J	K	L
1	System Reliability											
2	Enter data only in yellow cells											
3												
4	Series Systems						Parallel Systems					
5				Exponential Reliability						Exponential Reliability		Probability
6	Component	Reliability		Component	Failure Rate		Component	Reliability		Component	Failure Rate	of Survival
7	Component 1	0.997		Component 1	0.004		Component 1	0.99		Component 1	0.01	0.6321206
8	Component 2	0.98		Component 2	0.001		Component 2	0.99		Component 2	0.01	0.6321206
9	Component 3	0.975		Component 3			Component 3	0.99		Component 3		
10	Component 4			Component 4			Component 4	0.99		Component 4		
11	Component 5			Component 5			Component 5	0.99		Component 5		
12	Component 6			Component 6			Component 6			Component 6		
13	Component 7			Component 7			Component 7			Component 7		
14	Component 8			Component 8			Component 8			Component 8		
15	Component 9			Component 9			Component 9			Component 9		
16	Component 10			Component 10			Component 10			Component 10		
17	System Reliablity	0.952633500		Time	100		System Reliablity	0.9999999999		Time	100	
18				System Reliablity	0.606530660					System Reliablity	0.6004235991	

图 7-22 使用"系统可靠性"Excel 模板计算系统可靠性

例 7-15

串并联组合系统的可靠性计算

如图 7-23（a）所示的系统，为确定该系统的可靠性，首先计算 B 组件并联子系统的可靠性：

$$R_s=1-(1-0.9)^3=0.999$$

这相当于用可靠性为 0.999 的单个 B 组件取代三个并联的 B 组件，与 A，C，D 串联起来，如图 7-23（b）所示。然后该等效串联系统的可靠性可计算为：

$$R_s=0.99\times0.999\times0.96\times0.98=0.93$$

第二种串并联结构如图 7-24（a）所示。系统可靠性的确定首先要计算 A，B，C 和 D，E 这两个系列系统的可靠性：

$$R_{ABC}=0.95\times0.98\times0.99=0.921\ 69$$

$$R_{DE}=0.99\times0.97=0.960\ 3$$

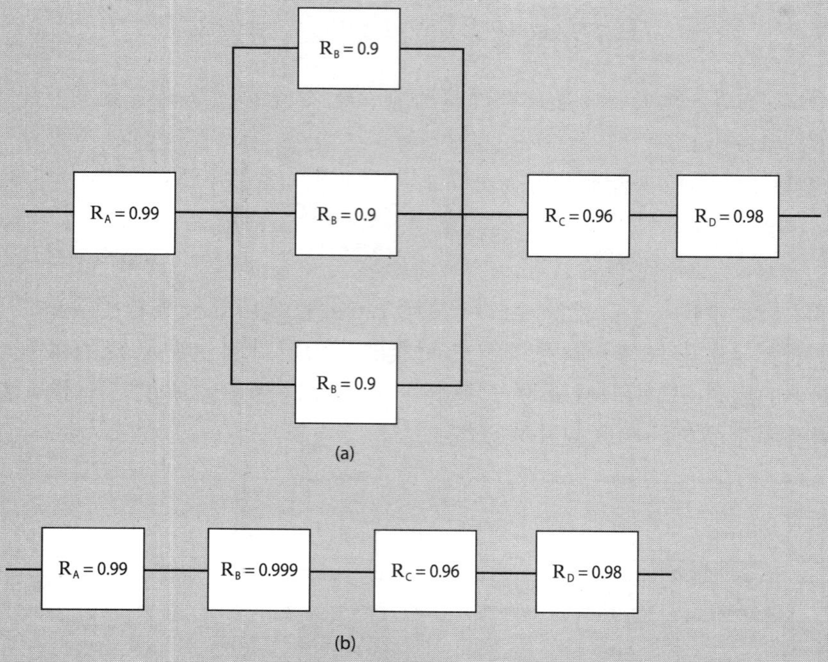

图 7-23 串并联系统和等效串联系统示例

这个结果是一个如图 7-24（b）所示的等效并联系统。系统可靠性计算如下：

$$R_s=1-(1-0.921\,69)(1-0.960\,3)=0.996\,9$$

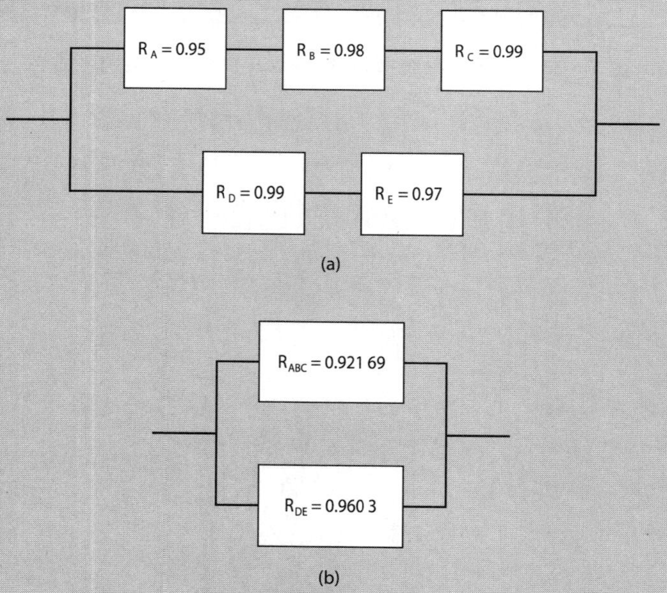

图 7-24 串并联系统和等效并联系统示例

可靠性要求是在产品设计阶段确定的。设计人员可以使用以下技术来提高可靠性：添加冗余、替换不同组件或重新配置设计。

例 7-16

比较不同设计方案的可靠性

一个设计需要两个可靠性分别为 0.9 和 0.95 的组件串联组成，如图 7-25（a）所示。该系统的可靠性为：

$$R_s=0.9\times0.95=0.855$$

为了增加该系统的可靠性，设计人员考虑在两种备选配置中增加冗余设计，如图 7-25（b）和图 7-25（c）所示。第一种备选配置增加了冗余串联系统，第二种备选配置在串联系统里有单独的冗余组件。哪种更好？

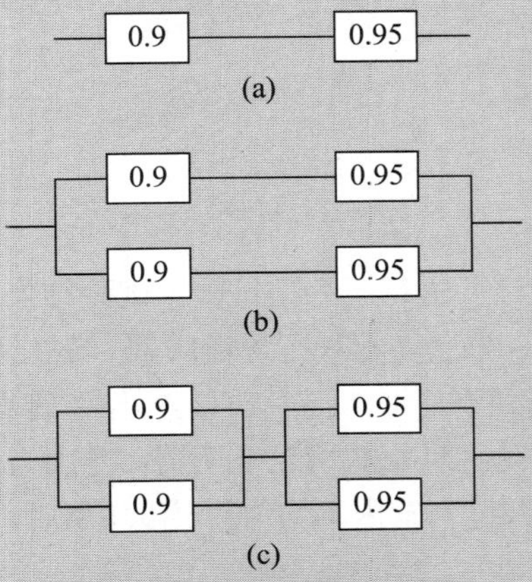

图 7-25　三种备选配置设计

由于第一种方案每个串联系统的可靠性是 0.855，所以得到一个简单并联系统的可靠性为：

$$R_s=1-(1-0.855)^2=1-(0.145)^2=0.978\,975$$

要计算第二种方案的可靠性，首先要求出各等效并联子系统的可靠性，然后求出所得到串联系统的可靠性。

第一种并联系统的可靠性：$R_s=1-(1-0.9)^2=0.99$

第二种并联系统的可靠性：$R_s=1-(1-0.95)^2=0.997\,5$

串联系统的可靠性：$R_s=0.99\times0.997\,5=0.987\,525$

因此，第二种配置是更好的设计。

7.5　设计优化

产品和工艺的设计人员应该尽一切努力优化他们的设计。要理解这个概念，最好的类比是参考棒球大联盟一个经理的工作，他必须设计最好的球员阵容。本队球员以及对方球队防守的变动都是需要考虑的因素，经理想让阵容发挥出最大优势，克服自身的弱点。**稳健设计**（robust design）是指设计的产品和服务对制造及消费者使用过程中的变异不敏感。通过试验设计（见第 6 章），可以确定公称规格和其他工具的最佳水平，来减少故障及制造过程中的缺陷，方便组装和拆卸（对制造商和客户都是如此），提高可靠性，从而促进稳健设计。

在一个著名的案例中，日本瓷砖制造商艾娜瓷砖公司（Ina Tile Company）于1953年从联邦德国购买了一个价值200万美元的窑炉。[23]瓷砖在窑炉内烧制。靠近窑炉外侧的瓷砖相比靠近内部的瓷砖，平均大小不同，尺寸变化也更多。原因很明显，窑内温度不均匀。温度是一个无法控制的因素。要消除温度的影响，需要重新设计窑炉，这是一个代价巨大的优化方案。一群工程师、化学家及其他熟悉生产工艺的人进行了头脑风暴，确定了七个可能影响瓷砖尺寸的主要可控变量：

1. 石灰石含量；
2. 添加剂纯度；
3. 寿山石含量；
4. 寿山石类型；
5. 原料的数量；
6. 废弃回收物的含量；
7. 长石含量。

研究小组利用这些因素设计并进行了一项试验。试验结果表明：最大的影响因素是石灰石含量，其他因素的影响较小。通过将石灰石含量从1%增加到5%，并将其他因素选择为最佳值，尺寸缺陷率从30%下降到不足1%。石灰石是制作瓷砖最便宜的材料。此外，试验还表明，少量的寿山石可在不影响瓷砖尺寸的情况下使用，寿山石是瓷砖中最昂贵的材料。这创造了一种稳健的设计，让瓷砖尺寸对窑内不均匀的温度不敏感，是瓷砖行业的一大突破。

7.5.1 设计故障模式及影响分析

消费品的安全是设计中的一个主要问题，当然也是公司公共责任的一个重要部分。产品的设计、制造、销售和服务的各方都对缺陷产品可能造成的伤害负有责任。在一项对500多名首席执行官的调查中，1/3以上曾因为责任问题而取消产品的发布。

根据严格的责任理论，任何销售有缺陷或不合理危险的产品的人都要为对用户、消费者或其中任何一方的财产造成的任何损害承担责任。[24]严格的责任理论适用于销售者销售产品，即使销售者在准备及销售产品时尽了一切可能的谨慎责任，但产品仍在没有实质性变化的情况下送达消费者手中。主要的问题在于是否存在直接或间接的缺陷。如果可以确定缺陷的存在，制造商通常要承担责任。原告只需证明：（1）该产品存在缺陷；（2）该缺陷在该产品变更所有权时存在；（3）该缺陷造成了伤害。1997年，克莱斯勒在一宗涉及小型货车锁扣缺陷的案件中被判赔偿2.625亿美元，因此，这一问题的经济后果可能是重大的。

重视设计质量不仅可以大大降低产品责任索赔的可能性，而且可以为辩护提供有力的证据。责任使质量保证程序的文件成为必要。公司应保留所有记录，表明设计者保留了关键产品特性的测试和监控程序的证据。对测试和检验结果的反馈以及采取的纠正措施也必须记录在案。即使适当的包装和处理程序也不能免于责任诉讼的审查，因为包装仍然在制造商的控制范围内。管理者应解决以下问题[25]：

- 产品对最终用户是否合理安全？
- 它可能出现什么问题？
- 是否缺少必要的安全装置？

- 应包括什么样的警示标签或说明?
- 律师会如何界定“合理的可预见的用途”?
- 产品应在哪些极端天气或环境条件下进行测试?
- 该产品与其他出现过问题的产品有什么相似之处?

一个主动解决产品风险的工具是**设计故障模式及影响分析**（design failure mode and effects analysis，DFMEA），通常简称为故障模式及影响分析（FMEA）。[26] DFMEA 在 20 世纪 60 年代被美国宇航局使用，在 80 年代在汽车工业中流行起来。最近，它在医疗保健方面得到了越来越多的应用。医疗健康组织认证联合委员会（Joint Commission on Accreditation of Healthcare Organizations，JCAHO）将 DFMEA 列为一种风险评估工具，称为“故障模式及影响分析”。医疗保健改进研究所（Institute for Healthcare Improvement）将 FMEA 定义为：“一种系统的、主动的方法，用于评估一个过程，以确定它可能在哪里失败以及如何失败，并评估不同故障的相对影响，以确定过程中最需要改变的部分。”[27]

DFMEA 通常为每个设计元素或功能指定以下信息：

- 故障模式。每个元素或功能可能故障的方式。这些信息通常需要一些研究和想象。一种方法是从过去发生的已知故障开始，像质量和可靠性报告、测试结果和保修报告等文档资料能够提供非常有用的信息。
- 故障对顾客的影响。例如不满、潜在的伤害或其他安全问题、停机时间、修理要求，等等。维修记录、顾客投诉和保修报告提供了很好的信息来源。应对最终产品的功能、下一个过程中的可制造性、顾客所看到或体验的内容以及产品安全性进行评估。
- 严重度、频度和探测度。这些主观评价最好由跨职能专家团队来完成。严重度评级是基于潜在故障发生时影响的严重程度。严重程度可以用 1～10 来度量，其中，“1”表示故障很小，顾客可能不会注意到它，“10”意味着顾客可能受到威胁。频度是基于潜在故障发生的概率。这可能基于服务历史记录或现场性能，可提供故障重要性的指示。探测度是基于在故障发生前检测潜在故障的容易程度。表 7－1 显示了这些评级的评分规则示例。基于这些评估，通过将严重度、频度和探测度相乘，可以计算出风险优先级编号（RPN），结果为 1～1 000，用于识别必须解决的关键故障模式。数值越低，风险越低。

表 7－1 DFMEA 等级评分规则

等级	严重度	频度	探测度
10	危险的或有潜在生命危险的	发生的可能性非常高或几乎肯定会发生	无法探测或隐藏的缺陷
7～9	严重影响顾客安全或满意	发生的可能性高	探测的机会小
5～6	主要影响顾客满意	发生的可能性中等	探测的机会中等
2～4	小瑕疵或顾客感到不便	发生的可能性低	探测的机会大
1	几乎没有影响	不可能发生	几乎总能探测到

- 潜在故障后果。故障往往是不良设计的结果。设计缺陷会导致现场、生产、装配过程中的错误，找出这些原因可能需要试验及严格分析。
- 改进或控制措施。包括设计更改、防差错措施、更好的使用说明、管理职责和目标完成日期等。

DFMEA 完成后，组织应采取纠正和预防措施，避免设计或过程中的潜在故障。表 7-2 显示了医疗保健领域的一个示例。风险优先级是严重度、频度和探测度的乘积，具体如表 7－3 所示。

表 7-2　医疗保健领域应用 DFMEA 示例

描述：标本采集/送检　　　　过程责任人：简 S　　　　FMEA 号：2004-1
年份：2004 年　　　　关键日期：　　　　编写人：RDR 团队
地点：底特律　　　　　　　　更新日期：2005-02-07

	过程功能要求	潜在故障模式	潜在故障后果	严重度	级别	潜在故障的起因/机理	频度	现行过程控制	探测度	风险优先级	建议措施	责任人和目标完成日期		采取的措施	措施结果			
															新严重度	新频度	新探测度	新风险优先级
1	1.0 取样	1.1 放错了容器	1.1.1 做错任务	8		无意的错误	3		9	192	有机物试管按颜色实行“拉式”生产方式的库存管理	贝蒂	2004-02-12	已完成建议措施	9	1	1	9
		1.2 没有按时冷藏	1.2.1 毁坏标本	8		无意的错误	6		9	288	采用跟踪日志，使用警报，审核日报表完成情况	贝蒂	2004-11-25	已完成建议措施	9	2	2	36
		1.3 未按时离心	1.3.1 毁坏标本	8		无意的错误	6		9	288	采用跟踪日志，使用警报，审核日报表完成情况	贝蒂	2004-11-15	已完成建议措施	9	1	8	72
		1.4 试管短缺	1.4.1 返工做另一个	4		工作负载	7		7	196	“拉式”库存管理系统	贝蒂	2004-12-02		4	3	7	94
2	2.0 离心	2.1 设备故障	2.1.1 不能测试	4		设备老化	2		10	80	加入 PM 日志	凯耶	2004-12-01	已完成建议措施	4	2	6	48
		2.2 运行时间不足	2.2.1 毁坏标本	6		无意的错误	4		9	216	设置报警提醒，在 RASIC 图上提供过程要求，每日进行验证审核	凯耶	2004-10-30		9	1	2	18
3	3.0 储存/冷藏	3.1 没有温度日志	3.1.1 不确定的标本	8			3	获取温度计	10	190	审核每个班次的温度记录	凯耶	2004-11-07	已完成建议措施	6	3	6	106
		3.2 温度错误	3.2.1 标本污染	8		设备故障	2		7	94	加入 PM 日志	凯耶	2004-10-30		6	2	6	72
		3.3 放弃	3.3.1 毁坏标本	8		无意的错误	1		3	18	制定工作指令	凯耶	2004-10-30					

资料来源：Adapted from Dan Reid，“FMEA—Something Old，Something New，” *Quality Progress*，May 2005，90-93. Copyright © 2005 American Society for Quality.

表 7 - 3　严重度、频度和探测度等级表

	严重度等级		探测度等级		频度等级		
等级	**标准**	**等级**	**故障可能性**	IPTO*	IPMO**	**等级**	**可探测度**
10	故障可能严重危及患者	10	非常高	>500	>500 000	10	几乎不可能
9	故障会导致不遵守法规	9	非常高	333	333 333	9	非常微小
8	故障引起患者极度不满意	8	高	125	125 000	8	微小
7	故障引起患者不满意	7	高	50	50 000	7	非常小
6	故障会中断患者日常生活能力	6	中等	12.5	12 500	6	小
5	给患者和众多供应商带来不便	5	中等	2.5	2 500	5	中等
4	在后续功能上的不便；需要轻微返工	4	中等	0.5	500	4	有点高
3	下一个功能稍有不便；需要轻微返工	3	低	0.067	67	3	高
2	交货时稍有不便；需要轻微返工	2	非常低	0.006 7	7	2	非常高
1	患者可能不会注意到	1	极低	0.000 67	1	1	几乎可以肯定

* 千分之一机会数。
** 百万分之一机会数。
资料来源：Based on Dan Reid，"FMEA—Something Old，Something New，" *Quality Progress*，May 2005，90-93. Copyright © 2005 American Society for Quality.

使用 DFMEA 不仅可以提高产品的功能和安全性，还可以降低故障成本——特别是保修成本，同时减少制造和服务交付问题的发生，还可以为诉讼提供辩护。DFMEA 应在设计过程的早期进行，以节约成本和缩短周期，并为后续设计优化工作提供一个知识库。故障模式及影响分析也可用于工艺过程，来识别可能危害工人安全的风险因素，以及可能打断生产过程并导致报废、停机或其他非增值活动的操作问题，这通常称为过程 FMEA 或 PFMEA。

7.5.2　故障树分析

故障树分析（fault tree analysis，FTA），有时也称为**因果树分析**（cause and effect tree analysis），是一种描述可能导致故障的条件或事件组合的方法。实际上，它是一种深入挖掘、确定故障原因的方法，是 DFMEA 的一个很好补充。它对于识别因多个事件同时发生而引起的故障特别有用。因果树由"与"和"或"所连接的条件或事件组成，如图 7 - 26 所示。具有"与"的结果只有在它下面的所有原因都发生时才会发生；当任何原因发生时，带有"或"的结果就会发生。

7.5.3　可制造性设计

产品设计可以显著影响制造成本（直接和间接人工、材料和管理费）、重新设计、保修和现场维修以及产品制造的效率和产出的质量。为了达到顾客愿意支付的价格目标，设计师必须特别注意成本、质量和可制造性。三星公司的一位经理指出，70%～80%的质量、成本和交货期是在初始设计阶段确定的。这是该公司在设计周期的早期痴迷于降

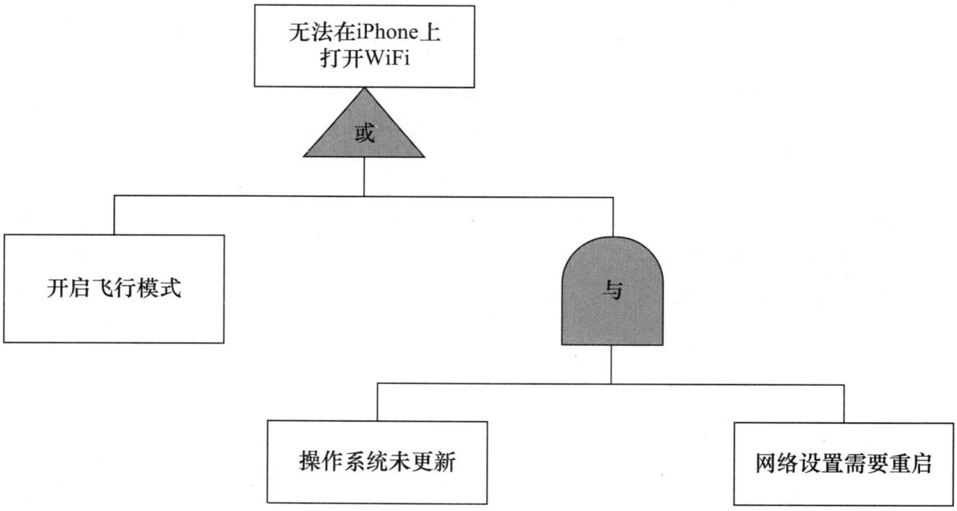

图 7-26 因果树示例

低复杂性的原因之一。结果是，与竞争对手相比，三星拥有更低的制造成本、更高的利润率、更快的上市时间以及更多的创新产品。[28]

简化设计通常能够降低成本和提高质量。以梅赛德斯-奔驰为例，由于高成本和质量下滑，其全球领先地位已拱手让给宝马和雷克萨斯。梅赛德斯-奔驰是一家技术领先公司，它的汽车上有大量的电子系统，需要将它们整合在一起并无缝衔接，这是一项非常困难的任务。工程师通常会为每一种车型设计新的电子产品，这增加了复杂性和成本。该公司采取的改进措施之一是设计出与宝马类似的不那么复杂的汽车，例如，使用带有通用零件的电子架构，可以在多种车型之间共享。[29]通过削减零件的数量，材料成本、库存水平都会下降，供应商的数量也会减少，生产周期大幅缩短。

产品设计的很多方面都可能对可制造性产生不利影响，从而影响产品质量。[30]有些零件被设计成具有难以重复组装的特征或具有不必要的紧密公差。一些零件可能缺乏自对准的构造或正确插入的特性。此外，运输或处理易脆、易腐蚀、易污染的零件时很容易造成损坏。有时，一个设计包含了比预期功能更多的零件，无形中增加了装配错误的概率。因此，不良的设计问题可能表现为制造、装配、测试、运输和最终使用中的错误、低成品率、损坏或功能故障。

使用多个零件的设计提高了零件混淆、零件缺失和测试失败的发生率。相似但不相同的零件可能会导致装配人员拿错零件。没有防差错设计的零件会导致更频繁的装配错误。复杂的装配步骤或复杂的连接过程可能导致不正确、不完整、不可靠或其他错误的装配。最后，设计人员没有考虑到在装配过程中零件暴露的条件，如温度、湿度、振动、静电和灰尘，这些可能会导致测试或使用过程中的故障。

可制造性设计（design for manufacturability，DFM）是设计产品以达到最高质量的高效生产过程。可制造性设计通常集成到标准设计过程中，但由于需要高度创造性的解决方案，它可能在公司的专门“智库”部门中解决。例如，三星有一个价值创新计划（VIP）中心，该中心被描述为“一个只有受邀者才能参加的、全天候的、汇聚创意和利润的装配线，三星的顶级研究人员、工程师和设计师在这里解决他们最棘手的问题”。[31]典型的项目可能包括将新打印机的材料成本降低30%，或者将制造新摄像机所需的步骤减少25%。得州仪器战略性地设立了设计中心，为电气和机械计算机辅助设计、系统工程和制造提供专业知识和系统，并对具有最佳质量历史、可生产性、可靠性和其他特殊工程要求的部件进行评估。

可制造性设计旨在防止以下设计：简化了装配操作但需要更复杂和更昂贵的零部件、简化了零部件制造但使装配过程复杂化、制造简单低廉但服务保障非常困难和昂贵。表7-4总结了能提高质量、降低成本的重要可制造性设计指南。许多行业制定了更具体的指导方针。例如，设计印刷电路板的指南包括：

- 将所有组件放置在单板顶部；
- 尽可能对类似组件进行分组；
- 为待插入组件保持0.6英寸的间隙。

表7-4　质量保证的设计准则

最小化零件数量		
• 减少零件和装配图纸	→	减少图纸和作业指导书的数量
• 更简单的组件	→	降低装配不合格率
• 用更少的零件实现所需的质量特性	→	提高零件质量的一致性
• 故障零件更少	→	提高可靠性
减少零件编号的数量		
• 相似零件的变异更少	→	降低装配不合格率
稳健设计（田口方法）		
• 对零件变异的低灵敏度	→	提高一次合格率；减少性能随时间的退化
去除调整		
• 没有装配调整误差	→	提高一次合格率
• 消除故障率高的可调整零件	→	降低故障率
装配简单，万无一失		
• 零件不能装错	→	降低装配不合格率
• 易发现零件缺失	→	降低装配不合格率
• 零件本身有装配工艺	→	降低装配不合格率
• 零件能够自锁	→	降低装配不合格率
• 无须用蛮力敲打压合零件	→	减少零件损坏；更好的维修性
使用可重复的、易于理解的过程		
• 零件质量容易控制	→	提高零件合格率
• 装配质量容易控制	→	提高装配合格率
选择能够经受过程操作的零件		
• 减少零件损坏	→	提高合格率
• 减少零件退化	→	提高可靠性
进行有效、充分的测试设计		
• 不要把好产品、坏产品混为一谈	→	真实的质量评价；减少不必要的返工
为保证过程可靠，合理布置零件		
• 减少搬运、装配过程中的零件损坏	→	提高合格率；提高可靠性
消除已发布产品的工程变更		
• 减少由于换版和变更造成的失误	→	降低装配不合格率

资料来源：Adapted from D. Daetz, “The Effect of Product Design on Product Quality and Product Cost,” *Quality Progress*, vol. 20, no. 6, 63-67, June 1987. © 2005 American Society for Quality.

7.5.4 设计与环保责任

环境问题对产品和过程设计有前所未有的影响。每年有数以亿计的办公及家用电器被丢弃。如何处理废旧电脑是一个日益严重的设计和技术问题。[32] 来自环保组织要求"社会响应性"设计的压力，来自州政府和市政府垃圾填埋场空间不足的压力，以及那些希望花钱得到更多回报的消费者的压力，促使所有的设计人员、管理者都要仔细研究**环境设计**（design for environment，DFE）的概念。[33] 环境设计是在产品和工艺设计过程中关注环境问题，包括可回收性、可拆卸性设计的实践。

环境设计通过减少处理和监管费用、增加产品的报废价值、减少材料使用和最小化责任，提供以更低成本创造更理想产品的潜力。可回收的产品被设计成可拆卸的，其部件可修复、翻新、熔化，或以其他方式回收再利用。例如，通用电气为耐用品市场服务的塑料部门，在其产品中只使用热塑性塑料。[34] 与许多其他种类的塑料不同，热塑性塑料可以熔化并重新铸造成其他形状和产品，从而可回收利用。

许多产品被丢弃仅仅是因为与新产品相比，维护或维修的成本太高了。现在**可拆卸的设计**（design for disassembly）承诺让回收更容易，并且负担得起产品修理。例如，惠而浦公司正在开发一种可维修的新设备，它的部件为了便于编码而进行分类。可维修性有可能取悦顾客，顾客更愿意修理产品而不是丢弃。公司也面临着挑战，需要考虑新的设计方法，使之既能提高产品的成本效益，又能提高产品的质量。例如，尽管用铆钉而不是螺丝来装配产品更有效，但这种方法与可拆卸的设计理念相反，替代方案可能是一种全新的设计，从一开始就不需要紧固件。

7.5.5 卓越设计

卓越设计（design for excellence，DFX）是一个新兴的概念，包含许多与设计相关的计划，如并行工程、可制造性设计、装配设计、环境设计和其他的方法设计。[35] 卓越设计的目标包括更高的功能性能、物理性能、用户友好性、可靠性、耐久性、维修性、服务性、安全性、兼容性、升级性、环境友好性和心理特征。它代表了产品开发和设计的总体方法，包括以下活动：

- 不断思考如何更好地设计或制造产品而不仅仅是解决或预防问题。
- 聚焦"事情做对了"而不是"事情做错了"。
- 定义并超越顾客的期望而不是满足他们的期望或仅与竞争对手相比。
- 不断优化理想的功能或结果而不是因循守旧。
- 在不影响功能质量的前提下最大限度地降低总成本。

7.6 设计验证

六西格玛设计的最后阶段是产品和过程设计的验证。有时出于对政府法规、法律要求的考虑，需要进行核实。可靠性测试为获取产品性能数据提供了一种方法，它既是一种验证方法，又是一种改进设计的方法。

7.6.1 设计评审

促进产品开发的一种常用方法是设计评审。设计评审的目的是激发讨论，提出问题，并产生新的想法和解决方案，帮助设计人员在问题发生之前进行预测。一般来说，设计评审分为三个主要阶段：初期、中期和末期。初期设计评审是提前在营销、工程、制造和采购人员之间建立沟通平台，以更好地实现协同。它通常由高层管理人员参与，主要聚焦战略性问题的设计，包括顾客需求及最终产品质量。初期设计评审评估产品的功能、与顾客需求的符合性、规格的完整性、制造成本和责任等问题。伊士曼化学公司审查设计的安全性、可靠性、浪费最小化、专利、毒性、环境风险、产品处置和其他顾客需求，它还对主要供应商管理成本、获取材料、维持生产和可靠运输的能力进行分析。AT&T运输系统有一个新的产品评价中心，该中心根据制造能力评估设计，认识到好的设计既可以降低制造缺陷的风险，也可以提高生产率。

在设计确定之后，进行中期评审，对设计进行更详细的研究，以确定潜在的问题并提出纠正措施。组织内低层级的人员在这一阶段广泛地参与进来。最后，在投入生产前，进行最终的审查。仔细研究材料清单、图纸和其他详细设计信息，防止投产后进行昂贵的变更。

7.6.2 可靠性测试

产品的可靠性主要取决于产品部件的设计和可靠性。可靠性是一个非常复杂的问题，不能仅从设计的理论分析来确定。因此，正式的测试是必要的，即通过环境条件的模拟来确定产品的性能、运行时间和故障模式。对于许多其他原因的测试也是有用的。测试数据通常是责任担保所必需的，同时也用来评估设计或供应商可靠性、过程设计与选择。在军事合同中，可靠性测试数据往往是必需的。好的测试会带来好的可靠性，从而带来好的质量。威瑞森无线公司（Verizon Wireless）标榜自己是“网络可靠性的领导者”。该公司的工程师开着没有贴标识的汽车在美国各地旅行，每年打数百万个电话，对网络和竞争对手进行数据测试。

产品测试采用各种方法。例如，惠普颇受欢迎的 HP-12c 财务计算器，自 1981 年以来基本没有什么变化，现在仍然是一款很受欢迎的计算器。该计算器进行了跌落测试，在测试中，工程师反复将计算器从桌子上摔到坚硬的地板上。他们还将键盘放在机械式按键器上测试，模拟其 5～10 年后的使用效果。[36]

半导体是许多现代产品的基本组成部分，如 MP3 播放器、汽车点火系统、计算机和军事武器系统。半导体有一小部分缺陷，称为潜在缺陷，即在正常运行的前 1 000 小时内会产生故障（如图 7-17 中的早期故障阶段）。在那之后，故障率趋于稳定，可能长达 25 年，然后随着部件磨损故障率再次上升。早期故障率在新技术中可高达 10%，在已验证过的成熟技术中可低至 0.01%。因此，电子元件在投入使用前通常要测试早期故障率，以消除早期功能故障，这叫做**加强试验**（burn-in）。研究和经验证明了加强试验的经济优势。例如，在欧洲进行了一项关于燃烧对增强存储器芯片可靠性影响的大规模研究。未经加强试验的故障率为 0.24%/1 000 小时，加强试验则将故障率降低到 0.02%/1 000 小时。例如，考虑到现场服务和保修工作的成本，将大型系统中的半导体故障率降低一个数量级，大致相当于每年平均一次维修电话而不是每月一次维修电话。

寿命测试的目的是通过运行设备直到它们失效来测量故障的分布，以便更好地理解、消除产生故障的原因。然而，这样的测试是昂贵和耗时的。对于自然寿命较长的设备，寿命测试是不现实的。**加速寿命测试**（accelerated life testing）涉及对组件施加过大压力，以减少失效时间并发现缺陷。这种测试可能涉及将集成电路暴露在高温或高压下，以迫使潜在缺陷发生。例如，通常在 25℃下运行 300 小时的设备，在 150℃下运行不到 20 小时就会出现故障。最近有一种方法称为**高加速寿命测试**（highly accelerated life testing），用于发现传统方法无法发现的潜在缺陷。例如，它可能使产品暴露于温度室中快速、极端的温度变化中，在温度室中可以将产品在热区和冷区之间移动，以测试热冲击或极端振动。[37]

质量实践

舒尔公司音频组件测试[38]

舒尔公司（Shure Incorporation）是一家全球性的私人控股公司，总部位于伊利诺伊州埃文斯顿，在伊利诺伊州、得克萨斯州和墨西哥设有生产基地，在德国和中国香港设有销售办事处。舒尔的使命是提供高性能、高质量、坚固耐用和可靠的音频产品，并提供卓越的客户服务和支持。舒尔的理念是以市场为导向，以顾客为中心。每个细分市场都有自己的质量和可靠性要求。

- 表演音频：音乐表演者和那些在舞台或演播室录制、监制的人。任何一个参加过摇滚音乐会的人都可能见识过，麦克风受到艺人们的粗暴对待，有些人甚至把麦克风扔到舞台另一边。
- 演示和安装音频：许多地方都安装了音响系统，如教堂、旅馆、会议室、俱乐部、剧院和礼堂。很多用户不太熟悉他们所使用设备的声学特性，并且声音技术人员往往不在现场，所以实际上设备需要自己运行。
- 广播电视：广播行业的演播室和现场。技术人员需要对他们在远程直播中使用的设备有十足信心，因为他们无法返回现场重新采访。
- 消费市场：留声机和低成本麦克风，包括发烧友、嘻哈音乐主持人和家庭录音。搓盘 DJ（scratch DJ）对一张唱片随着歌曲的节拍来回拉，对留声机唱针造成了巨大的压力。
- 移动通信：汽车环境中的音频子系统，如免提手机。麦克风需要在不同的温度下工作。

1925 年，舒尔（S. N. Shure）独自一人经营这家公司，销售无线套件产品。1932 年，麦克风的推出标志着该公司进入制造业，直到今天，麦克风仍然是舒尔的旗舰产品。由于其对工程研究的重视，舒尔产品以其卓越的质量和耐用性闻名于世。在第二次世界大战期间，舒尔获得了美国政府为军队提供的麦克风合同，产品需要满足严格的性能和强度要求。舒尔采取新的措施，开发了一套严格的内部测试项目，这个项目至今仍在执行。

除了麦克风（有线和无线）和留声机，舒尔还生产许多其他音频电子产品，包括混音器、数字信号处理器、个人监听系统和数字反馈减速器。舒尔的质量理念是以可靠性为导向的。产品在保修期后仍要进行可靠性测试，以为顾客长期服务和顾客满意为目标。测试是为了模拟实际的操作条件而设计的。舒尔有超过 80 个测试项目。下面是一些例子。

- 麦克风跌落测试：确定麦克风能否承受动态冲击力。初始性能数据被内置在麦克风上，然后麦克风从 6 英尺的高度以任意角度无数次跌落在硬木地板上。在跌落测试之后，测试水平和响应，并与初始数据进行比较。任何不符合初始性能的情况都被认为是一次故障。
- 排汗试验：评估涂层/镀件暴露在模拟排汗的酸性溶液中的耐腐蚀性。零件被放置在一个汗液室中，汗液室由一个支撑零件的支架组成，支架上有一个大的玻璃罐，里面装有酸性溶液。在 7 天的时间里，每天都要检查零件的腐蚀程度，然后将其与好的零件进行对比，以确定当前的腐蚀程度。
- 电缆及电缆组件的弯曲：确保所有电缆在正常情况下能任意扭转以满足现场需求。电缆弯曲测试设备提供两种独立的运动：旋转着摇摆和旋转着扭搓。电缆不符合弯曲规范被认为是一种故障。
- 顺序运输：在模拟运输条件下评估包装的有效性和产品的机械完整性。此测试用于所有的舒尔产品。包装运输的产品按顺序进行以下测试：跌落测试、振动测试和粗暴装卸测试。当产品从包装上拆下时，它必须完好无损。在适当的情况下，进行电力测试并与初始电力测试数据进行比较。
- 唱头跌落及刮擦测试：此测试用来确定唱头承受意外跌落和侧面撞击的能力。安装在音臂上的唱头至少被扔到一个转动的唱片上 100 次。唱头在转动的唱片上刮过 100 次。这个测试模拟超过了正常使用时对唱头和唱片造成的损害。
- 温度储存：测定持久承受极端温度的能力。首先采集初始性能数据，然后进行高温测试，将产品放置在高温室中 7 天，再在常温中放置 24 小时，待产品恢复常态后测试相关指标。最后进行低温测试，将产品置于低温室中 7 天，再静置 24 小时至室温时进行测试。

通过执行这些及其他相关的严格测试，舒尔始终在产品性能和可靠性方面超越顾客的期望。

● 关键问题讨论

1. 说明本章中给出的可靠性定义如何适用于此处描述的性能测试。这些测试测量的是固有可靠性还是实际可靠性？

2. 对于本例中提供的产品测试示例，讨论可能采取的质量/可靠性测量方法以及如何分析数据。

质量实践

质量功能展开在医疗管理组织中的应用[39]

近 20 年，医疗管理被引入美国，作为一种管理成本的同时保持质量的手段。医疗管理组织（Managed Care Organization，MCO）与医生、医院、医疗设备公司和家庭保健机构签订合同，为其成员（患者）提供服务。

医疗管理组织推销其服务并积极招募会员。一旦注册，会员将收到一本手册，解释他们如何获取医疗管理组织及其附属供应商提供的服务。数千个医疗管理组织提供了一系列日益复杂的权益，会员手册已成为这类信息的主要载体。因此，设计和构思手册内容是这类商业战略的重要组成部分。遗憾的是，一项会员满意度调查显示，会员对自己的权益了解很少。当会员无法理解他们的权益时，会员服务总机会被这类电话淹没，这带来更多的沮丧和愤怒，并进一步延误患者获得服务的时间。医疗管理组织平均每天接听 3 000 个电话，每个电话平均 3.2 分钟。这些电话中大约有 50% 涉及会员手册中讨论的问题。因为会员手册的问题，该组织每年花费 25 万美元向会员提供补充材料。

为了提高手册的质量和会员满意度，应用质量功能展开方法对手册进行了重新设计。质量功能展开的过程输入是通过一系列的焦点小组获得的。共有 131 名顾客参与，分为 6 个小组。参与者的选择基于两个标准：

1. 在加入被研究的医疗管理组织前，至少有两年是竞争对手的会员，这些竞争对手的手册被拿来进行对比。

2. 连续两年以上成为被研究的医疗管理组织的会员。

调查过程分为两个阶段。

阶段 1　参与者分别获得公司、竞争对手的会员手册，他们可以把两本手册带回家仔细看一个星期。

阶段 2　各小组聚集在一起，举行一次以收集数据为重点的会议。

每一阶段都由一位独立的研究人员主持，作为参与研究的奖励，向每位参与者提供午餐。

6 个小组均关注以下内容：

- 字体大小；
- 最新信息；
- 图片或插图的使用；
- 颜色的使用；
- 术语表；
- 常见问题解答；
- 扩展目录表；
- 提供一种以上语言。

通过收集顾客需求和技术要求，医疗管理组织确定易用性与术语表和扩展目录表之间存在很强的相关性。以下各项与易用性具有中度相关性：

- 字体大小；
- 图片或插图的使用；

- 颜色的使用；
- 常见问题解答；
- 提供一种以上语言。

最新信息与易用性有微弱的相关性。

医疗管理组织质量功能展开的研究结果产生了如图 7－27 所示的质量屋。重要性评级使用 1～5，1 表示低，5 表示高。小组成员使用这样的评分量表。两项顾客需求——易用性和准确性——分别被赋予了 4.5 和 5.0 的高重要性评级。其他三个顾客需求——清晰性、及时性和简洁性——分别获得了 3.8、3.2 和 2.5 的重要性评级。

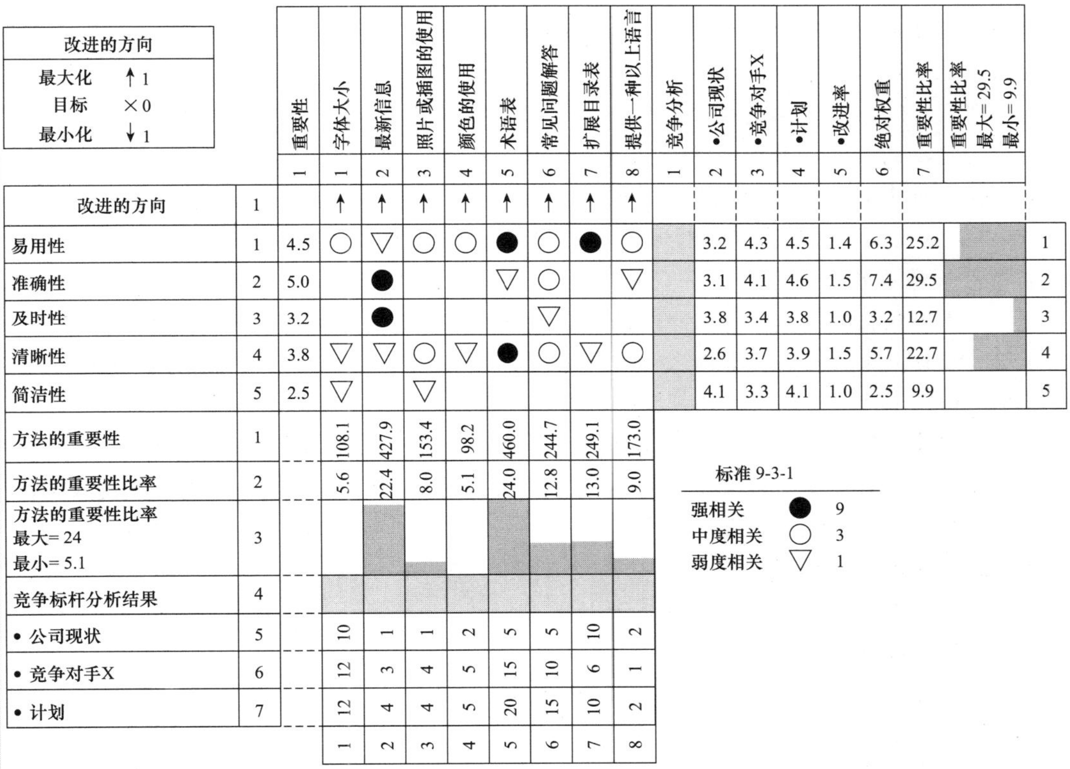

图 7－27　医疗管理组织会员手册的质量屋

资料来源：Adapted from D. Daetz, "The Effect of Product Design on Product Quality and Product Cost," *Quality Progress*, 20, no. 6, 63－67, June 1987. Copyright 1987 American Society for Quality.

"公司现状"栏中的内容表明顾客如何根据他们所陈述的要求评价组织的表现。这个评分是 1～5，1 代表最差，5 代表最优。"竞争对手 X"栏中的内容代表了顾客如何根据他们所陈述的要求对主要竞争对手 X 进行评级。就像"公司现状"一栏中的情况一样，这些评级是 1～5，1 表示最差，5 表示最优。根据这项研究，主要竞争对手的手册在易用性、准确性和清晰性方面优于医疗管理组织的手册。"计划"栏表示公司希望在顾客提出的每一项质量要求方面处于什么位置。计划是通过审查医疗管理组织相对于其竞争对手及其顾客的要求来确定的，同时，它也基于组织的战略计划。

在考虑了所有因素之后，医疗管理组织的质量功能展开团队设定了一个目标，即实现易用性 4.5、准确性 4.6、及时性 3.8、清晰性 3.9 和简洁性 4.1 的性能评级。他们期望在下一次对其顾客进行调查时达到这些水平。“改进率”列包含了公司目标与当前公司所处位置的比率。它是通过将每个“计划”列中的值除以“公司现状”列中的值来确定的。“绝对权重”是由“重要性”乘以“改进率”来确定的。它试图为顾客认为重要的内容和目标（在“计划”列中确定的值）分配一个加权值。“重要性比率”是通过将每个绝对权重值转化为总绝对权重值的百分比来确定的。

在全面研究了顾客最看重的因素、公司目前的业绩、主要竞争对手目前的状况以及目标之后，医疗管理组织确定准确性是驱动顾客满意度的最重要要求，其重要性比率几乎达到了 30%。

图 7-27 中“方法的重要性”行表示每列的符号值与相应的要求权重乘积之和。两个最重要的技术要求是“术语表”和“最新信息”，分别为 460 和 427.9。“方法的重要性”行中的每一项除以该行中所有项的总和，再乘以 100，可以转换为百分比。

“公司现状”行给出了该值可测量的技术要求。质量功能展开团队检查和分析了主要竞争对手的会员手册，并采访了两家公司的销售和市场代表，以确定主要竞争对手的市场代表参与本次研究的价值，他们被选中是基于在两家公司工作后所具有的知识和经验。除“提供一种以上语言”和“扩展目录表”外，竞争对手在各方面的技术要求均优于医疗管理组织。最激进的计划针对的是数值最大的两个技术要求：“术语表”和“最新信息”。计划的值代表团队重新设计医疗管理组织会员手册的设计目标。

在重新设计了会员手册之后，与手册中提到的问题相关的电话数量从每天 3 000 个减少到每天 1 900 个（大约减少了 35%）。会员服务电话接线员能够处理健康计划会员面临的其他重要问题。除了提高运营效率外，这一改进还提高了会员满意度，减少了员工在反复处理这些问题时的挫败感。

● **关键问题讨论**

1. 尽管这个质量功能展开的例子涉及有形物品的设计，但是相比纯制造领域，为什么服务领域实施起来更困难呢?

2. 通过揭示得出这些数字的详细计算，来确定“方法的重要性”行和“方法的重要性比率”的计算。

3. 哪些经验教训可以被重新设计其产品和服务的组织借鉴和应用?

复习题

1. 描述产品设计和开发过程的步骤。
2. 讨论缩短产品开发时间的重要性和障碍。
3. 什么是并行工程？它有什么好处?
4. 什么是六西格玛设计（DFSS)？解释六西格玛设计的四个基本要素，以及组成这一知识体系的各种工具和方法。
5. 解释概念的开发和创新。描述创新和创造力在概念开发中的重要性。

6. 详细设计的目的是什么?
7. 解释质量功能展开的概念和主要好处。
8. 概述构建质量屋的过程。公司的哪些部门和职能部门应该参与流程的每一步?
9. 解释并举例说明生产和服务中的公称规格和公差。
10. 解释田口损失函数，以及如何在过程设计和公差设计中使用。
11. 定义可靠性并详细解释这个定义。
12. 功能故障和可靠性故障的区别是什么?
13. 固有可靠性和实际可靠性之间的区别是什么?
14. 故障率的定义是什么? 它是如何测量的?
15. 解释产品生命特征曲线及其对可靠性和质量控制的影响。
16. 什么是可靠性函数? 解释如何确定它。
17. 解释如何计算串联、并联和串并联系统的可靠性。
18. 什么是稳健设计? 解释为什么它对消费者和制造商都很重要。
19. 什么是设计故障模式及影响分析（DFMEA）? 提供一个简单的例子来说明这个概念。
20. 什么是故障树分析? 它与 DFMEA 有什么不同?
21. 产品设计如何影响可制造性? 解释可制造性设计的概念和重要性。
22. 总结关键的设计实践，以提高制造和装配的质量。
23. 讨论当今企业所面临的与产品设计相关的环境责任问题。
24. 描述卓越设计（DFX）的基本方法。
25. 解释设计评审的目的以及它是如何促进产品开发的。
26. 描述不同形式的产品测试。

案　例

电梯困境

在我们的同事小詹姆斯・W. 迪安（James W. Dean，Jr.）教授讲述的一个真实故事中，一家电梯公司的总经理因设计新电梯的机械工程师和决定如何生产电梯的制造工程师缺乏合作而感到沮丧。[40]机械工程师经常在没有咨询制造工程师的情况下设计出一部全新的电梯，然后期望工厂以某种方式来实现制造。通常情况下，新产品很难制造，其质量和成本因此受到影响。设计被送还给机械工程师（通常不止一次）进行工程变更，以提高其可制造性，客户有时要等上几个月才能交货。总经理认为，如果两组工程师在设计初期就进行沟通，很多问题都会得到解决。总经理在工厂里找到一间空房间，把两组人都搬了进去。总经理稍稍松了口气，但几周后他大吃一惊。两组工程师终于学会了合作——他们在房间的正中央建了一面由书柜和文件柜组成的墙，把彼此隔开！在这种情况下你会怎么做？为什么？

质量功能展开在高校支持服务机构中的应用[41]

本案例基于田纳西州理工大学（Tennessee Technological University）将质量功能展开应用于其研究资源中心（RRC）的内部服务系统。研究资源中心最初是作为一个支持教师和学生研究的设施，现在已经发展为提供更多的服务，包括考试准备、手稿准备、简历、传单、小册子、传真、复印、打字和计算机应用。研究资源中心的工作时间为工作日上午 7：30 至下午 4：30，并配备有经验丰富的支持人员。乔迪（Jody）是研究资源中心的总协调员，精通专业计算机应用。她有一个工作站，里面有文字处理、图形和桌面出版软件。外围设备如激光打印机、彩色打印机和全文扫描仪使她有高质量的输出。坎迪（Candy）专门从事文字处理，玛丽（Marie）专门从事复印、校对和装订。这三个人都精通研究资源中心的大部分工作。

工作可以分为学生、教师和紧急工作三类。大多数工作都是单一任务导向的，可以由一个专业人员完成。专业人员可能依赖兼职学生准确地处理工作，并将它们放入适当的文件夹中。然而，有些工作依赖于其他员工的职能。例如，坎迪打印出试卷，玛丽复印并打包。在这些情况下，玛丽扮演着内部顾客的角色，依赖另一名专业员工来完成她的工作。

获得奖学金和参与勤工俭学项目的学生也会被兼职雇用来支持工作人员。研究资源中心作为商学院的一个单位，受到与其他大学办公室相同的约束要求：它对学生兼职的选择过程几乎没有控制权。

学生的职责包括接受工作指令和协助顾客完成低技术工作，如复印和寻找研究材料。研究资源中心不提供正式的培训。兼职学生被简要告知研究资源中心的功能，对顾客要彬彬有礼。如果遇到问题，可以向专业人士请教，他们主要是作为研究资源中心专业人员和顾客之间的接口。

研究资源中心处理的一些文档的安全问题很重要。一些教师选择在研究资源中心打印试卷。在这种情况下，兼职学生不能参与任何与考试有关的工作。由专业人员下达指令，完成工作，最后的成品被锁在一间兼职学生严禁进入的房间的文件柜里。此外，一些学生文件可能不会由兼职学生处理。提交打印的项目论文不应被碰巧在同一班级、有相同作业的学生看到。

由于研究资源中心的空间有限，后勤和前台的区别不大。当顾客走进来时，柜台设置在门的右边。所有工作人员都在这个柜台后面。当顾客需要帮助时，学生工作人员会在柜台为他们提供帮助。如果顾客需要一项工作，则填写适当的工作预订表单。在这段时间里研究资源中心在顾客的全面关注下运作。一些老顾客更喜欢直接把他们的工作预订表单转给专业人员。由于许多工作的定制性质，这种直接联系有时是合适的。然而，有些顾客更喜欢在研究资源中心代表处办理，这意味着研究资源中心的专业人员有时不得不放下他们正在做的工作来服务顾客。

柜台左边的区域可供顾客使用（见图 7－28）。四张大桌子位于中心位置，供教师和学生学习使用。等候区仅仅是柜台和这些桌子之间的区域。服务线路没有结构化，服务人员试图以先到先得的方式为顾客服务。当顾客有可以快速完成的工作时，他们可以选择在柜台等候。有时，服务台前面会排一个队。

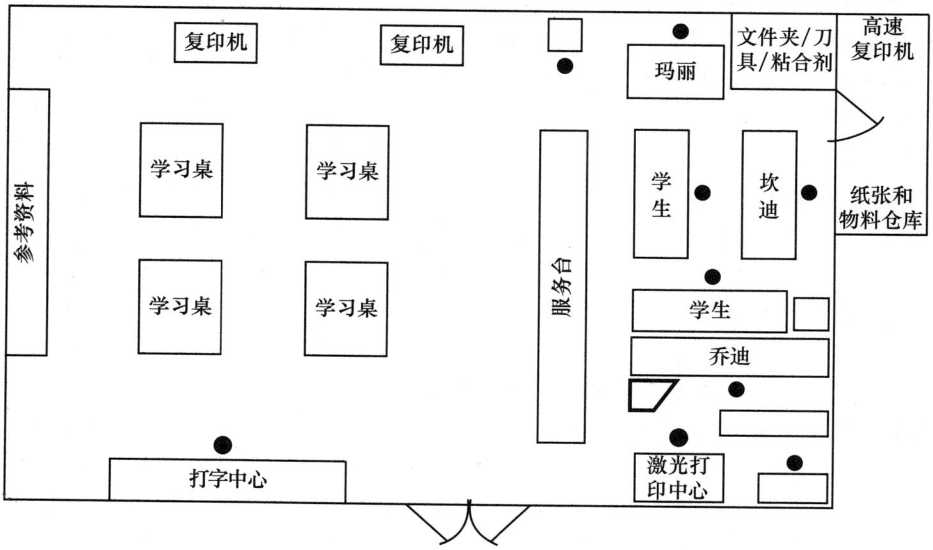

图 7－28　研究资源中心原先的布局

资料来源：Reprinted with permission from Quality Progress © 1999 ASQ，www. asq. org.

质量功能展开被用来分析在哪些地方协同努力，可以提高顾客心中研究资源中心的质量水平。顾客的需求按服务质量的五个维度分组（按重要性排序）：可靠性、响应性、保证性、移情性和有形性。这些类别又进一步细分为次级需求（见图 7 – 29）。

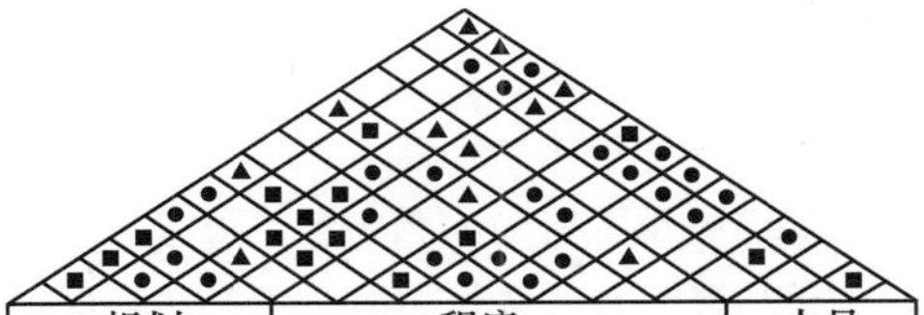

■强相关　●中度相关　▲弱相关

顾客质量标准		服务设施方面	规划				程序							人员		
初级	次级	相对重要性	布局	资源(设备)	资源(人员)	系统容量	管家	顾客处理	文件处理	信息处理	非常规情况	库存	工作/人员调度	选择	技能/培训	态度/道德
可靠性	准确性	5			■				■	■						
	可靠性	5		■	■					■	■	●	■		●	
响应性	愿意提供帮助	4			■			■		●						■
	快捷的服务	4	▲		■	■		■	■	■			●			■
保证性	员工的知识和礼貌	3			■			●		▲	■				●	●
	传达信任和保证的能力	3			●			●								●
移情性	关心和关注顾客	2			●	■	▲	■		▲	■				■	■
有形性	办公场所、设备、人员和材料的外观	1	●	■								▲	●			

图 7 – 29　研究资源中心质量屋

资料来源：Adapted from R. Nat Natarajan, Ralph E. Martz, and Kyouske Kurosaka, "Applying QFD to Internal Service System Design," *Quality Progress*, 31, No. 2, February 1999, 65 – 70. Copyright © 1999 American Society for Quality.

◆ **讨论题**

1. 你同意图 7 – 29 中度量顾客之声的相对重要性排序吗？解释为什么这些排序是合理的，或者为不同的排序提供意见。

2. 使用顾客属性的相对重要性评级，并为关系矩阵设置 1 = 弱、3 = 中、5 = 强的尺度，计算图 7 – 29 中每一项技术要求的加权得分。你的分数是否支持质量功能展开过程中部署的关键服务要素的研究结论？

3. 就质量功能展开过程中部署的关键服务要素而言，你能得出什么结论？根据本案例提供的信息，你还会提出什么其他建议？提出一个改进的研究资源中心布局，并证明你的建议是正确的。

黑麋鹿医疗中心

黑麋鹿医疗中心（Black Elk Medical Center，BEMC）是一个质量驱动的急救护理医院组织，有三个医疗设施接收住院患者和门诊患者。该医疗中心曾多次获得国家和地方质量奖，包括 2009 年和 2011 年的 J. D. Power 奖，Anthem 保险公司在肯塔基州和俄亥俄州颁布的首届医院质量奖，它还是十大上市医院之一。黑麋鹿医疗中心的使命宣言称："我们提供的所有服务将在国家标准的基础上追求卓越。"

2012 年，黑麋鹿医疗中心董事会制定了一个目标，要将医院护理部的跌倒率降到全国标准以下，全国基准为 3.4 次/千人·天。2011 年该组织的跌倒率平均为 4.8 次/千人·天，2012 年前 6 个月该组织的跌倒率平均为 4.75 次/千人·天。任何医疗机构的跌倒率对老年患者来说都很重要，对 65 岁以上的患者尤其如此。许多老年患者跌倒后造成髋部骨折，甚至在一年内死亡。董事会在制定减少跌倒目标的同时，《国家患者安全目标 9B》(National Patient Safety Goal 9B) 还制定了一项新的规定，要求医疗机构必须在 2013 年 1 月 1 日前实施减少跌倒计划，并评估该计划的有效性。

每个保健组织都要针对所服务的人群建立或采用跌倒风险评估程序。医疗健康组织认证联合委员会 (JCAHO) 没有界定降低幅度。每个医疗健康组织必须在符合各州规则、条例的同时，在实际过程中定义清楚它们所认定的跌倒范畴。受伤的程度、类型必须被跟踪和记录，以避免将相关的失误也记为跌倒。必须评估所有年龄组的跌倒风险而不仅仅是老年人群。医疗健康组织还必须确定何时开展初始的跌倒风险评估以及重新评估的时间。当患者的病情发生变化，患者被转移到另一个护理级别，或者为患者开了可能增加跌倒风险的药物时，应该进行重新评估。

来自护理、设施、安全、质量管理、家政、设备工程和认证服务的代表共同组成了一个 11 人跨学科的预防跌倒工作小组。其工作范围是评估黑麋鹿医疗中心的运营及环境状况，防止患者意外跌倒的发生。董事会主席莫琳·赫伯特 (Maureen Hebert) 是长期护理管理员，在黑麋鹿医疗中心工作超过 18 年。她的职责是为病人提供急救护理，包括临终关怀、长期护理等一系列项目。

工作小组的第一项任务是对黑麋鹿医疗中心的三家护理医院进行环境评估。每家护理医院所处的环境都是独特的，这使得标准化和创建无公害环境更加困难。工作小组成员访问了每家护理医院，这对评估风险因素和建议或做出适当的改变是非常宝贵的。他们开发了一种标准检查表样式的表单，有助于确保更彻底的评估 (见图 7-30)。

跌倒检查表 (所有跌倒患者都要填写)

1. 患者的诊断：____________________
2. 住院天数：____ 填表日期：____
3. 患者住院当天的跌倒风险等级：____ 跌倒当天的跌倒风险水平：____
4. 如果患者有很高的跌倒风险，是否有加星标示：是____否____不清楚____
5. 患者康复区域有跌倒风险吗：是____否____
6. 如果患者有很高的跌倒风险，那么康复区域上显示的“安全”是否有问题？是____否____不清楚____
7. 是否有关于跌倒方面的 PFER 文件，并当面告知患者和/或家属？是____否____
8. 如果患者有高跌倒风险，如厕时间超过 2 小时是否记录？是____否____不清楚____
9. 患者有没有穿上“安全袜”？是____否____
10. 如果有必要，床边有一个助行器/拐杖吗？是____否____不清楚____
11. 翻身的次数____
12. 患者受伤了吗？是____否____
13. 患者是否行动受限？是____否____
14. 床头报警铃是否正常工作？是____否____
15. 有家属在床边照料吗？是____否____
16. 患者的精神状态如何？____ 护工有几个人____
17. 患者和护士的比例是多少？____ 导致跌倒的关键因素是什么____
18. 简要描述跌倒时的情况，是否有人看到？

图 7-30 跌倒检查表

假设你是这个组织的负责人，下一步你会做什么？你如何使用清单中收集的数据？你将如何设计流程、体系的改进工作，以实现跌倒发生率的改善和控制，从而迅速、有效地将跌倒率降到 3.4

次/千人・天以下?

注 释

1. Ronald D. Snee, "Adjust, Adapt, and Advance," *Quality Progress*, May 2016, 35–41.
2. Steven H. Wildstrom, "Price Wars Power Up Quality," *BusinessWeek*, September 18, 1995, 26.
3. Peter Svensson, "It's Not Just Computers: Gadgets Crash," *Cincinnati Enquirer*, April 3, 2003, A3.
4. Philip A.H immelfarb,"Fast New-Product Development at Service Sector Companies, "*Quality Digest*,April 1996,41-44.
5. Alex Taylor III, "Honda Gets Its Mojo Back," *Fortune*, August 12, 2013, 67–72.
6. See Walter Isaacson's biography *Steve Jobs* and the March 2012 issue of *Fast Company* to read about how these companies have applied concurrent engineering.
7. Don Clausing and Bruce H. Simpson, "Quality by Design," *Quality Progress*, January 1990, 41–44.
8. C. M. Creveling, J. L. Slutsky, and D. Antis, Jr., *Design for Six Sigma in Technology and Product Development* (Upper Saddle River, NJ: Prentice Hall, 2003).
9. Charles Humber and Robert Launsby, "Straight Talk on DFSS," *Six Sigma Forum Magazine* 1, no. 4 (August 2002).
10. Kate Burrows, "Better by Design," *iSixSigma*, May/June 2011, 20–25.
11. Romain Moisecot, "Steve Jobs: a Biography," http://www.allaboutSteveJobs.com.
12. James R Stevenson and Ali E. Kashef, "Newer, Better, Faster: How Six Sigma Boosts Innovation and Reinvention," *Quality Progress*, September 2008.
13. Sylvia Nasar, "What Makes Beautiful Minds," *Fast Company*, December 2004, 50–52.
14. Peter Lewis, "A Perpetual Crisis Machine," *Fortune*, September 19, 2005, 57–76.
15. Bruce Horovitz, "Domino's Pizza Delivers Change in Its Core Pizza Recipe," *USA Today*, December 16, 2009; Courtney Dentch, "Domino's Changing Recipe to Help Lift U.S. Sales," http://www.bloomberg.com.
16. Csaba Csere, "Rules and Regs: Why Do All Cars Do That?" *Car and Driver*, April 2012, 24.
17. Jennifer Reese, "Starbucks: Inside the Coffee Cult," *Fortune*, December 9, 1996, 190–200.
18. Susan Dillingham, "A Little Gross Stuff in Food Is OK by FDA," *Insight*, May 22, 1989, 25.
19. Alan Vonderhaar, "Audi's TT Coupe's Ever So Close," *Cincinnati Enquirer*, November 27, 1999, F1, F2.
20. April 17, 1979; cited in L. P. Sullivan, "Reducing Variability: A New Approach to Quality," *Quality Progress* 17, no. 7 (July 1984), 15–21. See http://www.asahi.com/english for current business and other news in Japan.
21. Chris Woodyard, "Japanese Makers Maintain Reign on Reliability," *USA Today*, October 24, 2008, 4B.
22. Charles J. Murray, "Eight Ways to Boost Product Reliability," *DesignNews*, November 23, 2009, http://www.designnews.com/document.asp?doc_id=228706 (accessed 10/22/11).
23. N. Raghu Kackar, "Off-Line Quality Control, Parameter Design, and the Taguchi Method," *Journal of Quality Technology* 17, no. 4 (October 1985), 176–188.
24. John H. Farrow, "Product Liability Requirements," *Quality Progress*, May 1980, 34–36; Mick Birmingham, "Product Liability: An Issue for Quality," *Quality*, February 1983, 41–42.
25. Randall Goodden, "Quality and Product Liability," *Quality Digest*, October 1995, 35–41.
26. R. Dan Reid, "FMEA—Something Old, Something New" *Quality Progress*, May 2005, 90–93.
27. "Failure Mode and Effects Analysis," Institute for Healthcare Improvement, 2004, 1.
28. Peter Lewis, "A Perpetual Crisis Machine," *Fortune*, September 19, 2005, 58–76.
29. Gail Edmondson, "Mercedes' New Boss Rolls Up His Sleeves," *BusinessWeek*, October 17, 2005, 56.
30. Reproduced with permission from Douglas Daetz, "The Effect of Product Design on Product Quality and Product Cost," *Quality Progress*, June 1987, 63–67. © 1987, Hewlett-Packard Co. No further distribution allowed without permission.
31. Lewis, "Perpetual Crisis Machine."
32. David Pescovitz, "Dumping Old Computers—Please Dispose of Properly," *Scientific American* 282, no. 2 (February 2000), 29; http://www.sciam.com/2000/0200issue/0200techbus2.html.
33. Early discussions of this topic can be found in Bruce Nussbaum and John Templeton, "Built to Last—Until It's Time to Take It Apart," *BusinessWeek*, September 17, 1990, 102–106. A more recent reference is Michael Lenox, Andrew King, and John Ehrenfeld, "An Assessment of Design-for-Environment Practices in Leading U.S. Electronics Firms," *Interfaces* 30, no. 3 (May/June 2000), 83–94.
34. Nussbaum and Templeton, "Built to Last."
35. Jui-Chin Jiang, Ming-Li Shiu, and Mao-Hsiung Tu, "DFX and DFSS: How QFD Integrates Them," *Quality Progress*, October 2007; "A Smarter Way to Manufacture," *BusinessWeek*, April 30, 1990.
36. Svensson, "It's Not Just Computers."
37. Reliant Labs, www.reliantlabs.com.
38. Appreciation is expressed to Christine Schyvinck, VP Operations, Shure, Inc., for providing this case (October 2000).
39. Adapted from Vincent Omachonu and Paul Barach, "QFD in a Managed Care Organization," *Quality Progress*, November 2005, 36–41. Copyright © 2005 American Society for Quality.
40. This story was first published in James W. Dean, Jr. and James R Evans, *Total Quality: Management, Organization, and Strategy*, (Minneapolis/St. Paul: West Publishing Company, 1994), 143.
41. Adapted from R Nat Natarajan, Ralph E. Martz, and Kyo-suke Kurosaka, "Applying QFD to Internal Service System Design," *Quality Progress*, February 1999, 65–70. © 1999, American Society for Quality.

第8章 质量测量与质量控制

我们在第 5 章中介绍了控制的概念。质量控制旨在通过测量性能和在必要时采取纠正措施确保过程以稳定和预期的状态运行。良好的数据和测量系统是有效的质量控制以及实施质量改进的基础。例如，日本的狩野纪昭曾经与佛罗里达州电力和照明公司（FPL）讨论电力中断的原因，该公司告诉他，闪电是服务中断的主要原因。狩野纪昭追问为什么接地装置或避雷器没有阻止这种故障的发生，该公司认为这些措施对佛罗里达州严重的闪电而言是不起作用的。狩野纪昭要求公司提供数据来验证这一结论，但是该公司无法提供任何数据。在大约 18 个月后，当狩野纪昭又一次来到这家公司时，它已经收集了相关数据并发现即使在不发生强闪电干扰时也会出现服务中断。此外，该公司在收集数据后才意识到，许多电线杆没有做好足够的接地保护。[1]

在这一章中，我们将讲述质量测量、评估测量系统、规范的评估方法以及如何使用统计过程来控制和监控制造与服务过程。

质量档案 梅萨产品公司

梅萨产品公司（MESA Products，Inc.）是一家小型私营企业，其主要业务是地下和水下结构（如管道和油舱）中金属表面防腐蚀阴极保护系统的设计、制造和安装。梅萨产品公司每年组装超过 75 000 个镁阳极，这一产品线占公司材料收入的 30%。从 2002 年开始，梅萨产品公司确定和解决了镁阳极质量低的行业性难题。通过与主要供应商合作，公司实施了全面的产品验收质量保证规范，从而显著提高了公司生产的阳极的质量。此后，梅萨产品公司在全行业中宣传其质量管理理念，提醒制造商和最终用户都关注产品质量问题。最终，这些工作使整个行业的阳极质量都得到了提高。

自 1979 年成立以来，梅萨产品公司从一个员工发展到 75 名员工，一直奉行在合理的价格下为客户提供高质量的产品和服务的管理理念。为了实现这一目标，梅萨产品公司专注于团队合作并把持续改进、持续增长和长期成功作为目标。许多工具有助于提高公司运营绩效，包括减少浪费的精益制造、国际标准化组织（ISO）的国际质量标准认证以及波多里奇的卓越绩效原则。月度结存报告卡有助于公司评估其绩效并找到改进的方法。例如，报告显示，由于缺乏可用存货，梅萨产品公司将难以完成三天内装运产品的目标。于是，梅萨产品公司建造了一个 5 000 平方英尺的封闭式储存区域，增加了可用存货并极大地促进了及时装运。在 2000 年到 2007 年梅萨产品公司获得波多里奇奖的这段时间中，公司的准时装运指标从93%提高到97%，错误率下降了50%，镁装配区域的产出用时减少了82%，同时，仪器设备的装配时间减少了60%。

资料来源：Adapted from Malcolm Baldrige National Quality Award，Profiles of Winners，National Institute of Standards and Technology，Department of Commerce.

8.1 质量控制的测量

测量（measurement）是收集数据以量化产品、服务、过程和其他业务活动绩效指标的行为。**指标**（measures）和**指征**（indicators）是指从测量中获得的数值信息。例如，在制造用于电视、计算机和许多其他设备的印刷电路板时，每块板都必须通过电气测试，以证实尺寸和平整度（无翘曲）满足要求，同时，通过目视检查寻找其他非电气方面的缺陷。在制造过程中，还有一些关于钻孔位置和镀铜厚度的技术参数。[2]这些通过测量获得的质量指标和性能参数包括电气测试合格电路板的百分比、翘曲电路板的百分比、目视检查合格的电路板的百分比、实际钻孔位置和指定位置之间的差异以及镀铜厚度。对于服务而言，准确完成订单的百分比、处理完成订单所需时间、酒店服务台电话在三次铃响内被接通的百分比都是质量测量的例子。“指征”这一术语常用于那些没有办法直接测量或用单一绩效衡量的情况。例如，不满意不能直接测量，但可以用投诉或流失客户的数量作为不满意的指征。

质量聚光灯

开市客

开市客（Costco）的首席商品运营官说：“质量，质量，质量。我们最大的挑战就是确保我们所承诺的质量。”为此，开市客采用严格的质量控制流程。它测量很多指标，从腰果的大小到罐头中的桃子上残留的果皮数量。为了防止大肠杆菌污染，开市客建立了自己的牛肉加工厂，每15分钟对牛肉进行一次相关检测。[3]

如何衡量什么是好的质量测量？很多组织用缩写SMART来描述它的特征：简单（simple）、可测量（measurable）、可操作（actionable）、相关（related，与顾客和经营需求相关）和及时（timely）。测量应简单易行且清晰明确，例如，当测量“发票错误”这一事件特征时，需要同时定义正确和错误两种情况。例如，界定发票错误是否包括遗漏信息、错误信息或拼写错误？好的测量指标可以为过程管理决策提供有效信息。因此，组织应该在增值活动的关键过程实施测量措施。指标应该清晰地与顾客（包括外部顾客和内部顾客）和经营业务的重要性相关联。当员工和管理人员需要时，测量的相关信息应能够被获取并充分沟通。

例 8-1

比萨饼订单完成过程中的质量测量

在比萨饼订单完成的过程中，顾客期望的是商家的快速响应和合理的价格。图 8-1展示了这一服务提供过程，一些可能的质量测量包括：

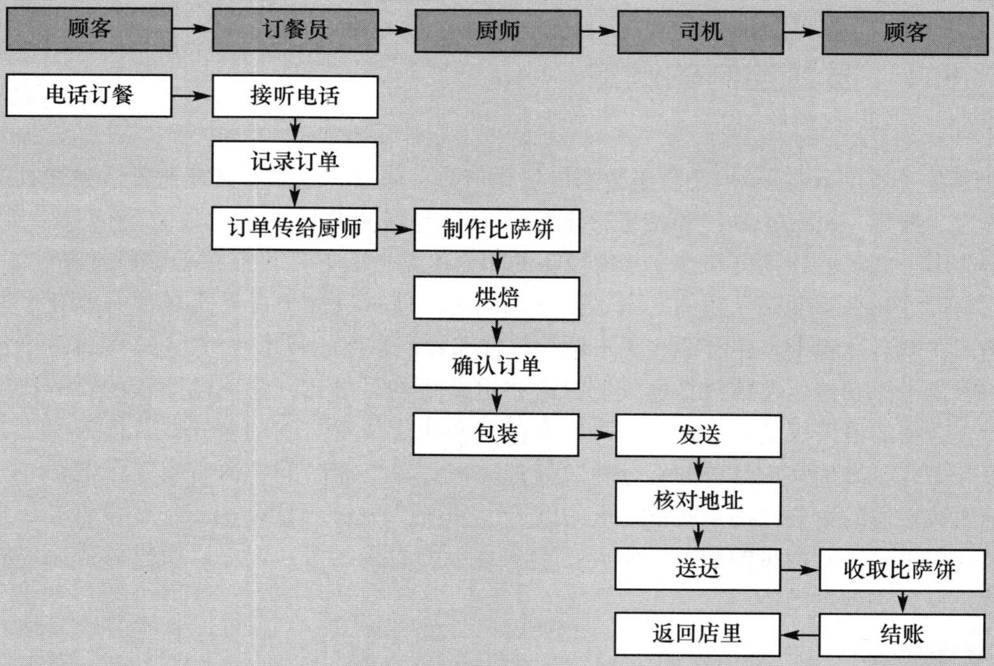

图 8-1　外卖比萨饼的订单处理过程示例

- 尚未处理的订单比例。这个指标高意味着接单系统或人员配备存在问题。
- 订单准确率（传送到厨房）。这个指标高意味着接单的服务人员注意力或相关知识存在问题。
- 被拒绝的比萨饼比例。这个指标高意味着厨师缺乏适当的培训，导致不好的产品感受和顾客投诉。
- 平均交付时间。这一指标能够揭示餐厅内部存在问题或司机培训不足（当然，达美乐早期曾经发生过因为测量送货时间导致司机开得太快而出现安全问题的情况）。
- 每周总的工作失误次数。这些错误会导致利润损失和成本增加。
- 日常原料（如面团等）或者比萨饼成品的高库存可能导致损耗和成本超支，低库存又可能导致订单丢失或顾客等待时间过长。

注意，这些指标与顾客期望和业务绩效相关联，它们只是诸多指标中的一小部分而已。

许多组织使用由几个指标（5 个或 6 个）构成的**摘要性看板**（dashboards）来表征过程绩效。这个术语源于汽车仪表盘——汇集了简要反映汽车性能的若干关键指标。这种看板通常使用图形、表格以及其他可视化方式来反映关键绩效，并在绩效不理想时向员工和管理者发出警告。

质量聚光灯

福陆汉福德公司

位于华盛顿州汉福德的福陆汉福德公司（Fluor Hanford）运营着世界上最大的核废料环保治理项目，这个项目源于美国政府拆除了该市的核反应堆和钚处理设施。公司在项目中运用一系列质量指标来监控运营绩效。这些指标包括急救箱配置率、安全检查率、事故报告和未遂事故报告、员工安全调查结果和员工安全顾虑。这些主要指标与现有的伤害率组合成一个彩色编码看板，其中，绿色表示相关指标稳定在一个可接受的范围内，黄色表示指标的稳定状态处于不可接受水平，红色则表示稳定状态正在变差。[4]

8.1.1 常见的质量指标

产品和服务的质量指标应聚焦生产和服务过程的结果。**单位产品**（unit of work）是一个过程或独立子过程的输出。单位产品可能是一个拟提供给顾客的成品、一套组件、一个机器零件或交付给顾客的程序包或数据包。**不合格**（nonconformance）是与产品和服务相关的任何缺陷或错误。在制造业中，我们经常使用**缺陷**（defect）这个术语，在服务提供中，我们通常使用**错误**（error）这个术语来描述不合格。一个**单位产品涉及的不合格**（nonconforming unit of work）可能有一个或多个。

用于质量控制的测量指标分为两类。一类是**计数测量指标**（attribute measurement），用于测量数量，表征单位产品是否存在不合格或不合格的数量。这类指标一般通过观察就可以得到，并能够用比例和数量表示。一类是**计量测量指标**（variable measurement），用于测量变量，适用于定量数据，如长度、重量、时间或连续测量范围内的任何值。例如，我们可以确定零件是否满足 1.60±0.01 英寸的规格（计数测量指标），或者测量并记录尺寸的实际值（计量测量指标）。计量测量指标通常用均值和标准差这样的统计参数表示。

通常，由于可以通过简单的检查或计数很快完成评估，收集计数类数据比收集计量类数据容易，计量类数据往往需要借助某种类型的测量工具。然而，在统计学意义上，计数测量不如计量测量有效，即为了获得同样的统计信息，计数测量所需的样本量比计量测量大得多。当测量的项目耗时较长或成本较大时，这种差异会更加显著。

表 8-1 提供了一些服务业中计数测量和计量测量的例子。你能确定哪些是计数测量，哪些是计量测量吗？服务业中最常见的质量特性、时间（等待时间、服务时间和送达时间）和不合格服务的数量可以很容易地测量。例如，保险公司会测量完成不同交易（如新保单办理、索赔放款和现金到账）的时间。这些时间可以通过记录每个交易开始和结束的时间来轻易获得。工作检查表可用于记录计数类数据，如不同的错误类型（类别错误、数量错误和交付日期错误等）。例如，医院药物操作中不合格的工作检查表可能包含以下问题：

- 药房内的药物储存和制备区是否处于药剂师的监督之下？

- 需要特殊储存条件的药物是否被妥善储存？
- 是否按月检查应急药箱？
- 应急药箱记录簿是否填写完整？

表 8-1　服务行业组织的质量测量

组织	质量测量
医院	检验的准确性 保险索赔的准确性 膳食和药物提供的及时性
银行	支票处理的准确性
保险公司	索赔处理的响应时间 账单准确性
邮局	分拣准确性 投递时间 特快邮件准时送达率
救护车	响应时间
警察局	辖区内的犯罪率 交通罚单数量
酒店	卫生情况令人满意的房间比例 结账退房所需时间 投诉数量
交通运输单位	路线正确的卡车比例 每次损坏赔偿的金额
汽车服务单位	在承诺的时间内完成工作情况的比例 零部件缺货量

观察人类的行为很容易，但描述和辨别观察结果要困难得多。主要的难点在于对“礼貌、及时、能力”等行为特征进行准确的界定。评价这样的质量特性最好的办法是将行为与明确的标准进行比较。例如，“礼貌”的标准可能是称呼顾客为“先生”或“女士”，未能做到这一点即可认定为服务不合格。“及时”的标准是在顾客进入商店后的五秒钟内与顾客打招呼或者在收到信件后的两天内予以回复。有了明确的标准，这些行为就很容易记录和统计。图 8-2 展示了南加州医院对接诊病人的医疗服务调查问卷。[5]

对于计数类数据而言，两个重要的质量测量指标是**不合格率**（proportion nonconforming）和**单位不合格数**（nonconformances per unit，NPU）（在制造业中，这些公式通常使用术语“缺陷比例”和“单位缺陷（DPU）”）：

$$\text{不合格率}=\frac{\text{不合格数}}{\text{检验总量}} \tag{8.1}$$

$$\text{单位不合格数}=\frac{\text{不合格总数}}{\text{检验总数}} \tag{8.2}$$

接诊

11. 就诊等待时间是多久？

大于1小时：____ 1小时：____ 30分钟：____ 15分钟：____

12. 就诊等待时间大于30分钟时，有无被告知原因？

有：____ 没有：____ 少于30分钟：____

护士

21. 护士有无向您解释今天的就诊流程？

从来没有：____ 有时：____ 经常：____ 总是：____

22. 您输过液吗？

有：____ 没有：____

A. 如果输过，出现过跑针情况吗？

有：____ 没有：____

医务人员

28. 医生是否按照他告诉您的那样实施治疗？

从来没有：____ 有时：____ 经常：____ 总是：____

病房服务

36. 病房服务员是否每天至少一次到您的病房？

有：____ 没有：____

39. 卫生间的数量是否足够？

总是：____ 经常：____ 有时：____ 从来没有：____

X光

在做X光检查时，您是否被告知相关流程？

总是：____ 经常：____ 有时：____ 从来没有：____

餐饮

34. 每天的餐食供应是否定时？

总是：____ 经常：____ 有时：____ 从来没有：____

图 8-2 医疗服务调查问卷

资料来源：Adapted from K. M. Casarreal，J. L. Mill，and M. A. Plant，"Improving Service Through Patient Surveys in a Multihospital Organization，" Hospital & Health Services Administration，Health Administration Press，Ann Arbor，MI，March/April 1986，41-52. © 1986，Foundation of the American College of Health Care Executives.

例 8-2

计算不合格率和单位不合格数

一名酒店客房经理每天随机抽取部分房间检查清洁工作情况。经理使用的检查清单中有12个质量特性，如"床铺得好""洗发水摆放在水槽上""垃圾桶已清空"等。一天，经理抽取35个房间进行检查，发现有3个房间不符合要求。第一个房间有1项不合格；第二个房间有3项不合格；第三个房间有2项不合格。使用式（8.1）计算房间的不合格率为3/35=0.086。使用式（8.2）计算每个房间的单位不合格数为（1+3+2)/35=0.171。(使用这些公式时应注意单元不合格数与不合格率是不同的。)

许多制造业企业将缺陷分为三类：

1. 严重缺陷。根据判断和经验，严重缺陷会对使用、维护或依赖该产品的人带来危险或使其处于不安全的状态，并影响产品的正常性能。

2. 重要缺陷。这类缺陷虽然没达到上述严重程度，但可能导致故障或显著降低产品的预期用途。

3. 轻微缺陷。这类缺陷不会显著降低产品的预期用途，也不影响产品使用或操作。[6]

严重缺陷可能导致严重后果或产品责任诉讼，因此，人们应对它们进行严格的监控。同时，因为轻微缺陷不影响使用预期，它们可能没有被严格监控。然而，对于许多产品而言，即使是轻微缺陷也会招致顾客的不满。

为了说明不合格的严重程度，组织通常会设立一个复合性指标，其中严重缺陷和重要缺陷的权重远大于轻微缺陷。例如，联邦快递使用一个全面的质量测量系统，其中包括一个复合性指标——服务质量指标（SQI）。该指标反映出顾客对公司绩效期望的 10 个因素的加权总和。联邦快递的服务质量指标如表 8－2 所示。不同的权重反映了每次差错的严重程度，例如，丢失一个包裹比晚几分钟投递要严重得多。联邦快递每周对该指标进行统计，每月进行总结。

表 8－2　联邦快递的服务质量指标

差错类型	特征描述	权重
1. 再次投诉	顾客因对投诉的解决不满意而再次投诉	3
2. 货物破损	因天气、水浸或处置不当等造成货物可见或不可见的损毁	10
3. 国际业务	国际业务表现的综合测量	—
4. 款项变更	顾客对实际或感觉到的损失提出退款和延迟支付的要求	1
5. 延迟取货	未能按约定的时间收取货物	3
6. 包裹丢失	包裹或包裹内物品丢失	10
7. 递送信息缺失	投递单未写明投递信息	1
8. 当日延误	投递时间超过了当天约定的时间	1
9. 物流追踪	在联邦快递实时追踪系统中查询不到物流状态	3
10. 日期错投	未在约定时间投递	5

资料来源：Service Quality Indicators at FedEx.

如果已经计算出了单位不合格数（NPU），并且不合格是随机发生的，可以使用以下公式来估算无不合格现象的比率，这称为**通过率**（throughput yield，TY）：

$$TY = e^{-NPU} \tag{8.3}$$

例 8－3

计算通过率

在例 8－2 中，我们检查了 35 个样本，共发现 6 项不合格。$NPU=0.171$，使用式（8.3），可计算出通过率为：

$$TY = e^{-0.171} = 0.843$$

也就是说，我们可以认为大约84%的房间是没有不合格项的，或者说，存在不合格的房间占比为1－0.84＝0.16。请注意，这个数值与我们从样本数据中观察到的不同——实际发现不合格房间的比例为0.086。这种差异是由抽样误差造成的。

如果一个过程包含许多步骤，每一步骤都可能导致通过率降低。通常用于评估整个过程质量的一种常见指标是**直通率**（rolled throughput yield，RTY）或称流程合格率。直通率是通过一系列过程步骤的最终合格产品的比例。数学上，它是每个步骤的通过率的乘积。

例 8－4

计算直通率

假设一个过程由3个步骤组成。每一步都会生产一些不合格品。步骤1的通过率为97%，步骤2的通过率为95%，步骤3的通过率为99%。直通率计算如下：

$$RTY=0.97\times 0.95\times 0.99=0.912$$

也就是说，生产出的合格产品大约只占91%，或者说，不合格产品的比例是1－0.91＝0.09。

当生产工作表现出不同程度的复杂性时，很难使用单位不合格数来衡量。两个不同的过程出现不合格的可能性是有明显差异的，因此不同过程间的比较是困难的。随着六西格玛的出现而流行起来的另一个衡量指标是**百万机会缺陷数**（defects per million opportunities，dpmo）：

$$\text{dpmo}=\frac{\text{总缺陷数}}{\text{缺陷机会}}\times 1\,000\,000 \tag{8.4}$$

在服务业中，dpmo类似地表示为**百万机会错误数**（errors per million opportunities，epmo）。

例 8－5

计算百万机会缺陷数或百万机会错误数

假设一家航空公司希望测量其行李系统的有效性。它可以通过计算每位乘客丢失的行李数量来衡量每个步骤产生的错误。但是，不同的乘客行李数量不同，因此，在每位乘客身上出错的概率也不同。假设每位乘客平均携带1.6件行李，航空公司发现，在一个月内，8 000名乘客共丢失了3件行李，那么使用式（8.4），可以得到

$$\text{epmo}=3/(8\,000\times 1.6)\times 1\,000\,000=234.375$$

百万机会缺陷数和百万机会错误数的应用使我们能够更加宽泛地定义和描述质量。在航空公司的案例中，一个宽泛的定义可能也意味着机会——从最初订票到取回行李期间未能满足乘客期望的失误次数。（回顾第3章中的真实瞬间概念，它可以用来定义错误机会的数量。）

8.1.2 质量成本测量

在大多数公司中，成本的财务计算都是一项重要的职能。所有组织都将测量和报告成本作为管理控制和改进的基础，然而，很少有人能明确计算出与质量相关的直接成本。**质量成本**（cost of quality，COQ）的概念出现在 20 世纪 50 年代。传统意义上，与质量相关的成本的报告仅限于检查和测试获得的数据，其他费用在生产的间接费用中核算。随着管理者开始定义和分离出与质量相关的全部成本，出现了一些惊人的事实。[7] 第一，与质量相关的成本远大于以前报告的情况，通常占到销售收入的 20%～40%；第二，与质量相关的成本不仅由生产环节产生，也由辅助服务环节产生，如采购和顾客服务部门；第三，大部分质量成本来源于质量不满足要求，它们是可以避免的；第四，虽然质量不良所造成的质量成本是可以避免的，但组织并没有明确采取降低成本措施的责任，也没有为此制定任何系统化的方法。因此，很多公司开始制订质量成本控制计划。质量成本——或者具体地说，质量不良造成的成本——是指为避免质量不良或由于质量不良而产生的成本。

朱兰指出：工人和基层管理人员用“物”的语言表达，如产品、缺陷等。遗憾的是，以缺陷数量表示的质量问题通常对高层管理人员影响不大，他们通常更关心财务业绩。但是，如果质量问题的严重程度可以转化为“钱”的语言，比如“如果这项业务没有质量问题，我们能省多少钱”，就能得到高层管理者的关注。这些开支可以跨部门或跨产品叠加并与其他财务数据进行比较。中层管理人员必须和工人、基层管理人员以及高层管理人员沟通，必须具备使用“物”和“钱”两种语言的能力。质量成本信息的用途是多方面的，它帮助管理层评估质量问题的重要性，从而确定降低成本的主要机会，它也有助于预算和成本控制活动，最后，它还可以作为评估组织在实现质量目标方面的绩效的指标。

为了使用质量成本控制方法，组织必须识别产生质量成本的活动并进行测量；用对经营有直观意义的方式向管理者报告；通过分析识别需要改进的内容。质量成本可分为四大类：预防成本、鉴定成本、内部故障成本和外部故障成本。

预防成本（prevention costs）是为防止不合格产品生产并交付到顾客手中而发生的支出，包括以下具体成本：

- 质量计划成本，如进行质量计划和参与问题解决团队的人工成本，新程序开发、新设备设计和可靠性研究所需的费用；
- 过程控制成本，包括分析生产过程和实施过程控制计划的支出；
- 信息系统成本，在制定数据要求和测量所需的信息系统上发生的支出；
- 培训和一般管理成本，包括实施内外部培训、人员和杂项支出。

鉴定成本（appraisal costs）是为确保符合要求而实施的措施发生的支出，通常涉及通过测量和分析数据来检测不符合的情况。鉴定成本的种类包括：

- 测试和检验成本，包括与原料、半成品和成品的测试与检验相关的设备和人工支出；
- 仪器设备维护成本，包括校准和维修测量仪器设备产生的费用；
- 过程测量和控制成本，包括收集和分析质量测量结果所产生的费用。

内部故障成本（internal failure costs）是在产品交付给顾客之前处理质量问题而产

生的支出，包括：

- 报废和返工成本，包括材料、人工和间接费用；
- 纠正措施的成本，源于确定故障原因和消除这些原因所需的时间成本；
- 让步成本，比如以较低价格销售不良产品时的收入损失；
- 故障成本，如计划外的停机或设备维修带来的损失。

外部故障成本（external failure costs）是指不良产品交付给顾客后产生的支出，包括：

- 顾客投诉和退货形成的成本支出，包括退货产品返工、取消订单和运费；
- 产品召回成本和保修索赔，包括维修或更换产生的支出以及相关管理费用；
- 产品责任成本，与产品责任相关的基于法律诉讼或处理纠纷产生的支出。

诸如顾客服务、产品设计、返工、返修、过程检验和工程性变更损失等成本通常需要使用特定方法来评估或收集信息。一些外部因素导致的成本支出是无法准确估计的，如顾客不满意和非现货交易损失。虽然预防成本是最重要的，但鉴定成本、内部故障成本和外部故障成本（按此顺序）的信息通常更容易收集。典型的会计系统并不是为了获取质量成本信息而构建的，但使用**作业成本分析法**（activity-based costing）基于活动（如移动、检查、接收、运输和订单处理）的成本计算，有助于确定质量成本。

通过对组织职能细分来报告质量成本是一个简便的方法，如图 8-3 所示。这样的报告可以用质量矩阵在电子表格上轻易实现。这个矩阵有几个用途。首先，它可以使所有部门认识到自身对质量成本的影响，并参与质量成本计划。其次，它突出了质量成本高的领域，并使组织关注改进工作。例如，如果我们将内部故障成本从大到小排序，有可能 70%或 80%的内部故障成本仅是由一两个制造问题引起的。通过识别“关键少数”，可以集中精力采取纠正措施，以低投入换取高回报。我们将在后面的章节中研究这种技术——帕累托分析。质量成本也经常以指数的形式出现，即当前成本与基准成本的比值。人们也可以使用 Excel 轻松创建柱形图和饼图来可视化数据。

	设计	采购	生产	⋮	金融	⋮	会计	合计
预防成本 质量计划 培训 ⋮								
鉴定成本 测试和检查仪器 ⋮								
内部故障成本 废弃 变更 ⋮								
外部故障成本 返修 召回 ⋮								
合计								

图 8-3　质量成本矩阵

专家估计，总质量成本的60%～90%是内部故障成本和外部故障成本，是管理层的责任。管理者通常会增加检查来应对故障成本，但这只会增加检查成本，几乎不能改善整体质量或盈利能力。在实践中，预防措施的采用是所有成本类别中最有效的。例如，在一个典型场景中，替换一个低质量组件的成本可能是500美元，组装后的更换成本可能是50美元，组装期间的测试和更换成本可能为5美元，而为了避免这一系列的问题而改变设计的成本可能只需要50美分，因此，组织应首先通过成本评估活动来发现内部故障的来源并采取纠正措施，尝试将外部故障成本降至零。随着质量的提高，工作重点将向预防方面转移，检查和测试的数量随之减少，从而降低故障成本。然而，现实中许多组织只关注短期投入产出，不理解对预防方面的投入会降低整个系统的成本。

服务型组织和制造型组织的质量成本的性质是有差异的。保修索赔和现场支持等外部故障成本在制造过程中很容易识别。对服务而言，主要的外部故障成本是抱怨和顾客流失造成的，较难量化。对于与顾客联系频繁的服务型组织来说，内部故障成本往往较低，在提供服务前，它们几乎没有机会纠正失误，差错一旦发生就造成了外部故障成本。服务的无形性使得质量成本核算十分困难。

8.2 质量系统评估

通常可以使用人的感官——视觉、听觉、感觉、味觉和嗅觉——来测量质量特性，并使用某种类型的仪器或量具来测量特性指标的大小。今天制造业中常用的测量仪器分为两类：低技术含量的和高技术含量的。低技术含量的仪器主要是一些手动设备，如使用多年的仪表；高技术含量的仪器是指那些依靠现代电子学、微处理器、激光或先进光学技术的仪器。

被观察到的过程输出中的波动源于生产系统本身的自然变化及测量系统偏差。测量系统包括实施测量的人员和他们使用的仪器。如果测量系统中的偏差很小，那么观察到的测量值反映了生产过程中的真实变化。如果测量系统中的偏差很大，将难以区分生产过程中的真实变化与测量系统中的误差，从而导致关于质量的误导性结论。下面的公式表明，测量到的生产过程输出的总变化是真实过程变化（这是我们实际上想要测量的）加上测量误差的总和：

$$\sigma_{总}^2=\sigma_{过程}^2+\sigma_{测量}^2 \tag{8.5}$$

因此，质量保证的一个目标是使测量误差最小化。

在很多行业中，过程数据是通过某种类型的人工测量获得的。依赖感官或仪器仪表的手动读数的过程可能会产生10%～50%的误差。误差较高的原因包括：

- 复杂性：检验人员能够发现的缺陷数量随着零件的增多和节奏的无序性而减少；
- 缺陷率：当产品缺陷率较低时，检验人员往往比缺陷率较高时遗漏更多的缺陷；
- 检查率：随着检查率的提高，检查员的表现迅速下滑。[8]

人们可以通过以下措施来降低这些因素的影响：采用自动化技术；最大限度地减少必须检查的质量特性的数量；减少时间压力；重复检查（如果同一项目由几个人检查，会发现更多的缺陷）以及改进工作空间的设计。

8.2.1 计量学

计量学是一门测量科学，被广泛定义为：利用人员、设备、设施、方法和程序，确保测量的正确性或充分性的过程。计量在我们的日常生活中至关重要。例如，想知道你是否从加油站买到了足量的一加仑汽油，杂货店的扫描仪是否正确读取了条形码，一盒麦片的含量是否与包装标注的相同，游泳比赛的计时器是否记录了正确的时间，等等。

计量对于全球竞争力也至关重要。美国国家标准与技术研究院（NIST）的标准服务办公室主任在国会发言中指出：有效的国内外贸易需要计量组织，以确保在贸易、国家和地方的测量标准实验室、标准开发组织以及经认可和国际公认的校准和测试实验室中使用统一准确的测量方法。[9]

测量既要保证准确又要保证一定的精度。**准确度**（accuracy）定义为真实值和测量平均值之间的差异。准确度是以测量中的误差量与测量规模之比来衡量的。如果一个测量值的相对误差较小，它会比另一个测量值更准确。准确度的缺乏反映了测量中的系统偏差，如测量仪器没有正确校准、磨损或人员使用不当。**精度**（precision）被定义为重复测量值之间的接近程度。因此，精度与重复测量的方差有关。方差低的测量仪器比方差高的测量仪器更精确。低精度是仪器内部随机变化的结果，如零件之间的摩擦。这种随机变化可能是设计不良或缺乏维护造成的。

例 8-6

测量的准确度和精度

假设使用两台仪器测量一个尺寸，其真值为 0.250 英寸。仪器 A 的读数是 0.248 英寸，仪器 B 的读数是 0.259 英寸。仪器 A 的相对误差为 (0.250－0.248)/0.250＝0.8%；仪器 B 的相对误差为 (0.259－0.250)/0.250＝3.6%。因此，仪器 A 比仪器 B 更准确。现在假设每个仪器测量三次，仪器 A 的读数分别为 0.248，0.246 和 0.251；仪器 B 的读数分别为 0.259，0.258 和 0.259。仪器 B 比仪器 A 更精确，因为它的值更集中。

测量系统可能精确，但不一定同时准确。图 8-4 说明了精度和准确度之间的关系。该图展示了某些质量特性的 10 次重复测量的四种可能的频率分布。在图 8-4（a）中，测量均值并不接近真值。此外，多数测量值都在均值附近。在这种情况下，测量既不准确也不精确。在图 8-4（b）中，虽然测量均值不接近真值，变化范围却很小。因此，测量是精确的，但不准确。在图 8-4（c）和图 8-4（d）中，测量均值接近真值，即测量是准确的，但在图 8-4（c）中，分布很分散，因此不精确，图 8-4（d）中的测量既准确又精确。

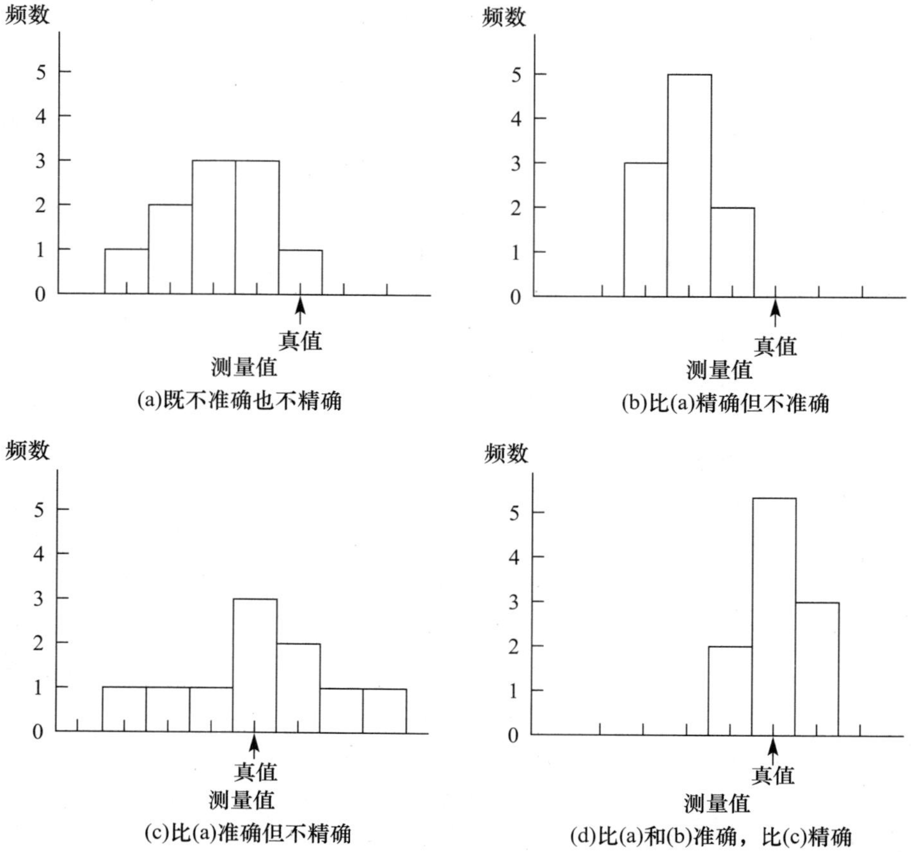

图 8-4　准确度和精度

8.2.2　校准

进行任何测量时，都需要确保所使用的仪器能够进行正确的测量。例如，称能够准确地测出重量。在《质量校准手册》中给出的**校准**（calibration）的定义是：对照可追溯的测量标准来验证检测设备的能力和性能的过程。[10] 使用未校准或未充分校准的设备进行测量可能导致错误且支出昂贵的决策。例如，假设检验员的千分尺读数最小为 0.002 英寸，当测量值接近上限时，超出最大公差极限 0.002 英寸的零件将被视为合格，处于公差下限并超出极限 0.002 英寸的零件将被视为不合格。这可能导致最终产品的失败或不令人满意的性能，以及与报废合格零件相关的非必要支出。

联邦政府有许多校准规定，包括无线电发射频率、飞机高度计和汽车速度计的准确度。为评估是否符合法规要求并采取措施要求必须使用经过校准的仪器。[11] 美国国家标准与技术研究院（NIST）承担了维护美国测量标准的工作，并就如何使测量符合国家标准提供技术建议。NIST 与来自工业和政府的各种计量实验室合作，以确保不同地方的个体进行的测量获得相同的结果。例如，在电子元件产业中，“电压”或“电阻”的测量具有准确和一致的含义。校准的过程是以逐级传递的方式完成的。NIST 校准那些对准确度要求较高的组织的参考标准。这些组织校准自己的工作水平标准和其他计量实验室的标准。这些工作水平标准用于校准现场使用的测量仪器。通常人们根据工作水平标准对设备进行校准，工作水平标准的精度是设备的10倍。在可能的情况下，参考标准的准确度至少是工作水平标准的4倍。

许多政府法规和商业合同要求被监管的组织或承包商证实它们进行的测量可追溯到参考标准。例如，长度、质量和时间都有世界标准。对于其他类型的测量，如化学测量，也存在行业标准。组织必须能够通过保持记录来证实可追溯性的要求，即它们自己的测量设备已经由实验室或其他计量机构进行了校准，这些实验室或计量机构可以通过连续的溯源与适当的标准（通常是国家或国际标准）相关联。[12]可溯源是为了确保测量值在测量的不确定性范围内准确表示特定的数值。同时，应该有一个完整的测量溯源链条，每个测量都应该附有一个不确定性声明，该声明与链条中离 NIST 最远的一环有关，即最后一个提供测量值的机构。通过购买更高等级（可追溯）标准认证的仪器，或者通过与具有此类标准的校准机构签订合同来认证仪器，也可以确保这种责任的履行。

更小的精密制造零件、更严格的公差以及更快、更准确、更高重复性的测量和验证零件的需求，正在推动计量系统和设备的发展。如何低成本地制造和测量这些零件是机床和计量设备制造商面临的挑战。为了满足预期的行业需求，设备制造商正在寻找方法来优化测量和检测设备的功能，广泛使用传感器和机械技术来减少检测时间和成本。包括触觉、视觉和激光扫描系统等应用的多传感器数据采集系统正在开发中。随着生产技术的发展，测量和检测设备不仅能为制造商提供检测手段，还能对改进生产过程提供信息，从而以更低的成本获得更高的质量。[13]

8.2.3 重复性和再现性分析

当一个工人多次测量同一个零件时，得到的结果通常会有些差异。**重复性**（repeatability），或称**设备偏差**（equipment variation，EV），是指同一个人使用同一台仪器对同一质量特性进行多次测量的结果差异。重复性表示测量仪器的一致程度。它受测量仪器的本身状况、使用的环境条件（如噪声或照明）、工人的健康和视力以及测量过程（如零件在测量仪器中的位置）的影响。**再现性**（reproducibility），或称**人因偏差**（appraiser variation，AV），是指不同人使用同一测量仪器测量同一零件时的结果差异。再现性表明人使用测量仪器的一致性。它受测量者的仪器使用培训、测量者对测量过程和方法的掌握程度、仪器校准、仪器维护和人员健康情况等的影响。

重复性和再现性研究（repeatability and reproducibility（R&R）study）是使用统计分析对测量系统中的差异情况进行研究。一项 R&R 研究以下列方式进行[14]：

1. 选择 m 个操作者和 n 个零件。通常至少选择2个操作员和10个零件。为零件编号，并保证操作者看不到编号。

2. 校准测量仪器。

3. 让每个操作者随机测量每个零件并记录测量值。重复该过程，总共进行 r 次试验，r 至少为2。用 M_{ijk} 表示操作者 i 对零件 j 的第 k 次测量结果。

4. 计算每个测量者的平均测量值：

$$\overline{x}_i = (\sum_j \sum_k M_{ijk})/nr \tag{8.6}$$

最大和最小平均值的差：

$$\overline{x}_D = \max_i\{\overline{x}_i\} - \min_i\{\overline{x}_i\} \tag{8.7}$$

5. 计算每个测量者对每个零件测量值的极差：

$$R_{ij} = \max_k\{M_{ijk}\} - \min_k\{M_{ijk}\} \tag{8.8}$$

这些数值表示同一操作者对相同测量零件重复测量的差异，接下来计算每个操作者的平均极差：

$$\overline{R}_i = (\sum_j R_{ij})/n \tag{8.9}$$

计算总极差的平均值：

$$\overline{\overline{R}} = (\sum_i \overline{R}_i)/m \tag{8.10}$$

6. 计算各极差 R_{ij} 的“控制限”：

$$控制限 = D_4\overline{\overline{R}} \tag{8.11}$$

式中，D_4是与样本量（重复次数 r）有关的常数，它和其他计算中使用的常数可以在表 8－3中找到。任何在控制限以外的极差值都可能是由某种可干预的原因造成的而不是随机错误，应调查可能的原因。如果发现原因，应予以纠正。操作者应使用相同的零件重复测量。如果没有找到可干预的原因，则应舍弃这些值，并重新计算步骤 5 中的所有统计数据以及控制限。

表 8－3　测量系统分析中使用的常数值

重复次数	D_4	K_1
2	3.27	4.56
3	2.58	3.05
操作者数目		K_2
2		3.65
3		2.70
测量零件数目		K_3
2		3.65
3		2.70
4		2.30
5		2.08
6		1.93
7		1.82
8		1.74
9		1.67
10		1.62

一旦完成这些基本计算，就可以进行重复性和再现性分析。重复性（设备偏差）计算如下：

$$EV = K_1\overline{\overline{R}} \tag{8.12}$$

再现性（人因偏差）的计算公式为：

$$AV=\sqrt{(K_2\overline{x}_D)^2-(EV^2/nr)} \tag{8.13}$$

(如果根号下的值为负，那么 AV 默认为零。）常数 K_1 和 K_2 分别取决于重复次数和操作者数，如表 8-3 所示。重复性和再现性的整体测量值由下式给出：

$$R\&R=\sqrt{EV^2+AV^2} \tag{8.14}$$

零件偏差（part variation，PV）用于衡量不同零件测量值之间的差异。零件偏差等于零件平均极差 R_p 与常数 K_3 的乘积：

$$PV=R_pK_3 \tag{8.15}$$

总偏差的计算公式如下：

$$TV=\sqrt{R\&R^2+PV^2}=\sqrt{EV^2+AV^2+PV^2} \tag{8.16}$$

如果与总偏差比较，R&R 较低，或者零件偏差远大于测量系统偏差，那么测量系统是合适的。制造业历来建议分别计算 EV，AV，$R\&R$ 和 PV 占总偏差的百分比，作为评估测量系统的一种手段。也就是：

$$\%EV=100\,\frac{EV}{TV} \tag{8.17}$$

$$\%AV=100\,\frac{AV}{TV} \tag{8.18}$$

$$\%R\&R=100\,\frac{R\&R}{TV} \tag{8.19}$$

$$\%PV=100\,\frac{PV}{TV} \tag{8.20}$$

根据这些计算，专家提出使用以下准则对 EV，AV，$R\&R$ 和 PV 实施评估：

- 10%以下：这个比例是可以接受的。
- 10%～30%：根据应用的重要性、仪器成本、维修成本等，该比率可能是可接受的。
- 30%以上：一般不能接受。组织应努力找出问题根源并加以纠正。

除总偏差外，重复性和再现性度量通常也表示为被测质量特性的公差，使用准则同以上要求。

注意，EV，AV，$R\&R$ 之和不会达到 100%，因为标准差是不可加的（方差可以加）。作为一个基于行业特征的计算结果，很多从业者对此难以理解并且存在争议。[15] 根据式（8.16），可用如下公式将结果表示为总方差的百分比：

$$EV\text{ 占总方差的百分比}=100\,\frac{EV^2}{TV^2} \tag{8.21}$$

$$AV\text{ 占总方差的百分比}=100\,\frac{AV^2}{TV^2} \tag{8.22}$$

$$R\&R\text{ 占总方差的百分比}=100\,\frac{R\&R^2}{TV^2} \tag{8.23}$$

$$PV\text{ 占总方差的百分比}=100\,\frac{PV^2}{TV^2} \tag{8.24}$$

例如，$R\&R$ 的方差是 EV 和 AV 的方差之和，因此 $\frac{EV^2}{R\&R^2}$ 表示 $R\&R$ 方差中由于设备偏差造成的影响的比例。

例 8-7

R&R 的计算

假设要评估一种测量 0.50～1.0 毫米垫片厚度的量具。3 名操作者选择 10 个零件进行测量。每个零件测量 2 次，结果如图 8-5 所示。（软件计算与手动计算的四舍五入差异累加后可能很明显。）

Gauge Repeatability and Reproducibility

This spreadsheet is designed for up to three operators, three trials, and ten parts. Enter data ONLY in yellow shaded cells.

Number of operator	3	Upper specification limit	1	Average range	0.029
Number of trials	2	Lower specification limit	0.5	Range of operator average	0.056
Number of parts	10			Range of part averages	0.525

Data	Operator 1					Operator 2					Operator 3					
	Trial					Trial					Trial					Part
Part #	1	2	3	Average	Range	1	2	3	Average	Range	1	2	3	Average	Range	Average
1	0.630	0.590		0.610	0.040	0.560	0.560		0.560	0.000	0.510	0.540		0.525	0.030	0.565
2	1.000	1.000		1.000	0.000	1.040	0.960		1.000	0.080	1.050	1.010		1.030	0.040	1.010
3	0.830	0.770		0.800	0.060	0.800	0.760		0.780	0.040	0.810	0.810		0.810	0.000	0.797
4	0.860	0.940		0.900	0.080	0.820	0.780		0.800	0.040	0.810	0.810		0.810	0.000	0.837
5	0.590	0.510		0.550	0.080	0.430	0.430		0.430	0.000	0.460	0.490		0.475	0.030	0.485
6	0.980	0.980		0.980	0.000	1.000	1.040		1.020	0.040	1.040	1.000		1.020	0.040	1.007
7	0.960	0.960		0.960	0.000	0.940	0.900		0.920	0.040	0.950	0.950		0.950	0.000	0.943
8	0.860	0.830		0.845	0.030	0.720	0.740		0.730	0.020	0.810	0.810		0.810	0.000	0.795
9	0.970	0.970		0.970	0.000	0.980	0.940		0.960	0.040	1.030	1.030		1.030	0.000	0.987
10	0.640	0.720		0.680	0.080	0.560	0.520		0.540	0.040	0.840	0.810		0.825	0.030	0.682
Average				0.830	0.037				0.774	0.034				0.829	0.017	

		% of Total Variatio		% of Tolerance		Variance Ratios	
Repeatability (Equipment Variation) - EV	0.134	EV	15.32%	EV	26.75%	EV	2.35%
Reproducibility (Appraiser Variation) - AV	0.147	AV	16.81%	AV	29.37%	AV	2.83%
Repeatability and Reproducibility - R&R	0.199	R&R	22.74%	R&R	39.73%	R&R	5.17%
Part Variation - PV	0.851	PV	97.38%	PV	170.10%	PV	94.83%
Total Variation - TV	0.873						

Upper control limit for individual ranges	0.096

Note: any ranges beyond this limit may be the result of assignable causes. Identify and correct. Discard values and recompute statistics.

图 8-5 量具的重复性和再现性

每名操作者的测量均值是：

$$\overline{X}_1=0.830,\ \overline{X}_2=0.774,\ \overline{X}_3=0.829$$

因此

$$\overline{X}_D=0.830-0.774=0.056$$

每名操作者的平均测量极差是：

$$\overline{R}_1=0.037,\ \overline{R}_2=0.034,\ \overline{R}_3=0.017$$

则总的平均极差是：

$$\overline{\overline{R}}=(0.037+0.034+0.017)/3=0.029\,3$$

从表 8-3 可知重复次数为 2 次，则 $D_4=3.27$，因此控制限是 $3.27\times0.029\,3=0.096$。因为所有的极差值都小于这一控制上限，所以非随机误差不存在，技术重复性和再现性测量值为：

$$EV=4.56\times0.029\,3=0.134$$

$$AV=\sqrt{(0.056\times2.70)^2-(0.134)^2/(10\times2)}=0.147$$

$$R\&R=\sqrt{(0.134)^2+(0.147)^2}=0.199$$

$$PV=0.525\times1.62=0.851$$

$$TV=\sqrt{(0.199)^2+(0.851)^2}=0.873$$

从总偏差的百分比看，测量系统是适宜的；但从公差百分比看，设备和操作者的偏差处于临界值，它们和 $R\&R$ 测量值处于最大临界值处。这表明应该减少这种偏差。然而，式（8.21）至式（8.24）的方差比表明，$R\&R$ 只占总偏差的 5.17%，其余的是零件偏差造成的。由此可以判断，测量系统是可以接受的。

8.3 过程能力测量

过程能力（process capability）是过程产生符合要求的输出的能力。为了评估它，我们需要获取描述输出的具体要求和实际过程实施中的统计信息。

有许多原因使理解过程能力变得很重要。例如，制造部门可能希望确定一个过程的性能基线，确定质量改进项目的优先次序，或者为客户提供质量的统计证据；采购部门可能会在供应商工厂进行研究，以评估新设备或者比较不同的供应商；工程部门可能会进行一项研究来评估新的流程。此外，在确定设计时应仔细考虑过程能力的要求，尤其是在六西格玛设计环境中（见第7章）。没有经验的设计师经常在对生产过程的能力知之甚少的情况下选择公差去满足要求。

例 8-8

过程能力的概念

假设支撑钢轴的衬套的内径规格为1.498～1.510英寸。如果直径太小，可以通过返工扩大，如果太大，零件则必须报废。如果加工过程中的自然偏差导致直径通常在1.495～1.515英寸之间，我们会说该过程不符合要求。管理层面临三种可能的决策：(1) 全数检验，直径太小的返工，直径太大的报废；(2) 通过投资新技术开发出更好的过程；(3) 改变设计规范。

过程能力研究（process capability study）是一项精心策划的工作，旨在获得特定操作条件下过程性能的具体信息。典型的过程能力研究提出的问题包括：

- 过程以哪里为中心？
- 过程中存在多大的偏差？
- 关于性能的表征指标是否可以接受？
- 预计将有多大比例的产出符合要求？
- 哪些因素导致偏差？

过程能力研究的步骤类似于系统调查的步骤，包括以下内容：

1. 选择一个有代表性的设备或流程片段。
2. 定义过程条件。
3. 选择一个有代表性的操作员。
4. 提供合格的原料并保证为后续研究提供足够的材料。
5. 指定要使用的计量或测量方法。
6. 收集测量结果并解释数据。

为了获得有效的统计信息，样本量应足够大，一般不低于100。

经常被采纳的研究类型有三种：

1. 过程特性研究。旨在确定过程如何在实际操作条件下执行。其中涉及一般和特殊变异的影响。这种研究通常周期较长，以捕捉所有可能发生的变化。

2. 峰值特性研究。确定只有一般性变异时过程的实施情况。这种研究通常在短时间内和精心布置的受控条件下完成。

3. 组件可变性研究。评估不同来源的变异占总变异原因的比例。如在特定试验中研究某一变异原因的相对贡献程度。

进行过程特性研究所需的信息是平均值、测量样本的标准差和直方图。如果是近似正态分布，那么我们知道 99.73%的观测值将落在均值的 3 倍标准差区间内。因此，过程的公差就是 $\mu\pm3\sigma$，其中 μ 是过程平均值。过程能力通常用 6 个标准差来表示。

并非所有的过程输出都完全符合正态分布，但人们通常可以直接从直方图中获取有用的信息。图 8－6 给出了过程能力研究中产生的过程变异直方图的一些典型示例。图 8－6 (a)表示自然随机变异完全落在公差范围内的理想情况。图 8－6（b）中变异和公差极限大致相等，分布的任何偏移都会导致不合格品产生。图 8－6（c）中的直方图表示变异范围大于预期规范界限，在这种情况下，该过程能力不符合要求。图 8－6（d）至图 8－6（f）中的直方图相对于图 8－6（a）至图 8－6（c）来说，除了过程偏离规定公差界限的中心，过程能力与图 8－6（a）至图 8－6（c）中的相同，但是中心的偏离造成很高的不合格品率。图 8－6（d）表示过程能力满足要求，只需正确调整中心。图 8－6（g）的双峰形状表明数据可能来自两台不同的机器，或者涉及两种不同的材料或产品。图 8－6（h）中右侧的小分布区域可能来自设备调试过程中的试生产产品。图 8－6（i）中奇怪的分布可能是测量过程的结果，如错误的测量数据或四舍五入等原因，这些不是过程本身所固有的。最后，图 8－6（j）可能是不合格品的分类结果，人们会期望左边分布得更平滑。

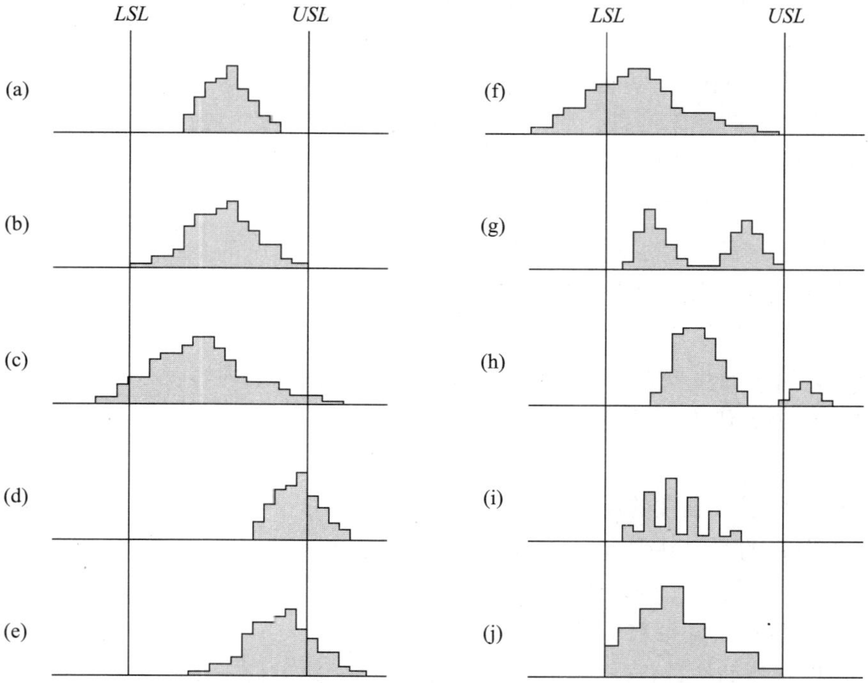

图 8－6 过程变异直方图

为了进行峰值特性研究，我们必须确保过程中的偏差仅由自然随机因素引起，不能包括任何特殊因素。这种情况下，我们称过程是**在统计控制下**（in statistical control）（或者简单地说，**在控制下**（in control）。当出现特殊因素时，这个过程称为**失控**（out of control）。统计控制的特征是过程平均值和方差都不随时间变化。[16]

如果过程不在统计控制下，过程能力的计算就没有意义，因为特殊因素干扰了数据，结果并不代表过程的固有能力。我们在本章后面介绍的统计过程控制技术，提供了在进行峰值特性研究之前确定过程是否在控制下以及识别特殊因素的方法。下面的例子说明了这些概念。

例 8-9

直方图的局限性

考虑图 8-7 中的数据，它显示了某个生产过程中某个质量特性的 30 个样本的测量值。该质量特性符合要求的规范限为 0.75±0.25，或表示为下限 $LSL=0.50$ 和上限 $USL=1.00$。图中每行对应于每 15 分钟采集的 5 个样本。对应样本的均值显示在最后一列。这些数据的频数分布和直方图如图 8-8 所示，形成了一个均值为 0.762、标准差为 0.073 8 的分布。可以观察到样本均值与尺寸标准 0.75 非常接近，大多数测量值落在规范限内。这表明过程能力至少是能够满足要求的。

	A	B	C	D	E	F	G
1	**Quality Measurements**						
2				Observation			
3	Sample	1	2	3	4	5	Mean
4	1	0.682	0.689	0.776	0.798	0.714	0.732
5	2	0.787	0.860	0.601	0.746	0.779	0.755
6	3	0.780	0.667	0.838	0.785	0.723	0.759
7	4	0.591	0.727	0.812	0.775	0.730	0.727
8	5	0.693	0.708	0.790	0.758	0.671	0.724
9	6	0.749	0.714	0.738	0.719	0.606	0.705
10	7	0.791	0.713	0.689	0.877	0.603	0.735
11	8	0.744	0.779	0.660	0.737	0.822	0.748
12	9	0.769	0.773	0.641	0.644	0.725	0.710
13	10	0.718	0.671	0.708	0.850	0.712	0.732
14	11	0.787	0.821	0.764	0.658	0.708	0.748
15	12	0.622	0.802	0.818	0.872	0.727	0.768
16	13	0.657	0.822	0.893	0.544	0.750	0.733
17	14	0.806	0.749	0.859	0.801	0.701	0.783
18	15	0.660	0.681	0.644	0.747	0.728	0.692
19	16	0.816	0.817	0.768	0.716	0.649	0.753
20	17	0.826	0.777	0.721	0.770	0.809	0.781
21	18	0.828	0.829	0.865	0.778	0.872	0.834
22	19	0.805	0.719	0.612	0.938	0.807	0.776
23	20	0.802	0.756	0.786	0.815	0.801	0.792
24	21	0.876	0.803	0.701	0.789	0.672	0.768
25	22	0.855	0.783	0.722	0.856	0.751	0.793
26	23	0.762	0.705	0.804	0.805	0.809	0.777
27	24	0.703	0.837	0.759	0.975	0.732	0.801
28	25	0.737	0.723	0.776	0.748	0.732	0.743
29	26	0.748	0.686	0.856	0.811	0.838	0.788
30	27	0.826	0.803	0.764	0.823	0.886	0.820
31	28	0.728	0.721	0.820	0.772	0.639	0.736
32	29	0.803	0.892	0.740	0.816	0.770	0.804
33	30	0.774	0.837	0.872	0.849	0.818	0.830

图 8-7 质量测量的 30 个样本值

Bin	Frequency
0.55	1
0.60	1
0.65	10
0.70	14
0.75	40
0.80	31
0.85	37
0.90	14
0.95	1
1.00	1
More	0

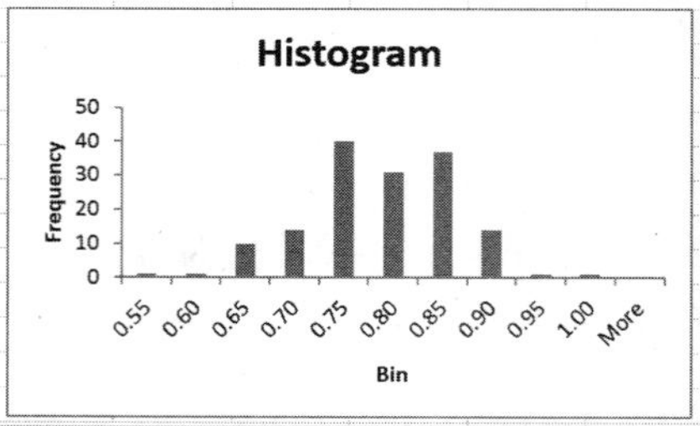

图 8-8　质量测量值的频数分布和直方图

如何判断是否存在特殊因素的影响？直方图不能提供这些信息。如果我们绘制每个样本均值随时间变化的曲线，就得到通常所说的**运行图**（run chart），如图 8-9 所示。该图表明均值在第 17 次取样测量后发生了变化。前 16 次取样的样本均值仅为 0.738，剩余取样的样本均值却为 0.789。因此，尽管总体均值接近标准要求，但没有在全部时间内接近以标准为中心的目标值。

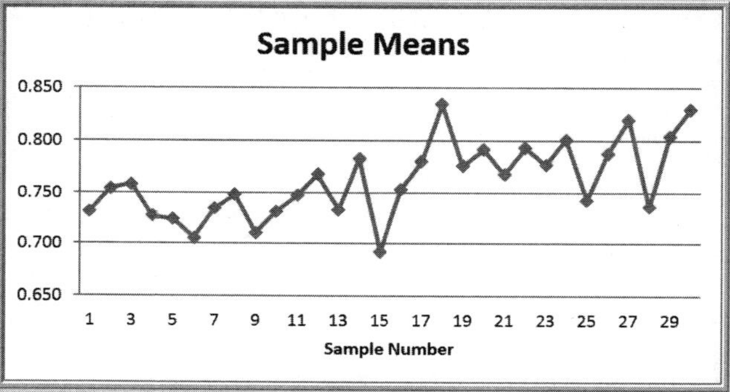

图 8-9　样本均值的运行图

控制和能力是两个不同的概念。一个过程可以有能力，也可以没有，可以可控，也可以不可控。但是否可控和是否有能力没有关系，彼此独立。当然，我们希望每一个过程都是既有能力又可控。如果一个过程既没有能力也不可控，必须首先消除引起它变化的特殊因素而使之可控，然后逐步消除常见因素以提高其能力。如果一个过程有能力但不可控，应设法使其可控。

8.3.1 过程能力指数

过程能力是通过计算数字化的指标来衡量的。在图 8-6 中，我们看到过程输出的分布在位置和范围方面相对于标准要求是有差异的。过程的自然变异和性能规范之间的关系通常用**过程能力指数**（process capability index）来量化。公式为：

$$C_p=\frac{USL-LSL}{6\sigma} \tag{8.25}$$

式中：USL——规范上限；

LSL——规范下限；

σ——过程标准差（或者用样本标准差来估算）。

C_p 是规范范围与过程标准差的比率。如果 $C_p>1$，那么过程能够满足性能要求，因为过程变异小于规范范围。如果 $C_p<1$，那么该过程输出不能 100%满足要求。这些计算的前提是假设过程变异集中在规范范围内。即使过程变异超出规范范围，C_p 也可以大于 1。

如果过程不集中在规范范围内，那么 C_p 可能会产生误导。在这种情况下，达到规范上限的能力与达到规范范围下限的能力不一致。

为了利用过程集中的信息，通常使用单边指数。单边过程能力指数计算如下：

$$C_{pu}=\frac{USL-\mu}{3\sigma} \tag{8.26}$$

$$C_{pl}=\frac{\mu-LSL}{3\sigma} \tag{8.27}$$

如果实际过程均值位于规范范围内，即 $\mu=(USL+LSL)/2$，则 C_{pu} 和 C_{pl} 将具有与 C_p 相同的值。然而，如果过程均值更接近某个规范限值，那么单边能力指数的值将一个小于 C_p，一个大于 C_p。最后，我们可以定义一个新的指标 C_{pk}，作为 C_{pl} 和 C_{pu} 中较小的一个，即最坏的情况是：

$$C_{pk}=\min(C_{pl},\ C_{pu})=C_p(1-k)$$

$$k=\frac{2\times|\mu-T|}{USL-LSL} \tag{8.28}$$

这里，T 是假定位于 LSL 和 USL 之间的目标规范，也就是说，$T=(USL+LSL)/2$。k 值是一个介于 0～1 之间的数字，可以解释为过程均值与目标值的比例距离。如果该过程符合目标要求，那么 $k=0$。

我们可以使用 C_{pk}/C_p 比率来评估过程能力指数的集中程度。如果 $k=0$，则 $C_{pk}/C_p=1$；如果过程的中心位于或超出规范限值，则 $k=1$，$C_{pk}/C_p=0$。因此，$1-C_{pk}/C_p$ 代表过程偏离半个公差范围的百分比。[17]

例 8-10

计算过程能力指数

$$C_p=\frac{USL-LSL}{6\sigma}=\frac{10.90-10.55}{6\times0.0868}=0.67$$

$$C_{pu}=\frac{USL-\mu}{3\sigma}=\frac{10.90-10.7171}{3\times0.0868}=0.70$$

$$C_{pl}=\frac{\mu-LSL}{3\sigma}=\frac{10.7171-10.55}{3\times0.0868}=0.64$$

$$C_{pk}=\min(C_{pl},C_{pu})=\min(0.064,0.70)=0.64$$

我们可以计算 $T=\frac{(10.90+10.55)}{2}=10.725$ 和 $k=\frac{2\times|10.71712-10.725|}{10.90-10.55}=0.045$。那么 $C_{pk}=0.67\times(1-0.045)=0.64$。由于 $C_{pk}/C_p=0.95$，因此该过程的集中性相当好。图 8-10 显示了本例的过程能力 Excel 模板。

Process Capability Analysis

This spreadsheet is designed to handle up to 150 observations. Enter data ONLY in yellow-shaded cells.

Nominal specification	10.70
Upper specification limit	10.90
Lower specification limit	10.55

DATA	1	2	3	4	5	6	7	8	9	10	11	12	13	14	15
1	10.650	10.800	10.500	10.800	10.700	10.800	10.750	10.650	10.850	10.650	10.800	10.650			
2	10.750	10.850	10.800	10.800	10.700	10.700	10.850	10.700	10.800	10.550	10.700	10.850			
3	10.750	10.700	10.650	10.800	10.650	10.650	10.750	10.650	10.500	10.800	10.750	10.800			
4	10.600	10.650	10.650	10.700	10.600	10.750	10.800	10.850	10.650	10.650	10.700	10.600			
5	10.700	10.750	10.700	10.750	10.550	10.700	10.850	10.700	10.750	10.600	10.750	10.700			
6	10.600	10.900	10.850	10.750	10.650	10.650	10.600	10.750	10.750	10.600	10.650	10.650			
7	10.600	10.750	10.800	10.700	10.600	10.850	10.850	10.850	10.800	10.850	10.850	10.800			
8	10.750	10.750	10.700	10.700	10.700	10.600	10.650	10.850	10.750	10.650	10.700	10.650			
9	10.650	10.650	10.750	10.800	10.650	10.900	10.650	10.750	10.700	10.750	10.700	10.700			
10	10.600	10.600	10.750	10.800	10.750	10.850	10.750	10.750	10.700	10.650	10.600	10.650			

Process Capability Index Calculations

Average	10.7171
Standard deviation	0.0868

Cp	0.672
Cpl	0.641
Cpu	0.702
Cpk	0.641

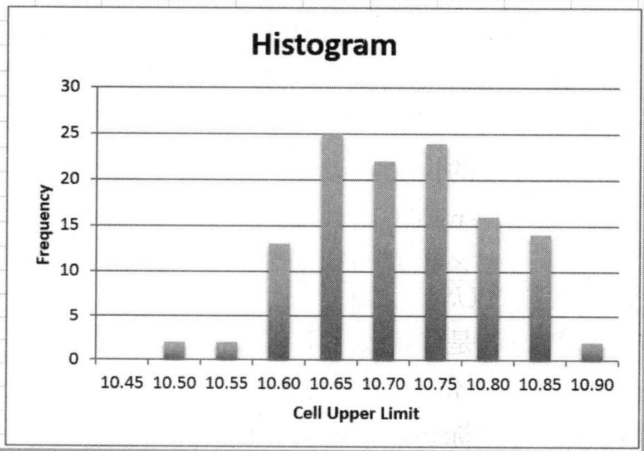

图 8－10　例 8－10 的过程能力 Excel 模板

需要强调的是，因为是基于样本，C_p 和 C_{pk} 只是通过一些未知分布的点估计得出的。C_{pk} 的置信区间可表示为[18]：

$$C_{pk} \pm z_{a/2}\sqrt{\frac{1}{9n}+\frac{C_{pk}^2}{2n-2}} \tag{8.29}$$

例 8－11

计算 C_{pk} 的置信区间

为了说明置信区间公式（8.29）的应用，假设点估计值为 1.15，样本量 $n=45$。使用式（8.29），95%的置信区间为（0.89，1.41）。虽然 1.15 可能看起来不错，但很有可能因为抽样误差，真实的总体参数值小于 1。如果取而代之使用 400 的样本量来获得相同的点估计值，置信区间将是（1.06，1.24），这能更好地表明这个过程的能力确实很好。

过程能力指数可用于设定目标和改进过程，如下例所示。

例 8-12

过程能力指数应用

假设某公司的质量经理面对一个标准差为1，特性规范范围为8的过程。这种情况下的 C_p 值为1.33。经理意识到，此时过程在自然变异下能力在规定范围内，但是新合同要求提高能力指数。该指数的提升目标是在3个月内升至1.66，在6个月内升至2.00，在一年内升至2.33。鉴于规范限值（$USL-LSL$）保持原有水平8，表8-4显示了项目各阶段所需的过程标准差。在操作上，该任务将过程标准差从1.0降低到0.57，这导致期望的 C_p 从当前水平1.33提高到最终水平2.33，这可以通过过程改进和技术升级来实现。

表 8-4　过程标准差

C_p	$USL-LSL$	$6s$	s
1.33	8	6	1
1.66	8	4.8	0.8
2.00	8	4	0.67
2.33	8	3.43	0.57

在使用 C_p 和 C_{pk} 作为过程能力的度量上还存在一些争议，特别是这个理论有悖田口的经济损失函数理论。[19]例如，一个过程即使平均值偏离目标并接近规范限值，只要过程测量值分布比较集中，就可能表现出较高的 C_{pk}。[20]因此，研究人员提出了替代的度量方法。

8.3.2　过程绩效指数

如果一个过程可能包括特殊因素引起的变异，那么专业人士可能使用**过程绩效指数**（process performance index）——P_p，P_{pl}，P_{pu} 和 P_{pk} 来代替能力指数。在数学上，这些与过程能力指数 C_p，C_{pl}，C_{pu} 和 C_{pk} 没有什么不同，但它们代表实际的而非理想状态下的过程能力。事实上，这么做没什么意义，但得到了许多专家的支持，因为控制过程的重要工作内容就是消除特殊因素，实现高水平的质量和顾客满意度。

8.4　预控制[21]

在机加工等制造生产过程中，确保所有零件都符合规格要求很重要。**预控制**（Pre-control）是一种简单的技术，用于确保过程受控且具有相对较好的过程能力。预控制的原理是通过在规范中心和规范上下限之间设置两条预控制线，将公差范围划分区域（见图8-11）。中间区域称为绿区，占总公差的一半。预控制线和规范界限之间是黄区。在规范界限之外是红区。

预控制应用如下：当生产制造开始时，连续生产出的5个零件必须落在绿区内，否则必须重新评估生产设置后才能开始正式生产。一旦开始正常生产，将抽取一个零件，如果它落在绿区，将继续正常生产；如果它落在黄区，则抽取第二个零件。如果第二个

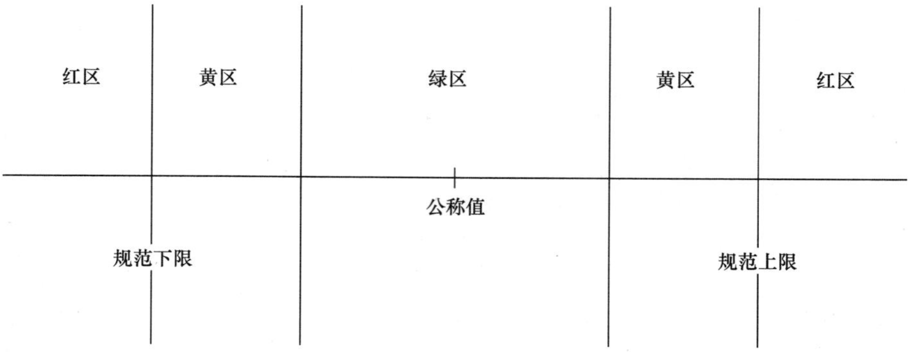

图 8-11　预控制范围

零件落在绿区，可以正常生产；否则，就应该停止生产，并对生产过程进行分析。如果任何一个样本落在红区，则应立刻停止生产并采取其他行动。

预控制的基本原理可以用统计学基本观点来解释。假设过程能力等于公差范围（见图 8-12）。每个黄区的面积约为 0.07，红区的面积小于 0.01。如果过程均值没有偏移，两个零件落入黄区的概率为 0.07×0.07=0.004 9。如果 $C_p>1$，这个概率会更小。这样的结果很可能意味着有特殊影响因素存在。如果两个零件落在同一个黄区，可以得出平均值已经改变的结论；如果两个零件落在不同的黄区，可以得出变异增加的结论。

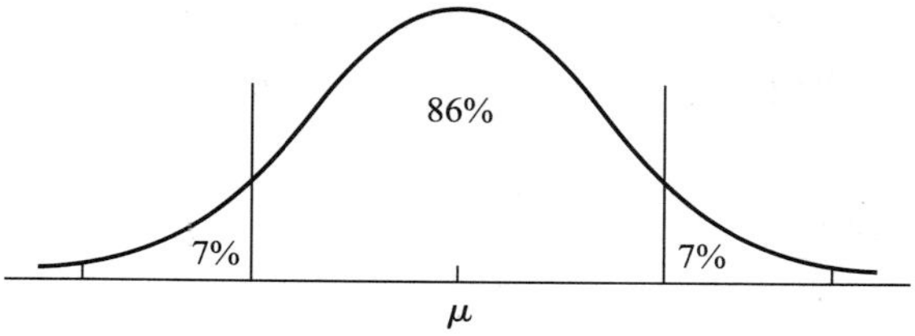

图 8-12　预控制原理的依据

抽样频率通常采用两个连续失控信号之间的时间间隔除以 6 来确定。因此，如果过程能力恶化，抽样频率增加；如果过程改善，抽样频率降低。

例 8-13

预控制的应用

在一个电路中，断开导线所需力量的规范值为 3～7。因此，预控制区域为：

范围	区域
＜3	红
3～4	黄
4～6	绿
6～7	黄
＞7	红

抽样测量数据如下：

样本	第一次测量值	第二次测量值
1	4.7	
2	4.5	
3	4.4	
4	4.2	
5	4.2	
6	4.0	
7	4.0	
8	3.7	3.6
9	6.5	3.5

对于样本1～7，第一次测量值落在绿区，因此不需进一步措施。但是，对于样本8，第一次测量值落在黄区，第二次测量值也落在黄区。应该立刻停止该过程并进行均值漂移的研究。在下一次测量时，两次测量值也落在黄区。在这种情况下，可能的原因是变异的转移。同样，这个过程也应该停止并进行分析。

只有当过程能力小于公差的88%或 C_p 小于1.14时，才使用预控制方法。如果过程均值趋向于漂移，那么 C_p 应该更高。如果经理或操作员更关心检测过程漂移，即使产品输出符合要求，也不应使用预控制，因为这样就检测不到这种漂移。一种更强大的过程控制方法是我们接下来介绍的统计过程控制。

8.5 统计过程控制

统计过程控制（statistical process control，SPC）是一种用于监控过程以识别导致变异的特殊原因并发出需要采取纠正措施的信号的方法。许多顾客要求供应商提供统计过程控制的证据。在当今高度竞争的市场中，尤其在质量保证的早期阶段，统计过程控制提供了一种有效展示公司质量保证能力的手段。统计过程控制有助于员工知道何时采取行动，以及更有意义的是，什么时候不去干预一个过程。

统计过程控制依赖于控制图。控制图只是一种增加了两条水平线的运行图，这两条线称为控制极限：控制上限（UCL）和控制下限（LCL），如图8-13所示。控制图最早由沃尔特·休哈特于20世纪20年代在贝尔实验室工作时提出并受到戴明的大力推崇。控制限值根据统计计算得出。如果过程受控，那么数据点落入控制限内的概率较高（通常大于0.99）。控制限更容易解释运行图的模式并得出关于控制状态的结论。如果出现特殊原因，控制图会显示出来，并指导快速采取纠正措施，这将减少生产不合格产品的机会。

控制图模式　当过程处于统计控制中时，控制图上的点在控制限内随机波动，不存

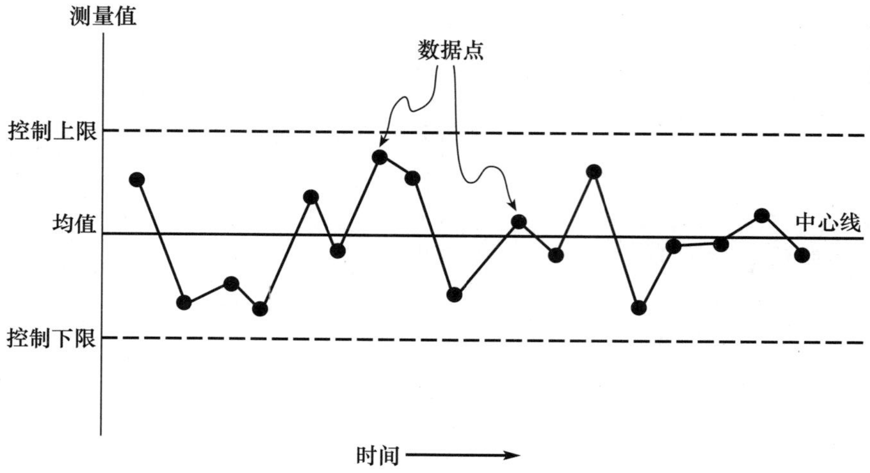

图 8－13　控制图的结构

在可识别的形状。以下提供了检查控制图以确定过程是否受控的一般规则：

1. 没有超出控制范围的点。
2. 中心线上下的点数大致相同。
3. 点随机落在中心线的上方和下方。
4. 大多数点而非全部点在中心线附近，只有少数点接近控制限。

图 8－14 中展示了一个处于控制中的过程。这些规则基于样本均值的分布是正态分布的基本假设。这个假设符合统计学的中心极限定理，该定理指出无论样本原来的分布如何，随着样本量的增加，样本均值将接近正态分布。当然，对于小样本量，原始的分布数据必须是正态分布，这一假设才能成立。控制图中上下控制限值距离总体均值 3 个标准差。因此，任何样本均值超出控制限值的概率都很小。这个概率是规则 1 的依据。

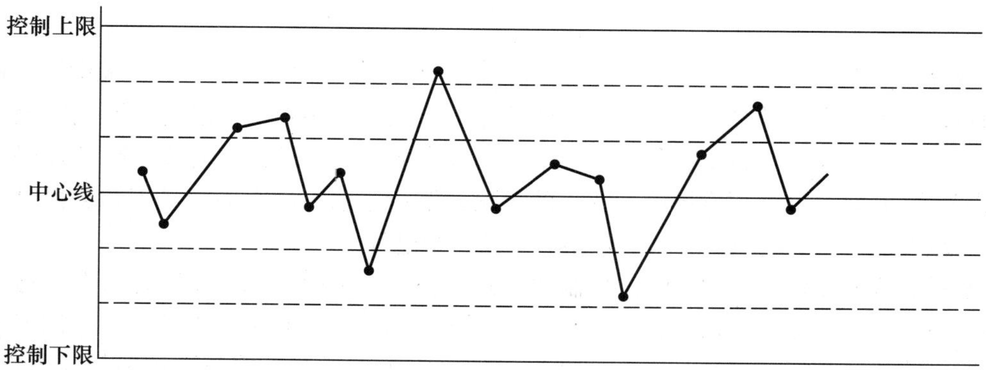

图 8－14　处于控制中的过程示例

因为正态分布是对称的，所以落在中心线两侧的点数大致相同。又因为正态分布的均值是中位数，所以各有大约半数的点落在中心线的两侧。最后，大约 68% 的正态分布值落在均值的一个标准差内。因此，大多数但并非所有点应靠近中心线。当原始数据的均值和方差在数据收集期间保持不变，这些特征就是稳定的，也就是说过程是稳定的。

控制图中可能出现以下几种异常的情况。[22]

单点超出控制限 只有一个点落在控制限之外通常是特殊原因造成的。偶然发生这样的点是正常的。一个点落在外面的常见原因是控制极限计算中的误差，发生这种情况时，应该先检查计算过程。其他可能的原因包括突然的电力激增、过程中工具损坏、测量错误、操作不完整或有遗漏。

过程均值突然漂移 连续点数不正常地落在中心线的一侧（见图 8－15），这种情况通常表明过程均值突然改变了。典型的原因可能是新的过程操作者、新的检验人员、新的机器运行参数设置或生产设置以及方法的改变。

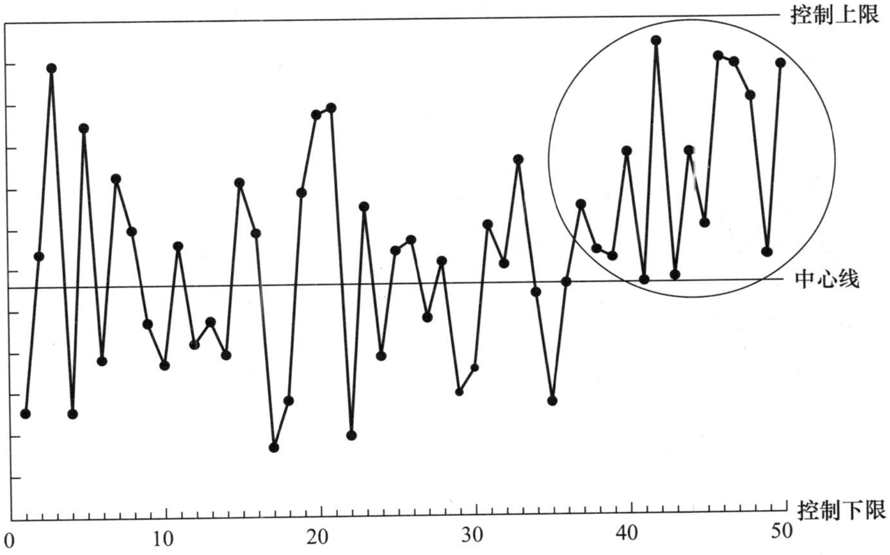

图 8－15 过程均值漂移

三条经验法则可用于早期检测的过程漂移。如果 8 个连续的点落在中心线的一边，可以断定过程发生改变；将中心线和各控制限之间的区域分成三等份，如果 3 个连续点中的 2 个落在中心线和一个控制限之间区域的外 1/3，或者 5 个连续点中的 4 个落在区域的外 2/3，也可以推断该过程已经失控。例子如图 8－16 所示。

周期 周期是在控制图中短暂的、重复出现高峰和低谷的模式（见图 8－17）。这种模式是有规律的周期性的特殊原因作用的结果。它们可能是轮班结束时操作人员的轮换或疲劳、不同检验人员使用的不同仪表、季节性影响（如温度或湿度）、白班和夜班之间的差异或维护计划造成的。

趋势 趋势是某种原因逐渐影响测量的结果，并导致控制图上的点从中心线逐渐上移或下移（见图 8－18）。趋势形成的原因可能是操作员技能提高或疲劳、夹具中的灰尘或碎屑堆积、工具磨损、温度或湿度变化或设备老化。

靠近中心线 靠近中心线就是几乎所有的点都落在中心线附近时的形态（见图 8－19）。在控制图中，控制限所标识的范围似乎太宽了。这种形态经常被忽视的一个原因是控制限

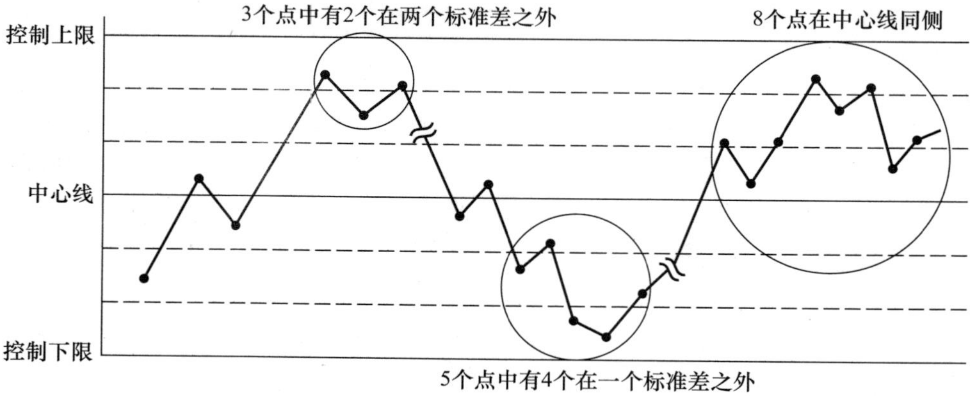

图 8-16　漂移的特征

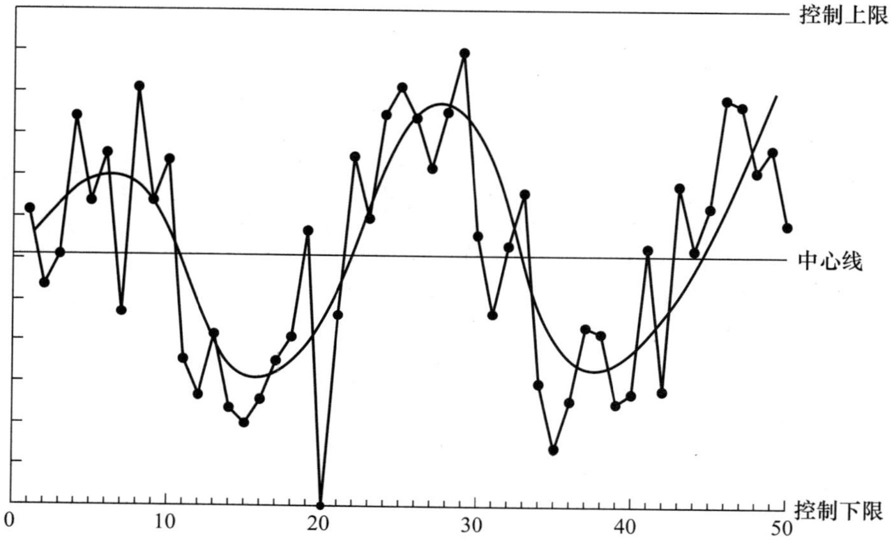

图 8-17　周期

计算错误，这可能是使用了计算表格中的错误数据，也可能是标错了小数点的位置，否则，因为直方图通常会显示多个分布叠加在一起，通常是每个样本包含来自两个或多个不同过程的混合数据时才会出现这种情况。出现这种情况时，应该为每个过程构建一个单独的控制图。

靠近控制限　在这种模式下，许多点靠近控制限，只有很少的点在控制限之间（见图 8-20）。这通常是由于每个样本都取自不同的过程（但不混合在一起），并绘制在同一个图上。

控制图使用起来相对简单。以下是绘制和使用控制图的简要步骤。

1. 准备

a. 选择计数和计量指标。

b. 确定抽样范围、样本大小和抽样频率。

2. 收集数据

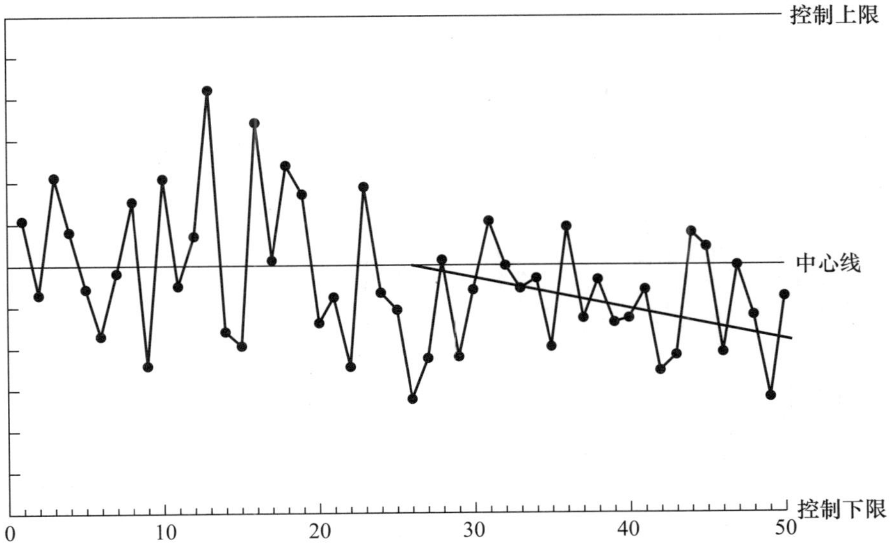

图 8-18 趋势

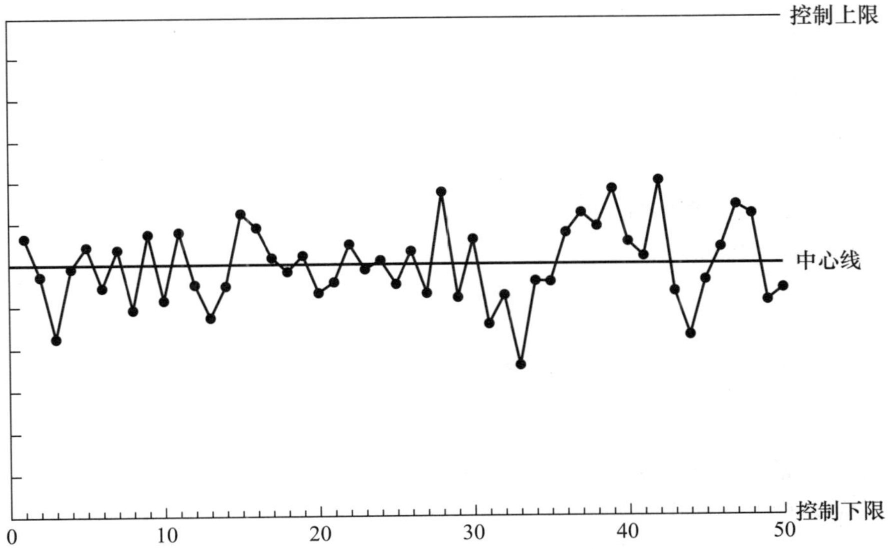

图 8-19 靠近中心线

a. 记录样本观测值。

b. 计算相关统计数据：平均值、极差、比例等。

c. 将统计数据绘制在图上。

3. 确定初始控制限

a. 计算控制上限和控制下限。

b. 在图上画出中心线（平均值）和控制限。

4. 分析图

a. 确定过程是否受控。

b. 识别并剔除失控点，重新计算控制限。

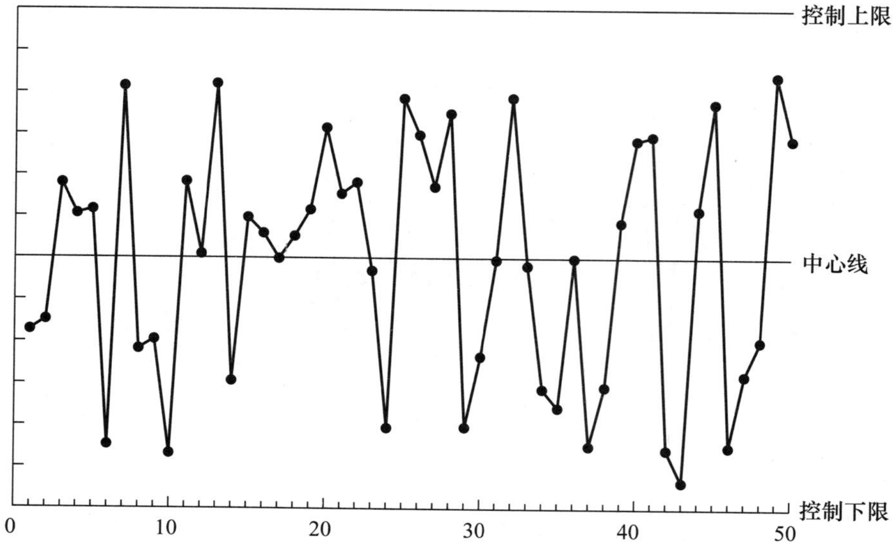

图 8-20 靠近控制限

5. 持续监控

a. 继续收集数据并绘制在图上。

b. 当发现失控情况时，停止该过程并进行必要的纠正或调整。

在本章随后的内容中，我们将讨论遵循上述方法构建、解释和使用控制图。虽然在前面介绍了许多不同类型的控制图，但它们只在使用的指标类型上有所不同，绘制和描述的基本方法是一样的。

8.6 计量值数据控制图

计量值数据最常用的控制图是均值控制图（$\overline{x}$ 图）和极差控制图（R 图）。$\overline{x}$ 图用于监视过程的中心；极差图用于测量变异，用极差来测量变异主要是出于方便的考虑，特别是当工厂的一线工人手工完成控制图计算时，在样本量很小时效果很好，当样本量很大并且使用计算机程序进行分析时，使用标准差测量变异效果更好（将在本章后面讨论）。

8.6.1 建立 $\overline{x}$ 图和 R 图并确立统计控制

建立 $\overline{x}$ 图和 R 图的第一步是在一段时间内收集 k 个样本量为 n 的样本。通常，k 取 25～30；样本量 n 取 3～10 个，5 个最常用。对于样本 i，计算其均值 $\overline{x}_i$ 和极差 R_i，然后，将样本 i 的值分别描在各自的图上。下一步计算样本的总体均值和平均极差。这两个值分别确定了 $\overline{x}$ 图的中心线和 R 图的中心线。总体均值$\overline{\overline{x}}$是各个样本均值$\overline{x}_i$的平均值：

$$\overline{\overline{x}} = \frac{\sum_{i=1}^{k} \overline{x}_i}{k} \tag{8.30}$$

用类似的方法计算平均极差$\overline{R}$：

$$\overline{R}=\frac{\sum_{i=1}^{k}R_i}{k} \tag{8.31}$$

平均极差和总体均值用于计算$\overline{x}$图和R图的控制上限和控制下限。利用下列公式可以很方便地计算控制限。

R图控制限：

$$LCL_R=D_3\overline{R}$$
$$UCL_R=D_4\overline{R} \tag{8.32}$$

$\overline{x}$图控制限：

$$LCL_{\overline{x}}=\overline{\overline{x}}-A_2\overline{R}$$
$$UCL_{\overline{x}}=\overline{\overline{x}}+A_2\overline{R} \tag{8.33}$$

这里D_3，D_4，A_2是与样本量有关的常数，可以从附录B中查到。

例 8-14

构建x图和R图

假设一个安全带制造商抽取了如下10个样本量为7的带扣部件测量值样本（所有值以英寸为单位）。分别计算了每个样本的均值和极差并保存在样本数据下面的均值行和极差行中。

	样本									
数据	1	2	3	4	5	6	7	8	9	10
1	2.3	2.5	2.6	2.4	2.4	2.6	2.5	2.5	2.4	2.6
2	2.7	2.5	2.5	2.6	2.6	2.4	2.6	2.7	2.6	2.7
3	2.6	2.6	2.6	2.5	2.5	2.6	2.7	2.5	2.5	2.5
4	2.6	2.4	2.7	2.5	2.5	2.7	2.5	2.5	2.4	2.5
5	2.4	2.7	2.6	2.6	2.5	2.5	2.7	2.4	2.5	2.6
6	2.5	2.5	2.5	2.6	2.5	2.7	2.3	2.6	2.6	2.6
7	2.4	2.6	2.5	2.5	2.4	2.4	2.5	2.6	2.7	2.6
均值	2.500	2.543	2.571	2.529	2.486	2.557	2.543	2.543	2.529	2.586
极差	0.4	0.3	0.2	0.2	0.2	0.3	0.4	0.3	0.3	0.2

下一步是计算控制图的主要统计量和试算控制限。总体均值是样本均值之和除以样本量10，或等价的样本均值的平均值。平均极差是样本极差值的和除以样本量，或等价的样本极差的平均值。这些可以利用Excel中的AVERAGE函数方便地计算出来。总均值是$\overline{\overline{x}}=2.539$，平均极差是$\overline{R}=0.280$。读者可以验算这些值。

因为样本量是7，在附录B中可以查到用于计算的因子$A_2=0.419$，$D_4=1.924$，$D_3=0.076$。使用控制限式（8.32）和式（8.33），可以得到：

$$LCL_R=D_3\overline{R}=0.076\times0.280=0.021$$
$$UCL_R=D_4\overline{R}=1.924\times0.280=0.539$$

$$LCL_{\bar{x}}=\bar{\bar{x}}-A_2\overline{R}=2.539-0.419\times0.280=2.422$$

$$UCL_{\bar{x}}=\bar{\bar{x}}+A_2\overline{R}=2.539+0.419\times0.280=2.656$$

控制限表示一个范围，当过程处于统计控制状态时，所有的点预期落入两个控制限之间。如果有任何点落在控制限之外，或者观测到任何不正常的点的分布形态，则过程可能受到某些特殊原因的影响，应该研究过程以确定原因。相应的点应当剔除，并计算新的$\bar{\bar{x}}$，$\overline{R}$ 值和控制限。

要确定一个过程是否处于统计控制状态，首先要分析 R 图。因为 $\bar{x}$ 图的控制限依赖于平均极差，所以 R 图中的特殊原因可能在 $\bar{x}$ 图中产生不正常的分布形态，即使过程受控，也会出现这种情况。

控制限经常和规范限混淆。因此，控制图可能会误导人们，即如果所有的样本均值都落在控制限内，那么所有的产出品都合格。这并不正确。即使一些个别观测值不符合规范要求，样本均值也可能落在上下控制限内。控制限基于样本均值的抽样分布，其标准差随样本量的增大而减小，因此样本量越大，控制限越窄。

8.6.2 过程监视与控制

在确定了最终的控制限后，可以使用控制图来监控过程绩效，识别可能发生的特殊原因，只在必要时采取纠正措施。这应当由运行过程的雇员来完成，这样他们可以对过程变化迅速做出反应和正确的判断。

符合性的改进通常是在过程中引入控制图之后发生的，特别是对于劳动密集型过程而言。显然，管理者参与到雇员的工作中常常会产生积极的行为改变（正如在著名的霍桑实验中所表明的）。在这种环境下，作为一种良好的习惯，管理者和雇员应该定期修正控制限，在发生改进时确定新的过程能力。

8.6.3 评估过程能力

通过消除特殊因素造成的变异，过程达到了统计控制状态，相关数据便可用于估计过程能力。基于正态分布假设，原始数据的标准差可以用下列方法进行估计：

$$\hat{\sigma}=\frac{\overline{R}}{d_2} \tag{8.34}$$

式中，d_2为一个取决于样本量的常数，在附录 B 中给出。将这和规范限结合使用，通过式（8.25）至式（8.28）可以很简便地计算过程能力指数。但是这一方法不如使用观测值的真实标准差计算得准确，我们并不推荐这么算。

8.6.4 案例学习：La Ventana 窗户公司

La Ventana 窗户公司（LVWC）为住宅建筑改造工程制造基础设备和备选窗户。

LVWC 作为供应商和 Southwestern Vista Homes 公司（SVH）签订了一个大合同，SVH 是美国西南部几个重要城市住宅社区的建设者。由于需求量太大，LVWC 扩大其制造业务至两班制。不久，LVWC 又规定每周工作六天，雇了更多的工人来操控生产设备。该公司的制造能力依赖于员工的敬业和训练有素，它从来没有考虑过使用正规的过程控制方法。但是，LVWC 向 SVH 供应窗户没多久，它收到了一些投诉，包括窗户过窄、窗框上下距离不符等。

工厂经理怀疑，由于将业务迅速扩展到全面两班作业，高产量意味着更大的压力，为了及时满足交货要求造成了质量下滑。他聘请了一个高水准的咨询顾问，来培训过程漂移监测员并使用统计过程控制的方法改进生产线。

作为一个试验项目，工厂经理想要评估一个关键切割操作的能力，他怀疑这可能是造成尺寸不符问题的根源。这一切割操作的标准规格是 25.500 英寸，公差为 0.030 英寸。因此规范上下限是 $LSL=25.470$ 英寸和 $USL=25.530$ 英寸。咨询顾问建议在 15 天内检查每个班次连续生产的 5 个窗户面板并记录下切割的尺寸。如图 8-21 所示，在 Excel 工作表 La Ventana 案例中展示了数据收集的结果，包括样本均值和极差。总均值 $\bar{\bar{x}}=25.499$，平均极差值 $\bar{R}=0.014$。

	A	B	C	D	E	F	G	H	I	J	K	L
1	La Ventana Case Data											
2							Observations					
3	Day-Shift	Operator	Sample		1	2	3	4	5		Average	Range
4	1-1	Juanita	1		25.505	25.498	25.493	25.501	25.500		25.499	0.012
5	1-2	Tex	2		25.498	25.506	25.495	25.509	25.500		25.502	0.014
6	2-1	Juanita	3		25.493	25.500	25.503	25.511	25.493		25.500	0.018
7	2-2	Tex	4		25.496	25.496	25.496	25.505	25.500		25.499	0.009
8	3-1	Juanita	5		25.499	25.498	25.506	25.501	25.495		25.500	0.011
9	3-2	Tex	6		25.497	25.500	25.500	25.489	25.511		25.499	0.022
10	4-1	Juanita	7		25.502	25.500	25.508	25.500	25.500		25.502	0.008
11	4-2	Tex	8		25.498	25.497	25.503	25.502	25.498		25.500	0.006
12	5-1	Shane	9		25.482	25.485	25.484	25.466	25.491		25.482	0.025
13	5-2	Tex	10		25.492	25.504	25.510	25.500	25.509		25.503	0.018
14	6-1	Juanita	11		25.499	25.495	25.500	25.499	25.505		25.500	0.010
15	6-2	Tex	12		25.500	25.495	25.509	25.502	25.503		25.502	0.014
16	7-1	Juanita	13		25.504	25.500	25.495	25.497	25.489		25.497	0.015
17	7-2	Tex	14		25.503	25.501	25.500	25.500	25.513		25.503	0.013
18	8-1	Juanita	15		25.499	25.503	25.502	25.504	25.503		25.502	0.005
19	8-2	Tex	16		25.499	25.495	25.507	25.499	25.502		25.500	0.012
20	9-1	Juanita	17		25.492	25.498	25.506	25.507	25.502		25.501	0.015
21	9-2	Tex	18		25.498	25.500	25.500	25.495	25.493		25.497	0.007
22	10-1	Juanita	19		25.499	25.501	25.502	25.501	25.505		25.502	0.006
23	10-2	Tex	20		25.505	25.500	25.503	25.499	25.503		25.502	0.006
24	11-1	Shane	21		25.481	25.498	25.482	25.484	25.485		25.486	0.017
25	11-2	Tex	22		25.497	25.499	25.501	25.497	25.488		25.496	0.013
26	12-1	Juanita	23		25.514	25.505	25.512	25.494	25.495		25.504	0.020
27	2-2	Shane	24		25.474	25.481	25.505	25.499	25.492		25.490	0.031
28	13-1	Juanita	25		25.502	25.496	25.507	25.491	25.504		25.500	0.016
29	13-2	Tex	26		25.504	25.498	25.506	25.503	25.503		25.503	0.008
30	14-1	Juanita	27		25.498	25.497	25.511	25.494	25.487		25.497	0.024
31	14-2	Tex	28		25.500	25.506	25.494	25.497	25.506		25.501	0.012
32	15-1	Juanita	29		25.504	25.510	25.498	25.504	25.498		25.503	0.012
33	15-2	Tex	30		25.506	25.504	25.508	25.499	25.504		25.504	0.009

图 8-21　La Ventana 案例数据

因为样本量是 5，在附录 B 中找到用于计算控制限的因子是 $A_2=0.577$ 和 $D_4=2.114$（对于 6 及以下的样本量，因子 $D_3=0$，因此，极差图的控制下限是 0）。使用式（8.32）和式（8.33）计算控制限，可以得到：

$$LCL_R=D_3\bar{R}=0$$

$$UCL_R = D_4\overline{R} = 2.114 \times 0.014 = 0.0296$$

$$LCL_{\overline{x}} = \overline{\overline{x}} - A_2\overline{R} = 25.499 - 0.577 \times 0.014 = 25.491$$

$$UCL_{\overline{x}} = \overline{\overline{x}} + A_2\overline{R} = 25.499 + 0.577 \times 0.014 = 25.507$$

$\overline{x}$ 图和 R 图的电子表格位于 Excel 模板中，La Ventana 案例数据的 Excel 模板部分展示在图 8－22 中。图 8－23 和图 8－24 分别绘制了该案例的 R 图和 $\overline{x}$ 图。

	A	B	C	D	E	F	G	H	I	J	K	L	M	N	O	P	Q	R	S
1	X-bar and R-Chart																		
2	This spreadsheet is designed for up to 50 samples, each of a constant sample size from 2 to 10. Enter data ONLY in yellow-shaded cells.																		
3	Enter the number of samples in cell E6 and the sample size in cell E7. Then enter your data in the grid below.																		
4	Click on sheet tabs for a display of the control charts. Specification limits may be entered in cells N7 and N8 for process capability.																		
5																			
6	Number of samples (<= 50)				30						Process Capability Calculations					Six sigma		0.04383	
7	Sample size (2 - 10)				5						Upper specification			25.53		Cp		1.36878	
8											Lower specification			25.47		Cpu		1.40589	
9	Grand Average		25.49918667		A2	D3	D4									Cpl		1.33167	
10	Average Range		0.0136		0.577	0	2.114									Cpk		1.33167	
11																			
12	DATA	1	2	3	4	5	6	7	8	9	10	11	12	13	14	15	16	17	18
13	1	25.505	25.498	25.493	25.496	25.499	25.497	25.502	25.498	25.482	25.492	25.499	25.500	25.504	25.503	25.499	25.499	25.492	25.498
14	2	25.498	25.506	25.500	25.496	25.493	25.500	25.500	25.497	25.485	25.504	25.495	25.495	25.500	25.501	25.503	25.495	25.498	25.500
15	3	25.493	25.495	25.503	25.496	25.503	25.500	25.508	25.503	25.484	25.510	25.500	25.509	25.495	25.500	25.502	25.507	25.506	25.500
16	4	25.501	25.509	25.511	25.505	25.501	25.489	25.500	25.502	25.466	25.500	25.499	25.502	25.497	25.500	25.504	25.499	25.507	25.495
17	5	25.500	25.500	25.493	25.500	25.495	25.511	25.500	25.498	25.491	25.509	25.505	25.503	25.489	25.513	25.503	25.502	25.502	25.493
18	6																		
19	7																		
20	8																		
21	9																		
22	10																		
23	Average	25.4994	25.5016	25.5	25.4986	25.5	25.4994	25.502	25.4996	25.482	25.503	25.5	25.5018	25.497	25.503	25.5022	25.5004	25.501	25.4972
24	LCLx-bar	25.49134	25.4913	25.491	25.4913	25.491	25.4913	25.49134	25.4913	25.491	25.4913	25.491	25.4913	25.4913	25.491	25.4913	25.49134	25.49134	25.4913
25	Center	25.49919	25.4992	25.499	25.4992	25.499	25.4992	25.49919	25.4992	25.499	25.4992	25.499	25.4992	25.4992	25.499	25.4992	25.49919	25.49919	25.4992
26	UCLx-bar	25.50703	25.507	25.507	25.507	25.507	25.507	25.50703	25.507	25.507	25.507	25.507	25.507	25.507	25.507	25.507	25.50703	25.50703	25.507
27																			
28	Range	0.012	0.014	0.018	0.009	0.011	0.022	0.008	0.006	0.025	0.018	0.01	0.014	0.015	0.013	0.005	0.012	0.015	0.007
29	LCLrange	0	0	0	0	0	0	0	0	0	0	0	0	0	0	0	0	0	0
30	Center	0.0136	0.0136	0.0136	0.0136	0.0136	0.0136	0.0136	0.0136	0.0136	0.0136	0.0136	0.0136	0.0136	0.0136	0.0136	0.0136	0.0136	0.0136
31	UCLrange	0.02875	0.02875	0.0288	0.02875	0.0288	0.02875	0.02875	0.02875	0.0288	0.02875	0.0288	0.02875	0.02875	0.0288	0.02875	0.02875	0.02875	0.02875

图 8－22 La Ventana 案例数据 Excel 模板的部分展示

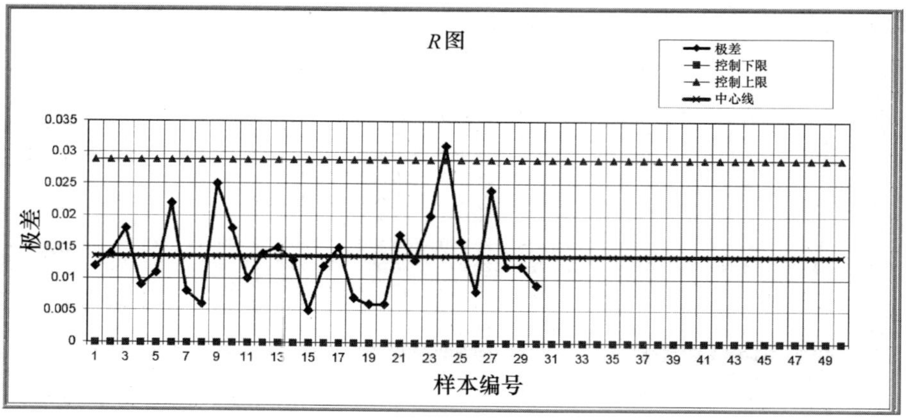

图 8－23 La Ventana 案例的 R 图

（在使用控制图电子表格模板时，请注意如下说明：

你可能需要重新调整控制图的纵坐标以消除多余的空白区域，使图表展示更完美。你可以通过使用 Excel 版本的帮助文件实现这一点。很少需要进行此类调整。

当模板中有样本从数据集中删除时，不要输入 0 值，保持单位格为空（使用删除键删除数据）。图表设置为自动插补缺失的数据点。

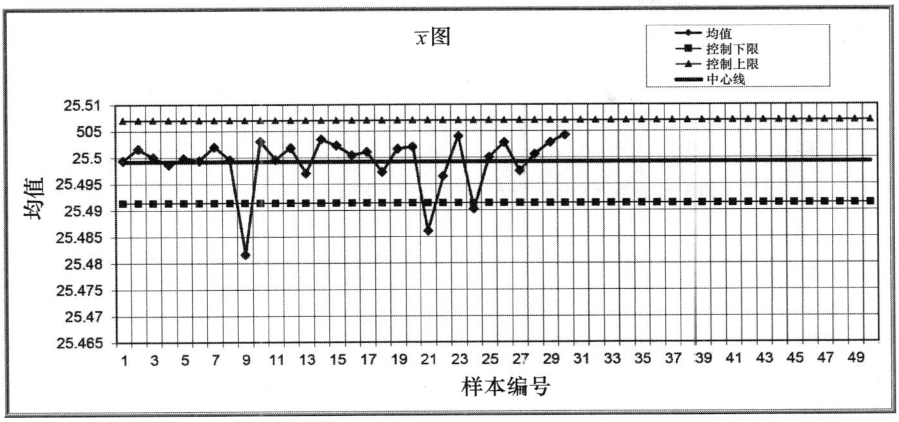

图 8-24　La Ventana 案例的 $\bar{x}$ 图

当删除样本数据时，确保及时更新统计计算中使用的样本量，否则控制图会显示得不正确。)

首先检查 R 图，我们发现样本 24 明显不在控制限内。在 $\bar{x}$ 图中，样本 24 也不在控制限内，样本 9 和样本 21 也是如此。如果仔细观察这些数据，这些样本有一个共同特征，即选取这些样本时，操作员都是沙恩（Shane）。实际上，这是沙恩仅有的一次执行该操作。经调查，发现正规的操作者华尼塔（Juanita）和特克斯（Tex）被调到了另外一条生产线上解决问题，沙恩原先经常在包装生产线工作，现在却被安排替代他们。因此，我们可以查明这些异常变异的特殊原因，并在控制图的计算中消除。

从数据中删除特殊因素变异样本后，图 8-25 和 8-26 中绘制的新图表示数据处于控制状态。注意，控制限在一定程度上改变了。新的控制限是：

$$LCL_R = 0$$

$$UCL_R = 0.0262$$

$$LCL_{\bar{x}} = 25.494$$

$$UCL_{\bar{x}} = 25.508$$

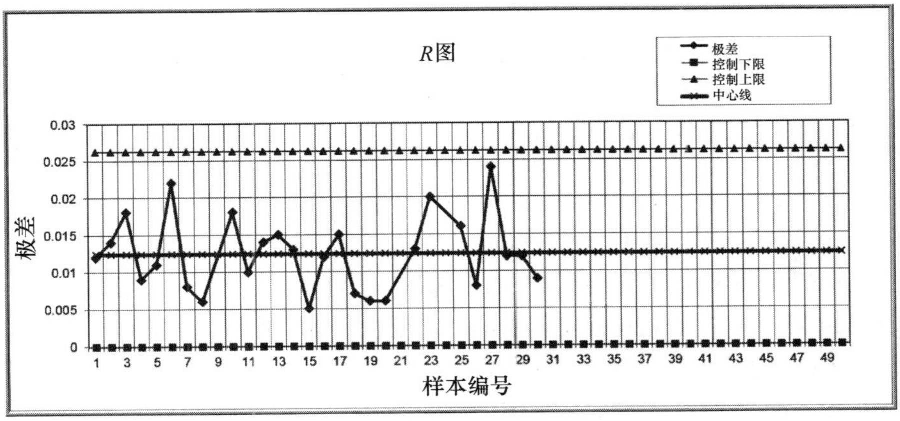

图 8-25　修正后的 R 图

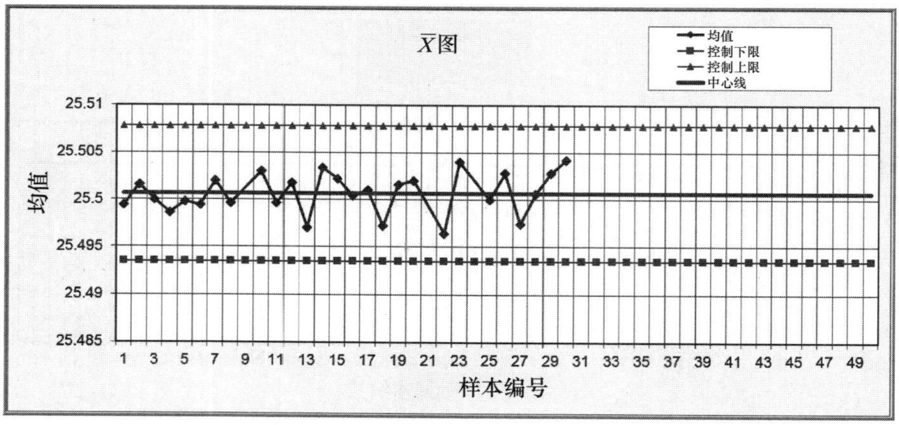

图 8-26 修正后的 $\bar{x}$ 图

现在已经处于统计控制状态，可以进行过程能力估计。图 8-27 显示了部分计算过程能力指数的 Excel 模板。Excel 模板在单位格 R6 中计算数据的 6 倍标准差作为过程的变异。过程能力指数表明，只要过程是受控的，过程能力就是相当不错的。C_p=1.914，C_{pk}=1.872，并且过程的均值很接近标准规范，跟 C_{pu} 和 C_{pl} 表示的结果一样。

（当额外添加数据到电子表格但要维持既定的控制限时，不要改变控制限计算所使用的单元格 E6 中的样本量。同样，需要修正单元格 C9 和 C10 中用于计算总均值和平均极差的计算公式，为了不改变中心线和控制限的计算值，只使用原有数据所在的行。对于 La Ventana 案例的新添数据，将单元格 C9 中的公式“=SUMIF(B13：AY13，‘>−99999’，B23：AY23）/＄E＄6”转变为“=SUMIF(B13:AE13,‘>−99999’，B23：AE23）/＄E＄6”。我们用粗体表示这些变化；注意列 B 到列 AE 包括原本的 30 个样本，不包括新添数据。简单的，单元格 C10 中的公式应从“=SUMIF(B13:AY1,‘>−99999’,B28:AY28)/$E$6”转变为“=SUMIF(B13:AE13,‘>−99999’,B28:AE28)/$E$6”。这一模板仍将对全部数据画图，但是使用根据原有的 30 个数据计算出的控制限。）

	I	J	K	L	M	N	O	P	Q	R
5										
6		Process Capability Calculations						Six sigma		0.03133
7		Upper specification				25.53			Cp	1.91491
8		Lower specification				25.47			Cpu	1.87283
9									Cpl	1.95699
10									Cpk	1.87283

图 8-27 La Ventana 的过程能力结果

应当使用消除特殊因素后修正的控制限来进行过程监测。例如，假设 La Ventana 窗户公司通过接下来的 10 次轮班收集了新的生产数据。这些都显示在图 8-28 中（在工作簿 La Ventana 中的工作表标有“新添数据”）。图 8-29 和图 8-30 展示了用新数据（样本31～40）绘制的 R 图和 $\bar{x}$ 图。在 R 图中后面的 9 个点全都落在均值之上表示过程的变异增大了。在 $\bar{x}$ 图中发现均值上升了，并且样本 39 超出了控制上限。这两个参数表明存在一些特殊原因，管理者应当停止过程并查明原因。

	A	B	C	D	E	F	G	H	I
1							Observations		
2	Day-Shift	Operator	Sample		1	2	3	4	5
3	16-1	Juanita	31		25.509	25.504	25.499	25.505	25.503
4	16-2	Tex	32		25.500	25.495	25.487	25.505	25.500
5	17-1	Juanita	33		25.513	25.504	25.506	25.498	25.489
6	17-2	Tex	34		25.494	25.503	25.492	25.514	25.495
7	18-1	Juanita	35		25.509	25.514	25.502	25.498	25.504
8	18-2	Tex	36		25.504	25.499	25.500	25.492	25.509
9	19-1	Juanita	37		25.499	25.507	25.513	25.497	25.511
10	19-2	Tex	38		25.501	25.509	25.510	25.507	25.495
11	20-1	Juanita	39		25.506	25.508	25.518	25.505	25.505
12	20-2	Tex	40		25.519	25.498	25.499	25.504	25.518

图 8-28　新的生产数据

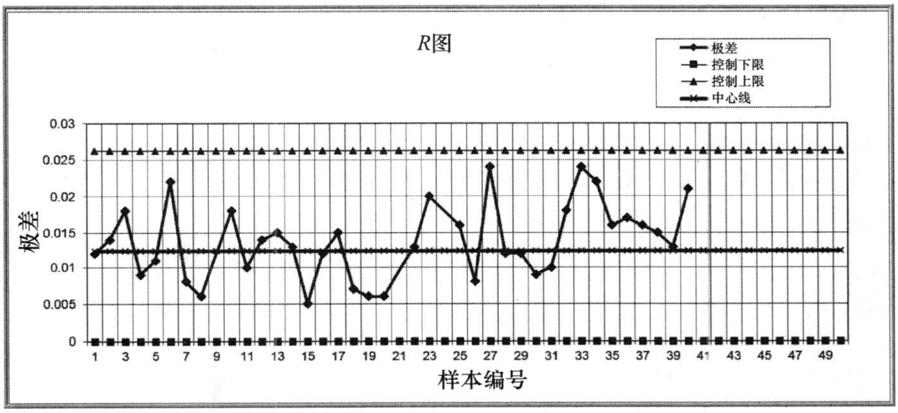

图 8-29　包含新添数据的 *R* 图

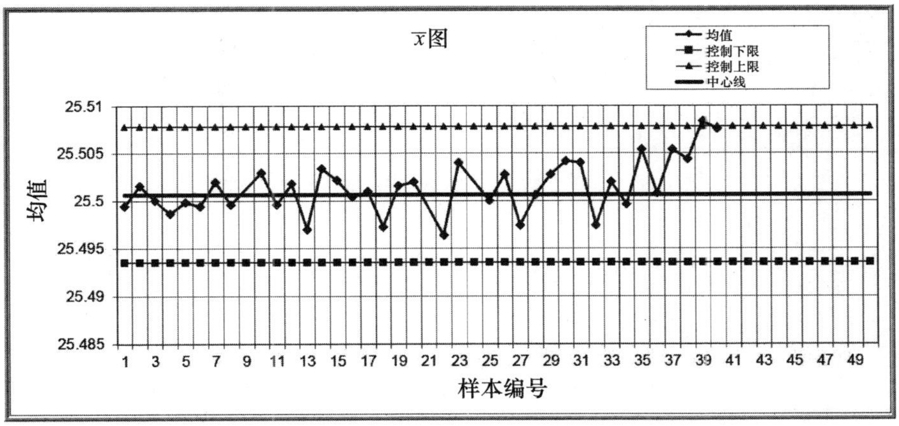

图 8-30　包含新添数据的 $\bar{x}$ 图

8.6.5　$\bar{x}$ 图和 *s* 图

比用 *R* 图监测过程变异更好的选择是计算各个样本的标准差并绘制 *s* 图。样本标准差是一个比极差更灵敏、能更好地监测过程变异的指标，尤其是在样本量很大时。因此，当对过程变异的控制要求很严格时，应该使用 s 图。

样本标准差的计算公式是：

$$s=\sqrt{\frac{\sum_{i=1}^{n}(x_i-\overline{x})^2}{n-1}} \tag{8.35}$$

要构建 s 图，需要计算每个样本的标准差。然后，通过计算各个样本标准差的平均值得到标准差的均值 $\overline{s}$（注意，算法与计算 $\overline{R}$ 的方法相同）。s 图的控制限由下列公式得出：

$$LCL_s=B_3\overline{s}$$

$$UCL_s=B_4\overline{s} \tag{8.36}$$

式中，B_3 和 B_4 为可以在附录 B 中查到的常数。

关于 $\overline{x}$ 图的相关计算，其控制限可以由总体标准差得出：

$$LCL_{\overline{x}}=\overline{\overline{x}}-A_3\overline{s}$$

$$UCL_{\overline{x}}=\overline{\overline{x}}+A_3\overline{s} \tag{8.37}$$

式中，A_3 为可以在附录 B 中查到的常数。可以发现这些公式和 $\overline{x}$ 图与 R 图中的控制限计算方式相同，只是常数不同。

例 8－15

构建 x 图和 s 图

使用图 8－31 中所示的数据。这些数据表示一些机械零件的测量值与其公称规范的偏差。所使用的样本量为 10。表中计算了每个样本的均值和标准差。

X-bar and s-Chart

This spreadsheet is designed for up to 50 samples, each of a constant sample size from 2 to 10. Enter data ONLY in yellow-shaded cells.

Enter the number of samples in cell E6 and the sample size in cell E7. Then enter your data in the grid below.

Click on sheet tabs for a display of the control charts (some rescaling may be needed). Specification limits may be entered in cells N7 and N8 for process capability.

Number of samples (<= 50)		25				
Sample size (2 - 10)		10				
Grand Average	-0.164	A3	B3	B4	d2	
Avg. std. dev.	1.46743434	0.975	0.284	1.716	3.078	

Process Capability Calculations		
Upper specification	Six sigma	10.18
Lower specification	Cp	
	Cpu	
	Cpl	
	Cpk	

DATA	1	2	3	4	5	6	7	8	9	10	11	12	13	14	15	16	17	18	19	20	21	22	23	24	25
1	1	-2	0	1	-3	-6	-3	0	2	0	-3	-1	-1	-3	-1	-1	-2	0	0	1	1	-1	0	1	2
2	-3	-1	-1	1	-1	2	-1	-2	0	0	-2	2	-3	-2	-1	-2	2	4	-3	2	0	0	0	0	-2
3	4	0	0	0	0	0	0	-3	-1	-2	2	0	0	2	-1	-2	-1	0	3	1	2	2	-1	0	1
4	2	3	0	2	-4	0	-2	-1	-1	-1	-1	-2	0	0	-2	0	0	0	3	1	1	-1	0	1	2
5	0	0	3	1	0	2	-1	-2	-3	-1	1	-1	1	-5	-1	1	-1	0	3	-3	2	2	1	1	-1
6	1	0	1	1	1	-1	-1	1	0	0	-2	2	-4	1	0	0	-1	3	1	2	0	2	0	2	2
7	-2	3	-2	2	0	2	-3	-3	1	-1	-2	2	1	1	-2	-2	2	0	0	1	1	-1	0	0	0
8	3	-2	0	0	-2	0	0	0	-2	-2	-1	-3	-1	-4	-1	0	-1	0	1	-2	1	0	0	0	1
9	0	-1	2	0	0	-3	-2	-3	-1	-2	1	-2	-1	-1	0	-1	1	1	2	3	1	0	-1	-1	-1
10	3	3	3	1	-2	0	-2	-2	0	0	1	0	-2	-3	-1	0	-2	0	-2	0	2	-1	0	0	2
Average	0.9	0.3	0.6	0.9	-1.1	-0.4	-1.5	-1.5	-0.5	-0.9	-0.6	-0.3	-1	-1.4	-1	-0.7	-0.3	0.8	0.8	0.6	1.1	0.2	-0.1	0.4	0.6
LCLx-bar	-1.595	-1.595	-1.595	-1.595	-1.595	-1.595	-1.595	-1.595	-1.595	-1.595	-1.595	-1.595	-1.595	-1.595	-1.595	-1.595	-1.595	-1.595	-1.595	-1.595	-1.595	-1.595	-1.595	-1.595	-1.595
Center	-0.164	-0.164	-0.164	-0.164	-0.164	-0.164	-0.164	-0.164	-0.164	-0.164	-0.164	-0.164	-0.164	-0.164	-0.164	-0.164	-0.164	-0.164	-0.164	-0.164	-0.164	-0.164	-0.164	-0.164	-0.164
UCLx-bar	1.267	1.267	1.267	1.267	1.267	1.267	1.267	1.267	1.267	1.267	1.267	1.267	1.267	1.267	1.267	1.267	1.267	1.267	1.267	1.267	1.267	1.267	1.267	1.267	1.267
Std. Dev.	2.234	2.003	1.647	0.738	1.595	2.503	.08	1.434	1.434	0.876	1.713	1.829	1.633	2.366	0.667	1.059	1.494	1.476	2.098	1.838	0.738	1.317	0.568	0.843	1.506
LCLs	0.417	0.417	0.417	0.417	0.417	0.417	0.417	0.417	0.417	0.417	0.417	0.417	0.417	0.417	0.417	0.417	0.417	0.417	0.417	0.417	0.417	0.417	0.417	0.417	0.417
Center	1.467	1.467	1.467	1.467	1.467	1.467	1.467	1.467	1.467	1.467	1.467	1.467	1.467	1.467	1.467	1.467	1.467	1.467	1.467	1.467	1.467	1.467	1.467	1.467	1.467
UCLs	2.518	2.518	2.518	2.518	2.518	2.518	2.518	2.518	2.518	2.518	2.518	2.518	2.518	2.518	2.518	2.518	2.518	2.518	2.518	2.518	2.518	2.518	2.518	2.518	2.518

图 8－31　例 8－15 的数据和计算结果

计算得（总体）均值 $\overline{\overline{x}}=-0.164$，标准差的均值 $\overline{s}=1.467$。对于样本量为 10 的情况，$B_3=0.284$，$B_4=1.716$，$A_3=0.975$。使用式（8.36）和式（8.37），s 图和 $\overline{x}$ 图的控制限为：

$$LCL_s = B_3\bar{s} = 0.284 \times 1.467 = 0.417$$

$$UCL_s = B_4\bar{s} = 1.716 \times 1.467 = 2.518$$

$$LCL_{\bar{x}} = \bar{\bar{x}} - A_3\bar{s} = -0.164 - 0.975 \times 1.467 = -1.59$$

$$UCL_{\bar{x}} = \bar{\bar{x}} + A_3\bar{s} = -0.164 + 0.975 \times 1.467 = 1.267$$

具体图形见图 8－32 和图 8－33。这些证据表明该过程不在控制范围内，调查造成 $\bar{x}$ 图中变异的原因是必要的。

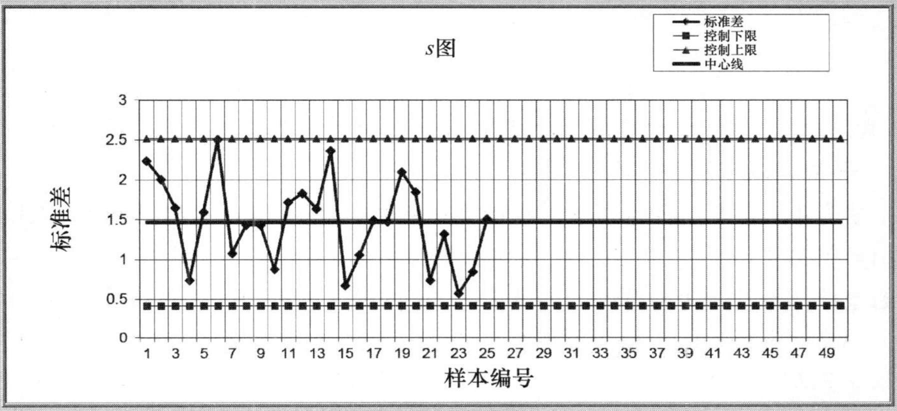

图 8－32　例 8－15 的 s 图

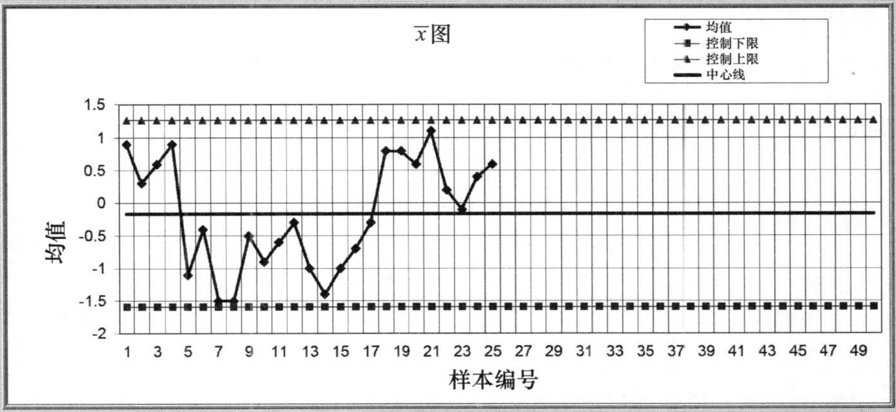

图 8－33　例 8－15 的 $\bar{x}$ 图

8.6.6　单值控制图

在某些情形下，我们可能不方便或并不想收集包含多个观测值的样本。例如，在化工生产过程中，从均匀的混合物进行采样会导致除了测量变异外的其他微弱变异。在非常小批量生产的情况下，获得一个合理的样本可能需要很长一段时间，在此期间内，过程本身已经发生变化，并不能为过程控制提供好的信息。在其他一些情形下，我们可能只想为某个观测值绘制图形，例如病人在急诊室等候的时间等。随着许多过程自动检验的发展，制造商现在可以很方便地检验和测量所生产的每个品目的质量特性。相应地，这时过程控制的样本量为 $n=1$，可以使用单个测量指标的控制图，有时称为 x 图。

对于单独的测量值，过程的标准差可以通过估计得到，并使用 3σ 作为控制限。如先前所讲，$\overline{R}/d_2$ 可以作为过程标准差的估计。因此单个观测值的 x 图和 3σ 控制限定义如下：

$$LCL_x=\overline{x}-3\frac{\overline{R}}{d_2}$$

$$UCL_x=\overline{x}+3\frac{\overline{R}}{d_2} \tag{8.38}$$

（注意，对于更精确的控制限的计算，我们可以使用数据计算的实际样本标准差来替代 $\overline{R}/d_2$；通常人们使用上述这些公式。）

样本量为 1，通常不能为测量过程的变异提供足够的信息。解决这一限制的一种方法是使用极差的移动平均值，或者 n 个连续观测值的移动极差。例如，对于 $n=2$ 的移动极差，通过计算得到两个连续的观测值之间的绝对差；对于 $n=3$ 的移动极差，通过计算得到 3 个观测值中最大值和最小值的差；等等。在计算移动极差中使用的观测值数目决定了常数 d_2 的取值。所以，对于 $n=2$，由附录 B 可得 $d_2=1.128$。移动极差的控制限可以定义为：

$$LCL_R=D_3\overline{R}$$

$$UCL_R=D_4\overline{R} \tag{8.39}$$

这和传统的极差图的计算相同。

例 8－16

构建 x 图和移动极差图

试看关于测量一个化学过程中含钴百分比的一组观测值。如图 8－34 所示，利用取连续极差的绝对值和附录 B 中查到的常数计算 $n=2$ 的移动极差。比如，第 1 个移动极差为前两次观测值之差的绝对值：$|3.75-3.80|=0.05$。第 2 个移动极差计算为：$|3.80-3.70|=0.10$，以此类推。

使用式（8.36）和式（8.37），得到：

$$LCL_R=D_3\overline{R}=0$$

$$UCL_R=D_4\overline{R}=3.267\times0.352=1.15$$

$$LCL_x=\overline{x}-3\frac{\overline{R}}{d_2}=3.498-3\left(\frac{0.352}{1.128}\right)=2.56$$

$$UCL_x=\overline{x}+3\frac{\overline{R}}{d_2}=3.498+3\left(\frac{0.352}{1.128}\right)=4.43$$

图 8－35 所示的移动极差图和图 8－36 中的 x 图表示该过程处于受控状态。

	A	B	C	D	E	F	G	H	I	J	K	L
1	**X and Moving Range Chart**											
2	This spreadsheet is designed for up to 75 observations and a moving range from 2 to 5. Enter data ONLY in yellow-shaded cells.											
3	Enter the number of samples in cell E6 and the sample size in cell E7. Then enter your data in the grid below.											
4	Click on sheet tabs to display the control charts (some rescaling may be needed).											
5												
6	**Number of samples (<= 75)**				25							
7	**Sample size for moving range(2 - 5)**				2							
8												
9	**Grand Average**		3.498		D3	D4	d2					
10	**Average Range**		0.352083333		0	3.267	1.128					
11												
12						**Moving**						
13	**Observation**	**Value**	**LCLx**	**CLx**	**UCLx**	**Range**	**LCLr**	**CLr**	**UCLr**			
14	1	3.75	2.5616	3.498	4.4344							
15	2	3.8	2.5616	3.498	4.4344	0.05	0	0.352	1.15			
16	3	3.7	2.5616	3.498	4.4344	0.1	0	0.352	1.15			
17	4	3.2	2.5616	3.498	4.4344	0.5	0	0.352	1.15			
18	5	3.5	2.5616	3.498	4.4344	0.3	0	0.352	1.15			
19	6	3.05	2.5616	3.498	4.4344	0.45	0	0.352	1.15			
20	7	3.5	2.5616	3.498	4.4344	0.45	0	0.352	1.15			
21	8	3.25	2.5616	3.498	4.4344	0.25	0	0.352	1.15			
22	9	3.6	2.5616	3.498	4.4344	0.35	0	0.352	1.15			
23	10	3.1	2.5616	3.498	4.4344	0.5	0	0.352	1.15			
24	11	4	2.5616	3.498	4.4344	0.9	0	0.352	1.15			
25	12	4	2.5616	3.498	4.4344	0	0	0.352	1.15			
26	13	3.5	2.5616	3.498	4.4344	0.5	0	0.352	1.15			
27	14	3	2.5616	3.498	4.4344	0.5	0	0.352	1.15			
28	15	3.8	2.5616	3.498	4.4344	0.8	0	0.352	1.15			
29	16	3.4	2.5616	3.498	4.4344	0.4	0	0.352	1.15			
30	17	3.6	2.5616	3.498	4.4344	0.2	0	0.352	1.15			
31	18	3.1	2.5616	3.498	4.4344	0.5	0	0.352	1.15			
32	19	3.55	2.5616	3.498	4.4344	0.45	0	0.352	1.15			
33	20	3.65	2.5616	3.498	4.4344	0.1	0	0.352	1.15			
34	21	3.45	2.5616	3.498	4.4344	0.2	0	0.352	1.15			
35	22	3.3	2.5616	3.498	4.4344	0.15	0	0.352	1.15			
36	23	3.75	2.5616	3.498	4.4344	0.45	0	0.352	1.15			
37	24	3.5	2.5616	3.498	4.4344	0.25	0	0.352	1.15			
38	25	3.4	2.5616	3.498	4.4344	0.1	0	0.352	1.15			

图 8-34　例 8-16 的数据和计算值

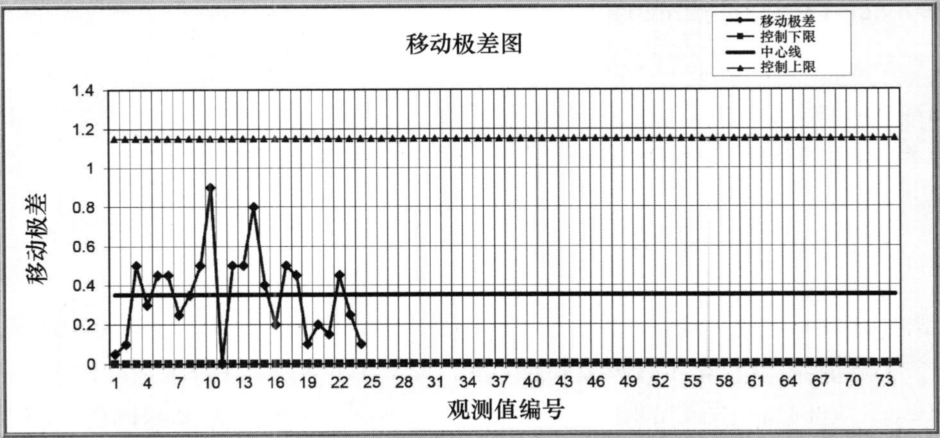

图 8-35　例 8-16 的移动极差图

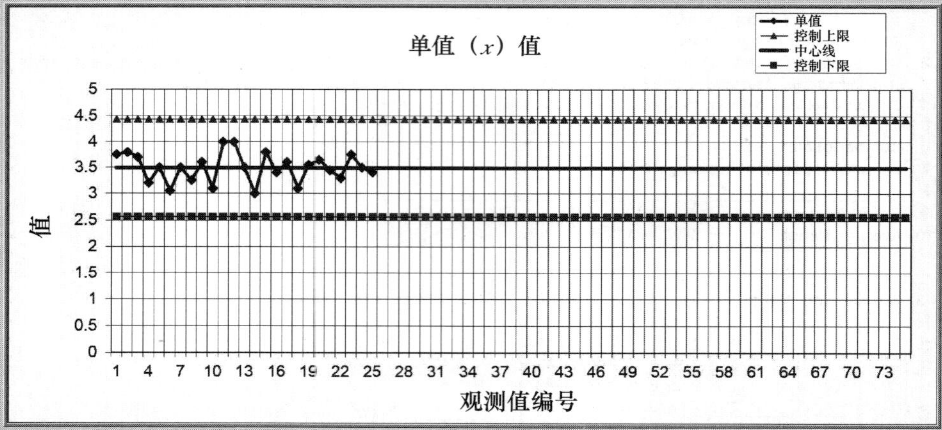

图 8-36 例 8-16 的单值（x）图

解释移动极差控制图的形态时需要注意一些问题。当点超出控制限时，提示有可以指明的原因。然而，连续极差是相关的，尽管它们可能在图上产生形态或趋势，但并不表明发生了过程失控。在 x 图中，假设单个观测指标是不相关的，因此图上的形态和趋势需要进行调查。另外，单值控制图对于 $\bar{x}$ 图和 R 图可以探查到的许多失控条件缺乏敏感性，例如，只有过程变化很大时单值控制图才能探查到其均值的漂移。另外，在 $\bar{x}$ 图和 R 图中不会出现的短时的循环和趋势，可能会出现在单值控制图中。单值控制图要求观测指标呈正态分布的假设比 $\bar{x}$ 图和 R 图更为严格；当正态分布假设不成立时，发生差错的机会更大。x 图的一个优点是我们可以直接在图上绘制规范限来快速评估过程能力。

8.7 计数值控制图

如本章前面所述，计数值数据在很多特殊情况下非常实用。监测不合格品率的控制图称为 p 图。监测每单位不合格数量的控制图称为 c 图和 u 图。

8.7.1 不合格品率控制图（p 图）

***p* 图**（p-chart）用于监控所生产的一批产品中不合格品的比例。当有可用的数据时，构建 p 图首先收集 25～30 个计数值数据样本。每个样本量应该足够大，以便能够包含几个不合格品目。例如，假设出现一个不合格品的概率只有 0.05，那么只包含 10 个单位的样本只有极小的可测量变异——大约一半的样品中可能只有一个不合格品，另一半的样品中没有不合格品，因为不合格品的预期数为 $10 \times 0.05 = 0.5$。然而，一个样本量为 100 的样本的不合格品的预期数为 5，因此，它具有使用控制图所要求的足够的可测量变异。

让我们假设选取了 k 个样本。y_i 表示样本 i 中的不合格品数，n_i 表示样本 i 的样本量。(在很多情况下，每个样本的大小都是相同的，但是每个样本的样本量可能不同。)

样本 i 的不合格品率 $p_i=\frac{y_i}{n_i}$。k 个样本的平均不合格品率为：

$$\overline{p}=\frac{\sum y_i}{\sum n_i} \tag{8.40}$$

人们认为大多数样本的不合格品率在 $\overline{p}$ 的 3 个标准差之内。假设样本量恒定，标准差的估计值为：

$$s_{\overline{p}}=\sqrt{\frac{\overline{p}(1-\overline{p})}{n}} \tag{8.41}$$

因此，p 图的上下控制限为：

$$LCL_p=\overline{p}-3s_{\overline{p}}$$
$$UCL_p=\overline{p}+3s_{\overline{p}} \tag{8.42}$$

如果 LCL_p 小于 0，则取 0 值。

p 图的各项分析与 $\overline{x}$ 图和 R 图类似。出现中心线向下漂移或者递减趋势则提示过程得到改进，应当加以验证。

例 8-17

构建 p 图

邮局自动分拣机的操作员必须识别每封信的邮政编码，并将其分拣到合适的邮递路线中。在一个月里，选择 25 个样本，每个样本包含 100 封信件，并记录其中差错的数目。在这个例子中，样本量恒定。图 8-37 中显示了这些数据信息。不合格品率由差错数目除以 100 得到。根据式 (8.40)，平均不合格品率为：

	A	B	C	D	E	F	G	H	I	J	K	L	M
1	Fraction Nonconforming (p) Chart												
2	This spreadsheet is designed for up to 50 samples. Enter data ONLY in yellow-shaded cells.												
3	Click on the sheet tab to display the control chart (some rescaling may be needed).												
4													
5	Average (p-bar)		0.022										
6	Avg. sample size		100										
7										Approximate Control Limits Using			
8			Sample	Fraction	Standard					Average Sample Size Calculations			
9	Sample	Value	Size	Nonconforming	Deviation	LCLp	CL	UCLp		LCLp	CL	UCLp	
10	1	3	100	0.0300	0.0146683	0	0.022	0.066		0	0.022	0.066005	
11	2	1	100	0.0100	0.0146683	0	0.022	0.066		0	0.022	0.066005	
12	3	0	100	0.0000	0.0146683	0	0.022	0.066		0	0.022	0.066005	
13	4	0	100	0.0000	0.0146683	0	0.022	0.066		0	0.022	0.066005	
14	5	2	100	0.0200	0.0146683	0	0.022	0.066		0	0.022	0.066005	
15	6	5	100	0.0500	0.0146683	0	0.022	0.066		0	0.022	0.066005	
16	7	3	100	0.0300	0.0146683	0	0.022	0.066		0	0.022	0.066005	
17	8	6	100	0.0600	0.0146683	0	0.022	0.066		0	0.022	0.066005	
18	9	1	100	0.0100	0.0146683	0	0.022	0.066		0	0.022	0.066005	
19	10	4	100	0.0400	0.0146683	0	0.022	0.066		0	0.022	0.066005	
20	11	0	100	0.0000	0.0146683	0	0.022	0.066		0	0.022	0.066005	
21	12	2	100	0.0200	0.0146683	0	0.022	0.066		0	0.022	0.066005	
22	13	1	100	0.0100	0.0146683	0	0.022	0.066		0	0.022	0.066005	
23	14	3	100	0.0300	0.0146683	0	0.022	0.066		0	0.022	0.066005	
24	15	4	100	0.0400	0.0146683	0	0.022	0.066		0	0.022	0.066005	
25	16	1	100	0.0100	0.0146683	0	0.022	0.066		0	0.022	0.066005	
26	17	1	100	0.0100	0.0146683	0	0.022	0.066		0	0.022	0.066005	
27	18	2	100	0.0200	0.0146683	0	0.022	0.066		0	0.022	0.066005	
28	19	5	100	0.0500	0.0146683	0	0.022	0.066		0	0.022	0.066005	
29	20	2	100	0.0200	0.0146683	0	0.022	0.066		0	0.022	0.066005	
30	21	3	100	0.0300	0.0146683	0	0.022	0.066		0	0.022	0.066005	
31	22	4	100	0.0400	0.0146683	0	0.022	0.066		0	0.022	0.066005	
32	23	1	100	0.0100	0.0146683	0	0.022	0.066		0	0.022	0.066005	
33	24	0	100	0.0000	0.0146683	0	0.022	0.066		0	0.022	0.066005	
34	25	1	100	0.0100	0.0146683	0	0.022	0.066		0	0.022	0.066005	

图 8-37　例 8-17 的数据和计算值

$$\overline{p}=\frac{3+1+0+\cdots+1}{25\times100}=0.022$$

由式（8.41）得到标准差为：

$$s_{\overline{p}}=\sqrt{\frac{0.022\times(1-0.022)}{100}}=0.014\ 67$$

因此，根据式（8.42），控制限为：

$$UCL_p=0.022+3\times0.014\ 67=0.066$$

$$LCL_p=0.022-3\times0.014\ 67=-0.022$$

由于 LCL_p 为负，所以取 0。这个例子的控制图如图 8-38 所示。该图显示分拣过程是受控的。如果发现任何在控制上限之上的值，或者证明有向上的趋势，则可能提示该操作员需要更多的经验或培训。

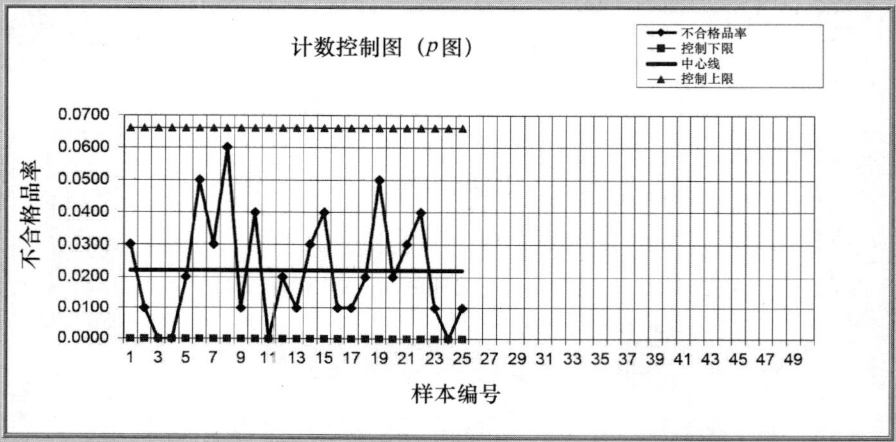

图 8-38　例 8-17 的 p 图

8.7.2　可变样本量下的 p 图

通常在一个固定的抽样周期内，要对过程输出进行 100%检验。然而，在每个抽样周期内，生产出的单位数可能会发生变化。在这种情况下，标准差也将随着不同样本量变化（注意在式（8.41）中，标准差的计算用到了样本量）。

因此，控制限为：

$$\overline{p}\pm3\sqrt{\frac{\overline{p}(1-\overline{p})}{n_i}} \tag{8.43}$$

在这种情况下，控制限将会根据样本量不同而不同。

例 8-18

构建可变样本量下的 *p* 图

图 8-39 列出了具有不同样本量的 20 个样本数据。

	A	B	C	D	E	F	G	H	I	J	K	L	M
1	**Fraction Nonconforming (p) Chart**												
2	This spreadsheet is designed for up to 50 samples. Enter data ONLY in yellow-shaded cells.												
3	Click on the sheet tab to display the control chart (some rescaling may be needed).												
4													
5	**Average (p-bar)**		0.090939597										
6	**Avg. sample size**		149										
7										**Approximate Control Limits Using**			
8			**Sample**	**Fraction**	**Standard**					**Average Sample Size Calculations**			
9	**Sample**	**Value**	**Size**	**Nonconforming**	**Deviation**	**LCLp**	**CL**	**UCLp**		**LCLp**	**CL**	**UCLp**	
10	1	18	137	0.1314	0.024565	0.017	0.091	0.1646		0.02028	0.09094	0.1616	
11	2	20	158	0.1266	0.022874	0.022	0.091	0.1596		0.02028	0.09094	0.1616	
12	3	14	92	0.1522	0.029976	0.001	0.091	0.1809		0.02028	0.09094	0.1616	
13	4	6	122	0.0492	0.026031	0.013	0.091	0.169		0.02028	0.09094	0.1616	
14	5	11	86	0.1279	0.031004	0	0.091	0.184		0.02028	0.09094	0.1616	
15	6	22	187	0.1176	0.021026	0.028	0.091	0.154		0.02028	0.09094	0.1616	
16	7	6	156	0.0385	0.02302	0.022	0.091	0.16		0.02028	0.09094	0.1616	
17	8	9	117	0.0769	0.026582	0.011	0.091	0.1707		0.02028	0.09094	0.1616	
18	9	14	110	0.1273	0.027414	0.009	0.091	0.1732		0.02028	0.09094	0.1616	
19	10	12	142	0.0845	0.024128	0.019	0.091	0.1633		0.02028	0.09094	0.1616	
20	11	8	140	0.0571	0.0243	0.018	0.091	0.1638		0.02028	0.09094	0.1616	
21	12	13	179	0.0726	0.02149	0.026	0.091	0.1554		0.02028	0.09094	0.1616	
22	13	5	196	0.0255	0.020537	0.029	0.091	0.1526		0.02028	0.09094	0.1616	
23	14	15	163	0.0920	0.022521	0.023	0.091	0.1585		0.02028	0.09094	0.1616	
24	15	25	140	0.1786	0.0243	0.018	0.091	0.1638		0.02028	0.09094	0.1616	
25	16	12	135	0.0889	0.024746	0.017	0.091	0.1652		0.02028	0.09094	0.1616	
26	17	16	186	0.0860	0.021082	0.028	0.091	0.1542		0.02028	0.09094	0.1616	
27	18	12	193	0.0622	0.020696	0.029	0.091	0.153		0.02028	0.09094	0.1616	
28	19	15	181	0.0829	0.021371	0.027	0.091	0.1551		0.02028	0.09094	0.1616	
29	20	18	160	0.1125	0.022731	0.023	0.091	0.1591		0.02028	0.09094	0.1616	

图 8-39　例 8-18 的数据和计算值

根据式（8.40），有

$$\overline{p}=\frac{18+20+14+\cdots+18}{137+158+92+\cdots+160}=\frac{271}{2\ 980}=0.090\ 9$$

依据式（8.43），样本 1 的控制限为：

$$LCL_p=0.090\ 9-3\sqrt{\frac{0.090\ 9\times 1-0.090\ 9}{137}}=0.017$$

$$UCL_p=0.090\ 9+3\sqrt{\frac{0.090\ 9\times 1-0.090\ 9}{137}}=0.165$$

对于样本 2，我们用 158 作为标准差公式中的分母，以此类推。具体的控制图见图 8-40。注意第 13 个和第 15 个点在控制限之外。

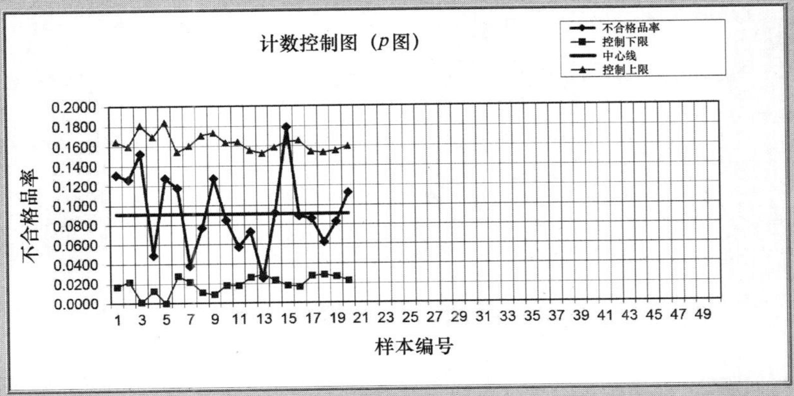

图 8-40　例 8-18 的可变样本量下的 *p* 图

另外一种可选的方法是用平均样本量 $\overline{n}$。在标准差公式中使用平均样本量来计算近似控制限。控制限的计算公式为：

$$LCL_p=\overline{p}-3\sqrt{\frac{\overline{p}(1-\overline{p})}{\overline{n}}}$$

$$UCL_p=\overline{p}+3\sqrt{\frac{\overline{p}(1-\overline{p})}{\overline{n}}} \tag{8.44}$$

例 8-19

用样本量的均值构建 p 图

对于例 8-18 中的数据，平均样本量 $\overline{n}=2\,980/20=149$。在式（8.44）中用这个值计算得到，控制下限为 0.020 2，控制上限为 0.161 6。不过，这种近似有几个缺点。首先，由于控制限仅为近似值，所以实际上已失控的点也许在图上显示不出来。其次，由于样本量是可变的，不同样本之间的标准差不同，图上呈现的走向或者非随机形态难以解释。因此，使用这种方法应该格外谨慎。图 8-41 是本例中用平均样本量计算的近似控制限的控制图（这个图显示在 Excel 的 p 图模板，是一张单独的工作表）。注意第 13 个样本的不同，这张图中显示它处于受控状态，使用真实控制限的图中显示该点处于失控状态。

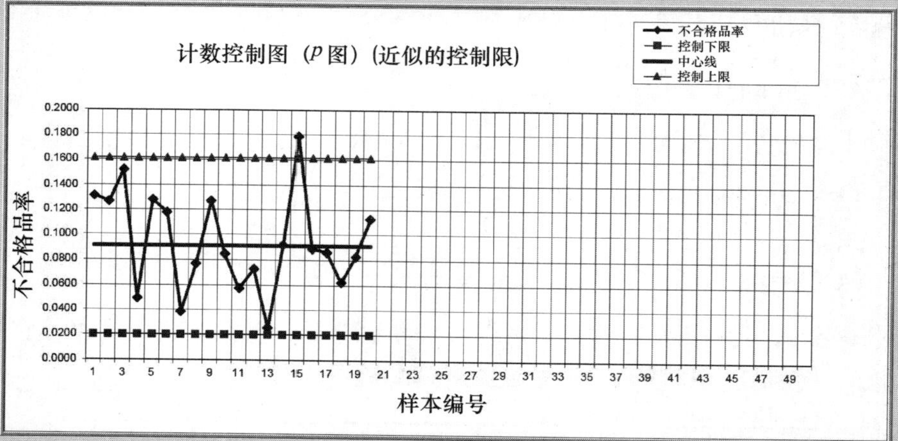

图 8-41 例 8-19 用样本量的均值构建的 p 图

一般来说，当样本量落在平均样本量的 25%之内时，可以使用平均样本方法。比如，在上例中，均值 149 的 25%为 37.25。因此，当样本量在 112～186 之间时，可以使用 149 这个均值计算控制限。这个方法不适用于样本 3，6，9，11，13 和 18。这些样本的控制限需要精确计算。

8.7.3 用于不合格品数的 np 图

除了使用不合格品率控制图之外，另一种方法是绘制每个样本中不合格品数的控制图，

称为 **np 图**（np-chart）。但是，只有当每个样本的样本量是相同时才能使用该控制图。np 图是 p 图的一种很好的替代方法，它更容易为工作人员所理解，原因在于它只需要简单地计算每个样本中不合格品的数量，从而消除了计算比例的需要。

中心线是每个样本的平均不合格品数，用 $n\overline{p}$ 表示。抽取样本量为 n 的 k 个样本，对每个样本中的不合格品数 y_i 求和，用 k 除可得：

$$n\overline{p}=\frac{y_1+y_2+\cdots+y_k}{k} \tag{8.45}$$

标准差的估计值为：

$$s_{n\overline{p}}=\sqrt{n\overline{p}(1-\overline{p})} \tag{8.46}$$

式中，$\overline{p}=n\overline{p}/n$。控制限为：

$$LCL_{n\overline{p}}=n\overline{p}-3\sqrt{n\overline{p}(1-\overline{p})}$$
$$UCL_{n\overline{p}}=n\overline{p}+3\sqrt{n\overline{p}(1-\overline{p})} \tag{8.47}$$

例 8-20

构建 *np* 图

我们运用关于邮局的例 8-17 中的数据来说明 np 图。具体数据见图 8-42。

	A	B	C	D	E	F	G	H
1	**Number Nonconforming (np) Chart**							
2	This spreadsheet is designed for up to 50 samples. Enter data ONLY in yellow-shaded cells.							
3	Each sample must have a constant sample size; enter this in cell C6.							
4	Click on the sheet tab to display the control chart (some rescaling may be needed).							
5								
6	**Sample size**		100					
7								
8	**Average (np-bar)**		2.2					
9	**Standard deviation**		1.466833324					
10								
11		**Number**						
12	**Sample**	**Nonconforming**	**LCLnp**	**CL**	**UCLnp**			
13	1	3	0	2.2	6.6005			
14	2	1	0	2.2	6.6005			
15	3	0	0	2.2	6.6005			
16	4	0	0	2.2	6.6005			
17	5	2	0	2.2	6.6005			
18	6	5	0	2.2	6.6005			
19	7	3	0	2.2	6.6005			
20	8	6	0	2.2	6.6005			
21	9	1	0	2.2	6.6005			
22	10	4	0	2.2	6.6005			
23	11	0	0	2.2	6.6005			
24	12	2	0	2.2	6.6005			
25	13	1	0	2.2	6.6005			
26	14	3	0	2.2	6.6005			
27	15	4	0	2.2	6.6005			
28	16	1	0	2.2	6.6005			
29	17	1	0	2.2	6.6005			
30	18	2	0	2.2	6.6005			
31	19	5	0	2.2	6.6005			
32	20	2	0	2.2	6.6005			
33	21	3	0	2.2	6.6005			
34	22	4	0	2.2	6.6005			
35	23	1	0	2.2	6.6005			
36	24	0	0	2.2	6.6005			
37	25	1	0	2.2	6.6005			

图 8-42　例 8-20 的数据和计算值

每个样本的平均不合格品数根据式（8.45）求得：

$$n\bar{p}=\frac{3+1+\cdots+0+1}{25}=2.2$$

为了找出标准差，首先计算：

$$\bar{p}=\frac{2.2}{100}=0.022$$

再根据式（8.46）计算出：

$$s_{n\bar{p}}=\sqrt{2.2\times(1-0.022)}=\sqrt{2.2\times0.978}=\sqrt{2.151\ 6}=1.466\ 8$$

根据式（8.47）计算控制限：

$$UCL_{n\bar{p}}=2.2+3\times1.466\ 8=6.6$$

$$LCL_{n\bar{p}}=2.2-3\times1.466\ 8=-2.20$$

因为控制下限为负，所以用 0 值。本例的控制图见图 8－43。可以看到，该控制图与图 8－38除了 y 轴的刻度之外完全相同。

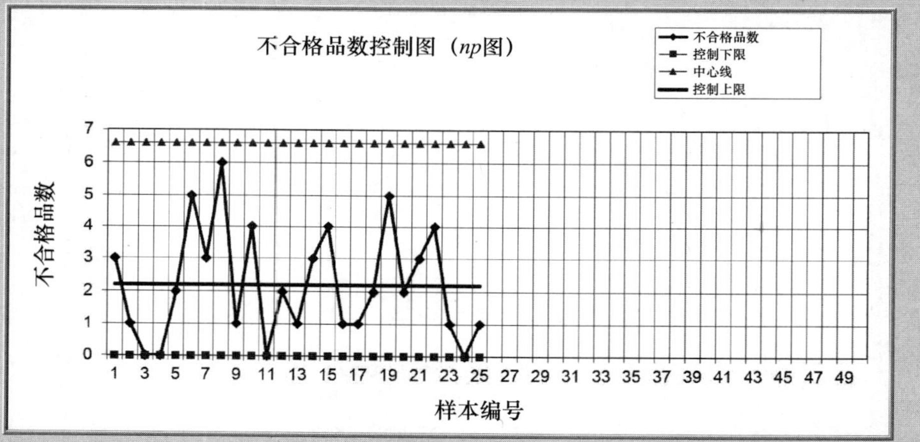

图 8－43　例 8－20 的 *np* 图

8.7.4　缺陷数控制图

缺陷数控制图，即 **c 图**（*c*-chart）和 ***u* 图**（*u*-chart），用来监控每单位缺陷数。两者之间的区别在于：子组容量为常数时，运用 *c* 图控制每个单位的总缺陷数。如果子组容量是变化的，运用 *u* 图控制每个单位的平均缺陷数。明确界定抽样单位非常重要。

“单位”这一术语应用非常广泛。例如，它可能是物理意义上的物体，如一块电路板、一块布。电路板可能包含各种缺陷，如有瑕疵的元件或连接错误，我们可以监控每块电路板存在的缺陷数。如果每块电路板都一样，那么很明显每单位出现缺陷的可能性相等，在这种情况下用 *c* 图。同样地，对纺织厂生产的布料进行检查可能发现各种缺陷，比如抽丝、污点等。如果每个样本都具有相同的面积，那么出现缺陷的可能性是相等的，可以绘制 *c* 图来监控每块布的缺陷数。但是，如果布的尺寸不同，那么出现缺陷的可能性是不同的。因此，我们必须定义一个共同的测量单位，例如每平方码缺陷数，并使用 u 图。还可以定义抽样单位为大于 1 的整体，例如，1 000 块电路板或者 50 码布。因此测量对象为每 1 000 块电路板的缺陷数，或每 50 码布的缺陷数，避免规模上的差异。

另外，“单位”不一定是物理意义上的物体。例如，一家电话营销公司想要追踪完成一次销售所需要拨打的电话次数。在这个例子中，没有物理意义上的抽样单位，但是我们可以把一次“呼叫”类比为一个缺陷，一次成功的销售类比为一个抽样单位。由于只考虑一次销售，子组容量恒定为 1，所以我们选用 c 图。相反地，假设我们追踪每天的呼叫次数和成功销售次数。每天的呼叫次数很可能不同，所以如果我们对监控每次呼叫完成的成功销售的数量感兴趣，应该使用 u 图。另外一个例子是，在为患者使用每日药物时，医院关注的是监控出错的次数。因为医院每天的病人数量都在变化，不能只计算每天的出错次数（使用 c 图），可以加入 u 图来监控每个病人对应的出错数量。c 图和 u 图在服务业中有很多应用。

8.7.5 *c* 图

构建 c 图首先需要收集样本量为常数值的 k（=25～30）个样本，记录每个样本中的缺陷数。定义 c_i 为样本 i 中的缺陷数。再计算每单位缺陷数的平均值 $\bar{c}$，即 c 图的中心线。

计算公式为：

$$\bar{c}=\frac{\sum c_i}{k} \tag{8.48}$$

c 图是建立在泊松分布基础上的，所以标准差为：

$$s_c=\sqrt{\bar{c}} \tag{8.49}$$

因此，c 图的控制限为：

$$LCL_c=\bar{c}-3\sqrt{\bar{c}}$$

$$UCL_c=\bar{c}+3\sqrt{\bar{c}} \tag{8.50}$$

例 8-21

构建 *c* 图

图 8-44 给出了在 25 天的周期内机器的故障数。

故障总数为 45，根据式（8.48），每天的平均故障数 $\bar{c}=\frac{45}{25}=1.8$。

根据式（8.49）和式（8.50），c 图的控制限为：

$$LCL_c=1.8-3\sqrt{1.8}=-2.22 \text{ 或 } 0$$

$$UCL_c=1.8+3\sqrt{1.8}=5.82$$。

具体控制图见图 8-45。根据控制图，该过程处于受控状态。这样的图可用于连续控制和监测过程是否有效，进而提高机器的可靠性。

	A	B	C	D	E	F
1	Average Number of Nonconformances (c) Chart					
2	This spreadsheet is designed for up to 50 samples. Enter data ONLY in yellow-shaded cells.					
3	Click on the sheet tab to display the control chart (some rescaling may be needed).					
4						
5	Average (c-bar)		1.8			
6	Standard deviation		1.341640786			
7						
8		Number of				
9	Sample	Nonconformances	LCLc	CL	UCLc	
10	1	2	0	1.8	5.8249224	
11	2	3	0	1.8	5.8249224	
12	3	0	0	1.8	5.8249224	
13	4	1	0	1.8	5.8249224	
14	5	3	0	1.8	5.8249224	
15	6	5	0	1.8	5.8249224	
16	7	3	0	1.8	5.8249224	
17	8	1	0	1.8	5.8249224	
18	9	2	0	1.8	5.8249224	
19	10	2	0	1.8	5.8249224	
20	11	0	0	1.8	5.8249224	
21	12	1	0	1.8	5.8249224	
22	13	0	0	1.8	5.8249224	
23	14	2	0	1.8	5.8249224	
24	15	4	0	1.8	5.8249224	
25	16	1	0	1.8	5.8249224	
26	17	2	0	1.8	5.8249224	
27	18	0	0	1.8	5.8249224	
28	19	3	0	1.8	5.8249224	
29	20	2	0	1.8	5.8249224	
30	21	1	0	1.8	5.8249224	
31	22	4	0	1.8	5.8249224	
32	23	0	0	1.8	5.8249224	
33	24	0	0	1.8	5.8249224	
34	25	3	0	1.8	5.8249224	

图 8-44 例 8-21 的数据和计算值

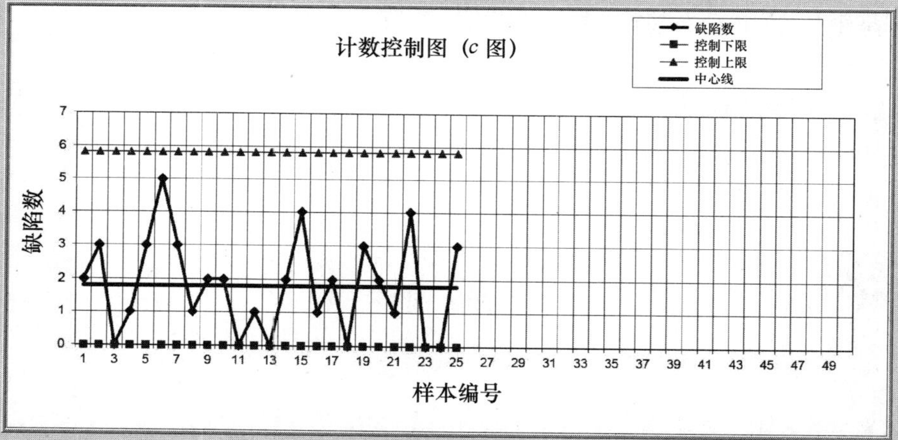

图 8-45 例 8-21 的 c 图

8.7.6 u 图

构建 u 图首先需要收集 k（=25～30）个样本，记录每个样本中的缺陷数（c_i）以及每个样本量或者每个样本中可能出现缺陷的机会数量（n_i）。再计算平均每单位缺陷的数量 $\bar{u}$，即 u 图的中心线：

$$\overline{u}=\frac{c_1+c_2+\cdots+c_k}{n_1+n_2+\cdots+n_k} \tag{8.51}$$

第 i 个样本的标准差为：

$$s_u=\sqrt{\frac{\overline{u}}{n_i}} \tag{8.52}$$

注意到每个样本的标准差不同，原因在于抽样单位的大小不同。这与可变样本量下的 p 图相似。基于均值 3 个标准差范围的控制限为：

$$LCL_u=\overline{u}-3\sqrt{\frac{\overline{u}}{n_i}}$$

$$UCL_u=\overline{u}+3\sqrt{\frac{\overline{u}}{n_i}} \tag{8.53}$$

例 8－22

构建 *u* 图

假设一个分销商每天要处理各种订单。包装标签经常出现错误，比如错误的客户订单号、错误的订货数量、错误的尺寸等。由于在这个例子中样本量大小每天都会发生变化，因此选用 u 图更为适合。图 8－46 给出了 8 月份收集的错误数据。B 列给出了每天在所有包装标签（C 列）中找出的错误数量。每个标签的平均错误数为 $\overline{u}$，可以根据式（8.51）用错误总数（209）除以包装标签总数（2 765）得到：

	A	B	C	D	E	F	G	H
1	**Average Number of Nonconformances Per Unit (u) Chart**							
2	This spreadsheet is designed for up to 75 samples. Enter data ONLY in yellow-shaded cells.							
3	Click on the sheet tab to display the control chart (some rescaling may be needed).							
4								
5	**Average (u-bar)**		**0.075587703**					
6								
7			**Sample**					
8		**Number of**	**Unit**	**Defects**	**Standard**			
9	**Sample**	**Nonconformances**	**Size**	**per unit**	**Deviation**	**LCLu**	**CL**	**UCLu**
10	1	8	92	0.0870	0.028664	0	0.0756	0.1616
11	2	15	69	0.2174	0.033098	0	0.0756	0.1749
12	3	6	86	0.0698	0.029647	0	0.0756	0.1645
13	4	13	85	0.1529	0.029821	0	0.0756	0.165
14	5	5	123	0.0407	0.02479	0.0012	0.0756	0.15
15	6	5	87	0.0575	0.029476	0	0.0756	0.164
16	7	3	74	0.0405	0.03196	0	0.0756	0.1715
17	8	8	83	0.0964	0.030178	0	0.0756	0.1661
18	9	4	103	0.0388	0.02709	0	0.0756	0.1569
19	10	6	60	0.1000	0.035494	0	0.0756	0.1821
20	11	7	136	0.0515	0.023575	0.0049	0.0756	0.1463
21	12	4	80	0.0500	0.030738	0	0.0756	0.1678
22	13	2	70	0.0286	0.032861	0	0.0756	0.1742
23	14	11	73	0.1507	0.032178	0	0.0756	0.1721
24	15	13	89	0.1461	0.029143	0	0.0756	0.163
25	16	6	129	0.0465	0.024206	0.003	0.0756	0.1482
26	17	6	78	0.0769	0.03113	0	0.0756	0.169
27	18	3	88	0.0341	0.029308	0	0.0756	0.1635
28	19	8	76	0.1053	0.031537	0	0.0756	0.1702
29	20	9	101	0.0891	0.027357	0	0.0756	0.1577
30	21	8	92	0.0870	0.028664	0	0.0756	0.1616
31	22	2	70	0.0286	0.032861	0	0.0756	0.1742
32	23	9	54	0.1667	0.037414	0	0.0756	0.1878
33	24	5	83	0.0602	0.030178	0	0.0756	0.1661
34	25	13	165	0.0788	0.021403	0.0114	0.0756	0.1398
35	26	5	137	0.0365	0.023489	0.0051	0.0756	0.1461
36	27	8	79	0.1013	0.030932	0	0.0756	0.1684
37	28	6	76	0.0789	0.031537	0	0.0756	0.1702
38	29	7	147	0.0476	0.022676	0.0076	0.0756	0.1436
39	30	4	80	0.0500	0.030738	0	0.0756	0.1678

图 8－46 例 8－22 的数据和计算值

$$\bar{u}=\frac{209}{2\ 765}=0.075\ 6$$

根据式（8.52），样本量为 n_i 的样本的标准差为：

$$s_u=\sqrt{\frac{0.075\ 6}{n_i}}$$

每个样本的控制限在Excel表中有所展示。与 p 图类似，单个样本的控制限会随样本量的不同而变化。具体控制图见图8-47。图中有一个点（#2）处于失控状态。

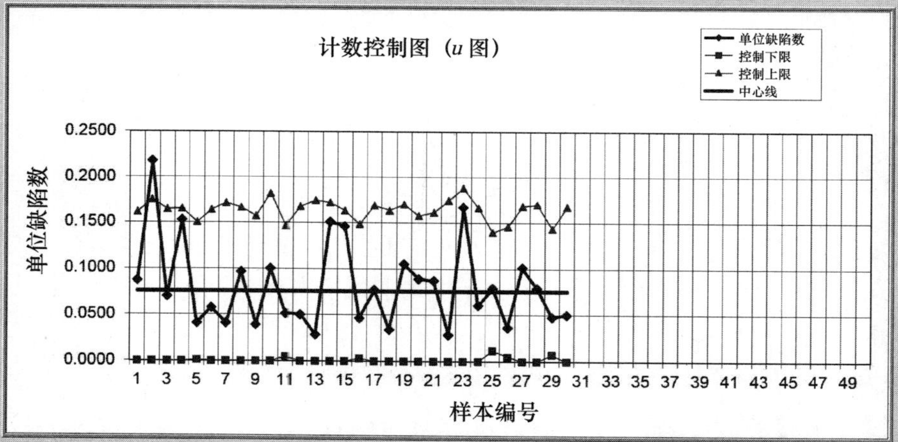

图8-47　例8-22的 u 图

正如我们在本章前面提到的，可以根据严重程度把不合格品分类，这时可以在质量评价体系中使用 c 图或 u 图。例如，一个严重缺陷可能被分配的惩罚值为10，重要缺陷为5，轻微缺陷为1。另一个例子是加权服务质量评定量表。这些评级可以用来构建 c 图以监测每天的总惩罚值（假定每天的单位数恒定）或者构建 u 图以监控每单位的惩罚值。这些图经常被用来进行内部质量控制或作为一种评价供应商的方法。[23]

8.8　控制图构建归纳

表8-5总结了构建以上讨论的不同控制图所需用到的公式。图8-48提供了控制图选择的指导。

表8-5　控制图计算公式汇总

图的类型	LCL	CL	UCL
$\bar{x}$（with R）	$\bar{\bar{x}}-A_2\bar{R}$	$\bar{\bar{x}}$	$\bar{\bar{x}}+A_2\bar{R}$
R	$D_3\bar{R}$	$\bar{R}$	$D_4\bar{R}$
p	$\bar{p}-3\sqrt{\bar{p}(1-\bar{p})\ /\bar{n}}$	$\bar{p}$	$\bar{p}+3\sqrt{\bar{p}(1-\bar{p})\ /\bar{n}}$

续表

图的类型	LCL	CL	UCL
$\bar{x}$ (with s)	$\bar{\bar{x}}-A_3\bar{s}$	$\bar{\bar{x}}$	$\bar{\bar{x}}+A_3\bar{s}$
s	$B_3\bar{s}$	$\bar{s}$	$B_4\bar{s}$
x	$\bar{x}-3\bar{R}/d_2$	$\bar{x}$	$\bar{x}+3\bar{R}/d_2$
np	$n\bar{p}-3\sqrt{n\bar{p}\ (1-\bar{p})}$	$n\bar{p}$	$n\bar{p}+3\sqrt{n\bar{p}\ (1-\bar{p})}$
c	$\bar{c}-3\sqrt{\bar{c}}$	$\bar{c}$	$\bar{c}+3\sqrt{\bar{c}}$
u	$\bar{u}-3\sqrt{\bar{u}/n_i}$	$\bar{u}$	$\bar{u}+3\sqrt{\bar{u}/n_i}$

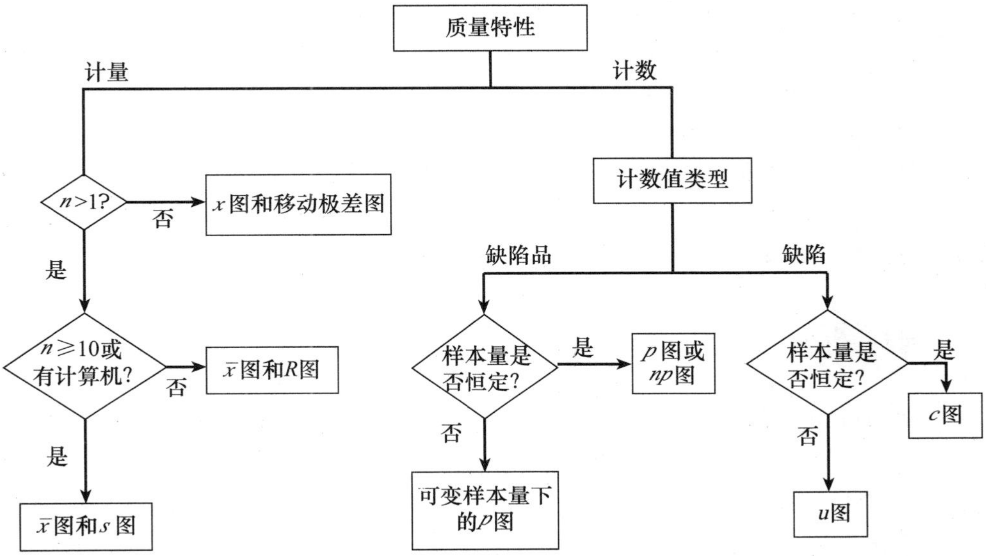

图 8-48　控制图的选择

有大量的商业软件可以用来实施统计过程控制。比如，有一个程序包是 CHARTrunner，它是 PQ 系统公司的产品（http：//www.pqsystems.com）。CHARTrunner 能够生成统计过程控制图表，用其他应用程序如 Microsoft Access，Excel，SQL Server，Oracle，text files 等收集、存储和管理的数据进行统计分析。它可以生成控制图、直方图、过程能力结果、帕累托图、散点图等；进行曲线拟合和线性回归；支持用户定制的过程失控测试，选择西格玛区域颜色，显示多组控制限，并以图像文件的形式保存图表。软件调查往往能在《质量文摘》（http：//www.qualitydigest.com）这样的专业出版物中找到。

8.9　实施统计过程控制

与以前的版本相比，ISO 9000：2000 更强调应用统计方法。[24] 比如，该标准要求在监控、测量产品和过程时，要识别和应用“包括统计技术在内的可应用的方法”，通过监控和测量，组织可以证明其过程满足要求的能力，产品要求已得到满足。ISO 11462-1这一新的标准为希望运用统计过程控制满足这些要求的组织提供了指南。该标准强调了以下要素。

● 定义统计过程控制的目标。这样的目标包括：减小目标值周围的变异并补偿过程变异以确保产品符合性，降低成本，指示过程在未来的行为方式，以及量化过程能力。

● 统计过程控制成功的条件。这些条件包括：正式的质量管理系统集成，管理支持，将信息用于数据驱动的决策和管理评审，以及确保将要使用这些工具的人员的能力。

● 统计过程控制体系的要素。包括组织为了成功地实施统计过程控制应该实施的过程和采取的行动，其中既包括运营性活动，又包括支持性活动。这些要素可以组织到一个 PDCA 循环的框架之下。其中包括：过程文件和控制计划、过程目标和控制限定义、数据收集、测量设备、数据记录与分析、过程控制、短期和长期过程能力评价、结果的沟通、过程改进实施与项目管理活动。该标准可以为开始开发正式的统计过程控制方法的组织提供帮助。

在实施统计过程控制时，从业人员必须考虑四个问题：(1) 采样的基础；(2) 样本的大小；(3) 采样的频率；(4) 控制限的位置。控制图的设计者必须考虑四件事：(1) 抽样框；(2) 样本量；(3) 抽样频率；(4) 控制限的定位。

8.9.1 抽样框

控制图的目的在于识别系统中随时间变化的变异。在确定抽样方法时，应选择尽可能新的样本，以使每个样本都反映在这一时点上一般性原因的系统或者可归因原因的系统。良好的抽样方法应该具有这样的性质：如果存在可归因的原因，那么在不同样本之间观测到差异的机会很大，在同一样本中观测到差异的机会很小。满足这些标准的样本称为**理性子组**（rational subgroups）。构建理性子组的方法之一是在较短时间内进行连续测量。连续测量使样本内部变异的机会最小化，同时可以探查到样本间的变异。

8.9.2 样本量

样本量的选择显示了成本和信息之间的权衡。小样本量降低了与工作人员收集数据所需时间相关联的成本，但是它们只能提供较少的统计信息。大样本成本较高，但它们允许过程特性的较小变化有较高的概率被检测到。图 8-49 显示了能够探查到下一个样本均值漂移的概率（当该过程均值已经漂移了几个标准差时，观察到下一个点处于 3σ 控制限之外的概率）与样本量的函数关系。例如，样本量为 5 的样本允许检测到漂移 2 个标准差的概率约为 95%。如果该过程漂移了 1.5 个标准差，则样本量为 5 的样本提供的检测机会只有 64%。为了使检测到这种漂移的概率达到 95%，则样本量至少为 10。为了检测到 1 个标准差的漂移，样本量需要达到 20。因此，适当的样本量取决于过程能力和保证过程不会漂移太多。此外，控制图是基于样本均值正态分布的假设，如果基础过程非正态，小样本不满足该假设，应选用更大的样本。

对于计量数据，样本量太小可能使 p 图失去意义。尽管人们已经提出来诸如“至少

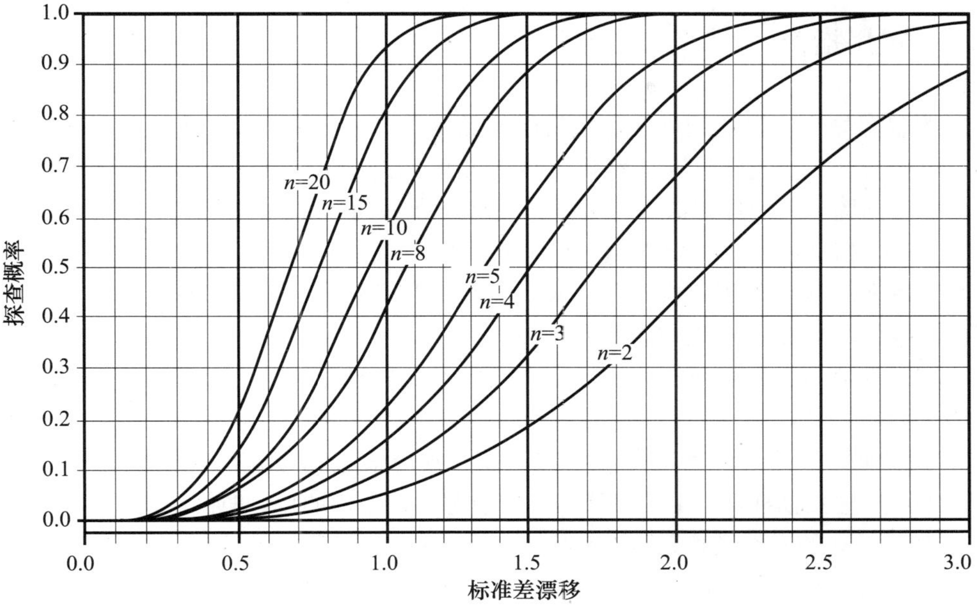

图 8-49　探查一次均值漂移的概率

资料来源：From Lyle Dockendorf，“Choosing Appropriate Sample Subgroup Sizes for Control Charts，*Quality Progress* 25，no. 10，160，October 1992. Copyright © 1992 American Society for Quality.

使用 100 个观测值”这样的准则，但仍应通过统计学方法确定适当的样本大小，特别是当实际不合格比率很低时。如果 p 很小，那么 n 应该足够大，以保证有较高概率检测到至少一次不合格。例如，假设 $p=0.01$，则为了使监测到至少一个不合格品的概率达到 95%以上，样本量必须至少为 300。

8.9.3　抽样频率

第三个事项是抽样频率。频繁地选用大样本不经济。关于抽样频率，目前还不存在严格的规则。样本应该尽可能全面，以便尽可能快地提供探查过程特性变化的机会，并降低生产大量不合格品的可能性。然而，样本也不应该太过全面，以免抽样的成本高于可实现的收益。如何决策取决于每个具体的应用和产品数量。

8.9.4　控制限的定位

控制限不必严格依照统计上的“平均值的 3 个标准差”公式。在某些情况下，可能需要使用更宽或更窄的控制限来降低错误结论导致的相关成本。在使用控制图时可能会出现两种类型的错误。当错误地认定存在着事实上并不存在的特殊原因时，便发生了Ⅰ类错误（弃真），并导致为试图发现并不存在的问题而产生的费用。当特殊原因存在，但由于点恰好落在控制限内而在控制图中没有发出信号时，则发生了Ⅱ类错误（取伪）。由于这样有更大的可能生产出不合格品，结果必然会造成损失。

8.9.5 实用指南

对控制图的经济设计的许多研究已经开始进行。[25] 成本模型尝试找到设计参数的最佳组合（中心线、控制限、样本容量、抽样间隔）以降低预期成本或提高预期利润。作为一个实际问题，人们经常依据有关操作的性质及做出这些决定所涉及的成本来做出判断。雷蒙德·梅耶（Raymond Mayer）提出了以下实用指南[26]：

1. 如果调查失控原因的成本高，那么应该采用较宽的控制限，相反，如果调查失控原因的成本低，那么应该选择较窄的控制限。

2. 如果失控导致的代价很大，那么应该采用较窄的控制限，否则，应该选择较宽的控制限。

3. 如果某一活动的两类错误成本都很高，则应该选用较宽的控制限和较大的样本量。此外，更频繁抽样，以减少可能出现的引起失控条件的持续时间。

4. 如果过去的操作经验表明失控状态出现得相当频繁，那么较窄的控制限应予以考虑。如果失控状态发生的概率很小，那么我们倾向于选择更宽的控制限。

质量实践

在接收处理中使用 u 图

一个电气自动化和动力传输产品的分销商实施了全面质量控制方案。因为公司及时交货的能力降低，一位管理者想收集有关公司接收处理的数据。这位管理者怀疑采购部门的数据输入人员没有及时在计算机中输入数据，因此，产品不能被合理有序地派送给客户。

初步分析表明，管理者的怀疑是不准确的。事实上，数据录入人员将任务完成得非常出色。分析结果表明，被派往一个分支机构的产品往往受到其他产品延误的影响。在采购订单编号前增加一个代表分支机构的字母，能帮助接收人员更好地分发不同机构的包裹。

然而，接收处理分析还揭示了其他一些问题。一般来说，每天需要处理大概 65～110 张装箱单。这些装箱单除了目的地错误造成延误外，还包含其他很多错误。

错误包括：

- 错误的采购订单；
- 错误的采购数量；
- 系统内没有采购订单；
- 系统内没有原始订单；
- 部件不匹配；
- 采购订单被错误录入；
- 重复派送；
- 部件有问题；
- 没有采购订单。

很多装箱单中包含多种错误。表8-6显示了装箱单的数量和发现的总错误数。构建一个 u 图来追踪每天发现装箱单存在的错误或缺陷的数量。在这里使用 u 图是因为样本量每天都在变化。因此，监测的数据是每张装箱单错误的数量。图8-50显示了针对这一时期构建的 u 图（如图所示，1月24日在指定分支机构方面的改进带来了显著的改善）。

表8-6　装箱单错误数统计

日期	装箱单数量	错误数	日期	装箱单数量	错误数
1月21日	87	15	3月4日	92	8
1月22日	79	13	3月5日	69	13
1月23日	92	23	3月6日	86	6
1月24日	84	3	3月9日	85	13
1月27日	73	7	3月10日	101	5
1月28日	67	11	3月11日	87	5
1月29日	73	8	3月12日	71	3
1月30日	91	8	3月13日	83	8
1月31日	94	11	3月16日	103	4
2月3日	83	12	3月17日	82	6
2月4日	89	12	3月18日	90	7
2月5日	88	6	3月19日	80	4
2月6日	69	11	3月20日	70	4
2月7日	74	8	3月23日	73	11
2月10日	67	4	3月24日	89	13
2月11日	83	10	3月25日	91	6
2月12日	79	8	3月26日	78	6
2月13日	75	8	3月27日	88	6
2月14日	69	3	3月30日	76	8
2月17日	87	8	3月31日	101	9
2月18日	99	13	4月1日	92	8
2月19日	101	13	4月2日	70	2
2月20日	76	7	4月3日	72	11
2月21日	90	4	4月6日	83	5
2月24日	92	7	4月7日	69	6
2月25日	80	4	4月8日	79	3
2月26日	81	5	4月9日	79	8
2月27日	105	8	4月10日	76	6
2月28日	80	8	4月13日	92	7
3月2日	82	5	4月14日	80	4
3月3日	75	3	4月15日	78	8

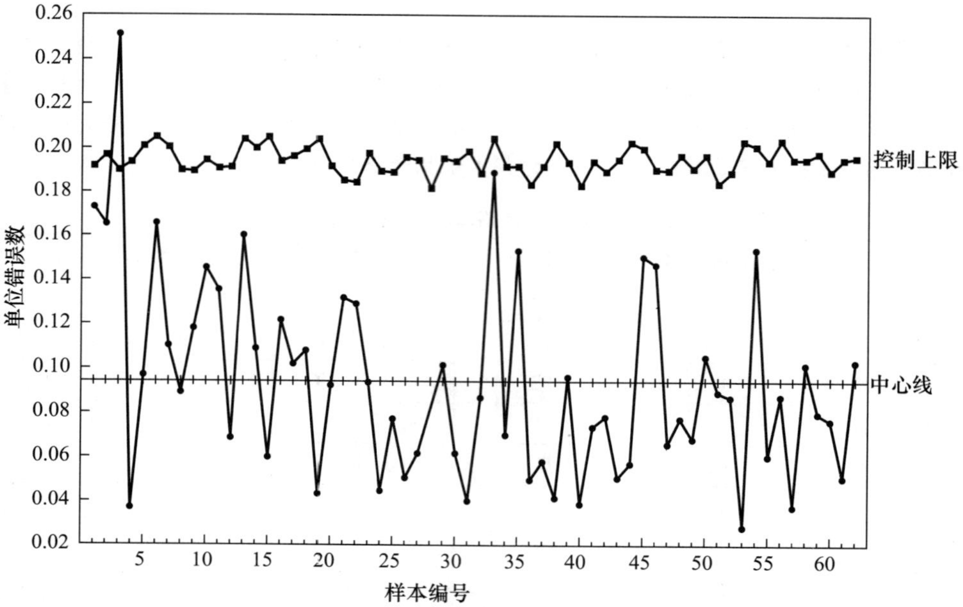

图 8-50 装箱单错误数的 *u* 图

虽然图 8-50 表明过程处于受控状态（原因在于指定分支方面的改进），但是超过 9%的平均错误率仍然被视为不能接受。将错误类型整合为五大类之后，我们进行帕累托分析。这一分析如下：

错误类型	百分比
采购订单错误	35
采购数量错误	22
系统内没有采购订单	17
系统内没有原始订单	16
部件错误	10

具体分析如图 8-51 所示。

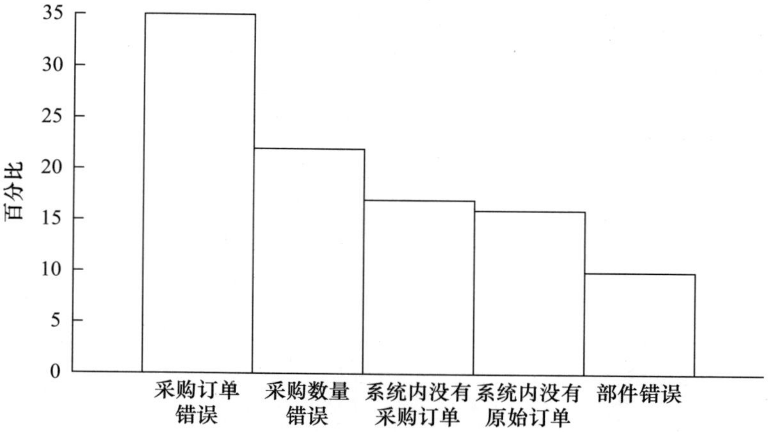

图 8-51 装箱单错误数的帕累托分析

前两类错误所占比例超出了所有错误的一半。解决这些问题的方法是，构建适当的采购方法的培训模块，以确保供应商明白采购订单所需的正确信息。第三类——系统内没有采购订单——导致接收人员直到调查能够找到所需信息时才能确认订单。由于这个问题，该公司意识到它需要改进原来的订单录入过程。具体地说，订单录入和采购订单活动都需要加以改进。

控制图的分析表明，平均错误率得到了改善。在很大程度上，这种改善源于对问题的认知和各部门之间沟通的加强。尽管在写下这个案例时完整的培训项目还未实施，但是该公司相信一旦培训完成，错误率一定会显著降低。

● **关键问题讨论**

1. 验证图 8-50 中中心线和控制限的计算。数据可在网站 www.cengage.com/decision-sciences/evans/quality/11e 上的 “C08 Quality in Practice Features Date” 工作簿中获得。

2. 每个错误类型单独的控制图能提供哪些信息？你建议花时间和精力进行这些额外的计算吗？

质量实践

将统计过程控制用于医药产品制造[27]

一家中西部制药公司生产（分两个阶段）独立注射器，这些注射器用于独立的单剂量可注射药物。在第一阶段，将无菌液体药物填充到玻璃注射器中，并用橡胶塞密封。第二阶段，将药筒插入塑料注射器中，并在注射器精确确定的长度上黏合容纳盖。如果容纳盖黏合的位置比期望长度短（小于 4.920 英寸），将导致筒塞的压力，结果是注射器部分或完全活化，这种注射器必须报废。如果容纳盖黏合的位置比期望长度长（4.980 英寸或更长），将导致黏合不完全或不充分，这可能会导致容纳盖丢失，并在运输和处理过程中造成潜在损失。可以手动对此类注射器进行重新加工，将盖子固定在较低的位置。然而，这个过程需要对注射器进行全面的检查，将导致该产品成本的增加。这最后的生产步骤中连续几周生产越来越多的废品和需要返工的注射器。

在这个节点上，统计顾问开始介入以试图解决这一问题，并建议使用统计过程控制来实现改进黏合操作的目的。选取长度作为 $\bar{x}$ 图和 R 图控制的重要变量，进而识别问题的根源。实际案例历史记录包含一些例子，在这些例子中，并非始终遵循所需的程序。该案例很好地说明了应用统计过程控制时的特性、问题、缺陷和特殊性，以及拥有训练有素的质量专家的必要性。

公司对负责这种注射器组装过程的最后阶段的操作者进行了过程能力和控制图技术的基础知识的培训。在试图判断过程能力时，需要负责的技术人员调整机器，将它定位于可能达到的最佳位置。然后，取 35 个连续观测值（见表 8-7）进行过程能力研究。

表 8-7　用于过程能力研究的最初选取的 35 个连续观测值

4.958 88	4.955 33	4.942 94	4.954 22	4.966 79	4.944 87	4.957 75	4.957 10
4.965 43	4.956 03	4.952 10	4.953 11	4.953 85	4.960 14	4.952 52	4.966 33
4.962 55	4.952 87	4.935 41	4.948 40	4.961 14	4.939 01	4.959 66	4.936 67
4.959 41	4.945 39	4.962 38	4.943 37	4.955 50	4.954 82	4.962 30	4.961 75
4.960 16	4.946 26	4.959 04					

资料来源：From Lyle Dockendorf, “Choosing Appropriate Sample Subgroup Sizes for Control Charts,” *Quality Progress* 25, no.10, 160, October 1992. Copyright © 1992 American Society for Quality.

这个过程的样本均值 $\bar{x}$ 为 4.954 英寸，非常接近公称值（目标值）4.950 英寸，样本标准差 s 为 0.008 3 英寸。规范上限和规范下限分别为 4.980 英寸和 4.920 英寸，得出估计值 $C_{pk}=1.03$。因此，认为过程满足最小能力并且确实可以生产出所需的长度。

为了构建控制图，操作人员需要每 15 分钟收集 15 个样本，每个样本的大小为 5。$\bar{x}$ 图和 R 图见图 8－52。这两个图显示，该工艺在两个图中都处于统计失控状态。统计过程控制程序的正确应用表明，应该找出特殊原因并构建新的控制限。遗憾的是，这一班组的操作人员并未绘制这些点，仅使用他们获得的控制限来评估未来的测量结果。值第一班的操作人员继续每 15 分钟收集样本量为 5 的样本，但是由于不熟悉绘图，他们也没有画出这 15 个新的点。同一天下午 4 点进行轮班。值第二班的操作人员运用从第一组 15 个点中获得的控制限，绘制了第二组 17 个点，如图 8－53 所示。这两个图清晰地表明，中心线处于统计失控状态，平均长度远远大于期望值。这个结论得到了操作人员的证实，他们注意到容纳盖没有被合理地安装。维修技术人员立即被要求调整机器。

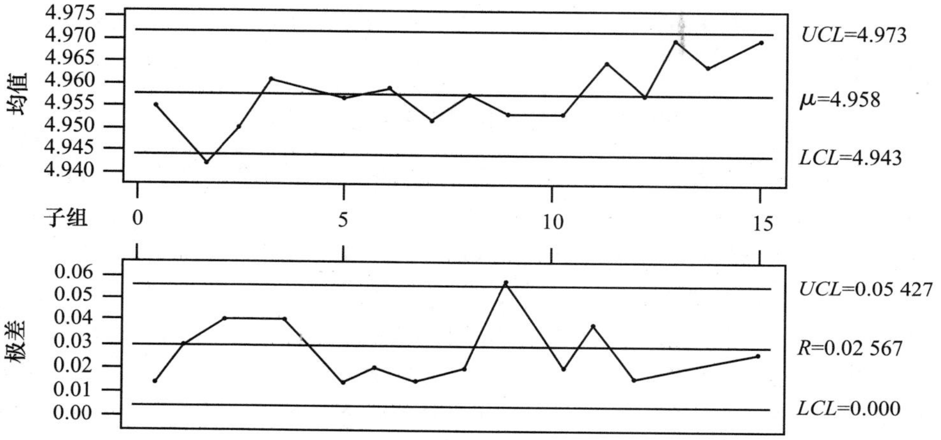

图 8－52　基于前 15 个样本的最初的 $\bar{x}$ 图和 R 图

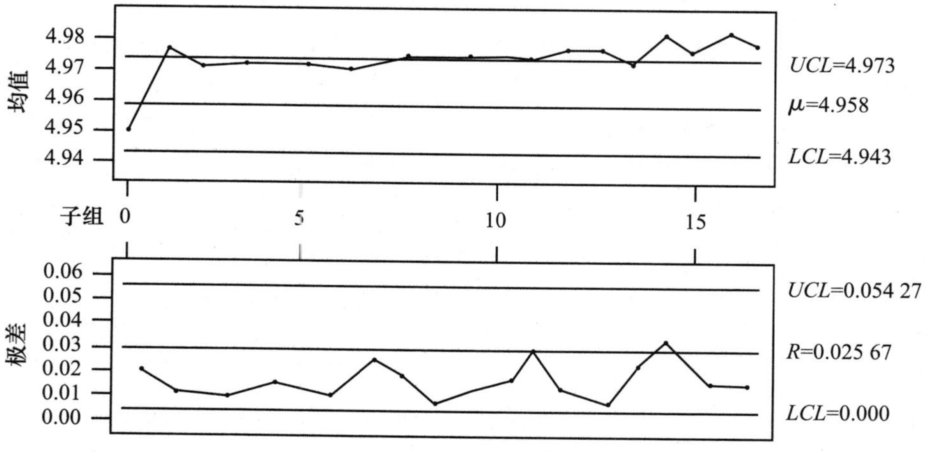

图 8－53　接下来 17 个样本的 $\bar{x}$ 图和 R 图

经过技术人员的第一次调整，15 分钟后收集的下一个样本点已经超出 $\overline{x}$ 图的控制上限。因此，尽管技术人员确认 15 分钟前已经将高度调低，但是注射器仍然太长。技术人员被召回重新调整机器。第二次尝试也没有做到更好，技术人员被要求第三次调整机器。第三次尝试是成功的，该长度似乎已减小到足以使 x 值和 R 值都在控制范围内。

值第二班的操作人员继续进行抽样，按 15 分钟的间隔收集样本量为 5 的 15 个新样本，并将其绘制在控制图上（见图 8-54），但由于所有值都在控制限内，所以他们没有采取任何行动。此时，统计顾问开始回顾所发生的一切。他们认为不仅用来定义 $\overline{x}$ 图和 R 图的最初的 15 个点自身显示过程处于统计失控状态，而且最后的 15 个点也显示过程处于失控状态。值第二班的工作人员未能发现 $\overline{x}$ 图中的 15 个点组成的线都在中心线的上方，也没有得出该中心线已经“不在所期望的位置”的结论。如果发现了，他们会再次让技术人员来调整机器，以缩短注射器的长度。

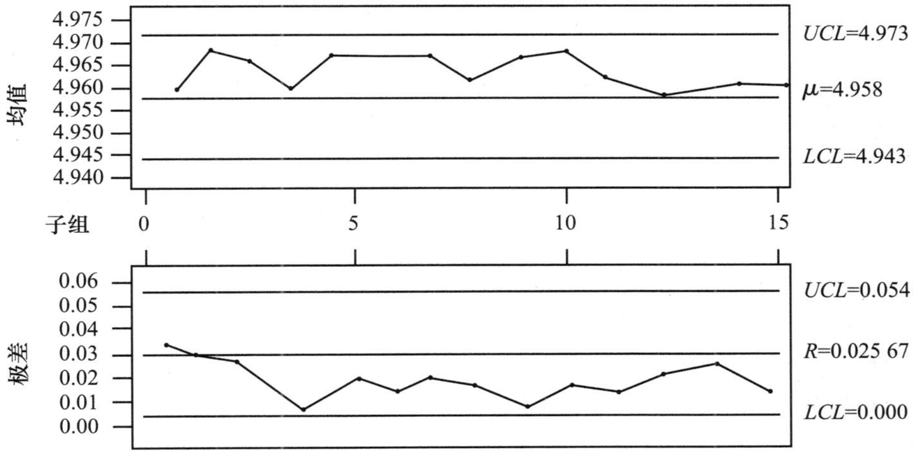

图 8-54　最后 15 个样本的 $\overline{x}$ 图和 R 图

幸运的是，顾问检查了 R 图和 $\overline{x}$ 图。同样，R 图的最后 14 个点均在中心线的一侧，显示出过程缺乏统计控制。对两张控制图进行仔细检查，发现 R 图的点都低于中心线，这表明技术人员的工作已经降低了整体变异。然而，在观察 $\overline{x}$ 图时（检查 R 图之后），发现注射器的长度似乎有所增加。为了找出是什么原因导致这种混乱的“有好有坏”情况的出现，顾问联系了操作人员和技术人员。技术人员的表述最能说明问题。

技术人员说，当他被告知要下调过程中心线（注射器的长度）时，他的前两次（不成功的）尝试是将螺纹轴的调整限位挡铁调低。然而，他发现调整之后很难拧紧自锁螺母。第三次（成功的）尝试中，虽然他被要求将注射器的长度调低，实际上他却将调整限位挡铁调高了。他认为这将导致继续生产更长的注射器，但至少自锁螺母能拧紧了。当他被告知这个过程现在能生产适当长度的注射器，并且操作人员非常满意时，他觉得很困惑。他想知道一台被向上（朝更长的长度）调整的机器如何能生产出短的注射器！

顾问意识到过程变异这种戏剧性的改进（缩短）表明了一个重要现象。当技术人员将调整帽长度设置为所要求的目标时（调低），螺纹是如此破旧，以致无法拧紧自锁螺母。因此，运行的机器带来的振动（大约 15 分钟内）很快就让自锁螺母和调整帽松动，造成漂移偏离中心，导致生产出的注射器长度不一致。然而，当技术人员将调整帽调高时（这将使注射器更长），自锁螺母的螺纹足够好，能够确保调整帽不松动。事实上，长度略长于期望，但是变异被戏剧性地减小，生产出了能够被接受的注射器并且整体效果非常好。也就是说，注射器比期望稍长，但它们的长度非常一致，因此没有任何标绘点超出了 $\bar{x}$ 图的控制上限。

操作人员对这种情况非常满意，因为现在标绘的注射器长度的点都在 $\bar{x}$ 图的控制上限以下，这使他们相信他们在生产合适长度的注射器。统计顾问向管理者建议更换调整限位挡铁的螺柱。特殊部件的修复工作非常昂贵，并可能导致生产过程的停工。然而，根据控制图数据的说服力、技术人员的解释以及顾问的讲述，该建议还是得到了实施。更换螺柱之后，最后步骤的浪费和返工在几周内下降到几乎为零。

● **关键问题讨论**

1. 使用表 8－7 给出的最初用于过程能力研究的样本数据，计算过程能力指数，构建一个直方图。

2. 解释为什么操作人员没有绘制初始数据、找出特殊原因并计算新的控制限的做法是错误的。如果他们最初进行了正确的操作，结果会怎样？

3. 从这个案例中我们能得到什么经验教训？

复习题

1. 对测量进行定义，并解释指征和指标之间的差异。
2. 测量中 SMART 是什么的缩写？这些特征为什么重要？
3. 摘要性看板是什么？为什么它在质量控制中非常重要？
4. 解释不合格和不合格品的差异。
5. 计量测量指标和计数测量指标之间有何区别？
6. 解释测量单位不合格数和百万机会缺陷数的区别。百万机会缺陷数作为一种质量度量有何优势？
7. 为何质量活动的成本对管理者非常重要？
8. 讨论质量成本的四种主要类型，并举例说明。
9. 举例说明在质量控制中使用低技术含量测量仪器和高技术含量测量仪器的例子。
10. 解释式（8.5）的重要性：$\sigma^2_{总} = \sigma^2_{过程} + \sigma^2_{测量}$。
11. 描述计量的科学性。
12. 准确度和精确度有何区别？
13. 何谓“校准”？为什么它对质量保证体系至关重要？
14. 解释重复性和再现性的区别。
15. 重复性和再现性研究如何进行？其目的何在？
16. 解释“过程能力”这一术语的含义。过程能力如何能够得到改进？
17. 过程能力研究的三种主要类型是什么？描述进行过程能力研究的方法。
18. 定义过程能力指数 C_p，C_{pl}，C_{pu}，并解释如何采用它们来建立和改善运营领域或供应商领域的质量方针。
19. 如何解释 C_{pk}/C_p？
20. 何谓“在统计控制下”？
21. 过程绩效指数和过程能力指数有何区别？

22. 解释预控制的作用方式。它与统计过程控制有何区别?

23. 简要描述建立和使用控制图的方法步骤。

24. 在观察控制图时主要观察什么?解释当过程处于受控状态时的控制图和处于失控状态时的控制图。

25. 为什么有时用 s 图来代替 R 图?

26. 单值控制图适用于何种情形?

27. np 图相对于 p 图给出了什么不同的信息?为什么要用 np 图?

28. 解释 c 图和 u 图之间的差异。

29. ISO 11462-1 标准为想要运用统计过程控制的组织提供了哪些指导?

30. 解释理性子组的概念。

31. 在设计控制图时,样本量的确定要考虑哪些因素?

32. 在确定控制图的抽样频率时有哪些经济上的考虑?

案 例

糖果制造中的质量控制[28]

美国食品药品监督管理局(FDA)是从事食品行业的企业的主要监管机构。FDA 非常关注产品质量和安全,公司必须制定非常严格的指导方针以满足要求。员工需要遵守严格的守则,以确保人员和所生产食品的安全。《联邦法规》(Code of Federal Regulations)第 21 篇第 110. 10 节详述了所有应采取的预防措施,包括:

类别	准则
服装	● 穿着适合操作的外套,以防止食物、接触食物的表面或食物包装材料受到污染。 ● 取下可能掉落的饰品和其他物品,并取出在用手制作食物期间无法进行充分消毒的首饰珠宝。如果无法取下此类饰品,则可用保持完整、清洁和卫生的材料覆盖,有效防止食物、接触食物的表面或食物包装材料受到这些物品的污染。
个人卫生	● 保持足够的个人清洁度。 ● 在开始工作之前、每次离开工作台后以及在其他可能弄脏或污染双手的时间,在适当的洗手设施中彻底洗手(必要时进行消毒,以防止不良微生物污染)。
卫生保持	● 手套(如果用于食品处理中)处于完整、清洁和卫生的状态。手套应采用不透水的材料。 ● 在适当的情况下,以有效的方式戴上发网、发带、帽子、胡须套等。 ● 将衣物或其他个人物品存放在食物暴露及清洗设施以外的区域。 ● 以下行为受到限制:进食、嚼口香糖、喝饮料或吸烟。 ● 采取任何其他必要的预防措施,以防止食物、接触食物的表面或食物包装材料受到微生物或异物的污染,包括但不限于汗液、头发、化妆品、烟草、化学药品和应用于皮肤的药物。

FDA 定期对所有食品加工设施进行检查。FDA 检查糖果产品时,会根据《杂项食品制造商检查指南》(Guide to Inspections of Manufacturers of Miscellaneous Food Products)第 1 卷检查以下项目:

糖果产品	
类别	指南
原材料	鸡蛋和奶制品在使用前必须经过巴氏消毒,或者在加工过程中进行其他处理以破坏活的沙门氏菌微生物。还必须采取步骤确保易受病原性微生物污染的其他原料(明胶、干椰子、坚果)在使用前不被污染。除实际加工所需的时间,易滋生病原微生物的材料必须保持在适当的温度和相对湿度下。易受黄曲霉毒素污染的坚果和玉米粉等原材料必须符合 FDA 的有毒或有害物质法规、准则和操作水平,或在供应商保证的情况下接受。

续表

糖果产品	
类别	指南
设备和制造过程评估	控制嵌入或隐藏在糖果中的异物，例如木制碎片、玻璃或其他危险物品。加工者必须采取一切合理的预防措施，确保生产程序不会造成任何来源的污染。例如，为了防止金属污染，可能需要战略性地放置磁铁和/或金属检测器。
模制淀粉和托盘	模制淀粉经常被污染。要确定已使用了多长时间。估计新鲜淀粉的添加量和添加频率。此外，如果使用木质淀粉托盘，请检查是否有裂痕和/或碎片。
废糖（返工）	评估废糖的处理和返工。确定用于返工的容器是否可以与用于废物处理的容器区分开来。确定返工的废糖的来源。
食品和色素添加剂	标识所用的板状调味料，并估算每批的量。板状调味料是在硬糖生产中使用的冷却设备等设备上用作脱模剂的润滑剂。《FD&C 法案》（FD&C Act）第 402（d）条限制了糖果中可能包含的酒精含量。

这些准则与处理巧克力制成的产品时所检查的准则可能略有不同。这些不同可以在上述指南的第 3 节中看到：

巧克力产品	
类别	指南
原材料	可可豆受到昆虫污染是可避免的产品缺陷。对可可豆进行熏蒸处理可以杀死这些昆虫，可可豆的加工过程可以有效地清除昆虫，保证豆子内部或豆粒部分不受污染。在检查过程中，请确定已采取有效措施，例如物理屏障，防止可可豆清洗与成品加工操作之间的交叉污染。
加工	详细的可可豆加工过程包括： ● 预清洁——使用磁铁去除金属。 ● 混合——确定混合中不同可可豆的百分比。 ● 烘焙——时间温度关系。确定烤箱是否有记录温度计。 ● 冷却——时间和达到什么温度。 ● 开裂和扇动操作。 ● 铣削。 ● 巧克力酒的储存——储存罐的温度。尤其要注意水或冷凝物污染的途径。水分的存在会导致某些条件，进而导致沙门氏菌的滋生。

◆ **作业**

制定一系列测量值，糖果制造商可能会使用这些测量值来监视和控制其过程，以符合 FDA 法规。

Kirkland 医院

医疗健康组织认证联合委员会（JCAHO）根据严格的标准和准则对卫生服务提供者进行监控和评估。护理质量的改善是一个重点关注的问题。医院被要求识别和监控影响病人护理的重要质量指标，并建立“评估阈值”（TFE），即达到什么水平时，应该进行关于问题的专项调查。评估阈值提供了一种关注非随机误差（变异的特殊原因）的途径。一个合乎逻辑的设置评估阈值的方法是运用控制图。

假设 Kirkland 医院收集了手术后感染人数的月度数据。具体数据见表 8－8。医院管理者关心的问题是感染的高百分比（如 12 月的 1.76%）是否由非随机性因素引起。

表 8-8 手术后感染人数的月度数据

第 x 个月	手术数	感染人数	百分比	第 x 个月	手术数	感染人数	百分比
1	208	1	0.48	19	187	1	0.53
2	225	3	1.33	20	252	2	0.79
3	201	3	1.49	21	201	1	0.50
4	236	1	0.42	22	226	0	0.00
5	220	3	1.36	23	222	2	0.90
6	244	1	0.41	24	212	2	0.94
7	247	1	0.40	25	219	1	0.46
8	245	1	0.41	26	223	2	0.90
9	250	1	0.40	27	191	1	0.52
10	227	0	0.00	28	222	0	0.00
11	234	2	0.85	29	231	3	1.30
12	227	4	1.76	30	239	1	0.42
13	213	2	0.94	31	217	2	0.92
14	212	1	0.47	32	241	1	0.41
15	193	2	1.04	33	220	3	1.36
16	182	0	0.00	34	278	1	0.36
17	240	1	0.71	35	255	3	1.18
18	230	1	0.43	36	225	1	0.44

◆ **作业**

1. 根据表 8-8 中的数据，感染的平均百分比是多少?

2. 构建一个适当的控制图，计算上下控制限。在控制图中标出数据，并确定该过程是否处于统计控制状态。根据你的分析，管理者是否应该采取措施? 如果应该，采取什么样的措施?

3. 管理者应该采用什么样的评估阈值来监测未来的数据?

莫雷利亚抵押贷款公司

莫雷利亚抵押贷款公司（Morelia Mortgage Company）是一家中型抵押贷款公司。尽管抵押贷款行业出现“崩溃”，但该公司仍然表现良好。在经济衰退之前，莫雷利亚抵押贷款公司是为西南沙漠之家（Southwestern Desert Homes）提供贷款的主要服务商。西南沙漠之家是美国西南部几个主要城市的住宅小区的建设者。由于莫雷利亚抵押贷款公司很谨慎地选择有能力为住房支付大量首付金的客户，所以它避免了次级抵押贷款和浮动利率抵押贷款。莫雷利亚抵押贷款公司有效避免了资产负债表中不良资产的影响。事实上，当其他贷款公司接纳新客户的能力收缩时，莫雷利亚抵押贷款公司拓展了抵押贷款再融资和家庭重塑信贷业务。不久，该公司开始每周工作 6 天，雇用更多的员工。

莫雷利亚抵押贷款公司开始它的第二个转变后不久，它收到了一些关于抵押贷款处理时间过长的投诉。这些信息震惊了公司首席执行官皮特·珀内尔（Pete Purnell）。他很早就从气候寒冷的中西部城市的一家银行退休，并决定搬迁到西南沙漠地区。最初的 6 个月，他在山区徒步、打高尔夫，但之后意识到，他需要比娱乐活动更有挑战性的事业。于是，他运用自己在抵押贷款和房屋贷款业务方面的经验，创建了莫雷利亚抵押贷款公司。莫雷利亚抵押贷款公司在皮特的领导下，很快就建立了高品质但业务发展稍显保守的声誉。除此之外，该公司还以其训练有素、敬业的员工而闻名，他们通常能在 2～3 个工作日内完成贷款流程。因此，皮特从来不觉得需要考虑引入正式的过程控制方法。现在很多客户抱怨即使有一个良好的信用评分，也要一两个星期才能完成一笔贷款。鉴于近期有关的投诉，皮特怀疑导致质量下降的原因在于快速扩张到完全两班制的运营，高产量会带来压力，在尽快满足高利润客户要求的同时也会怠慢其他客户。

为了获得对贷款处理的建议，皮特聘请了质量顾问，在统计过程控制的方法上对过程管理者和若干贷款职工进行培训。作为一个试验项目，其中一个过程管理者想要评估一个关键操作的能力，她认为这个关键操作就是导致延误的主要原因。这个处理操作的公称规格为 15.5 小时，公差为 5 小时。因此，上下规范限为 20.5 小时和 10.5 小时。质量顾问建议检查在 15 天内每班的中间时刻，每位贷款职工 5 个连续的处理时间，并记录下他们已经处理完的贷款的生效时间。相关数据可在网站 www.cengage.com/decisionsciences/evans/quality/11e 上的 C08 Case Date 工作表中找到。

◆ **作业**

1. 莫雷利亚抵押贷款公司是否面临一个急需解决的严重问题？公司如何消除贷款处理缓慢的问题？
2. 如果怀疑出现了失控状态，可能是什么原因导致的？公司应该进行什么样的调查？

注　释

1. Noriaki Kano, "A Perspective on Quality Activities in American Firms," *California Management Review*, Spring 1993, 12–31.
2. Arthur J. Swersey, "The Service Quality Platform," *Quality Progress*, December 2013, 56–61.
3. Neal Gabler, "The Magic in the Warehouse," *Fortune*, December 15, 2016, 182–189.
4. Steven Prevette, "Applying Quality Methods Improves Safety at Nuclear Cleanup Site," *Quality Progress*, May 2010.
5. Adapted from K. M. Casarreal, J. I. Mills, and M. A. Plant, "Improving Service Through Patient Surveys in a Multi-hospital Organization," *Hospital & Health Services Administration*, Health Administration Press, Ann Arbor, MI (March/April 1986), 41–52. © 1986, Foundation of the American College of Health Care Executives.
6. Glenn E. Hayes and Harry G. Romig, *Modern Quality Control* (Encino, CA: Benziger, Bruce & Glencoe, Inc., 1977).
7. Frank M. Gryna, "Quality Costs," in *Juran's Quality Control Handbook*, 4th ed. (New York McGraw-Hill, 1988).
8. Douglas H. Harris and Frederick B. Chaney, *Human Factors in Quality Assurance* (New York: John Wiley & Sons, Inc., 1969).
9. Statement made by Belinda Collins before the House Subcommittee on Technology, Committee on Science, June 29, 1995).
10. Jay Bucher, *The Quality Calibration Handbook* (Milwaukee, WI: ASQ Quality Press, 2007).
11. Jennifer Pollock, "Built to Last, and Last ..." *Fast Company*, May 2006, 83–84.
12. This section is adopted from NIST Calibration Services, available at http://www.nist.gov.
13. Jack Anderson, "The Future of Metrology," *Quality Digest*, January 31, 2008.
14. *ASQC Automotive Division Statistical Process Control Manual* (Milwaukee, WI: American Society for Quality Control, 1986).
15. Donald J. Wheeler, "Problems with Gauge R&R Studies," *Quality Digest*, January 13, 2011. http://www.qualitydigest.com/inside/quality-insider-column/problems-gauge-rr-studies.html.
16. Robert W. Hoyer and Wayne C. Ellis, "A Graphical Exploration of SPC, Part 1," *Quality Progress* 29, no. 5 (May 1996), 65–73.
17. Cesar A. Vasquez, "Two Steps to Making Informed Decisions," *Six Sigma Forum Magazine* (February 2005), 29–35.
18. Mark L. Crossley, "Size Matters. How Good Is Your C_{pk}, Really?" *Quality Digest*, May 2000, 71–72.
19. Paul F. McCoy, "Using Performance Indexes to Monitor Production Processes," *Quality Progress* 24, no. 2 (February 1991), 49–55; see also Fred A. Spring, "The Cpm Index," *Quality Progress* 24, no. 2 (February 1991), 57–61.
20. Helmut Schneider, James Pruett, and Cliff Lagrange, "Uses of Process Capability Indices in the Supplier Certification Process," *Quality Engineering* 8, no. 2 (1995–1996), 225–235.
21. See Robert W. Traver, "Pre-Control: A Good Alternative to *x*-*R*-Charts," *Quality Progress* 18, no. 9 (September 1985) for a more thorough discussion of pre-control.
22. This discussion is adapted from James R Evans, *Statistical Process Control for Quality Improvement: A Training Guide to Learning SPC* (Englewood Cliffs, NJ: Prentice Hall, 1991). Reprinted with permission of Prentice Hall, Upper Saddle River, NJ.
23. H. F. Dodge and M. N. Torrey, "A Check Inspection and Demerit Weighting Plan," *Industrial Quality Control* 13, no. 1 (July 1956), 5–12.
24. John E. West, "Do You Know Your SPC?" *Quality Digest*, July 2001, 51–56.
25. D. C. Montgomery, "The Economic Design of Control Charts: A Review and Literature Survey," *Journal of Quality Technology* 12, no. 2 (1980), 75–87.
26. Raymond R Mayer, "Selecting Control Limits," *Quality Progress* 16, no. 9 (1983), 24–26.
27. Copyright 1999–2000. From an SPC Case Study on Stabilizing Syringe Lengths by LeRoy A. Franklin and Samar N. Mukherjee. Taylor & Francis Group, LLC (http://www.tandfonline.com).
28. We express our appreciation to one of our former students, Mardee House, who conducted the research for this case.

第 9 章 过程改进与六西格玛

当前任辛辛那提市政长官瓦莱丽·莱米（Valerie Lemmie）上任时，她询问建筑检查员该市是否有建筑许可证的“一站式服务”。得到的答复是：“当然有。这里停一下，那里停一下，然后那里再停一下。”最后她发现，一份许可证从最初申请到打印出来要停 473 次！一名被聘请来分析建筑与检查部的顾问，在市政厅待了一周并记录了审批过程的每个步骤后，最终以约 30 英尺长的流程图描述了建筑许可程序。尽管莱米认为改进工作并不容易，但一名助理指出，很多人都想知道如何才能把工作做得更好。“他们可能比其他人更清楚所有问题，也比其他人更需要参与到解决方案之中。”[1]

许多年前，朱兰将**突破**（breakthrough）定义为：使组织达到前所未有的绩效水平的任何改进成就。突破攻克的是长期损失难题，或者用戴明的话来说，是造成变异的常见原因。改进过程需要做大量工作，类似艾尔德尔-斯泰茨维尔学校和布里斯托尔田纳西州基础服务机构（请参阅质量档案）这样的组织肯定可以理解。正确地使用工具很重要，可以使工作变得相当容易。我们在第 5 章介绍了过程改进的基本概念，重点聚焦于更广泛的过程管理中的改进哲学。在本章，我们将重点介绍过程改进方法和工具以及它们如何为现代六西格玛方法奠定基础。

质量档案 艾尔德尔-斯泰茨维尔学校和布里斯托尔田纳西州基础服务机构

艾尔德尔-斯泰茨维尔学校（Iredell-Statesville Schools，I-SS）位于北卡罗来纳州西南部，是一所公立学校，处于多元化的社区和经济环境中。其高层领导以“点燃学习热情，提高学生成绩”为新愿景，将学校从“以教为本”转型为“以学为本”。学校领导团队以卓越绩效模式为管理方法，共享和实现学校愿景。在课堂上，通过重点讨论和分析，确定学生应该知道和能够做的事情，下列五个关键的学习问题构成了行动基础：

1. “学生们需要知道些什么？”
2. “他们如何学习这些知识？”
3. “我们怎么知道他们已经学会了？”
4. “如果他们没学会，我们该怎么做？”
5. “如果他们已经知道了，我们该怎么做？”

如果学生的表现未达到目标，可以通过系统地应用计划（plan）、执行（do）、研究（study）、行动（act）（PDSA）循环，识别和实施改进措施来弥补差距。PDSA 还用于整个学区和支持地区的运营，最佳实践得以在整个地区、部门和学校之间共享。

实施卓越绩效模式的结果说明了专注于提高学生成绩的努力所产生的影响。例如，在“不让一个孩子掉队”的衡量标准中，I-SS 已实现其 94%的“年度进步”目标，并超过了其他地区和州。在短短 6 年的时间里，期末阅读综合成绩显示，从 75%的学生熟悉知识内容提高到了 90.6%。此外，I-SS 还缩小了非洲裔美国学生与其他学生之间的阅读能力差距，使差距从 23%降至 12.3%。同类群组毕业率（九年级学生四年后从高中毕业的百分比）从 64%稳定增长到 80.7%。最令人印象深刻的是，尽管 I-SS 每名学生的运营支出在北卡罗来纳州是最低的，但其学术排名位列该州学校系统前十名。I-SS 在 2008 年获得了波多里奇奖。

布里斯托尔田纳西州基础服务机构（Bristol Tennessee Essential Services，BTES）是一家电力和光纤服务公用事业公司，也是 2017 年波多里奇奖获得者，68 名员工为 3.3 万名客户提供服务。它以每秒 10 千兆的速度提供了美国最快的互联网接入服务。它在过去 40 年里实现的效率提升为客户节省了约 7 000 万美元，并在许多产品和性能指标上的客户满意度接近 100%。BTES 建立了持续改进文化，在整个组织中全面部署，并有效识别和快速提高了绩效。例如，CAP-DO 流程（检查（check）、行动（act）、计划（plan）、执行（do））鼓励员工和团队快速地改进流程。通过使用其改进计划，BTES 将所有与客户和员工相关的输入视为改进机会或积极因素，使整个组织的所有部门和流程收集的数据保持一致性和严谨性。BTES 使用其系统管理与资源培训（SMART）系统——一个在线培训门户，来沟通流程标准、标准操作程序以及流程变更和改进。员工每季度都要完成被分配的所有模块，并且每年 100%的员工均有职业发展机会。

可靠性是 BTES 的关键绩效指标和关键成功因素。通过新技术和创新，该机构持续减少停机时间，努力实现每年每位用户停机时间不超过 60 分钟的目标，且过去三年已经超过了这一目标。这一基准远远超过了行业、地区的平均水平（在90～100分钟）。由于光纤系统集成、节能家装贷款、内部研讨会与贸易展培训、节能照明和设备等方面的高效率以及持续的成本评估与控制，BTES 为客户节省了成本，也使其能够在过去 40 年中将约 7 000 万美元收入囊中。BTES 认为其“保住客户口袋里的钱”的能力是财务成功的关键因素。

资料来源：Malcolm Baldrige National Quality Award Winners' Profiles，U. S. Department of Commerce，National Institute of Standards and Technology.

9.1 过程改进方法

过程改进依赖于有效识别问题，制定好的解决方案，并加以落实。系统的、基于事实的问题解决方法对于实现这一目标至关重要。结构化解决问题的方法为所有员工，特别是跨职能团队的成员，提供了一种通用语言和一套相互沟通的工具。它还确保解决方案是客观制定的而不是基于个人观点或轻率的判断。

多年来，大量的改进方法已经提出，不同的组织使用不同的方法。尽管每种方法都有其独特之处，但仍有许多共同的主题[2]：

1. 重新定义和分析问题：收集和组织信息，分析数据和基本假设，并以新的视角重新审视问题，以找到可采取措施的问题定义。

2. 提出构想：以头脑风暴开发潜在的解决方案。

3. 评估和选择构想：确定构想是否有价值，能否实现解决问题的目标。

4. 实施构想：推销解决方案，并获得那些必须使用这些构想的人的认可。

我们将在这里回顾一些比较突出的方法。

9.1.1 戴明环

戴明环是一种对过程改进科学方法进行的简单调整。1939 年，沃尔特·休哈特首次将其描述为大规模生产的规范、生产和检验三步骤，而且是一个“构建获取知识的动态科学的过程”。[3]这些步骤相当于科学方法中的假设、进行试验和假设检验。休哈特用一个循环图来描述这一过程，以表达持续改进的重要性。戴明发展了这一观点，并于 1950 年在日本的研讨会上提出。“戴明环”包括：

1. 通过合理的测试来设计产品。

2. 制造产品并在生产线和实验室进行测试。

3. 出售产品。

4. 通过市场调查来测试产品。找出用户对产品的看法以及非用户没有购买的原因。

日本管理者将上述活动纳入 PDCA 循环——计划（plan）（设计产品）、执行（do）（确保按照设计制造产品）、检查（check）（检查销售/投诉，并确认顾客是否满意）、行动（act）（利用反馈将改进纳入下一阶段的计划）。这就是著名的戴明环。戴明在 20 世纪 80 年代的管理研讨会上再次介绍了这一循环，并将“检查”改为“研究”（study），称为 PDSA 循环，如图 9－1 所示。然而，一些组织仍然在使用 PDCA 循环。例如，2007 年波多里奇奖获得者仁惠医疗系统（Mercy Health Systems）使用戴明环作为其过程管理框架，如图 9－2 所示。

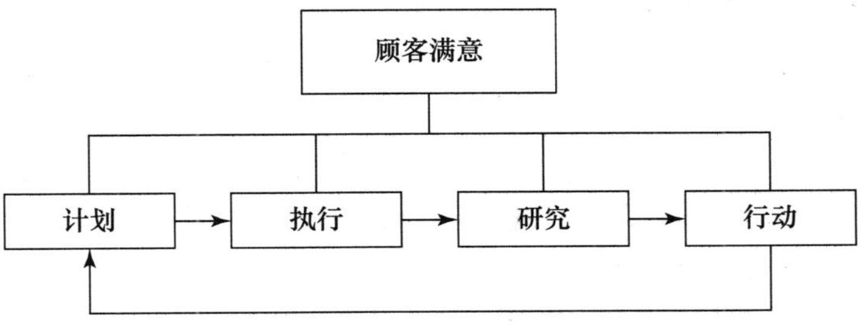

图 9－1 戴明环

多年来基于一些质量实践者的贡献和著述，PDSA 演变成为更通用的过程，既可用

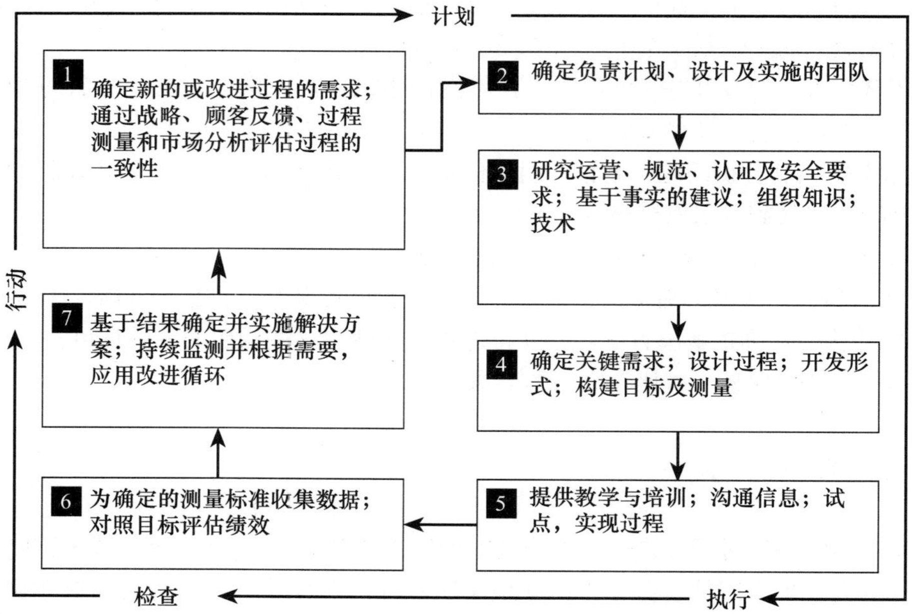

图 9-2　仁惠医疗系统对戴明环的应用

资料来源：Mercy Health Systems 2007 Baldrige National Quality Award application Summary.

于短期的持续改进，也可用于长期的组织学习，远远超过了最初对产品设计的关注。[4] PDSA 的基本前提是改进对知识的应用。[5]这些知识可能是工程、管理方面，或流程如何运作，从而使工作更轻松、更准确、更快、成本更低、更安全，或者更好地满足顾客需求。需要考虑的三个基本问题是：

- 我们想要完成什么？
- 我们可以做出哪些改变来取得改进？
- 我们如何知道改变就是改进？

通过学习的过程，知识得以发展。从这个角度来看，许多组织使用戴明环作为其组织绩效改进活动的基础。

PDSA 提供了一个基本框架，用于开发、测试和实施任何会引起改进过程的变革。计划阶段包括研究现状和描述过程（过程的输入、输出，顾客和供应商情况）；理解顾客的期望；收集数据；识别问题；测试找出问题原因的理论合理性；制订解决方案和行动计划。在执行阶段，计划是在试验基础上实施的，如在实验室试制产品过程，或通过一小群顾客来评估提出的解决方案，并提供客观数据。收集并记录实验数据。研究阶段通过评估结果，记录学习情况，以及确定是否需要处理任何进一步的问题或机会，来确定试验计划是否正常运行。通常第一个解决方案必须修改或废弃。通过重新回到执行阶段，提出新的解决方案并进行评估。在最后的行动阶段，改进将会标准化，最终计划作为"当前最佳实践"加以实施，并在整个组织内进行沟通。然后，此过程回到计划阶段，以确定其他改进机会。表 9-1 更详细地总结了戴明环的步骤。

表 9-1 戴明环的详细步骤

计划
1. 定义过程：过程的开始、结束和内容。
2. 描述过程：列出执行的关键任务和步骤顺序、涉及的人员、使用的设备、环境条件、工作方法和使用的材料。
3. 描述参与者：内外部顾客和供应商以及流程操作员。
4. 定义顾客期望：内外部顾客有什么需求，想在什么时间和地点满足需求。
5. 确定哪些历史数据是关于过程性能的，或者需要收集哪些数据来更好地理解过程。
6. 描述与过程相关的感知到的问题：例如，未能满足顾客的期望，过度的变化，过长的周期，等等。
7. 确定问题的主要原因及其对过程性能的影响。
8. 开发过程的潜在变更或解决方案，并评估这些变更或解决方案将如何影响问题的主要原因。
9. 选择最有希望的解决方案。
执行
1. 进行初步研究或试验，以测试潜在解决方案的效果。
2. 确定方法，以了解任何更改或解决方案如何成功地解决所感知到的问题。
研究
1. 检查初步研究或试验的结果。
2. 确定过程性能是否得到改善。
3. 确定可能需要的进一步试验。
行动
1. 选择最佳的更改或解决方案。
2. 制订实施计划：需要做什么，应该有谁参与，何时完成计划。
3. 标准化解决方案，例如，编写新的标准操作程序。
4. 建立过程监控和控制过程性能。

资料来源：Adapted from *Small Business Guidebook to Quality Management*, Office of the Secretary of Defense, Quality Management Office, Washington, DC. Copyright © 1998.

下面的示例显示了如何在实践中应用戴明环。

例 9-1

戴明环的应用

针对每天出现在营业场所的排长队现象，餐馆合伙人决定做些事情来解决这一问题。[6]在与其他员工讨论之后，几个重要的事实浮出水面：

- 顾客排队等候最多 15 分钟。
- 通常都有空桌。
- 许多顾客是常客。
- 接收订单和准备食物的人相互干扰。

为了衡量任何改变可能带来的改进效果，他们决定收集有关排队的顾客数量、空桌数以及顾客收到所订食物之前所需时间这些数据。

在计划阶段，合伙人想要测试一些变化。决定进行三项改动：

1. 为顾客提供可提前传真订单的方式（租用一台传真机一个月）。
2. 在厨房里建一个备餐台，有足够的空间来处理传真订单。
3. 用两台收银机中的一台专门处理传真订单。

午餐时间，一位合伙人每 15 分钟测量一次队伍的长度和空桌的数量。当 15 分钟的排队检查完成后，会记下排队的最后一个人，并测量直到他得到食物为止的时间。

在执行阶段，合伙人对三种措施的效果进行了三周的观察。在研究阶段，他们发现了一些改进。排队时间从 15 分钟减少到平均 5 分钟。高峰时的平均排队人数下降到 12 人，空桌的数量也略有减少。在行动阶段，合伙人与所有员工召开会议讨论结果。他们决定购买一台传真机以在厨房里接收传真订单和电话订单，并用两台收银机来处理到店服务和传真订单。

9.1.2 创造性解决问题

解决质量问题通常需要大量的创造性。**创造性**（creativity）是用新的或新颖的方式看待事物。在已成为世界级效率标杆的丰田生产方式中，一个关键概念是 soikufu——创造性思维或创造性构想，意思是充分利用员工的建议。丰田公司董事长曾经说："日本员工的一个特点就是既用脑又用手。我们的员工每年提出 150 万条建议，其中 95%都得到了实际应用。在丰田，对改进的关注几乎随处可见。"[7] 许多创造性工具都是为了帮助人们改变看待问题或机会的角度，从而产生新的观点。

虽然许多创意似乎是在灵感迸发的时刻产生，但是系统的方法可以完善思维方式，并为这些时刻做好准备。有效的问题解决过程可以轻松地适应质量改进，这源于创造性解决问题（creative problem solving，CPS）概念——由亚历克斯·奥斯本（Alex Osborn）率先提出，并经西德尼·帕尼斯（Sidney Parnes）提炼完善。[8]

这项战略包括以下步骤：

- 理解"混乱"；
- 发现事实；
- 确定具体问题；
- 产生创意；
- 制订解决方案；
- 实施解决方案。

创造性解决问题相关文献提供了许多工具和方法来促进上述每一步骤，并开发出更具创造性的结果。

9.1.3 定制的改进方法

戴明环和创造性解决问题的过程存在许多变化。例如，一些医院和美国海岸警卫队使用一种 FADE 方法——聚焦（focus）、分析（analyze）、开发（develop）和执行（execute）。在聚焦阶段，团队选择要解决的问题并定义它，描述过程的当前状态，为什么需要改变，期望的结果是什么，以及实现该结果的好处。在分析阶段，团队将详细描述过程，确定需要哪些数据和信息，并制定问题的根本原因列表。开发阶段的重点是创建解决方案和实施计划，以及需要解释的文件，向负责分配资源的管理层证明建议的合理性。最后，在执行阶段，实施解决方案并建立监控计划。

过程改进方法通常与许多组织独特的组织文化保持一致。例如，第一家获得波多里奇奖的汽车经销商 Park Place Lexus，使用了一个名为"DRIVE"的过程——定义问题（define）、识别原因（recognize）、确定解决方案（identify）、验证操作（verify）及评估结果（evaluate）。显然，这个缩略语对组织有特殊意义，而且很容易让员工记住。

一些组织将戴明环嵌入更广泛的框架中。图 9-3 展示了一家医疗卫生机构的例子。一旦提出了解决方案，将在实施之前使用戴明环来测试和评估解决方案。并非每一种方法都适用于所有组织，必须选择或设计适合本组织文化和人员的方法。

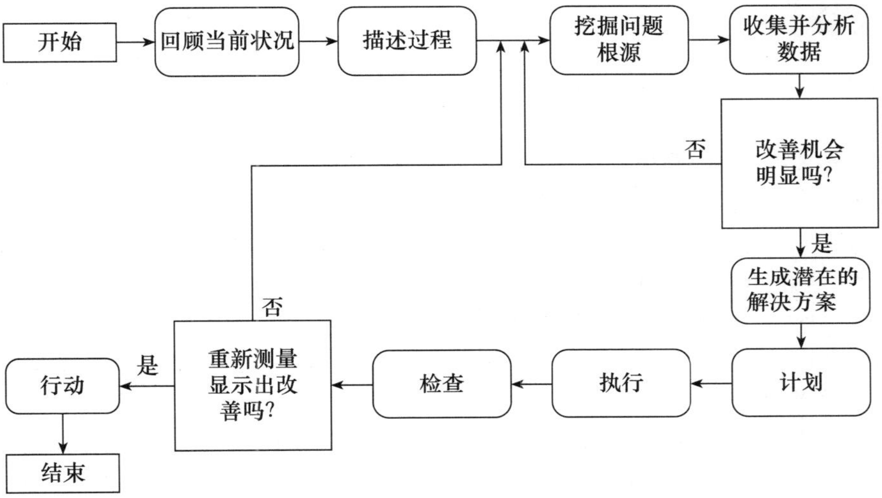

图 9-3 将戴明环嵌入过程改进模型中

资料来源：Bethesda Hospital，Inc.，619 Oak Street，Cincinnati，OH 45241.

9.1.4 DMAIC

也许最广为人知的过程改进方法是 DMAIC——定义（define）、测量（measure）、分析（analyze）、改进（improve）和控制（control）。DMAIC 是六西格玛管理中使用的过程改进方法，我们将很快讨论。下面的例子显示了美国运通公司（American Express，AMEX）如何使用 DMAIC 提高收到续卡的顾客数量。[9]（在本例中，因保密原因数据被修改。）

- 定义和测量。AMEX 平均一年内每月收到 1 000 张退卡，其中，65%是因为持卡人变更了地址而没有告知公司。美国邮局称这些为可转寄地址。AMEX 收到退回的卡片时不会通知持卡人。
- 分析。数据分析表明，不同产品类型的退卡原因存在显著差异。周转卡 Optima 的缺陷数最高，但缺陷率与其他类型的卡没有显著差异。到目前为止，在换卡、续卡和新开卡这三个方面，续卡的缺陷率最高。经过测试发现，可转寄地址的退卡占退卡总数的很大比例。

• 改进。对发出的所有续卡文件进行试验性初步研究，将其记录与全国地址变更数据库进行比较。结果，能够将 dpmo 降低 44.5%，即从每百万次机会的 13 500 个缺陷降低到 6 036 个。这一操作使 1 200 多名无法自动收到信用卡的持卡人收到了信用卡，提高了收入和顾客满意度。

• 控制。AMEX 开始定期跟踪退卡率，以此作为监控新过程的手段，以确保其始终处于控制之中。

如你所见，DMAIC 与我们讨论的其他过程改进方法没有太大区别，与创造性解决问题过程也非常相似。

质量聚光灯

Corwil 技术公司[10]

Corwil 技术公司位于加利福尼亚州的米尔皮塔斯，为半导体、OEM 电子、军事和航空航天以及医疗行业提供高质量和快速响应的集成电路组装与测试服务。与硅谷的许多代工制造商一样，Corwil 技术公司具有快节奏、以生产为导向的文化。多年来，速效对策（急于求成）或过程的“权宜之计”导致该公司的标准操作程序效率低下。公司的管理团队认识到有三个过程改进机会。他们咨询了 NIST“制造业拓展计划”（Manufacturing Extension Program）分支机构 Manex，将六西格玛问题解决方法与延伸版的改善活动相结合，以培训三个项目团队。其中，两个改进领域在办公室，一个在生产车间，团队致力于改进销售订单处理、库存控制和制造过程中的质量与周期时间。首先，Manex 在咨询中对三个小组进行了六西格玛 DMAIC 方法的培训。接下来，每个团队在每周的指导会议上将 DMAIC 应用于特定问题。会议以简短的项目作业清单结束，在整个项目中促进稳定的、渐进的学习。项目结果包括：每月财务结算周期缩短了 57%，库存差异错误减少了 99.5%，从试点项目开始的订单处理时间缩短了 75%，与运输相关的质量差错减少了 93%，特定产品系列最大成品损耗减少了 41%。

由于六西格玛的流行和许多组织培训员工使用 DMAIC，我们将用六西格玛作为进一步讨论过程改进工具和技术的基本框架。为了更好地理解 DMAIC，接下来介绍六西格玛基本原理。

9.2 六西格玛

六西格玛因为被联信公司（Allied Signal，现在是霍尼韦尔的一部分）和通用电气这样的大公司接受，获得了大量的关注和信赖。**六西格玛**（Six Sigma）可被描述为一种业务改进方法，通过关注对顾客至关重要的输出和为组织带来明确的财务回报，来寻找并消除制造和服务过程中的缺陷及错误原因。六西格玛基于统计测量，相当于每百万次机会中出现 3.4 个或更少的错误或缺陷（此计算已在第 8 章解释）。所有采用六西格玛基本原理的组织，其最终目标是使所有的关键过程（无论功能区域如何）都达到六西格玛水平。

（在本书中，我们使用“σ”来表示统计学上的测量方法，用“六西格玛”表示这种管理哲学。）

9.2.1 六西格玛的演变

摩托罗拉率先采用六西格玛概念来衡量产品和服务质量。摩托罗拉可靠性工程师比尔·史密斯（Bill Smith）在20世纪80年代中期提出了这一概念，并将其推销给了摩托罗拉首席执行官罗伯特·加尔文（Robert Galvin）。史密斯指出，系统故障率大大高于最终产品测试所预期的水平，并暗示存在多种原因，包括较高的系统复杂性导致更多的故障机会，以及传统质量思想的根本缺陷。他得出的结论是，需要更高水平的内部质量水平，并使加尔文深信其重要性。[11]因此，摩托罗拉在1987年设定了以下目标：

> 到1989年将产品和服务质量提高10倍，到1991年提高至少100倍，到1992年实现六西格玛能力。怀着深刻的紧迫感，将对质量的奉献精神传播到公司的各个方面，并建立起一种持续改进的文化，以确保总体顾客满意度。最终目标只有一个：我们所做的一切都是零缺陷。

虽然摩托罗拉提出了六西格玛概念，但在通用电气前首席执行官杰克·韦尔奇（Jack Welch）的推动下，通用电气的努力引起了媒体的广泛关注，并使六西格玛成为一种流行的质量改进方法。20世纪90年代中期，随着质量成为通用电气内部关注的焦点，杰克·韦尔奇邀请了当时在六西格玛方面取得巨大成功的联信公司首席执行官拉里·博西迪（Larry Bossidy）在公司执行理事会会议上谈论六西格玛。会议吸引了通用电气经理们的注意。正如韦尔奇所说，“我对六西格玛疯狂痴迷并启动了它”，并称其为公司有史以来最雄心勃勃的工作。[12]为了确保成功，通用电气改变了其激励性薪酬计划，其中60%的奖金来自财务，40%的奖金则来自六西格玛，并为参加六西格玛培训的员工授予了股票期权。第一年，他们培训了30 000名员工，耗资2亿美元，并节省了约1.5亿美元。1996—1997年，通用电气将六西格玛项目数量从3 000个增加到6 000个，实现了3.2亿美元的生产率提升和利润增长。到1998年，该公司已在六西格玛实施中节省了7.5亿美元，超过了投入，并在下一年节省了15亿美元。

通用电气有许多早期的成功案例。例如，通用电气金融事业部（GE Capital）每年接到约30万个来自按揭贷款客户的电话，由于员工繁忙或没空，这些客户24%的时间都要使用语音信箱或回拨。六西格玛团队分析了一个电话接听率接近完美的分支机构，并将其学到的最佳实践应用于其他41个分支机构，结果客户的一次通话率达到了99.9%。通用电气塑料事业部（GE Plastics）的一个团队将CD-ROM和音频CD中使用的产品质量从3.8西格玛水平提高到5.7西格玛水平，并从索尼公司获得了大量新业务。[13]通用电气使用六西格玛方法，将CT扫描仪X射线管的寿命提高了10倍，工业钻石业务的投资回报率提高了400%，轨道车辆维修车间的周期时间减少了62%，塑料业务节省了4亿美元。[14]

经过多年实施，六西格玛成为通用电气公司文化的重要组成部分。实际上，随着通用电气不断收购新公司，将六西格玛整合到不同的企业文化中是一项重大的挑战。六西格玛在收购中是优先考虑的，并且在收购过程的早期就已经解决。通用电气发现的关键经验之一是：六西格玛不仅仅适合工程师。韦尔奇的看法如下[15]：

- 工厂经理可以利用六西格玛减少浪费，提高产品一致性，解决设备问题或提高产能；
- 人力资源经理需要它来减少雇用员工的周期时间；
- 区域销售经理可以用它来改进预测的可靠性、定价策略或价格变化；
- 水管工、汽车修理工和园丁可以用它来更好地了解顾客需求，量身定制其服务产品以满足顾客的期望。

许多其他组织，如得州仪器、联信、波音、3M、家得宝（Home Depot）、卡特彼勒、IBM、施乐、花旗银行、雷神（Raytheon）和美国空军空战司令部都采用了六西格玛，并取得了显著成果。从 1995 年到 1997 年第一季度，联信报告说，其六西格玛项目节省的成本超过了 8 亿美元。花旗银行集团内部客户电话回拨减少了 80%，信贷处理时间减少了 50%，处理报表的周期时间从 28 天减少到了 15 天。[16]六西格玛已经应用于产品开发、新业务收购、顾客服务、会计和许多其他业务领域。

质量聚光灯

Schwan's 公司[17]

Schwan's 公司专营冷冻比萨饼和其他食品。该公司位于堪萨斯州萨利纳，拥有 251 名员工。Schwan's 的全球供应链在位于肯塔基州佛罗伦萨的制造工厂，生产以 Red Baron，Freschetta 和 Tony's 品牌出售的比萨饼。

在与比萨饼生产过程中的浪费做了多年斗争之后，Schwan's 全球供应链决定采用六西格玛，以解决过量使用奶酪的根本问题。只要减少过量使用仅几个百分点，就可以节省大量成本。该公司与肯塔基州制造援助中心（KMAC）合作，协助其建立六西格玛方法论。

KMAC 将 Schwan's 全球供应链的几名员工培训成六西格玛黑带。管理团队给他们每人分配了项目。这些项目是按照 KMAC 领导的管理层协调会议确定的标准选择出来的。KMAC 在整个项目中指导 Schwan's 全球供应链员工。在 KMAC 的帮助下，公司预计将节省超过 100 万美元的成本，发现新的投资机会，并提高顾客满意度。

9.2.2 六西格玛理念

六西格玛始于制造业，其重点在于将缺陷水平降低到只有百万分之几。它演变成一种正式的业务策略，旨在加速组织各个方面的改进。[18]六西格玛结合了许多传统的统计方法和质量改进与控制工具，这些方法在 20 世纪得到了广泛应用。然而，其实践方式与 70 年代和 80 年代的全面质量管理实践有明显区别。六西格玛的核心理念基于以下概念[19]：

1. 从关键业务过程和顾客需求的角度思考，明确关注总体战略目标。
2. 关注公司资助者，他们负责倡导项目，支持团队活动，帮助克服变革阻力和获得资源。

3. 强调诸如百万机会缺陷数这样的可量化的测量指标，可应用于组织所有方面，包括制造、工程、管理、软件等。

4. 确保在过程早期识别出适当的指标，并将重点放在业务结果上，从而提供激励并明确责任。

5. 提供广泛的培训，然后部署项目团队，以提高盈利能力，减少非增值活动，缩短周期时间。

6. 培养可使用改进工具并领导团队的高质量过程改进专家（“绿带”“黑带”和“黑带大师”）。

7. 设定持续改进目标。

六西格玛与全面质量管理（TQM）理念差异较大。TQM和六西格玛之间的一些特点对比包括：

- TQM主要基于员工自主及团队合作，六西格玛则由商业领袖倡导；
- TQM活动通常发生在一个职能、过程或个人工作场所，六西格玛项目是真正的跨职能、跨部门；
- TQM培训一般限于简单的改进工具和概念，六西格玛专注于一套更严格和先进的统计方法以及DMAIC方法论；
- TQM专注于改进，很少有财务责任，六西格玛要求可验证的投资回报，并关注最终盈利（或亏损）。

在许多方面，六西格玛实现了TQM的许多基本概念，特别是人与过程要素的改进整合。[20]人的要素包括管理领导力、紧迫感、对结果和顾客的关注、团队过程和文化变革；过程要素包括使用过程管理技术，分析变异和统计方法，严格的问题解决方法，以及根据事实进行管理。此外，六西格玛提高了统计和统计思维在质量改进中的重要性。六西格玛专注于可衡量的营收成果，以严格的统计方法解决问题，快速完成项目及组织基础架构，这使其成为一种强大的改进方法。

9.2.3 3.4dpmo的统计学基础

正如我们前面提到的，六西格玛代表的质量水平为每百万次机会中最多出现3.4个缺陷，或者3.4个dpmo。图9-4在传统制造规范背景下解释了这种测量的理论基础。阴影部分表示过程输出的自然变化。它被假定为正态分布并以名义（目标）规范为中心。回想一下，正态分布下几乎100%的面积都在均值两侧的3个标准差范围内。我们还假设设计公差有12个标准差，因此阴影部分的过程能力指数为$C_p=2.0$，表示过程能力卓越。

摩托罗拉通过分析现场故障数据发现，在正常控制下，摩托罗拉的过程平均漂移了1.5个标准差（图9-4中的非阴影部分）。正如我们在第8章中提到的，许多常见的统计过程控制计划使用的样本量只允许检测大约2个标准差的漂移。因此，对于一个过程来说，漂移如此之大而不被注意是很常见的。在分布中界定所允许的变动值是很重要的，因为没有一个过程可以处于完美的控制中。如果我们计算出一条偏移曲线的尾部面积超出规范限（与目标值有6个标准差，即“六西格玛”名字的由来），则得出0.000 003 4，即百万分之3.4。因此，“六西格玛质量水平”相当于过程变异量等于设计公差的一半，

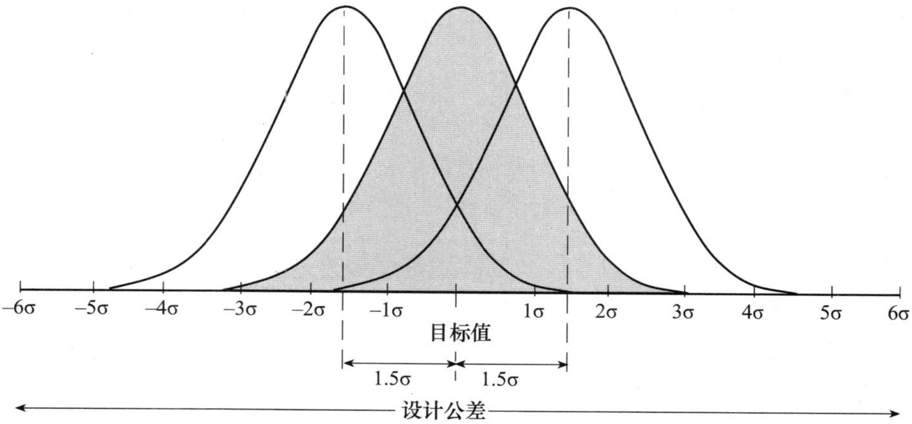

图 9-4 六西格玛理论基础

同时允许平均值偏离目标值 1.5 个标准差。类似地，我们可以定义“三西格玛质量”“四西格玛质量”等。

理解这一点的最简单方法是考虑从目标值到上下规范限（一半的公差）的距离，以固有变化的标准差来衡量，即西格玛水平。k 西格玛质量水平满足以下公式：

$$k \times \text{过程标准差} = \text{公差范围}/2 \tag{9.1}$$

图 9-4 中，过程标准差为 σ，公差范围为 12σ。因此，使用式（9.1），我们得到

$$k \times \sigma = 12\sigma/2$$

因此，$k=6$ 就是计算出来的西格玛水平。

例 9-2

计算西格玛水平

假设某过程规范限为：下规范限（*LSL*）=0.02 和上规范限（*USL*）=0.10，标准规范为 0.06。如果过程标准差为 0.01，试计算西格玛水平。使用式（9.1）：

$$k \times 0.01 = (0.10-0.02)/2$$

或

$$k = 0.04/0.01 = 4$$

因此，只要该过程保持在公差范围内（0.06）且过程平均值的漂移不超过 1.5×0.01=0.015，该过程就会在 4 西格玛水平下运行。

以下 Excel 函数可用于计算与西格玛水平相对应的 dpmo 值：

=（1－NORM. DIST（sigma level，1.5，1，TRUE））*1 000 000 （9.2）

例 9-3

计算西格玛水平对应的 dpmo 值

为了验证使用式（9.2）进行六西格玛质量水平的计算，我们发现：

=（1－NORM. DIST（6，1.5，1，TRUE））*1 000 000=3.4dpmo

在例 9-2 中，四西格玛质量水平对应的 dpmo 值为：

=（1－NORM. DIST（4，1.5，1，TRUE））＊1 000 000=6 210dpmo

使用式（9.2），我们可以将不同西格玛水平对应的 dpmo 值制成表格，结果如表 9-2所示。可以使用此表来估算给定西格玛水平的 dpmo 值，或者估算给定 dpmo 的西格玛水平。

表 9-2　不同西格玛水平对应的 dpmo 值

西格玛水平	dpmo
3.0	66 807.2
3.5	22 750.1
4.0	6 209.7
4.5	1 349.9
5.0	232.6
5.5	31.7
6.0	3.4

我们还可以使用以下 Excel 函数为给定的 dpmo 值计算确切的西格玛水平：

=NORM. S. INV（1－dpmo/1 000 000）＋1.5　　(9.3)

例 9-4

计算 dpmo 值对应的西格玛水平

在第 8 章的例 8-6 中，我们为运输订单计算的 dpmo 为 35 256。使用式（9.3）=NORM. S. INV（1－35 256/1 000 000）＋1.5，发现此过程在 3.31 西格玛水平运行。

四西格玛和六西格玛质量水平之间的差异可能令人惊讶。举个实例，如果你的移动电话系统在四西格玛水平下运行，你每个月将有 4 个多小时没有服务，在六西格玛水平下，每个月只有大约 9 秒没有服务；一个四西格玛过程将导致每 3 辆卡车装载一个不合格包裹，对于一个六西格玛过程，每 5 000 辆卡车中只有一个装载不合格包裹。如果每年打 100 场高尔夫球，六西格玛水平意味着每 163 年才有一次击空！

尽管六西格玛概念最初是基于在公差规范内进行制造而开发的，但现已在所有过程中投入使用，代表着百万机会缺陷数最多不超过 3.4 个的通用质量水平。这使得将此概念应用于服务业变得很容易。通用电气是最早理解六西格玛可应用于任何会造成缺陷的过程的组织之一，并将六西格玛引入其金融事业部。在摩托罗拉，六西格玛成为所有员工的通用语言。对他们来说，即使他们不了解统计细节，这也意味着近乎完美。（有些人会对同事说："过个六西格玛周末吧！"）

并非所有过程都需要在六西格玛水平下运行。[21]适当的水平应取决于过程的战略重要性以及相对于收益的改进成本。一般来说，从二或三西格玛水平提升到四西格玛水平是很容易的，但是超过这个水平就需要更多的努力。如表 9-2 所示，从三西格玛水平提升到四西格玛水平，意味着 dpmo 需要提高 10 倍；从四到五西格玛，dpmo 需要提高 30 倍；从五到六西格玛，dpmo 则需要提高 70 倍——这对任何组织来说都是艰巨的挑战！

9.3 实施六西格玛

实施六西格玛的第一步是选择一个合适的问题，然而，并不是所有问题都能用六西格玛方法解决。根据凯普纳（Kepner）和特里戈（Tregoe）的说法，**问题**（problem）是指应该发生的事情与实际正在发生的事情之间的偏差，这种偏差非常重要，以至于有人认为应该纠正这种偏差。[22] 针对一千多个适用的公开发表的案例进行的研究表明，几乎解决质量问题的每个案例都可以归入以下几类[23]：

1. 符合性问题。其特征是，表现不佳而导致顾客不满意，例如高缺陷率、服务差错或顾客投诉。产生这些结果的过程通常规范简单，易于描述。

2. 效率问题。其特征是，绩效不佳，从非顾客利益相关者（例如财务或供应链职能经理）的角度来看，会导致不满意。典型的例子是高成本、过多的库存、低生产率及其他过程的低效率。

3. 非结构化的绩效问题。其特征是，未明确说明或理解的过程绩效不能令人满意。例如，一家公司可能发现员工流动率大大高于期望值或员工满意度低下。导致这些结果的因素在过程中并不易于描述。

4. 产品设计问题。包括设计新产品或重新设计现有产品以更好地满足顾客需求。

5. 过程设计问题。包括设计新的过程或大幅修改现有过程。其中可能包括制造新产品线的新流程，或者设计更灵活的装配线。

每一类问题都需要不同的方法和方法论。因为产生问题的过程可以很容易地识别、测量、分析和改变，六西格玛方法最适用于解决这类问题。对于效率问题，精益工具普遍适用，我们将在本章后面讨论。非结构化的绩效问题需要更有创造性的方法来解决。对于产品设计问题，可以使用特殊的工具和方法，这在第 7 章中已经讨论过。过程设计问题可能需要这些方法的组合。

9.3.1 项目管理与组织

项目是用来组织和实施六西格玛的工具。虽然项目是一种临时性的组织结构，但如果管理得当，其灵活性可以使跨职能团队在最短时间内完成重要工作。实施六西格玛项目的挑战之一是将项目与正常的工作活动协调起来。为了让团队达成项目目标，需要占用更多空闲时间，并给予物力及财力支持。不能指望团队成员和项目负责人在承担全部日常工作的同时，仍能完全有效地参与到六西格玛项目团队中。

项目失败的原因多种多样，包括不遵守时间表，规划不当，项目逐渐失去重点导致范围蔓延而难以承受，技能不匹配以及知识转移不充分。[24] 置身于六西格玛氛围中会发现，能够管理大量的项目组合是组织成功的关键。项目管理知识体系（PMBOK）[25] 由项目管理协会开发，定义了 69 种项目管理者应该掌握的工具。获得项目管理专业认证对六西格玛工作有很大的帮助。

由于六西格玛项目本身的跨学科属性，团队之于六西格玛项目是至关重要的。六西格玛项目需要多种技能，包括技术分析、创造性解决方案的开发和实施。因此，六西格玛团队不仅要解决眼前的问题，还要为个人学习、管理提升及职业发展提供良好环境。六西格玛团队由几种类型的人员组成。

- 倡导者：在重要业务领域中推动和领导六西格玛实施的高层管理者。倡导者理解六西格玛理念，负责选择项目、设定目标、分配资源、选择和指导团队。倡导者领导六西格玛项目，并对项目完成和结果负责，通常还要负责项目所关注的过程改进。更重要的是，倡导者致力于消除可能会阻碍六西格玛项目成功实施的各种障碍——组织的、财务的及个人的等。
- 黑带大师：全职六西格玛专家，负责六西格玛战略、培训、指导、部署和结果。黑带大师在如何使用六西格玛工具和方法以及提供先进的专业技术方面接受了严格培训。他们在整个组织中工作，创建和指导团队，开展培训并领导变革，但通常不是六西格玛项目团队的成员。
- 黑带：经过全面培训的六西格玛专家，接受过广泛的技术培训，通常是全职承担六西格玛项目所需的大部分技术分析。他们拥有先进的六西格玛工具和 DMAIC 方法知识，并且经常担任项目团队的领导者，他们还指导和发展六西格玛绿带。因此，黑带需要良好的领导和沟通技巧。黑带常常作为公司未来的领导者来培养。
- 绿带：接受过六西格玛工具和方法入门培训的职员，兼职开展项目工作，在提升自身知识和专业技能的同时帮助黑带。通常获得绿带资格的要求之一是成功地完成一个六西格玛项目。成功的绿带往往被提升为黑带。
- 团队成员：来自不同职能领域的参与特定项目的人员。

绿带、黑带和黑带大师都需要大量的训练。摩托罗拉、通用电气和强生等大公司对这些级别的员工进行培训和认证。专业和咨询机构，如美国质量学会和 iSixSigma，也提供六西格玛不同级别的培训和专业认证。然而，目前并没有被所有人都认可的通用知识体系或认证过程。

质量聚光灯

普利司通美洲公司

总部位于纳什维尔的普利司通美洲公司（Bridgestone Americas，Inc.）是 1988 年日本轮胎制造商普利司通公司（Bridgestone Corporation）收购凡世通轮胎橡胶公司（Firestone Tire and Rubber Company）后成立的。主要生产汽车、卡车和其他车辆的轮胎。被选中参加公司带级计划的员工通常都有很大的潜力，有望得到晋升。他们有能力成功地完成适当的六西格玛培训，并有望在公司晋升时成为六西格玛倡导者。公司希望所有带级人员都将六西格玛职责融入到日常工作中。普利司通美洲公司设计了自己的黑带培训课程，融合了在线计算机学习小组、个人作业以及传统的面对面课堂学习。绿带培训使用混合学习模式，包括在线培训，还有专职的公司黑带在现场进行课堂培训。[26]

与其他任何类型的组织结构相比，六西格玛团队结构更依赖于合作、沟通和透明度。

专家指出，60%的六西格玛团队失败是由于团队运作的机制，而不是项目选择不良或工具使用不当。[27]影响因素包括缺乏会议技巧、日程安排不当、未能确定团队成员的角色和责任、未制定和遵守基本规则以及缺乏适当的推进行为。其中许多问题在第 4 章中讨论过。

9.3.2 选择六西格玛项目

组织有两种方式来选择六西格玛项目：自上而下和自下而上。[28]自上而下的方式通常与业务战略相联系，并与顾客需求保持一致。其主要缺点是：范围往往太广，无法及时完成，此外，高层管理者可能会低估成本，高估项目团队的能力。在自下而上的方式中，黑带（或黑带大师）选择适合团队能力的项目。这种方法的主要缺点是：项目可能不会与高层管理的战略关注点相吻合，因此很少得到高层的支持和认可。或许，确保成功的最佳方式是，高管倡导者从战略角度了解项目的影响，与技术专家紧密合作，选择适合六西格玛团队能力的最佳项目。

六西格玛项目可能横跨整个部门，也可能只局限于单个生产操作。选择六西格玛项目时应考虑的因素包括：

- 财务影响，通过节约成本、增加收入或投资回报来衡量；
- 对顾客和组织效率的影响；
- 成功的可能性；
- 对员工的影响；
- 与战略和竞争优势相匹配。

六西格玛项目是由预期的财务回报驱动的。**投资回报率**（return on investment，ROI）是常用的财务指标，用于评估六西格玛项目。形式上，ROI 是这样计算的：

$$ROI=\frac{财务收益-项目成本}{项目成本}\times 100\%$$

一个成功的六西格玛项目，其财务价值很难量化。与低成本相关的低质量，如报废、返工、过长的周转时间、延迟和顾客流失，提高了成本基线。朱兰和克劳斯比都强烈主张将缺陷、报废和失去的顾客等有形资产转化为金钱，以证明质量改进项目的合理性。传统上，通过质量分析成本（见第 8 章）来衡量与质量相关的成本减少是计算改进计划收益的主要方法。然而，这种方法仅侧重于内部利益。六西格玛更加关注与提高质量和顾客满意度相关的收入增加的外部利益。该方法的基础源于第 1 章（见图 1-3）中所示的有关质量和盈利能力模型，该模型提出，质量改进通过提高顾客满意度和忠诚度带来财务回报。

刚接触六西格玛的组织遇到的困难之一是高层管理者缺乏评估能力，无法估算他们分配（或未能分配）到六西格玛项目中的资源能带来多少回报。因此，能够区分并相当准确地估算出成功完成一个 25 万美元的项目与一个 5 万美元的项目所需资源的差异就显得非常重要。六西格玛项目应该能提高顾客满意度和组织绩效。此类改进可以直接带来更高的销售额或市场份额，为选择项目提供财务依据。

所选择的项目应该具有很高的成功可能性。相当大的风险来自选择了那些可以堪比“解决世界饥饿问题”难度的项目。在六西格玛启动伊始，摘取“唾手可得的果实”是有益的，即选择容易完成的项目，甚至是可以由一个人完成的项目，以昭示早期的成功。这种显而易见的成功有助于为未来的项目建立良好势头和提供支持。研究表明，许多项目的预算严重超支，进度落后或无法达到预期的结果。[29]这就是有效的项目管理对成功至关重要的原因。

六西格玛项目应与实施该项目的人员及团队的能力相匹配，由此可以产生许多间接利益。绿带或黑带培训提高了员工和组织的知识；参与六西格玛项目，提高了团队和领导技能。六西格玛可以激励员工创新和改善他们的工作环境，并最终提高他们对工作的满意度和自尊。许多项目提供了机会，以减少工作流程不当带来的挫折感，或为顾客提供增值服务。

最后，六西格玛项目应该支持组织的愿景和竞争战略。例如，在通用电气，业务目标沿着组织的发展方向推进，帮助员工辨别对业绩没有重大影响的项目和对业绩有重大影响的项目。[30]

当然，大多数组织可能实施六西格玛项目的机会多于可利用的资源。在许多情况下，项目选择往往具有政治性。拥护六西格玛项目的高层管理者可能会运用政治影响力，让他们所钟爱的项目得到认可和接受。但是，采取客观的立场更为有效。使用一些合理的标准对项目进行优先级排序和选择有助于提高效率。包括部分组织高层领导在内的项目指导委员会通常会指导这些决策。在评估和确定项目优先级时，该委员会可以充当内外部顾客意见的过滤器。在施乐公司，管理团队根据顾客体验改进机会、战略计划的一致性、缩小业务差距的能力以及过程改进的关键领域，来确定六西格玛项目。根据潜在的业务影响和预估投入对潜在项目进行评估，选择效益高于投入的项目。[31]

简单的评分模型可以用来评估潜在的项目并确定优先级。一个项目选择矩阵示例如图 9－5 所示。顶部方框使用右下方的尺度，显示了对一组关键质量特性（CTQ）的顾客重要度评级。主表中的数字基于下方的尺度，由指导委员会确定。通过将这些排名与顾客重要度评级相乘，可以在右边栏中得到一个总分（基于与顾客问题相关性的项目排名）。数字越大，项目对顾客问题的影响就越大。此过程将猜测和看法从项目选择过程中剔除，并将重点放在对客户和组织重要的问题上。

9.4 使用 DMAIC 过程

要使用 DMAIC 过程，需要具备对六西格玛项目的目标和目的进行批判性思考的能力，提出相关问题，并应用各种工具和技术。

9.4.1 DMAIC 工具和技术

DMAIC 中使用的大多数工具已经存在很长时间了。例如，戴明和朱兰都提倡在质量改进活动中使用统计和简单的图形化工具。用于质量改进的工具很少超越基本统计和简单的图形化工具。早期的六西格玛实践者认识到了先进统计方法的力量，如试验设计，并把它们带出了工程领域。著名的质量顾问托马斯·皮兹德克（Thomas Pyzdek）指出，现在“TQM 工具箱”中有 400 多个工具可用。[32]表 9－3 简要列出了 DMAIC 每个步骤中常用的工具。我们在前面的章节中讨论了许多这样的工具。在完成 DMAIC 步骤时，我们将根据需要引入其他工具。

顾客问题	缺失部件订单	交付延迟	损坏的订单	错误的订单	部件多于订购量	等待时间过长
顾客重要度	8	5	7	10	3	3

项目	项目排名指标	基于与顾客问题相关性的项目排名					
订单完成过程优化	146	5	8	3	3	5	0
补货周期时间缩短	115	5	8	5	0	0	0
客服反馈报告	171	5	3	3	8	0	5
供货商认证	106	0	10	8	0	0	0
IT升级过程整合	194	7	5	0	8	8	3

项目排名	与顾客问题的关系		顾客重要度	与顾客重要度的关系
0	没有相关性		0	不重要
3	相关性很小		3	略微重要
5	一些相关性		5	重要
8	高相关性		8	非常重要
10	完全相关		10	至关重要

图 9-5 项目选择矩阵示例

资料来源：Reprinted with permissicn from *Six Sigma Forum Magazine* © 2002 ASQ，www. asq. org.

表 9-3 DMAIC 中常用的六西格玛工具

定义：
项目章程
质量分析成本
帕累托分析
高阶流程图
测量：
运行图
检查表
描述性统计
测量系统评价
过程能力分析
标杆管理
分析：
散点图
详细流程图
统计推断
因果图
故障模式及影响分析
根本原因分析
改进：
试验设计
防差错
精益生产
戴明环
七大管理与计划工具
控制：
控制图
标准操作程序

（尽管我们是从六西格玛角度来看待过程改进工具和技术，但重要的是理解——它们只是成功应用于所有类型的质量管理和改进举措的方法的集合，包括早期的 TQM 和 ISO 9000。）

其中的 7 种工具——流程图、检查表、直方图、帕累托图、因果图、运行图和控制图——被称为**七种质量控制工具**（Seven QC Tools），应用于支持质量改进工作几十年了。它们很简单，各个层级的员工都可以轻松地使用。更重要的是，它们都是图形化的，很容易理解和解释其传达的数据或信息，并促进团队成员之间的交流。

丰田创造了一种独特的工具，称为 **A3 报告**（A3 Report），以简单整合的及图形化的信息来识别和解决质量问题。[33] 该公司利用简单性和图形化来促进过程改进。A3 报告打印在一张 11 × 17 英寸的纸上，包含文字、图片、图形和表格，旨在丰富和阐明问题及数据。报告分为 7 个部分（见图 9－6），大致对应 DMAIC 流程：

1. 主题，简明陈述正在处理的问题。
2. 背景，包含了解问题范围所需的所有相关信息的描述。
3. 现状，使用价值流图描绘出对流程的理解过程。
4. 原因分析，着重于确定问题的原因。
5. 目标状况，提出解决问题的可能的改进思路。
6. 实施计划，确定为实现改进而需要完成的步骤。
7. 后续行动，列出实施后需要完成的活动以及实施结果，还可记录实施过程中遇到的障碍，为学习提供基础。

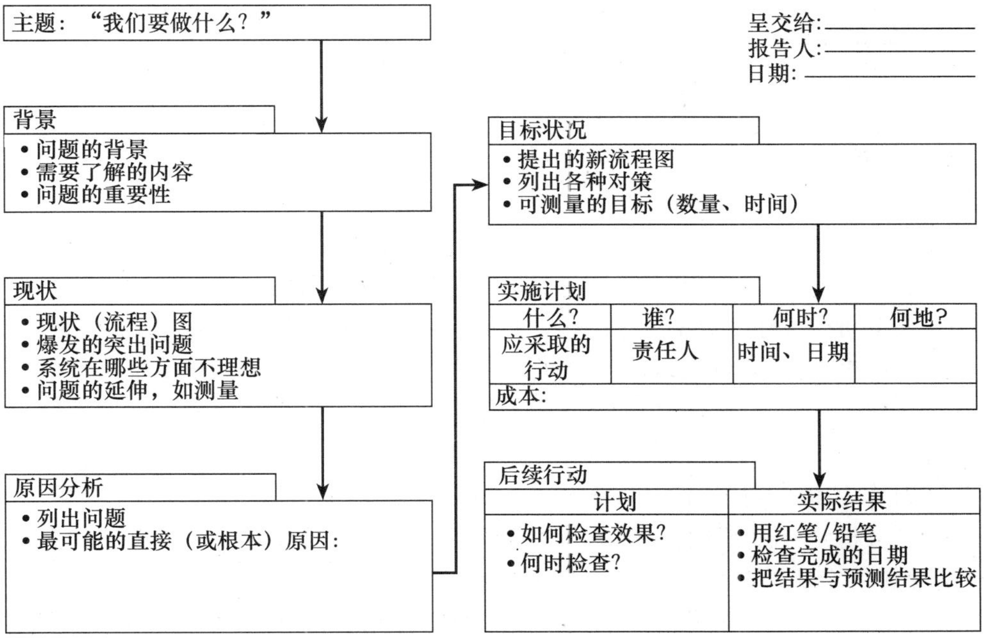

图 9－6　丰田 A3 报告的结构

资料来源：http：//www.coe.montana.edu/IE/faculty/sobek/a3/report.htm.

这些工具被整合到标准的六西格玛培训课程中，通常融合了技术主题、项目管理和领导力主题。表 9－4 给出了典型的六西格玛黑带培训课程。所涉及的主题可分为七类[34]：

- 基础统计工具（基础统计、统计思维、假设检验、相关分析、简单回归）；
- 高级统计工具（试验设计、方差分析、多元回归）；
- 产品设计和可靠性（质量功能展开、故障模式及影响分析）；
- 测量（过程能力、测量系统分析）；
- 过程控制（控制计划、统计过程控制）；
- 过程改进（过程改进规划、流程图、防差错）；
- 实施和团队合作（组织效率、团队评估、推进工具、团队发展）。

“六西格玛知识体系”更完整的清单可在美国质量学会网站（www.asq.org）上找到。

表 9－4　六西格玛黑带培训课程

第一周	第二周	第三周	第四周
• 概述 • 过程改进计划 • 流程图 • 质量功能展开 • 故障模式及影响分析 • 组织有效性概念 • 基本统计 • 过程能力 • 测量系统分析	• 统计思维 • 假设检验 • 相关分析 • 简单回归 • 团队评估	• 试验设计 • 方差分析 • 多元回归 • 推进工具	• 控制计划 • 统计过程控制 • 防差错 • 团队发展

资料来源：From Roger W. Hoerl, “Six Sigma and the Future of the Quality Profession,” *Quality Progress*, June 1998, 35－48. © 1998. American Society for Quality.

9.4.2　定义

选择了六西格玛项目之后，第一步是明确定义问题。这一行动与项目选择有很大的不同。项目选择通常应对问题的某些特征，通常导致相当模糊的问题陈述。我们必须用便于进一步分析的操作术语来描述问题。例如，一家公司由于生产的电动机可靠性较差，结果产生了一个六西格玛项目，以提高电动机的可靠性。对保修和现场维修数据的初步调查可能表明，大多数问题的根源是电刷磨损，更具体地说，是电刷硬度变异导致的问题。因此，这个问题可以定义为“减少电刷硬度的变异性”。这种深入到更具体问题陈述的过程有时称为**项目范围界定**（project scoping）。

帕累托分析是一种有用的工具，可以帮助在一大堆特征中找出最重要的问题。在第 8 章中，我们在分析质量成本数据时使用了这一概念。朱兰发明了“帕累托原则”一词，并在 1950 年将其推广，很大一部分质量问题仅是由少数原因引起的。他以意大利经济学家维尔弗雷多·帕累托（Vilfredo Pareto，1848—1923）的名字为这种方法命名。帕累托认为，米兰 85%的财富仅由 15%的人拥有。例如，在分析一家造纸厂的成本时，朱兰发现 61%的总质量成本归于一类——“破损”，这是造纸厂的术语，指的是纸张存在严重缺陷，将被退回进行再加工。对 200 辆汽车发动机故障的分析发现，有 5 种故障占全部故障的 1/3，25 种故障占全部故障的 2/3。在一家纺织厂中，15 名织布工中的 3 名生产的次品布料占到了 74%。帕累托分析清楚地将关键的少数与简单多数区分开来，并为选择改进项目提供了方向。

帕累托分布（Pareto distribution）是指将观察到的问题因素从最大频次到最小频次排列的分布。**帕累托图**（Pareto diagram）是对帕累托分布的图形描述。图 9－7 是一个帕累托图示例，该图来自一家生产固定环和软管夹的公司，该公司担心运输固定环的运费上升。[35]结果令人震惊：致使运费上涨最常见的原因是顾客要求。第二大原因是缺少可用的冲压时间。这些数据有助于确定项目改进范围，从而确定对哪些顾客需要加快发货速度，并与之紧密合作以找到降低成本和增加可用的冲压时间的方法。

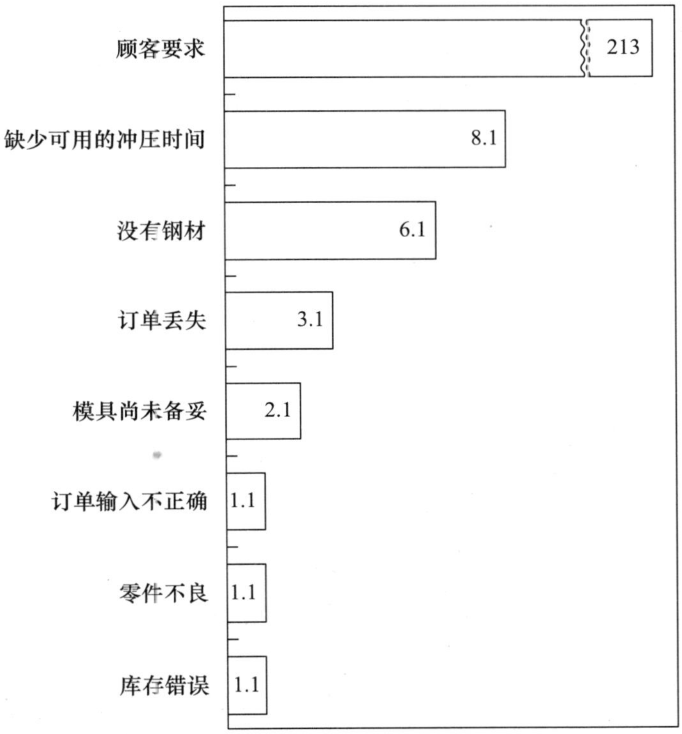

图 9－7　顾客投诉的帕累托图

资料来源：Based on Bruce Rudin, "Simple Tools Solve Complex Problems," *Quality*, April 1990, 50－51.

（ASQ 提供免费的可下载 Excel 模板，用于创建帕累托图。可访问 ASQ 网站了解质量：asq.org/learn-about-quality/。）

帕累托图可帮助分析人员逐步关注到最重要的问题。图 9－8 显示了一个示例。在每个步骤中，帕累托图都会将数据分到更详细的层级，最终分离出最重要的问题。

在第 5 章中介绍了流程图，它是 DMAIC 的重要工具。在定义问题时，对驱动结果的过程有一个基本的理解是很重要的。通常使用名为 **SIPOC 图**（SIPOC chart）的高阶流程图来完成。SIPOC 代表供方（suppliers）—输入（inputs）—过程（process）—输出（outputs）—顾客（customers）。SIPOC 图提供了过程中关键要素的广泛概述，并有助

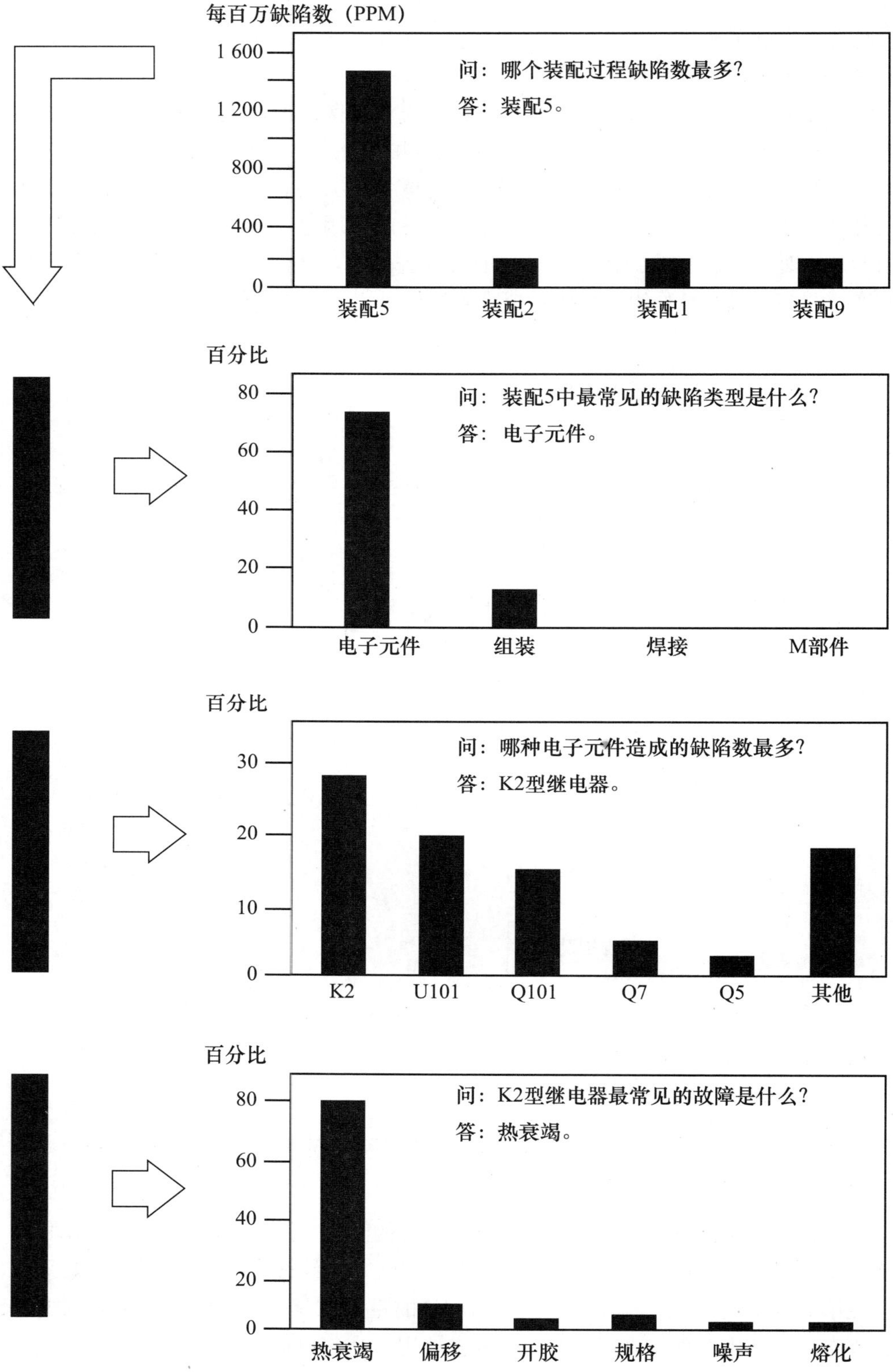

图 9-8 使用帕累托图进行渐进式分析

于解释谁是过程所有者、如何获取输入、过程为谁服务以及如何增加价值。图 9-9 给出了 SIPOC 图的总体结构，图 9-10 给出了典型的汽车制造过程示例。SIPOC 图为更详细的流程图活动提供了基础。

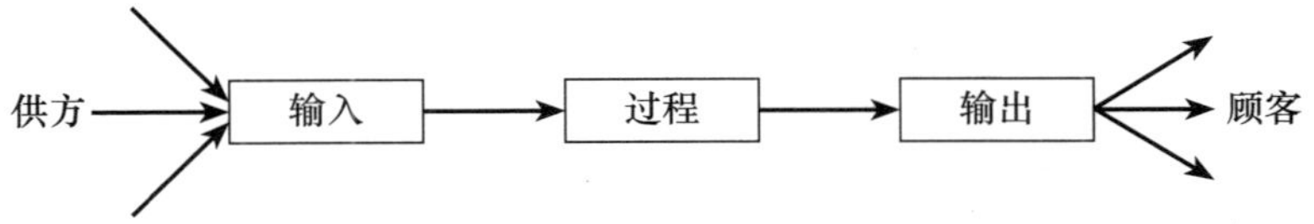

图 9-9 SIPOC 图的总体结构

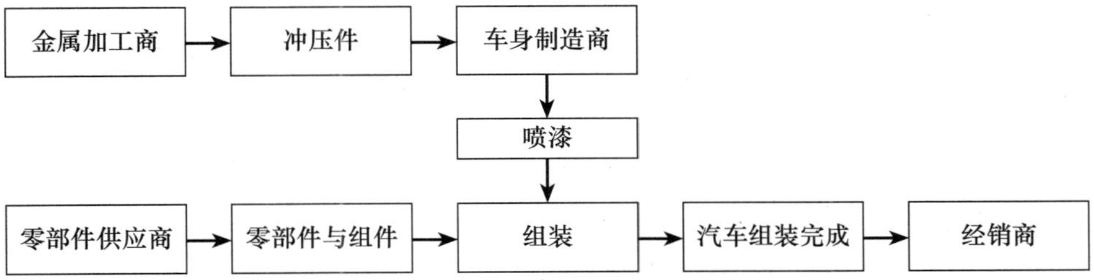

图 9-10 SIPOC 图示例

定义阶段还应该处理诸如需要做什么、由谁做、何时做等项目管理问题。通常在正式的项目任务陈述中完成，称为项目章程。**项目章程**（project charter）定义了项目、目标和可交付成果，并代表着项目团队与资助人之间的契约。项目章程通常会以简单的方式定义问题、项目目标、项目团队和资助者、顾客及项目所关注的关键质量特性、现有测量与绩效基准、预期收益与财务合理性、项目时间表以及项目实施的所需资源。我们在第 8 章中讨论过的质量分析成本，通常用于量化减少缺陷或错误的成本。

9.4.3 测量

DMAIC 过程的测量阶段关注理解过程能力和收集分析所需的数据。六西格玛用数学函数描述过程能力之间的关系与顾客价值：$Y=f(X)$，其中，Y 为一组关键质量特性，X 为影响 Y 的关键输入变量。例如，Y 可以代表从飞机上运送行李到行李搬运的时间以及丢失的行李数量，X 可以代表行李处理员的人数、运行李的卡车数量、派送时间、条形码扫描的准确性等。图 9-11 展示了一个图形化的示例，说明如何从 Y “深入”到确定关键的 X 因素，这种结构通常称为 **CTQ 树**（CTQ tree）。了解这些关系有助于确定需要进行的试验，以确定输入变量如何影响响应变量。此外，通过定义那些需要监测和控制的因素，为控制阶段奠定基础。

我们在第 8 章中讨论了测量的基础。首先必须问一些与测量相关的基本问题：

- 我们想回答什么问题？
- 我们需要什么类型的数据来回答问题？
- 我们在哪里可以找到数据？
- 谁可以提供数据？

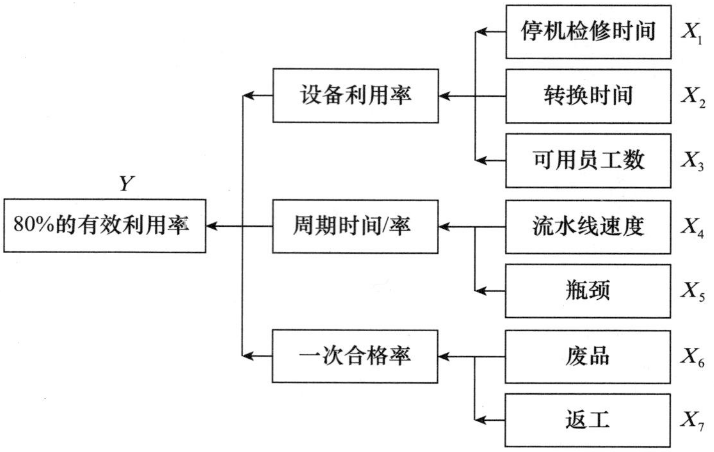

图 9-11 CTQ 树示例

资料来源：From Thomas Bertels and George Patterson，"Selecting Six Sigma Projects that Matter，" *Six Sigma Forum Magazine*，November 2003，13-15. Copyright © 2003 American Society for Quality.

- 我们如何以最小的工作量和最少的错误机会收集数据？

为将要使用的所有绩效指标给出**操作定义**（operational definitions）也很重要。例如，"准时交货"是什么意思？是指在承诺时间的一天之内、一个星期之内还是一个小时之内？什么是错误？是发票上的信息错误，还是印刷错误，抑或两者皆有？显然，除非没有歧义且被明确地定义和理解，否则任何数据都是没有意义的。

过程能力分析以及基本的统计方法，如描述性统计测量、频率分布和直方图，提供了描述过程性能的基本测量方法。标杆管理通常用来比较当前性能和同类中最好性能之间的差异，以衡量改进潜力。我们在第 8 章讨论的测量系统分析至关重要，以确保在六西格玛项目中使用的基于制造的数据是有效和可靠的。

几乎任何形式的表格都可以用来收集数据。**数据表**（data sheets）使用简单的柱状或列表形式记录数据。然而，为了从原始数据中生成有用的信息，通常需要做进一步处理。**检查表**（check sheets）是特殊类型的数据收集表格，其中的结果可以直接在表格上解释而无须进行其他处理。例如，在制造过程中，类似于图 9-12 的检查表用来在收集连续测量数据时创建直方图。这样的检查表还包括规格界限，易于评估过程能力和不合格输出的百分比。

（ASQ 提供免费的可下载 Excel 模板，用于在检查表上输入数据并使结果可视化。访问 ASQ 网站了解质量：https：//asq. org/quality-resources/learn-about-quality。）

另一种缺陷物品检查表见图 9-13，该图显示了树脂生产厂中的缺陷类型及数量。这种检查表可以扩展为包含时间维度，以便随时监测和分析数据，并检测出趋势和模式（如果有的话）。

图 9-14 是缺陷位置检查表的示例。石川馨介绍了该检查表如何用于消除夹层汽车挡风玻璃中的气泡。[36] 在检查表上注明了气泡的位置和形状，大多数气泡出现在右侧。经过调查，工作人员发现层压中施加的压力不平衡——右侧受到的压力较小。随即调整

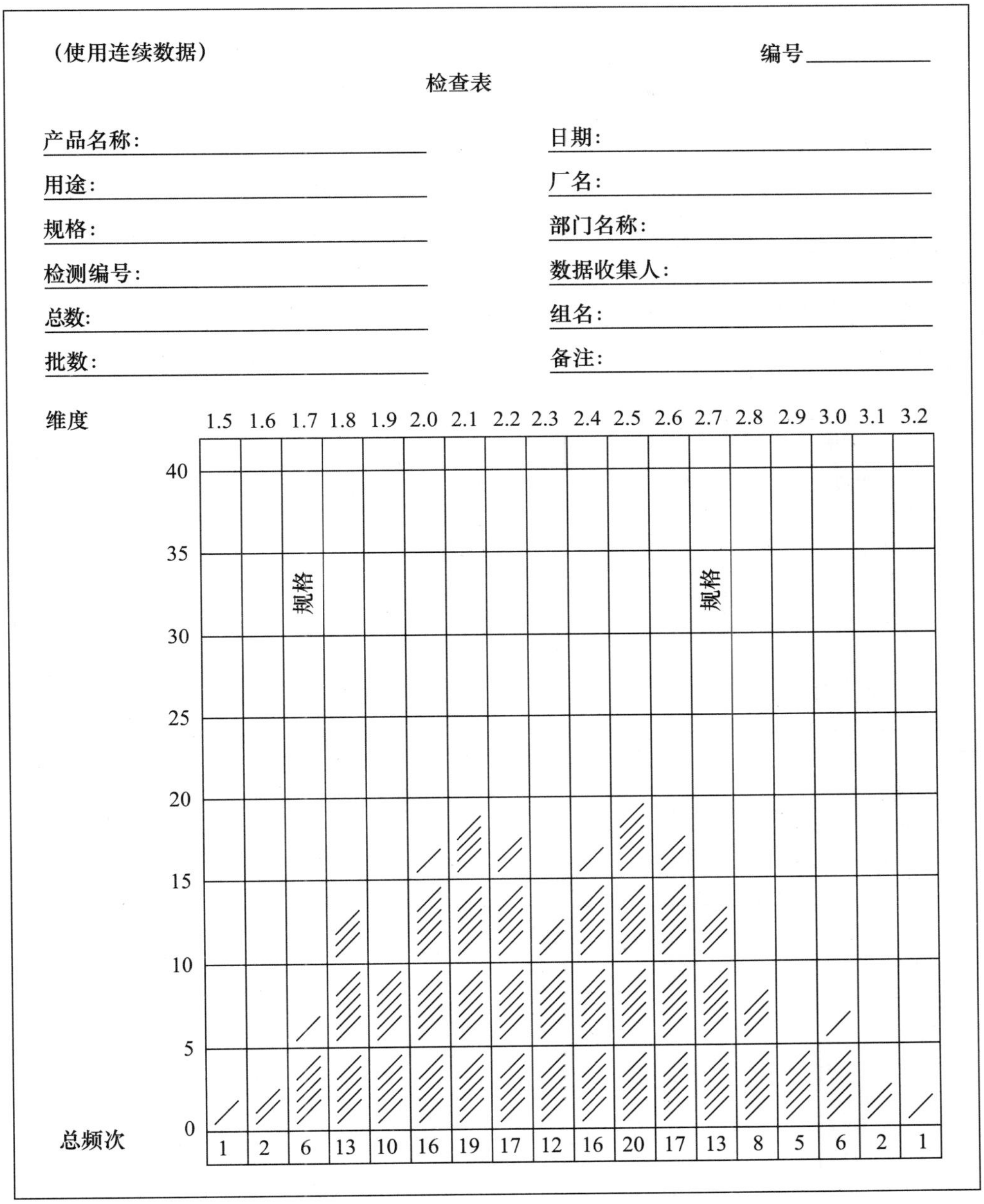

图 9-12　数据收集检查表

资料来源：K. Ishkawa，ed.，*Guide to Quality Control*，2nd rev.，1982，31. Copyright © 1982 Asian Productivity Organization，Tokyo. Reprinted by permission.

了机器，几乎完全消除了气泡。

产量、成本和顾客满意度指数等数据通常绘制在**运行图**（run chart）上，运行图随着时间的推移显示数据。纵轴表示测量值，横轴表示时间。运行图显示数据如何随时间变化。例如，测量的平均值正在改善、保持不变或变得更糟，或者数据正在变化，都可以通过运行图体现出来。运行图在 DMAIC 控制阶段也很有用，可以显示过程改进的效果。

检查表

产品：______ 日期：______

生产阶段：最终检查 工厂：______

部门：______

缺陷类型：疤痕、残缺、畸形 检查员姓名：______

检查总数：2 530 检查批次：______

备注：已检查所有项目 订单号：______

缺陷类型	检查	小计
表面疤痕	卌 卌 卌 卌 卌 卌 //	32
裂缝	卌 卌 卌 卌 ///	23
残缺	卌 卌 卌 卌 卌 卌 卌 卌 卌 ///	48
畸形	////	4
其他	卌 ///	8
	总计	115
不良品总数	卌 卌 卌 卌 卌 卌 卌 卌 卌 卌 卌 卌 卌 卌 卌 卌 卌 /	86

图 9-13 不良品检查表

资料来源：K. Ishkawa, ed., *Guide to Quality Control*, 2nd rev., 1982, 33. Copyright © 1982 Asian Productivity Organization, Tokyo. Reprinted by permission.

气泡调查检查表

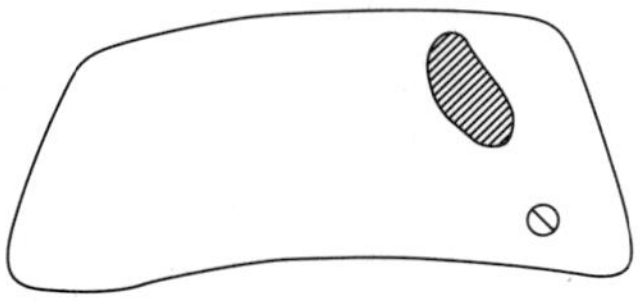

备注

日期：______

产品型号：______

图 9-14 缺陷位置检查表

资料来源：K. Ishkawa, ed., *Guide to Quality Control*, 2nd rev., 1982, 34. Copyright © 1982 Asian Productivity Organization, Tokyo. Reprinted by permission.

9.4.4 分析

许多解决问题的方法的主要缺陷是没有强调严谨的分析。很多情况下，还没有充分理解问题的本质和确定问题的根源，就想直接找到解决方案。分析问题始于对过程的基本了解，往往是通过详细的流程图来完成，并在定义阶段制定的 SIPOC 图上进行扩展。图 9-15 显示了市场与销售部门详细流程图的一部分，该流程图是由 Boise Cascade 公司（现为 Boise 公司）木材与木制品部的团队开发的，以改进顾客索赔处理与追踪系统，涉及六个部门的所有地区及顾客。仅流程图的市场与销售部门就包含多达 20 个独立的任务和 7 项决策，有时需要几个月才能完成。该团队发现，对每项索赔需要执行 70 多个步骤，其中大多数步骤没有增加解决结果的价值。他们的分析帮助消除了小额索赔原始流程图中 70%的步骤，如图 9-16 所示。

一种特殊类型的流程图是**价值流图**（value stream map）。价值流是指所有涉及设计、生产和向顾客交付产品和服务的活动。这些活动包括整个供应链的物流、制造或服务交付过程中的转换活动以及支持这些活动所需的信息流。价值流图以类似于普通流程图的方式显示过程流，不同之处在于价值流图突出显示了增值活动与非增值活动之间的差异，并包含了活动所花费的时间。这允许衡量增值和非增值活动对流程总提前期的影响，并将其与**节拍时间**（take time）（可用的工作时间与满足顾客需求所需的生产数量之比）进行比较。如果价值流比节拍时间快，通常意味着生产过剩形式的浪费正在发生；反之，企业就不能满足顾客的需求。价值流图还可能包含其他信息，如机器正常运行时间和可靠性、加工能力及整个过程的批次数量。所有这些信息为确定 DMAIC 改进阶段的改进活动提供了更实际的基础。价值流图是精益思维的重要工具，我们将在本章后面讨论。

DMAIC 分析阶段关注缺陷、错误或过度变异的发生原因，通常是由以下一个或多个原因引起的：

- 缺乏有关过程工作原理的知识，如果由不同的人执行该过程，则尤为严重。这种知识的缺乏会导致产出的不一致和增加变异性。
- 缺乏有关过程应如何运行的知识，包括了解顾客期望和过程目标。
- 缺乏对过程中使用的材料和设备的控制。
- 工作中的疏忽大意导致差错。
- 浪费和复杂性，它们以多种方式表现出来，例如过程中不必要的步骤和过多的库存等。
- 仓促设计和生产零配件；设计规范不佳；进料和样本检测不充分。
- 未能理解过程满足规范的能力。
- 缺乏培训。
- 仪器校准和测试不佳。
- 环境特性不适宜，如光线、温度和噪声等。

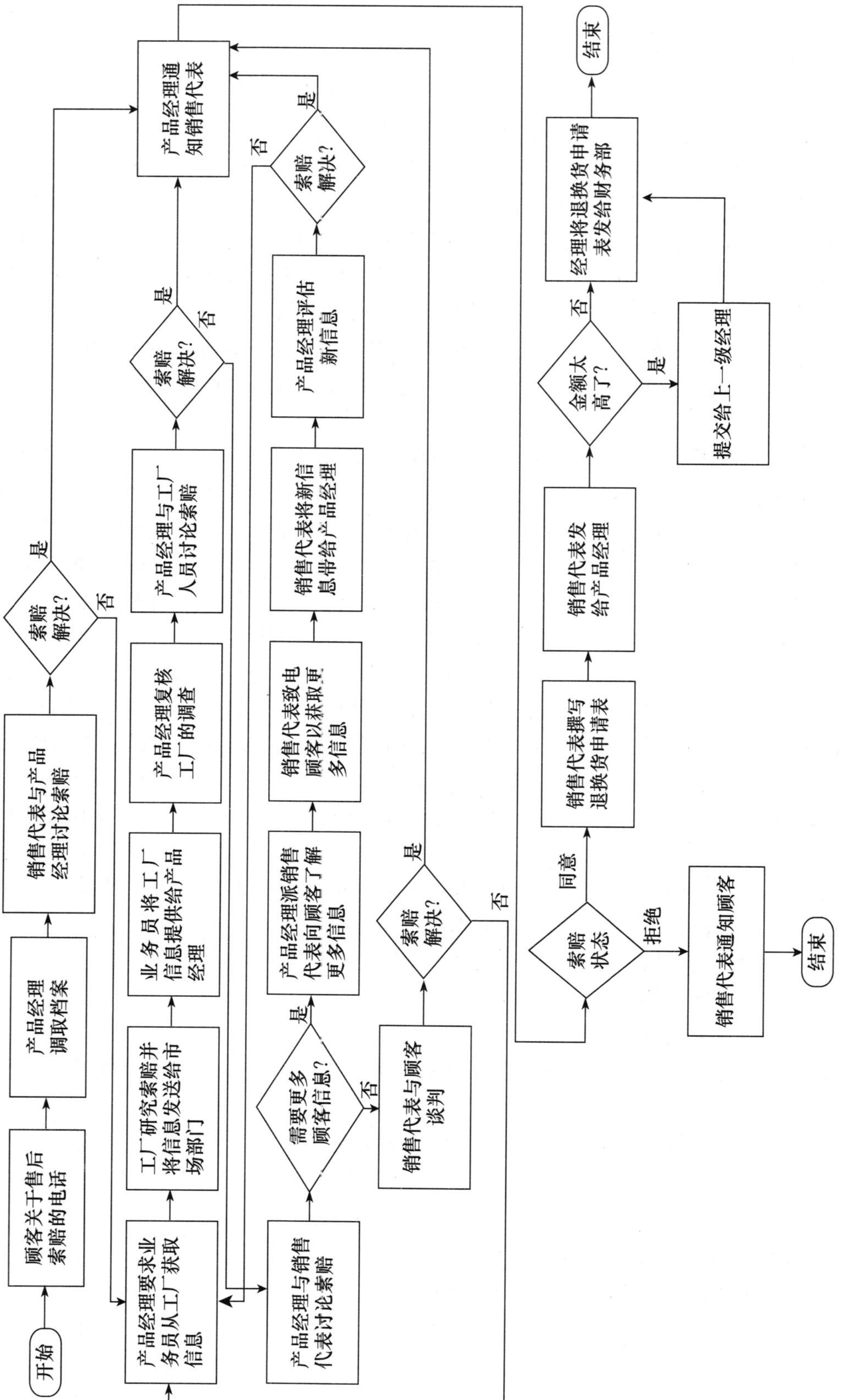

图 9-15　市场与销售部门的原始流程图

资料来源：Process Improvement at Boise Casade. Reprinted with permission.

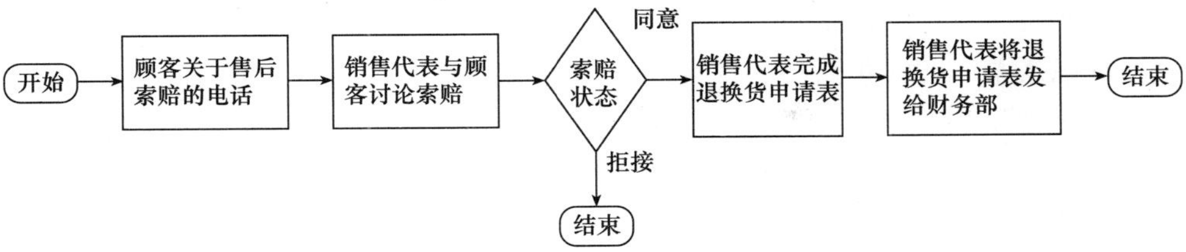

图 9-16　市场与销售部门调整后的流程图

资料来源：From Lakshmi U. Tatikonda, "A Less Costly Billing Process," *Quality Progress*, January 2008, 31-39. Copyright © 2008 American Society for Quality.

质量问题的产生有多种原因，比如材料、机器、方法、人员和测量方法。解决问题的目标是找出问题的根本原因，从而纠正它们。NCR 公司将根本原因定义为"致使或导致缺陷发生的条件（或一组相互关联的条件），一旦得到纠正，将永久性地防止该过程所产生的相同或后续产品或服务的缺陷再次发生"。[37] 如同医生看病，消除症状通常只是暂时缓解，消除病因才能治愈。

根本原因分析（root cause analysis）是一种使用统计、定量或定性工具来识别和理解根本原因的方法。我们在第 7 章中讨论的 DFMEA（设计故障模式及影响分析）的目的是识别产品故障的原因。类似的技术经常用于根本原因分析。识别根本原因的一个简单方法是"五个为什么"技术。[38] 这种方法使人们将问题陈述重新定义为一系列原因（见图 9-6 中的原因分析框）和影响，通过询问原因（理想情况下要问五次）来确定问题的根源。在丰田公司的一个经典案例中，一台机器因为保险丝烧断而发生故障。更换保险丝是显而易见的解决办法，然而，这一行动只能解决实际问题的表象。保险丝为什么烧断了？因为轴承没有足够的润滑。为什么轴承没有足够的润滑？因为润滑泵不能正常工作。为什么润滑泵不能正常工作？因为泵轴磨损了。为什么泵轴磨损了？根本原因是污泥渗入泵轴。由此，丰田在润滑泵上安装了一个过滤器，以消除污泥，从而纠正了机器故障问题。

质量聚光灯

Tgestiona 公司[39]

Tgestiona——阿根廷电信组织 Telefónica 集团的业务流程外包公司——的客户对该组织效率低下的服务和交付流程表示不满，包括不能准时交付和发票处理时间过长，Tgestiona 决定启动一个项目来扭转这种局面。在分析情况时，Tgestiona 发现了几个问题，例如，频繁经过同一地点、过程极其复杂、不能准时交付和送货车装载率低等。Tgestiona 团队使用了头脑风暴、五个为什么、鱼骨图和亲和图，并进行了多次投票以确定问题的根本原因。在此基础上，运用各种统计工具来减少潜在原因的数量，并找出了五个影响最大的根本原因：

1. 不良的客户计划；
2. 发票处理问题；
3. 缺少路线优化软件；

4. 文件监控方面的缺陷；

5. 汇款发票生成困难。

经过多次投票，团队选择了最相关的解决方案，这些解决方案既经济高效又易于实施，并试点进行了验证。改进团队通过让内部和外部利益相关者参加会议来共享标杆经验、试点的经验和项目收益，从而在整个组织中保持认同。

因果图（cause-and-effect-diagram）是一种简单的图形方法，用来表示因果关系链，并梳理原因与组织变量之间的关系。因果图可帮助团队针对问题原因提出构想，它也是确定解决方案的基础。石川馨在日本介绍了因果图，故它又称为石川图。因果图的通用结构如图 9－17 所示。由于它的结构，又称为鱼骨图。在一条水平线的末端，列出一个问题。每个指向主干的分支都代表一个可能的原因，那些指向原因的分支则表示造成这些原因的因素。

（ASQ 提供免费的可下载 Excel 模板，用于创建鱼骨图。访问 ASQ 网站了解质量：https：// asq. org/learn-about-quality。）

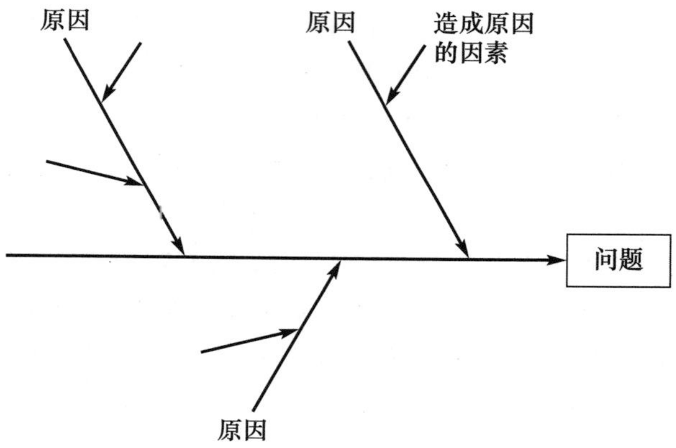

图 9－17 因果图的通用结构

因果图是在头脑风暴的氛围中构建的。每个人都可以参与其中，并感觉到自己是解决问题过程中的重要组成部分。通常由操作或管理人员组成小组，与受过培训和经验丰富的推动者一道开展工作。推动者引导人们关注问题及讨论原因而不是给出意见。作为一种团队技术，因果图要求小组成员之间进行大量的互动。推动者通过仔细倾听参与者的意见来抓住重要思路。小组可以通过广泛地思考问题，并考虑环境因素、政治因素、员工因素，甚至政府政策（如果适用）来提高效率。

在一个案例中，一家大医院关心的是将病人从急诊部送到住院病床所需的时间长短。床位不足似乎是造成时间延迟的显著原因。一个质量改进团队通过制定因果图来解决这一问题。他们确定了 4 个主要原因：环境服务、急诊部、内/外科室和批准。图 9－18 显示了每个主要原因中存在的一些潜在因素，作为进一步调查影响因素和数据分析的基础，以找出问题的根本原因。

在确定了潜在变量之后，通常要进行试验来加以验证。这些试验一般包括提出一些

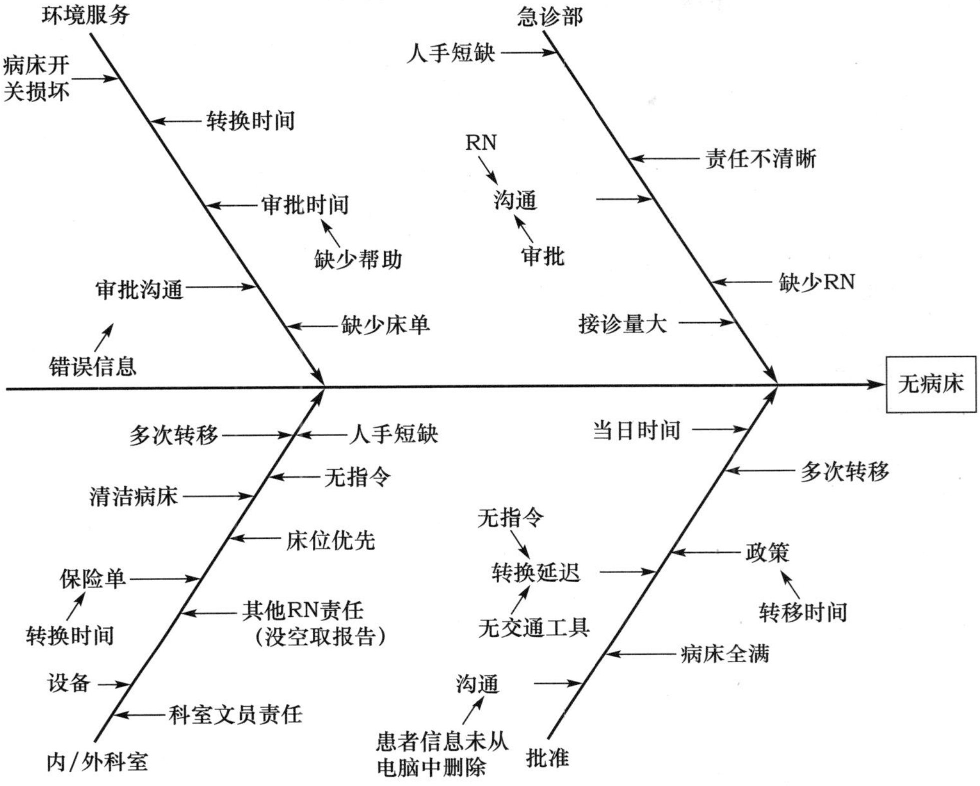

图 9-18 医院急诊入院问题的因果图

假设来展开调查、收集数据、分析数据，并得出合理的和统计上支持的结论。统计推理在这一阶段起着至关重要的作用。这也是统计学是六西格玛培训的重要组成部分的原因之一。其他试验可能会采用计算机模拟技术来进行。

一种经常用于验证潜在因果关系的工具是**散点图**（scatter diagrams）。散点图是回归分析的图形组成部分。尽管它没有提供严格的统计分析，但经常指出变量之间的重要关系，如合金中某一成分的百分比与合金硬度之间的关系。通常所涉及的变量代表了从石川图中得到的可能的原因和结果。例如，如果一个制造商怀疑合金中某一成分的百分比导致了质量问题，无法满足硬度要求，那么员工小组就可能会从样品中收集有关成分含量和硬度的数据，并将数据绘制成散点图。

（ASQ 提供免费的可下载 Excel 模板，用于创建散点图。访问 ASQ 网站了解质量：https：//asq. org/quality-resources/learn-about-quality。）

9.4.5 改进

一旦了解了问题的根本原因，六西格玛团队需要提出消除或解决问题的设想，并改进性能指标和关键质量特性。设想收集阶段是极富创造性的活动，许多解决方案并不显而易见。这项任务的困难之一是，在彻底评估这些设想之前，人们会本能地预先进行判断。大多数人都有一种天生的恐惧，害怕提出一个“愚蠢”的或看起来愚蠢的设想。然而，这些设想实际上可能会构成具有创造性且有效的解决方案的基础。有效的问题解决者必须学会推迟判断，并在过程的这一阶段培养产生大量设想的能力，无论其是否可行。

一些过程和工具，如精益生产（将在本章后面讨论）和头脑风暴可以用来促进解决问题思路的产生。**头脑风暴**（brainstorming）是亚历克斯·奥斯本（Alex Osborn）提出的一种用于团队解决问题的方法，它“唯一的目的是生成设想清单”，可以用于制定问题的解决方案。[40]在头脑风暴中，不允许批评，鼓励人们通过组合与强化现有的设想来生成大量的思路。鼓励大胆的设想，这些设想经常触发其他好的设想。

清单经常被用作产生设想的指南。奥斯本根据以下原则提出了大约 75 个基本问题，以产生新的设想：

- 用于其他用途；
- 适应；
- 修正；
- 扩大；
- 减小；
- 替代；
- 重置；
- 反向；
- 结合。

通过有意识地使用这些原则来改变一个设想，可以产生许多不同寻常的、潜在而有价值的设想。例如，iPhone 将手机功能与音乐播放及互联网功能相结合，iPad 用虚拟键盘取代了实体键盘。

在提出一系列设想之后，有必要对它们进行评估，从中选出最有前景的设想。像试验设计和戴明环这样的工具此时是很有用的。该过程包括确认所提出的解决方案将对关键过程变量和关键质量特性产生的积极影响，并确定这些变量的最大可接受范围。改进过程应该同时包括防差错和 poke-yoke（详见第 5 章），它们通常会作为这个阶段的最后步骤。

问题的解决方案通常需要技术或组织的变革。通常某种决策或评分模型会用来评估可能的解决方案，评估时依据的重要指标包括：成本、时间、质量改进潜力、所需资源、对主管和员工的影响以及实施的障碍——如对变革或组织文化的抵触。为了有效地实施解决方案，必须将责任落实到某个人或某个小组，让他们及时跟进必须完成的工作以及完成的地点、时间和方式。

9.4.6 控制

控制阶段的重点是如何保持改进，包括将工具方法落实到位，以确保关键变量在修正后保持在最大的可接受范围内。这些改进包括建立新的标准和程序、培训员工、实施控制措施，以确保改进不会随着时间的推移而消失。控制可能很简单，比如使用检查表或定期状态审查来确保遵循正确的程序，或者使用控制图（见第 8 章）或运行图（无控制限的时间序列数据折线图）来监控关键指标的绩效。

（一套有助于实施过程的工具称为七大管理与计划工具。这些工具——亲和图、关联图、树图、矩阵图、矩阵数据分析、过程决策程序图和箭头图——都是可以帮助团队策划实施改进的图形化技术。将在第 11 章进行解释和说明。）

9.5 用于过程改进的精益工具

正如本章前面提到的，六西格玛最适合解决符合性问题。效率问题（由周期时间、成本和吞吐量等指标驱动）需要不同的改进方法，最适用于解决这类问题的方法是精益生产。**精益生产**（lean production）指的是 20 世纪初福特汽车公司提出的生产方式，20 世纪后期丰田汽车公司对其进行了完善和现代化更新。精益方法着重于消除所有形式的浪费，包括需要返工的缺陷、不必要的处理步骤、不必要的材料或人员移动、等待时间、库存过量以及生产过剩。简单的定义就是“少花钱多办事”。[41]它包括在整个价值链中识别和消除非增值活动，以实现更快的顾客响应、减少库存、提高质量和更优质的人力资源。

促进精益生产的重点在于测量和持续改进、综合培训员工、灵活且日益自动化的设备、高效的机器布局、快速安装与转换、准时交付与调度、切合实际的工作标准、授权员工执行检查和采取纠正措施、供应商伙伴关系以及预防性维护。精益生产支持者声称其好处包括：

- 周期时间缩短 60％（或更多）；
- 空间利用率提高 40％；
- 产量提高 25％；
- 在制品和成品库存减少 50％；
- 质量改进 50％；
- 营运资本和员工生产率提高 20％。

然而，正如一位业界专家所观察到的，这需要“极大数量的详细计划、纪律、艰苦的工作和煞费苦心地关注细节”。调查显示，大中型企业可能熟悉精益原则，并具备相应的系统，然而，很少有小型生产厂熟悉这些原则。因此，对于这一重要经济体而言，它们存在着巨大的机会。

精益生产中使用的一些关键工具包括：

- 5S。5S 源自日语：整理（seiri），整顿（seiton），清扫（seiso），清洁（seiketsu）和素养（shitsuke）。其定义了现场组织管理和标准化的系统做法。整理是指确保工作场所中的每个物品都放置在正确的位置，或已经移除被标识为不必要的物品。整顿是指整理好物料及设备，使之易于寻找和使用。清扫指的是把工作区域打扫干净。这不仅对安全很重要，而且可以在导致更大问题之前识别出像漏油之类的问题。清洁意味着对程序与行为进行规范，以建立一致性，并确保所有步骤正确执行。最后，素养意味着通过培训、沟通和组织架构使这一过程持续下去。
- 可视化管理。可视化管理是将工具、部件和生产活动的指示器放置在所有员工的视线范围内，每个人一眼就能了解系统的运行状态。如果一台机器停机，或某个部件有缺陷或延迟，可以立即采取行动。

- 有效布局，标准化作业。设备和工艺布局是根据最佳的操作顺序设计的，通常以单元形式布局，通过最有效的物理连接安排机器与工艺步骤。通过明确规定正确的方法标准化各项任务，可减少浪费人力和精力。
- 拉动式生产。在这一系统中（也称为看板或即时制），上游供应商直到下游客户发出需要零件的信号才开始生产。
- 快速换模（single minute exchange of dies，SMED）。快速换模指的是在生产车间快速转换工具和夹具，以便在同一台设备上生产小批量的多种产品。减少准备时间可为操作增值，使生产过程更加顺畅。
- 全面生产维护。全面生产维护旨在确保设备运行并在需要时可用。
- 源头检查。工艺操作人员进行检查和控制，确保产品进入下一个生产阶段时符合规范。
- 持续改进。持续改进与六西格玛联系在一起。要实现精益生产，必须根治问题，彻底消除问题。团队合作是精益环境中持续改进的重要组成部分。我们在后续章节中讨论的许多技术都会用到。

质量聚光灯

Sunset 制造公司

位于俄勒冈州图亚拉廷的 Sunset 制造公司是一家拥有 35 名员工的家族机械工厂。[42] 由于竞争压力和业务低迷，Sunset 开始寻找简化操作和削减成本的方法。它建立了精益指导委员会来协调和推动这项活动。该委员会组建了一个改善小组，将立式铣床的安装时间减少了 50%。团队使用快速换模和 5S 方法作为基本工具。采取的行动包括：(1) 跨铣床零件标准化；(2) 重组工具室；(3) 将快速换模方法整合到机器布局中；(4) 实施所谓“舞步卡”，为操作员提供各种机器和产品快速换模所需的详细步骤。结果是惊人的。工具准备时间从平均 30 分钟下降到不足 10 分钟，改进了对磨损刀具的识别；由于 5S 的应用，提高了工具室的安全性，工具摆放井然有序，设备换模时间从平均 216 分钟减少到 36 分钟（改进了 86%）。预计每年节省 33 000 美元，实施费用不到该金额的一半。更多的影响还包括：可进行更小批量的生产，换装废料减少了 75%，组织更有竞争力，鼓舞了团队士气。

精益工具可以很容易地应用到非制造环境中。银行、医院和餐馆等纯服务型组织都可以从精益原则中受益。服务通常由四个关键绩效指标驱动：

- 准确性：以正确的财务数据、信息的完整性或避免数据错误来衡量；
- 周期时间：用于衡量完成某件事情（如支付发票）所需要的时间；
- 成本：即流程活动的内部成本（在许多情况下，成本很大程度上取决于过程的准确性和/或周期时间，花费的时间越长，需要修正的错误越多，成本就越高）；
- 顾客满意度：这通常是衡量成功的主要标准。

因此，很容易看出精益如何为服务业带来实质性的益处。

一家北美金融机构在支票操作流程中应用了精益原则。[43] 该金融机构在银行系统中追踪支票，记录了实际流程以及等待、返工和处理所花费的时间。该金融机构发现，银行的处理能力几乎有一半被非处理性活动消耗，例如处理卡纸和机器设置。进一步的调查显示，每个操作员之间的生产率差异很大。当比较最低和最高生产率的操作员的工作实践时，很明显，尽管他们从事相同的工作，但工作方式的差异造成了生产率的巨大波动。

为了采用精益方法，银行首先将支票流量与处理能力进行匹配。在每个营业日结束时，会被超过其处理能力的支票淹没，这一瓶颈造成了处理能力有一定限制的假象。银行将“即时制”原则应用于支票的处理，并在全天内均匀分配支票流量。第二个瓶颈发生在一天的开始：操作标准规定，所有提交早晨处理的支票都要进行三次分类。这一规定使得不能及时处理早晨的支票以赶上入账时限。然而，许多核查并不需要在上午完成，一旦将这些低优先级项目转移到业务量较低的当日晚些时候，处理能力就会提高 122%。

通过挖掘和释放之前等待时间、维护和返工占用的“虚幻”能力，可以在不投入额外设备的情况下将实际处理能力提高 25%以上。该银行既能以具有吸引力的价格向其他银行出售其服务，又能在一天中对时间最敏感的时段（此时段服务可以溢价定价）提高处理能力。总而言之，这些改进使得业务利润增加了一倍以上。

质量聚光灯

麦德龙保健医院

密歇根州大急流城的麦德龙保健医院（Metro Health Hospital）成功地在其药房服务中应用了精益原则。[44] 麦德龙药房最初的目标是减少给病人第一剂药物的前置时间。前置时间指从订单到达药房，到订单在相应的医院楼层交付的时间。使用精益方法，麦德龙药房详细列出了向病人提供正确的第一剂药物所涉及的所有流程步骤。药房发现有 14 个阶段的流程，包含了一些不必要的步骤，导致总的前置时间为 166 分钟。在评估过程中，药房计算出技术人员平均需要 1.5 分钟才能找到一剂药物。对于一个昼夜工作、每月提供超过 10 万剂药物的药房来说，浪费在寻找药物上的时间对该组织而言代价高昂。实际上，技术人员花费 77.4%的时间来寻找药物，当药剂师需要一名技术员进行临床活动时，该技术员通常会停止寻找药物。

精益团队概述了该过程中的几个非增值步骤，其中只有一个不受药房的控制（将订购的药物配好后，运输到相应楼层所需的时间）。标准化是重新设计关键组成部分，尤其是过程要在部门之间进行时。作为标准化过程的一部分，药房设置了两个新的柜台：一个检查柜台和一个待发柜台。它们采用了简单的颜色系统，红色表示检查柜台，绿色表示待发柜台。药房还设置了一个“安全区域”，药剂师可以在不受干扰的情况下检查药物，减少了干扰。药物不再在药剂师不知道的情况下放在柜台上，在送货篮和送货推车之间也不再有多余的步骤。

过了检查点，药物会自动进入“待发”区域的送药箱。总的来说，麦德龙药房实现了将药物送达患者的时间减少了 33%，并且只需删除非增值步骤即可将处理步骤的数量从 14 个减少到 9 个。患者与药房相关的用药错误减少了 40%，错误的严重程度也有所降低。

精益六西格玛　随着组织拓展六西格玛能力来解决符合性问题，它们开始意识到许多重要的业务问题都属于效率问题的范畴，并将这些问题分配给了六西格玛带级人员和项目团队。结果，六西格玛团队开始使用精益工具来消除过程中的浪费和非增值活动。随着六西格玛和精益工具的融合，基于这两种方法的最佳实践出现了精益六西格玛的概念。**精益六西格玛**（Lean Six Sigma，LSS）被定义为一种综合的改进方法，可以通过减少缺陷、变异和浪费来提高商品、服务质量及运营效率。

六西格玛和精益都是由顾客需求驱动的，关注实际的资金节约，有能力对组织产生重大的财务影响，并且可以很容易在非制造环境中使用。两者都利用数据和逻辑分析来解决问题。例如，减少周期时间的项目可能涉及这两个方面。精益工具可以用来简化订单输入过程。应用精益工具能够发现由于地址、顾客号码或运费不正确而导致的大量返工，或是引起处理时间的巨大变化。之后使用六西格玛工具可以深入探究问题的根本原因，并确定解决方案。高级猎头公司 Avery Point Group 指出，越来越多的企业正在寻找能同时展现出精益和六西格玛技能的后备人选，即使是那些可能没有全面实施六西格玛或精益部署的公司也是如此。[45]

质量聚光灯

百思买

百思买公司（Best Buy）从 2005 年开始实施精益六西格玛，专注于提高效率和改善顾客体验。作为“企业持续改进能力团队”的一部分，它已经培训了 500 多名绿带，拥有超过 60 名黑带和黑带大师。其中一个项目涉及家居安装过程。该项目旨在改善顾客在家电安装过程中的体验。在一个案例中，它确定一些烘干机安装得不成功，因为顾客没有某些必要的组件。精益六西格玛团队与产品购买者和供应商合作，创建了捆绑在一起的必要安装部件的套件，并将其交付到了安装点。这一举措不仅提高了顾客满意度，而且简化了流程，消除了往返以及重新预约安装时间的浪费。另一个项目涉及在不同收入水平的商店里优化产品分类和库存等级，从而向那些独特的顾客提供最优质的服务。[46]

精益和六西格玛之间显然存在一些差异。一个区别在于它们解决不同类型的问题。精益解决过程中可见的问题，例如，库存、物料流动和安全等问题。六西格玛更关注较少出现的问题，例如，性能变异。从本质上讲，精益关注的是通过减少浪费和改进过程来提高效率，六西格玛关注的则是通过减少错误和缺陷来提高效益。另一个区别是精益工具更直观，更容易在工作场所使用，许多六西格玛工具需要高级培训和专业知识，要达到黑带或黑带大师级别的水平才行。例如，5S 的概念比统计方法更容易掌握。因此，组织可能会明智地从基本的精益原则开始，并朝着更复杂的六西格玛方法发展。然而，将这两种方法与一个共同的目标——提高业务成果——整合在一起很重要。

我们可以列举大量精益六西格玛应用的例子。

- CNH 资本公司实施了一个精益六西格玛项目，将资产发布到投标清单和再营销网站，以缩短资产管理周期时间。[47]结果，周期时间从 40 天减少到 10 天，减少了 75%，节省了大量资金。
- 一家设备管理公司曾有很高的“应收账款周转天数”。起初，它试图通过缩短结算周期天数来解决此问题，但这让顾客感到不安。通过使用精益六西格玛工具，它发现大部分应收账款周转天数很高的账户，收到的发票存在许多错误。在了解了错误的来源并进行了流程变更后，发票流程得到了改进，应收账款周转天数减少了。

- 在杜邦公司，一个六西格玛项目用于缩短员工申请长期残障津贴的周期时间。[48]
- 一家大型银行和金融服务公司由于国际电汇操作效率低下而面临越来越多的顾客不满，这增加了银行的成本——其中一部分作为交易费用转嫁给了顾客。采用精益六西格玛重新设计流程后，大大减少了错误、顾客回拨、转账延迟及转账费用。转账周期缩短了46%，每次转账的成本减少了50%以上，使银行免除了交易费用并提高了顾客满意度。[49]
- 精益六西格玛广泛应用于医疗保健领域，例如提升X光或外科诊断能力，减少患者等待时间，减少账单或患者记录中的错误等。
- 印第安纳州韦恩堡市在进行坑槽修补以及办理许可证过程中应用了精益六西格玛方法。使用简单的工具，坑槽修补时间从原来的4天减少到4小时，签发许可证的时间从50天减少到12天左右。在头5年里，该市完成了60个六西格玛项目，节省了1 000万美元。[50]

质量实践

六西格玛在减少医疗差错中的应用[51]

医药管理和实验室处理/结果报告都是医疗保健领域中复杂系统的例证，也是容易出错的环节。正如美国国家科学院/医学研究所（National Academy of Sciences / Institute of Medicine）的报告中所述，用药错误是医院中可预防错误的主要来源，且用药错误的部分原因是设计不当的复杂系统导致的。在威斯康星州密尔沃基市的Froedtert医院，静脉注射（IV）药物、实验室处理及结果报告的错误都得到了很好的记录，订购、运输、分析和临床实验室检测的报告的错误是该医院已知的重要错误来源，这两个领域成为初步研究的目标。

位于密尔沃基的四家组织创建了一个联盟，致力于开发减少错误和提高患者安全性的方法。该联盟成员包括威斯康星医学院、Froedtert Memorial Lutheran医院、美国质量学会和Secure-Trac公司——一家专门为提高患者安全性而成立的公司。该联盟正进行三项主要工作：(1) 改进对医疗差错的识别和报告；(2) 部署六西格玛方法以减少差错；(3) 测试和实施技术解决方案以提高患者安全性。这些举措的核心是努力确定六西格玛减少差错的方法是否可以成功地应用于医疗保健领域。

使用六西格玛方法和选定的统计工具，以设计一种减少差错的方法为目标，对Froedtert医院的药物交付过程进行了评估。该设计采用了经典的六西格玛过程步骤。由医生、护士、药剂师和管理人员组成的多学科小组，确定了持续静脉注射的药物是一个容易发生重大差错的过程。持续静脉注射临床使用较多，差错会严重影响患者的健康。最初关注了五种特定的静脉注射药物，很快人们就意识到，这个数字太小，无法对错误率进行量化。于是，该项目的范围扩大到22种药物。团队成员制定了一份流程图来描述持续静脉注射过程中的每个步骤。流程图显示了9个步骤：(1) 医嘱；(2) 医嘱审核；(3) 药剂师录入医嘱；(4) 剂量准备；(5) 剂量分配；(6) 注射速率计算；(7) 静脉注射泵设置；(8) 静脉注射泵程序设计；(9) 静脉注射泵监测。

每个步骤都进行了故障模式及影响分析（FMEA，见第 7 章），并对三种属性（发生频率、可检测性和严重程度）进行 1～10 的评分。这些分数相乘得到每一步的风险系数（RPN）。回顾过去 18 个月的用药错误报告，为风险系数的计算提供了额外数据。回顾报告证实了故障模式及影响分析的结果，即静脉注射的速率计算和静脉注射泵的设置是静脉注射过程中最容易出错的两个步骤。描述和减少差错的初步工作集中在这两个步骤上。

由于不知道有多少次差错没有识别或未报告，因此进行了一次审核，以确定医嘱速率是否与实际速率匹配。收集了两周的审核数据，得出的 124 个数据点按照 1～3 的差异程度进行评级（1 代表 1 毫升/小时的差异，2 代表 1～5 毫升/小时的差异，3 代表大于 5 毫升/小时的差异）。其中 10 项审核被评为程度 2，4 项被评为程度 3。采用根本原因分析来确定差异的原因。随后开始工作以影响注射速率的准确性。

使用六西格玛方法和统计工具，该小组还检查了医院的临床实验流程。确定了采集、实验分析和患者样本报告的关键要素。这些步骤包括：（1）医嘱；（2）医嘱录入；（3）匹配患者医嘱；（4）采集样本；（5）标记样本；（6）运送样本；（7）分析样本；（8）报告结果；（9）将结果录入患者病历。每一个步骤都可能会出错。应用六西格玛分析方法，确定了差错最严重的步骤。这些步骤包括科室文职人员录入医嘱，将样本送到实验室，在实验室分析样本。为了识别、定义和减少差错，成立了一个减少实验室差错工作组，成员来自行政、实验室、护理、文职人员、信息系统和质量管理方面。工作组首先编制了一份流程图，所有成员都能认识到整个过程的复杂性和脆弱性。流程图为工作组提供了深入分析临床实验问题的工具。故障模式及影响分析技术被用来得到一个风险系数，这样实验分析过程中的步骤就可以根据易出错的程度进行优先排序。再一次，确定了医嘱录入、样本运送和分析样本步骤。采用相关回归、方差分析、置信区间和假设检验等统计方法对实验过程进行进一步评估。

对静脉注射药物的分析是在医疗保健环境中部署六西格玛方法，以减少差错和提高患者安全性的很好的示例。在静脉注射滴注顺序和处理过程中发现了显著的变异。该过程的许多步骤缺乏标准化是造成系统故障的最大风险。变异程度最高、出错概率最大的步骤是：

1. 医务部用药惯例（如：药物描述、剂量、浓度等缺乏标准化）；
2. 静脉滴注准备（药剂师与护士对静脉注射袋的浓度缺乏标准化）；
3. 对静脉注射药物浓度的标记与记录。

一个多学科的工作小组在这三个步骤创建了减少变异的标准。具体干预措施包括实施标准化的医嘱单，要求执行所有静脉注射药物以标准浓度配制这一政策，以及在使用非标准浓度时使用带有颜色标记的标签。这些措施实施 30 天后，可衡量的改善是明显的。步骤 1 的出错率从 47.4%下降到 14%。步骤 2 的出错率从 21.1%下降到 11.8%，步骤 3 的出错率从 15.8%下降到 2.9%。尽管远未达到六西格玛绩效水平，但他们仍会付出大量努力朝着这一目标前进。

实验研究项目被证明更为复杂。初期这一复杂系统的范围过于广泛，无法进行初步的尝试，因此该项目被分解成较大过程中的较小步骤。一旦重新确定关注点，指定的工作小组即可确定时机，减少在实验过程中某些步骤发生变化。替代方法包括辨认样本属性，改变“关注点”的实验分析方法，分散一些实验测试，以及改善订购系统和实验室测试过程。继续进行有效性监控与可持续减少差错的测量。这些努力标志着漫长的实验重新设计过程的开始，该过程旨在消除差错，减少周转时间，并提高患者的安全性。

● **关键问题讨论**

1. 作为六西格玛过程的一个关键部分，团队如何使用流程图？流程图有什么价值？
2. 为什么团队与工作组具有多学科属性？这种方法有什么好处？

质量实践

过程改进工具在订单履行中的应用[52]

本案例关于欧洲一个大型的汽车零件配送中心。来自数个国家的汽车经销商和修理厂需要订购修理各种类型汽车所需的零件。当收到订单时，配送中心必须迅速找到所需的零件并将其运送到维修点。时间至关重要，因为汽车维修的时间越长，车主的情绪就越低落。

由于配送中心无法及时运送订单产品，许多客户感到不满，并威胁要转向其他零件分销商。为了安抚这些客户，经理承诺所有订单将在24小时内发货，否则客户将免费获得零件。然后，经理组建了一个团队，寻找减少订单处理时间的方法，以便至少98%的订单能在24小时的最后时限前完成。

为了更好地了解情况，团队决定绘制一张流程图，显示订单是如何接收、填写、检查、包装以及最终发送给客户的。在讨论了所需的步骤并实际从头到尾追踪订单之后，团队创建了整个订单履行过程的流程图。图9-19展示了确定团队有能力改变和希望改进的那些活动。这种类型的布局鼓励每个团队成员关注大局，而不是仅关注他所从事的特定活动。

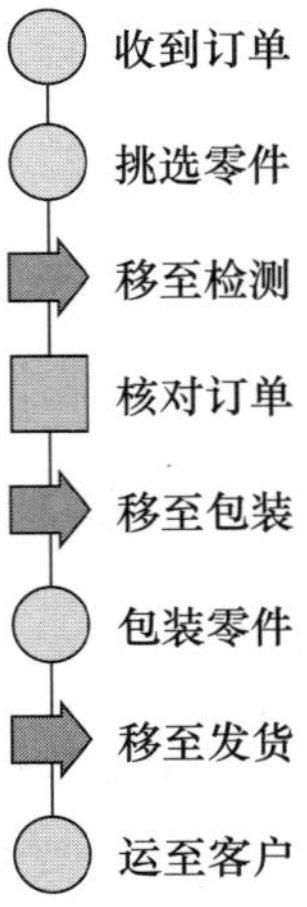

图9-19　订单履行过程流程图

资料来源：From Davis R. Bothe, "Improve Service and Administration," *Quality Progress*, September 2003, 53-57. Copyright © 2003.

为了确定拖延时间最长的步骤，研究小组从一周内收到的订单中随机选择了50个。团队成员通过配送中心跟踪这些选定的订单，记录每个进入和离开流程图中各个活动区域的时间。为确保这些时间得到准确一致的记录，团队设计了检查表，如图9-20所示。每个订单使用一张表单，给定活动的完成时间是通过从退出时间中减去进入时间来计算的。

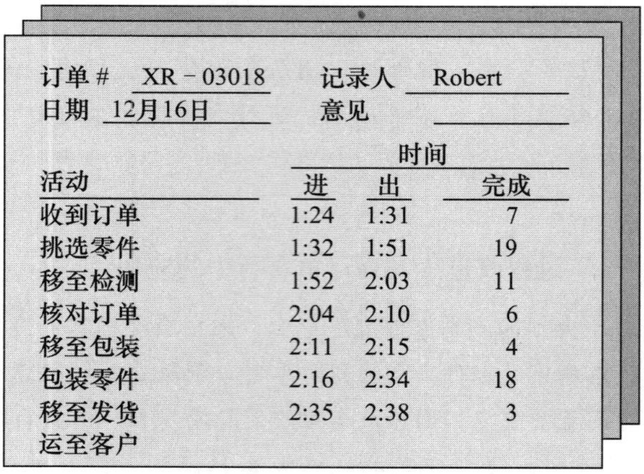

订单 # XR－03018　　记录人 Robert
日期 12月16日　　意见

活动	时间 进	出	完成
收到订单	1:24	1:31	7
挑选零件	1:32	1:51	19
移至检测	1:52	2:03	11
核对订单	2:04	2:10	6
移至包装	2:11	2:15	4
包装零件	2:16	2:34	18
移至发货	2:35	2:38	3
运至客户			

图 9－20　时间记录检查表

资料来源：From Davis R. Bothe, "Improve Service and Administration," *Quality Progress*, September 2003, 53－57. Copyright © 2003 American Society for Quality.

例如，订单 XR-03018 在下午 2：16 开始“包装零件”活动，并在下午 2：34 结束，因此，完成这个特定活动的时间是 18 分钟。在一周结束时，每个活动的平均完成时间是将 50 个完成时间（跟踪的 50 个订单中的每个完成时间）相加，然后除以 50 计算出来的。当使用图 9－21 中的帕累托图分析这些平均时间时，“挑选零件”的时间被确定为订单履行延迟的最大因素，约占处理履行所需总时间的 52%。

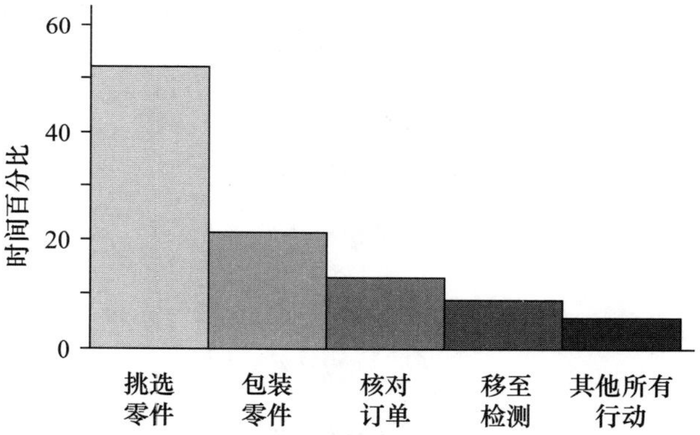

图 9－21　每项活动平均时间的排列图

资料来源：From Davis R. Bothe, "Improve Service and Administration," *Quality Progress*, September 2003, 53－57. Copyright © 2003 American Society for Quality.

基于这一新信息，团队将其最初的任务声明“减少履行订单的时间”改进为更具体的“减少挑选零件的时间”。由于搜索范围已经缩小到仅挑选零件这一操作，团队成员邀请了部分负责挑选零件的人员加入团队，因为他们是当地挑选零件的专家，对挑选零件最为了解。

为了更详细地分析挑选零件的操作，在图 9－22 的直方图中绘制了记录的 50 个单独的订单拣货时间（数据是团队早期研究期间收集的）。直方图的形状（有三个驼峰）令人吃惊，因为它暗示存在三个截然不同的拣货时间段。基于这一有价值的线索，团队现在聚焦于是什么导致了这三个不同的时间段。

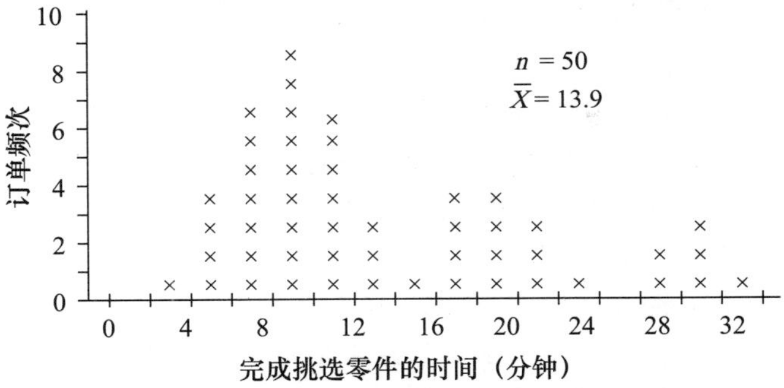

图 9-22 挑选零件时间直方图

资料来源：From Davis R. Bothe, "Improve Service and Administration," *Quality Progress*, September, 2003, 53-57. Copyright © 2003 American Society for Quality.

在一次头脑风暴会议上，一位零件挑选者提出直方图中的三个驼峰反映了为完成订单而前往配送中心零件储存区域的行程次数。他解释说，很多订单只需一次行程，但有时需要两次，甚至三次。因此，左边的驼峰可能表示需要一次行程就能完成的订单，中间的驼峰可能表示需要两次行程能完成的订单，第三个驼峰可能表示需要三次行程才能完成的订单。通过观察两天的零件挑选活动，团队成员可以验证零件挑选者的观点是正确的。

有了这一额外的见解，团队进行了头脑风暴，解释了需要多次行程来完成一份订单的原因，然后将这些想法绘制在图 9-23 中的因果图上。经过讨论，团队最终认为零件挑选者搬运零件时使用的推车太小（见图 9-23 的设备分支）。当挑选者要挑选零件完成一份大订单时，推车在所有需要的零件都挑选好之前就已经满了。零件挑选者必须前往检测区域清空推车，再返回仓库取回订单所需的剩余零件。

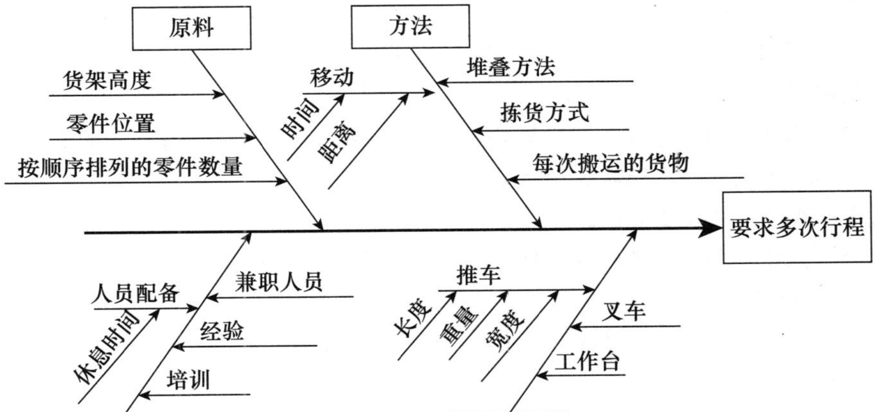

图 9-23 多次行程的潜在原因的因果图

资料来源：From Davis R. Bothe, "Improve Service and Administration," *Quality Progress*, September 2003, 53-57. Copyright © 2003 American Society for Quality.

作为试点研究，该汽车零件配送中心订购了几辆更大的推车并投入使用，进行为期一周的试运行。尽管这些新推车可以装下更多的零件，但挑选人员抱怨说，这些推车太宽了，以至于在狭窄的过道里两辆车无法同时通过，造成了通道堵塞，实际上反而增加了挑选时间。该团队随后尝试使用较长的推车，结果发现这两个问题都解决了。在接下来的几天里，通过观察零件挑选活动，团队证实更长的推车可以大大减少往返所需次数。事实上，有了这种新型推车，拣货员通常可以在同一行程中完成两个小订单。

为了估计零件挑选时间的减少程度，团队绘制了一个与更长推车相关的、30 次挑选零件时间的直方图（见图 9－24）。结果显示具有单峰分布，平均挑选时间仅为 8.3 分钟，原来的平均挑选时间为 13.9 分钟。

虽然每次减少 5.6 分钟（13.9—8.3）似乎并不能节省很多时间，但考虑到在每 8 小时的轮班中，一位零件挑选者实际上要花费大约 7 小时——420 分钟——挑选零件，使用旧的推车，挑选员每班平均完成 30.2 个订单（420/13.9），使用更长的推车，同一名零件挑选员每班可以完成 50.6 个订单（420/8.3）。每名员工增加了 20.4 个订单（50.6—30.2），这意味着 4 名挑选员在当班期间可以额外完成 81 个订单（20.4×4）。因此，平均行程时间看似很小的减少，却为配送中心大大增加了货物流通量，突破了瓶颈。

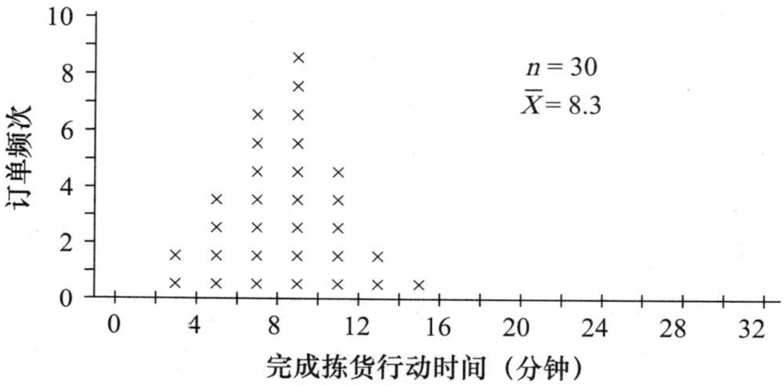

图 9－24　使用较长推车的拣货时间直方图

资料来源：Adapted from Davis R. Bothe, "Improve Services and Administration," *Quality Progress*, September 2003, 53－57. Copyright 2003 American Society for Quality.

- **关键问题讨论**

1. 说明团队遵循的过程是如何与 DMAIC、戴明环和创造性解决问题的过程相一致。

2. 如果引入更长推车而减少的订单处理时间不足以实现 98%的订单在 24 小时期限内完成这一目标，团队可能会怎么做？

3. 假设包装零件现在是造成订单处理过程中最大延迟的活动，这将对项目组织和后续步骤有何影响？

复习题

1. 说明不同改进方法所共有的四个主题。它们如何反映在戴明环、创造性解决问题过程和 DMAIC 中？
2. 说明一下戴明环的步骤。
3. 六西格玛是什么？简要介绍它在摩托罗拉和通用电气的应用。
4. 列出六西格玛理念的主要原则，它与全面质量管理有何不同？
5. 说明六西格玛 3.4 dpmo 的理论基础，它如何与过程能力概念相关联？

6. 凯普纳和特里戈对问题的定义是什么?
7. 列出并说明所有质量问题可以分为的五个类别，并为每个类别举例。
8. 说明项目在六西格玛中的作用。六西格玛团队通常是如何组建的?
9. 说明绿带、黑带和黑带大师应该具备的知识和管理技能。
10. 讨论在选择六西格玛项目时应考虑的因素。
11. 说明丰田创建的 A3 报告的结构和目的。它如何支持 DMAIC 过程?
12. 解释帕累托分析的概念。如何构建帕累托分布?
13. 什么是 SIPOC 图? 它在 DMAIC 中如何使用?
14. 陈述构成项目章程的典型要素。
15. 什么是操作定义? 它为什么很重要?
16. 说明不同类型的检查表以及如何使用。
17. 什么是价值流图，它与普通流程图有何不同?
18. 什么是根本原因分析? 描述一些在识别根本原因时有用的工具。
19. 为什么头脑风暴是 DMAIC 改进阶段的重要工具?
20. 描述精益生产中使用的关键工具。
21. 精益六西格玛是如何演变的? 它与最初的六西格玛概念有什么不同?
22. 为什么精益六西格玛在服务业中特别有用? 举一些例子。

案　例

LT 公司[53]

LT 公司最初是一家小型家族企业。长期以来，公司所有者管理着结算等大部分营运业务，客户也很满意。随着时间的推移，公司稳步发展，并在美国和其他许多国家收购了工厂。其大部分运营都是部门化的，所收购的许多公司之间的会计系统各不相同。虽然 LT 公司成功地解决了大多数由于快速增长所引起的问题，但仍然无法控制账单错误。客户服务和财务部门经常收到大量关于错误账单的投诉。

LT 公司的结算过程随着时间的推移而发展，结算人员之间缺乏一致性。客户订单和结算程序混乱、不充分且过时。并非所有的结算人员都有相同的知识和培训水平。缺乏文件加剧了混乱，使情况恶化。结算人员遵循他们认为合理的规则和程序，并以自己认为正确的方式做事。

为了解决账单问题，LT 公司任命了一个由不同学科背景和专业知识员工组成的六西格玛团队。团队讨论了这一问题，研究了六西格玛和精益工具与技术，向其他公司学习，并咨询了该领域的专家。

团队做的第一件事是研究结算流程并准备流程图（见图 9－25）。随后团队回顾了账单错误是如何解决的。大多数情况下都遵循类似的解决路径：客户打电话询问账单，并听到预先录制好的菜单选项信息。客户听了一些没有描述他们特定问题的选项，当发现系统只能处理可选问题时，客户会感到沮丧。几分钟后，客户终于能与客服代表对话了，但是问题会被搁置或从一个客服代表转到另一个客服代表，客户多次重复同一问题。最后，客服代表承诺问题会得到纠正，结果下个月还是同样的账单，同样的错误，同样的投诉，同样恶化的情况，最终客户因恼怒而流失。

进一步的研究揭示了许多不同类型的账单错误：

- 账单价格和收费错误；
- 账单发给错误的客户；
- 账单寄错了地址；

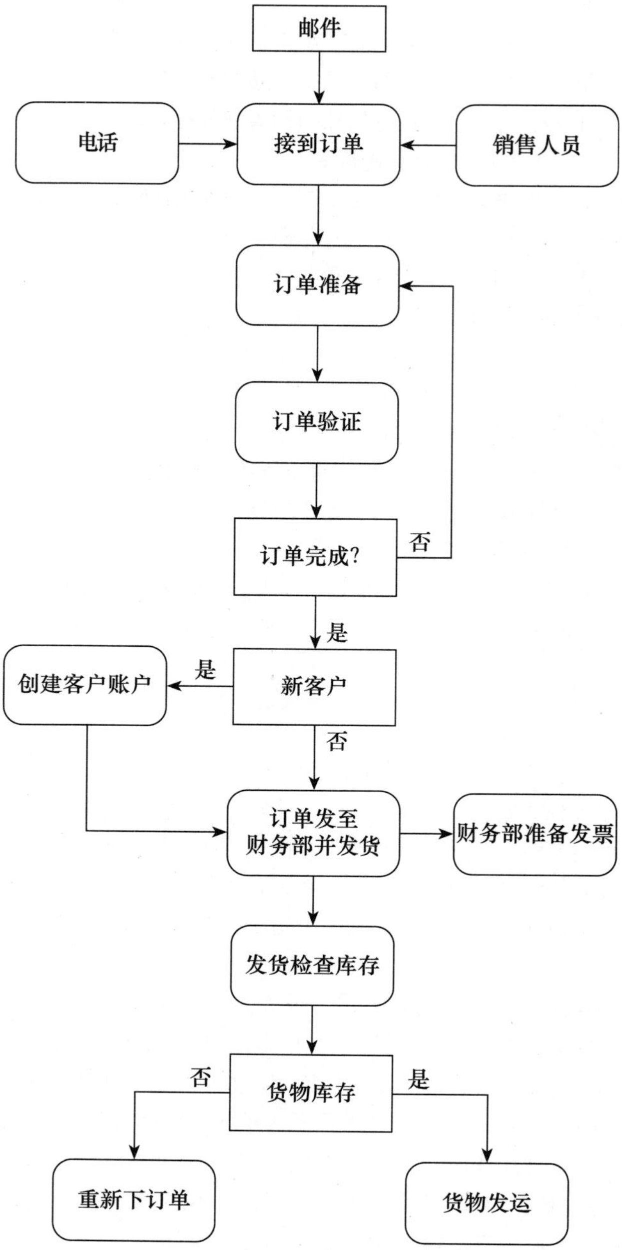

图 9－25 LT 公司结算流程图

资料来源：From Lakshmi U. Tatikonda, "A Less Costly Billing Process," *Quality Progress*, January 2008, 31－39. Copyright © 2008 American Society for Quality.

- 账单重复和延迟；
- 账单含未订购货物；
- 账单包括退回的货物；
- 发货前结账。

利用因果图，六西格玛团队通过头脑风暴，对潜在原因进行了深入探讨（见图 9－26）。帕累托分析显示，70%的错误是账单上的错误金额或账单含未订购货物。

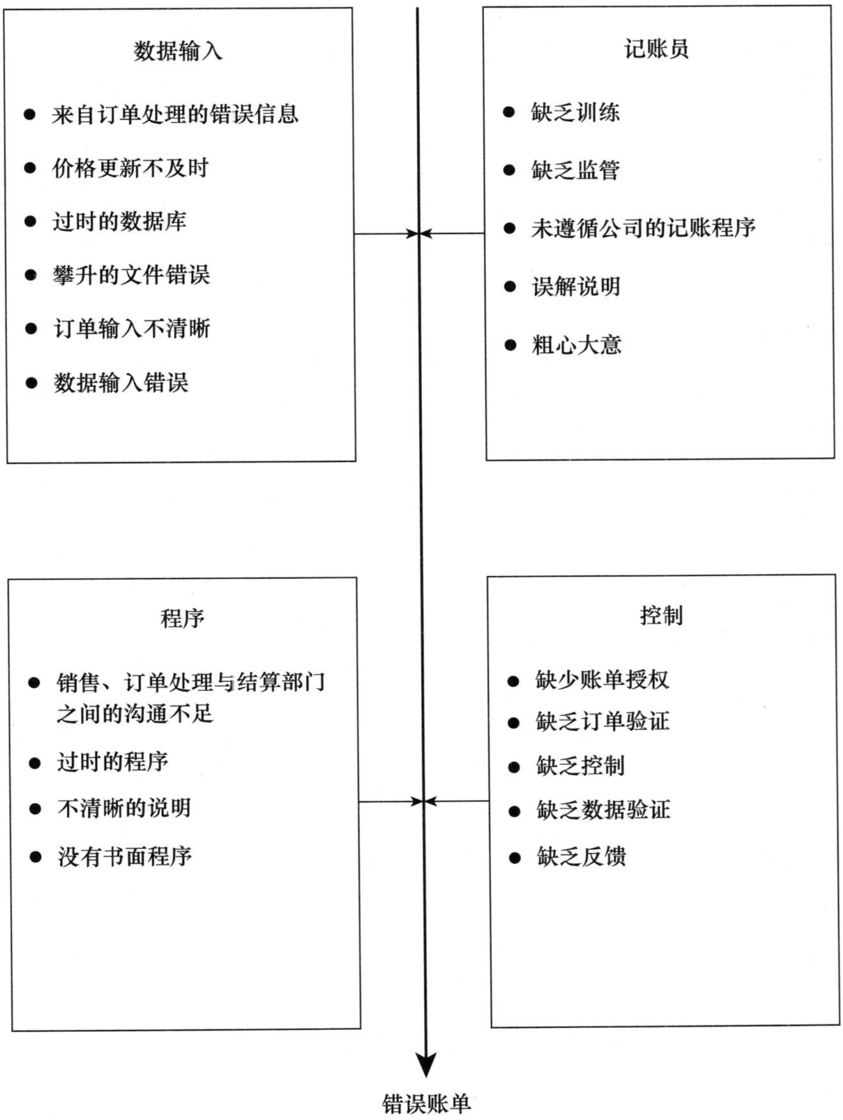

图 9－26　账单错误因果图

资料来源：Adapted from Lakshmi U. Tatikonda，"A Less Costly Billing Process，" *Quality Progress*，January 2008，31－39. Copyright © 2008 American Society for Quality.

为了更好地了解沟通出错的缘由，团队成员决定回顾结算过程。客户订单通过邮件、传真和电话送达。在每一步操作中，订单都分批处理并排队等待。主要步骤包括接到订单（为每个客户创建文件夹）、订单准备（对当前客户和新客户进行分类、添加信息）、订单计价、发货和开票。详细信息如表 9－5 所示。

表 9-5　结算过程中包含的数据与活动

客户 ● 通过信件、传真、电话和电子邮件订购 ● 日均订单量：200 个/天 中央收发室 ● 接收外部邮件 ● 按部门分类 ● 放入箱子 ● 交给各部门 ● 邮票邮资和发送邮件 接受订单 ● 从客户和中央收发室接收订单 ● 打开客户邮件订单 ● 将客户的电话订单记录在纸上 ● 根据客户姓名和邮寄日期对所有订单进行排序 ● 准备包含客户订单信息的文件夹 ● 每天将一批客户订单转移至订单准备工作中 信用检查 ● 每周检查一次客户信用记录 ● 添加信用状态到文件夹 ● 根据可接受和不可接受的信用状态对客户进行分类 ● 批量处理并将已排序的文件夹移至结算部门	订单准备 ● 接收包含客户订单信息的文件夹 ● 根据新客户和现有客户对文件夹分类 ● 发送新客户文件夹至数据处理中心 ● 从数据处理中心接收新客户文件夹 ● 将客户订单文件夹移至订单验证部门 ● 从订单验证部门接收文件夹 ● 复制两份客户订单文件夹 ● 将一份订单副本发送到发货部门，一份发送到结算部门 数据处理 ● 从订单接收部门接收新的客户文件夹 ● 批处理文件夹，分配客户编号，创建客户记录 ● 将新的客户编号和其他信息添加到客户文件夹 ● 每日批处理客户文件夹以进行订单准备 订单验证 ● 从订单准备部门接收客户订单文件夹 ● 检查库存状况 ● 进行价格估算 ● 将价格估算添加到客户订单文件夹 ● 每日一次将文件夹送至订单准备部门	结算 ● 从订单准备部门接收客户订单文件夹的副本 ● 将新的客户文件夹发送至信用检查部门 ● 从信用检查部门接收附有信用状态的客户文件夹 ● 根据可接受与不可接受的信用状态对客户文件夹进行分类 ● 将状态不可接受的客户文件夹发回订单接收部门 ● 将可接受的客户文件夹发送至会计部门 ● 计算开票的总金额（采购、税金） ● 将所有必要数据输入计算机并每月打印两次发票 ● 填写信封地址，叠平、装入发票并密封，每日两次将信封送到中央收发室 发货 ● 从其他准备部门接收客户订单文件夹 ● 收集并包装订单中的物品 ● 打印并在包装盒上粘贴地址标签 ● 每日发货两次

资料来源：From Lakshmi U. Tatikonda, "A Less Costly Billing Process," *Quality Progress*, January 2008, 31-39. Copyright © 2008 American Society for Quality.

◆ **作业**

使用所提供的信息，概述建议改进这一过程的特定步骤。制定一份性能指标列表，用于公司在未来监控这些指标，以跟踪过程效率和效益。总结工作成果，以正式报告的形式向公司管理层汇报。

Rockstone 轮胎[54]

Rockstone 公司为汽车市场生产轮胎。员工注意到，由于在仓库里装载材料的托盘需要排队等候叉车搬到外面的卡车上，因此货运码头非常拥挤。仓库拣货员必须依次等待，把产品运上卡车，然后回到仓库去取另一个订单的货物。

◆ 作业

你被指派为精益六西格玛项目经理来改进这一过程。拟一份项目章程，并讨论为了执行改进项目需要收集哪些信息。如何使用 DMAIC 过程系统地解决这一问题？另外，讨论在项目中最可能使用的工具。

Janson 医疗诊所

Janson 医疗诊所最近对 100 名患者进行了一项满意度调查。该诊所采用 1～5 分的评分标准，1 分表示“非常不满意”，5 分表示“非常满意”。得出不满意（患者在某些方面打 1 或 2 分）的检查表如表 9-6 所示。

表 9-6　不满意反馈检查表

预约	
	拨打电话轻松程度——10 人
	电话接线员友善度——5 人
	办公时间便利性——7 人
	获得方便预约的轻松程度——12 人
挂号/结算	
	接待人员的礼貌与帮助—— 7 人
	挂号时间——1 人
	等待看医生的时间——13 人
	舒适的挂号等候区——4 人
护理与治疗	
	护士/助手表现出的尊重度——0 人
	护理相关呼叫的响应度——5 人
	医师倾听病情的程度如何——3 人
	医师表现出的尊重度——2 人
	对医师能力的信心——1 人
	医疗状况与治疗方法说明——2 人

医生的日程安排非常繁忙。他们有手术要做，还有很多人是当地医学院的教师。许多手术都是紧急情况，或者耗时比预期的要长，导致回诊所的时间延误。

在诊所里，一个或两个电话接待员接听三个部门的电话，这三个部门有 20 名或更多的医生。电话接待员的工作基本上是安排预约、提供指引、将电话转接给相关的秘书，这些通常需要让患者等待。由于秘书的电话占线，接线员通常必须把一份手写的留言交给秘书。然而，如果没有其他人接电话，接线员不能离开办公桌。

一名实习生检查了接听电话和患者挂号流程。他绘制的流程图如图 9-27 和图 9-28 所示。

◆ 作业

1. 绘制一个帕累托图来解释患者不满意的现象。你能得出什么结论？

2. 选择患者最不满意的三个现象，并提出其背后可能的缘由，绘制因果图。

3. 对图 9-27 的流程图提出过程改进建议，开发并重新设计过程，绘制新的流程图。你建议如何解决表 9-6 中不满意的现象？

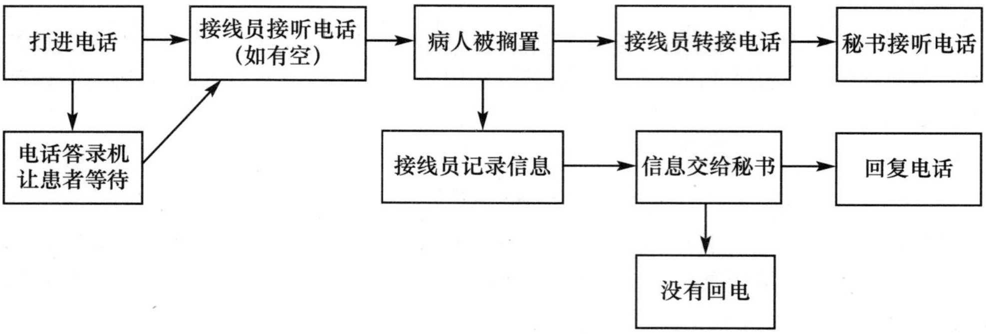

图 9-27 当前接听电话的流程

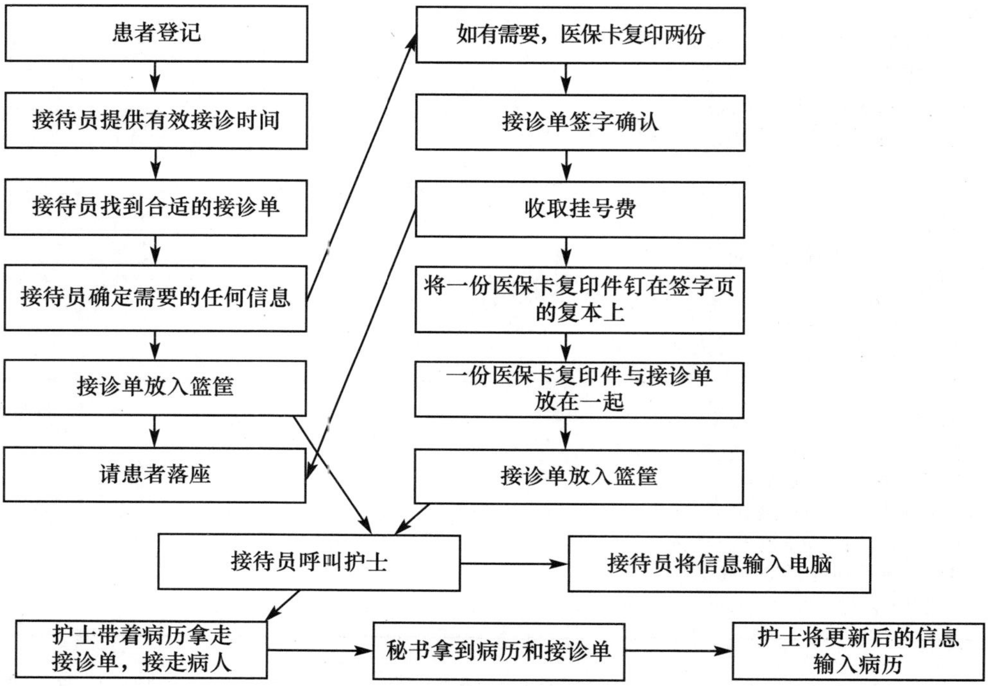

图 9-28 当前患者登记流程

Freadilunch 餐厅

弗雷德·里德（Fred Read）是郊区一家快餐厅 Freadilunch 的老板，他很担心老顾客的流失。他测算了在四周时间里上午 11 点到下午 2 点空餐桌数量。为了更好地了解顾客流失、排长队和不满的原因，弗雷德与几位老顾客进行了交谈。他发现他们喜欢这家餐厅的食物和氛围，但认为餐厅存在缺乏快速处理外卖订单的能力（只能打电话给餐厅而不能传真）、等位时间过长、服务效率低、个别服务员傲慢无礼、收银台排长队等问题，可以在这些方面进行改进。弗雷德苦苦思考如何解决这些问题。他决定设计一张检查表，以系统地收集数据并确定其中哪些问题最严重。

◆ 作业

1. 根据案例中描述的原因，使用七种工具中的一个或多个找出可能的原因来解释顾客的不满。
2. 你建议弗雷德做些什么来解决这些问题？

注 释

1. Gregory Korte, "473 Steps," *The Cincinnati Enquirer,* October 30, 2002, A1, A10.
2. A. VanGundy, "Comparing 'Little Known' Creative Problem-Solving Techniques," in *Creativity Week III, 1980 Proceedings* (Greensboro, NC: Center for Creative Leadership, 1981). The reader is also referred to James R. Evans, *Creative Thinking in the Decision and Management Sciences* (Cincinnati, OH: South-Western Publishing Co., 1991), for a thorough treatment of creative problem solving from business decision perspectives.
3. For the history of the evolution of the Deming Cycle, see Ronald D. Moen and Clifford L. Norman, "Circling Back: Clearing Up Myths About the Deming Cycle and Seeing How It Keeps Evolving," *Quality Progress,* November 2011, 22–28.
4. See Ronald D. Moen, Thomas R. Nolan, and Lloyd P. Provost, *Improving Quality Through Planned Experimentation* (New York: McGraw-Hill, 1991), 11; Gerald Langley, Kevin Nolan, and Thomas R Nolan, "The Foundation of Improvement," *Quality Progress,* June 1994, 81; Gerald Langley, Kevin Nolan, Thomas R. Nolan, Clifford L. Norman, and Lloyd P. Provost, *The Improvement Guide* (San Francisco, CA: Jossey-Bass, 1996), 10; and Gerald Langley, Kevin Nolan, Thomas R. Nolan, Clifford L. Norman, and Lloyd P. Provost, *The Improvement Guide,* 2nd ed. (San Francisco, CA: Jossey-Bass, 2009), 24.
5. Gerald Langley, Kevin Nolan, and Thomas Nolan, "The Foundation of Improvement," Sixth Annual International Deming User's Group Conference, Cincinnati, OH (August 1992).
6. Gerald Langley, Kevin Nolan, and Thomas R. Nolan, "The Foundation of Improvement," *Quality Progress,* June 1994, 81.
7. Masaaki Imai, *Kaizen: The Key to Japans Competitive Success* (New York: McGraw-Hill, 1986), 15.
8. A. F. Osborn, *Applied Imagination,* 3rd ed. (New York: Scribner's, 1963); S. J. Parnes, R. B. Noller, and A. M. Biondi (eds.), *Guide to Creative Action* (New York: Scribner's, 1977).
9. Reprinted with permission from American Society for Quality © 2000 ASQ, www.asq.org
10. National Institute of Standards and Technology, Manufacturing Extension Partnership Success Stories. www.nist.gov/mep/.
11. "Origin of Six Sigma: Designing for Performance Excellence," *Quality Digest,* May 2000, 30; Harry Mikel and Richard Schroeder, *Six Sigma* (New York: Currency, 2000), 9–11.
12. Jack Welch, *Jack: Straight from the Gut* (New York: Warner Books, 2001), 329–330.
13. Jack Welch, *ibid,* 333–334.
14. "GE Reports Record Earnings with Six Sigma," *Quality Digest,* December 1999, 14.
15. Jack Welch, *ibid,* 329–330.
16. Rochelle Rucker, "Six Sigma at Citibank," *Quality Digest,* December 1999, 28–32.
17. National Institute of Standards and Technology, Manufacturing Extension Partnership Success Stories. www.nist.gov/mep/.
18. Ronald D. Snee, "Why Should Statisticians Pay Attention to Six Sigma?" *Quality Progress,* September 1999, 100–103.
19. A composite of ideas suggested by Stanley A. Marash, "Six Sigma: Business Results Through Innovation," *ASQ's 54th Annual Quality Congress Proceedings,* 2000, 627–630; Dick Smith and Jerry Blakeslee, *Strategic Six Sigma: Best Practices from the Executive Suite* (New York: Wiley, 2002).
20. Ronald D. Snee, "Guest Editorial: Impact of Six Sigma on Quality Engineering," *Quality Engineering* 12, no. 3, 2000, ix–xiv.
21. Kervin Linderman, Roger G. Schroeder, Srilata Zaheer, and Adrian S. Choo, "Six Sigma: A Goal-Theoretic Perspective," *Journal of Operations Management* 21, (2003), 193–203.
22. Charles H. Kepner and Benjamin B. Tregoe, *The Rational Manager* (New York: McGraw-Hill, 1965).
23. Gerald F. Smith, "Too Many Types of Quality Problems," *Quality Progress,* April 2000, 43–49.
24. H. James Harrington, "Creating Organizational Excellence—Part Two," *Quality Digest,* February 2003, 14.
25. *A Guide to the Project Management Body of Knowledge* (PMBOK Guide), 4th ed. (Newtown Square, PA: Project Management Institute, 2008).
26. Elaine Schmidt, "Where the Rubber Meets the Road," *iSixSigma Magazine,* May/June 2010, 23–29.
27. George Eckes, *The Six Sigma Revolution* (New York: John Wiley & Sons, 2001), 251–254.
28. Donald P. Lynch, Suzanne Bertolino, and Elaine Cloutier, "How to Scope DMAIC Projects," *Quality Progress* 36, no. 1 (January 2003), 37–44.
29. Jeffrey K. Pinto, "The Power of Project Management," *Industry Week,* August 18, 1997, 138–140.
30. "Six Sigma at GE-Lunar, Manufacturing and Technology Matters," Erdman Center for Manufacturing and Technology Management, University of Wisconsin-Madison School of Business, Fall/Winter 2002, 1–3.
31. Arthur Fornari and George Maszle, "Lean Six Sigma Leads Xerox," *Six Sigma Forum Magazine,* August 2004, 11–16.
32. Thomas Pyzdek, *The Six Sigma Handbook* (Tuscon, AZ: McGraw-Hill/Quality Publishing, 2001), 301.
33. Satya S. Chakravorty, "Process Improvement: Using Toyota's A3 Reports," *Quality Management Journal* 16, no. 4 (2009), 7–26.
34. Reprinted with permission from *Quality Progress* © 1998 ASQ, www.asq.org.
35. Adapted from Bruce Rudin, "Simple Tools Solve Complex Problems." Reprinted with permission from Quality, April 1990, 50–51; a publication of Hitchcock Publishing, a Capital Cities/ABC, Inc.
36. Kaoru Ishikawa, *Guide to Quality Control,* 2nd rev. ed. (Tokyo: Asian Productivity Organization, 1986). Available from UNIPUB/Quality Resources, One Water Street, White Plains, NY 10601.
37. "NCR Corporation," in *Profiles in Quality* (Needham

Heights, MA: Allyn and Bacon, 1991).
38. Howard H. Bailie, "Organize Your Thinking with a Why-Why Diagram," *Quality Progress* 18, no. 12 (December 1985), 22–24.
39. Amanda Hankel, "Shift into High Gear," Quality Progress, November 2012, 30–36.
40. A. F. Osborn, *Applied Imagination,* 3rd ed. (New York: Scribners, 1963); S. J. Parnes, R. B. Noller, and A. M. Biondi (eds.), *Guide to Creative Action* (New York: Scribners, 1977).
41. Gary Conner, "Benefitting from Six Sigma," *Manufacturing Engineering,* February 2003, 53–59.
42. Gary Conner, "Benefitting from Six Sigma," *Manufacturing Engineering,* February 2003, 53–59.
43. Anthony R. Goland, John Hall, and Devereaux A. Clifford, "First National Toyota," *The McKinsey Quarterly* no. 4 (1998), 58–66.
44. Patricia Houghton, "Improving Pharmacy Service," *Quality Digest,* October 18, 2007.
45. "Study Shows Six Sigma, Lean Are Merging," *Industry Week,* March 7, 2008.
46. Kate Burrows, "Outside of the Box," *iSixSigma Magazine,* January/February 2011, 22–30.
47. Adapted from Elizabeth Keim, LouAnn Fox, and Julie S. Mazza, "Service Quality Six Sigma Case Studies," *Proceedings of the 54th Annual Quality Congress of the American Society for Quality,* 2000 (CD-ROM).
48. Lisa Palser, "Cycle Time Improvement for a Human Resources Process," *ASQ's 54th Annual Quality Congress Proceedings,* 2000 (CD-ROM).
49. Zachery Brice, "Six Sigma Sharpens Services," *Quality Digest,* May 2004, 37–42.
50. Laura Smith, "Six Sigma Goes to Washington," *Quality Digest,* May 2005, 20–24.
51. From Cathy Buck, "Application of Six Sigma to Reduce Medical Errors," *Proceedings of the 55th Annual Quality Congress of the American Society for Quality,* 2001 (CD-ROM). © 2001, American Society for Quality.
52. From Davis R. Bothe, "Improve Service and Administration," *Quality Progress,* September 2003, 53–57. Copyright © 2003 American Society for Quality.
53. From Lakshmi U. Tatikonda, "A Less Costly Billing Process," *Quality Progress,* January 2008, 31–39. Copyright © 2008 American Society for Quality.
54. Inspired by a project described in Elaine Schmidt, "Where the Rubber Meets the Road," *iSixSigma Magazine,* May/June 2010, 23–29.

第Ⅲ篇

超越质量管理：卓越绩效管理

Beyond Quality Management: Managing for Performance Excellence

▷▷▷ 第 10 章　波多里奇卓越绩效框架
▷▷▷ 第 11 章　战略与卓越绩效
▷▷▷ 第 12 章　卓越绩效测量和知识管理
▷▷▷ 第 13 章　卓越绩效领导
▷▷▷ 第 14 章　建立和维持质量与卓越绩效

在本书第Ⅰ篇和第Ⅱ篇，确立了和质量管理的原则以及工具和技术，通过运用这些工具和技术进行设计、控制和改进，能够保证产品与服务的质量。随着质量管理学科的不断成熟，组织发现就建立并保持组织经营成功而言，管理实践的质量与组织产品和服务的质量一样重要。

第Ⅲ篇聚焦于组织层面的质量，在第1章中我们称其为卓越绩效。卓越绩效的概念由波多里奇卓越绩效项目及其准则创立并倡导。我们在前面讨论的全面质量（TQ）的很多原则都蕴含在这一准则中。然而，该准则为改进组织各个方面的管理提供了一个更为广泛的框架，远远超过了对产品和服务质量的关注。

波多里奇项目自1987年成立以来，一直由美国商务部下属的国家标准与技术研究院（NIST）管理。该计划的网站 www.nist.gov/baldrige 提供了有关波多里奇项目的大量信息。波多里奇项目对世界各地的组织产生了重大影响，我们相信它将继续引领建立卓越绩效，并为组织领导者提供路线图，以在整个组织中取得高质量和出色的成果。

第10章介绍了作为构建和管理成功组织的框架的波多里奇卓越绩效标准，并讨论了其全球影响力。第11章从战略角度关注卓越绩效、组织如何为卓越绩效而设计，以及它们如何使用战略策划过程来关注未来并建立可持续发展的组织。在第12章中，将了解组织如何测量组织绩效（除了在第8章中介绍的特定质量测量指标之外）以及如何管理信息和知识。第13章讨论领导力——卓越品质和卓越绩效的驱动力，以及组织如何实施卓越绩效实践。最后，第14章侧重于在组织中建立和维持卓越绩效。

第10章 波多里奇卓越绩效框架

"在这家公司没有哪项工作或创举比卓越绩效更重要。"这是 Avis Budget Group（ABG）首席执行官罗纳德·纳尔逊（Ronald L. Nelson）在集团前 70 名高管集会上演讲时说的话，旨在要求他们与他一起带领公司每个营业点和每个部门沿着卓越绩效的道路前进。卓越绩效在一年之内已经成为 ABG 开展业务的方式，并且使公司能够比以前更有效地应对业务挑战。[1]

卓越绩效的概念源于马尔科姆·波多里奇国家质量奖。意识到美国的生产力在下降，1982 年 10 月，美国总统里根签署了一项法律，授权开展国家层面的有关生产力的研究和讨论。1983 年美国生产力和质量中心（原美国生产力中心）发起了 7 次计算机网络会议，为即将到来的白宫生产力会议做准备。这些会议的最终报告建议设立国家质量奖，类似日本于 1951 年开始颁发的戴明奖，每年授予那些成功挑战并满足奖项要求的企业。《马尔科姆·波多里奇国家质量改进法案》（Malcolm Baldrige National Quality Improvement Act）于 1987 年 8 月 20 日签署成为法律（公法 100－107）。该项目的核心内容如下：

- 帮助激励美国公司为了荣誉而改进质量和生产力，同时提高盈利水平以获得竞争优势；
- 表彰这些公司在改进产品和服务质量方面取得的成就，并为其他公司树立榜样；
- 建立指南和标准，用于商业、工业、政府及其他各类组织评价其在质量改进方面取得的成就；
- 通过提供关于成功组织如何改变其文化并实现卓越的详细信息，为那些希望了解如何管理以实现高质量的美国组织提供专门的指导。

（日本科技联盟（JUSE）于 1951 年设立了戴明奖，以认可和表彰戴明在统计质量控制方面的成就以及他和日本人民的友情。有关戴明奖的详细内容可参考 http://www.juse.or.jp/e/deming/。）

马尔科姆·波多里奇国家质量奖根据里根政府商务部长的名字命名。就在参议院通过该法律前夕，马尔科姆·波多里奇在一次意外中丧生。马尔科姆·波多里奇受到世界上很多国家领导人的尊重，在执行政府贸易政策、解决部分国家技术转让分歧、连续 7 年主持与苏联的部长级对话方面发挥了重要作用。其中，与苏联的对话为美国企业进入苏联市场铺平了道路。最初，奖项设置包括制造业、小企业和服务业。1999 年，经国会同意设立非营利教育类和医疗保健类奖项。2007 年，其他非营利组织的最终奖项得到批准并实施。这实际上允许任何组织申请这个奖项。表 10－1 列出了截至 2018 年的获奖组织。

表 10-1 截至 2018 年马尔科姆·波多里奇国家质量奖的获奖组织

制造业类
摩托罗拉公司（1988）
西屋公司商用核燃料部（1988）
施乐公司商业产品和系统（1989）
美利肯公司（1989）
凯迪拉克汽车分部（1990）
IBM 罗切斯特实验室（1990）
旭电公司（1991）
Zytec 公司（现隶属于 Artesyn Technologies 公司）（1991）
AT&T 网络系统（现为朗讯科技公司光网事业部）（1992）
得州仪器防御系统与电子集团（现是雷神公司的一部分）（1992）
伊士曼化学公司（1993）
阿姆斯特朗世界工业建筑产品业务（1995）
康宁电信产品事业部（1995）
ADAC 实验室（1996）
3M 牙科产品事业部（1997）
旭电公司（1997）
波音运输机和加油机分部（1998）
太阳能涡轮机公司（1998）
意法半导体公司美洲地区（1999）
德纳公司 Spicer 传动轴部（现为 Torque Traction Technologies 公司）（2000）
KARLEE 公司（2000）
Clarke American Checks 公司（2001）
摩托罗拉公司商业、政府和行业解决方案事业部（2002）
美德瑞达公司（2003）
Bama 公司（2004）
阳光新鲜食品公司（2005）
北美嘉吉谷物加工公司（2008）
霍尼韦尔联邦制造和技术公司（2009）
美德瑞达公司（2010）
雀巢普瑞纳宠物食品公司（2010）
洛克希德马丁公司导弹和武器火力控制事业部（2012）

小企业类
Globe Metallurgical 公司（1988）
Wallace 公司（1990）
Marlow Industries 公司（1991）
Graniterock 公司（1992）
Ames 橡胶公司（1993）
温莱特工业公司（1994）
定制调查公司（1996）
Trident 精密制造有限公司（1996）
得克萨斯铭牌公司（1998）
阳光新鲜食品公司（1999）
洛斯阿拉莫斯国家银行（2000）
斯通纳公司（2003）
得克萨斯铭牌公司（2004）
帕克·普雷斯·雷克萨斯公司（2005）
梅萨产品公司（2006）
PRO-TEC 涂料公司（2007）

梅萨产品公司（2012）
MidwayUSA 公司（2015）
唐·查默斯·福特公司（2016）
动量集团（2016）
布里斯托尔田纳西州基本服务公司（2017）
Stellar Solutions（2017）
综合项目管理公司（2018）

服务类

联邦快递（1990）
AT&T 通用卡服务中心（现为花旗集团的一部分）（1992）
丽思卡尔顿酒店（现为万豪国际的一部分）（1992）
AT&T 消费者通信服务公司（现为 AT&T 的消费市场部）（1994）
威瑞森信息服务中心（前身为 GTE Directories 公司）（1994）
德纳商业信贷公司（1996）
美林信贷公司（1997）
施乐商业服务（1997）
BI 公司（1999）
丽思卡尔顿酒店（1999）
国际运营管理公司（2000）
Pal's Sudden Service 公司（2001）
布兰奇-史密斯印刷分厂（2002）
波音航空支持部（2003）
卡特彼勒金融服务公司（2003）
DynMcDermott 石油作业公司（2005）
普瑞米尔公司（2006）
MidwayUSA 公司（2009）
Freese & Nichols 公司（2010）
K&N 管理公司（2010）
Studer Group 公司（2010）
普华永道公共事业部（2014）

教育类

Chugach 学区（2001）
Pearl River 学区（2001）
威斯康星-斯托特大学（2001）
帕拉丁镇第 15 学区联合学校，伊利诺伊州（2003）
蒙福特商学院（2004）
Richland 学院（2005）
Jenks 公立学校（2005）
艾尔德尔-斯泰茨维尔学校（2008）
蒙哥马利县公立学校（2010）
Pewaukee 学区（2013）
圣迭戈特许学校（2015）
阿拉莫学区（2018）
三郡科技（2018）

保健类

SSM 医疗中心（2002）
佛罗里达州彭萨科拉浸信会医院（2003）
堪萨斯市圣鲁克医院（2003）
罗伯特·伍德·约翰逊大学附属汉密尔顿医院（2004）
Bronson 卫理公会医院（2005）

北密西西比医疗中心（2006）
仁惠医疗系统（2007）
夏普医疗护理中心（2007）
伯德谷健康系统（2008）
亚特兰蒂医护中心（2009）
Heartland 医疗机构（2009）
Advocate Good Samaritan 医院（2010）
亨利·福特医疗系统（2011）
Schneck 医疗中心（2011）
Southcentral 基金会（2011）
北密西西比健康服务中心（2012）
萨特戴维斯医院（2013）
Hill Country Memorial 医院（2014）
萨特戴维斯医疗护理中心（2014）
查尔斯顿地区医疗中心卫生系统（2015）
Kindred Nursing and Rehabilitation-Mountain Valley（现为 Mountain Valley of Cascadia）（2016）
Memorial Hermann Sugar Land 医院（2016）
Adventist Health Castle（2017）
Southcentral 基金会（2017）
Memorial 医院和健康护理中心（2018）

非营利组织类
珊瑚泉市（2007）
美国军备研发和工程中心（2007）
退伍军人事务部联合研究项目药物临床开发研究协调中心（2009）
康科迪亚出版社（2011）
欧文市（2012）
信用合作社（2014）
中美移植公司（2015）
柯林斯堡市（2017）
捐赠者联盟（2018）

马尔科姆·波多里奇国家质量奖最终发展为一个综合的国家质量项目。该项目主要由美国商务部下属的国家标准与技术研究院管理，这是一种公共部门与私营部门合作的模式。2010 年，国会通过法案将该项目更名为“波多里奇卓越绩效项目”，摒弃“质量”二字象征着其更广泛的使命，提高竞争力和业绩而不仅仅是质量的提高，因为很多人首先会将质量与商品和服务联系起来。该奖项的名称简称为波多里奇奖，尽管之前的名称还经常使用。

本章我们将介绍波多里奇奖的评审标准——卓越绩效评价准则，它为所有组织整合全面质量的原则和实践确立了框架。我们也将描述和对比波多里奇准则与世界各地其他质量绩效和卓越绩效奖项及其框架的区别。

质量档案 Hill Country Memorial 医院和博世巴里工厂

Hill Country Memorial（HCM）是一家拥有 86 张床位的社区医院，是一家非营利组织，为得克萨斯州希尔地区的 10 个县提供普通和急症护理服务。HCM 在得克萨斯州弗雷德里克斯堡的校园有一所医院、一个健康中心、一个临终关怀中心、几个家庭医疗服务中心、一个乳腺病治疗中心、几个康复服务中心、几个急救服务中心和一个二手店。一个门诊外科中心位于得克萨斯州的马布尔福尔斯地区。HCM 拥有 800 多名医务人员和志愿者，运营预算为 1.995 亿美元。注重流程在医院管理中起着关键作用。HCM 的战略策划过程是全面的，反映了组织与其社区的包容性关系。规划过程考虑了医疗保健方面的创新以及市场的变化，所有这些都是在组织“卓越的一贯”文化背景下进行的。HCM 战略图将社区描述为四个重点领域的基础：金融和增长、服务、质量以及人员。2013 年的一项流程改进评估了手术程序和建议措施，结果显示及时率从 72%提高到 81%，现有手术室的容量增加了 16%，手术量增加了 7.6%。多年来，HCM 被 Truven Health Analytics 评为“百强医院”之一。HCM 在员工满意度和敬业度以及聘用医生和独立医生方面的得分，在 2013 年和 2014 年排名全国前 10%。HCM 在基于价值的采购（VBP）方面胜过得克萨斯州的其他医院。医疗保险和医疗补助服务中心实施了一项计划（CMS），对医院的医疗质量进行排名。在全国范围内，HCM 在近 3 200 家医院中 VBP 表现排名第 57 位。HCM 在 CMS 临床过程测量、医疗保健结果和患者体验测量方面一直位居全国前 10%。HCM 的财务业绩也有显著改善。

博世集团（Bosch）是全球领先的技术和服务供应商。2013 年，该公司约有 28.1 万名员工，实现销售额 461 亿欧元。它的运作分为四个业务部门：汽车技术、工业技术、消费品、能源和建筑技术。博世巴里工厂（Bosch Bari Plant）拥有 2 000 名员工，是意大利南部最大的汽车零部件生产商，主要生产柴油发动机的高压泵。该工厂是 2014 年欧洲质量管理基金会（EFQM）卓越奖得主。EFQM 卓越奖（本章讨论）的目标是表彰欧洲表现最好的组织，无论是私人、公共还是非营利组织。它表彰了在将战略转化为行动并不断提高组织绩效方面公认的成功的行业领导者。

EFQM 评估人员强调整个组织要了解他们的战略，并积极为实现公司目标做出贡献。员工对战略项目的高度参与和持续改进是关键成功因素。“过程和激情”反映了这种方法的两个重要方面。

一方面，绩效要求严格执行标准和原则；另一方面，员工不断超越目标的态度赋予了他们跨越障碍、面对下一个挑战的力量。在博世巴里工厂，过程和激情不矛盾，而是一个强大的组合。

多年来，博世巴里工厂对其员工高度关注，其作为雇主的形象越来越正面；博世巴里工厂作为一个好雇主的印象从 2007 年的 55%增加到近 100%。持续成本优化是维持博世巴里工厂增长的重要杠杆之一。该工厂自 2009 年以来生产成本持续下降。即使在经济衰退时期，该工厂也能够立即做出反应，成本效益与危机前持平。

资料来源：Malcolm Baldrige Award Recipient Profiles，National Institute of Standards and Technology，U.S. Department of Commerce. Adapted from Bosch Bari Plant：EFQM 2014 Recognition Book. http：//www.efqm.org/shat-we-do/efqm-award-2014.

10.1 波多里奇卓越绩效准则

波多里奇卓越绩效框架有三个版本：商业/非营利组织、教育和医疗保健。教育和医疗保健版本与商业/非营利组织版本的学科术语略有不同，主要是为了在这些领域符合独特的语言和风格。波多里奇卓越绩效框架包括卓越绩效准则、核心价值观和概念，以及评估的评分指南。其目的是帮助组织回答三个问题：你的组织如何做得更好？你如何知道？你的组织应该如何改进，什么事情可改进或者改变？**卓越绩效准则**（Criteria for Performance Excellence）是波多里奇审查的基础，旨在鼓励公司通过一种与组织绩效相一致的方法提高竞争力。波多里奇准则帮助理解和评估组织如何更好地完成对组织来说很重要的事情：如何变得成熟，如何令人满意地有效部署组织的过程，如何使结果是好的，组织是否正在学习和提升，如何用管理方法很好地满足组织的需求。该准则没有规定一个组织的结构和运作方式，鼓励组织采用创造性、适应性和灵活的方法，通过创新促进渐进式和突破性的改进。这个准则鼓励选择对组织改进最适合、最有效的工具（例如，精益、六西格玛、ISO 9000 标准、平衡计分卡、计划—执行—检查—行动（PDCA））。

（我们建议读者从波多里奇卓越绩效项目网站（www. nist. gov/baldrige/publications/）上获取一个版本并阅读全文来厘清其原则和解释。）

卓越绩效准则由七大类目组成。每个类目包括几个条款（编号为 1.1、1.2、2.1 等），重点是组织应该集中精力。每一个条款又包括若干需要处理的领域（例如，6.1a、6.1b），这些领域寻求关于确保和提高竞争性业绩的方法、这些方法的部署或从这些部署中获得的结果等具体信息。

1. 领导：在准则七大类目中排第一，表明领导对取得经营成功的突出重要性。条款 1.1 “高层领导”，评审高层领导责任的关键方面，包括高层领导如何确立并沟通组织的愿景、价值观，以及高层领导如何践行组织的价值观。该条款聚焦于高层领导的行动，以创建一个可持续、高绩效并且关注业务、顾客和社区的组织。条款 1.2 “治理与社会责任”，评审组织治理系统的关键方面，包括组织领导的改进，评审组织如何确保每一位员工的行为符合法律和道德规范，以及组织如何履行社会责任并支持关键社区。

2. 战略策划：该类目评审组织如何制定战略目标和行动计划。条款 2.1 “战略制定”，评审组织如何确定其核心竞争力、战略挑战和战略优势，并确定组织战略目标以应对挑战、发挥优势。它还需要一个关键战略目标的声明，聚焦如何平衡不同的和潜在竞争的组织需求。条款 2.2 “战略部署”，评审组织如何将战略目标转化为行动计划以实现目标，也评审组织如何评价这些行动计划的进展。目的是确保战略能够成功展开以实现目标。

3. 关注顾客：该类目评审组织如何使顾客参与以实现长期市场成功，以及如何建立关注顾客的文化。条款 3.1 “顾客之声”，评审组织倾听顾客以及测量顾客满意和不满意的方法，也评审组织运用这些数据的方法。目的是利用有用的信息以超越顾客期望。条款 3.2 “顾客参与”，评审组织在识别并创新提供给顾客和市场的产品，使顾客获取信息和支持，运用顾客、市场和产品信息方面的方法。该条款也评审组织如何与顾客建立关系，管理顾客投诉以留住顾客，以及提升顾客契合度。所有这些努力的目的是提高市场份额，建立更加关注顾客的文化，增强顾客忠诚，并识别创新机会。

4. 测量、分析与知识管理：该类目是准则系统框架中其他所有类目的基础，这一系统框架构成了波多里奇哲学思想的基础，并提供了一个有关经营结果的关键反馈结构。条款 4.1“组织绩效的测量、分析与改进”，评审组织如何选择、运用数据和信息进行绩效测量、分析和评审，以支持组织规划和绩效改进。条款 4.2“信息、知识与信息技术管理”，评审组织在日常及紧急情况下，如何向员工、供应商和合作伙伴以及顾客确保所需数据、信息和软硬件的质量和可用性，也评审组织如何建立并管理其知识资产。目的是提升组织的效率和有效性，并促进创新。

5. 关注员工：该类目评审组织如何建立有效、有利的员工环境。条款 5.1“员工环境”，评审组织的工作环境、员工的能力与保有量需求，组织如何满足这些需求以完成组织的工作，以及如何确保一个安全、有利的工作氛围。目的在于为实现组织目标与支持员工建立一个有效的环境。条款 5.2“员工敬业度”，研究组织如何提升和评估员工敬业度、管理绩效、发展员工和领导者，评估其学习和发展系统的有效性，以及管理职业发展。这些系统旨在促进高绩效，解决核心能力，并帮助完成行动计划和确保组织的可持续性。

6. 关注过程：该类目评审组织如何设计、管理并改进其工作系统和工作过程，以交付顾客价值并实现组织成功和持续发展。条款 6.1“工作系统”，评审组织工作系统设计、管理、改进以及利用核心竞争力的总体方法，评审如何进行过程管理以及如何管理创新。条款 6.2“工作过程”，评审组织关键工作过程的设计、管理与改进，旨在为顾客创造价值，促使组织有效与高效运营，并实现组织成功和持续发展。

7. 结果：该类目体现了对结果的关注，这些结果包括组织及其顾客对组织产品和服务的评价，对关键过程及过程改进活动的评价，如顾客的结果，员工的结果，组织治理、领导系统和社会责任结果，组织整体的财务和市场绩效。通过这一关注，有力地支持了准则的目的——从顾客和市场角度审视组织提供物的优良价值，由组织的运营、员工、法律、道德、社会和财务指标所反映的优秀的组织绩效，以及组织和个人的学习。因此，类目 7 与组织总体战略相协调，为评价和改进过程与产品提供了实时信息（进展情况的度量）。

这七个类别构成了一个综合管理系统，如图 10-1 所示。这种结构强调了波多里奇卓越绩效框架的系统性。整合起着关键作用，强调系统的任何一个部分都不能独立运行。

各个组成部分都是必不可少的，它们之间有何联系，它们之间的联系如何决定组织及其整体管理体系成功与否？联系的例子如下：

- 过程条款与相应结果条款之间的联系；
- 战略策划过程需要测量、分析与知识管理的数据；
- 领导系统与战略策划过程之间的联系；
- 劳动力规划和战略策划之间的联系。

以这种方式，七个类别代表了计划、执行和审查绩效的逻辑方法，这让人想起了戴明环。在一个组织中执行的每一项活动都属于这个框架。

（在第 3、4、5 章中有关关注顾客、关注员工和关注过程的表格中，所列质量管理的主要实践活动分别反映了波多里奇准则类目 3、类目 5、类目 6 的要求。在接下来的三章中，我们将讨论准则其他类目的主要实践活动。）

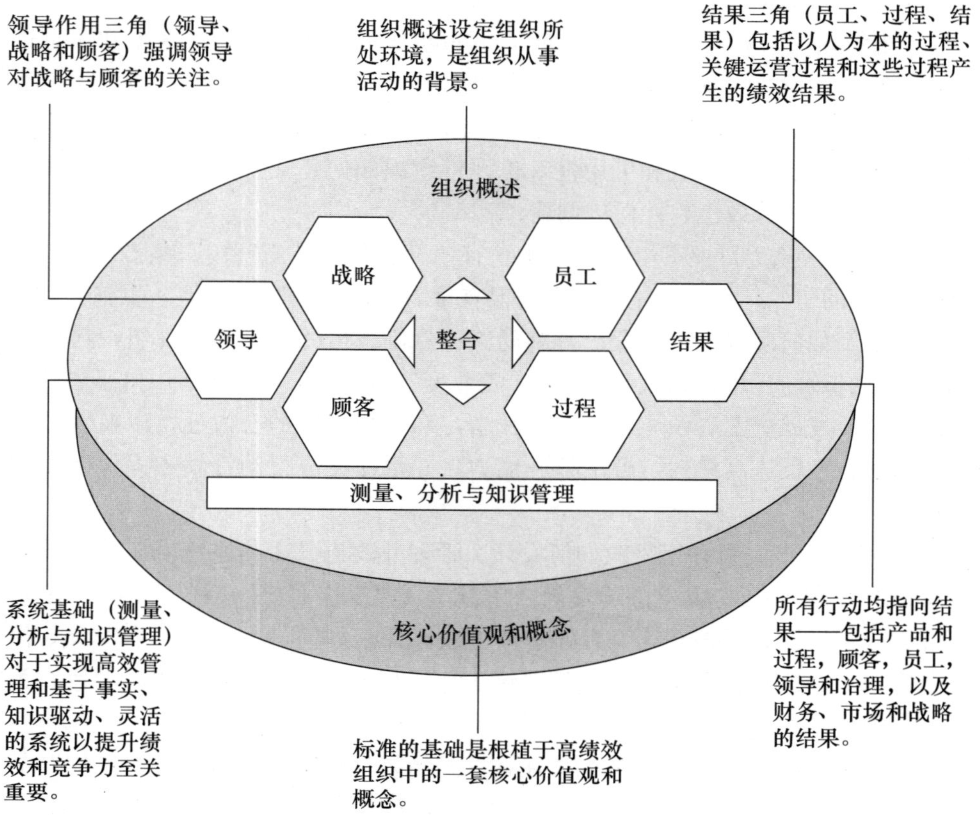

图 10-1　波多里奇卓越绩效框架的系统透视图

例如，2015—2016 年波多里奇准则中领导类目由两个评分条款组成，共有五个方面：

1.1 高层领导

a. 愿景、价值观和使命

b. 沟通和组织绩效

1.2 治理与社会责任

a. 组织治理

b. 守法和道德行为

c. 社会责任与关键社区支持

这就要求组织回答以下问题：

1. 愿景和价值观：高层领导如何确立组织的愿景和价值观？高层领导如何通过领导系统将组织的愿景和价值观传递给全体员工、关键的供应商和合作伙伴，以及顾客和其他利益相关方（适用时回答）？高层领导的个人行为如何反映出对组织价值观的承诺？

2. 倡导守法与道德行为：高层领导的行为如何体现对守法和道德行为的承诺？高层领导如何营造要求守法和道德行为的组织环境？

3. 建立永续经营的组织：高层领导如何建立一个具有永续经营能力的组织？高层领导如何实现以下目标：

- 为改进组织的绩效、实现使命和战略目标、创新、形成绩效领导力以及组织的灵活性创造良好的环境；
- 营造形成持续积极的顾客体验和鼓励顾客参与的员工文化；
- 建立组织和员工学习的环境；
- 开发和提升高层领导的领导能力；
- 参与组织学习、员工继任的决策和组织未来领导者的培养。

为了展示组织如何回应这些问题，可以参考 K&N 管理公司（用自己的语言）在波多里奇奖申请概述的领导类目中提供的有关上述愿景和价值观问题的一些信息：

> K&N 管理公司对顾客愉悦和追求卓越充满热情，这在公司整个运营中都很明显。高层领导团队（SLT）由 2 名所有者和 7 名董事组成，他们负责确定并展开组织的愿景和价值观。公司的愿景、价值观及关键经营驱动因素最初由公司高管及中层于 2002 年在 Pal's Sudden Service 公司对标参观后确定。我们的愿景反映了对顾客愉悦的巨大热情，我们的使命陈述则定义了每个团队成员在实现愿景中的作用。如果团队成员能够确保每位顾客都是愉悦的，那么我们将因为在热情友好、过程及绩效方面的卓越而得到全球认可。高层领导结合团队成员的输入确定了核心价值观，这些输入即团队成员感觉对我们的文化最具重要性的因素。我们对顾客愉悦的狂热追求被融入价值观，部署在整个组织当中。
>
> 高层领导指的是在关键领导过程展开、测量、数据分析、评价和绩效改进（见图 10－2）中结合使命、愿景、价值观及关键经营驱动因素进行。在每年的战略策划研讨会上，高层领导都会对使命、愿景、价值观及关键经营驱动因素进行评价，以确定是否需要调整。

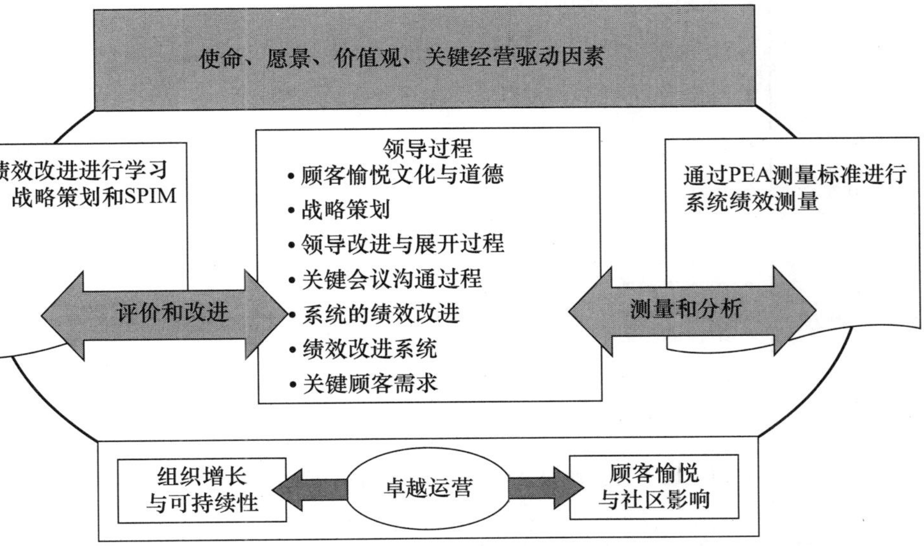

图 10－2　K&N 管理公司领导卓越绩效模型

> 我们的员工选拔与培养过程、概念设计以及运营管理中都清楚体现了对卓越的不懈追求。使命、愿景、价值观及关键经营驱动因素首先通过基层会议展开，然后

通过培训、交接班沟通以及绩效评价进行强化。每套培训模块的第一张教学确认卡都是与团队成员沟通我们文化的关键要素。在基层会议期间，团队成员会收到一张文化卡，内容包括使命、愿景、价值观、关键经营驱动因素以及 FISH 结构模型（激发团队成员士气和积极性的一种理念）。

我们通过多种方式将使命、愿景和价值观传递给关键供应商和顾客。我们将使命和愿景印在所有业务卡上。顾客可以很方便地在餐厅墙上以及 Mighty Fine 网站上看到我们的使命、愿景、价值观和关键经营驱动因素，也可以从我们团队成员的态度中感受到。通过执行董事每年实施的关键供应商计分卡，我们将价值观传递给关键供应商。计分卡旨在保证供应商对我们的产品和交付标准负责。我们要求供应商在约定的交付时间内提供满足质量要求的产品，以便我们保持关键经营驱动因素的顺利运行。表 10－2 说明了高层领导如何通过其个人行为体现对组织核心价值观的承诺。[2]

表 10－2　K&N 管理公司高层领导对组织价值观的承诺

价值观	高层领导团队个人行为举例
卓越	● 一位所有者和两位执行董事完成了质量评审员培训 ● 高层领导团队努力在公司内实施波多里奇准则 ● 以行业内外部的最佳实践为标杆 ● 与他人分享卓越的过程和运营信息
质量	● 设备设施设计 ● 产品标准 ● 顶级的挑选过程 ● 清洁创新 ● 分配资源以保持经理在一线最大限度地接触顾客
诚实	● 行为典范 ● 团队成员评论 ● 及时向供应商、银行和团队成员付款
关系	● 团队成员野餐 ● 绝佳的福利包 ● 团队成员奖励 ● 社区影响是 2010 年年度焦点 ● 团队成员的贡献与 Austin Habitat 慈善伙伴相匹配 ● 高层领导为社区重要事件贡献时间

在波多里奇准则中，要求提供方法或展开情况信息的各个方面以“如何”这个词开始。这一措辞意味着组织在解释其为满足条款要求所采用的方法时，应描述具体做法、测量和评价、学习及改进等方面的信息。同时也意味着这些方法得到有规律的执行，并

融入组织的业务实践中，而不仅仅是开展业务的临时方式。

准则不指定具体的质量工具、手段、技术、体系或开始的时间，也不与任何一种质量哲学相联系。准则鼓励组织开发并展示具有创造性、适应性、灵活性的方法来满足基本要求。波多里奇奖获奖组织开发了许多创新性的方法，这些方法经常被很多其他组织运用。

如图 10－1 所示，波多里奇准则基于一套关键的原则，这套原则称为**核心价值观和概念**（Core Values and Concepts）。对于商业/非营利组织而言，就是要聚焦：

- 系统的视野；
- 远见卓识的领导；
- 顾客驱动的卓越；
- 组织和个人学习；
- 重视员工和合作伙伴；
- 灵活性；
- 关注未来；
- 创新管理；
- 基于事实的管理；
- 社会责任；
- 关注结果、创造价值。

在医疗保健框架中，关注顾客的卓越被关注患者的卓越所取代，社会责任被社会责任和社区健康所取代。在教育框架中，关注顾客的卓越被关注学生的卓越所取代。

（核心价值观和概念在波多里奇卓越绩效框架文档中有详细描述。）这些价值观融入整个准则中，并从本质上描绘了卓越绩效的文化。例如，如果回顾准则条款 1.1“高层领导”，你可以很容易地发现对几乎所有这些价值观或直接或含蓄的引用。核心价值观和概念反映了准则的潜在理念，与第 2 章中讨论的质量管理的原则相似。

10.1.1 准则的演进

正如每个组织重要的管理实践应当每年评价改进一样，准则每年也要进行评价改进。多年来，准则不断简化以便更容易理解，并适用所有类型和规模的组织；准则内容不断修订以反映最适宜的管理实践和最现代的组织观点。例如，1988 年，最初的准则有 62 个条款、278 个方面。随后十年的修订使得准则更加通用、易用。1997 年，准则只有 20 个条款、30 个方面。1999 年，准则进行了重新措辞，采用了管理者很容易理解的问题格式。最重要的是，到 20 世纪 90 年代中期，“质量”这一词语在准则中被明智而审慎地摒弃了。例如，1994 年以前，“战略策划”类目的标题是“战略质量策划”，这一改动意味着质量应当是组织整体经营策划的一部分，而非单独的活动。在整个准则中，术语“绩效”取代了“质量”，意在认同全面质量管理的理念是整个企业管理体系而不仅仅是质量体系的基础。

准则中最显著的变化反映了组织经营实践和全面质量管理方法的成熟度。准则从最初强调保证产品和服务质量演变为对全球市场上卓越绩效的更广泛关注。此外，对准则更新进行了设计，以应对新出现的经营管理面临的相关事件。例如，21 世纪早期企业各种经营丑闻出现后，2003 年准则突出强调了组织治理以及道德伦理。2005 年，准则引入**（组织）可持续发展能力**（(organizational) sustainability）的概念。可持续发展能力指组织应对当前业务需求的能力，以及为未来做准备和为实时或短期紧急情况做准备所需的敏捷性和战略管理能力。最近，准则又整合了员工和顾客参与的概念，强调了供应链管理和变革管理，还介绍了社交媒体和大数据的作用。

10.1.2 波多里奇奖评审过程

组织申请波多里奇奖需提交一份 50 页的报告，以回应准则中的问题，前面我们讨论的 K&N 管理公司就是一例。评奖过程非常严格，并予以设计以确保客观公正，免受政治压力的影响。在第一阶段，从经营、教育、医疗、保健和非营利领域挑选大约 7 名专家担任评审员，对每份申请报告进行全面评审。评审员评价申请者对每个评审条款的回应，对照准则列出关键的“优势”和“改进机会”。改进机会说明企业在回应标准方面的不足，但不会就企业应当如何做给出具体意见或评审员的个人观点。基于这些评价，对准则每个评分条款给出得分百分比，打分范图为 0～100%，以 5%的幅度增加。

准则类目 1～6 中的评分条款聚焦于过程类别（“组织如何……”），根据四个要素进行评价：方法、展开、学习、整合。**方法**（approach）指完成过程所采用的方式方法、方法对评分条款要求以及组织运营环境的适宜性、方法使用的有效性、方法在可重复性以及以可靠的数据为基础方面达到的程度（例如，系统性）。**展开**（deployment）指在满足与组织相关并且重要的评分条款要求方面，方法得到应用的程度；方法得到持续的应用；方法在所有适用部门得到应用。**学习**（learning）指通过定期的评价和改进，对方法不断完善；鼓励通过创新对方法进行突破性的改进；在组织相关的部门、过程分享方法的改进和创新。**整合**（integration）指方法与组织概述和其他过程条款中识别出的组织要求协调一致的程度；组织各过程、部门的测量、信息与改进系统相互融合、补充；计划、过程、结果、分析、学习和行动在各过程之间协调一致。

类目 7 关注**结果**（results）——组织的产出和成果。评价结果的要素包括：当前绩效水平，绩效改进的速度和广度，与适宜的组织和标杆相比的绩效，在满足重要的顾客、产品、市场、过程及行动计划绩效要求方面达到的程度。此外，结果必须是未来有效的绩效指标，并与各过程和业务单元协调一致，共同支持整个组织的目标。

评审组就个人在打分和评价意见方面的分歧进行讨论，最终对每个条款达成一致。国家层面的评判委员会接着选出他们认为有潜力获奖的组织进行现场评审。此时，评审组会对这些企业进行为期一周的现场考察，核实申请报告中所写的信息，并解决不清楚的问题。评判委员根据现场评审报告推荐获奖组织。所有信息严格保密，评审员和评判委员受利益冲突原则及行为规范的约束。例如，评判委员如果与申请组织有竞争或利益冲突，或者有私人或特殊利益（如雇员或客户关系），则不能参与该组织的讨论或投票。所有申请者都会收到一份反馈报告，该报告对照奖项标准严格评价组织的优势和改进空间。反馈报告通常 30 页或者更长，包含评审组对组织撰写的申请报告的反馈。该报告包含所有申请组织的分值分布情况以及单个申请者的得分概要。这份报告是申请该奖项最具价值的方面之一。

获得波多里奇奖的组织是其他组织的榜样。这些组织显著区别于其他组织（甚至是那些进入现场评审但未获奖的组织）的特点包括[3]：

● 结果成就：这些组织在所有领域——产品（如医疗保健结果）和过程、顾客、员工、领导和治理、财务和市场——取得显著成果。结果有时间趋势，并与标杆（最佳绩效水平）进行对比。测量的结果对于组织管理和制定基于事实的决策与改进至关重要。

● 企业家精神与创新：这些组织运用创新性的方法来满足顾客当前的需求，并用有吸引力的、顾客尚未表达出需求的产品与服务来引导顾客。它们提供引领市场的产品、服务和机遇。它们通过挑战时代和环境来承担风险以促进组织持续发展，并取得市场领导地位。它们不依赖过去的成就或荣誉。它们是那些常问“为什么不”而不是“为什么”的组织。

● 敏捷性：这些组织在决策制定以及战略调整方面具有战略性。当环境变化或预期要变化时，它们已准备好适应，寻找新的市场，并进行调整以促组织及其利益相关方持续发展。战略计划并不会束之高阁，都会得到执行及监测。这些组织通过测量来追踪计划的执行情况，调整计划的能力也是执行过程的一部分。

● 治理与领导的测量：这些组织有领导和治理体系发挥作用，为组织提供健全的治理。它们测量领导和治理团队的绩效，而不是通常的实践活动的绩效。它们是所在社区的好公民，并测量其社会责任的结果。它们了解所在社区的需求并提供各种资源。

● 工作系统与工作过程：掌握这一概念可能是最有挑战性的。这些组织理解它们的工作，知道其核心竞争力。它们制定关于员工履职过程的明智决策，利用组织核心竞争力来决定这些过程，并很好地执行。它们知道何时可以依赖供应商和合作伙伴。它们使用这些关键决策在市场上胜出。

10.1.3 运用波多里奇准则

波多里奇准则为各种组织的卓越经营构建了模型，包括制造类、服务类、医疗保健类、教育类或非营利类组织，大型或中小型组织，公共或私营部门等。例如，尽管法律行业还没有采取质量管理实践，但在美国20个州运营56家律师事务所的全国保险公司审理部门（Trial Division of Nationwide Insurance），将波多里奇模型作为其业务策划的关键组成部分加以运用。高层领导将其介绍给该公司的所有审理律师，并鼓励每个事务所申请所在地区或州的以波多里奇准则为基础的奖项。[4]许多认证体系（例如，商学院和项目认证委员会以及联合委员会）和准则以波多里奇准则为基础，或正在修订准则以更好地与波多里奇准则保持一致。除此之外，许多奖项或机构（例如，美国国家住房质量奖、美国卫生保健协会、美国国家辅助生活中心）基于波多里奇准则建立了卓越绩效计划的模型。

以下是组织使用波多里奇准则的其他一些示例：

● 服务业，如麦当劳、必胜客以及IBM（加拿大）使用它们来确定供应商的质量；

● 医疗保健和其他组织使用这些准则来管理文化变革，并在并购过程中为员工提供培训；

• 盖洛普和卡特彼勒金融服务公司等组织使用波多里奇准则管理它们的品牌；

• 像 AARP 这样的组织使用波多里奇准则来验证顾客之声策略；

• 医疗保健机构，如 Beth Israel Deaconess Medical Center of Harvard 用波多里奇准则来指导组织学习和改进绩效结果；

• 教育组织使用波多里奇准则来确保效率和效果，这样就可以集中精力帮助学生学习和测量他们的实时进展。

质量聚光灯

得州仪器

得州仪器防御系统与电子集团（现在是雷神公司的一部分）运用波多里奇准则来促进对整个集团内活动的聚焦并保持一致性。[5]通过在员工、支持及非制造领域开展有关质量的工作，公司能够解决先前不可能解决的部分质量问题。得州仪器要求每个业务单元准备一个模拟奖项申请作为测量其进展情况的方式。这一任务促使一些运营环节发生彻底改变，因为在此之前，大部分职能机构不要求测量其进展或结果。得州仪器防御系统与电子集团通过自评发现，在申请并获得波多里奇奖之前还有很长的路要走。但是集团积极采用波多里奇准则作为其改进经营的蓝图。很多执行人员不相信该准则适用于国防承包商，但得州仪器的经历证明它确实可以。

许多小企业（雇员少于 500 人）认为波多里奇准则很难适用于它们的组织，因为它们负担不起与大公司相同类型的实践的成本。这个假设是不正确的，因为很多获奖组织都是小企业，其中一些员工不到 50 人。重要的是公司是否使用了适当的机制来回应波多里奇准则。例如，通过独立第三方调查、大规模面谈和焦点小组来获取顾客和市场知识的能力，可能受到小企业资源的限制。在小企业，主要的顾客和市场信息来源可能是个人销售联系或者现场情报。大集团通常有尖端的电脑/信息系统来进行数据管理，而小企业可能通过综合使用手工方式和个人电脑来进行数据和信息管理。在小企业，员工参与和过程管理可能更多依赖非正式的口头沟通，而较少依赖正式的书面文档。因此，不是企业的规模和性质而是准则使用的环境影响准则的适用性。

很多组织即便不申报波多里奇奖，也会运用波多里奇准则进行自我评价或者设立内部表彰项目。运用准则进行自我评价的益处包括：加速改进的努力，激发员工能量，从反馈中学习——尤其当有外部评审员参与时。例如，塔塔（Tata）、希捷科技（Seagate Technology）、特纳广播系统（Turner Broadcasting System）使用准则作为内部绩效计划的基础。例如，霍尼韦尔公司将准则作为了解、评价并改进整个公司经营的框架。公司要求运用该模型来管理业务并促使高层管理人员参与一年一度的评价过程。这一框架也被一般管理人员用来交换信息、寻求帮助并相互学习。[6]甚至美国邮政局也将波多里奇准则作为重建质量体系的基础，它运用准则来识别最需要改进的领域并为跟踪进展情况提供基准。将奖项标准作为自我评价的工具可以提供客观的框架，设定一个高标准，并对拥有不同体系或组织架构的业务单元进行对比。

开展自我评价采取的方法多种多样，包括根据准则开发简单的调查问卷，并收集结果作为制订改进计划的基础；关键业务领导集中起来对照准则检查组织的简化评价；由训练有素的内部或外部评审员评价全书面“申请报告”。[7]自我评价通常与组织的战略策划过程相联系，战略策划过程是实施自我评价中识别出改进机会的方式之一。

2012年，波多里奇卓越绩效项目宣布开展波多里奇联合评审试点项目，该项目允许组织与评审组协作提出绩效改进建议，而不需要提交书面的申请报告或做大量准备。在为期四天半现场考察的最后一天，共同提出的改进意见会按优先级进行排序并与组织一起接受检查。现场考察结束后，一份详细阐述所有改进机会的书面报告会交给企业。这一过程的好处是组织可以对波多里奇准则的含义、关联性及适用性有更深的理解。

10.1.4 波多里奇项目的影响

2011年12月发布的一项由美国商务部开展的波多里奇项目经济效益评估研究，对波多里奇卓越绩效项目的净社会价值进行了估算。[8]研究结果显示，被调查的申请组织的收益与投入比为820∶1，有力支撑了该项目为美国经济创造了巨大价值这一信念。两次获得波多里奇奖的组织显示，就业岗位的平均增长率是相应行业和时间段的近20倍（根据经济分析和美国劳工统计局的数据，分别为63%和3.2%）。此外，两次获奖者的收入增长中位数为92.6%，网站数量增长中位数为67%。Truven Health Analytics开展的一项研究显示，采用波多里奇准则的医院在运营、管理实践和整体绩效方面更容易成功。更重要的是，该项目改变了世界上很多组织运营管理的方式，并切实把全面质量管理的理念融入组织的日常文化中。真正受惠的是顾客及其他利益相关方，他们得到了更好的产品和服务。

一位波多里奇准则的支持者建议发挥波多里奇准则[9]的七个“附加价值”：

1. 问责工具：波多里奇过程的结构强调问责；当高级领导负责一个特定的波多里奇类别，他们“拥有”在三个领域应用波多里奇准则的链接。

2. 可持续发展工具：波多里奇过程有助于记录企业如何在组织中开展业务。一个新的高级领导能更好地融入组织，因为已经有了确保可持续性的程序。

3. 改进工具：波多里奇评估可以为优先考虑和解决的问题创造改进机会。

4. 对齐工具：波多里奇过程通过调整组织的各个部分来消除不利于提高绩效的思想状态以实现战略目标。

5. 招聘工具：波多里奇应用程序是一个有力的工具，有利于招聘董事会成员、高级领导和其他关键员工/利益相关者。共享应用程序或组织概述可以帮助他们更好地理解组织文化。

6. 奖励和认可工具：看到和认可进步是一种鼓励进步的好方法——让员工在卓越绩效之旅中不断进步。

7. 语言工具：波多里奇准则为卓越绩效提供了一致的语言。

美国很多州都设立了与波多里奇奖相似的奖励项目。各州的奖励项目通常旨在提升生产力和质量意识，促进信息交流沟通，鼓励组织采取质量和生产力提升战略，表彰已经制定成功战略的组织，为该州其他组织树立榜样，鼓励新行业落地该州，确立惠及全州居民的生活质量文化。[10]事实上，每个州都是独一无二的，因此各州奖项的具体目的也不一样。例如，明尼苏达州质量奖的目的是鼓励本州所有组织审视其当前的质量水平并更好地参与持续改进质量运动，以及表彰本州突出的质量成果。密苏里州质量奖的目的是对所有密苏里州人进行质量改进的教育，促进在生活的各个方面对质量的追求，以及表彰质量领导者。其他如田纳西州和俄亥俄州，则运用奖励项目为刚开始质量之旅的组织提供发展意见。吉姆·柯林斯（Jim Collins）（《从优秀到卓越：为何有些公司实现了这一跨越，有些则没有》（*Good to Great: Why Some Companies Make the Leap and Others Don't*）一书的作者）对波多里奇项目赞同道："我认为波多里奇过程是训练有素的人员进行训练有素的思考，采取训练有素的行动来打造产生杰出结果的优秀组织这样一套强有力的机制。"

也许这个项目和奖项最重要的影响是获得者对自身的认可。查尔斯顿地区医疗中心的总裁兼首席执行官说："我们 10 年前就开始了解波多里奇。我们花了 10 年才走到这一步。波多里奇框架给了我们一个参与整个组织的机会。所以，这个奖项是对我们坚持的质量体系的一个很好的验证。"[11]

10.1.5 波多里奇与戴明哲学

（美国国家质量奖项目的信息和链接可参考"卓越绩效联盟"网站 https://www.baldrigealliance.org。）

戴明不提倡波多里奇奖已不是秘密。[12]（相比之下，朱兰对波多里奇奖的发展有很大影响。）戴明将波多里奇奖视为一场竞争，这在根本上与他所教授的内容相左。然而，戴明的很多理念都直接体现在准则中或者体现了准则的精神。事实上，围绕戴明十四点建立全面质量管理体系的 Zytec 公司（现在是 Artesyn Technologies 公司的一部分）获得了波多里奇奖。下面是波多里奇准则支持戴明十四点的简要概括：

1. 明确目标：战略制定要求有使命和愿景。高层领导对目的和目标的承诺在领导类目以及强化顾客满意和顾客关系中都有所强调。

2. 理解新理念：沟通价值观和期望、关注顾客和学习是高层领导条款中的关键方面。

3. 理解检验："关注过程"类目强调制订合适的测量计划。准则寻求有关企业如何力求检验成本最小化的证据。

4. 终结仅凭价格来做生意的做法："关注过程"类目以及准则对整体绩效、过程与结果间联系的强调，都暗含了这个内容。

5. 持续改进：通过组织和个人的学习与创新进行持续改进是准则的核心价值观。评价和改进组织关键过程的方法是波多里奇评分指导原则的重要组成部分。

6. 开展培训：条款 5.2"员工敬业度"确认了员工和领导开发在实现绩效目标方面的重要性。

7. 教导并实施领导：准则类目 1 专注于领导，在波多里奇框架中被认为是管理系统最重要的驱动因素。

8. 驱除恐惧和创新："关注员工"、"关注顾客"和"战略策划"类目聚焦于支持这一观点的工作设计、授权和执行等问题。

9. 优化团队和员工的努力：准则尤其关注组织与顾客、员工、供应商及其他合作者之间的团队合作和协调。

10. 消除规劝：该准则寻求证据，说明一个组织的绩效管理系统如何支持高绩效工作。显然，这样的系统超越了规劝和激励方法。

11. 取消配额和目标管理，实施改进，了解过程：两个重要的核心价值观——基于事实的管理、关注结果和创造价值——支持这一观点。

12. 消除障碍："领导"和"关注员工"类目支持这一目标。

13. 鼓励教育：这一点在"员工敬业度"条款中有所强调。

14. 采取行动：这是领导的作用，在"领导"类目中有清楚的表述。

戴明十四点和波多里奇准则之间的一致性证明了质量管理原则的普遍本质。

10.2 国际质量与卓越绩效项目

波多里奇项目也鼓舞了世界上很多其他奖励和质量项目。表 10－3 列出了世界各地设立项目的主要组织。接下来我们将重点介绍一些项目。

表 10－3　全球卓越绩效项目发起者

国家	组织
澳大利亚	SAI Global
巴西	国家质量奖基金会
加拿大	国家质量研究所
欧洲	欧洲质量管理基金会（EFQM）
印度	印度工业联合会
爱尔兰	卓越爱尔兰质量协会
日本	日本社会经济发展生产力中心
墨西哥	墨西哥国家质量奖
新西兰	新西兰卓越商业基金会
英国	英国质量基金会

资料来源：Robin Mann and Nigel Grigg, "A Study of National Strategies for Business Excellence," Chapter 3, *Quality Management and Organisation Excellence: Oxymorons, Empty Boxes, or Important Contributions to Management Thought and Practice*. Eds. K. Foley, D. A. Hensler, and J. Jonker. Published by: Standards Australia International (SAI) Global, ISBN 1291093307.

10.2.1 欧洲质量奖

1991 年 10 月，欧洲质量管理基金会（European Foundation for Quality Management,

EFQM）联合欧洲委员会（European Commission）和欧洲质量组织（European Organization for Quality）宣布设立欧洲质量奖（现在称为欧洲卓越奖）。欧洲质量管理基金会是一个非营利组织。质量对于提升企业在日益全球化的市场中的竞争力以及人们的生活水平越来越重要。设立该奖项正是为了提高整个欧共体特别是企业对这一重要性的认识。

图 10－3 显示了整合的欧洲卓越奖管理框架。[13]该模型认为有很多方法在绩效的各个方面实现持续卓越，模型基于以下前提：与绩效、顾客、员工和社会相关的卓越结果通过领导推动的方针与战略实现，并通过员工、合作伙伴关系与资源以及过程交付。结果由驱动因素、组织处理其经营责任的方式以及学习与创新基础所驱动。类目大体上与波多里奇准则相同。然而员工满意、顾客满意、社会影响和业务结果这几个结果条款有些差异。[14]社会影响结果类目关注社会大众对企业的看法，以及企业在生活质量、环境和全球资源保护方面的做法。欧洲卓越奖标准对社会影响结果类目的重视要超过波多里奇奖准则对公共责任条款的重视。

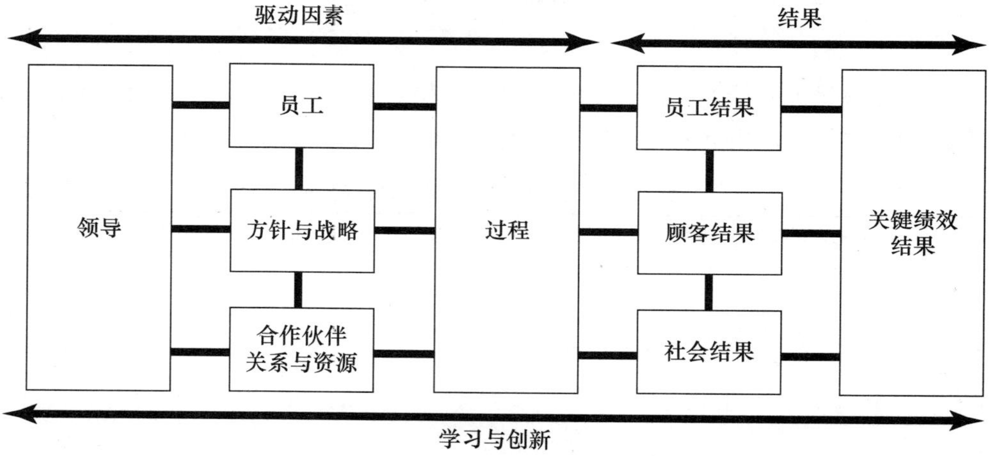

图 10－3 欧洲卓越奖的框架

资料来源：Used with permission of EFQM. © EFQM，1999. The EFQM Excellence Model is a registered trademark. Reprinted with permission.

与波多里奇的核心价值观和概念一样，EFQM 框架也基于一套“卓越的基本概念”：

- 以结果为导向：卓越就是取得所有组织利益相关者都满意的结果；
- 以顾客为中心：卓越正在创造可持续的顾客价值；
- 领导力和坚定的目标：卓越是有远见和鼓舞人心的领导力，同时也是坚定的目标；
- 基于过程和事实的管理：卓越是通过一套相互依存、相互关联的系统、过程和事实来管理组织；
- 员工发展和参与：卓越是通过员工发展和参与使其贡献最大化；
- 持续学习、创新和改进：卓越是通过学习来挑战现状、引发改变，以创造改进和创新的机会；
- 建立合作伙伴关系：卓越是建立并维护增值的合作伙伴关系；
- 企业社会责任：卓越是超越组织运营所处的法规框架的最低要求，努力了解社会利益相关方的期望并做出回应。

EFQM 有三个表彰层次。EFQM 卓越奖是最高荣誉，类似波多里奇奖。之前的获奖组织包括宝马、TNT 快递、Yell、博世、诺基亚、沃尔沃以及一些规模较小的先进组织，例如北爱尔兰的圣玛丽学院、希腊的 Maxi Coco-Mat 公司以及德国的 Schindlerhof 酒店。后来增加的两个表彰层次为：（1）卓越认可奖，为很好地沿着追求卓越的道路前进的组织而设计；（2）追求卓越奖，为开始追求卓越的组织而设计。通过评审过程，这些层次的奖项都会给企业提供有关进一步改进的反馈。

10.2.2 加拿大经营卓越奖

加拿大国家质量研究院（National Quality Institute，NQI）（http：//www. nqi. ca）通过富有声望的加拿大经营卓越奖来表彰加拿大实现卓越的一流组织。加拿大国家质量研究院是一家非营利组织，为促进和支持加拿大所有企业和机构（包括经营类、政府类、教育类和医疗保健类）进行质量驱动的创新而设立。加拿大经营卓越奖的质量标准与波多里奇准则在结构上相似，但存在一些关键区别。经营类组织、公共部门组织以及医疗保健类组织采用单独的标准，但比较相似。标准的关键类目及条款如下：

1. 领导：战略方向、领导参与和结果。
2. 关注顾客：顾客之声、顾客关系管理、测量与结果。
3. 改进策划：改进计划的制订及内容、评价和结果。
4. 关注员工：人力资源计划、参与的环境、持续学习的环境、员工满意及结果。
5. 过程优化：过程定义、过程控制、过程改进及结果。
6. 关注供应商：合作伙伴关系及结果。

这些类目与波多里奇奖一样要求相似的信息。例如，“关注员工”类目评审人力资源计划的制订和实施，以及通过员工实现卓越的战略的运行情况，同时也评审组织在营造和支持鼓励员工发挥最大潜能这一环境方面所做的努力。最近荣获加拿大最高质量奖的组织包括加拿大三角洲酒店、加拿大统计局、新斯科舍省内外科医生学院、新斯科舍省注册护士学院、大温哥华房地产局、多伦多运输委员会信息技术服务部、加拿大理光股份有限公司。

10.2.3 澳大利亚卓越经营奖

澳大利亚质量奖（现名为澳大利亚经营奖）设立于 1988 年，与波多里奇奖没有关系。该奖项原先由澳大利亚质量奖基金会（Australian Quality Awards Foundation）负责，这是澳大利亚质量委员会（Australian Quality Council，AQC）附属的一个营利性的私营组织。2002 年，澳大利亚国际标准公司（Standards Australia International，SAI）正式取得了一系列原澳大利亚质量委员会的产品和服务。澳大利亚国际标准公司专业服务部成为澳大利亚质量委员会的新家。由于意识到卓越经营对公司的重要性，该部门更名为澳大利亚卓越经营部。

澳大利亚卓越经营奖是适用于在澳大利亚经营的组织的卓越奖项。自 1988 年奖项设立以来，只有两个组织达到了这一水平。除了澳大利亚卓越经营奖，还有四个层次的奖项：

1. 基础水平：对在实现卓越经营方面取得的进步给予鼓励性的认可。

2. 铜奖水平：铜奖获得者将展示很好地定义、策划并进行评审的方法及其展开情况，以及随时间改进的证据。

3. 银奖水平：这一水平的组织不仅要能够展示铜奖水平框架的绩效，还要能够展示支持这一框架及世界上其他框架的理念的管理思想。

4. 金奖水平：这一水平的组织应当满足银奖的要求，同时能够在该框架的至少 5 个类目方面展示优秀的绩效，并且每个条款的得分要在 50%以上。

该项目也授予得分最高的申请组织“卓越奖章”，授予在某一类目得分最高、超越当年设定标杆的组织“单项奖”。

卓越经营奖框架基于八个理念：领导、顾客、系统思维、人员、信息与知识、合作、社会责任和可持续的结果。如图 10-4 的框架所示，奖项评价准则包括领导，战略与策划，信息与知识，人员，以顾客和市场为心，过程管理、改进与创新，成功与可持续发展几大方面。在该模型中，领导、以顾客和市场为中心是管理体系的驱动要素和绩效的驱动因子。战略与策划、信息与知识、人员是管理体系的关键内部要素。过程管理、改进与创新的质量聚焦于工作如何开展以实现要求的结果并获得改进。成功与可持续发展是管理体系的输出——结果类目。类似波多里奇准则，该框架强调管理过程的整体性和内部关联性这一本质。该准则以波多里奇准则和欧洲卓越经营模型为基准。澳大利亚卓越经营奖项目与众不同的一个方面是得到了澳大利亚联邦的坚定支持。

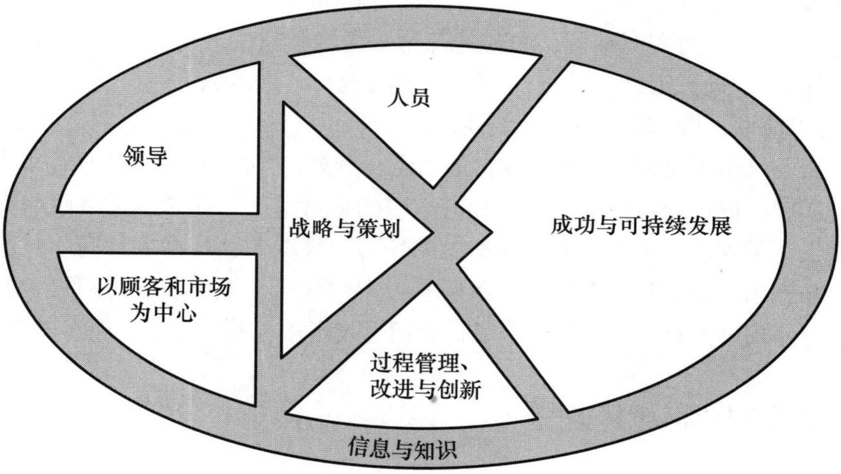

图 10-4 卓越经营奖的框架

资料来源：Adapted from www.businessexcellenceaustralia.com/au.

10.2.4 波多里奇与国家文化

有趣的是，尽管很多国家持续采用波多里奇准则，比如欧洲质量奖的框架就运用了部分波多里奇准则，但是都进行了调整以反映其独特的经营环境。对国际文化差异的调查可以帮助理解并解释这些差异。最近的研究成果支持这一观点，即波多里奇奖对一些国家文化的适应程度要超过其他国家。[15]假如国家需要根据实际情况对其质量奖项进行调整以确保有效执行，那么对这种变化的接受程度因文化不同而有很大差异。可能奇怪的是，波多里奇对日本民族文化的适应性要超过美国。部分原因是波多里奇框架最初受到日本管理实践的深刻影响，近年来对准则的修订主要聚焦于改变美国管理文化，而不是反映当前的实践。这些结果进一步证实了戴明关于知识理论的观察，即最佳实践不能盲目复制，必须明智地先加以理解，再调整使其适应。这对当今全球环境中的管理而言是一个重要教训。

10.3 波多里奇、ISO 9000与六西格玛

在本书第I篇，我们介绍了ISO 9000和六西格玛，它们都是质量管理的框架。经常被问及的一个问题是ISO 9000、六西格玛和波多里奇相比各自到底如何。尽管这些框架都关注过程、以数据为基础、以管理为导向，但在帮助组织改进绩效和提升顾客满意方面有不同的着重点。例如，波多里奇聚焦于整个组织在整体管理框架内的卓越绩效，识别并跟踪重要的组织结果；ISO 9000聚焦于产品和服务的符合性以保证市场公平，并关注解决质量体系问题和产品与服务不符合要求的问题；六西格玛聚焦于测量产品质量，并驱动整个组织的过程改进和成本节约。

尽管2000年的ISO 9000标准融入了很多波多里奇准则首创的理念，但它依然不是一个综合的经营绩效框架。不过，它仍是一个很好的开始质量之旅的方法。事实上，它在过程和产品控制方面提供了比波多里奇准则更详细的指南，为波多里奇准则“关注过程”类目的很多要求提供了系统的方法。因此，对于处在实施质量项目早期阶段的企业，ISO 9000标准强化了组织在认真追求持续改进前所需的管理纪律。定期审核强化了规定的质量体系，直到其在企业根深蒂固。

六西格玛所倡导的内容在某种程度上满足了ISO 9000的很多要素，包括标准中的质量管理体系，资源管理，产品实现，测量、分析与改进部分。[16] 比如，六西格玛通过对六西格玛计划和项目的定期评审、由倡导者来负责项目、提供培训资源、沟通进度和成果等来帮助企业展示管理承诺。

让我们对ISO 9000、六西格玛与波多里奇准则的每个类目进行比较研究。“领导”类目包含了ISO 9000的很多要求。整个管理职责部分都是有关领导在驱动质量体系方面的作用。例如，标准要求“高层领导应提供有关其通过如下方式承诺制定并实施质量管理体系以及持续改进有效性的证据：与组织沟通满足顾客以及法律法规要求的重要性；确立质量方针；确保质量目标的建立；实施管理评审；确保资源可用”。更多具体责任在标准的其他条款中有详细阐述。

领导是六西格玛的一条基本价值观。驱动组织改变以建立并维持六西格玛文化，没有坚强的领导根本不可能实现。换句话说，六西格玛不能是一个附属物或“短暂的时尚”，它必须成为实施六西格玛的组织开展业务的方式。

ISO 9000不像波多里奇准则那么广泛地关注战略策划，然而，ISO 9000标准确实要求在组织内相关职能领域和层次确立质量目标，目标可测量并与质量方针一致，为满足质量体系要求和实现质量目标开展策划工作，策划并实施相应变革时能够保持质量管理

体系的完整性。

六西格玛必须整合进战略策划过程才能有效。很多组织有三个层次的战略：公司层、战略业务单元层（SBU）和竞争层。[17]在公司层面，策划者面临的关键问题是：“作为一个组织，我们如何成长?”在战略业务单元层面或者部门层面，战略问题是：“组织将资源集中在哪里以提升组织提供的价值?”组织的竞争战略即组织提升交付价值的能力以提高市场占有率的计划。聚焦价值提升的竞争战略应对诸如以下关键问题：“组织扩大价值优势或弥合价值劣势的最佳时机是什么时候？组织基于什么来扩大或弥合价值差距？组织所有这些投入如何取得最大回报?”竞争层面是组织战略与六西格玛必须协调一致的地方，因为六西格玛工具在这个层面能够得到最有效的运用。有效的竞争战略必须聚焦于价值差距，并被设计用来扩大价值领先优势，或者缩小与价值领先者的差距。无论哪一种目的，在战略部署时都要求聚焦于组织的经营过程。六西格玛工具对改进经营过程尤其有效。挑战在于把这些工具瞄准对价值差距有直接影响的改进。这要求协调六西格玛与组织的竞争战略。

关注顾客是 ISO 9000 的关键要求。例如，在管理职责部分规定“高层领导必须确保顾客需求得到确定和满足，以提升顾客满意度”。这将关注顾客的责任归于高层领导。在产品实现部分，标准要求组织确定顾客需求，包括交付和交付后的活动，以及顾客没有表明但涉及特定或预期用途的需求。此外，组织必须确定与顾客沟通产品信息及其他查询、获取包括投诉在内的反馈的程序。在测量、分析与改进部分，标准要求组织监测顾客对组织是否满足其需求的感知，即顾客满意度。需注意的是，即使关注顾客的一些基本过程在标准中有要求，但范围不像波多里奇准则那样广泛。

顾客有时候是六西格玛工作“隐藏”的部分，因为关注点往往在于改进项目和测量问题。然而，对顾客的关注在六西格玛项目的每个阶段都至关重要。比如，在产品设计（以及相关制造或服务交付过程的设计）时，倾听“顾客之声”将会更加成功。六西格玛方法的一个基本方面是识别对顾客满意至关重要的关键质量特性。在生产产品或服务时，收集内部顾客开展过程控制活动所需的信息对于确保满足关键质量特性很重要。如果关键质量特性得不到满足，组织就需要开发更好的测量和控制体系。[18]对改进过程控制有用的内部数据，如原材料是否及时到达、会计报表中数据出错的频率、员工缺勤数等，通常保存在部门记录中，难以获得。解决办法可能是要求开展六西格玛研究，以确定需要哪些类型的数据和信息来提供必要的监测和控制，以及如何消除信息差距。最后，在交付阶段，顾客满意测量能提供清晰的有关六西格玛项目成功与否的信息。事实上，很多普通的六西格玛项目都是围绕开发适宜的顾客满意测量过程，以及努力改进倾听顾客过程中识别出的关键质量特性的设计和交付。

ISO 9000 为数据和信息管理提供了基本框架。ISO 9000 中有关文档和数据控制的内容，要求组织明确规定过程，以确保业务过程绩效所需的关键信息在实现其目的方面准确、及时和有效。ISO 9000 强调的过程在很多情况下都是跨职能的，这就迫使企业打破妨碍信息有效分享的组织和职能分割。[19]ISO 9000 中测量、分析与改进的内容针对产品测量和过程特性、质量体系绩效，追求持续改进，并要求管理决策的制定基于产品和过程绩效指标的分析与趋势、内部审核以及顾客反馈。具体要求包括如下方面：

- 确立、计划并实施测量、监测和改进活动；

- 监测顾客满意信息作为绩效的一个测量；
- 确立测量和监测方法，确保达到产品和过程要求；
- 获取和分析数据以确定改进的有效性；
- 运用审核报告、数据分析和管理评审促进持续改进。

对于推行 ISO 9000 的企业，运用平衡计分卡方法或者波多里奇测量框架可以很清晰地为满足这些要求提供基础。

六西格玛强调基于事实的决策，并为组织六西格玛项目产生可测量的结果提供工具。六西格玛方法要求测量和报告绩效目标，运用绩效指标进行控制并持续开展改进活动。项目选择基于对组织财务或非财务收益的了解，例如成本节约、销售增长、周期缩短或顾客满意度提升。因此，测量对于向高层管理者推销六西格玛项目而言非常关键。六西格玛能对质量成本产生很大的影响，因为其聚焦于财务回报。事实上，一项调查显示，量化六西格玛项目成功与否最常用的三个指标是：成本消除、生产率和收益产生。[20]许多六西格玛项目的重点是减少源自低西格玛水平绩效的不良质量成本，改进设计，以提高顾客满意度，从而增加收入。不同类别的质量成本为六西格玛项目提供了很多机会。例如，组织可能识别出西格玛水平提高时将消失的所有成本。清单中可能包括因为延迟交付、订单错误、报废与返工、非计划停机、预防缺陷的额外缓冲库存、规格和图纸错误、应付账款错误等产生的与信用相关的成本。量化这些成本确立了六西格玛项目的理由。六西格玛项目基于对结果的影响划分为不同的层次[21]：

1. 第一层次的项目直接影响组织的利润率（项目对盈利能力有明确、有力的影响）。
2. 第二层次的项目能调配组织内的资源以提升运营效率和生产率。
3. 第三层次的项目通过避免开支或增加获取更高的未来收益的机会来直接影响运营。

ISO 9000 中关注员工的部分首先要解决培训和工作环境的问题，但不如波多里奇准则对这一主题强调得那么综合全面。标准要求“从事对产品质量有影响的工作的人员，应基于合适的教育、培训、技能和经验具备胜任能力”。标准进一步要求组织确定员工所需能力的层次，提供培训或其他方式以确保能力，评价培训或采取的其他行动的有效性，确保员工意识到他们的工作对质量目标的贡献，保持适宜的教育、培训和经验记录。标准也从以下角度强调工作环境：提供建筑物、工作空间、设施、设备、满足产品要求所需的支持服务；识别并管理包括安全、人体工程学和环境因素在内的工作环境。

关注员工对六西格玛也是必不可少的。本章前面部分讨论了项目团队在六西格玛中的作用。一位质量专业人士指出：“六西格玛的成功实际上归结于所有之前在质量方面的努力，而项目团队是六西格玛实施的一个组成部分。”[22]除了团队，合适的团队成员、培训和技能开发、驱动行为的奖励和认同机制对六西格玛工作也至关重要。六西格玛工作常常给组织带来重要的变革建议。工作过程会发生改变，员工需要改变做事的方式。六西格玛项目完成后，理解变革如何影响员工是组织必须应对的问题，特别是项目倡导者需要将高绩效员工的理念应用到组织中。

ISO 9000 的许多方面都涉及操作重点活动，如过程管理。（事实上，整个标准集中于组织的能力的理解、定义并记录其过程。）例如，要求之一是组织计划并控制产品的设计、开发过程，管理参与设计和开发的各个团队间的接口，以确保沟通有效和责任分配清晰。ISO 9000也关注对设计和开发活动的输入与输出进行管理，运用系统评审来评价满足要求的能力，识别问题并提出必要的行动；采购过程；包括测量和过程确认在内的生产和服务控制；用以评价符合性的监测和测量设备的控制；分析和改进；质量管理过程的监测和测量；包括预防和纠正行动在内的持续改进。标准要求组织运用其质量方针、目标、审核结果、数据分析、纠正和预防行动、管理评审来持续改进质量管理体系的有效性。

六西格玛在逐个项目的基础上理解和改进过程。六西格玛的两个优势是：项目与战略需求和组织目标清晰关联，项目在共同的框架内进行管理。这种联系使得项目是适时的、相关的，并确保控制举措可以发挥作用来影响识别出的改进。六西格玛项目团队的方法使其自然与产品和过程的设计、控制和改进要求相适应。良好的过程管理体系是六西格玛的先决条件。显然，要有效设计或改进一个过程，首先得理解它。如果组织没有现行的过程管理体系，实施六西格玛会非常困难。实施六西格玛必需的一些关键过程如下：

- 项目选择和定义；
- 财务评审；
- 培训；
- 项目负责人领导；
- 项目负责人的指导；
- 六西格玛专家认证；
- 项目跟踪与汇报；
- 信息管理与传播。

认识到六西格玛不能替代持续改进很重要。因为六西格玛依赖于专家（领导高端项目的“黑带”），所以很容易忽略在过程所有者层面可以实现的简单改进。事实上，六西格玛的确容易使过程所有者被疏远，它将问题留给专家，而不是寻求持续改进。因此，尽管目的有所差异，但两种方法能很容易地相互支持。过程所有者应该接受六西格玛方法的培训并参与正式的六西格玛项目，但在日常工作中仍有持续改进的责任。

很多组织在实践中已经成功地将 ISO 9000、六西格玛和/或波多里奇相互融合，如霍尼韦尔联邦制造和技术公司。它们以追求卓越绩效的旅程打比方。ISO 9000 是司机的驾照，它明确了需要遵守的纪律和规定；六西格玛是汽车，是将组织带往目的地的工具；波多里奇是路线图。所有工作和谐地统一起来。[23] 2009 年获得波多里奇奖的退伍军人事务部联合研究项目（VACSP）药物临床开发研究协调中心于 1996 年开始运用波多里奇准则。负责技术运营的助理主任马克·琼斯（Mark Jones）指出，获得波多里奇奖“让我们知道我们做得不错……我们确实有很好的程序和过程”。VACSP 在退伍军人事务部各机构中首个获得 ISO 认证。这非常重要，因为该组织与许多国家有合作，产品输出到多国。获得认证要求组织进行内部审核，反省组织开展的工作，并确保每个人都在正确的路线上。基于 ISO 的质量管理体系促进了与基于波多里奇的卓越绩效方法的协同。[24] 康柏公司（已被惠普收购）的杰克·斯威姆（Jack Swaim）曾经是波多里奇奖评审员，他注意到，六西格玛能提供变革的动力，而波多里奇则提供了实现持续发展的钥匙。他也提出推行波多里奇准则能使实施六西格玛更加容易。六西格玛能为更广视角的波多里奇准则奠定基础。雷神公司的辛西娅·斯克里布纳（Cynthia Scribner）指出，六西格玛有助于申请波多里奇奖。

质量聚光灯

Baxter 医疗保健国际公司

将波多里奇准则与六西格玛相融合的一个例子是 Baxter 医疗保健国际公司。[25] Baxter 公司的卓越经营组织是致力于帮助内部客户改进运营的一小群员工。卓越经营的具体责任领域包括：

- Baxter 卓越运营奖（一个内部波多里奇奖）；
- Baxter 整合管理体系的展开（波多里奇模型）；
- 公司质量手册；
- Baxter 质量学院（内部质量培训团体）；
- 质量领导过程（在制造领域展开卓越绩效的一种方法）；
- 精益制造；
- 六西格玛。

所有这些领域整合在一起形成一个统一的服务产品。例如，考虑如下假设情况：供应链组织确定它们的运营成本和现金流贡献没有达到目标。卓越经营组织将着手通过以下途径帮助它们。首先，和领导团队成员一起编写供应链组织的概况。这种初始的评价帮助领导团队聚焦于它们是谁、面临的具体挑战有哪些。下一步，开展简易的波多里奇在线评价，重点强调模型的整合情况。接着，将反馈报告提炼成 10～12 个全局性的主题。这些主题列在 Excel 电子表格中以便进行“优先矩阵”排序，该矩阵被设计用来识别团队最需要关注的前两三个关键机会或事项。下一步，引入六西格玛方法，深入挖掘这些机会以确定潜在的项目。当这些项目被识别出来后，经充分深入的研究以决定采取进一步的措施时，制定项目章程并分配给六西格玛专家实施。

质量实践

波多里奇准则在亚特兰蒂医护中心的应用[26]

位于新泽西州的医疗保健服务提供商亚特兰蒂医护中心（AtlantiCare）获得 2009 年波多里奇奖。尽管该组织直到 21 世纪才实施波多里奇准则，但它的文化之前便根植于质量之中。20 世纪 90 年，该组织围绕一切以患者为中心的观念建立了运营体系，运用全面质量管理的思想并辅以必要的工具在顾客服务方面持续改进，采用了 PDCA 循环。之后，组织于 2000 年开始实施波多里奇准则以将组织绩效推到一个新的高度。

2006 年，亚特兰蒂医护中心精心编制了第一份波多里奇奖申请报告，但没能进入现场评审，第二年，组织进入现场评审，得到了鼓励，但依然没有获奖。总裁兼 CEO 大卫·蒂尔顿（David Tilton）说：“你不知道你有多少工作要做，但第一次进入现场评审后我们知道自己还配不上波多里奇奖，我们还可以做得更好。”2008 年组织又一次进入现场评审，这表明组织正在取得进步，2009 年的巨大成功证实了这一点。

在入职培训时，新员工需要参加关于亚特兰蒂医护中心的改进方法和卓越绩效框架的短期课程。卓越绩效框架在组织内称为 5B，旨在使组织在质量、顾客服务、人员和工作环境、增长以及财务绩效五个方面达到最佳。由于员工可以提升组织排名，改进重点便由此产生。组织要求管理层参加一个运用波多里奇框架来提高组织绩效和促进创新的简要培训项目。这给管理者提供了在被组织形容为“紧—松—紧”过程（tight -loose -

tight，TLT）的领导环境中进行管理所需的工具。组织战略指出了最高管理者之下的管理人员应具备的自治和权力水平。通过放开约束，亚特兰蒂医护中心给每个业务单元的员工授权，使其可以量身定制实现水平目标的途径，进而打造更具灵活性的组织。

在设定目标时，每个业务单元同时确定年度行动计划，并识别关键的测量指标来帮助它们判断何时实现目标，每个业务部门确定的行动计划都与识别出的对组织成功至关重要的九大战略挑战相关联。

医疗保健服务交付

- 让医生参与新的合作与伙伴关系模型；
- 在主要服务区域外创造可持续的增长；
- 对医疗保健服务的投资和发展机会进行识别和排序。

医疗保健服务参与

- 开发新业务和新护理模式来支撑并提升基本护理；
- 识别并改进社区医疗和健康的关键成功因素。

医疗保健服务信息

- 通过临床交流和增加透明度来提升护理质量；
- 运用技术提升患者安全和临床质量。

运营

- 招聘、培训并留住高技能的员工；
- 在报销和资本获取途径减少、无保险人群增加的环境中取得成功。

在克服这些挑战的另一努力中，亚特兰蒂医护中心将多个倾听顾客之声的活动融入计划过程。通过收集网络用户数据、分析呼叫中心趋势、实施焦点小组访谈等，分析并改进顾客访问。这一关注的好处最明显的例子是设立了访问中心。焦点小组访谈发现，顾客群在接触通常很复杂的医疗保健体系时常感到沮丧，于是在 2006 年设立了访问中心。免费的医师电话和事件调度线可以跟踪顾客的要求和需要。这些努力增进了顾客满意，扩大了市场份额，并增加了收入。在美国医疗保险和医疗补助服务中心（CMS）对充血性心脏衰竭、急性心肌梗死和肺炎等相关指标的测量中，该组织位列前 10%。亚特兰蒂医护中心的家庭护理部门获得了 OCS 股份公司颁发的“家庭护理精英奖”，该公司向家庭护理和临终关怀服务机构提供绩效改进对标测量。基于质量结果、质量改进和财务绩效，亚特兰蒂医护中心在 8 222 家美国组织中排名前 100。其在行为健康方面的治疗有效性始终超越美国标杆心理健康集团，2009 年超越标杆 16%。数字有力地支持了亚特兰蒂医护中心信奉的波多里奇准则，但它对该项目的信念超出了测量和随后的获奖。尽管处在高度竞争的医疗保健行业，亚特兰蒂医护中心还是为其他也想走改进道路的组织设定了一系列“波多里奇分享日”。“我们认为对质量的承诺和持续改进在医疗保健领域势在必行。作为波多里奇奖的获奖组织，我们有责任分享我们的卓越绩效战略和实践。对于想加入质量之旅的组织，我们期望有幸成为你们的导师和榜样。”

● 关键问题讨论

1. 波多里奇准则的不同类目是如何与亚特兰蒂医护中心面临的战略挑战相关联的？解释针对准则中问题的有效方法将如何帮助应对这些挑战。

2. 其他组织可以从亚特兰蒂医护中心吸取什么样的教训？

质量实践

布兰奇-史密斯印刷分厂的波多里奇之旅[27]

（本专栏为了解反馈报告的本质提供了很好的视角，该报告作为正式奖项评审过程的一部分，由波多里奇奖评审员提供给企业。通常，反馈报告不会公开传播，事实上这份报告由大卫·布兰奇先生提供给注释中引用的一项研究的作者之一。）

布兰奇-史密斯印刷分厂（Branch-Smith Printing Division，BSPD）位于得克萨斯州沃斯堡市，是布兰奇-史密斯集团的两个分厂之一。该厂由亚伦·史密斯（Aaron Smith）于 1910 年创立，是一个家族企业，已经传承了四代。布兰奇-史密斯印刷分厂全职雇员不超过 100 人，专门为顾客提供与单张印刷、多页装订材料相关的一揽子服务，包括设计、印刷、装订和邮寄。产品包括刊物、目录、人名地址录和图书等。布兰奇-史密斯印刷分厂的波多里奇之旅开始于 1992 年，当时总裁兼 CEO 大卫·布兰奇（David Branch）意识到，企业以活动而非过程、问题反应式为特点的典型小企业家长式文化应该向围绕程序文件化、运营可重复、定期评价和改进、管理体系充分整合来打造更专业化的企业转变。这一动机部分源于制造业对质量的关注，这在 20 世纪 90 年代初期比较普遍。布兰奇-史密斯印刷分厂加入了由 Marlow Industries 公司（波多里奇奖获奖组织）和华伦·霍根（Warren Hogan）顾问发起的商业财团。他们开发了一套为期两年的卓越绩效主题培训课程，如顾客满意、战略策划、测量等，这些本质上是波多里奇准则的核心要素。

1994 年，布兰奇-史密斯印刷分厂制订了质量计划并开始进行内部波多里奇评审。它识别出的最有意义的改进是在过程管理领域。其结果是印刷分厂走上了获得 ISO 9000 认证的道路。1996 年 1 月，该厂成为美国第一个获得认证的独立印刷厂。同一时期，与波多里奇项目类似的州立“质量得克萨斯”项目蓄势待发。与很多其他项目一样，“质量得克萨斯”设立了多个级别的奖项，以评价组织为改进绩效水平和趋势制定并展开适宜、平衡的方法达到的程度。是否对组织进行现场评审、评审员是否进行打分，会根据申请组织规模的不同而异，但反馈报告都会提供给申请者。布兰奇-史密斯印刷分厂 1995 年申请了第二级别的奖项，第二年大卫·布兰奇成为了评审员。凭借“质量得克萨斯”奖的反馈报告以及参与现场评审的经验，大卫·布兰奇对如何在自己企业实施波多里奇准则有了更深的理解，其中之一就是一致的目标和可靠的自上而下形成级联指标的质量信息数据库的重要性。数据库成为战略策划、领导问责和驱动经营的管理评审活动的基础。被称为“创新卓越”的整合卓越绩效模型由此开端，于 2001 年全面展开。

1998 年，布兰奇-史密斯印刷分厂再次申请了得克萨斯州质量奖以获得促进发展的反馈意见。1999 年，该厂申请了最高级别的奖项并获得了得克萨斯州质量奖（现在称为得克萨斯州卓越绩效奖）。当时的反馈报告指出：

> 得分范围显示，组织在大部分领域已经形成有效的方法并取得了良好的结果，但在一些关键领域的展开才刚起步，没有展示结果。需要进一步展开测评和结果以展示整合度、持续性和成熟度。

因此，虽然在州的层面识别出进一步改进的机会，但布兰奇-史密斯印刷分厂的总体方法应当获得更高级别的认可。

在接下来的三年里，布兰奇-史密斯印刷分厂申请了波多里奇奖。2000 年，企业没能进入现场评审。尽管评审组认为企业有一些关键优势和突出的实践，如：

布兰奇-史密斯印刷分厂在整个组织采用以事实为基础的系统策划过程，从设定组织总体方向到具体确定认可和奖励体系等。企业广泛收集来自顾客、员工、供应商、业内其他组织、专业机构和行业外标杆组织的直接或间接输入。高层领导运用这些信息设定长短期目标，并与组织四个关键目标相协调。员工团队制订了实现目标的行动计划。布兰奇-史密斯印刷分厂在其质量改进数据库（QID）中建立了收集绩效数据的扩展系统，以监测日常绩效，进行月度分析评审，制订新的行动计划以应对达不到绩效目标的过程，进行年度战略策划。这一系统方法是企业成功满足顾客需求的关键因素。

但评审组也指出了一些弱项（改进机会），如：

布兰奇-史密斯印刷分厂在对成功看起来重要的几个领域没有提供结果信息，包括市场份额、差错率和交付顾客的差错率、教育培训项目的有效性、顾客忠诚与推荐、除挥发性有机化合物排放量以外的其他公共责任测量结果、工作系统有效性、供应商绩效对企业绩效的影响，以及有关企业实现持续改进质量体系这一目标的指标。组织也没有根据产品、服务或员工群体对结果进行细分。

布兰奇-史密斯印刷分厂在设计和交付过程中对新技术可用性的关注看上去要远远超过对市场变化的关注。组织没有提供证据证明其像持续保持对行业技术变化的了解一样，对市场变化进行持续了解。

评审组反馈报告中指出：

布兰奇-史密斯印刷分厂在波多里奇奖书面申请报告的合议评审中，得分在第 3 档（351～450 分）。企业在回应大多数条款的基本要求方面展示了系统的方法，但就一些关键领域的展开而言还处于早期阶段，没有展示结果。在对组织关键要求重要的领域展现了早期的改进趋势。

可以从战略的角度解释为什么布兰奇-史密斯印刷分厂缺少方法。正如布兰奇先生解释的，“我们运用准则来改进业务经营，但还必须在开展哪些业务方面进行根本的变革”。20 世纪 90 年代末期，布兰奇-史密斯印刷分厂意识到有必要转向数字印刷技术，以在不断发展变化、高度竞争的印刷行业中生存下来。这一技术的高资金成本使得必须有新的增长模式来证明投资的合理性。这就带来产品和服务的变化：增强的销售能力、新的顾客服务重点、更好的信息系统以管理复杂性。因此，该企业花了好几年时间才实现结果的改善，特别是在财务和顾客领域。在转变过程中，布兰奇-史密斯印刷分厂持续运用波多里奇准则作为改进管理体系的基础。

2001 年，企业进入现场评审但最终没有获奖。当年的反馈报告指出：

布兰奇-史密斯印刷分厂在波多里奇奖书面申请报告的合议评审中，得分在第 5 档（551～650 分）。尽管在现场评审中没有重新打分，但依据现场评审结果，类目 6 的得分上升，其余类目得分没有变化。处于这一评分水平的组织通常在回应标准的多数领域和关键组织要求方面展示了系统、有效的方法，并在关键领域有以事实为依据的评价和改进。在展开方面没有很大差距，并有对组织学习和分享的承诺。在大多数重要的领域有改进趋势和/或良好的结果。结果对应大多数关键的顾客/利益相关方和过程要求，并展示了优势领域。

最终在 2002 年，布兰奇-史密斯印刷分厂再次进入现场评审并获得了波多里奇奖。企业在改进方法和结果方面取得了重大进步，例如，上面引用的 2000 年报告中指出的缺少对市场变化的持续了解，现在变成了优势：

布兰奇-史密斯印刷分厂通过运用 PSI 软件将顾客需求的变化整合进设计和生产过程，该软件使用需求评估表来生成工作票。在设计阶段，艺术和电子印前部门使用打样过程来实现这一目的。客服代表和销售员个人负责确保将变化融入顾客的工作票。当发生顾客需求未能及时更新的情况时，通过 INC 过程来监测、跟踪相关的成本。

在总结中，反馈报告写道：

现场评审组发现，第 6 档（650～750 分）打分水平的描述对布兰奇-史密斯印刷分厂整体最适合。处于这一档的组织通常在大多数领域展示了改进的方法（包括关键的测量）、良好的展开和很好的结果。组织的协调整合、学习和分享是关键的管理工具。一些卓越的活动和结果与顾客/利益相关方、过程和行动计划的要求相一致。这类组织在一些领域处于行业领先地位。

布兰奇-史密斯印刷分厂在追求卓越的旅程上取得了重大的进步，最终被视为全美的榜样。

- **关键问题讨论**

1. 该案例引用的优势和改进机会评价意见，反映了哪些波多里奇核心价值观和概念？
2. 从成为奖项评审员的大卫·布兰奇身上，你看到了哪些价值？

复习题

1. 简要描述马尔科姆·波多里奇国家质量奖的目的。
2. 描述卓越绩效准则各类目强调的关键问题。
3. 解释波多里奇准则框架的逻辑，以及为什么每个要素对任何组织都很重要。
4. 列出波多里奇核心价值观和概念。你为什么认为任何组织追求这些价值都很重要？
5. 什么是组织的可持续发展能力？它为什么对组织经营成功至关重要？
6. 描述波多里奇奖评审过程。它如何保证评选出来的组织名副其实？
7. 解释波多里奇评审中的方法、展开、学习、整合等概念。
8. 波多里奇奖获奖组织区别于其他组织的特征有哪些？
9. 描述组织进行波多里奇自评运用的一些方法。
10. 波多里奇项目在美国及世界上产生的影响有哪些？
11. 波多里奇准则如何支持戴明十四点？
12. 解释波多里奇框架和 EFQM 框架之间的差别。
13. 在将波多里奇框架引入某个国家时，文化发挥着什么样的作用？
14. 六西格玛、ISO 9000 和波多里奇方法的相似点和不同点有哪些？
15. 为什么波多里奇方法、ISO 9000 和六西格玛在组织中可以同时使用？

案 例

登录 www. cengage. com/decisionsciences/evans/quality/lle 可看到一个名为“Baldrige Excellence Builder”的文档，它是波多里奇准则的简版。它还包含一个虚拟组织 Arroyo Fresco 的案例研究。本案例研究用于在奖项评审过程中培训国家评审员（每年为评审员培训准备新的案例研究）。Baldrige Excellence Builder 文档和所含案例研究将用于本案例和后续章节。

Arroyo Fresco——评价关注顾客

在典型的波多里奇评审中，评审员基于申请者对波多里奇准则问题的回答来确定其优势和改进机会。阅读该组织对准则类目 3——顾客——的回答（在 Arroyo Fresco 案例第 2 部分）。（也许你希望回顾一下第 3 章以更新有关关注顾客的实践的思考。）识别 Arroyo Fresco 在该类目最重要的优势和改进机会。为此，在 Baldrige Excellence Builder 文档中，你需要将他们的回答与准则问题进行仔细对照。

Arroyo Fresco——评价关注员工

在典型的波多里奇评审中，评审员基于申请者对波多里奇准则问题的回答来确定其优势和改进机会。阅读该组织对准则类目 5——员工——的回答（在 Arroyo Fresco 案例第 2 部分）。（也许你希望回顾一下第 4 章以更新有关关注员工的实践的思考。）识别 Arroyo Fresco 在该类目最重要的优势和改进机会。为此，在 Baldrige Excellence Builder 文档中，你需要将他们的回答与准则问题进行仔细对照。

Arroyo Fresco——评价关注过程

在典型的波多里奇评审中，评审员基于申请者对波多里奇准则问题的回答来确定其优势和改进机会。阅读该组织对准则类目 6——过程——的回答（在 Arroyo Fresco 案例第 2 部分）。（也许你希望回顾一下第 5 章以更新有关关注过程的实践的思考。）识别 Arroyo Fresco 在该类目最重要的优势和改进机会。为此，在 Baldrige Excellence Builder 文档中，你需要将他们的回答与准则问题进行仔细对照。

注 释

1. “Pursuing Performance Excellence at Avis Budget,” *Quality Digest*, http://www.qualitydigest.com/print/8033 (accessed 4/6/12).
2. 2010 K&N Management Award Application Summary.
3. Harry Hertz, “Distinguishing ‘Role Model’ from ‘Really Good.’” Insights on the Road to Performance Excellence, November/December 2011, http://www.nist.gov/baldrige/insights.cfm.
4. Nancy Blodgett, “Service Organizations Increasingly Adopt Baldrige Model,” *Quality Progress*, December 1999, 74–78.
5. Adapted from Jerry R. Junkins, “Insights of a Baldrige Award Winner,” *Quality Progress* 27, no. 3 (March 1994), 57–58. Used with permission of Texas Instruments.
6. Paul W. DeBaylo, “Ten Reasons Why the Baldrige Model Works,” *Journal for Quality and Participation*, January/February 1999, 1–5.
7. DeBaylo, *ibid*.
8. Albert N. Link and John T. Scott, *Economic Evaluation of the Baldrige Performance Excellence Program*, Planning Report 11-2, National Institute of Standards and Technology, U.S. Department of Commerce, December 16, 2011.
9. Paul Grizzell, “Blog: The Seven Added Values of the Baldrige Process.” http://corevaluespartners.com/2013/09/17/hello-world/.
10. Paul M. Bobrowski and John H. Bantham, “State Quality Initiatives: Mini-Baldrige to Baldrige Plus,” *National Productivity Review* 13, no. 3 (Summer 1994), 423–438.
11. Cited in Jon Asplund, “Baldrige Award Winner Uses Holistic Approach,” *Hospitals & Health Networks*, American Hospital Association, February 23, 2016.
12. Letter from W. Edwards Deming, *Harvard Business Review*, January–February 1992, 134.
13. See the EFQM website for a brief history and explanation of the model, found at: http://ww1.efqm.org/en/Home/aboutEFQM/Ourmodels/TheEFQMExcellence-Model/tabid/170/Default.aspx (accessed 7/20/09).
14. B. Nakhai and J. Neves, “The Deming, Baldrige, and European Quality Awards,” *Quality Progress*, April 1994, 33–37.
15. Barbara B. Flynn and Brooke Saladin, “Relevance of Baldrige constructs in an international context: A study of national culture,” *Journal of Operations Management* 24, no. 5 (September 2006), 583–603.

16. Ronald D. Snee and Roger W. Hoerl, *Leading Six Sigma* (Upper Saddle River, NJ: Prentice-Hall, 2002).
17. R Eric Reidenbach and Reginald W. Goeke, "Six Sigma, Value, and Competitive Strategy," *Quality Progress,* July 2007, 45–49. Copyright © 2007 American Society for Quality. Reprinted with permission.
18. Mike Carnell, "Gathering Customer Feedback," *Quality Progress* 36, no. 1 (January 2003), 60.
19. Chuck Cobb, "Knowledge Management and Quality Systems," *54th Annual Quality Congress Proceedings,* 2000, American Society for Quality, 276–287.
20. Brian Swayne and Brent Harder, "Where Has All the Magic Gone?" *Six Sigma Forum Magazine 2,* no. 3 (May 2003), 22–32.
21. George Byrne and Bob Norris, "Drive Baldrige Level Performance," *Six Sigma Forum Magazine 2,* no. 3 (May 2003), 13–21.
22. Nancy Page Cooper and Pat Noonan, "Do Teams and Six Sigma Go Together?" *Quality Progress,* June 2003, 25–28.
23. 2010 Quest for Excellence Video, National Institute of Standards and Technology, U.S. Department of Commerce.
24. Nicole Adrian, "Trial and No Error: Veterans Affairs Clinical Studies Center Has the Right Tools, Processes in Place." *Quality Progress,* January 2011, 46–51.
25. The authors are grateful to Joe Sener, VP Business Excellence for Baxter International, for providing this information.
26. Brett Krzykowski, "Jersey Score," *Quality Progress,* September 2010, 29–33.
27. Adapted from James R Evans, "Organizational Learning for Performance Excellence: A Study of Branch-Smith Printing Division," *Total Quality Management & Business Excellence* 21, no. 3 (2010), 225–243.

第11章 战略与卓越绩效

在明尼阿波利斯百思买总部的行政套房里，有一个模拟的“零售医院”——里面有一排床，枕头上有凯马特和伍尔沃思等零售商的图片以及企业标识，旁边的图表展示着它们糟糕的财务业绩。[1]附近的一块牌子上写着：“这是战略出现问题的公司的归宿。”这时刻提醒人们：组织的成功需要一个清晰的、可行的、有效的战略，并适应形势的变化。

战略的概念对不同的人有不同的含义。战略的特征之一是：

> 战略是将关键目标、方针和行动序列整合成紧密联系的整体的一种模式或计划。良好的战略可以帮助组织基于相关的内部能力和短板、预期的环境变化、聪明的对手的偶然行动等，对资源进行排列、分配，形成一种独特、可行的态势。[2]

本质上，**战略**（strategy）是确定和展示满足其利益相关方需求的组织目标、政策和计划的决策模式。**战略策划**（strategy planning）是展望组织未来并制定必要的目标、方针和行动计划以实现未来的过程。战略为组织实现愿景提供了一个路线图，可能涉及未来3年、5年或更长时间。嘉吉谷物加工公司提供了阐释战略策划范围的一个绝佳例子。[3]该公司提出了四个领域的关键问题：

1. 在哪里行动——哪些顾客？哪个细分领域？哪个地区？哪些产品？在价值链上的哪个位置？

2. 如何行动——相对其他决策而言，每个有关在哪里行动的决策应给予多少关注？价值链每一环节的战略联盟达到什么程度？每个细分顾客群的价值主张是什么？

3. 行动需要哪些资源——我们需要什么能力？我们需要什么流程？理想的组织结构是什么？我们需要什么技能？

4. 何时行动——行动的最佳时机是什么时候？

好的战略应该在所选择的路径中构建强有力的竞争优势，使组织能够在面临无法预测的外力时实现其目标。对于许多公司而言，质量和卓越绩效是经营战略的要素，比如我们在第1章中看到的关于施乐的案例。要想践行质量和卓越绩效，组织需要强有力的战略策划。

战略机遇来自开阔的思维，集思广益，利用偶然性，研究和创新过程，对当前状况的非线性推断，以及其他构想不同未来的方法。创造战略机遇的想法得益于一个鼓励非定向、自由的思考环境。因此，一个有效的战略策划过程应该包含并激励创新。

波多里奇准则非常注重战略思维和组织可持续性，并反映了戴明哲学中对长期规划的需要。追求可持续增长和市场领导地位需要坚定的未来导向，并有意愿对关键利益相关方——顾客、员工、供应商、合作伙伴、股东、公众和社区——做出长期承诺。因此，有效的战略需关注顾客和利益相关方驱动的质量和卓越运营绩效，而不是简单的财务和营销目标。为了具备竞争力和盈利能力，组织必须关注顾客满意、顾客维系和市场占有率的驱动因素，建立包括速度、响应能力和灵活性在内的运营能力，以促进长短期的生产力增长和成本、价格竞争力。战略策划也为改进和组织学习提供了框架。战略策划的关键作用之一就是使组织的工作过程、学习计划与组织的战略方向保持一致，以确保在组织的优先事项方面改进和学习，做好准备并不断强化。

组织也必须在设计组织及其工作系统时给予更广泛的战略关注，并充分利用其核心竞争力——组织最擅长的领域。这包括组织结构和领导系统的设计、供应链结构的设计以及外包决策的设计。表 11－1 概括了组织为实现卓越绩效中的战略重点而必须采取的主要实践活动。“质量档案”介绍了两家组织，战略重点对它们的成功至关重要。本章的其余部分将进一步阐述这些主题。

表 11－1　卓越绩效中的战略关注的主要实践活动

- 了解组织的运营环境及其与顾客、供应商、合作伙伴和股东的关键关系。
- 了解组织的竞争环境、决定成功的关键因素、核心能力、与组织可持续发展能力相关的战略挑战（与业务、运营和人力资源相关）。
- 收集和分析与如下因素相关的数据和信息：组织的优势、劣势、机会与威胁；技术、市场、顾客偏好，竞争和监管环境方面的趋势；组织长期可持续发展能力；战略计划执行能力。
- 制定并改进执行战略策划和设定战略目标的系统方法，包括识别盲区，发挥优势，应对相应时间区间内的挑战。
- 制订短期行动计划并使其与长期战略目标保持一致，确保充足的资源和能力以使结果可持续，评估与计划相关的财务及其他风险，并将上述内容在整个组织内沟通。
- 制订实现长期战略目标和短期战略目标所需的人力资源计划，以解决对员工的潜在影响，应对员工能力及保有量需求的潜在变化。
- 识别跟踪行动计划进度的关键测量工具或指标，确保测量系统强化组织的一致性，预测这些关键测量指标的绩效并与竞争对手或可比组织进行比较以识别差距和改进机会。
- 确定组织的核心竞争力，了解其如何与企业的使命、竞争环境和战略目标相联系。
- 将组织内执行的工作视为一个系统，并在内外部工作过程结合方面理性决策，以更好地实现组织使命。

质量档案　Freese & Nichols 公司和唐·查默斯·福特公司

Freese & Nichols 公司位于得克萨斯州，是一家多领域咨询企业，提供工程、建筑、环境科学、规划、施工及项目管理方面的服务。公司在建立长期的客户关系方面有很强的能力。与长期客户关系相一致，公司坚持“刺猬原则”（由作家吉姆·柯林斯创造的一个术语：组织旨在做好的唯一的事情）：在客户服务方面做得最好，从而形成长期互利的关系。

Freese & Nichols 公司有一个全面的、为期一年的战略策划过程，以识别关键聚焦领域的指标、重要行动和平衡计分卡指标情况。参与策划过程的人员代表组织的所有领域，包括一个管理层的未来委员会，该委员会负责审视未来 5～15 年内可能影响公司的趋势和变化。Freese & Nichols 公司还运用了一个“接球”过程将计划与各个部门、小组和个人串联起来，以确保安排资源实施既定的战略。最终，公司建立了长期的客户关系，42%的关键客户留存 30 年以上，71%的客户留存 10 年以上。在经济危机期间，公司还通过留存收益的增长以及运用支持关键业务需求和增长策略的特定资金来打造可持续发展的组织。

唐·查默斯·福特公司（Don Chalmers Ford）是一家独立的福特汽车特许经销商，在新墨西哥州的里约兰乔市进行福特汽车的销售和服务。公司的座右铭为“真正价值，真诚人本，真实至简”，由公司对“顾客、质量和社区”的承诺而产生。为顾客提供创新性的、非传统的经销商体验是关键，例如，顾客在进入展厅时受到迎宾员的欢迎，并被专门设计的展厅以轻松的“美术馆”氛围所包围。

唐·查默斯·福特公司采用系统的 12 步战略策划过程制订年度计划，并通过一套平衡的关键绩效指标部署到员工队伍中，这些指标按日、周、月进行分析和传达。这些指标与公司的业务计划审核（BPR）相结合。管理层利用战略策划过程有效地收集和分析与制定、实现长期目标相关的数据。这种基于事实的方法有助于确保唐·查默斯·福特公司为业务计划审核制定切实可行的年度目标，这些目标先在高级领导和经理级别完成，然后传达给团队。通过其现行过程系统，唐·查默斯·福特公司能够记录、部署和分析日常运营及工作流程，以确保满足关键需求。按日、周、月分析过程绩效，通过过程中和过程末指标来控制和识别改进工作过程的机会。当前所报告的 20 项过程指标中，75%处于或高于基准水平。

唐·查默斯·福特公司管理层通过以下方式来凝聚员工：每月更新所有部门相关新闻和运营问题的“前进报告”，提高员工参与度的“用户体验活动”，每周和每月的业务计划审核会议，一对一辅导以及开放政策。高级领导还通过客户满意度对话和员工反馈辅导课程，给员工提供实时的双向沟通。

唐·查默斯·福特公司在“第一次就修好”、“履行承诺”及“新车销售人员总体满意度”方面展示了行业和标杆领先地位。从唐·查默斯·福特公司购买二手车的 96%的客户表示，他们愿意向家人和朋友推荐这家经销商。

资料来源：Adapted from Malcolm Baldrige National Quality Award Profiles of Winners，National Institute of Standards and Technology，Department of Commerce.

11.1 战略策划的范围

战略的制定和实施需要健全有效的战略策划和行动计划部署过程。有效的战略策划过程要求高层和中层管理人员了解影响组织及其所在市场的长短期因素，如顾客期望、新的业务和合作机会、员工发展和雇佣需求、日益全球化的市场、技术发展、电子商务、顾客和细分市场的变化、不断变化的监管要求、社区和社会期望与需求的变化、竞争对手的战略举措等。然而，尽管许多组织在战略策划方面已经相当精通，但计划执行往往是一项重大挑战。这在不断变化的市场中尤其明显，市场的变化要求组织具有灵活性并能够对意外变化做好准备，例如颠覆性的技术可能会扰乱原本节奏快但相对可预测的市场。

11.1.1 战略制定过程

战略制定（strategy development）的目的是展望未来以便制定决策并分配资源。战略制定的特征之一是：

> ……捕捉管理者从各方面了解到的信息（包括其个人经历、从组织内其他人员的经历中获得的见解，以及从市场调查等类似渠道获得的数据），然后将这些信息综合成企业应追求的愿景。[4]

有效的战略制定需要有各个必要相关方参与的系统过程，以确保所有相关、重要的数据和信息能被捕获分析，适应长短期的时间范围，解决关键的战略难题，并促进创新和可持续性。在许多组织中，战略制定无非是一群管理者坐在一个房间里提出想法。显然，这不是一个有效的办法。运用系统化的流程，可以优化资源使用，确保组织有训练有素的员工，确保在长短期需求之间架起桥梁，这可能需要资本支出或供应商开发。卡特彼勒金融服务公司采用结构化的六步战略策划过程，形成一年的战术计划和四年的战略计划。这一过程从年度战略静修开始，由高层领导修正战略方向；接着是为期四个月的战略制定阶段；在年度领导会议上，由 45 名高管和中层领导制定初步的业务战略并支撑部门需求；为业务部门、支持部门和六西格玛项目确定行动计划和目标的周期；接下来是评审计划和分配资源；最后一步是制定各部门行动计划/目标及员工个人绩效和发展计划。

尽管不同组织的具体方法各不相同，但通常都遵循伊士曼化学公司使用的基础模型（如图 11－1 所示）。该模型的第一步是收集与组织及其环境相关的关键信息，然后制定战略，将战略转化为具体的行动计划或项目，最后评审绩效以识别改进机会。在某些组织中，战略策划可能包括关键供应商、分销商、合作伙伴和顾客的参与。鉴于顾客和供应商在供应链中的重要性以及他们对市场和技术的了解，他们参与战略策划工作并不罕见。

图 11－2 显示了帕克·普雷斯·雷克萨斯公司的战略策划过程，该过程展示了整个组织内行动计划和目标的协调性，这由实时的评审和跟踪来支撑。良好的战略制定过程通常需要高层领导、员工、顾客或供应商的积极参与。员工是战略策划中的重要资源。公司不仅可以利用员工关于顾客和流程的知识，员工的参与还可以极大地提高战略实施的有效性。这种自下而上的策划能促进更好地理解和评估顾客需求。太阳能涡轮机公司（Solar Turbines）的战略制定过程涉及其遍布全球的各个组织的人员以及顾客和供应商的参与。销售、营销、服务、工程、制造等职能和跨职能团队的人员进行信息收集、分析和总结。这些信息提交给领导体系委员会和运营委员会，形成战略和关键成功因素目标。

组织如果对其内外部环境没有深入的了解，就无法做出良好的战略决策。然而，奇怪的是，只有少数高管能认识到它们的特征及其对战略决策的影响。许多战略策划的过程始于组织领导者研究、确定（或重申）组织的使命、愿景和指导原则，这些形成了战略策划的基础。

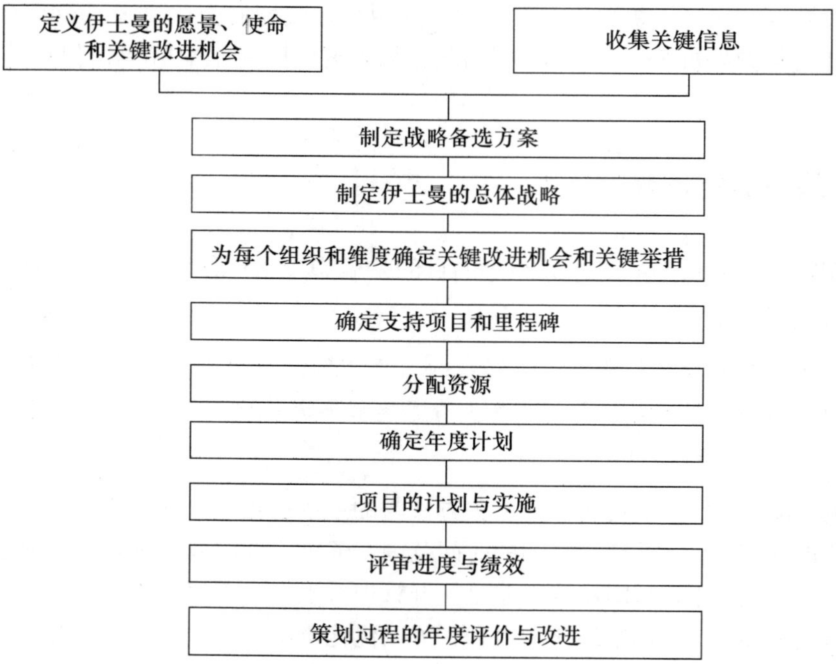

图 11－1　伊士曼化学公司的战略策划过程

资料来源：Used with permission of Eastman Chemical Company.

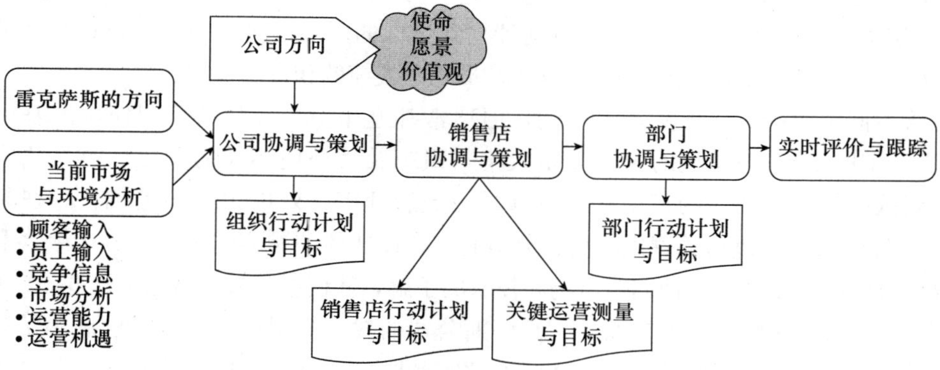

图 11－2　帕克・普雷斯・雷克萨斯公司的战略策划过程

资料来源：Adapted from public domain material—2005 Malcolm Baldrige Application Summary，NIST U. S. Department of Commerce. Courtesy Park Place Lexus.

使命（mission）定义了公司存在的理由，回答了“我们的业务是什么”这一问题。使命的描述可以是定义组织提供的产品和服务、提供这些产品和服务所使用的技术、市场类型、重要的顾客需求，以及使组织区别于其他企业的与众不同的独特能力或专业知识。例如，Freese & Nichols 和普瑞米尔公司的使命分别是“创新方法……务求实效……卓越服务”和“改善社区健康”。

企业的使命指引企业内不同群体的战略制定工作。它确定了日常经营决策的背景，设定了可供选择的战略范围。此外，它掌控各种绩效指标之间、长短期目标之间的平衡。

最后，它可以激励员工为实现组织总体目标而努力。

愿景（vision）描述了组织将去往何处、期望成为什么，它是对不会自行发生的未来的声明。愿景对组织员工而言应当是简短的、重点突出的、清晰且具有启发性的。愿景应当与顾客需求相关联，并承载实现使命的总体战略。例如，普瑞米尔公司的愿景被描述为“宏伟的目标”——“普瑞米尔的所有者将成为医疗保健市场上的领先者，普瑞米尔与他们一起成为重塑医疗保健的重要力量”。Freese & Nichols 公司的愿景是“成为顾客和员工的首选公司”。

愿景必须与组织的文化和价值观——称为**指导原则**（guiding principles）——相一致，文化和价值观通常会得到正式表述以便为所有员工和领导者提供指导，并通过组织各个级别的员工自觉和不自觉的行为得到强化。Freese & Nichols 公司的指导原则是：

- 讲道德；
- 提供高质量；
- 快速响应；
- 增加价值；
- 持续改进；
- 富有创新精神；
- 追求专业发展；
- 互相尊重；
- 回馈社区。

普瑞米尔公司的核心价值观是：

- 个人和企业的诚信；
- 对绩效的激情和对行动的偏好，为所有利益相关方创造实实在在的价值，并引领发展；
- 创新：追求突破性机遇，承担风险并发起有意义的改进；
- 以人为本：关心、尊重每个与我们一起工作的人，与社区、顾客、合作者和经营伙伴建立合作关系。

使命、愿景和指导原则构成战略策划的基础。高层管理者和其他领导者，尤其是CEO，必须将其描述清楚。使命、愿景和指导原则必须通过象征性或实际的行动进行传递、实践和强化，才能落实到员工以及其他与企业有业务往来的人员、团体和组织的实际行动中。

尽管组织的使命、愿景和价值观很少发生变化，但组织所处的环境却在不断变化。哈佛商学院的迈克尔·波特（Michael Porter）指出了这一点，并提出了促使战略成功的五种竞争力：新竞争者的进入威胁、替代品的威胁、顾客的议价能力、供应商的议价能力、同业竞争者的竞争激烈程度。[5]因此，战略制定需要对关键因素进行环境评估，这些因素通常包括：

- 组织的优势、劣势、机会和威胁（SWOT）；
- 技术、市场、顾客偏好、竞争或监管环境发生重大变化的早期迹象；
- 组织的长期可持续发展能力，包括所需的核心能力、对未来绩效和竞争对手或类似组织的未来绩效的预测；
- 执行战略计划的能力。

SWOT分析应关注所有对组织未来成功至关重要的因素，包括：顾客和市场需求、期望和机遇；创新机会和绩效典范；核心竞争力；竞争环境以及与竞争对手和可比组织相比的绩效；产品生命周期；可能影响产品、服务和运营的技术和其他关键创新或变革；人力和其他资源需求；利用多样性的能力；将资源转向更优先级的产品、服务或领域的机会；金融、社会、道德、监管、技术、安全及其他潜在风险；预防和应对突发事件，包括自然灾害或其他灾害的能力；国内或全球经济的变化；合作伙伴及供应链的需求、优势和劣势；其他对组织重要的因素。例如，太阳能涡轮机公司审视了影响其经营的六大外部因素：顾客需求和期望、市场趋势与机遇、行业趋势、竞争动态、政府和监管问题、能够改变产品和服务性质的技术创新。执行战略计划，应当关注组织如何调动所需的资源和知识，还应关注组织如何应对需要改变计划和快速执行新的或变化的计划的情况。

11.1.2 波多里奇组织概述

（组织概述是使用波多里奇准则进行自我评估或撰写波多里奇奖申请的切入点。撰写组织概述有助于识别关键信息中的信息差距，以及聚焦关键绩效要求和结果。在申请报告评审和现场评审中，评审员和评判员使用组织概述来了解组织及哪些内容相对于准则问题而言是重要的。）

波多里奇准则提供了一个名为**"组织概述"**（Organizational Profile）的关键问题列表，帮助组织概括环境评估的要素。组织概述提供了一个参考框架，以帮助组织更好地理解影响其运营环境的内部和外部因素，并为战略策划设定背景。组织概述关注组织的基本特征、组织关系、竞争环境、组织拥有的优势和面临的挑战、绩效改进的方法。这些问题见表11-2。

表11-2 波多里奇组织概述的问题

1. 组织概况

a. 组织环境

（1）产品提供。组织提供的主要产品是什么？每个产品对组织成功的相对重要性如何？组织使用何种方式交付产品？

（2）愿景和使命。组织的使命、愿景和价值观是什么？组织的核心竞争力是什么，这些核心竞争力与组织使命的关系是怎样的？

（3）员工概况。组织的员工概况是怎样的？组织近期在劳动力构成或劳动力需求方面有哪些变化？组织员工的群体或细分情况如何？不同员工群体和细分的受教育情况如何？让他们致力于实现组织使命和愿景的关键驱动因素是什么？有组织的谈判单位（工会代表）是怎样的？组织独特的健康、安全要求是怎样的？

（4）资产。组织主要的设施、技术和设备是怎样的？

（5）监管环境。组织运营的监管环境是怎样的？有哪些适用的职业卫生与安全，认可、认证或注册要求，行业标准，以及环境、财务和产品方面的法规？

b. 组织关系

（1）组织结构。组织的结构和治理体系是怎样的？组织的治理委员会、高层领导和母公司（视情况而定）之间的报告关系是怎样的？

（2）顾客和利益相关方。组织的主要细分市场、顾客群和利益相关方是怎样的？它们对组织的产品、顾客支持服务和运营的主要要求和期望是什么？不同细分市场、顾客群和利益相关方的要求和期望有什么不同？

> （3）供应商和合作伙伴。组织的关键供应商、合作伙伴和协作者是谁？它们在组织的工作系统中扮演怎样的角色，特别是在关键产品和顾客支持服务生产与交付方面，以及增强组织的竞争力方面？组织与供应商、合作伙伴和协作者进行双向沟通的关键机制是怎样的？供应商、合作伙伴和协作者在组织实施创新中起什么作用（如有）？组织关键供应链的要求是什么？
>
> 2. 组织形势
>
> a. 竞争环境
>
> （1）竞争地位。组织处于什么样的竞争地位？在行业内或所处的市场中，组织的相对规模和发展情况如何？竞争对手的数量及类型是怎样的？
>
> （2）竞争变化。正在影响组织的竞争格局的主要变化有哪些，包括创新和合作机会的变化（视情况而定）？
>
> （3）竞争数据。在行业内，组织可获得的主要对比性和竞争性数据来源有哪些？除本行业外，组织可获得的主要对比数据的来源有哪些？组织获取这些数据的能力存在哪些局限性（如有）？
>
> b. 战略背景
>
> 组织在业务、运营、社会责任、人力资源方面所面临的主要战略挑战、优势分别是什么？
>
> c. 绩效改进系统
>
> 组织的绩效改进系统的关键要素是什么，包括对组织关键项目和关键过程进行评价与改进的过程？

组织概述为什么重要？组织概述帮助组织更好地了解其运营所处的环境，当前及未来经营成功和组织可持续发展的关键要求，组织管理体系面临的需求、机会和限制。这有助于更好地聚焦组织内的战略思考。例如，关于组织优势、弱点、改进和增长机会方面的知识，能够帮助组织识别其独特的产品、服务和方案提供以及流程、能力和性能属性，这些是组织区别于其他组织的要素，也是帮助组织保持竞争优势的因素。

在表 11－2 中，“组织概况”标题下的第一组问题有助于清楚认知组织是什么，包括产品提供、愿景和使命、员工概况、资产、监管环境、组织结构、顾客和利益相关方、供应商和合作伙伴。考虑员工概况问题，从岗位描述和责任的角度来看，大部分组织的员工都非常多样化。例如，在制造类企业中，员工可能由熟练技工、白领知识员工、不同层级的管理人员组成；在医疗保健系统中，有医生、护士、普通员工、管理人员等。一些群体可能成立了工会，有些则没有。这些群体在培训和安全、报酬和奖励以及激励方面的需求可能不同。这可能影响组织制定战略决策。同样，运营中采用的设施、技术与设备的组合可能会限制战略选择，并影响关键过程的管理。最后，组织运营所处的监管环境对组织规定了具体要求。理解这些环境对组织做出有效的运营和战略决策至关重要。此外，它使组织能够识别自己是仅仅遵守了适用法律、法规和实践标准的最低要求，还是超过了这些要求。超越这些要求是领先组织的标志。

在表 11－2 中，“组织形势”标题下的问题关注竞争环境和战略背景——特别是关键战略挑战和优势以及绩效改进系统。术语**战略挑战**（strategic challenges）是指那些对组织未来成功的可能性产生决定性影响的压力。战略挑战通常由组织未来与其他提供同类产品或服务的组织相比的竞争地位所驱动。它们可能是运营成本（如原材料、劳动力或地理位置）；市场扩张或收缩；组织及其竞争对手的兼并或收购；经济形势，包括需求波动以及当地和全球经济衰退；行业的周期性；新的或替代产品或服务的引进；快速的技术变革；新的竞争者进入市场。此外，组织可能还面临与招聘、雇佣和留住合格员工相关的挑战。

质量聚光灯

北密西西比医疗中心

像今天的大多数医疗保健组织一样，北密西西比医疗中心（North Mississippi Medical Center，NMMC）面临医疗保健提供者短缺的战略挑战，也面临其所在社区特有的挑战，如贫困水平较高、健康状况差、缺乏医疗保险。它面临的最大战略挑战涉及五大关键成功因素[6]：

员工——保持并提高员工的满意度、技能和敬业度。招聘并留住有技能的员工。培养员工和医生领导。

服务——提升患者和医生的满意水平。提高患者的忠诚度。

质量——提供高水平的、循证的、有质量的护理，保障患者安全。

财务——在报销压力和慈善医疗机构日益增多的环境中筹集组织所需的财务资源。

增长——在与我们使命相符的领域中持续拓展。

一些组织面临的尤其重要的挑战是，未能对威胁其竞争地位或市场的颠覆性技术做好准备。过去，这类技术包括个人电脑取代打字机，移动电话挑战有线电话和公用电话，传真机夺取次日达快递服务的业务，电子邮件取代其他通信方式。如今，组织需要不断考察当前行业内外的环境以便在第一时间洞察这些挑战。

战略优势（strategic advantages）是指那些对组织未来成功的可能性产生决定性影响的市场利益。相对于其他提供同类产品的组织而言，这些优势往往是当前和未来竞争成功的源泉。战略优势通常有以下两个来源：（1）核心能力，其重点是建立和扩展组织的内部能力（本章稍后讨论）；（2）具有战略重要性的外部资源，即一个组织建立和利用关键的外部关系和伙伴关系。当一个组织拥有了以上两个来源的战略优势时，就可以通过利用与其他组织的互补能力来扩大其独特的内部能力。

当今组织面临的众多问题之一是如何管理、使用、评价和分享日益增长的组织知识。领先的组织已经从员工、顾客、供应商、协作者和合作伙伴的知识资产中获益，同时驱动组织学习和绩效改进。为了利用这些知识，组织需要能系统地驱动组织变革的绩效改进方法。绩效改进的总体方法包括实施精益系统、运用六西格玛、利用 ISO 9000：2000 或波多里奇框架，或采用前面章节中讨论的其他改进方法。

11.1.3 制定战略

通常使用各种类型的预测、预计、选择、情景或其他方法分析环境评估中的信息。战略策划团队运用这些分析结果制定战略、目标和行动计划，以应对战略挑战和机遇，并平衡所有利益相关者的需求。**战略**（strategies）是设定组织在实现其使命和愿景过程中的前进方向的概括性陈述。**战略目标**（strategic objectives）是组织为保持或形成竞争力必须变革或改进的。**行动计划**（action plans）是组织实现战略目标必须做的事情。

战略可以指向成为首选供应商、低成本生产者、市场创新者或高端定制服务提供商。

战略目标设定了组织的长期方向，并指导资源分配决策。它们通常聚焦外部，并与顾客、市场、产品、服务或技术机遇和挑战相关。例如，在高度竞争行业，供应商的战略目标可能是发展并保持价格领导者地位。行动计划包括资源承诺、实现的时间范围等详细信息。对于追求价格领导者地位的供应商，行动计划可以包括设计有效的过程、创建追踪行为层面的会计系统。行动计划构成有效实施的基础，或者称为战略部署。

11.1.4 战略部署

战略部署（strategy deployment）包括制订具体的行动计划以实现战略目标，确保有足够的财务和其他资源来完成行动计划，突发事件发生时需改变计划并快速执行新计划，协调工作单元、供应商或合作伙伴的行动，识别追踪进度的绩效测量。实质上，战略部署连接策划者（关注“做正确的事”）与实施者（关注“正确地做事”）。在丽思卡尔顿酒店，各个层次的团队——合作层、管理层和员工层——设定目标并设计行动计划。每个酒店都指定了质量领导作为各个团队制订和实施计划的智囊和顾问。

具体的战略目标与目的明确后，制订行动计划代表策划的关键一步，这样才能在整个组织范围内实现有效的理解和部署。行动计划通常包含有关资源承诺和完成时间区间的详细信息。部署也可能需要对一些雇员进行专门培训或聘用人员。举例来说，在竞争激烈的行业中的供应商，其战略目标可能是培育并保持价格领导者地位。行动计划需要设计有效的过程，创建追踪行为层面成本的会计系统，协调组织成为一个整体。部署的要求可能包括培训工作单元和团队如何基于成本和收益设置优先级。组织层面的分析和评审可能会侧重于生产率提升、成本控制和质量。

很多组织尽管有优秀、综合的战略制定方法，在部署方面却做得不够好，主要有以下三个原因[7]：

（1）组织缺乏协调一致性。良好的部署能协调资源和政策。例如，增加专利数量这一战略目标通常需要雇用更多工程师、开发创造力培训项目、改变财务激励机制。组织目标应当与部门、团队和个人目标相关联或相协调。每个人都应该能回答这个问题：从我能发挥的作用来看，战略意味着什么？

（2）资源配置不当。良好的战略策划将资源配置到那些对组织战略优势至关重要的改进或变革领域。资源过于分散导致无法区分真正重要的业务领域，将资源配置到对战略没有真正影响的项目上是无效的。

（3）运营测量不充分。组织运营层面需要适宜的测量系统以跟踪进度、了解行动计划能否真正实现目标。这些测量系统通常包括基于行动计划完成情况对未来进行预测，也可能与竞争对手的预测情况进行对比。预期绩效的测量指标可能包括源于新合资企业的变化，组织兼并或收购，新价值创造，市场进入或转移，新的立法授权，法律要求或行业标准，产品、服务和技术方面预期的重要变化。关键绩效测量指标以及与竞争对手、标杆和以往绩效的比较可以帮助组织评价在实现目标、战略乃至愿景方面的成就。组织可能运用各种建模、情景或其他技术和判断来预测竞争环境。例如，美德瑞达公司通过企业计分卡来调整战略方向，该计分卡测量五个长短期目标方面的绩效：1）超越财务目标；2）公司成长；3）改进质量和生产率；4）提高顾客满意度；5）改进员工成长和满意度。

在波多里奇奖获奖组织中有很多有效部署的案例。SSM 医疗中心在一年内确定了三个具体的行动计划以帮助实现“患者、员工和医生满意度”这一战略目标：运用“疼痛管理”提高患者满意度，实施护士共担责任模型，增加领导中代表的多样性。它制定了诸如护士流失率、管理专业人员队伍中少数族裔人数等关键指标，以监测这些行动计划的实施情况。沟通确保战略在“质量的三个层面”有效展开：组织层面、流程层面和每个工作岗位层面。在 BI 公司，战略经营与质量计划（SBQP）传递至公司所有领导层，接着所有副总裁与所在团队一起推动部门计划制订，形成包含可测量的目标和行动计划的部门 SBQP，并将计划传递至部门内的所有相关者。每个主管、区域销售经理和团队领导接着在各自团队中召开规划会议，形成各分部、区域或团队自己的计划，并附有目标和行动计划。战略策划小组每季度召开一次会议，汇报各个行动计划的进展情况，并根据企业目标来评审结果指标。

11.1.5 方针管理（策略部署）

部署战略的传统方法是自上而下的。然而，从全面质量的角度来看，顾客和供应商也在其中，因此他们的输入和参与是必要的。高级管理者询问下属能做什么、需要什么、可能出现哪些冲突，这一互动过程能够避免很多管理者常常面对的实施问题。

日本公司提出了名为**方针管理**（hoshin kanri）（或方针规划）的部署过程。在美国，这一过程通常称为**策略部署**（policy deployment）或计划管理。许多组织，尤其是佛罗里达电力与照明公司、惠普公司和 AT&T 公司，采用了这一过程。方针管理的日文直译是“指向方向”[8]，意思是将组织指向或对准一个共同的方向。佛罗里达电力与照明公司将策略部署定义为“选定的策略驱动的优先事项和所需资源的执行部署，以实现绩效突破”。惠普公司称之为“聚焦需进行重大改进的领域的年度计划和实施过程”。AT&T 公司的定义是：“整个组织范围内以顾客为中心的管理方法，旨在计划并实现经营绩效方面的突破性改进。”无论具体定义如何，策略部署都强调整个组织的计划和设定优先次序，提供资源以实现目标，测量绩效以作为改进基础。策略部署本质上是基于质量的策略执行方法，通过确保所有员工理解经营方向并依据计划开展工作以实现愿景。

今井正明（M. Imai）提供了一个策略部署的例子：

> 为了说明策略部署的必要性，我们研究如下案例：一家航空公司的总裁宣称他信奉安全第一，企业的目标就是确保整个公司有所保障。这一宣言在企业的季度报告和广告中都有清晰描述。让我们进一步假设部门经理也对安全有坚定的信念。餐饮部经理表明其信奉安全。飞行员说他们信奉安全。航班机组人员说他们信奉安全。那么是否公司里每个人都在真正实践安全呢？或者每个人仅仅是口头上说说而已？
>
> 此外，如果总裁申明安全第一是公司的政策，并与部门经理一起制订一个安全计划，明确他们的责任，每个人都有非常具体的讨论主题，那么安全将成为一个真正的关注点。对于负责餐饮服务的部门经理，安全可能意味着保证食品质量，避免顾客不满或生病。

在这种情况下，他如何确保食品质量一流？确定哪些种类的控制点和检查点？如何确保飞行中食品质量不会下降？飞行时谁负责检查冰箱温度或烤箱的状况？

只有当安全转化为具体行动，并为每个员工的岗位确定控制点和检查点，才有可能说安全已经作为策略得到部署。策略部署要求每个人站在自己岗位的角度来诠释策略，要求每个人制定准则检验成功执行策略的情况。[9]

图 11－3 提供了一个简化的策略部署过程。[10]策略部署中，高层管理者负责制定、传达愿景，并在整个组织范围内建立对实现愿景的承诺。[11]长期战略计划构成短期计划的基础。愿景通过制定并执行年度目标和计划得以部署。各级员工积极参与制定战略和行动计划以实现愿景。各个层级逐步制定更详细、更具体的实现目标的方法。目标应具有挑战性，且让员工感到是可以实现的。为此，中层管理人员与高层管理人员就实现战略的目标、实现目标可能需要的过程变革和资源进行协商。接着，中层管理人员与执行团队协商最终的短期目标，以及用以表示目标完成进展的绩效指标。

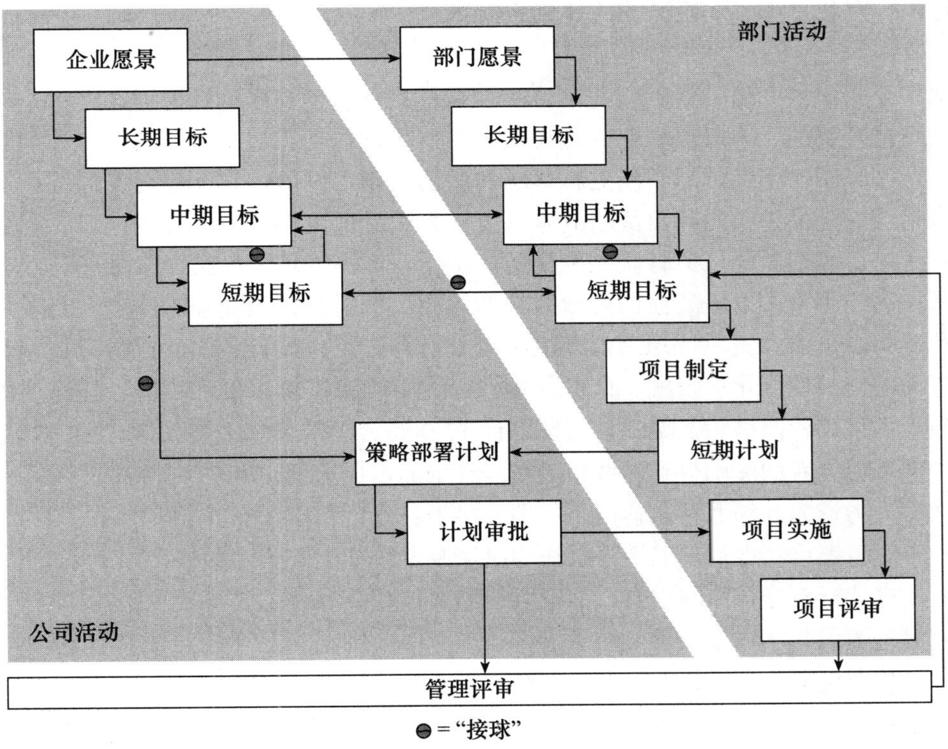

图 11－3 策略部署过程

资料来源：Reprinted with permission from Kersi F. Munshi, “Policy Deployment: A Key to Long－Term TQM Success,” *ASQC Quality Congress Transactions* (Boston, 1993), 236－244. Copyright © 1993. No further distribution allowed without permission.

具体检查点的管理评审确保了战略各个要素的有效性。执行团队有权管理行动并安排其活动。评审阶段（月度或季度）跟踪进度并诊断问题。管理层可以基于评审来更新目标，如图 11－3 中的反馈环所示。高层管理者将年度评审结果以及部署过程本身作为下一个计划周期的基础。

注意，高层管理者不制订行动计划，他们只设定总体指导原则和战略。部门和职能单位制订具体的实施计划。因此，图 11－3 中描绘的过程既包括公司活动，也包括部门活动。实践中，策略部署需要高度细化，包括执行期间预计可能发生的问题。重点是过程的改进，而非仅以结果为导向。

协商过程称为“接球”（由图 11－3 中的球形符号表示）。领导者与中层管理人员沟通中期目标和测量指标，由后者制订短期目标，提出所需资源、目标和角色/责任的建议。对这些问题进行讨论和辩论，直到达成一致。这些目标接着分解至组织的下一层级，以制订短期计划。与专制、自上而下的管理模型相反，“接球”是一个向上、向下和横向沟通的过程。它整理整个组织的集体知识，生成现实的、可实现的目标，且不会相互冲突。在戴明哲学中，过程聚焦于优化系统而不是个人的目的和目标。显然，这一过程只可能在支持开放交流的文化中产生。

11.1.6 连接人力资源计划与经营战略

当一个组织试图做一些不同的事情时，人员总是会受到影响。因此，考虑组织的变化并对可能需要的人力资源变化进行规划很重要。这些变化包括重新设计工作组织，增加授权，制订新的培训计划，或更新薪酬和激励机制。例如，为了应对美国国内护理短缺，浸信会医院的护士招聘和留用战略需要进行大量的人力资源方面的改革，如修改临床进阶程序、调整薪酬以招聘研究生学历的护士、增加护理学生奖学金数量、让有经验的护士向高中生宣讲以提高他们对该领域的兴趣。摩托罗拉的商业、政府和行业解决方案事业部将以下人力资源计划纳入其战略策划过程：工作设计、团队成员发展、教育和培训方面的突破性变化；报酬、认可和福利；人力资源需求识别和招聘。当通用电气决定在组织内采用六西格玛框架时，需要培训 12 000 名黑带领导来实施该计划。高层管理人员中项目倡导者的激励得到了调整，在分红中的占比达到 40%。[12]

战略人力资源计划通常包括以下一项或多项：

- 工作组织重新设计，以增强授权和决策制定或基于团队的参与；
- 促进劳资更好合作的举措，如联盟合作伙伴；
- 促进知识共享和组织学习的举措；
- 与教育机构合作以帮助确保未来有准备充分的员工可用。

无论选择哪个，重要的是它必须支持组织的总体战略。例如，假设一个企业识别出关键成功因素是顾客满意度、员工满意度、市场增长和世界级绩效。每个关键成功因素都应该通过企业的战略策划过程明确一个或多个战略目标。由于这些战略目标的成功实现取决于公司员工的执行情况，因此须识别关键的人力资源计划，如提高技能、知识水平和积极性以支持这些战略目标。如果没有正确地协调一致，员工从事的工作可能聚焦于与组织意图完全不同的方向。一些通用的例子如表 11－3 所示。

表 11-3 人力资源计划与关键成功因素和战略目标的协调

关键成功因素和战略目标	人力资源计划
顾客满意度	
通过提高响应能力强化顾客关系	向一线员工实施新的培训计划
员工满意度	
鼓励员工发展和职业生涯规划以利用员工多样性	开发、实施并交付在线培训课程
	团队项目中领导轮换
市场增长	
寻求新的和扩张的市场机遇	积极参与营销团队以确定人力资源需求
	为新产品开发和营销活动制订招聘计划
世界级绩效	
改进过程质量	支持六西格玛培训计划
将成本降至世界级标杆水准	在全体员工中开发精益专业知识

11.2 七大管理与计划工具

管理者可以使用各种工具和技术来实施策略部署，这称为**七大管理与计划工具**（Seven Management and Planning Tools）。

1. 亲和图：一种用于组织与广泛问题或主题领域相关的大量想法、观点和事实的工具。

2. 关联图：用于识别、探索相关概念或想法间因果关系的工具。

3. 树图：用于绘制完成一个特定项目或实现具体目标所需途径和任务的工具。

4. 矩阵图：以图形化方式显示各种想法、活动或其他维度间关系的“电子表格”，以提供各项目间的逻辑连接点。

5. 矩阵数据分析：用于收集整理数据以显示各变量之间的定量关系，使其更易于理解和分析的工具。

6. 过程决策程序图：从问题描述转到寻找可能的解决方案时，详细描绘可能发生的每个可想到的事件和偶然事件的方法。

7. 箭头图：对项目任务进行排序和调度的工具。

这些工具在形成非结构化的想法、制订战略计划、组织和控制大型复杂项目时尤其有用。因此，它们可以使所有参与质量计划制订和实施的员工受益。

七大管理与计划工具可以追溯到第二次世界大战后美国的运营研究开发，但在过去几十年中，几家日本企业将其作为企业计划过程的一部分进行了结合和改进。GOAL/QPC 咨询公司将其引入后在美国逐渐流行，自 1984 年开始，一些企业运用这些工具改善质量计划和改进工作。很多企业正式将这些工具融入策略部署活动。以下例子描述了如何在战略策划和部署中使用这些工具。

使用七大管理与计划工具进行战略策划

微技术公司（MicroTech）是一家虚拟的高科技消费电子公司。其使命是“利用射频技术、数字信号处理技术和最先进的表面贴装制造工艺来设计、制造微型电子产品”。

亲和图　亲和图（affinity diagram）是一种用于组织与广泛问题或主题领域相关的大量想法、观点和事实的工具。例如，在确定愿景的表述时，高层领导可能进行头脑风暴，列出可以整合进愿景的想法清单。这一清单可能包括：

低产品维修率
高员工满意度
有礼貌的订单输入
低价格
快速交付
股东价值增长
团队合作
快速响应的技术支持
员工个人成长
低生产成本
创新的产品特性
高投资回报
技术持续创新
高质量
积极的员工
独特的产品
小巧轻便的设计

（第 3 章介绍了亲和图可以作为一种分析顾客之声的手段。）

大量想法产生后，可以根据它们的“亲和力”或相互关系进行分组。处理后的亲和图如图 11 - 4 所示。

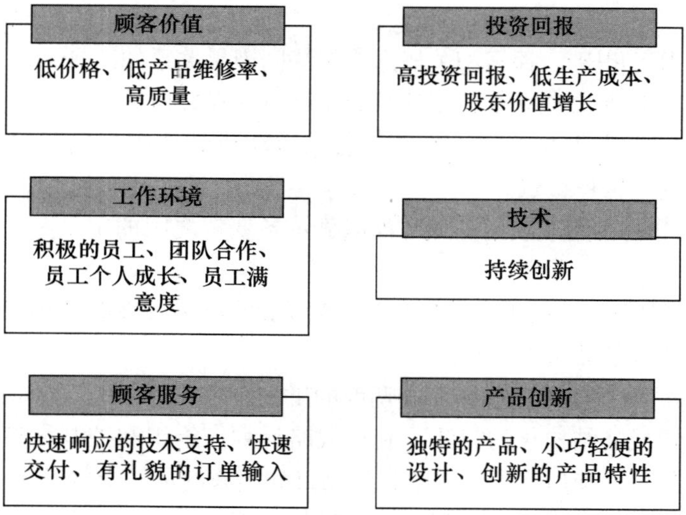

图 11 - 4　微技术公司的亲和图

关联图　关联图（interrelationship digraph）识别、探索相关概念或想法间的因果关系。关联图显示，每个想法都可以同时与不止一个想法逻辑关联，从而允许“横向思维”

而不是“线性思维”。通常在亲和图已经澄清问题后运用此方法。图 11-5 展示了微技术公司的关键战略因素如何相互关联。净向外指的箭头数（向外指的箭头数减去向内指的箭头数）最多的要素代表企业愿景的主要驱动力，本案例中为工作环境和顾客服务。因此，微技术公司可能会确定如下愿景表述：

> 我们将在高性价比的产品和高质量的服务方面向顾客提供独特的价值，给股东以卓越的价值。我们提供促进员工成长、追求卓越和允许每个员工发挥最大潜能的良好环境。我们致力于推进最先进的电子设备小型化及相关技术，并开拓出建立在我们独特技术专长之上的市场机遇。

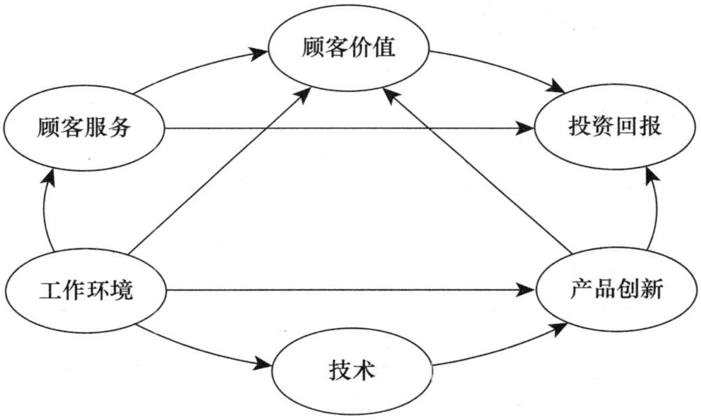

图 11-5 微技术公司战略要素的关联图

树图 **树图**（tree diagram）描绘了完成特定项目或实现具体目标所需的途径和任务。因此，计划者运用这种方法寻找如下问题的答案：“哪些任务序列将解决该问题?”或者“哪些因素对关键问题有帮助?”

由亲和图和关联图揭示的问题通过树图带至运营计划阶段。清晰的表述能明确指出问题或过程。根据这个一般性表述，可以确定团队提出解决问题或实施计划的步骤的建议。这个团队产出的“产品”是带有活动的树图，可能还有活动时间安排的建议。图 11-6 展示了微技术公司如何运用树图来描绘关键目标和战略。

矩阵图 **矩阵图**（matrix diagram）以图形化方式显示各种想法、活动或其他维度间关系的“电子表格”，以提供各项目间的逻辑连接点。矩阵图是质量计划中用途最多的工具之一。图 11-7 展示了一个例子。在此，我们横向列出微技术公司愿景表述中的三个基本目标，纵向列出关键战略。通常，符号“●”“○”“△”分别表示强相关、中度相关和弱相关。矩阵图显示了两组对象或问题的相互关系如何，可以识别思维过程中遗漏的事项。例如，如果一行没有很多关系，可能意味着提出的行动不能满足公司的目标。在图 11-7 中我们可以看到，注意力集中在这三个战略上应当满足微技术公司的目标。其他矩阵可能将短期计划与中期目标相关联，或将个人行动与短期计划相关联。这种可视化描述能帮助管理者设定计划和行动的优先次序。

矩阵数据分析 **矩阵数据分析**（matrix data analysis）收集整理数据以显示变量之间的定量关系，使其更易于理解和分析。矩阵数据分析最初在日本使用时，是一种严格的、

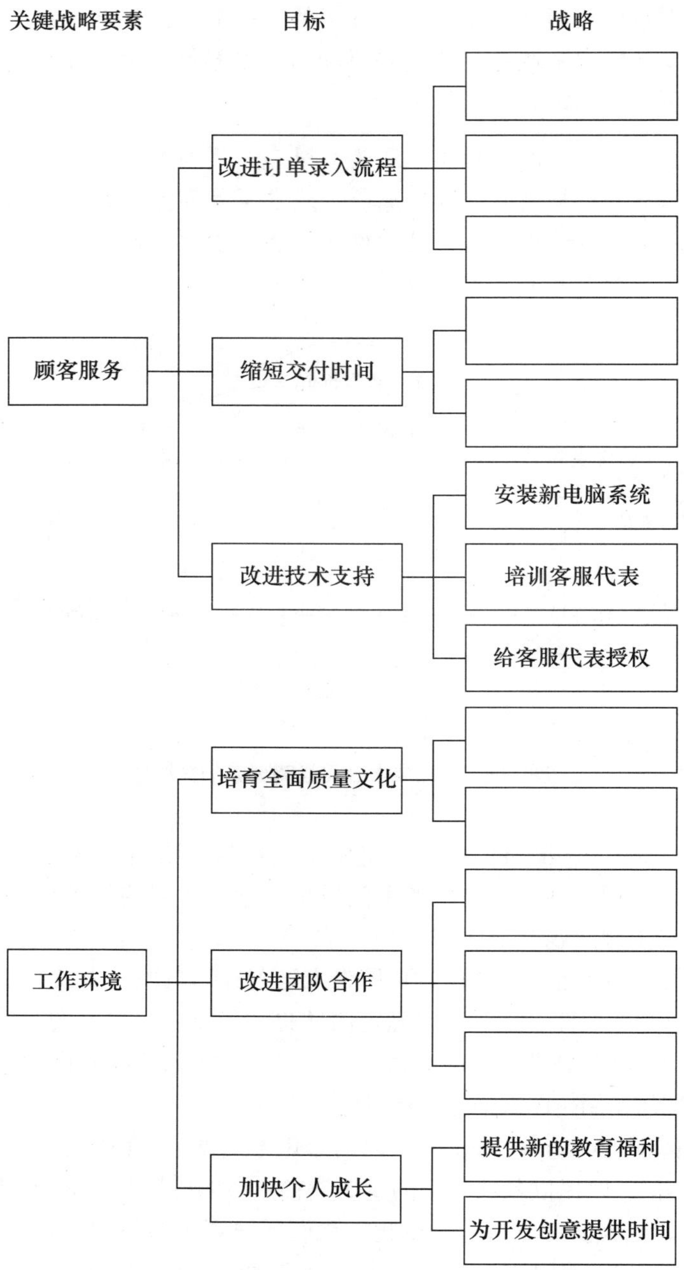

图 11 - 6　微技术公司的目标和战略树图

以统计为基础的“因素分析”工具。很多人感觉虽然该方法有很多使用价值，但太过定量化而不适合日常运用，因此又开发了易于理解和实施的替代工具。其中一些工具与决策分析矩阵类似，可能大家在定量方法课程中学过。

表 11 - 4 展示了一个矩阵数据分析的例子。该例子中，微技术公司的市场研究人员确定顾客最重要的四个需求是价格、可靠性、交付和技术支持。通过市场调研，为每个

目标 \ 行动	改善工作环境	提升制造技术	开发新产品
成本效益	●	○	
高质量	●	●	
股东价值		△	●

● = 强相关　○ = 中度相关　△ = 弱相关

图 11－7　微技术公司的目标和战略矩阵图

需求确定了重要度权重。他们也确定了公司及最佳竞争对手的评分。该方法提供了有关公司该开展哪些行动以更好地满足关键顾客需求的信息。该例子中，可靠性重要度最高，微技术公司略领先于最佳竞争对手，因此，它应该继续努力改进产品的可靠性。同样，技术支持的重要度也较高，但微技术公司在这方面不如其最佳竞争对手。因此，提升支持服务的质量应当作为关键目标。

表 11－4　微技术公司顾客需求矩阵数据分析

需求	重要度权重	最佳竞争对手评分	公司评分	差异
价格	0.2	6	8	+2
可靠性	0.4	7	8	+1
交付	0.1	8	5	−3
技术支持	0.3	7	5	−2

过程决策程序图　**过程决策程序图**（process decision program chart，PDPC）是从问题描述转到寻找可能的解决方案时，详细描绘可能发生的每个可想到的事件和偶然事件的方法。过程决策程序图采用树图的每个分支，预测可能的问题，并提供预防偏差或者在偏差出现时如何应对的意见。图 11－8 展示了培训所有员工使用新电脑系统这一战略实施的例子。

箭头图　多年来，建筑规划人员一直使用箭头图（arrow diagram）对任务进行调度和排序。在美国，在定量方法、运营管理及其他商业和工程课程上，箭头图被广泛教授。遗憾的是，其使用通常局限于技术专家。在箭头图加入“质量工具箱”后，被一般管理者和非技术人员广泛使用。图 11－9 展示了一个例子。“时间估计”可以很容易地纳入每个活动，以便计划和控制项目。

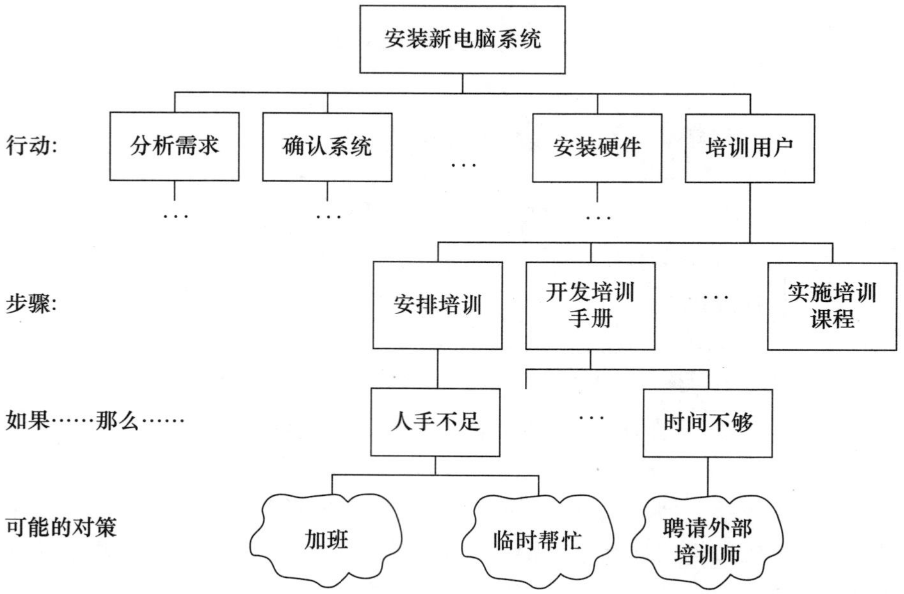

图 11-8 过程决策程序图

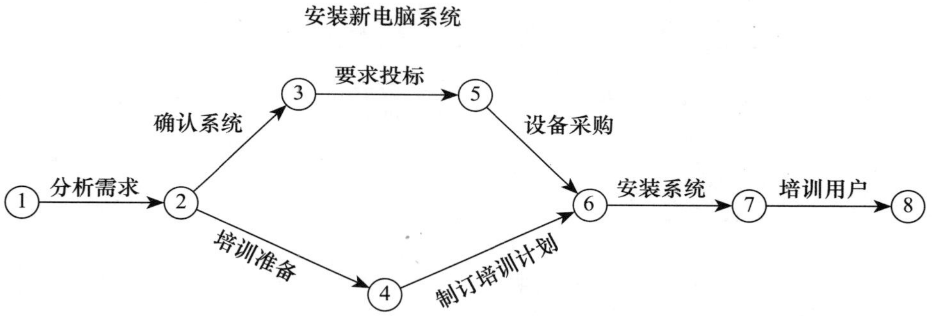

图 11-9 项目计划的箭头图

11.3 卓越绩效的组织设计

组织的有效性部分取决于其**组织结构**（organizational structure），即明确组织各个层面每个员工的权力、责任、汇报关系和绩效标准。事实上，有效的战略部署取决于组织结构，也会塑造组织结构，因为组织结构必须与战略举措相协调，并支持战略举措的实现。因此，组织设计是一项重要的战略决策。

传统组织倾向于选择有助于保持稳定的结构，在规章制度以及职业阶梯高度方面都高度结构化，有时在 CEO 和一线员工之间有七个或更多管理层级。相反，处于快速变化环境中的现代组织必须在其结构中建立灵活性，因此，它们往往很少有成文的规章制度，采用扁平的组织结构。

与组织背景有关的几个因素会影响工作的开展，包括[13]：

1. 运营与组织指导原则。历史上形成的标准实践常常决定了一个企业如何组织和运作。

2. 管理方式。每个组织的管理团队都有独特的运营方式。例如，管理方式可能是正式的或非正式的、民主的或专制的。如果一个组织在高度结构化、正式的气氛中运营，那么围绕非正式的会议来组织质量方面的行动很少会成功。

3. 顾客影响。顾客，尤其是政府机构，可能需要正式的规范或管理控制，因此，组织需要了解并回应它们的要求。

4. 规模。大型组织有能力维持正式的系统和记录，而小型组织可能没有。

5. 产品线的多样性和复杂性。适合生产少量高度复杂产品的组织可能与生产大量标准化产品的组织差别巨大。

6. 产品线的稳定性。稳定的产品线产生规模经济，影响监督、纠正措施及其他质量相关问题。产品的频繁变化需要更多的控制和质量体系的相应变更。

7. 财务稳定性。质量经理应意识到他们的工作必须与企业整体预算相适应。

8. 人员可用性。由于缺乏特定的技能，诸如监督员等可能需要履行他们通常不会被分配到的职责。

组织结构图显示了正式组织的表面结构。然而，一些组织拒绝被传统的组织结构图所束缚，甚至在某种程度上成为员工开玩笑的对象。尽管存在很多不同的组织结构，但多数是以下三种基本类型的变体或组合：（1）直线型组织；（2）直线职能型组织；（3）矩阵型组织。

质量聚光灯

塞氏公司

塞氏公司（Semco S/A）位于巴西圣保罗，是一家非传统的工业设备（搅拌机、洗衣机、空调、烘焙设备）制造商。公司建立了一个由四个同心圆组成的名为“圆环”的组织结构图。它避免使用“层级”一词，设置的头衔为顾问（CEO 和相当于副总裁级别的人）、合伙人（业务部门领导）、协调人（监督人员和职能领导）、伙伴（所有其他人）。任何人如果愿意，可以想出一个在外部使用的、说明其工作领域或职责的头衔。作为所有者和 CEO，里卡多·塞姆勒（Ricardo Semler）解释道：

> 与这一哲学思想一致，当塞氏公司有人晋升时，我们就递给他一张空白名片并告诉这位新晋升人员：“想一个最能说明你的工作领域和职责的头衔，然后把它印上去。”如果这个人喜欢“采购经理”，可以。如果他喜欢优雅些的，也可以在名片上印上“负责皇室用品的第一法老”。喜欢什么都可以。但是在公司内部，只有这四种选择。（事实上，几乎所有人都选择只印自己的名字。）[14]

直线型组织是一种职能形式，有负责市场、财务和运营的部门。在传统组织中，质量部门（“质量控制”“质量保证”或其他相似的名称）通常与其他部门相区别。在全面质量管理型组织中，质量的角色在组织结构图中应当看不见，因为质量计划和保证应当是每一个运营经理和各层次员工责任的一部分。从理论上讲，这种组织形式可以在大型组织中存在，前提是每个员工都被灌输质量理念，并在日常工作的各个方面将质量放在最优先的位置。在实践中，这一特定结构通常并不成功，除非在小型企业采用。得克萨斯铭牌公司便是一个例子，该公司对全部约 50 名员工进行了质量管理与保证培训，取消了正式的质量控制职能。

直线职能型组织是大中型企业最普遍的一种结构类型。在这类组织中，直线部门实施组织的市场、财务和生产职能。辅助人员，包括质量经理和技术专家，通过提供专业的援助和建议来辅助直线经理开展工作。基本的直线职能型组织的变形包括地域或顾客组织。在这种传统的组织结构中，承担质量监护人角色的是质量经理和检验人员，而不是辅助直线经理和工人达到质量要求的技术专家。当组织中质量保证职能的地位太低，或者来自组织高层的压力迫使检验人员放松对质量的要求以便输出更多的产品时，这种质量监护人式的角色也会出现。导致这种问题的主要原因是责任过大而权力不足。

矩阵型组织主要在实施大型复杂项目时采用，如防御武器系统或大型建筑项目。从事这类业务的企业，对于设计一个既能对项目过程中诸多方面进行控制，又能有效利用人力资源的组织结构有着基本的需求。在矩阵型组织中，每个项目都有项目经理，每个部门为项目提供技术或行政经理等人员支持。因此，质量保证技术人员可能被分配到质量保证部从事技术和管理活动，但也会参与项目 A 的日常工作分配。技术人员向项目 A 的经理和质量保证部的“技术主管”汇报。项目 A 完成后，技术人员可能被分配到由一个新项目经理负责的项目 B。不过，他们还是需要向质量保证部的“技术主管”汇报。

这种适合项目工作的矩阵型组织有很多优点。它促进了复杂项目工作的协调，提升了人员使用的效率。它的主要缺点是要求向两个领导汇报的人有“分裂的忠诚”。在质量保证领域，这种分裂的忠诚尤其麻烦，甚至是危险的。例如，在核电厂项目中，项目经理迫于特定截止时间的压力，可能会设法影响质量保证人员，使其在项目检查阶段走捷径。质量经理可能远离现场，常常不如项目经理那样对检查人员有影响力。图 11－10 展示了一个以顾客为中心构建组织的例子。这一组织结构对诸如市场营销研究企业是合适的，它们可能与少量的大企业客户打交道。图 11－11 展示了另一个例子。在该例子中，管理委员会领导质量工作，每个月集中两次讨论和评审管理与质量问题。质量管理通过各种团队实施：核心业务过程团队、跨职能协作委员会、区域管理委员会、关键业务过程管理团队、波多里奇奖团队、质量改进团队等。区域管理委员会识别和应对关键的区域问题；跨职能协作委员会评审与战略计划和业务优先次序保持一致的关键建议。这种以团队为基础的组织结构将所有权和质量责任延伸到整个组织。“质量部”作为内部顾问团，向这些团队提供建议和培训，助推组织发展。

那种“统一标准”的质量组织是不合适的。组织必须量身定制以反映具体的差异，并提供变革的灵活性和能力。重要的是高层领导通过有效的沟通和树立榜样，在整个组织内推行质量和卓越绩效的理念，并确保战略计划在实现组织的使命和愿景时关注所有关键利益相关方。

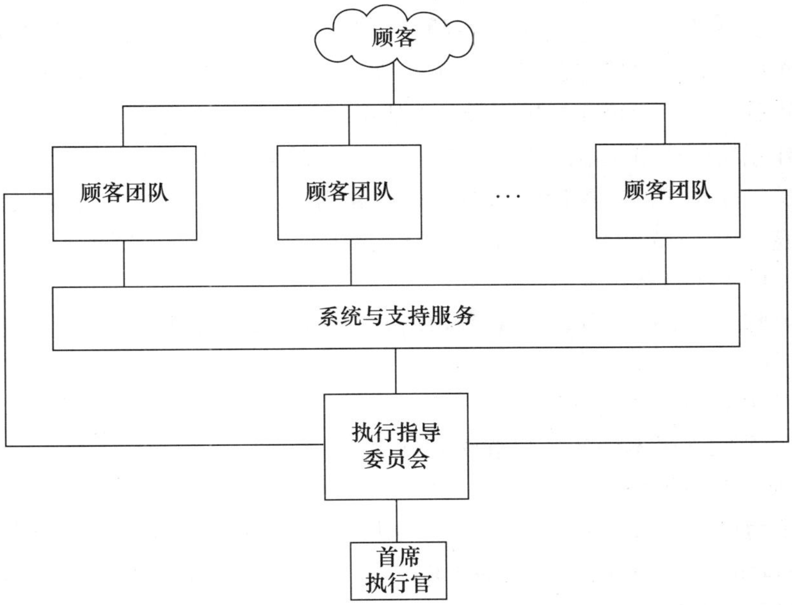

图 11-10　基于以顾客为中心的团队的组织结构图

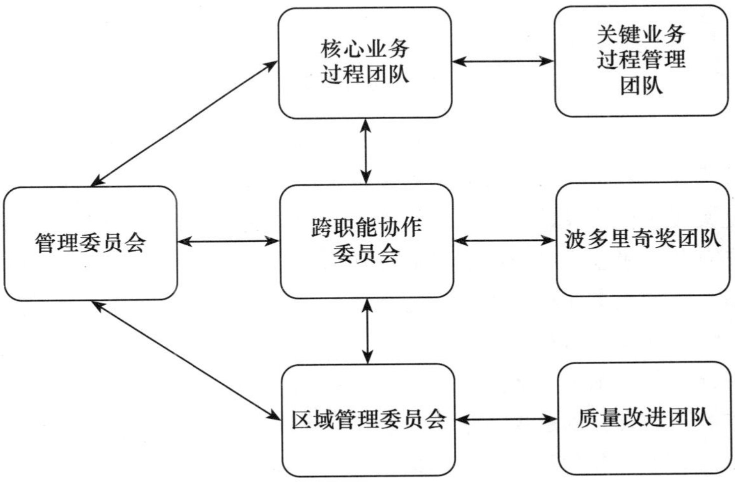

图 11-11　基于跨职能团队的组织结构图

资料来源：Based on information from GTE Directories Corporation (now Verizon Information Services).

11.4　核心竞争力与战略工作系统设计

工作系统（work systems）是指一个组织的工作是如何实现的。工作系统协调开发、生产并向顾客交付产品和服务以及取得市场成功所需的内部工作过程和外部资源。工作系统包括员工、关键供应商和合作伙伴、承包商、协作者，以及生产和交付产品与服务、业务和支持过程所需的供应链上的其他组成部分。例如，亨利·福特早期的工厂什么都做，从炼钢到最终装配；如今汽车厂商的特点是更加分散、复杂的供应商网络。例如，在一般的组织中，我们可以定义三个工作系统：一个生产产品或提供服务的系统，一个与顾客打交道的系统，一个支持生产和顾客服务的系统。

关于工作系统的决策是战略性的。这些决策包括保护知识产权、利用核心能力和降低风险。有关工作系统的决策影响组织的设计和结构、规模、地点、盈利能力和持续的成功。**核心竞争力**（core competencies）是指组织最擅长的领域，能在市场上或服务环境中提供可持续的竞争优势。

加里·哈默尔（Gary Hamel）和普拉哈拉德（C. K. Prahalad）认为，核心竞争力符合三个条件[15]：

1. 对顾客利益有重要贡献。
2. 有助于公司涉足不同产品和市场。
3. 竞争对手难以模仿。

核心竞争力可以包括技术专长、独特的服务、利基市场或独特的经营头脑（如业务收购）。核心竞争力的一些例子可能是质量和生产力实践（如丰田）、卓越的顾客关系管理（如诺德斯特龙公司）、设计创新和新产品开发（如苹果）、供应链管理（如戴尔）或营销/品牌专长（如宝洁）。组织需要了解其核心竞争力，以及它们如何支持组织的使命，以与竞争对手竞争，并帮助推进战略目标和行动计划。

质量聚光灯

仁惠医疗系统

仁惠医疗系统（Mercy Health System，MHS）的核心竞争力表述如下：

（1）与医生合作打造并维护有效的综合医疗服务提供系统；（2）利用“仆人领导哲学”和“卓越文化模型”促进员工和医生参与，为以患者为中心的护理提供了均衡的方法。整合的交付体系模型使得业务种类能够增长并多样化，支撑在持续的护理过程中有效协调优质医疗保健服务交付的能力，支持“提供促进最广泛意义上康复的卓越医疗保健服务”的使命。在组织的核心服务过程中，与医生合作以支撑对优质医疗服务和信息共享的协同关注。整合的交付模式支持在各科室、护理提供者和医疗机构间的协调转移，以确保有效、高效、以患者为中心的护理。通过采用“仆人领导哲学”，领导给合作伙伴提供卓越的服务，合作伙伴为顾客提供卓越的服务。运用这一哲学，领导就变成服务者，服务那些向患者提供价值的人。护理人员通过如下方式提供以患者为中心的护理：关注患者个人偏好、文化、传统和家庭情况，让患者及其亲人共同参与护理决策的制定以支持广义上的康复。这些核心竞争力驱动了行动计划的设计以支持仁惠医疗系统的愿景和战略目标。[16]

当代一些理论认为不构成组织核心竞争力的部分业务活动应当外包。**外包**（outsourcing）指将一个业务职能的运行转移给外部供应商。很多组织已经这样做了，例如将设计、制造或装配外包，将信息技术外包，将人力资源管理或顾客服务支持外包。很多外包是通过离岸外包的形式，即外包职能被转移到国外。与此相对的是**垂直整合**（vertical integration)，这种模式中特定的职能被收购合并在一个公司内。例如，公司可能会收购一个关键供应商以巩固其价值链。

由于外包对组织工作系统的有效性有重大影响，对它的处理必须是战略性的。将与影响产品整体绩效的技术高度相关的活动外包可能导致无法充分满足顾客需求，使得处理诸如汽车等复杂产品的系统整合问题更加困难。[17]

有关外包或垂直整合的决策应当对照所有可能影响组织绩效的因素进行检查。很多情况下，这一决策仅仅基于成本，而没有考虑对其他业务优先级的影响，如质量和顾客满意，或者与保护知识产权相关的风险。例如，玩具行业面临这样一个严重问题：在外包给外国制造的玩具中发现有毒化学物质。戴尔将一个顾客呼叫中心搬到印度以降低成本，但后来又迁回美国，因为顾客对获得的技术支持水平不满意。除了成本，外包对产品和服务质量的影响也应当予以评估。例如，人们可能会问：外包能否满足每个职能目标，包括维持内部服务质量？在多个职能方面广泛采用外包是否影响组织内部服务的整体水平？外包供应商能否满足服务、生产率和质量的要求？[18]

质量聚光灯

佛罗里达州珊瑚泉市

佛罗里达州珊瑚泉市基于两条原则决定由内部资源运行的过程：该过程是不是关键工作过程，外部资源能否在维持质量标准的同时以更低的成本运行该过程。关键工作过程对公众信任很重要，因此由内部资源来运行。城市需要直接管理这些过程以便对输出的质量进行日常监测，也需要具备适应变化的顾客需求和应对城市紧急情况所需的敏捷性。有时，对地方政府不重要的过程会受到 RFP（征求建议书）流程的约束，以确定市政工作人员是否能够比私营部门更好、成本更低地履行职能。车队维护、网球中心运营和水费单即是通过提案请求程序进行职能评估的例子。艺术中心的运营则利用外部资源，因为一个名为“专业设施管理”的公司可以利用规模经济（它运营佛罗里达州多处设施）确定更好的展览价格；美国废物管理公司为南佛罗里达州的好几个城市提供垃圾清理和回收利用服务；美国特许学校（Charter School USA）运用一个团队管理多处设施，并专门从事顾客驱动的教育。[19]

质量实践

信诺集团将六西格玛与战略策划相结合[20]

信诺集团（Cigna Corp.）的六西格玛卓越经营副总裁在组织结构图中只比 CEO 低两个级别，且直接向管理团队成员汇报。

信诺集团有五大战略要务：

1. 建立与竞争对手相比有意义的成本优势。
2. 帮助改善会员和投保人的健康与福利。
3. 将创新的产品和服务推向市场。
4. 成为客户合作伙伴的选择。
5. 在组织中建立一个取胜的环境。

六西格玛被视为有效执行战略计划的一种方式，通过强化质量、降低成本和使公司成为强有力的竞争者来实现这一目的。管理人员和经理学习了六西格玛、精益工具、持续改进以及六西格玛设计的基础知识（我们在第7章和第9章介绍过）。

随着六西格玛在信诺集团的成熟，战略策划变得日益重要。当六西格玛引入信诺时，领导层就明确该方法将是全局性的，不仅聚焦于生产率提升，还要重视行为的改变和对顾客的关注。图11-12展示了六西格玛在信诺集团如何支撑战略聚焦的理念。其中一个项目涉及信诺集团的一个大客户，该客户对索赔中的差错以及索赔所花的时间不满意，派出自己的六西格玛专家与信诺的员工一起合作。最后该项目从及时性和质量两个方面都超出了客户的期望。该客户很满意并给了信诺额外的业务。

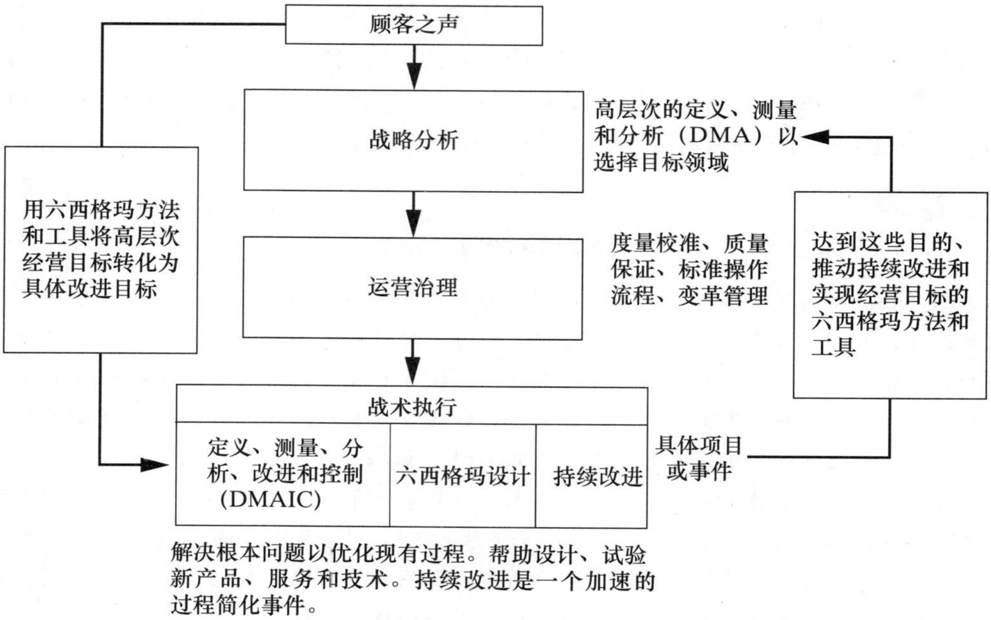

图11-12 信诺集团的整体六西格玛模型

资料来源：Reprinted with permission from Susan E. Daniels, "Six Sigma at Cigna," *Quality Progress*, May 2007, 43-48. Copyright © 2007 American Society for Quality. No further distribution allowed without permission.

信诺会考虑"一成不变"情形下的成本，能有多大改进，并给出1美元投入可能带来的改变。0.1%的改进可以节省数百万美元。虽然最初的注意力放在能够产生快速、显著结果的工作方面，但如今六西格玛在信诺已经成熟，更加关注对组织最具战略重要性的目标。美国医疗保健行业面临巨大的护理成本和护理质量的挑战，这使得信诺的管理人员思考是否可以将他们的改进方法推广到整个行业，以应对美国医疗保健市场的一些关键挑战，包括：

- 从以成本为基础的医疗模式转向以价值为基础的医疗模式；
- 医疗成本上涨；
- 人口结构变化需要更多的护理服务；
- 护理质量不一致；

- 越来越多的美国人因为缺少健康保险而使用急诊室进行初级护理；
- 更高的质量透明度使得客户的期望不断提高。

医疗保健行业的一位人士评论道：“六西格玛是关于质量、持续改进和持续卓越的，这些方面对于每个提供医疗保健服务的组织的使命而言，都应该是最基本的。”

- **关键问题讨论**

1. 信诺集团如何运用六西格玛来帮助解决其五大战略要务？其方法是否与本章关于六西格玛和竞争战略的讨论一致？

2. 你能想出具体的六西格玛项目类型来支持信诺的战略要务吗？

质量实践

布兰奇-史密斯印刷分厂的战略策划[21]

布兰奇-史密斯集团由亚伦·史密斯于 1910 年创立，是一个家族企业，已传承了四代。以下将讨论 2002 年获得波多里奇奖时公司战略策划过程的特点。虽然公司已发生了很大的变化，但本案例是一个全面的案例研究，说明了卓越绩效是如何融入战略策划过程的。这在过去是正确的做法，但可能不反映当前的做法。

位于得克萨斯州沃斯堡的布兰奇-史密斯印刷分厂仅有 70 名全职员工，专门创作多页装订材料，为特定顾客提供从设计到邮寄的服务。产品包括刊物、目录、人名地址录和图书，以及一些普通商业印刷，尤其是数量少于 20 000 件的业务。企业为顾客提供全套服务，包括设计、图像扫描、电子和传统印前处理、印刷、装订和邮寄/交付。

印刷分厂的经营思路已经表述在愿景中：“通过专业团队向顾客伙伴提供一揽子解决方案，实现市场领先的经营结果。”这一愿景体现了通过均衡的绩效改进以追求强劲、可持续的成果。它为长期顾客创造成功，并奖励那些能带来机会解决方案的员工。公司的使命描述如下：“为出版商提供专业的解决方案。”这一目的指引着印刷分厂以自己的方式满足顾客需求。出版商与布兰奇-史密斯印刷分厂合作是因为其聚焦于满足出版商的小众印刷需求，并提供垂直整合的增值服务，这些服务能够降低成本、缩短周期并准时交付。解决方案的重要构成因素就是顾客易于获得，以及及时准确的信息。这在企业的质量方针中也有表述：“布兰奇-史密斯印刷分厂将通过实施不断创新的卓越过程，来追求使所有利益相关方实现持续改进的结果。”

印刷业竞争激烈，许多公司在其中争夺市场份额。布兰奇-史密斯印刷分厂能够从竞争中脱颖而出是基于其识别并服务特定小众市场的方法，聚焦于发展长期关系、与供应商合作、加入行业标准制定协会。为确保竞争地位，该企业选择了一个其他印刷厂无法服务好的一个小众市场。很多竞争对手受其设备限制，专注于吸引大批量业务。对于业务短板它们要价太高，从而使布兰奇-史密斯印刷分厂在这一市场上占有竞争优势。相对于流行的卷筒印刷，企业通过采用单张纸印刷机，使其技术直接、有效地服务这一小众市场。这项技术使企业可以快速地从一种印刷类型转向另一种印刷类型，并通过过程自动化降低了成本。

尽管布兰奇-史密斯是一个小型家族企业，但它每年都实施正式的计划过程，并在管理评审中每个月进行更新。该过程围绕持续的学习循环建立，该循环始于根据以往的经验教训确定并实施改进措施。战略策划过程是该企业用来可视化理想中的未来、制定战略和计划、将改进机会纳入优先行动计划的关键工具。战略策划每年都在进行，并在管理评审中每月进行更新和跟踪。全年实时更新，使企业可以校准方向，主动应对风险和机遇。

图 11－13 反映了整个战略策划、部署和评审过程。战略策划前一个月，任务会分配给印刷领导小组成员以研究战略决策制定所需的信息。任务清单包括 28 个具体领域，以便了解组织和供应商/合作伙伴的能力、市场环境、利益相关方输入和要求、竞争信息、行业问题和风险。布兰奇-史密斯印刷分厂通过顾客调查、收入损失以及投诉等收集信息，以识别顾客需求及其重要性、印刷行业的趋势和方向、来自行业协会网络的市场需求。专业协会能够提供行业知识以及有关顾客需求和竞争对手行动的标杆对比，包括新出现的工具以及竞争对手。行业杂志以及与关键供应商的讨论提供了有关顾客需求、对手发展方向和供应商能力的额外输入。通过参与行业协会和外部对标社团，以及经由报纸杂志对经营环境的了解，企业识别出技术趋势和发展以及其他变化。

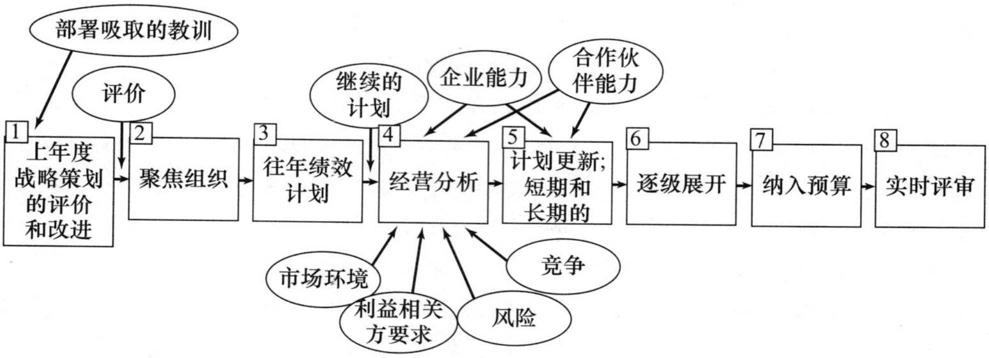

图 11－13 布兰奇-史密斯印刷分厂的战略策划过程

资料来源：Branch-Smith Printing，Strategic Planning Process. Courtesy of David Branch，President.

战略策划时，有关人力资源和能力的一个重要信息来源是年度员工调查。人力资源和运营能力通过绩效和生产率综合测量加以识别，并通过来自计划的 ISO 审核反馈加以强化，这些审核可以识别出需要改进的过程。有关过程效率和能力的主要输入来自过程中生产率的测量、投诉造成的收入损失以及其他测量，包括损耗成本、频次和原因。这些测量通过电子车间的数据收集系统进行日常记录。与关键供应商的战略合作有助于收集可用的原材料和供应商增长计划的相关信息，以帮助确定其满足分厂不断变化的需求的能力。最后，部分年度运营评审包括对供应商当前财务状况以及盈利能力与利用趋势的了解，并与外部经济形势进行对比以识别潜在风险领域和长短期机遇。

每年秋季，印刷领导小组通过现场和非现场的一系列会议，进行正式的规划活动。在图 11－13 中，步骤 1 确保吸取的教训和改进循环能融入战略策划。印刷领导小组分析总体策划和部署过程的有效性以确定并实施改进。领导体系的有效性也要进行评审，并确定下一年的改进领域。这些改进形成文件，作为战略策划的潜在行动。在步骤 2 中，企业对其愿景、使命和价值观进行评审以确保它们仍然反映当前的环境。接着，管理层评审并更新目标，旨在将企业接下来 3～5 年要实施的目标与员工和所有利益相关方沟通。

步骤 3 中，企业实施运营评审，分析组织上年度关键绩效指标的测量结果。然后对来自波多里奇自我评价的信息或外部评审反馈的信息进行评审，并将其融入策划过程。此分析有助于了解步骤 5 中 SWOT（优势、劣势、机会和威胁）分析的关键优势和劣势。步骤 4 中包括经营分析，以评价外部环境、预测变化趋势和获得市场需求。印刷领导小组成员提出定义的输入，包括各种文献和研究，以扫描环境，识别产品和服务、竞争优势、营销和技术方法方面的新机遇。通过对这些信息的评审，印刷领导小组为每个环境因素列出潜在机遇与威胁清单。在步骤 5 中，基于步骤 1、3 和 4 中识别的问题进行 SWOT 分析。SWOT 中的要素用于对重点关注领域进行识别和排定优先次序。

基于 SWOT 分析，印刷领导小组制定了长短期战略和行动，以推动组织朝着愿景和目标前进。他们将实施中的上年度计划加入行动计划，以便它们处于优先位置，为目的和战略设定适当的措施和目标，为行动计划排定优先次序。行动计划被分配给印刷领导小组成员以制定（或更新）步骤、时间表、资源、成本和衡量成功的标准。这些计划接着录入质量改进数据库（QID）以便进行审查和跟踪。最后会召开协调会议，对计划进行整体评审，对计划的时间安排以及所需的财务和人力资源进行必要的调整，根据资源限制对计划进行平衡。在步骤 6 中，企业编制文档、确立方法，以支持计划的部署。

战略策划的结果首先通过部署会议与员工沟通。领导及其部门团队或其他合适的人员在接下来的一段时间里对计划进行讨论。团队和个人为所在部门更新目标和使命陈述以支持部门计划，从而协调整个组织的行动、测量和目标。与其他利益相关方进行各种形式的沟通，详细说明计划和战略，以满足情报收集和规划需要。例如，举办供应商答谢午宴，提供更直接的机会向关键供应商合作伙伴陈述计划，获得有关计划和需求的反馈。在步骤 7 中，完成行动计划的财务资源需求被合理化为长短期的预算。接着，在步骤 8 中，通过每月对计划和关键测量指标的总体进展情况进行管理评审来对行动计划进行持续跟踪。根据需要，全年对战略策划进行更新，提出新的或变更的行动计划以反映环境的变化。

- **关键问题讨论**

1. 将布兰奇-史密斯印刷分厂的方法与本章描述的通用战略策划过程进行对比，它有哪些独特的特征？

2. 布兰奇-史密斯印刷分厂当前的目标是：（1）通过聚焦过程改进、与供应商建立伙伴关系和强劲的财务绩效来持续改进经营结果。（2）通过目标市场策划、顾客需求的卓越执行和关系发展，成为顾客选择的合作伙伴。为了成为被选择的合作伙伴，我们的价值必须持续改进。（3）通过关爱、参与文化，持续改进培训体系，提供成长机会和行业领先的薪酬、福利、奖励、认可体系，使企业成为员工选择的雇主。我们将相同的质量环境延伸到员工身上，就像我们向顾客延伸一样。这些目标是如何应对案例中提到的战略挑战的？企业可能展开哪些类型的行动以实现这些目标？

资料来源：Branch-Smith Printing，Strategic Planning Process. Courtesy of David Branch，President. This excerpt is reprinted with the understanding that the material herein included is historically accurate but is not in practice today.

复习题

1. 战略是什么？好的战略能为组织提供什么？
2. 为什么战略策划对所有组织都很重要？
3. 概述战略聚焦卓越绩效的三要实践活动。
4. 说明典型战略策划过程的要素。
5. 定义使命、愿景和指导原则。它们各自的作用是什么？
6. 在进行环境评价时需要审视哪些因素？
7. 波多里奇组织概述的作用是什么？概括其中包含的信息。为什么了解这些信息很重要？
8. 什么是战略挑战？为什么在战略策划时了解战略挑战很重要？
9. 说明战略、战略目标和行动计划之间的差异。
10. 什么是战略部署？它如何与战略制定相区分？
11. 说明方针管理的内容，提供一个对该过程的简要描述。
12. “接球”在策略部署中如何发挥重要作用？
13. 在战略策划中关注人力资源计划为什么很重要？
14. 列出并说明七大管理与计划工具。
15. 描述影响组织结构的关键背景因素。它们对质量有什么意义？
16. 描述基本的组织结构类型。它们各自的优势和劣势是什么？
17. 如今在以全面质量管理为基础的组织中，常见的组织结构类型是什么？
18. 什么是核心竞争力？为什么了解核心竞争力很重要？
19. 解释工作系统设计的战略作用。如何从战略的角度制定外包和垂直整合决策？

案　例

摩根公司

摩根公司（Morgan）的高层管理人员制定了一份新的鼓舞人心的使命陈述，这份陈述为公司规划了雄心勃勃的战略目标。管理层不断强调新战略，并询问员工需要做些什么来实现新目标。尽管有员工不愿意接受新的战略方向，但大多数员工都很乐意参与并支持新战略。员工开始提出建议，以改进组织和确定必要的变革。员工的许多想法都指出组织的文化方面应有重大变革。然而，员工被告知管理层并不想做任何激进的改变，能改变的只有一两个项目，仅以非常小的程度改变。这令员工觉得自己的想法其实并不重要，感到失望和不满。在为期 24 个月的“转型”过程的最后 18 个月里，每月至少有两人离职。最优秀的员工离开是因为他们不仅没有发言权，而且也没有能力改变一个支离破碎的组织。

◆ **讨论题**

1. 管理层在战略策划上为何失败？
2. 本章讨论的哪些原则和想法可能对这个组织成功实现新战略有帮助？

战略瓶颈[22]

一家为包括调味品生产商、啤酒厂、葡萄酒厂等在内的顾客生产玻璃容器的国际企业，面对塑料容器需求量的日益增长，以及一直以来由于高报废率和高返工率而导致的高生产成本，决定将改进工作的重点放在成本和顾客绩效方面。然而，玻璃容器制造过程的独特性和企业测量、激励员工绩效的方式使得这些改进很难实现。

玻璃容器生产企业传统上围绕两个基本职能进行组织：成型和挑选。在成型部门，原材料在熔炉中熔化，之后玻璃由很多快速转动、噪声大、危险的机器进行切割和成型，每分钟产出数千个玻璃容器。负责这一工序的员工主要是年龄较长的男性。在挑选部门，工作环境相对安静和卫生，大部分员工是女性，工作重点是发现和移除不符合高度、重量、尺寸、中心和厚度标准的容器。

在成型部门，主要的绩效测量指标是包装熔化比例，计算方法是用装运的全部容器重量除以全部原材料重量。个人和团队的绩效目标通常和这一测量指标联系在一起。重点在于生产量和打包并装运给顾客的容器达到最高百分比。在挑选部门，顾客满意是工作绩效的关键衡量指标，薪酬基于顾客接受了多少产品。可以想象，这两个部门之间的关系非常紧张。

为了实现降低成本和增进顾客满意的战略目标，企业应该如何做来协调成型部门和挑选部门的目标？

Consolidated 五金厂[23]

Consolidated 五金厂成立于 20 世纪 40 年代中期，拥有厂房 3 000 平方英尺，员工 9 名，是一家生产定制加工零件的小型家族企业。20 世纪 60 年代，随着业务增长，该企业扩充了设施和能力以发展铸造模具，最终搬进了占地 40 000 平方英尺的厂房。

然而，随着技术的进步，像 Consolidated 五金厂这样的小型家族企业面临残酷的竞争。为了生存，企业意识到必须更多地听取顾客的意见。通过调查和焦点小组访谈，企业发现顾客对产品质量不满意。1985 年，Consolidated 五金厂通过聘请质量保证经理来对质量做出承诺。受戴明理念的驱动，企业建立了各种质量方法并最终在 1998 年获得了 ISO 9000 认证。Consolidated 五金厂在产品质量方面有了一些实质性的进展，特别是在减少报废和降低拒收比例方面。保罗（Paul）与工厂里直接负责产品的工人密切合作，询问他们需要哪些支持来完成工作，并确保管理层承诺提供必要的资源。例如，Consolidated 五金厂采用以计算机为基础的统计过程控制技术，员工能够监控过程并根据需要进行调整。这一项目的成功使得企业将控制系统的其他很多方面授权给员工。

虽然经营保持稳定，但在听取了一些波多里奇奖获奖者的发言后，企业的创始人意识到还有很多工作可以做。2005 年，企业聘请了一位卓越绩效高管，这位高管看到了改变企业文化的机会，并引入了他在上一家企业中了解到的波多里奇准则，那家企业是一个制造企业，实施波多里奇准则已经好几年了。他做的第一件事就是评审 Consolidated 五金厂当前的使命陈述，这一陈述自 1985 年以来基本不曾改变：

> 我们的使命是提高投资回报。我们可以通过改变态度、营造质量和团队合作氛围加以实现。这将改善我们产品的质量，提高生产力（这将允许我们进行价格竞争），提高我们的服务和顾客响应水平。有好几个因素使得进行积极的改变势在必行。
>
> 质量和服务竞争水平的标准越来越高。“全球市场”的出现带来了新的挑战。我们处于一个低增长、成熟的市场。为了提高投资回报，我们必须制定战略，改进企业各个领域的质量和响应能力。我们要让所有员工意识到产品和服务质量的重要性，进而向更优惠的价格靠拢。我们要改变整个企业的思维方式，促进员工参与、鼓励团队协作，建立更具灵活性的员工队伍和适应性更强的组织。我们要将自豪感灌输到工作场所和产品中。
>
> 我们相信通过研究戴明并坚持他的理念，我们能够很好地实现期望的未来状态。

卓越绩效高管感觉这一使命陈述没有提供清晰的方向，特别是在 21 世纪。因此，他为高层管理人员设立了一个计划来制定新的战略愿景。

◆ **讨论题**

1. 评论企业当前的使命陈述。它能否为企业成功提供必要的战略方向？
2. 使命陈述如何改进？提出更好的使命、愿景和价值观/ 指导原则的陈述。

Arroyo Fresco——评价战略重点

在网站 www. cengage. com/decisionsciences/evans/qualily/lle 上有一个名为 “Baldrige Excellence Builder” 的文档，它是波多里奇准则的简版。它还包含一个虚构组织 Arroyo Fresco 的案例研究。该案例研究用于在奖项评审过程中培训国家评审员（每年为评审员培训准备新的案例研究）。

在典型的波多里奇评审中，评审员基于申请者对波多里奇准则问题的回答来确定其优势和改进机会。阅读该组织对准则类目 2——战略——的回答，找出你认为它在这一领域最重要的优势和改进机会。为此，请仔细对照它对准则问题的回答。

注　释

1. Matthew Boyle, "Best Buy's Giant Gamble," *Fortune*, April 3, 2006, 69–75.
2. James Brian Quinn, *Strategies for Change: Logical Incrementalism* (Homewood, IL: Richard D. Irwin, 1980).
3. Cargill Corn Milling 2009 Baldrige Application Summary. http://www.nist.gov/baldrige.
4. Henry Mintzberg, "The Fall and Rise of Strategic Planning," *Harvard Business Review*, January–February 1994, 107–114.
5. Michael E. Porter, "The Five Competitive Forces That Shape Strategy," *Harvard Business Review*, January 2008.
6. 2007 North Mississippi Medical Center Malcolm Baldrige Application Summary.
7. Victor Cvascella, "Effective Strategic Planning," *Quality Progress*, November 2002, 62–67.
8. Bob King, *Hoshin Planning: The Developmental Approach* (Methuen, MA: GOAL/QPC, 1989).
9. M. Imai, *Kaizen: The Key to Japan's Competitive Success* (New York: McGraw-Hill, 1986), 144–145.
10. Adapted from Kersi F. Munshi, "Policy Deployment: A Key to Long-Term TQM Success," *ASQC Quality Congress Transactions* (Boston, 1993), 236–244.
11. The Ernst & Young Quality Improvement Consulting Group, *Total Quality: An Executive's Guide for the 1990s* (Homewood, IL: Dow Jones–Irwin, 1990).
12. Noel Tichy and Nancy Cardwell, *The Cycle of Leadership* (New York: HarperCollins, 2002), 185; and James M. Lucas. "The Essential Six Sigma," *Quality Progress*, January 2002, 28.
13. Kermit F. Wasmuth, "Organization and Planning," in Loren Walsh, Ralph Wurster, and Raymond J. Kimber (eds.), *Quality Management Handbook* (Wheaton, IL: Hitchcock Publishing Company, 1986), 9–34.
14. Ricardo Simler, *Maverick* (New York: Warner Books, 1993), 196.
15. Gary Hamel and C. K. Prahalad, "The Core Competence of the Corporation," *Harvard Business Review* 68, no. 3 (May–June 1990), 79–93.
16. Adapted from Mercy Health System Malcolm Baldrige 2007 National Quality Program Application.
17. Francesco Zirpoli and Markus C. Becker, "What Happens When You Outsource Too Much?" *MIT Sloan Management Review*, Winter 2011, 59–64.
18. Jerry H. Seibert and William A. Schiemann, "Reversing Course? Survey Sheds Light on Pitfalls of Outsourcing," *Quality Progress*, July 2011, 36–43.
19. Adapted from Malcolm Baldridge Award application, printed courtesy of Liz Kolodney, Director of Communications and Marketing, City of Coral Springs, Florida.
20. From Susan E. Daniels, "Six Sigma at Cigna," *Quality Progress*, May 2007, 43–48. Copyright © 2007 American Society for Quality.
21. Branch-Smith Printing, Application Summary, 2002. Courtesy of David Branch, President.
22. Adapted from Victor Cascella, "Effective Strategic Planning," *Quality Progress*, November 2002, 62–67. Copyright © 2002 American Society for Quality.
23. This fictitious case stems from ideas suggested by our former students John P. Rosiello and David Seilkop.

第12章 卓越绩效测量和知识管理

20世纪90年代初，波音公司的装配线效率极其低下。自第二次世界大战以来，轰炸机装配一直使用手动计数系统来跟踪每架飞机的400万个零部件和170英里长的线缆，更换波音737起落架上的一个零件就意味着有464页的图纸需要重新编号。工厂的地面上堆满了价值数百万美元的备品备件。为了从竞争对手空中客车那里抢占市场份额，公司大幅降价，忙于应付激增的订单。生产效率翻倍的尝试加上全新生产控制系统的实施，导致波音在1997年10月被迫关闭737和747生产线27天，造成1.78亿美元的亏损和高管层震荡。这在很大程度上归咎于波音的财务惯例和实时数据的缺乏。在新任CFO和财务团队的努力下，波音采用带颜色编码的电子表格建立了诸如原材料成本、库存周转率、超额工时、缺陷率等关键指标的“控制面板”。公司第一次通过生成一系列条形图，显示系统中的哪些部分在创造价值，哪些部分在破坏价值。结果令人大开眼界：这不仅有助于改进运营，还有助于制订增长计划。正如一位经理指出：“数据将使你自由。”[1]

在第8章中，我们介绍了测量在质量控制中的重要性。然而，测量不仅对于产品质量十分重要，对于组织各个方面的管理也至关重要。我们在第10章中介绍的波多里奇框架将测量和知识管理作为卓越绩效的基础，测量和指标所提供的经营绩效计分卡可用于组织的所有层级。本章重点介绍测量和知识管理系统的设计与使用，以指引组织实现高绩效并达成战略目标。表12-1总结了关键的测量和知识管理实践。“质量档案”专栏介绍了两个利用这些实践取得竞争优势的组织。

表12-1　实现卓越绩效的关键测量和知识管理实践

- 选择、收集、校准、整合数据和信息以跟踪日常运营和组织整体绩效，包括与战略目标和行动计划相关的进展，并运用数据和信息支持组织决策制定和创新。
- 选择并确保对比数据和信息的有效应用。
- 运用有效的分析方法评估组织绩效和能力，以评价组织的成功、竞争绩效以及与战略目标和行动计划相关的进展，并据此来评价组织的能力，以快速响应不断变化的组织需求和挑战。
- 运用组织评估结果在组织中分享教训和最佳实践，预测未来绩效，并确定持续改进和创新的优先项。
- 确保数据和信息的准确性、可靠性、及时性、安全性和保密性。
- 使员工、供应商、合作伙伴、合作者及顾客可及时获得所需的数据和信息。
- 管理组织知识以实现员工知识的收集和传递，与顾客和其他相关方之间的知识传递；快速识别、分享和应用最佳实践；收集和传递用于战略策划的相关知识。
- 保证软硬件的可靠性、安全性、用户友好性，保证信息系统在突发事件发生时数据和信息的持续可用性。

质量档案 康科迪亚出版社和 CAMCHS 医院

康科迪亚出版社（Concordia Publishing House，CPH）是密苏里州路德教会（LC-MS）位于圣路易斯市的出版机构，以各种形式和语言提供 8 000 多种产品。康科迪亚出版社拥有 247 名员工，实现收入 3 500 万美元。康科迪亚出版社使用顾客之声（VOC）程序收集来自顾客的赞美、产品创意和投诉信息。核心产品团队分析顾客数据，确定产品/服务产品的优先级，并设计产品以满足顾客需求并超出他们的期望。康科迪亚出版社使用技术来支持建立顾客关系、提供优质服务并促进产品开发。康科迪亚出版社借助顾客维系中心，通过收集和分析竞争对手顾客的数据，以 50 多种不同的方式对销售和顾客趋势进行分类，来识别某些产品销售与顾客类型之间的关系，从而应对忠诚度的市场变化。新产品团队探索使用最先进的技术来交付创新产品，例如电子书、iPhone/iPad 版本、教堂管理软件以及可定制的基于 Web 的课程创建工具。康科迪亚出版社通过多种举措鼓励工作流程的改善，包括培训员工担任波多里奇奖评审员和（或）部门内部质量持续改进（CQI）代表。康科迪亚出版社的总体顾客满意度得分达到 98%以上，超过了美国普渡大学年度美国呼叫中心标杆研究设定的水平。

查尔斯顿地区医疗中心卫生系统（Charleston Area Medical Center Health System，CAMCHS）位于美国西弗吉尼亚州的查尔斯顿市，在该地区经营着四家医院以及其他几个医疗中心和诊所。CAMCHS 医院采用 DMAIC（定义、测量、分析、改进和控制）、精益方法和“顾客之声”数据分析等过程改进方法。供应链管理采用服务线分析，每年带来 30 万美元的节约。此外，还使用精益方法消除了静脉注射药房药品的批生产浪费，每年节省 13.4 万美元。尽管面临有限的员工队伍和难以从州外招聘人员的挑战，但医院通过打造自主培养的环境来维持优秀的员工队伍，通过选拔和培训合格的内部候选人来填补关键的职位空缺。

CAMCHS 医院每年对其关键绩效指标进行评审，使其与组织愿景保持一致，并对指标进行修订以实现战略长短期目标。医院运用明智风险准则对行动计划进行了最新调整，包括建立输液解决方案和放射肿瘤学项目、将 Teays Valley 医院整合进 CAMCHS 以及更换信息技术系统。医院还利用学习文化和持续的绩效评估过程确定行动计划的进展是否到位，如不到位将会对计划和预算进行适度微调——由高层领导与相关经理进行监督——以识别需要采取的纠正和改进措施。

在过去的两年中，CAMCHS 在 Healthgrades 优质住院服务排名（一项对医生、医院和医疗服务提供者进行绩效评级的全国性活动）中居前 5%，并获杰出医院奖。CAMCHS 医院在门诊满意度的各个方面均排在全国前 10%，包括等待时间、沟通、员工礼貌和尊重、医生诊断时长以及为患者提供的自我照护信息。作为西弗吉尼亚州最大的免费医疗服务提供者，CAMCHS 医院的实践超出了当地和国家的标杆水平，这反映了其“每一天为每一位患者提供最佳医疗服务”的使命。

资料来源：Malcolm Baldrige National Quality Award，Profiles of Winners，National Institute of Standards and Technology，Department of Commerce.

12.1 绩效测量的价值和范围

使用客观数据来支持战略策划和日常运营决策具有重要价值，基于事实的管理也是波多里奇准则的重要核心价值，组织需要多种类型的数据和信息来有效进行绩效管理。数据和信息可能以多种形式出现，例如数字的、图形的或定性的，并且可能有许多来源，包括内部流程、调查和社交媒体。奥斯本（Osborne）和盖布勒（Gaebler）提出三个深刻见解：

1. 如果你不测量结果，就很难区分成功与失败。

2. 如果你不能发现成功，就不能予以奖励——如果你不能奖励成功，就会鼓励失败。

3. 如果你不能认识失败，就无法纠正它。[2]

尽管美国有超过一半的劳动力参与数据和（或）信息的生成、处理或传播，但许多组织在系统地收集适当数据、提供给合适的人、进行正确的分析方面做得并不好。组织出于各种原因忽略测量：或者不知道测量什么，或者不想花时间或精力去做，或者看不到测量的价值，又或者害怕发现问题。

基于三个原因组织需要好的测量指标[3]：

1. 引领整个组织朝着特定方向前进，也就是驱动战略和组织变革。

2. 通过评估行动计划的有效性来管理沿着既定方向前进所需的资源。

3. 掌握使组织运转并持续改进的过程。

各业务职能提供一致、准确和及时的数据，可为评估、控制和改进流程、产品与服务提供实时信息，满足业务目标和快速变化的顾客需求。测量应源自业务需求和战略，并且应提供有关关键过程、输出、效果、结果以及竞争对手和行业绩效的重要数据和信息。有效的信息系统可在正确的时间向正确的人提供正确的信息。这样一来，生产者可以得到产品设计和销售的输入，设计者可以及时获悉关于制造和决策的财务影响的反馈，每个人都能分享用于解决问题的信息，正确拥有信息者可以做出更及时的决策并采取行动更好地服务顾客。

尽管戴明相信数据是解决问题的基础，但他也极力批评过分强调测量。他经常说，最重要的数字——如忠诚顾客的价值——是未知且不可知的。然而，随着我们对测量的理解以及支持测量的技术方法的改进，许多曾经被认为无法测量的“无形资产”可以进行经济的测量。[4]实施测量管理的组织在财务方面更有可能位居行业前三，可以更成功地完成组织变革，高管之间能够达成清晰的战略共识，管理职能间具有良好的协同和团队合作，员工自我管理且更愿意承担风险。[5]

12.1.1 平衡计分卡

罗伯特·卡普兰（Robert Kaplan）和大卫·诺顿（David Norton）假设了如下场景[6]：

假设你走进一架新式喷气飞机的驾驶舱，在那里只看到一台仪器，那么在跟飞行员进行如下交谈后，你对搭乘这架飞机有何感想？

问：我很惊讶你只用一台仪器来驾驶飞机，这台仪器是测量什么的？

答：空速。我真的要控制好这次航行的空速。

问：很好。空速看起来确实很重要。但是高度呢？测高仪难道没有用吗？

答：我最近几次飞行都是负责高度的，这方面我已经做得相当好了，现在我必须专注于适当的空速。

问：可是我注意到你连油量表都没有，难道它没有用吗？

答：你说得没错，油量表很重要，但我不能同时关注好几件事，所以这次飞行我只关注空速，等我把空速控制得和高度一样好时，我就会在后续的航行中专注燃油消耗。

显然，你会对搭乘这架航班感到不安。但是，这件事类比到商业中并不牵强，许多组织在管理中仍然只盯着财务指标，如投资回报率、每股收益、直接人工效率和设备利用率。[7]遗憾的是，这些指标大多强调数量而不是质量。[8]它们奖励错误的行为，缺乏预测能力，无法及时抓住关键的业务变革机会，反映的是职能而不是跨职能流程，而且没有充分考虑智力资本等难以量化的资源。[9]举例来说，财务指标反映了过去的决策，并不关注创造价值和预测财务成功的因素。对诸如直接人工效率之类的测量会导致不必要的库存，并导致对直接人工的过度控制，影响员工承担过程控制的责任和对过程改进的关注。对设备利用率的强调会鼓励采用更少的、大型化的通用型设备，这会导致更复杂的物料流、不断增加的库存和生产时间。为了达到卓越绩效水平，需要一套与组织战略相契合的宽泛的绩效指标，这就是所谓的**平衡计分卡**（balanced scorecard）。平衡计分卡的目的是“将战略转化为专门沟通组织愿景的指标”。

平衡计分卡包含四个层面：

- 财务层面：测量业务提供给股东的最终结果，包括利润、收入增长、投资回报率、经济增加值（EVA）和股东价值；
- 内部层面：聚焦推动业务发展的关键内部流程绩效，包括质量水平、生产率、周期时间和成本等指标；
- 顾客层面：专注于顾客需求和满意度以及市场份额，包括服务水平、满意度和重复购买；
- 创新与学习层面：将注意力转移到未来成功的基础——组织的人员和基础架构，关键指标可能包括智力资本、员工满意度、市场创新和技术开发。

（亚德诺半导体技术有限公司（Analog Devices）的阿特·施奈德曼（Art Schneiderman）于 1987 年首次提出平衡计分卡的概念。亚德诺半导体技术有限公司制定并公开发布了一系列非财务绩效目标，作为其五年战略计划的一部分。一页包含这些绩效目标与关键财务目标的摘要最初被称为“季度绩效审计”，但很快改称为“计分卡”。哈佛商学院的罗伯特·卡普兰和大卫·诺顿研究了亚德诺半导体技术有限公司，并在发表于《哈佛商业评论》的文章和一些书籍中推广了平衡计分卡的概念。可访问施奈德曼的网站 http：//www. schneiderman. com，获取关于平衡计分卡的历史、设计和使用以及绩效测量其他方面的有趣论文。）

组织需要知道现在正在发生什么以及将来可能发生什么。一个好的平衡计分卡同时包含先行和滞后的指标和信号。**滞后指标**（lagging measures）（结果）说明发生了什么；**先行指标**（leading measures）（绩效驱动因素）预测将会发生什么。例如，有关最近交易的顾客调查结果可能是顾客保留率（滞后指标）的先行指标，员工满意度可能是营业额的先行指标，等等。例如，Pearl River 学区使用了改进的平衡计分卡，其中包括相对于战略目标的先行指标和滞后指标（见表 12－2）。滞后指标代表了长期结果，先行指标则是滞后指标的短期或可预测指标。例如，相关方满意度是该学区在年度预算投票中预期可获得的支持水平的关键因素，四年级和八年级纽约州考试成绩旨在预测学生在州毕业会考中的通过率。

表 12－2　Pearl River 学区的平衡计分卡

战略目标	滞后指标（长期）	先行指标（前瞻）
	教学绩效	
教学成果	州会考毕业证取得率	四年级和八年级纽约州考试成绩 CTPⅢ阅读和数学成绩
大学升学率	美国大学预修课程参加率 美国大学预修课程成绩	特殊教育机会 州会考通过率 SAT Ⅰ&Ⅱ参加率 运动员奖学金项目
	感知	
家长/社区满意度	维持 2：1 的预算赞成票 市场份额	相关方满意度调查 成年教育注册人数 学生满意度调查 潜在置业者需求 新居民调查
	财务稳健性	
经济有效的财务管理	平均每个学生的支出	非教学领域的成本降低

资料来源：Pearl River School District.

先行指标和滞后指标可以帮助建立不同类别指标之间的因果关系。图 12－1 显示了 IBM 罗切斯特公司（IBM Rochester）平衡计分卡中关键指标之间的因果关系。该模型表明，提高内部能力（如人员和技能、产品和服务质量以及产品和渠道）将带来顾客满意度和忠诚度上升，进而改善财务和市场份额表现。了解此类关系对于将数据和信息用于战略和运营决策至关重要。

卡普兰和诺顿的平衡计分卡只是绩效测量系统的一个版本，因为组织认识到需要一套更广泛的绩效测量指标以实现对业务绩效的全面了解。例如，雷神公司的版本定义了顾客、股东、过程和人员方面。波多里奇准则提供了另一种视角。

12.1.2　波多里奇准则中的绩效测量

波多里奇准则类目 7（结果）将绩效指标归纳为五个方面：

- 产品和过程指标；

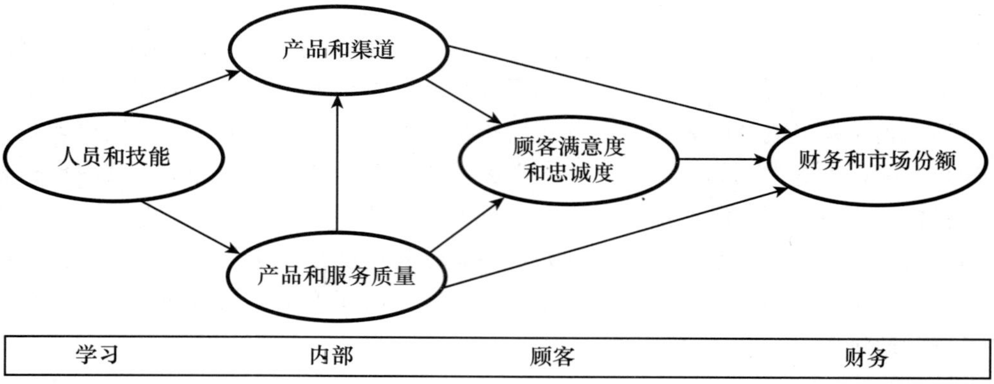

图 12-1 IBM 罗切斯特公司平衡计分卡中各类别间的因果关系

资料来源：Reprinted with permission of IBM Rochester，MN.

- 关注顾客的指标；
- 以人为本的指标；
- 领导和治理指标；
- 财务和市场指标。

图 12-2 总结了以上这些类别，以及每个类别中的示例指标。这个分类与平衡计分卡非常相似，实际上，平衡计分卡中的任何指标都可以很容易地放到这些类别中。我们将简要讨论每个类别。当我们描述具体示例时，请注意组织所选择的具体指标与使组织在行业中保持竞争力的关键因素相关联。

产品指标 产品和服务绩效的结果和指标与顾客满意以及未来购买决策密切相关，组织需要重点跟踪。可能包括内部质量指标、现场产品性能、缺陷水平、服务错误、响应时间、从顾客或第三方收集的关于易用性或其他属性的数据，以及对产品和服务表现的顾客调查。例如，意法半导体公司（STMicroelectronics）跟踪不合格生产批次的数量，这些批次是造成顾客投诉的重要因素。它还跟踪针对不同顾客群的不同指标，例如，电信行业要求非常短的面市周期，对这一需求的关键指标是交货时间、灵活性、响应延迟、预警、质量/可靠性及响应质量。

过程指标 过程有效性和效率的指标包括：工作系统绩效，体现在使用内外部资源带来的成本节约或生产率提高；降低排放水平、减少废弃物、副产品利用、回收利用；内部响应性指标，例如周期、生产灵活性、前置时间、准备时间和面市周期；行政管理和其他支持职能的改进情况。还可包括业务特定指标，例如创新率、应用越来越多的产品和过程产出、六西格玛项目成果以及交付时可接受的产品性能；供应链指标，例如库存和进货检验的减少、质量和生产率的提高、电子数据交换的改进以及供应链管理成本的降低；第三方评估结果，例如 ISO 9000 审核。

举例来说，波音 A&T 业务部跟踪飞机维修的平均间隔时间，这一时间的增加意味着飞机系统的质量提高。其他例子包括降低排放水平、减少废弃物，六西格玛项目成果以及 ISO 9000 评估审核。意法半导体跟踪战略目标达成的关键指标，如研发投资和授权专利数量。美国运通分析师监测话务沟通中的礼貌、语调、业务处理的准确性以及其他

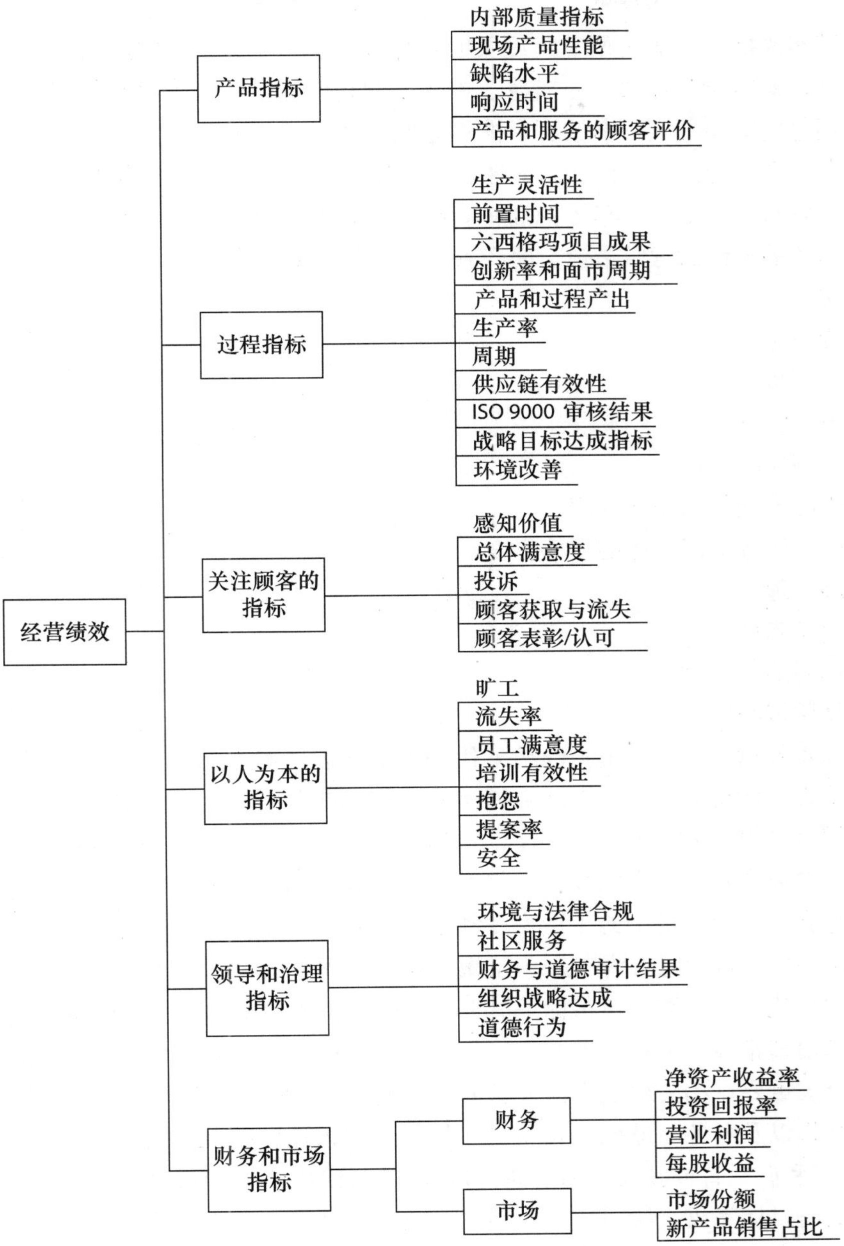

图 12－2　组织绩效测量指标

方面的顾客服务情况。通过将分析师的评价与顾客在通话结束后的评价进行比较，确定特定内部指标的相关性。鉴于雇用熟练人员的重要性，丽思卡尔顿酒店启动了一个重要项目，以缩短有潜力新员工从实习到正式获得工作机会的周期，这也成为公司在过程结果部分的关键绩效指标之一。随着供应链管理日益受到关注，许多组织都会评估成本节约、供应链管理总成本、库存与周期降低以及沟通改善的指标，有些可借助电子商务实现。例如，太阳能涡轮机公司监测供应商的两个关键工艺——锻造和铸造——的前置时间。

关注顾客的指标 站在顾客角度关心的组织绩效指标包括顾客满意和不满意程度、顾客保留率、顾客及顾客账户的损益、顾客投诉和保修索赔等直接指标。顾客满意度的其他指标还包括感知价值、忠诚度、推荐意愿和顾客关系构建。服务质量指标通常围绕我们在第 3 章中讨论的可靠性、保证性、有形性、移情性和响应性等维度。例如，在 3M 公司的汽车贸易业务中，汽车分销商是直接顾客，而最终用户是间接顾客。服务质量和周期是分销商的关键满意度指标，而产品质量是最终用户的主要满意度指标。3M 公司的测量指标包括：

- 现货服务水平；
- 准时交货；
- 订单完整性；
- 紧急响应时间；
- 与供应商交易的便捷程度；
- 与顾客服务部门沟通的便捷程度；
- 投诉处理；
- 运输准确性；
- 订单周期；
- 产品质量和性能。[10]

以人为本的指标 关注员工的结果代表组织在创造和维持生产性、参与性和关怀性的工作环境方面做得如何。这类结果指标可以是由同伴认可计划带来的员工保有率提高，或是由组织领导力开发计划带来的晋升数量增加。其他指标还包括安全、缺勤、离职、培训效果、敬业度和员工满意度等。得克萨斯铭牌公司测量风险收益（收益共享）百分比，因为它会显著影响员工的生产率、动力和满意度。鉴于与工会之间的重要关系，波音 A&T 业务部通过跟踪人为工作积压减少程度来量化关系改善情况。丽思卡尔顿酒店密切跟踪人员流失率，因为该指标是员工满意度以及选拔和培训过程有效性的关键指标。

领导和治理指标 治理、道德和领导责任日益受到关注，组织践行和展示高标准的整体行为至关重要。相关绩效指标可以帮助组织监视这些问题，其中可能包括合规指标、监督审计结果以及财务与道德审查结果。领导力结果还包括社会责任与社区服务的指标（如志愿时间和向教育或公民团体的演讲），以及与组织战略和行动计划的达成相关的结果。测量战略目标完成进展同样是一项关键挑战。通常，首先要定义能够代表战略目标成功实现的最终目标结果，然后使用这些最终目标来界定中间指标，以此来确定战略进展。

财务和市场指标 高层领导通常会跟踪财务指标以衡量整个组织的绩效，并经常用于确定对高管人员的薪酬激励。财务绩效指标可包括营业收入、净资产收益率、投资回报率、营业利润、税前利润率、资产利用率、每股收益以及其他流动性指标。在飞机制造等资本密集型行业，波音 A&T 业务部的主要财务指标是销售回报率、净资产回报率和净资产周转率。丽思卡尔顿酒店会监控其主要财务指标中的税前利润、折旧与摊销、管理成本以及毛利。我们在第 8 章中讨论过的质量成本也是一个有用的财务绩效指标，这是太阳能涡轮机公司的关键指标之一。

市场绩效指标包括市场份额、业务增长指标、新产品与新区域市场进入，有时还包括新产品销售占比。在阳光新鲜食品公司参与竞争的商品市场中，其绩效驱动因素包括在美国市场的份额以及所售鸡蛋产品的总量。在竞争激烈的半导体行业中，意法半导体公司不仅关注销售增长，而且关注差异化产品的销售额。

12.1.3 分析和大数据

分析（analytics）是指利用数据、信息技术、统计分析、定量方法以及数学或计算机建模来帮助管理人员更好地了解其业务运作并做出基于事实的最佳决策。分析包括描述性分析——通过数据来了解过去和当前的绩效并做出明智决策；预测性分析——通过检视历史数据，发现这些数据中的模式或关系，然后推断这些关系的走向，来分析过去预测未来；指导性分析——利用优选法确定最佳选择。包含分析的学科——统计学、商业智能和运筹学/管理学——已经存在半个多世纪。但是，在各种工具（如电子表格、统计软件以及将数据与分析软件集成的更复杂商业智能套件）的支持下，这些学科的集成使我们可以用新的更有力的方式审视、理解和智能应用数据和信息。

分析领域的专业人士创造了**“大数据”**（big data）一词，指的是各种来源的大量业务数据，很多情况下是实时、不确定或不可预测的。IBM 将这些特征总结为大量、多样和快速。通常，大数据与顾客行为和顾客体验有关。如果可以有效地理解和分析数据以做出最佳决策，则大数据为组织提供了获得竞争优势的机会。例如，大数据可以帮助组织更好地理解和预测顾客行为，进而改善顾客服务和生产运营控制。2015—2016 年波多里奇卓越框架（波多里奇卓越绩效项目，2015）介绍了大数据和分析在质量和卓越绩效中的新角色：

> 对所有组织而言，将数据转化为知识、将知识转化为有用的战略远见都是大数据的现实挑战。但是，组织在决策制定中需要消化和使用的数据量可能千差万别，所有组织都面临使用不同来源、质量各异的数据，这给数据确认带来挑战。当需要确认的数据包括数字、文本、影像等形式时，挑战通常会更大。组织需要应对更复杂的数据分析和数据完整性问题。

然而，美国生产力与质量中心和美国质量学会进行的研究发现，只有不到 2/3 的制造业、服务业和医疗卫生业组织将质量指标用于趋势分析和/或预测分析。

在质量管理中，很多情况下需要应用分析技术。波多里奇准则的诸多要素明确指出了分析技术的潜在应用：

- 战略思考。组织如何收集和分析相关数据并为战略策划过程提供参考信息？
- 绩效预测。对于关键绩效结果或指标，组织短期和长期计划时间区间的绩效预测是怎样的？适当时，组织如何将这些结果或指标的预测绩效与竞争对手或可比组织以及主要标杆的预测绩效相比较？如果组织所预测的绩效与竞争对手或标杆组织存在差距，组织将如何应对？
- 绩效测量。组织如何运用数据和信息来监测日常运营和整体绩效？组织如何选择、收集、校准、整合数据和信息，以跟踪日常运营及整体绩效，并跟踪实现战略目标和行动计划的进程？

● 未来绩效。如何预测组织的未来绩效？在绩效预测中，如何运用绩效评价结果以及关键的对比和竞争性数据？如何协调未来绩效的预测结果与根据关键行动计划确定的预测绩效之间的差异？

现代分析中使用了各种各样的工具和技术。一些基本方法包括基础数据库查询、商业智能知识提取和统计分析。这些通常使用电子表格和 Microsoft Access 数据库来实现，并得到预测模型和场景以及"假设"分析的支持，如"质量聚光灯"专栏中的 PRO-TEC 涂料公司案例所示。

质量聚光灯

PRO－TEC 涂料公司

PRO－TEC 涂料公司在 2007 年波多里奇奖申请概述中介绍了分析在日常控制中的应用：

> 将绩效指标和结果与绩效目标进行比较并跟踪，以确保满足过程要求。运用包括自动化、线传感器、可编程逻辑控制器和自动化数据采集在内的多种监控方法维护和收集关键工作过程数据。所有测量设备（包括称重传感器、热电偶、温度传感器和其他测量设备）均按既定计划进行校准。然后，对收集到的数据使用统计技术（包括控制图、能力分析和数据透视表），以确保性能和快速响应，从而减少过程变异。除过程增强和改进外，统计实践还用于驱动过程控制。材料出厂后，顾客将获得认证的产品性能测试结果。材料供应商也向 PRO-TEC 涂料公司提供合格证明，以确保并证明材料满足所有必要的性能和质量要求。日常运营使用过程指标来确保过程满足要求。[11]

PRO-TEC 涂料公司每天在分析中广泛应用 Microsoft Excel 数据透视表，这些数据使用 Microsoft Excel 宏自动执行。此外，该公司在生产领域以外也应用各种分析方法。

12.2 设计有效的绩效测量系统

绩效测量系统的目的包括：

● 认识过去、现在和未来；

● 识别趋势和进展；

● 促进对因果关系的理解；

● 为持续改进提供指导和支持；

● 实现与标杆的绩效比较。

此外，绩效测量系统应该为大多数员工所理解，为决策提供实时信息，并支持个人和组织学习。平衡计分卡通常由于各种原因而失败，包括未能识别顾客满意的真正驱动因素，没有适当地界定指标以聚焦对组织绩效有最大影响的方面，对目标讨价还价而不是基于顾客需求、过程限制和改进能力，或者未将非财务结果和财务结果以量化的方式联系起来。[12]因此，组织必须认真设计其绩效评估系统。

12.2.1 选择绩效指标

组织必须使其测量系统与愿景和战略保持一致，并选择有意义的测量指标。许多组织犯了两个基本错误：(1) 未测量对组织绩效或顾客行为至关重要的关键特征；(2) 采用不相关或不恰当的测量指标。

在第一种情况下，组织通常无法满足顾客期望或绩效目标。在第二种情况下，组织无法分离出有意义的数据，通常会浪费大量时间和资源。由于缺乏监控和评估，测量系统常常失灵。大多数指标可能已经存在很长时间，但很少有管理者能够指出这些指标的设置场景、时间和原因。大多数情况下，人们只是觉得这些指标还不错。当福特公司研究马自达的管理方法时，前首席执行官唐纳德·彼得森（Donald Peterson）说道："也许，最重要的是，马自达能够识别出真正有用的信息和记录类型，而不会浪费精力在其他数据上。(在福特) 我们被海量的无用数据困扰，过多层次的数据控制令人窒息。"[13]

马克·格雷厄姆·布朗（Mark Graham Brown）提出了一些绩效测量系统实用设计指南[14]：

- 越少越好。测量关键少数变量，而不是面面俱到。
- 指标应与组织成功因素（关键业务驱动因素）联系起来。
- 指标应包括过去、现在和将来的组合，以确保组织关注这三个方面。
- 指标应以顾客、股东和其他关键利益相关方的需求为根据。
- 指标应自上而下展开到组织各层级员工。
- 指标应随着环境和战略变化而改变或修正。

指标选择的好的起点是审视指标在组织中的应用级别。一线员工及其主管需要采用能够在短时间内控制流程的指标，诸如不合格品、返工、报废、产量和安全事故数之类的指标可提供此类信息，并可在工作场所可视化。在中层管理级别，通常按月度或季度进行统计，诸如在制品、机器利用率、产量、顾客投诉、保修成本和劳动生产率之类的指标可帮助确定持续改进的趋势。最后，诸如销售收入、市场份额、产能利用率、员工流失率和投资回报率等长期滞后指标可为高层管理者提供战略决策信息。

先进组织根据明确界定的标准选择适当的测量指标。例如，IBM罗切斯特公司就曾提出以下问题：

- 该测量是否支持我们的使命？
- 该测量能否用于管理变革？
- 它对于我们的顾客重要吗？
- 它能否有效测量绩效？
- 它能否有效预测结果？
- 它是否易于理解/简洁？
- 数据的收集是否便捷/经济？
- 该测量是否具有有效性、完整性和及时性？
- 该指标是否有专人负责？

波音A&T业务部采用五项标准来选择数据：对顾客重要、测量绩效有效、预测结果有效、可操作、易于收集。再举一个例子，克拉克美国公司（Clarke American）按照两个维度构建绩效测量指标：用来变革业务还是运营业务，是预测性的（先行）还是诊断性的（滞后）。“变革业务”指标是对实现战略目标和评价组织绩效最关键的指标，如总订单周期时间和已实施的建议。“运营业务”指标是用于日常运营的指标，包括准确性、响应性和交货及时性等。

12.2.2 将指标与战略联系起来

卡普兰和诺顿指出，如果指标是不恰当的，即使进行了良好的制定和沟通，也会导致行动与战略不一致，而恰当的指标能引导战略目标的实现并影响实现战略目标所需的阶段目标和策略。平衡计分卡方法可以通过与组织愿景和战略的校准来识别恰当的指标。借助平衡计分卡，组织可以为短期计划设置目标和分配资源，沟通战略，将部门和个人目标与战略相结合，将奖励与绩效挂钩，并为组织学习提供反馈。

与业务战略保持一致的有效绩效指标应由塑造组织运营环境的内外部因素来驱动。这些因素反映在第 11 章中描述的波多里奇组织概述中（见表 11－2）。尤其是，绩效测量指标应与决定竞争成功和组织所面临战略挑战的主要因素高度一致。例如，芝加哥第一国民银行（First National Bank of Chicago）向其顾客询问他们认为优质产品的特性以及这些特性的交付情况[15]，所收到的回应包括及时性、准确性、运营效率、经济性和顾客响应能力。这些回应启动了绩效指标的开发，诸如密码箱处理时间、账单输入准确性、顾客服务查询解决时间和汇款及时性。计算机软件公司可能不需要收集有关环境质量方面的大量数据，而化学公司却需要。在大学周边向社团和聚会者配送大量订单的比萨饼店与在偏远郊区住宅区中的比萨饼店相比，可能需要一套不同的绩效测量指标。因此，组织首先需要充分了解其内部能力和外部环境。

从逻辑上讲，指标应与关键业务驱动因素相关联。MBNA 是一家位于特拉华州威尔明顿的信用卡公司，向诸如专业协会、大学和运动队粉丝团等“亲和力团体”销售定制卡，将服务速度视为其关键业务驱动因素之一。因此，它会测量顾客地址变更的处理时间、两次铃响内接听电话的百分比以及从总机转移呼叫所花费的时间。[16]阿姆斯特朗建筑产品经营公司（Armstrong Building Products Operations）确定了驱动其业务战略的五大价值要素：顾客满意、销售增长、营业利润、资产管理和高绩效组织。这些要素中的每一个都得到关键测量指标和分析方法的支持。例如，产品质量是顾客满意的关键驱动因素，可通过尺寸和垂直度、耐火性能、声学和颜色特性、尺寸稳定性、竞争对手产品质量分析以及索赔情况来测量。同样，服务质量可通过准时交付和误工承诺、定价和计费以及对顾客的信息支持来测量。营业利润是另一个关键业务驱动因素，根据过程有效性、单人产能、报废和停机时间以及质量成本来测量。组织绩效指标包括可记录工伤率、改进/工单的数量、表彰员工的百分比、收益分享带来的节约以及员工满意度趋势和离职率。

关键绩效指标应与战略和行动计划保持一致。如第 11 章所讨论的，针对每个测量指标设置的目标为战略部署提供了基础。仁惠医疗系统（MHS）有正式的绩效评价系统，如图 12－3 所示。系统指标由战略目标和行动计划驱动，并与部门指标保持一致。信息管理咨询委员会确保有适当的基础架构和技术来收集、报告、分析和整合数据与信息。

过程改进的流程可通过委员会报告架构进一步确保数据整合。

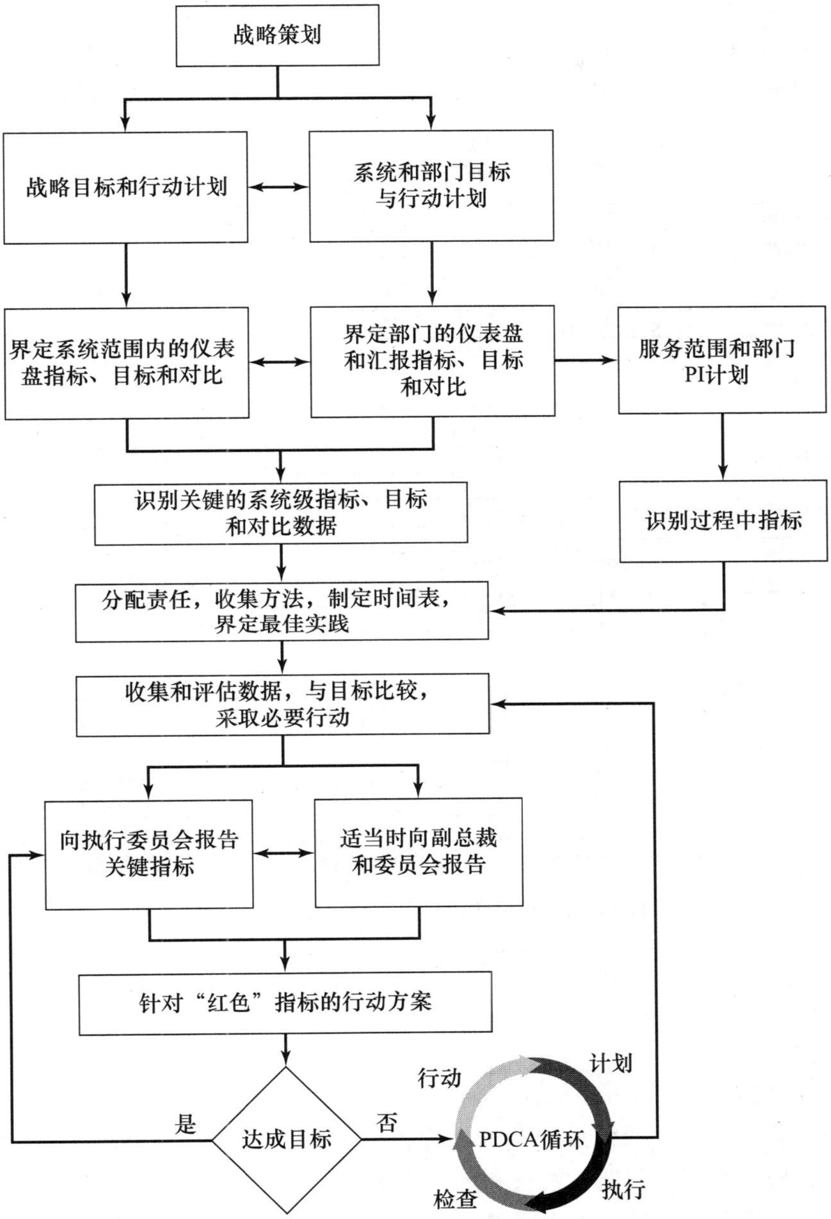

图 12-3　仁惠医疗系统的绩效测量过程

资料来源：Mercy Health System Malcolm Baldrige National Quality Award Application Summary，2007.

12.2.3　校准战略层面和过程层面的指标[17]

组织有可能在所有工作过程满足要求的情况下未达成长期目标，因此，校准战略和过程层面的指标对于高绩效组织至关重要，并可视为战略部署的一种路径（见第 11 章）。图 12-4 展示了一家零售制造商如何校准其目标和指标，校准甚至可以进一步延伸到团队和个人层面。要注意的是，校准从根本上要与绩效目标联系起来，这些指标要支撑目标达成。组织不必设置一套适用于每个人的绩效指标，而是将合适的指标用到最合适的地方。以生产线数据为例，它们可能仅在生产线层面用于日常操作控制，而某些数据可能在下一层面进行整合用于过程改进。支持组织层面绩效评审的信息将传递到公司层面。

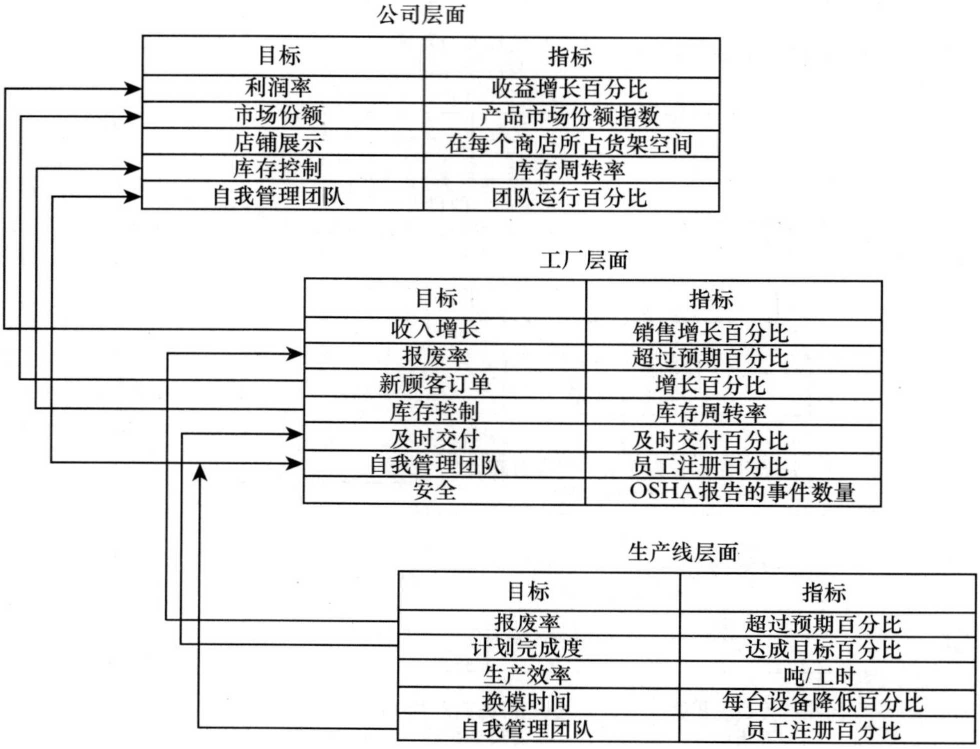

图 12－4　战略和过程层面绩效指标校准示例

资料来源：R. I. Wise, "A Method for Aligning Process－Level and Strategy－Level Performance Metrics," *The Quality Management Forum*, 25, no. 1, 4－6, (Spring 1999). Copyright © 1999 American Society for Quality, 11th Annual Quality Management Conference. Reprinted with permission.

企业资源计划（Enterprise Resource Planning，ERP）系统是整合组织信息系统的软件包，提供了管理整个企业信息的基础架构。[18]系统将业务的关键方面——会计、顾客关系管理、供应链管理、制造、销售和人力资源——整合为统一的信息系统，并及时提供销售、顾客、库存、制造、人力资源和会计的数据分析和报告。ERP 软件最杰出的三个供应商是思爱普、甲骨文和 People-Soft。举例来说，当销售人员填写订单时，系统可以检查顾客的信用和自身的制造能力，然后记录订单，计划交货时间，进行生产排程，从供应商处订购零件，以及更新财务和会计记录。ERP 系统允许组织在网络环境中共享数据库，并在统一的数据库中存储和处理关键数据，然后分发给大量顾客。典型的 ERP 应用程序涵盖财务、人力资源、运营和供应链以及销售和营销数据。如今，很多 ERP 系统都提供绩效测量系统模块，这些模块专注于帮助管理系统中收集的大量数据。

12.2.4 审核测量系统

随着经营环境的变化，旧的指标会过时，或者需要新的指标。过时的测量系统会浪费资源，阻碍战略部署，甚至会奖励错误的行为。因此，对组织测量系统进行定期审核很重要。[19]这种审核应检查各项指标是否与组织的目标保持一致，先行指标与滞后指标之间、运营指标与战略指标之间是否达到了适当的平衡，以及测量系统中是否存在漏洞、盲点或潜在冲突。战略策划过程从环境评估中所收集的信息（见第 11 章）有助于认识可能影响测量系统的经营环境变化。为确定是否应删除一项指标，我们可以简单地问："如果停止测量，会发生什么?"正如一位顾问建议的那样："如果无帮助，可能有害处。"不同职能部门的指标常常相互冲突，例如，更快的顾客服务与较低的库存水平。更重要的是这些指标如何与顾客需求和要求保持一致。最后，至关重要的是要考虑这些指标是否能驱动正确的行为和结果，以及是否会导致意料之外的后果。

12.3 分析和应用绩效数据

分析是指对事实和数据的检查，为有效决策提供基础。合理分析的例子包括：

- 使用图表查看趋势和测量指标的变化；
- 计算各种统计量，例如均值、比例和标准差；
- 应用相关和回归分析等复杂的统计工具来帮助理解不同指标间的关系；
- 与其他业务单元、竞争对手或行业最佳标杆进行比较。

通常，指标应按时间绘制成图表以显示水平、趋势和波动。Pal's Sudden Service 公司采用自动数据收集、整合和分析系统 SysDine 来生成门店和全公司范围的销售、顾客数量、产品组合、理想食品和材料成本以及周转率报告。系统还具有自动关联功能，可用于分析关键数据以支持组织绩效评审和战略策划。因此，该公司能够确定某一绩效变化将如何影响其他所有方面，做出准确的绩效预测，并掌握如何优化其管理系统。

一些组织使用创造性的方式来传达信息，以增进理解和辅助决策。例如，在仁惠医疗系统，仪表盘警报系统对每个指示器进行颜色编码，以关联目标进度：绿色（达到目标的99%及以上）；黄色（达到目标的 94～98%）；红色（达到目标的 93%及以下）。红色的仪表盘指标会提示 90 天的"仪表盘警报"行动计划，而执行委员会动员绩效改进团队或领导团队将资源转移到绩效不佳的领域。显示持续成功的绿色指标则帮助确定最佳实践领域。

正如我们在对平衡计分卡的讨论中所指出的，管理人员还必须掌握关键绩效指标之间的联系。此类分析的例子包括：

- 产品和服务质量改进如何与关键顾客指标（如顾客满意度、顾客保有率和市场份额）相关联；
- 改善员工安全、减少缺勤和离职带来的财务收益；
- 与教育和培训相关的收益和成本；
- 产品和服务质量、运营绩效指标与总体财务绩效之间的关系；

- 顾客满意度和保有率对利润的影响；
- 市场份额因顾客满意度变化而产生的变化；
- 员工满意度对顾客满意度的影响。

关联分析（interlinking）是描述绩效指标之间因果关系定量模型的术语，如顾客满意度与产品质量或员工绩效。[20]例如，江森自控公司（Johnson Controls）管理团队研究了满意度和合同续签率之间的关系。他们发现，有91%的续签合同来自满意或非常满意的顾客，而反馈为“不满意”的顾客的流失率要高得多。通过检查数据，他们发现，总体满意分数每提高1个百分点将带来每年价值1 300万美元的续签服务合同。因此，江森自控公司将提高顾客满意度作为一项重要的战略举措。[21]

质量聚光灯

IBM 罗切斯特公司

IBM罗切斯特公司的一项研究提供了一个颇具说服力的关联分析案例。[22]位于明尼苏达州罗切斯特的IBM AS/400分公司曾获得1990年波多里奇奖，公司一直在尝试理解哪些因素对整体业务绩效的影响最大。IBM发起了一项研究，以确定市场份额、总体顾客满意度、员工士气、工作满意度、保修成本、库存成本、产品报废和生产率等众多指标之间是否存在关系。研究人员使用10年的数据确定市场份额、顾客满意度、生产率、保修成本和员工满意度之间有很强的相关性。图12-5展示了关键因素之间因果关系（相关系数等于或大于0.7）的模型。模型表明，要提高员工满意度，管理者必须专注于提高工作满意度、对管理的满意度以及对获得工作所需技能的满意度。为了提高工作满意度，管理者必须专注于提高对管理的满意度和对获得工作所需技能的满意度。提高获得工作所需技能的满意度将提高员工满意度和工作满意度，并对生产率、市场份额和顾客满意度产生积极影响。提高员工满意度将直接影响生产率和顾客满意度，并降低保修成本。降低保修成本将直接影响顾客满意度和市场份额。提高顾客满意度将直接影响市场份额。

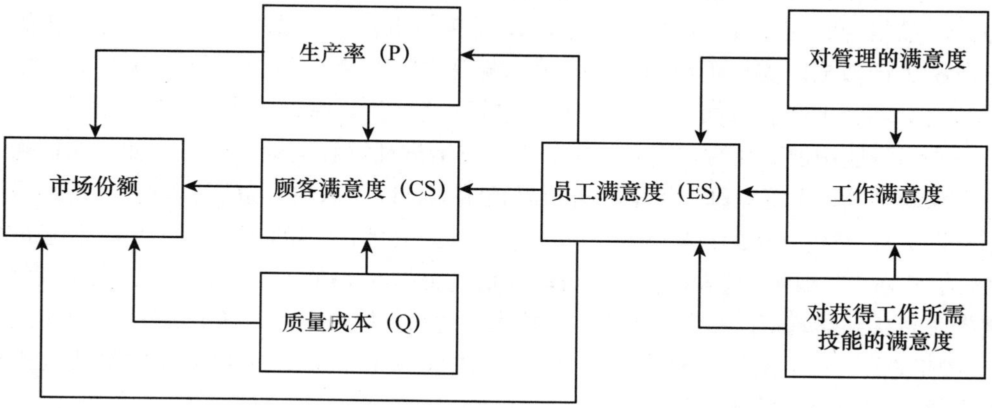

$$CS = (1-Q/P)^{0.8\,ES}$$

图 12-5 市场份额、顾客满意度、生产率、质量成本和员工满意度之间的关系

关联分析模型不必基于复杂的统计和计算机模型。Ames橡胶公司发现，简单的图表就有助于理解影响业务决策和战略的指标之间的重要关联。公司发现内部收益随着员工流失率的降低而增加，损失事故随着培训时间的增加而减少，由此催生新的培训计划和人力资源政策。北密西西比医疗中心（NMMC）开发了一种用于展示过程和结果指标之间关系的模板，能够帮助认清因果关系。如图 12-6 所示，针对急性心肌梗死（心脏病）患者改进救治过程中的各种干预措施可带来更好的结果。

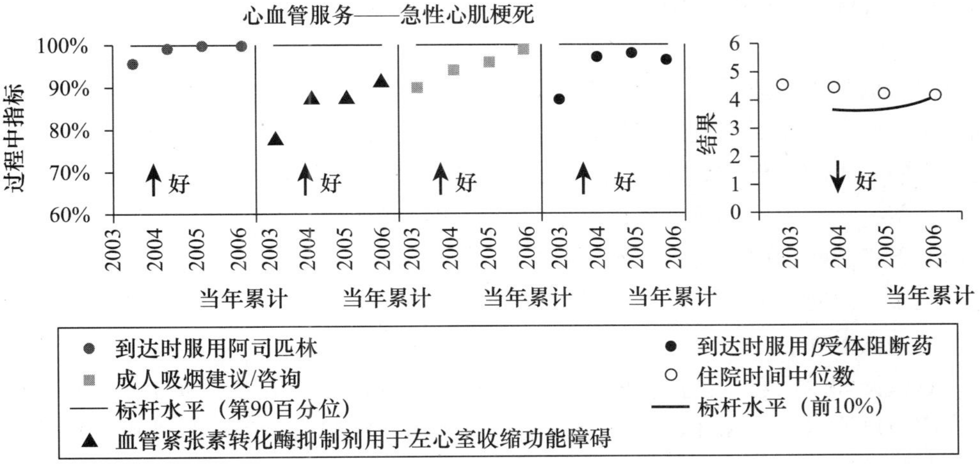

图 12-6　北密西西比医疗中心的过程-结果关联示例

资料来源：NMMC Malcolm Baldrige National Quality Award Application Summary，2007.

出色的分析离不开强大的分析能力支撑。例如，施乐的日本子公司富士施乐使用各种统计技术（如回归分析和方差分析）来开发数学模型，这些模型将诸如复印质量、机器故障和维护时间等因素与顾客满意度相关联。产品和服务绩效与顾客指标的相关分析是重要的管理工具，可用于界定和聚焦关键质量和顾客需求，识别市场中的产品和服务差异化因素，确定产品和服务属性与顾客满意度、忠诚度及积极推荐指标之间的因果关系。卡特彼勒将相关性分析用于评分和信贷决策模型来预测获利能力，并使用细分分析来比较起始过程与终止过程的满意度，成功满足不同行业的不同要求，或按职位类别描述员工薪资范围的情况。

如今，电子表格和数据库软件（如 Microsoft Excel 和 Access）的功能几乎使任何员工都可以轻松进行分析。此外，一些证据表明，使用更复杂的统计工具进行分析的组织往往会获得更好的经营结果。有效的分析需要更高级的统计思维，这一事实可能说明了大多数组织缺乏好方法的原因。因此，建议组织在员工中培养更优秀的统计专家，这也是开展六西格玛的主要好处之一。

诸如数据挖掘之类的业务分析技术正在提高组织开发良好信息的能力。**数据挖掘**（data mining）是使用分析方法和技术（如集群分析、神经网络和模糊逻辑）搜索大型数据库以查找数据中隐藏模式的过程。数据挖掘计算机程序可以分类处理数百万条信息，并识别许多变量之间的细微关联，这远远超出了人类的思维能力。例如，数据挖掘可能会发现特定的供应商在价格低于 5 美元的零件上有较高的缺陷率，或者购买备份硬盘的消费者也倾向于购买软件包。MCI 公司通过数据挖掘开发了一套包括 22 种详细且高度机密的统计资料的程序，用来识别可能会转投竞争对手的潜在顾客。[23] 数据挖掘相对便宜并可以提供新的有竞争力的知识。但是，它需要“纯净的”数据，即使它在变量之间建立了关联，也不一定能够确定因果关系。而且，它很容易导致无用的信息或忽略重要的见解。尽管如此，该技术仍具有广阔的前景。

12.3.1 对比数据的作用

对比数据是指行业平均、竞争对手、世界一流标杆或其他类似产品供应组织的绩效指标。应用对比数据对所有组织都很重要。对比数据之所以必要，是因为组织需要知道相对于竞争对手和最佳实践其所处的位置；对比信息和标杆信息通常为重大（“突破”）改进或变革提供动力；绩效对比信息通常可以更好地了解过程及其绩效。在没有比较依据的情况下审视数据很容易带来错误的成就感。例如，一项绩效指标可能正在改善，但其速度低于竞争对手。没有对比信息，组织将很难意识到进一步改进或加快变革步伐以缩小差距的紧迫性。

有效选择和应用对比数据需要确定需求和优先级，确定从组织所处行业和市场内外部寻找适当对比素材的标准，并确定数据和信息用于组织竞争战略最关键领域的延伸目标设定和突破性改进。

对比数据可以通过多种方式获得，包括第三方调查和标杆方法。例如，丽思卡尔顿酒店使用旅游行业出版物中的排名和奖项、销售人员的报告来评估其竞争地位。波音 A&T 业务部从以下三个方面获取信息：

1. 波音最佳：通过公司各级别委员会确定的高绩效过程；

2. 行业最佳：通过各种标杆中心、国际标杆信息交换所（International Benchmarking Clearinghouse）及内部经营环境评估团队识别的组织；

3. 世界级：领先的组织，国家奖项的获得者，或顾客、供应商和行业专家所赞扬的组织。

图 12－7 展示了威斯康星州简斯维尔市仁惠医院（Mercy Hospital）的例子。将平均住院时间与该州其他医院、一家同类医院以及竞争对手的最佳实践进行比较。一个很好的标杆对比来源通常是波多里奇奖获得者的绩效。

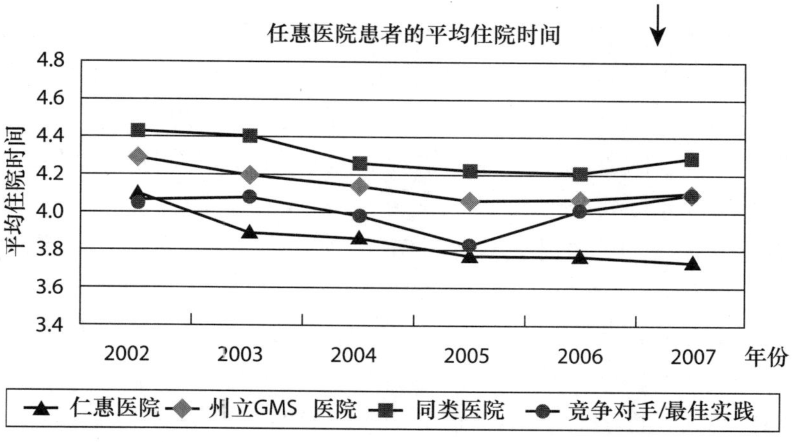

图 12－7 仁惠医院的对比数据示例

资料来源：Mercy Health Systems Malcolm Baldrige National Quality Award Application Summary，2007.

12.3.2 绩效评审

数据分析为管理评审奠定了基础。管理者之所以评审绩效结果，有以下几个原因：

- 评估组织相对于竞争对手的成功和绩效；
- 掌握战略目标和行动计划的进展情况；
- 识别产品、服务和过程的改进重点和创新机会。

用于短期控制决策的绩效评审通常按日或周进行，用于长期决策和改进的绩效评审则按年定期进行。表 12－3 展示了 PRO-TEC 涂料公司实现组织决策和创新所开展绩效评审的概要。关于突破性创新的决定是在涉及业务变革的会议（周一、周三、周五早会，部门会议，管理委员会和领导层会议）上做出的。在基层，PRO-TEC 涂料公司希望每个员工和工作小组评审操作性的业务运行指标，并提供大多数的持续改进想法。

表 12－3 PRO-TEC 涂料公司绩效评审概要

	操作层	周一、周三、周五	部门层	月度	其他
何人	创造价值的个体	创造价值的个体、支持过程	各部门人员	领导团队和利益相关方	PTO-TEC 管理委员会、领导团队（战略策划）、部门规划
何时	每日	每周 1 次	每月 1～2 次	月度	每年 3 次、年度
何事	运行平衡计分卡（BSC）：质量、产量、运行时间	运行 BSC：跨部门合作效果、纠偏行动 变革 BSC：驱动变革的当前事务	运行 BSC：评审项目、部门事务、计划与实际 变革 BSC：战略和战术规划支持	运行 BSC：评审部门绩效、行动事项	运行 BSC：评审公司绩效 变革 BSC：制定长期生存的变革战略（更新变革 BSC）
分析	趋势、过程日志	运营评审、帕累托图、相关性、统计	统计、正常运行时间指标、相关性、帕累托图	统计、正常运行时间指标、相关性、帕累托图	较低层级指标滚动
决策	生产、运营、设备	安全、经营方向、运营	创新	资源配置	战略策划；变革 BSC 项目

资料来源：PRO-TEC Malcolm Baldrige Application Summary，2007.

在仁惠医疗系统，高层领导作为跨学科委员会的成员参加绩效评审。[24] 整个系统范围内的常设委员会（如质量委员会、安全委员会、信息管理咨询委员会、药房与治疗委员会）评审过程中的趋势性绩效，并制订实现目标的行动计划。在分析过程中，将关键绩效指标与最佳实践指标进行比较，以评估组织的成功和竞争绩效。将数据进行汇总整合并报告给相应的委员会、公司领导和医生。仁惠医疗系统运用组织绩效评审结果，评估系统范围内年度和实时目标的达成情况。在战略策划过程和预算过程中，执行委员会识别关键过程改进的机会及优先级，设定组织绩效目标，并界定实现这些目标的系统级行动计划。

12.4 管理信息资源

仅仅收集数据是不够的。组织必须确保数据和信息以及处理它们的软硬件系统都是可靠、准确、用户友好和安全的，并使所有需要数据和信息的人都能及时方便地获取。

计算机界有句俗语："垃圾进，垃圾出"，这同样适用于组织绩效数据。任何测量都有误差，因此数据的可信度值得怀疑。制造中的测量可靠性需要认真关注测量科学——计量学。第 8 章讨论了该主题。确保数据可靠性的一种有用方法是由内部跨职能团队或外部审核员对收集数据的过程进行定期审核。标准化表格、清晰的说明和充分的培训可以提高数据收集工作的一致性。例如，AT&T 公司使用标准数据输入模板和程序来促进手动输入数据的一致性和统一性，从其他系统接口自动收集的数据采用标准格式记录和编辑，并在每次传递时进行兼容调谐。此外，中央数据字典根据每个数据来源、含义、格式和有效内容定义关键数据元素。AT&T 公司在开发、维护、记录和管理数据系统方面遵循严格的指南和标准。

与其他业务流程一样，信息的创建应坚持全面质量原则。[25]信息质量可以通过以下方式来提高：仅捕获一次数据，尽可能接近数据源头；尽可能用电子方式捕获数据以消除人为错误；在可行的情况下使用单一数据库；消除中介机构对数据的所有不必要处理，例如数据录入员；赋予数据和信息的创建者责任；确保适当的培训；定义数据质量的目标和指标。维护计算机系统、备份数据库以及在软件中构建错误检查功能可为确保数据和信息的有效性和可用性提供更多措施。频繁的计算机崩溃或网络问题会严重破坏运营和顾客响应能力。

如果员工在需要时无法获得所收集的数据，组织的精力就白费了。如果客服代表告诉顾客需要查找相关信息并在第二天回电，将无法及时满足顾客需求。在美利肯公司（Milliken），所有数据库（包括产品说明书、过程数据、供应商数据、顾客需求和环境数据）均可为整个计算机网络中的员工使用。在整个工厂和业务支持部门中显示的电子图表呈现关键质量指标和趋势。数据可得性赋予了员工权力，并鼓励他们参与质量改进工作。温莱特工业公司将所有经营信息（质量、顾客满意度和财务绩效）发布在可供所有员工、顾客、供应商和访客访问的展厅。共享结果的组织通常会表现出更好的绩效，因为信息为做出更优决策提供了基础，同时员工也理解了决策制定依据。图 12-8 显示了如何使 Pearl River 学区的所有利益相关方都能访问各种数据。在商业网络和供应链中，共享数据越来越重要。

现代信息技术在数据可得性中起着至关重要的作用。许多组织拥有最先进的在线计算机网络，并辅以本地处理功能。保诚保险公司（Prudential Insurance Company）的代理商将便携式计算机带到顾客的家中或营业地点[26]，这种做法减少了回答顾客问题的时间，提高了回答的准确性和可靠性。销售和服务办公室实现线上互联，各自都可以获取由另一办公室提供服务的合同当前的状态信息，因此可以为直接联系顾客提供帮助，并可以通过电子方式将行动诉求转发到相应办公室。浸信会医院的医院信息系统（HIS）

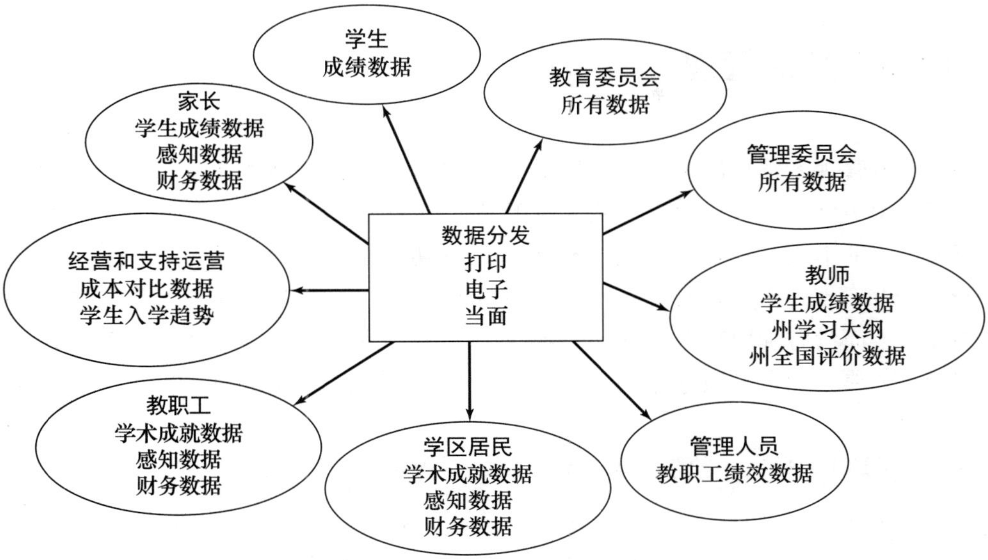

图 12-8　Pearl River 学区的数据可得性

资料来源：Pearl River School District Malcolm Baldrige Application Summary，2001.

用于收集、连接和集成来自临床系统、员工、患者、财务系统、决策支持系统和医师的数据。可通过移动终端、医生使用的医疗信息数据访问系统以及遍布整个组织的自助服务亭来访问 HIS。

硬件和软件的可靠性对于确保绩效测量系统的完整性至关重要。在布兰奇-史密斯印刷分厂，通过冗余的电源和硬盘驱动器保护服务器正常运行。两台服务器有两个相同的镜像驱动器，因此，如果主服务器上的设备发生故障，可以卸下其中一个驱动器并安装在姊妹服务器中，使服务器在几分钟内恢复运行。在摩托罗拉，整个集团成立了特殊的兴趣小组或技术咨询委员会以及工作组，以使内部用户参与开发和更新桌面软硬件标准，从而降低成本、确保可靠性并提高易用性。

保密性和安全性对于数据管理至关重要，尤其是随着电子数据传输的应用日益增加。使用防火墙来防止外部的系统攻击，使用密码来确保只有授权用户才能访问顾客记录和财务信息之类的敏感数据，这些都是信息管理系统的重要方面。例如，在克拉克美国公司，当员工离职时，终端识别处理系统（TIPS）会自动通知安保系统关闭其所有设施和系统的访问权限。

最后，数据和信息必须保持更新，过时的测量系统会导致低效决策。领先的组织会与新技术保持同步，不断改进其绩效测量系统。它们不断进行评审并更新其数据来源和应用，缩短从数据收集到访问的周期时间，并扩大人员访问通道。例如，ADAC 实验室每季度举办“测量峰会”，所有部门的代表根据三个标准对收集的数据类型进行评审：数据是否支持关键业务驱动因素；是否解决“五恶”——浪费、缺陷、延误、事故或错误；是否支持客观分析以进行改进。康宁公司电信产品部对新指标进行头脑风暴和研究，咨询专家，并在全面实施之前进行 3～6 个月的测试。

12.5 知识管理

一位惠普管理者曾指出："现代公司大厦的基本建筑材料是知识。"过程改进需要新知识，以产生更好的流程和程序。从个人的角度以及整个组织的角度而言，增加组织的知识都是学习的本质，并且与戴明的知识理论密切相关（见第 2 章）。詹姆士·哈林顿（H. James Harrington）发现："所有组织都拥有知识，但是大多数组织没有意识到知识的重要性，因而没有利用知识。"在许多组织中，知识资产已变得比财务和实物资产更重要。例如，瑞典大型金融服务公司 Skandia 每年对其智力资本进行内部审计，并纳入年度报告。

雪佛龙 CEO 肯尼斯·德尔（Kenneth Derr）曾指出：

> 在雪佛龙公司采取的所有举措中，……很少有比我们通过在整个公司范围内共享和管理知识来建立学习型组织的努力更重要或更有价值的。实际上，我相信这一优先事项是我们过去七年中每年运营成本降低超过 20 亿美元的关键因素之一。[27]

遗憾的是，与金钱、劳动力和资本设备相比，知识可能是最难管理的。如果没有记录信息，或者个人晋升或离开组织，知识就很容易流失。知识还易过时，如果不及时更新和补充，将一文不值。

知识资产（knowledge assets）是指组织所拥有的累积智力资源，包括信息、想法、学习、理解、记忆、见解、认知和技术技能、能力等。知识资产包括两种类型：显性知识和隐性知识。**显性知识**（explicit knowledge）包括存储在文档或其他媒介形式（如数据库、制度和程序、技术图纸）中的信息，可以使用计算机技术（如谷歌搜索引擎）轻松地获取、存储和传播。**隐性知识**（tacit knowledge）是围绕组织或个人经验所产生的无形因素而形成的信息，是针对特定内容的。例如专利、软件或对顾客需求的独特理解等使组织区别于竞争对手的知识资产，是研究或工作经验、跨职能团队合作或行动复盘产生的知识。这两个方面代表了组织可以使用、投资和增长的"诀窍"。顾客、供应商和合作伙伴也可能拥有关键知识资产。

知识管理（knowledge management）涉及识别、获取、组织和使用知识资产以创建和保持竞争优势的过程。知识管理系统允许以类似于有形资产的方式将无形信息作为组织资产进行管理。美国生产力与质量中心（APQC）发起的一项标杆研究显示，70 家调查公司中有 79%的管理者认为管理组织知识是组织的战略核心，59%表示其公司在履行这项管理职能方面表现不佳[28]；有 88%的管理者认为开放和信任的氛围对于知识共享很重要，32%的受访者认为他们的组织没有这种氛围。在许多组织中，出现这种差距的原因是高层管理者对知识管理不够重视。

随着信息源每年急剧增长，管理信息和知识可能需要大量的资源投入。来自内部运营、互联网以及 B2B、B2C 沟通的信息对组织提供员工日常工作所需信息、跟上时代步伐和改进的能力提出了挑战。例如，克拉克美国公司拥有自动化的信息收集和分发系统，该系统为合作伙伴、顾客和员工提供了一个中央信息存储库。卡特彼勒金融服务公司通过多种机制来管理组织知识，包括电子邮件、内网、共享网络硬盘、公用文件夹，用于按主题、部门和其他自定义格式存储知识；卡特彼勒的知识网络是一个基于 Web 的工具，可以在多个级别进行协作；还有一个名为 eTracker 的可搜索数据库，该数据库收集了 1 000 多个六西格玛项目的学习材料。最佳实践可通过年度州质量会议、追求卓越大会（其中包括波多里奇奖得主）和行业学习网络会议来识别。

有效的知识管理系统应包括：

- 获取和整理有关业务运作方式显性和隐性知识的方法，包括了解当前业务流程的运作方式；
- 用于管理的系统方法，可促进将新知识吸收到业务系统中，并用于持续改进/创新；
- 用于管理知识的通用框架以及对所获得新知识进行验证和整合的方法；
- 支持跨职能协作共享知识并鼓励所有员工全面参与知识管理过程。[29]

知识传递

组织内部知识传递以及最佳实践的识别和共享，通常使高绩效组织与其他组织区分开来。许多组织在不同区域或由不同的人执行相同的活动，如区域经理遍布全国的销售组织，为医药公司进行项目研究的临床研究组织，或其教师在不同校区教授相同课程的学校。假设某一个体开发出创新实践，那么如何在从事类似工作的其他人之间共享这些知识？在许多组织中，答案是知识可能永远不会共享。

高绩效组织运用多种机制来共享和传递知识。例如，普瑞米尔公司运用面向团队的方法来传递知识，先是通过主动研究确定需求或差距，然后采用各种工具、技术和过程来满足需求或弥补差距。团队应用标准化的工具定期进行收集和传递，以支持持续的改进循环。收集和传递知识的方法包括大型会议、工作团队、调查、出版物、全天候可用的技术系统以及可随时回答问题的功能。关键事件中的特殊活动（如价值观会议、突破性会议以及项目团队和员工会议）也包括最佳实践在员工之间和顾客之间传递。[30]

在组织内部识别和传递最佳实践的能力有时称为**内部对标**（internal benchmarking）。在这方面，即使是擅长与外部组织进行对标的成熟组织，也可能遇到挫折。美国生产力与质量中心指出，高管们一直沮丧于无法将某一场所或职能的最佳实践予以识别或传递。他们知道有些单元拥有卓越的实践和过程，但其他单元仍会从头做起或忽略解决方案并重蹈覆辙。[31]研究发现了三种障碍：

1. 缺乏采纳最佳实践的动机；
2. 缺乏如何调整最佳实践以发挥其作用的充分信息；
3. 缺乏“吸收能力”，即缺乏推动和管理变革的资源和能力。

美国生产力与质量中心指出，尽管大多数人天生就有学习和分享知识的意愿，但组织仍需要克服各种后勤保障、组织架构和文化障碍，包括以下方面：

- 造成“筒仓”思维的组织架构，在这些组织中，不同区位、部门和职能只专注于最大化自身成就和回报，或者如戴明所说的“次优化”；
- 重视个人技术专长和知识创造甚于知识共享的文化；
- 不在一起工作的员工之间缺乏接触、联系和共同视角；

- 过分依赖于传递显性信息而不是隐性信息（即实践所需无法成文的信息）；
- 不允许或不鼓励员工将时间花在扩展学习、分享和互相帮助方面。

内部对标的过程如下：首先，识别和收集内部知识和最佳实践。其次，分享和理解这些最佳实践。再次，调整最佳实践并应用到新场景中，使其达到最佳实践绩效水平。技术、文化、领导力和测量是可以帮助或阻碍该过程的因素。许多组织创建了内部数据库，员工可以通过这些数据库共享实践和知识。例如，得州仪器拥有最佳实践知识库并通过 Lotus Notes、内网和公司网络系统提供。信息通常围绕业务核心和支持流程进行组织。文化方面包括如何激励和奖励最佳实践分享者，如何营造支持文化。与全面质量活动一样，高级领导层必须发挥积极作用，将行动与组织的愿景和战略联系起来，在高管会议上交流成功案例，消除实施障碍，强化和奖励积极行为，以身作则，并向所有员工传达分享最佳实践的重要性。最后，组织可以采用以下手段监控方法的有效性：测量使用最佳实践数据库的频率和满意度，将实践与财务和顾客满意度联系起来，关注实施最佳实践的周期时间，测量共享信息的虚拟团队的成长情况。

内部最佳实践学习过程的典型示例是皇家邮政（Royal Mail），它是英国邮政集团最大的业务单元，分布在全英 1 900 个网点的 16 万名员工平均每天处理约 640 万封信件。[32]每个潜在的良好实践（表示一种做法可能不是最佳实践，但足以带来可观的绩效提升）都需要格式化的文档记录，内容包括对该实践的描述；联系人的姓名和电话；日期；流程图；主要步骤的描述、执行者以及执行工作所需的条件；实施资源；风险和障碍。专门小组会仔细审查这些良好实践的描述，以评估其对企业其他部门的可传递性。专门小组可将良好实践定位为强制性的（要求所有部门和员工都采用），或推荐性的（根据当地条件选择应用）。皇家邮政使用六项指标来评估其方法：

1. 潜在全国性良好实践的数量；
2. 全国性良好实践得到确认的比例；
3. 实施范围；
4. 从首次提交到进入全国性数据库的周期时间；
5. 与预期收益相比获得的实际收益；
6. 全国性和业务单元过程组成人员的满意度。

雷神和得州仪器这类组织已经开始利用**快速知识传递**（rapid knowledge transfer, RKT）的理念。[33]快速知识传递涉及知识的发现、学习、创造和再应用，并最终成为知识资本——可以转化为价值和利润的知识。四种全球的现象提高了快速知识传递在组织中的重要性：

1. 在高速宽带、PC 芯片迭代、数字技术和互联网成长的驱动下，速度对于经营的各方面都变得至关重要，也为快速传递知识的组织提供了优势。这些速度的提高使知识传递变成了一场速度竞赛。

2. 智力资本（IC）已经超越物质资本成为一个突出的概念。知识是智力资本的主要成分，而人力资本——员工头脑中的隐性知识，包括专业知识、经验、技能和创造力——是一切的源头，必须加以培养和保护。

3. 1946—1964 年出生的 7 700 万“婴儿潮”一代即将退休，这将导致关键隐性知识的巨大流失。有些人在 2011 年已满 65 岁，到 2030 年，65 岁以上的人将占美国人口的

20%——是 2000 年的两倍。这些人退休时将带走他们的隐性知识。为什么不在最重要的知识流失前就获取并传递呢?

4. 当前经过验证的、有价值的和可获利的最佳实践相关知识积累得越来越多，而且唾手可得，大部分是免费的。全球范围内的质量和生产力提升革命已经产生了可以复制成功的卓越经营模型，包括波多里奇标准、欧洲卓越奖、新乡卓越制造奖、ISO 9000、精益和六西格玛等。

当组织采用一套整合人力资源政策、方法、过程和实践的系统时，就会形成知识驱动的文化，可以确保通过知识的创造、获取、使用和再应用来获得卓越的组织成果，并将其作为组织可持续的优势。在由知识驱动的文化和四个关键步骤组成的整合过程框架中，快速知识传递与知识管理和系统改进结合到一起（见图 12-9）：

1. 寻找和导入最佳实践；
2. 学习、领会和分享；
3. 创造智力资本；
4. 将知识转化为价值和利润。

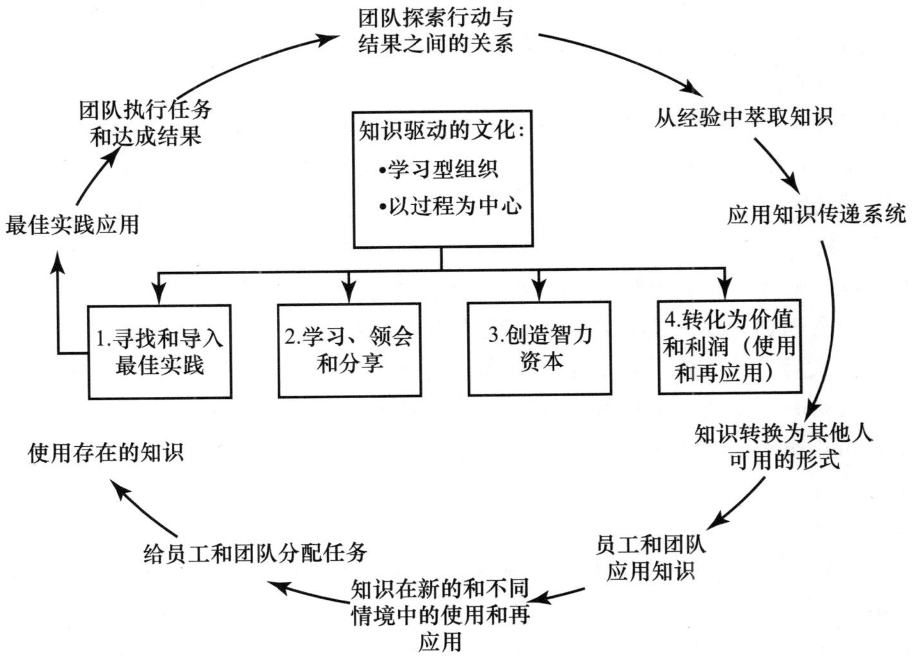

图 12-9 快速知识传递的框架

资料来源：From Michael J. English and William H. Baker, Jr. "Rapid Knowledge Transfer: The Key to Success," *Quality Progress*, February 2006, 41-48. Copyright © 2006 American Society for Quality.

快速知识传递已证明能够在得州仪器内外部的其他地点复制波多里奇奖获奖组织的成功经验。

质量实践

在美国邮政局应用平衡计分卡[34]

美国邮政局（U. S. Postal Service，USPS）雇用大约 70 万名员工，拥有超过 20 万辆车，每年行驶约 10 亿英里，将超过 2 060 亿封邮件派送到 1.42 亿个投递点。公司经营着美国最大的设施网络之一，拥有约 3.8 万个服务网点。和大多数组织一样，邮政局也有多个利益相关方。但是，邮政业务的范围和规模使平衡其相关方的利益变得更加复杂，尤其是没有直接的“股东”在确定组织优先级方面具有决定权。作为公共机构，邮政局承担着许多典型私营部门组织所没有的职责和责任。

邮政局过去在受保护的环境中能够依靠经济的增长来推动邮件量和收入的增长，到 20 世纪 80 年代后期已难以为继。邮政局有相当复杂的运营规划，部署了大规模的自动化项目（企业自动化计划），以减少手工邮件处理数量。邮政局还开发了严格的财务计划过程，包括费率案例分析和资本投资规划，但这些似乎还不够，因为服务绩效和顾客满意度在下降。

预见到需要进行重大变革，董事会于 1992 年 7 月任命马文·鲁尼恩（Marvin Runyon）为美国第 70 任邮政局长。作为福特汽车公司曾经的高级主管和日产美国公司的第一任总裁兼首席执行官，鲁尼恩成功地运用了质量管理原则。他在邮政局的高级管理层建立了质量团队。

鲁尼恩于 1993 年开始使用波多里奇准则对邮政局进行评审。这一过程缔造了“顾客完美”（CustomerPerfect!）模式，现在称为管理循环。其关键特色之一是战略目标关注的重点领域为“声音”：顾客之声、员工之声和业务之声。邮政局平衡计分卡方法的应用由此展开，并且成为开发高质量方法的着力点。邮政局成立了高级管理委员会，负责设定目标和改进目标，以及开发特定的绩效指标和测量系统。

第一个要强调的方面是员工之声，重点是提供安全有保障的工作场所，以应对骚乱事件和不良的员工关系；第二个主要举措是业务之声，侧重于“生产力突破措施”；第三个方面是顾客之声，聚焦提供及时、可靠的交付。在平衡计分卡中，卡普兰和诺顿提倡使用从组织主要战略到平衡计分卡四个层面相互关联的精心构思的地图：财务、顾客满意、内部流程以及学习与成长。每个要素都可以在链接的过程中支持战略目标。学习与成长（员工之声）支持改进的内部流程（业务之声），支持顾客满意（顾客之声）。顾客满意带来期望的财务结果，对邮政局来说就是获得足够的收入来支持巨量的交付任务。

大多数组织都会根据自身情况调整平衡计分卡，这也是难以评估该方法在各组织中有效性的原因。在美国邮政局，它应对的是三个特定和关键领域的绩效差距。作为劳动密集型邮政服务企业，需要改善的关键领域之一是工作环境（员工之声），为此制定了战略目标和测量年度改进的指标。根据美国职业安全与健康管理局（OSHA）的要求，这类计分卡的主要绩效指标是安全和员工满意度。员工满意度是通过对所有员工进行的调查来衡量的，该调查每年进行一次，但每个部门都可以进行月度跟踪。业务之声分为两类，一类是生产率指标，一类是营收指标。战略重点的最后一个主要方面是顾客之声，由首席营销官和首席运营官共同负责，主要指标是一套交付服务测量系统。

组织的工作重点是在每个领域取得具体的、可测量的结果。构建的平衡计分卡如图 12－10所示。如箭头所示，从人力资本改进反映出绩效驱动的文化，到运营效率、顾客满意度的提升，其间具有内在的一致性，所有这些都将提升财务稳定性。邮政局通过部署与职能部门和运营部门有关的具体目标，在整个组织中推动这一理念的发展。

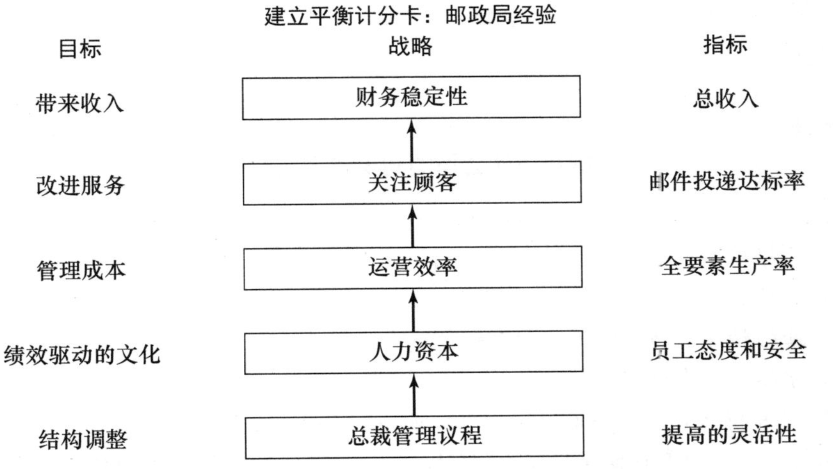

图 12－10　美国邮政局的平衡计分卡

为实现所定目标，邮政局制定了严格的绩效评审流程。时任绩效评审经理安·赖特（Ann Wright）表示："美国邮政局开发了全国性的绩效评审（NPA）系统，该系统为每个公司级指标提供了详细的测量，并提供延伸到一线主管的单元和个人绩效可视化链接。这些指标在操作领域和操作单元内各岗位之间是一致的。每个指标都是客观和可测量的，着重于结果或产出，而不是活动或过程。"组织内个人和单元的绩效很大程度上取决于对特定活动的关注以及与实现具体目标相关的激励措施。全国性的绩效评审系统提供了一种类似于私营部门的系统化方法，实际上，邮政局一直是"绩效工资"的先行者，现在该方法已在联邦政府的其他地方应用。

这些举措取得了令人瞩目的成果。邮政局提高了在安全和有保障的环境评估指标上的绩效，被公认为少数族裔工作的最佳场所之一。邮政局实施的迅速解决就业纠纷达成公平解决方案计划获得了国家认可。邮政局的 OSHA 疾病和工伤率从 2000 年的 8.7%降到 2004 年的 6.3%。年度员工满意度调查结果由六个关键问题的指数构成（更能体现改进），从 2000 年的 57.5%升至 2004 年的 62.1%。工作场所的改善，以及对自动化和其他管理投资的积极实施，已经带来邮政生产率的显著提高，并超过美国经济生产率的增速。结果是邮政局以更少的员工将更多的邮件投递到更多的地方，邮政投递服务也得到了显著改善，一级邮件隔夜及时送达率提升到 95%以上，其他类别的一级邮件投递也得到了改进。

总结美国邮政局平衡计分卡实施效果的一种方法是参考美国质量学会的年度美国顾客服务指数评估，它在 2004 年的调查中指出邮政局是自 1994 年实施比较测量项目以来的"最佳改进组织"。与行业总体顾客满意度相比，邮政服务的排名高于运输、电信和公用事业的平均水平，与服务业水平相当。

● **关键问题讨论**

1. 解释员工之声如何支持改进内部过程（业务之声），业务之声如何支持顾客满意（顾客之声）。

2. 图 12 - 10 只展示了平衡计分卡相关的代表性指标，根据你对邮政运营的了解，提出一些可能涉及的其他指标。

质量实践

康菲石油公司的知识管理实践[35]

康菲石油公司（ConocoPhillips）是一家综合能源公司，从事四项核心业务：

1. 石油勘探与生产；
2. 天然气加工和销售；
3. 石油的精炼、销售、供应和运输；
4. 化学品的生产和销售。

自 1999 年以来，康菲石油公司通过收购 12 家公司发展起来。目前公司在全球拥有近 3 万名员工，并以其在储层管理和勘探、三维地震技术、高级石油焦提纯和脱硫等领域的技术专长而闻名。

康菲石油公司在 2004 年引入知识共享的主要动机是追求卓越，更好地在整个组织中利用知识，并确保下一代技术人员和工程师能够获得他们从事工作所需的关键知识。此外，康菲石油公司很大一部分技术人员要么具备退休资格，要么在未来五年内具备退休资格。这些经验丰富的员工拥有组织需要掌握的宝贵业务知识。

康菲石油公司的知识共享基于 FAST 模型：

- 发现（Find）——发现可信和经过验证的内容的能力；
- 询问（Ask）——通过论坛进行同行问答和问题解决；
- 分享（Share）——专业知识定位；
- 信任（Trust）——员工可以依赖的强大的全球关系。

图 12 - 11 描述了组织的知识体系结构。知识管理（KM）方法以与业务职能相应的 140 个卓越网络（虚拟实践社区）为中心，每个网络都有一个基于 Web 的门户，其中包括：

- 讨论板块，成员可以在其中发布技术问题和答案；
- 知识库，包含目录和参考资料；
- 专业知识定位工具，供成员寻找具有特定知识的人员。

除了网络工具，组织还维护企业范围的技术知识维基网站。网络是在 SharePoint 中构建的，而维基网站是在 MediaWiki 中构建的。

康菲石油公司的知识共享由三层次的支持模型构建：

1. 知识共享团队负责企业知识管理过程、工具和模板；
2. IT 合作伙伴提供基础架构支持和一些 SharePoint 网站维护；
3. 外部顾问维护 SharePoint 网站，并提供定制服务和知识管理专长。

知识共享团队负责监督卓越网络。该团队成立于 2006 年，由 7 名专职员工组成，由

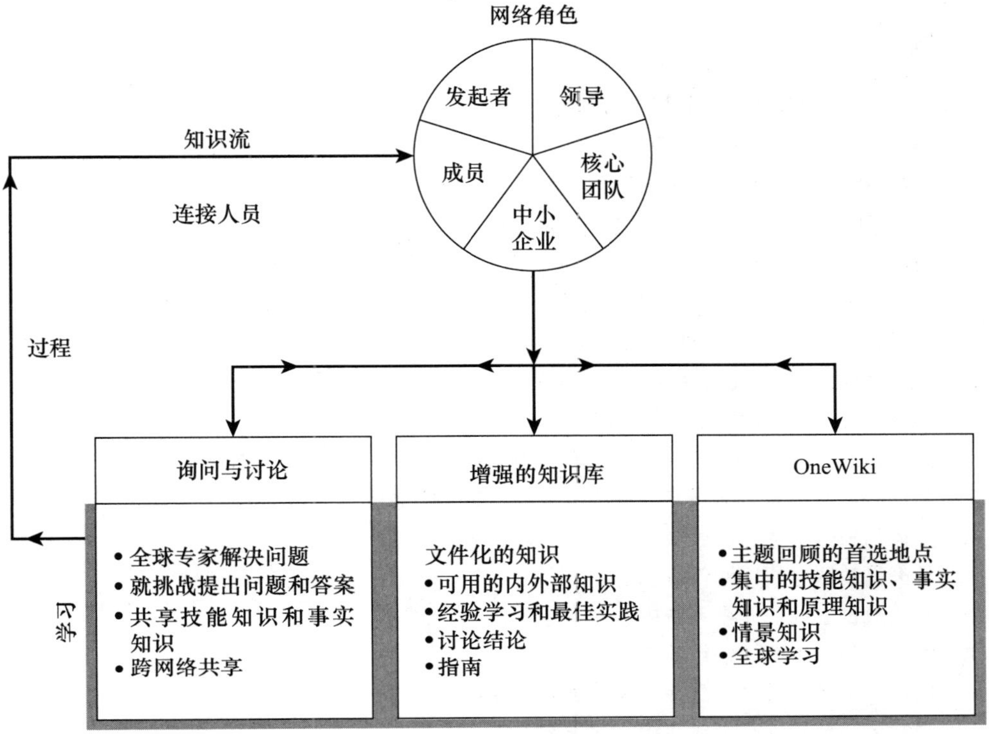

图 12-11 康菲石油公司的知识结构模型

知识共享总监领导。总监向规划和战略高级副总裁报告，高级副总裁属执行团队成员，向董事长和首席执行官报告。由职能领导组成的 30 人独立知识共享领导团队为知识管理确定方向和策略。

网络的资金由各业务流负责。知识共享领导团队拥有技术平台预算，但将与网络人员配备和时间相关的成本分配给了业务部门。高管人员通过参加知识共享领导团队会议、沟通和呼吁员工将知识管理目标纳入个人承诺来支持知识管理。

康菲石油公司使用健康检查评估其卓越网络，以明确每个网络的优势和改进空间。公司还采用六级量表评估每个网络的成熟度。其他措施包括利用数据和员工提交的成功案例。

评估知识管理的财务影响对大多数组织来说很重要，但是康菲石油公司以独特的方式跟踪影响和投资回报。鼓励员工根据自己的经验使用卓越网络提交成功案例。作为提交过程的一部分，要求提供可测量收益的详细信息，例如节约成本、缩短周期时间、安全和环境改善以及其他切实的业务收益。每个成功案例都包括一份收益摘要，领导者必须在发布之前验证其准确性。

● **关键问题讨论**

1. 解释图 12-11 中的知识共享方法是如何与康菲石油公司的知识管理战略动机相一致的。
2. 康菲石油公司如何为其知识管理系统提供人员和预算上的支持?
3. 说明康菲石油公司评估知识管理的财务影响的独特方法。

复习题

1. 总结卓越绩效的测量和知识管理实践。
2. 解释组织中绩效测量的重要性。
3. 解释分析和大数据在质量管理和卓越绩效中的作用。
4. 什么是平衡计分卡？描述它的四个组成部分。
5. 解释先行指标和滞后指标之间的区别。如何在平衡计分卡中使用？
6. 波多里奇准则中的五组结果指标是什么？提供每组测量方法和指标的示例。
7. 描述组织在选择测量方法和指标时必须考虑的问题。
8. 组织经常在测量上犯哪两个基本错误？
9. 绩效指标应如何与战略联系起来？
10. 企业资源计划（ERP）在绩效评审中的作用是什么？
11. 为什么对测量系统进行定期评审很重要？需要考虑哪些关键问题？
12. 描述用来分析数据以生成有用管理信息的方法。
13. 什么是关联分析？举例说明。
14. 对比数据在绩效测量系统中的作用是什么？
15. 管理者为什么要评估绩效结果？
16. 描述一些与管理信息资源有关的重要问题。
17. 为什么知识管理在现代组织中很重要？
18. 什么是知识资产？解释显性知识和隐性知识的区别。
19. 在组织内部进行知识传递的方式有哪些？

案　例

考约特社区学院

考约特社区学院（Coyote Community College）（一个虚构组织）是一所综合性的两年制公立学院，为所有想要确定和发展自己能力和兴趣的人提供中学后的教育和学习机会，致力于服务和提升新墨西哥州大阿尔伯克基社区。1968 年以来，考约特的课程和服务一直鼓励挑战性、创新性的教学方法和施教系统，创造可以增强学生学习能力的学习环境，提供便利的、负担得起的高质量高等教育机会。考约特是一所走读学院，主校区位于阿尔伯克基市区，两个分校区分别位于市区以北 20 英里处的伯纳利欧和市区东南的阿米霍。主校区人数占学院入学人数的 44%，伯纳利欧校区占 25%，阿米霍校区占 31%。

考约特创新的、以社区为中心的教学课程设计旨在满足各种学术、职业和个性化的教育目标。课程设置围绕以下三个领域：(1) 通识教育、转本科教育和发展教育；(2) 劳动力开发、证书课程和继续教育；(3) 社区教育和拓展。这些课程大多数会授予文凭、学位或证书。考约特还与社区机构合作，提供高质量的学生支持服务和资源，使学生能够制定目标并实现目标。这些服务包括学术和职业咨询、工作和教育安置服务、提供经济帮助以及特殊需求项目。

通识教育、转本科教育和发展教育方面的课程和服务使学生能够实现学术和个性化目标，进入就业市场，或者在某些情况下成功地转入四年制学院和大学。考约特提供文学、商业管理、教育、酒店管理、计算机科学、初级工程和生物科学的文科副学士（AA）学位。文科副学士学位适用于转入四年制学院和大学的学生，因此在转学时不需要补修课程。技术、职业和专业助手方面的职业课程可使学员获得理科副学士（AS）学位或证书。职业课程还提供这些领域技能的再培训和升级，使学生有资格满足当前劳动力市场的需求。理科副学士学位通常不能转到四年制学院，拥有理科副学士学位的学生转本科时必须按照每个特定学位课程的要求补修其他课程。学生可以从 30 种职业课程中进行选择，包括计算机技术、计算机应用、日托管理、护理、零售、计算机辅助设计/计算机辅助制造、图形设计技术、生物技术、暖通空调、水文技术和合同管理等。

在发展教育方面，考约特提供通识教育开发（GED）预备课程，非母语英语（ESL）课程以及数学、阅读和写作方面的强化补修课程。参加传统大学课程的所有考约特学生中，有 60% 的人至少参加了一门补修课程，15% 的人参加了非母语英语课程。

在劳动力开发、证书课程和继续教育方面，考约特提供了满足当地企业需求的定制化现场培训课程和服务。考约特与当地的多家雇主合作，提供计算机网络技术人员、水务管理专家、办公室经理、合同管理员和狱警等委托培训。考约特还根据委托提供强化的非母语英语以及英语和数学补修课程。此外，考约特还向公众提供广泛的短期认证课程，例如网络管理员、网络工程师、高级办公室自动化、系统工程师、质量审核员、采购经理和认证助理护士。继续教育课程适用于那些希望提高专业技能、掌握新技能或扩展知识领域和兴趣的学生。

在社区教育和拓展方面，考约特提供多元文化、娱乐和社区发展活动课程和社区服务，以满足终身学习者的需求。具体包括“转型中的妇女”课程、考约特文化中心、老年学习中心和日托中心，还鼓励社区居民使用社区大学的设施和服务，达成教育和文化目标。

考约特的学生分为三类：

（1）传统大学学分制学位课程的注册学生。

（2）非学分制合同培训和短期证书课程的注册学生。

（3）参与社区拓展课程的学生。受雇主、家庭和其他的资源和时间限制，学生倾向于间断性地接受教育，大约 75% 的学生是在职学习。

考约特有 280 名全职教师、830 名客座（兼职）教师、40 名管理人员和 150 名后勤人员。教师都是国家教育协会联盟的成员。全职教师中有 50% 拥有硕士学位，40% 拥有博士学位，10% 拥有学士学位。客座教师至少拥有学士学位，其中许多人在其所教授的领域工作。75% 的管理人员拥有硕士或更高学位。

尽管考约特的主要利益相关方是学生，但还包括大学教职员工、考约特学生转入的四年制院校、当地雇主、新墨西哥州社区大学理事会（SBCC）、考约特理事会（BOG）以及周边社区。主要利益相关方的需求如表 12 - 4 所示。

表 12 - 4　利益相关方及其需求

相关方	需求
学生	获得所需的技能和知识，学习技能的培养，便利性，日程安排的灵活性，可负担性，自主学习能力的提高，快速响应的服务，有效的课程
教职员工	获得专业发展、反馈、支持、认可
四年制院校	与高等教育兼容的强大的学生学术基础
雇主	当前/未来员工获得所需的技能/知识/态度，有成本效益的学习，创新的问题解决能力和团队能力，领导能力，计算机能力，专业能力
州社区大学理事会和考约特理事会	投资回报
纳税人和社区	满足其他机构无法满足的教育需求，对地区/州的支持，有效的经费支出

考约特的监督机构是理事会，考约特理事会的成员由该学院服务的两县内 7 个行政区的选民选出。课程以及大多数建筑和设备的资金来自两县的财产税和新墨西哥州立法机构的年度拨款。考约特理事会批准了超过 5 万美元的日常支出、政府间协议、债券支出、建筑改建和新建支出。理事会还对考约特的政策、程序和实践进行持续评价和评估，以确保该学院履行使命并实现目标。此外，考约特有一个私营非营利基金会用于接纳私人捐款，捐款每年都呈增长态势。

考约特获得了美国中北部学校联合会（NCACS）的认证，12 门课程得到了相关组织的认证或认可。1998 年美国中北部学校联合会进行了评审，2008 年再次进行评审。考约特还响应联邦、州和地方法规，包括职业安全与健康管理局（OSHA）的要求、环境保护署（EPA）的法规、联邦和州财政援助法规以及平权行动指南。考约特遵守《美国残疾人法》。考约特也与大多数学分制学生转到的院校维护合作伙伴关系，这些院校的教职人员同时是考约特课程咨询小组的成员。此外，考约特与该地区所有本科院校签订了合作协议，适用于考约特所有的转入院校计划（文科副学士学位），以及超过 50% 的职业学位计划。

州外大学提供的在线课程的主要区别在于便利性。学生可以在白天或晚上参加在线课程，以适应忙碌且随时变化的日程。考约特通过开发在线和视频课程来满足这一需求。此外，考约特的主要与众不同之处在于，它着重于为毕业生做好在当地社区取得成功的准备。当地雇主参与到规划过程、新课程设计和学生实习中，使考约特的毕业生能够更轻松地在当地社区找到理想的工作并取得成功。增长的、个性化的、基于技术的教育课程以及针对特定技能开发的在职学生的相关支持服务（个性化计划设计和认证），是考约特另一个重要的竞争优势。规划的重点是通过使用最新技术来提供卓越的学习，以扩大校外学生的数量，同时保留当前校内学生的水平。

决定竞争成功的主要因素包括便利性、日程安排的灵活性、可负担性、以低成本提供高价值的能力、课程的有效性、完成课程的时间以及所提供课程的范围。盖尔·布鲁克斯（Gayle Brooks）博士曾任麦克莫托工业大学（McMoto Industrial University）副教务长。他于 2012 年被选为考约特社区学院校长，其任务是扭转 6 年来不断下降的入学率和学生成功率。而在过去的 8 年中，根据本科院校的学生就业率和录取率来判断，考约特的入学率和学生成功率一直在稳定上升。这一转变的基础是建立共同的使命、愿景和价值观，为学院提供持续的指导，制定具体目标以扩展考约特的能力。2014 年，在布鲁克斯的领导下，考约特开发并采用了名为“LEARN”的三个教育理念：

- 卓越学习（Learning Excellence）：教育过程的所有方面都以学习者为中心，学习者的需求至关重要。认识到学习风格和学习速度的多样性至关重要。技术被用作促进学习的工具。
- 评估（Assessment）：评估对于学习者和学习督促者都是持久性的，技术是有助于评估与学习相关的过程的工具。
- 识别需求（Recognizing Needs）：必须识别并响应考约特所有利益相关方的需求。需求因利益相关方而异，如表 12－4 所示。

作为实施 LEARN 的结果，考约特最近确定了以下三种基于技术的关键策略，旨在改善学生学习并满足学生需求。目前，各项策略在学院中处于不同的实施水平：

1. 将技术引入传统教室。为了加强学生的学习，鼓励教师将多媒体引入传统的授课技巧中。

2. 通过技术自我掌握学习进度。基于计算机的教学使学生可以根据当前的知识水平选择内容，按照自己的进度进行系统化学习。系列化课程的时间安排便于学生在准备好后进入下一门课程，而不会因等待造成学习延误或潜在损失。

3. 远程教学方法。考约特可以使用多种技术来满足学习者的需求。交互式视频系统（远程教室）将三个校区联系在一起，以减少学生跨校区通勤的需求。该系统还允许考约特提供一些传统生源不足的课程，以满足特定学生的需求，包括高级外语和数学课程。通过互联网提供的在线课程以及通过有线电视和录像带借阅提供的视频课程（远程课程）将满足排课困难和地理受限的学生的需求。

考约特的领导层希望建立平衡计分卡，为适应教育环境，他们重新命名了以下类别：

1. 资助者/财务层面；
2. 学生/参与者层面；
3. 内部过程层面；
4. 创新和资源层面。

根据对这所学院及其环境的描述，在平衡计分卡的这些维度中，应包括哪些特定类型的指标？如何测量？

Arroyo Fresco——评价测量、分析与知识管理

在网站 www. cengage. com/decisionsciences/evans/quality/11e 上有一个名为“Baldrige Excellence Builder”的文档，它是波多里奇准则的简版。它还包含一个虚拟组织 Arroyo Fresco 的案例研究。该案例研究用于在奖项评审过程中培训国家评审员（每年为评审员培训准备新的案例研究）。

在典型的波多里奇评审中，评审员基于申请者对波多里奇准则问题的回答来确定其优势和改进机会。阅读该组织对准则类目 4——测量、分析与知识管理——的回答，找出你认为它在这一领域最重要的优势和改进机会。为此，请仔细对照它对准则问题的回答。

Arroyo Fresco——评价结果

在典型的波多里奇评审中，评审员基于申请者对波多里奇准则问题的回答来确定其优势和改进机会。阅读 Arroyo Fresco 对准则类目 7——结果——的回应。在评估结果时，波多里奇法着眼于绩效水平、趋势、对比信息以及结果对实现组织使命和战略挑战的重要性。确定你认为它在这一领域最重要的优势和改进机会。为此，请仔细对照它对准则问题的回答。

注　释

1. Jerry Useem, "Boeing Versus Boeing," *Fortune*, October 2, 2000, 148–160.
2. D. Osborne and T. Gaebler, *Reinventing Government: How the Entrepreneurial Spirit Is Transforming the Public Sector* (Reading, MA: Addison-Wesley Publishing Co., 1992).
3. Kicab Casteñeda-Méndez, "Performance Measurement in Health Care," *Quality Digest*, May 1999, 33–36.
4. Douglas W. Hubbard, *How to Measure Anything* (Hoboken, NJ: John Wiley & Sons, 2007).
5. Laura Struebing, "Measuring for Excellence," *Quality Progress*, December 1996, 25–28.
6. Robert S. Kaplan and David P. Norton, *The Balanced Scorecard* (Boston, MA: Harvard Business School Press, 1996), 1.
7. Robert S. Kaplan and David P. Norton, "The Balanced Scorecard—Measures That Drive Performance," *Harvard Business Review*, January/February 1992, 71-79. © 1992 by the President and Fellows of Harvard College; all rights reserved.
8. Ernest C. Huge, "Measuring and Rewarding Performance," in Ernst & Young Quality Consulting Group, *Total Quality: An Executive's Guide for the 1990s* (Homewood, IL: Irwin, 1990).
9. New Corporate Performance Measures, A Research Report, Report Number 1118-95-RR (New York: The Conference Board, 1995).
10. John Geanuracos and Ian Meiklejohn, *Performance Measurement: The New Agenda; Using Non-Financial Indicators to Improve Profitability* (London: Business Intelligence, 1993).
11. PRO-TEC Malcolm Baldrige Application Summary (2007). http://www.nist.gov/baldrige.
12. Arthur M. Schneiderman, "Why Balanced Scorecards Fail," *Journal of Strategic Performance Measurement* 3, no. 1 (January 1999), 6–11.
13. Blan Godfrey, "Future Trends: Expansion of Quality Management Concepts, Methods, and Tools to All Industries," *Quality Observer* 6, no. 9 (September 1997), 40–43, 46.
14. Mark Graham Brown, *Keeping Score: Using the Right Metrics to Drive World-Class Performance* (New York: Quality Resources, 1996).
15. "First National Bank of Chicago," *Profiles in Quality* (Boston, MA: Allyn and Bacon, 1991).
16. Justin Martin, "Are You as Good as You Think You Are?" *Fortune*, September 30, 1996, 142–152.
17. Robert I. Wise, "A Method for Aligning Process Level and Strategy Level Performance Metrics," American Society for Quality, 11th Annual Quality Management Conference.
18. Marcelo Telles de Menezes and Roberto Antonio Martins, "Performance Measurement After ERP Implementation: Some Empirical Evidences," *Proceed·ings*, Th-

ird World Congress on Intelligent Manufacturing Processes & Systems, Cambridge, MA, June 2000, 146–151.
19. Thomas Bertels, "The Art of Measuring What Matters," *iSixSigma Magazine*, November/December 2010, 36–38.
20. David A. Collier, *The Service/Quality Solution* (Milwaukee, WI: ASQC Quality Press, and Burr Ridge, IL: Richard D. Irwin, 1994).
21. Steve Hoisington and Earl Naumann, "The Loyalty Elephant," *Quality Progress*, February 2003, 33–41.
22. Reprinted with permission from Quality Press © 2001 ASQ, www.asq.org.
23. "Coaxing Meaning Out of Raw Data," *Business Week*, February 3, 1997, 134–138.
24. Mercy Health System 2007 Malcolm Baldrige National Quality Program Application.
25. Larry English, "Data Quality: Meeting Customer Needs," *Data Management Review*, November 1996, 44–51, 86.
26. Ethan I. Davis, "Quality Service at the Prudential," in Jay W. Spechler, *When America Does It Right* (Norcross, GA: Industrial Engineering and Management Press, 1988), 224–232.
27. Comment made at the Knowledge Management World Summit, San Francisco, January 11, 1999; cited in R. Sabherwal and S. Sabherwal, "Knowledge Management Using Information Technology: Determinants of Short-Term Impact on Firm Value," *Decision Sciences* 36, no. 4 (2005), 531–567.
28. Robert J. Heibeler, "Benchmarking Knowledge Management," *Strategy and Leadership* 24, no. 2 (March/April, 1996), as cited in Verna Allee, *The Knowledge Evolution: Expanding Organizational Intelligence* (Boston, MA: Butterworth-Heinemann, 1997), 8.
29. Chuck Cobb, "Knowledge Management and Quality Systems," *The 54th Annual Quality Congress Proceedings*, 2000, American Society for Quality, 276–287.
30. 2007 Premier Baldrige Application Summary.
31. Carla O'Dell and C. Jackson Grayson, "Identifying and Transferring Internal Best Practices," APQC White Paper, 2000; http://www.apqc.org/free/whitepapers/cmifwp/index.htm.
32. Mohamed Zairi and John Whymark, "The Transfer of Best Practices: How to Build a Culture of Benchmarking and Continuous Learning—Part 1," *Benchmarking: An International Journal* 7, no. 1 (2000), 62–78.
33. This discussion is adapted from Michael J. English and William H. Baker, Jr. "Rapid Knowledge Transfer: The Key to Success," *Quality Progress*, February 2006, 41–48.
34. Adapted from Nicholas J. Mathys and Kenneth R. Thompson, "Using the Balanced Scorecard: Lessons Learned from the U.S. Postal Service and the Defense Finance and Accounting Service." IBM Center for The Business of Government, 2006. http://www.businessofgovernment.org.
35. APQC. Engagement and Participation for Knowledge Sharing and Collaboration. APQC Publications, 2011, 85–105.

第 13 章 卓越绩效领导

虽然现代汽车公司（Hyundai Motor Co.）很早就在韩国汽车市场占据主导地位，但在海外的质量声誉不佳，如车门闭合不严、车架异响、引擎乏力，公司为此蒙受损失。1999 年郑梦九（Chung Mong Koo）就任首席执行官后造访了现代在蔚山的工厂。让那些从没见过首席执行官的员工大吃一惊的是：郑梦九大步走进工厂并要求看一辆索纳塔轿车的引擎舱。他无法接受所看到的：松散的电线、缠在一起的软管、涂了四种颜色的螺栓——你从来不会在日本车里看到这种粗心和草率。他当场就让厂长把所有螺栓涂成黑色，并要求工人把每一辆车的引擎舱打理整齐后才能出厂。他愤怒地指出："你们必须回归最基本的东西，我们唯一的生存之道就是提高质量，达到丰田的水平。"除了大力投资研发，他还设立了质量控制特使，专门研究美国和日本汽车制造商的质量手册，并制定现代公司的质量手册，明确每个生产步骤的负责人、要求的结果以及绩效水平的检查和确认人。第二年，现代公司在美国的销量增长了 42%，如今现代被视为世界领先的汽车公司之一。[1]

正如此例所表明的，组织实现质量和绩效卓越需要强有力和坚定的领导。然而，明尼苏达大学朱兰领导力中心的一位主任却发现：

- 尽管许多美国组织付出了巨大努力，但只有少数能实现世界级的卓越；
- 在领导变动期间能够保持这种卓越的公司更少；
- 大多数企业质量的失败与领导有关。[2]

显然，领导不是一项轻松的任务。

戴明十四点以及朱兰和克劳斯比的哲学理念中都突出了领导。戴明十四点中多处提及领导，例如：

第一点：创建一个愿景并做出承诺。

第七点：进行领导。

第十二点：清除影响人们工作自豪感的障碍。

第十四点：采取行动。

领导也是波多里奇框架的准则类目 1，这表明了它在推动整个组织的质量和绩效卓越方面的重要性。

正如一位专家所观察到的：管理者管理当下，领导者领导未来。有效的领导需要持续学习并适应不断变化的全球经营环境。组织可持续性的一个重要因素是确保未来的领导能力，因此未来领导的培养和正式的继任计划至关重要。由世界大型企业联合会（The Conference Board）赞助的 2011 年首席执行官调查指出：人才是最紧迫的领导挑战之一。[3]应对这一挑战的两大全球战略是：改善领导力发展项目以在内部培养人才，提升高层管理团队的有效性。

在本章中，我们将关注领导在引领组织创建卓越绩效文化的过程中的作用。

质量档案　斯图德集团和赫尔曼纪念舒格兰医院

成立于 1999 年的斯图德集团（Studer Group）是一家营利性的私营医疗咨询组织，为全美各地的医疗机构和乡村医院提供指导、培训、循证工具和策略。斯图德集团的高层领导将循证领导（evidence-based leadership，EBL）根植于组织中，并作为内部运营的框架。在"斯图德领导评价管理者软件"（用于跟踪目标及其实现情况）和其他领导方法的支持下，高层领导统一了目标、行为和过程，以实现透明的沟通、高绩效和员工参与。

高层领导在集团建立了一种"价值观驱动、公开透明、鼓励创造差异的激情"的文化。这种文化通过个人价值观的塑造，以及选择、承诺、授权和保留员工的"强制性"策略得以实现。斯图德集团还将顾客支持系统与员工绩效管理过程整合，以创造一种关注积极顾客体验的文化。集团还建立了循证领导卓越服务模型，将其关键支持机制确定为"人与人之间的互动"。

为了支持当地社区和医疗卫生行业，斯图德集团向当地组织和整个医疗社区免费传播循证知识。此外，集团还提供实物捐助，向当地非营利组织提供免费指导和培训，并为参会者提供赞助和现金补助。公司的现金和实物捐助占净收入的 5.1%～6.9%。通过关注财务可持续性，集团的收入自 2001 年以来每年增长超过 30%，超过管理咨询公司协会（AMCF）年增长 10%的平均水平。

赫尔曼纪念舒格兰医院（Memorial Hermann Sugar Land Hospital）是赫尔曼纪念医疗系统的一部分，该系统是得克萨斯州东南部最大的非营利医疗系统，其优势在于"将质量、安全和家庭照顾家庭的方法结合在一起"，从而"为未来的医院做好准备"。遵循赫尔曼纪念医疗系统阐述的推进战略，赫尔曼纪念舒格兰医院的执行团队在规划中确定了方向和愿景：与医生合作、提供优质护理、重视员工、实现运营目标、培育增长和创新、以患者为中心、提高人口健康基础设施。它的三步骤"价值观驱动领导系统"将战略、使命、愿景、价值观和核心竞争力整合到日常运营中。运用这一系统，高层领导通过多种方式与员工共享关键信息，如定期走访（俗称"走动式管理"）、与首席执行官共进早餐、家庭论坛等。这一系统促进了以员工参与、开放沟通和高绩效为特征的组织文化。在这一系统中，聘用员工通过三步法，识别最符合医院"家庭照顾家庭"核心竞争力的候选人。潜在的"合作伙伴"将由同级员工组成的小组进行面试，这些员工接受过培训以评估文化契合度。

根据由医疗保健提供者与系统确定的医院患者评估标准，赫尔曼纪念舒格兰医院在内科医师、住院护理和骨科方面的得分最高，在普通内科和骨科的疼痛管理方面也获得了最高级别评分。住院护理、日间手术和医院急救中心的礼貌情况表现出持续的卓越水平。自2011年以来，通过对患者安全的关注，与压疮、呼吸机相关性肺炎、输血反应和通常低死亡率情况下的死亡等相关的“从不事件”（不应发生的医疗错误）一直为零。这家医院许多绩效指标在全国排名前10%，包括急救中心的入院—出院时间、减少用药错误的法规遵从性、病床周转时间、放射学和实验室结果周转时间、医嘱录入的计算机使用等。

资料来源：Baldrige Award Profiles of Winners，National Institute of Standards and Technology，Department of Commerce.

13.1 领导能力与实践

领导（leadership）是对所辖的人员和系统施以积极影响从而产生有意义的影响并实现重要结果的能力。

美国质量学会人力开发与领导分部根据50多名作者关于领导力的想法总结出了六种领导能力。[4]具体如下：

- 领航员：建立共识，并为愿景、使命、目标或最终结果提供方向。这种能力可能需要承担风险，需要持续评估运营环境以确保在适宜的方面取得进展。
- 沟通者：有效倾听和表达信息以达成共识。该能力包括建立一种排除障碍和促进公开、坦诚和体面沟通的环境。
- 导师：指导他人行动。该能力要求建立一些帮助他人进行诚信、正直和道德决策的关系。
- 学习者：通过正式的学习、体验、思考与改进，不断提升个人知识、技能和能力。
- 创建者：建立适合目标和结果实现的过程和结构。该能力还需要承担责任以确保必要资源的可用性，以及对过程进行评价以确保资源的有效利用。
- 激励者：影响他人以期望的方式采取行动。该能力还包括对员工行动的评价，以确保他们的表现与愿景、目标或最终结果相一致。

一系列个人领导特性构成这六种能力的基础：

1. 负责：对领导者服务的组织、社区或个人承担责任。这为测量绩效和处理不良绩效提供了方法。

2. 勇气：精神上或道德上的力量，以坚定的精神和意志去冒险、坚持，抵御危险、恐惧或困难，使领导者能够进入未知的世界。

3. 谦逊：给予卓越领导者指导、沟通和学习的能力，并使领导者理解自己是服务于追随者的。

4. 正直：辨别是非并坚持走正确道路的能力。

5. 创造力：能看到尚不存在的可能性、视角和未来的能力，使领导者能够帮助创建共同的愿景。

6. 坚毅：无论多么艰苦和困难都能坚持任务或目标。这对于克服困难和激励下属至关重要。

7. 健康：在工作和娱乐中都能保持健康的能力，展示在需要时准备施展领导才能的信心。

这些特性提供了施展能力的基础。许多著名的领导者，从总裁到首席执行官，都展现了这些特性。

质量聚光灯

浸信会医院

浸信会医院（Baptist Hospital）是佛罗里达浸信会医疗系统的一部分。高层领导确立了“成为全美最佳医疗系统”的愿景，并决定通过调动员工和倾听患者来重建组织。他们最初的行动之一是建立一个以沟通为基础的扁平、流畅、开放的领导体系。在这一新体系下，员工不仅能够得到鼓励，而且被期望与组织中包括总裁在内的每个人沟通，在任何时候都可以谈论工作问题和改进机会。为此，总裁设立了接待办公室，办公室的大玻璃窗直接对着医院最忙碌的地方。高层领导以身作则，通过每日晨会等创建一种无秘密的氛围。每日晨会上，每个班次的所有领导和员工都会聚在一起回顾《浸信会日报》（*Baptist Daily*）和员工论坛中的信息。他们还通过“无借口”方针的形式对组织绩效负责。[5]

这些领导能力反映在波多里奇准则的领导条款中，具体见表 13-1。这些实践可以通过多种方式实现。如，首席执行官经常指导质量培训课程，为质量改进团队服务，参与通常不需要高层领导出席的项目，以及亲自拜访顾客等。例如，前得州仪器防御系统与电子集团的高级管理人员领导了 1 900 个跨职能团队中的 150 个。在小型企业中，如 Marlow Industries，首席执行官兼总裁雷蒙德·马洛（Raymond Marlow）主持全面质量管理委员会，并负责日常质量相关事务。通用电气围绕质量重新定义了晋升标准以帮助实现目标。在新标准中，管理者除非能清楚地证明支持了公司的六西格玛质量战略，否则不会被提拔，甚至可能被免职。[6]

表 13-1　卓越绩效领导的主要实践活动

- 设定组织的愿景和价值观，并通过组织的领导体系将它们展开至员工、关键供应商和合作伙伴、顾客，以及其他利益相关方。
- 通过个人行为展示对组织价值观的承诺。
- 倡导一种培育、要求并实现道德行为的组织环境。
- 通过以下三种方式建立可持续发展的组织：（1）创建改进组织绩效、实现组织使命和战略目标、创新、实现竞争性或模范绩效领导、增强组织敏捷性的环境；（2）创建组织和员工学习的环境；（3）建立促进顾客参与、培育和强化领导技能、培养组织未来领导者的文化。
- 通过在整个组织内鼓励坦诚、双向的沟通来与员工沟通关键决策并促进员工参与。在奖励和表彰项目中发挥积极作用，以强化高绩效和以顾客、业务为中心。
- 对实现组织目标、改进绩效、实现组织愿景的行动加以关注。
- 在组织绩效预期中为顾客及其他利益相关方创造并平衡价值。
- 保持有效的治理体系，明确管理层的行为责任、透明度并保护股东和相关方利益。
- 评价高层领导绩效并运用绩效评审结果改进个人领导的有效性。
- 积极支持并加强关键社区，如慈善组织、教育等。

成功的领导者通过多种方式在组织内持续倡导他们的愿景，包括个人互动、演讲、新闻通讯、研讨会、电子邮件和视频。例如，高级领导通过“总裁月度亮点”向所有员工传达美德瑞达公司的价值观、方向和期望，这是一份备忘录，总结了五大目标中每一个目标的趋势和绩效，并对团队和个人表示认可。其他主要的沟通方法包括：季度经营回顾（QBR）、季度管理互动会议（QMI）、质量论坛、咨询委员会和职能领导、跨职能团队参与、员工会议、绩效管理体系、新老员工培训以及年度全员大会。

在波多里奇奖获奖组织帕克·普雷斯·雷克萨斯公司，高层领导通过员工调查、委员会调查、自我评估、外部顾问的输入以及组织卓越绩效部门的输入获得反馈，并运用这些信息创建培训开发计划，如提升业务技能或加强团队建设。

13.1.1 战略领导

组织领导的基本任务是提供一种激励的环境，使工作能够以一种富有成效且有意义的方式进行，并确保持续追求卓越绩效。因此，战略和领导是紧密相连的。战略要取得成功，高层领导必须广泛参与规划过程，为竞争成功和绩效领先创造环境，指导工作并领导系统的设计以确保战略的实施。

管理理论家和实践者早就认识到高层领导和那些在运营层面承担监管角色的人员之间工作的区别。高层领导需要全球性的思考和地区性的行动（包括地理上和观念上）。这是由知识爆炸和复杂的全球经营环境驱动的。在国际高级管理者发展研究协会（International Consortium for Executive Development Research）开展的一项研究[7]中，12 家全球公司的 1 450 名高管被问及“未来三年内，对领导力有效性至关重要的关键能力是什么?”在 45 项建议的能力中，排第一的是“清晰阐释可实现的愿景、价值观和战略”，紧随其后的是“成为战略变革的催化剂/管理者”和“获得结果——从战略到行动的管理”。

这些观点引出了**战略领导**（strategic leadership）的概念，它可以定义为“一个人预测、想象、保持灵活性、战略思考、与他人合作以发起变革的能力，这些变革能为组织创造一个可行的未来并带来独特的竞争优势”。[8]战略领导者实施的活动通常包括：创建并沟通未来愿景，维持有效的组织文化，战略决策，培育关键能力和责任，管理多样化的支持者，选择和培养下一代领导者，将道德价值体系灌输到组织文化中。有效的战略领导者还要有能力创造并保持吸收能力（组织学习的能力）和适应能力（组织变革的能力），以应对日益动荡的环境。[9]这样的领导者必须展现出管理智慧，有能力觉察环境中的变化，理解各类社会角色及他们在系统中的关系。

战略领导也可以从三个层面理解。比如，高层领导者参与愿景和战略制定；中层领导者制定可执行的行动计划和项目并有效利用组织的资源；监督领导者确保这些行动计划在整个组织中展开，以确保支持战略愿景的重要任务和项目得以完成。[10]

战略领导的概念将领导的视角从孤立的“伟大领袖”范式转向基于团队和系统的“伟大团队”。[11]因此，有效战略领导的特征包括：

- 既是领导又是团队成员；
- 通过行动展示诚信的重要性而不仅仅是描述；
- 考虑过程而不是结果；

- 利用组织中每个人的集体知识；
- 设计反映关系而不是组织层级的工作；
- 预测环境的变化而不是对其做出反应；
- 将员工视为组织公民而不是资源；
- 以全球思维而不是本地思维来运营。

以上很多战略领导的观念在波多里奇准则中都有反映，该标准认可战略领导在推动卓越绩效方面的价值。

13.1.2 领导体系

成功实施表 13-1 所列的活动需要有效的领导体系。**领导体系**（leadership system）指在整个组织中正式或非正式地实施领导的方式。这就涉及如何在所有层次制定、沟通和执行关键决策。领导体系包括制定决策，选择和培养领导者与管理者，强化价值观、方向和绩效期望的结构和机制。它建立基于共同价值观的忠诚和团队协作，鼓励主动性和冒险精神，并使组织服从于目标和职能。有效的领导体系还包括领导者的自我评价和改进机制。

为了阐释这些概念，我们重点介绍斯通纳公司（Stoner）的领导体系。这是一家非常小的特种化工制造和销售公司，员工不到 50 人。斯通纳有一个由 6 名成员组成的高层领导团队，所有者授权该团队管理和领导公司。高层领导团队创建并完善了“斯通纳卓越经营体系”，以告知团队所有成员业务是如何运行的（如图 13-1 所示）。该体系以领导、战略和过程为基础，并与“评估—改进—实施”的持续改进方法相结合。该体系的中心是利益相关方的价值，突出了以顾客为主要关注点的特征。斯通纳的领导方法建立在以下三点之上：（1）各级领导；（2）工人领袖；（3）基于史蒂芬·柯维（Stephen Covey）的《高效能人士的七个习惯》（*Seven Habits of Highly Effective People*）的强大基本领导技能。

很多领导体系喜欢采用高层管理者指导团队。这样的团队承担了很多责任，比如将全面质量原则纳入公司的战略策划过程、协调整体工作等。在 AT&T 公司，指导团队以下列基本要素为特点[12]：

- 领导：倡导并阐释质量愿景，沟通管理行动的责任和期望，协调业务管理过程与质量方法，保持承诺和参与的高可见度，通过教育、咨询、方法和工具的形式确保提供业务范围内的支持。
- 计划：规划战略质量目标，理解基本的顾客需求和业务能力，制定长期目标和短期优先事项，制定人力资源目标和政策，理解员工对质量和工作的感知，保证所有员工有参与的机会和技能，调整支持质量方法的奖励和认可体系。
- 实施：建立关键业务过程团队，组建管理和改进这些过程的团队，评价改进计划，提供改进资源，调动过程中的所有管理者，评价主要组织单元的质量计划，与供应商和业务伙伴合作制订共同的质量计划。
- 评价：通过顾客满意和内部质量指标跟踪进展，监测实现改进目标的进展情况，庆祝成功，通过审核和识别改进机会、策划改进并检验改进的效果来改进质量体系。

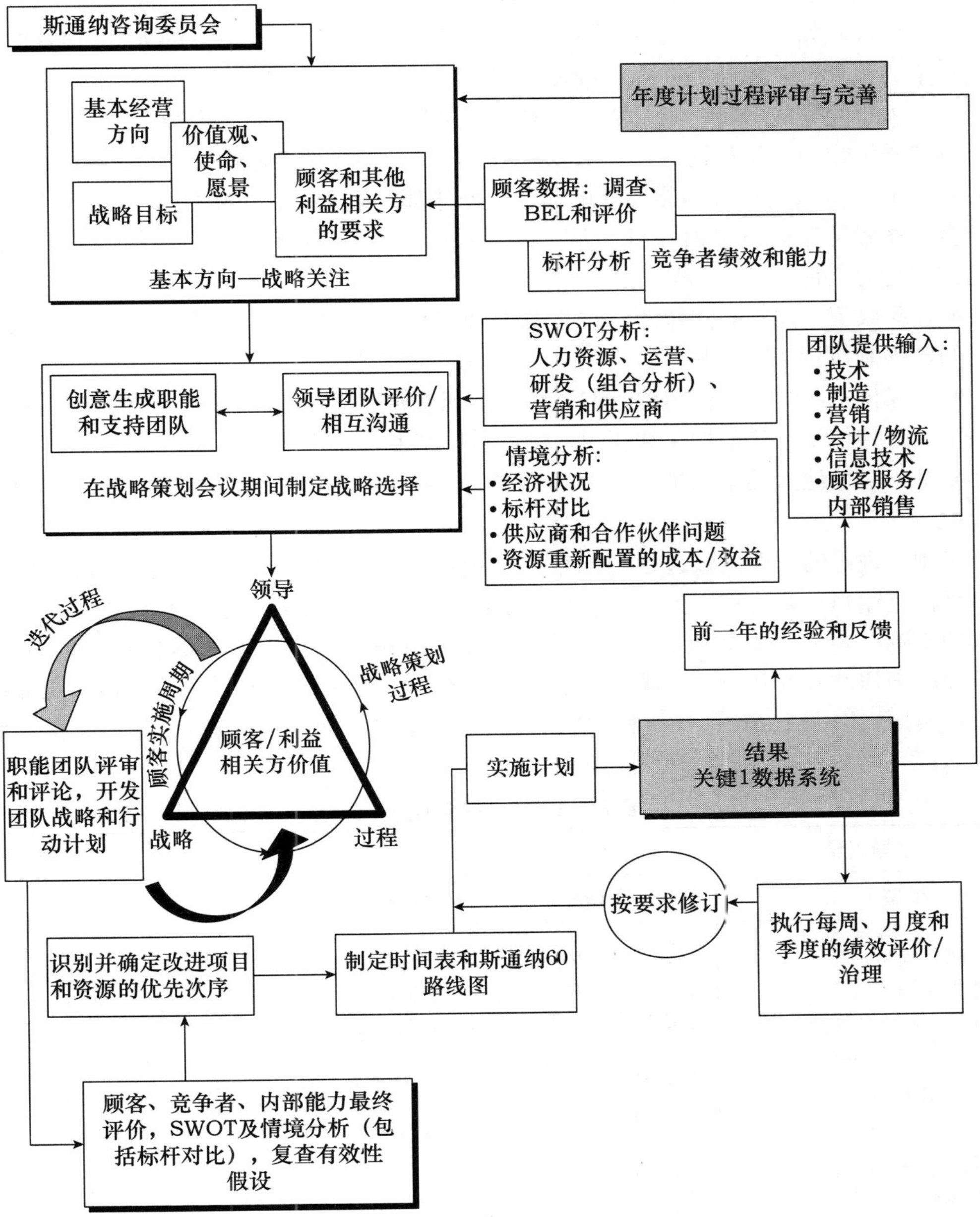

图 13-1　斯通纳卓越经营体系

资料来源：Malcolm Baldrige National Quality Award Application Summary，2005. Reprinted with permission of Stoner，Inc.，www.moreshine.com.

13.2　领导理论与实践

要理解领导是如何开发和实践的，首先要了解其理论基础。领导理论的目的是解释领导风格和背景的差异。几十种领导理论都是从成千上万的领导研究中衍生出来的。然而，一些研究人员指出“当前的领导知识体系是一个支离破碎的‘杂乱局面’，包含各种贡献者的输入，如学者、实践者、顾问，以及许多自称专家和评论员的人”。学者们提出相互竞争的领导理论和研究，并继续深入研究他们最喜欢的理论，却没有相互整合。成千上万本关于领导的书籍，以及更多的文章和博客，使得知识体系庞杂无序。[13]

不像质量管理的某些领域只有二三十年的历史，领导理论通常可以追溯到 50～75 年前或者更早。20 世纪的许多领导理论都是德国律师、政治家、历史学家、政治经济学家和社会工作者马克斯·韦伯（Max Weber）的著作的延伸或修改。[14]韦伯将领导执行权力的方式分为三种：

- 依靠政策、规定和法律建立起来的法理型领导（rational-legal leadership）。制定、执行乃至强制执行法规的政府官员就是一个例子。
- 从风俗、习惯、社会结构延伸而来的传统型领导（traditional leadership）。通常涉及由上一代传给下一代的地位和权力，例如君主制度或家族式企业。
- 基于启发他人的个人能力的魅力型领导（charismatic leadership）。通常与个人特征有关。

对领导理论的全面回顾远远超出本书的范畴。然而，在质量和卓越绩效的背景下，这些理论是相当重要的；因此，我们简要总结比较流行的领导方法，并讨论它们对卓越绩效的影响。表 13－2 总结了一些影响当今领导风格的关键理论。尽管有大量的研究，但领导的确切性质及其与下属满意、承诺和绩效等关键变量的关系仍不确定。正如弗雷德·卢桑斯（Fred Luthans）所言：“它仍然是一个‘黑匣子’，或者说是一个无法解释的概念。”[16]

表 13－2　领导理论的分类[15]

领导理论	先驱/开创者	理论类型
“伟人”模型	拉尔夫·斯托格迪尔（Ralph Stogdill）	特质理论
俄亥俄州研究 密歇根州研究 X 理论- Y 理论模型	弗莱希曼（Fleishman）、哈里斯（Harris）等 伦西斯·利科特（Rensis Likert） 道格拉斯·麦格雷戈（Douglas MacGregor）	领导行为
管理方格模型	罗伯特·布莱克（Robert Blake）、简·莫顿（Jane S. Mouton）	
领导有效性模型 监督式权变决策模型 情境	费德勒（Fiedler） 弗鲁姆（Vroom）、耶顿（Yetton）、杰戈（Jago） 赫塞（Hersey）和布兰查德（Blanchard）	权变（情境）理论
管理角色	亨利·明茨伯格（Henry Mintzberg）	角色理论
领导-成员交换 魅力理论 转变理论 替代领导理论 情感智力理论	乔治·格瑞恩（George Graen）等 豪斯（House）、康格（Conger） 詹姆斯·伯恩斯（James M. Burns）、蒂希（Tichy）、乌尔里希（Ulrich）、伯纳德·巴斯（Bernard Bass） 乔恩·豪威尔（Jon P. Howell）等 丹尼尔·戈尔曼（Daniel Goleman）等	新兴理论

很多传统的领导理论和权变领导理论在管理学原理和组织行为学课程中有更充分的描述，这里就不再赘述这些理论的特点。相反，我们将关注“新兴”领导理论的特征，这些理论在学术界引发了积极的讨论，并且应用于今天的实践。

13.2.1 当代和新兴的领导理论

新兴的领导理论建立在传统理论之上，或者试图通过回答早期方法提出但未回答的问题对传统理论进行扩充。许多我们称为“新兴”的理论都是20世纪七八十年代提出的，已经存在很多年，但由于研究人员在检验社会科学理论时遇到困难，这些理论仍然被认为是“新兴”的。通常需要几十年时间来确立一个理论价值的经验证据，例如起源于20世纪30年代的团队参与理论，直到50年代才得到充分的研究，最近才在实践中得到实质性的应用。[17]

情境领导 情境领导是比较著名的领导权变理论之一，深刻阐释了下属能力和领导者风格之间的关系，许多经营者管理研讨会都会讲授这一理论。该理论最早于1969年提出，1977年赫塞（Hersey）和布兰查德（Blanchard）加以发展。情境领导理论认为任务导向和关系导向的领导行为的有效性取决于下属的成熟度。这表明，影响领导者选择领导风格的关键权变因素是下属与任务相关的成熟度。下属成熟度是指下属对自己与任务相关的行为承担责任的能力。该理论将领导行为分为两大类：任务导向和关系导向。[18]

根据情境领导理论，领导风格应该因人而异，这取决于下属的“准备度”，即他们完成工作的技能和能力，以及他们的信心、承诺和动机。该模型定义了下属成熟度（准备度）的四个级别：

1. 没能力，没意愿；
2. 没能力，有意愿；
3. 有能力，没意愿；
4. 有能力，有意愿。

布兰查德和赫塞还定义了应对上述成熟度（准备度）水平的四种领导风格：

1. 指令式。该领导风格下，管理者明确了任务和角色，并密切监督工作。沟通通常是一种自上而下的方式。这种领导者发起的任务导向行为的风格最适用于缺乏完成工作的技能和知识及缺乏工作信心或承诺（没能力，没意愿）的追随者。领导者很少花时间和精力来发展与追随者的关系。

2. 教练式。这种风格下，领导者确定总体方法和方向，但与下属一起工作并允许他们处理具体细节。领导者可能需要根据经验（任务导向的行为）或支持（关系导向的行为）来指导那些有动力和动机去做好工作但缺乏经验或技能（没能力，有意愿）的追随者。

3. 支持式。这种风格下，虽然领导者分配了任务并确定了方向，但下属完全控制工作表现。这些人不需要太多的监督或指导（任务导向的行为），但可能需要领导者帮助他们建立动机和信心（关系导向的行为），特别是接受新任务时（有能力，没意愿）。

4. 授权式。这种风格下，下属可以在很少的监督或支持下完成他们的工作（最低限度的任务导向行为）。工作一旦委派出去，领导者就可以放手（最低限度的关系导向行为），除非下属要求提供帮助。下属可以在很少的监督或支持下独立完成项目（有能力，有意愿）。

领导者也可能在不同的时间段对同一人使用不同的风格。这可能很难，因为许多领导者似乎更喜欢一种风格。然而，这种选择不应该由个人偏好驱动，而应该由下属的需要驱动。在完全授权的全面质量组织和那些拥有强大的自我指导的团队中，你可能会发现授权式风格是最普遍的。然而，如果向组织引入诸如六西格玛等新技能，在个人学习实践新技能或者过渡到新的工作职责时，可能有必要提供更直接的控制、指导和支持。由于管理者与不同职业生涯阶段、不同成熟度的人共事，他们有责任根据个人和情境的不同调整领导风格。[19]

尽管情境领导在实践中普遍运用，但还是遭到理论和方法上的抨击，包括含糊不清、缺乏一致性和完整性，以及混合实证验证。[20]有人总结了情境领导的争议和贡献：

> 一些研究发现，对于能力和信心较低的下属，需要更多的指导监督。然而，几乎没有证据表明，使用该理论描述的任务和关系行为的权变模式能够使领导者更加有效……该理论虽有不足之处，但对我们理解二元模式的领导有一定的积极贡献，其中一个贡献就是对灵活适应行为的强调，这已成为一些新兴理论和研究的中心原则。[21]

根据近二三十年发展起来的各种当代领导理论，通过领导者的管理风格、被领导者的特点和所处环境的正确结合可以提高领导的有效性。其中最流行的两种理论是交易型领导理论和转变型领导理论。

交易型领导理论（transactional leadership theory）认为，某些领导会通过权变奖励、主动和被动的异常管理等行为，培养自己激发下属不遗余力地实现组织目标的能力。权变奖励行为包括澄清获得奖励所需的工作以影响动机。异常情况的被动管理包括使用应急惩罚和其他纠正措施，以应对偏离可接受的绩效标准。异常情况的主动管理是指找出错误并执行规则以避免错误。

转变型领导理论（transformational leadership theory）由詹姆斯·伯恩斯（James M. Burns）最先提出，后来由伯纳德·巴斯（Bernard Bass）及其同事予以发展。[22]根据这一理论，领导者采取了本章前面讨论的许多行为：理想化影响力、个性化思考、鼓舞性激励以及智力激发。[23]采取转变型风格的领导者有长远的眼光，关注顾客，倡导共同的愿景和价值观，努力激发组织的智力，投资培训，承担一定的风险，将员工看成独立的个体。

巴斯将转变型领导行为与交易型领导行为区分开来，他指出："转变型领导对持续的组织改进和变革更有兴趣，并宁愿牺牲和调整自己的利益，以满足组织及其员工更长期和更广泛的利益。"这与交易型领导者形成了鲜明对比，他们更关注满足自身利益和维持组织现状。[24]然而，在实践中往往很难区分这两种理论，研究发现，它们虽有区别但又有联系。尽管转变型领导相对于交易型领导更能提升追随者的动机和绩效，有效的领导者往往会根据情况将这两种类型结合使用。[25]

转变型领导更符合全面质量和波多里奇等卓越绩效模型所要求的组织变革。几乎每一个波多里奇奖获奖组织的CEO和执行团队成员都以该领导行为为模型。研究中发现的一些实证表明，与其他方法相比，转变型领导行为与更低的员工流动率、更高的生产率和质量以及更高的员工满意度密切相关。然而，并非所有全面质量管理组织中的管理者都需要成为转变型领导。一个追求全面质量管理的组织既需要那些建立愿景的人，也需要那些能有效完成实现愿景所需日常（事务性）任务的人。[26]事实上，阿沃利奥（Avolio）和巴斯通过结合交易型领导和转变型领导，拓展了转变型领导的概念，并称之为“全方位领导方法”。[27]他们指出：“转变型领导可以增加交易型领导提升追随者满意度和绩效的努力。转变型领导不是替代交易型领导……交易型领导，特别是权变奖励，为领导提供了广泛的基础，但如果交易型领导得到了转变型领导的支持，那么交易型领导就可以实现更大的努力、创新、有效性、冒险和满意度。”

一项有趣的关于医院患者安全的研究增加了转变型领导在提高质量和卓越绩效方面作用的可信性。[28]创建支持患者的文化可能需要在医院内部进行重大的组织变革。该研究提出，转变型领导推动了患者安全文化、患者安全倡议和积极的结果。该研究利用了371家医院的先验数据，这些数据表明医院高层提出了患者安全文化。医院院长具有转变型领导风格，事实证明这种领导风格与医院内部的安全文化直接相关，进一步证明了患者安全文化对救助患者有很大的影响。

领导替代理论（substitutes for leadership theory）提出了一个有趣的观点：在许多组织中，如果下属的特征、他们所承担的任务的性质、组织所提供的指导和激励是一致的，那么正式的领导往往徒劳无益或适得其反。[29]有人认为在领导效能低下的情况下这种领导方法可能是有用的，比如领导者由于各种政治因素或其他原因（领导者是老板无能的子女）不会被调离，或者团队成员有高水平的培训或能力，抑或情境需要异乎寻常的高效率（扑灭沙漠油井的大火）。在这些情况下，可以开发自我管理、专业教育甚至是电脑技术来替代领导。对于关注全面质量的组织来说，每一种情况都需要适宜数量的领导（不太多也不太少），以获得高质量的结果。

情感智力理论（emotional intelligence theory）起源于主要依赖理性领导的观察研究。该理论基于情感智力的五个组成要素：(1) 自我意识；(2) 自我调节；(3) 动机；(4) 同理心；(5) 社交技能。[30]该理论认为，对情感智力的预期通常不会体现在绩效评估系统中，但这五个组成要素所代表的自我管理（要素1～3）和人际交往技能（要素4和5）对执行层领导来说，与“传统”智力（通过智商测试衡量）和技术能力一样至关重要。情感智力对于有效全面质量的意义在于将综合领导系统和长期规划过程的“愿景”转化为行动。没有可靠的自我管理（前三个要素），组织内的下属就很难接受领导者的愿景。没有成熟的同理心和社交技能（后两个要素），领导者很难与顾客、供应商和组织外部其他人员有效合作，以建立企业长期有效性所需的融洽关系，而这对于注重全面质量的组织至关重要。

通过审视以上领导理论的特点，我们可以看到它们如何应用于实践（参见“质量聚光灯”专栏中丽思卡尔顿酒店的案例）。

质量聚光灯

丽思卡尔顿酒店

丽思卡尔顿酒店已退休的前首席执行官霍斯特·舒尔茨（Horst Schulze）和他的高层领导团队注意到，领导者在特定情况下处理下属的决策基于积极归因（归因理论）。在丽思卡尔顿酒店，员工能力的假设是既定的，甚至延伸到“我们是为淑女和绅士服务的淑女和绅士”这一公司座右铭中。

新酒店创立过程中体现了转变型领导理论的诸多方面，领导者会明显表现出转变型领导的做事风格。这些活动包括从长远的角度出发，以顾客为中心，倡导共同的愿景和价值观，努力激发组织的智力，在培训上投资，承担一定风险，并把员工看成独立的个体。

丽思卡尔顿的员工能否像油井消防员团队那样？领导替代理论为这种观点提供了一些支持，正如前面所述，如果下属（团队成员）的特征、他们执行的任务的性质以及组织提供的指导和激励是一致的，那么正式的领导可能是无效或者适得其反的。丽思卡尔顿的领导模式结合了高水平的团队成员培训（聚焦黄金标准）和能力（通常在高度专业的工作中看到，如外科医生），情况通常是动态的。因此，员工必须经常自我领导。他们“代替了领导”，被授权采取行动，无须等待监督批准。

通过授权员工作为各个层次的领导，丽思卡尔顿提供了易于发展和更好利用情感智力的环境，如情感智力理论所描述的那样。因此，员工和顾客的交流与关系管理促使丽思卡尔顿对每个员工进行培训，提供人际交往技能，以完善自我管理。情感智力领导的组成要素——自我意识、自我调节、动机、同理心和社交技能——经常体现在员工的自我管理能力（要素 1～3）和对人际交往技能（要素 4 和 5）的运用中。

13.2.2 领导实践的新视角[31]

创新领导中心（CCL）一直从事“领导的性质变化”（CNL）研究。领导性质变化的研究涉及调查、互动课堂、档案和竞争性对标研究。研究的对象是美国及国际上的中高层管理者，其中许多人参加过创新领导中心的资深领导培训课程。该研究突出了两点：首先，有证据表明在日益复杂和混乱的商业环境中，关键的领导技能正在从“硬”分析转向“软”协作分析；其次，学术研究期刊的文章并没有反映出这一趋势。

该研究将当前和未来管理面临的挑战分为三类：技术性、适应性和危急性。技术性挑战是指领导者和组织过去面临的、已建立解决能力的挑战。适应性挑战是指当前的领导技能必须得到扩展并适应新环境的挑战。危急性挑战是指应对领导或组织从未面临的非连续和危急状况的挑战。

研究表明，领导技能需要以下转变：

- 从一个职位转变为一个过程；
- 从职能导向转变为无边界导向；
- 从关注高层转变为关注整个组织；
- 从独立决策转变为相互依赖决策；

- 从通过个人能力发展转变为通过团队和网络发展；
- 从职位权力转变为知识权力；
- 从竞争转变为合作；
- 从逻辑和理性转变为直觉和感性；
- 从墨守成规战略转变为灵活战略；
- 从推销意见转变为询问接受意见。

很多组织已经发生了以上变化，特别是那些拥抱质量原则的组织，除了可能的感觉/情感——这与质量管理中基于事实的管理哲学相冲突。关于未来，受访者认为组织将继续朝过程领导的方向转变，过程领导将通过相互依赖决策出现在整个组织中。组织应持续寻求个人能力发展和团队/网络能力发展，以及职能领导和无边界领导之间的平衡。

13.3 领导、治理和社会责任

组织领导的一个重要方面是对公众的责任和良好的公民行为。通用电气首席执行官杰弗里·伊梅尔特（Jeffrey Immelt）指出："好的领导者懂得回报……我们应该利用自己的平台做一个好公民。因为这不仅是一件好事，也是一种经营需要。"[32] **企业社会责任**（corporate social responsibility，CSR）是指"企业对其社会影响的责任"。[33] 企业社会责任意味着组织行为必须符合道德伦理，并对经济、社会、文化和环境问题敏感。这包括遵守法律和道德标准、公司治理规定，以及公众健康、安全和环境保护条例。

从领导的视角看，社会责任的一些关键原则包括[34]：

- 责任；
- 透明；
- 道德行为；
- 尊重相关方利益；
- 遵守法律规则；
- 遵守国际行为准则；
- 尊重人权。

这些原则对员工、顾客和投资者越来越重要。企业社会责任已经成为一种战略需要，一种竞争或市场需要，特别是在企业丑闻发生之后。已有证据表明社会责任和企业绩效之间存在正相关性。[35] 有道德的经营环境会赢得顾客和员工的信任，并良性循环，带来更高的顾客满意、更强的员工承诺和更好的质量，所有这些都会带来更高的利润。

国际标准化组织制定了自愿性社会责任标准 ISO 26000：2010——《社会责任指南》（Guidance on Social Responsibility），证明了这一问题的重要性。[36] 该标准提供了以下方面的指导：

- 社会责任相关的概念、术语和定义；
- 社会责任的背景、趋势和特征；
- 社会责任有关的原则和实践；
- 社会责任的核心主题和问题；
- 在整个组织内，通过组织的政策和实践在其影响范围内整合、实施并倡导社会责任行为；

- 识别利益相关方并密切联系；
- 沟通有关社会责任的承诺、绩效和其他信息。

该标准拓宽了企业对社会责任的认识，有助于组织在尊重文化、社会、环境和法律差异以及经济发展条件的同时履行其社会责任，并强调绩效结果和改进。

社会责任从一开始就在波多里奇准则中占有重要地位。[37]在最初的 1988 年标准中，公共责任仅仅关注企业对外沟通支持外部质量保证或改进活动的信息。随后几年里，拓展到企业如何将其质量领导扩展到外部社会，并将其对公众健康、安全、环境保护和道德经营实践的责任整合到公司的质量方针和活动中。这包括公司如何提升质量意识并与外部团队共享；公司如何鼓励员工领导并参与外部组织的质量活动；公司如何定义和设置质量改进目标，以及用于监控质量和过程评价的指标。

当波多里奇项目首次在 1992 年标准中提出核心价值观和概念时，公共责任是最初的 10 个核心价值观之一：

> 公司的顾客需求和质量体系目标应解决组织公民和责任方面的问题。这包括商业道德、公共健康与安全、环境，以及在公司经营和地理区域分享质量相关信息。健康、安全和环境因素需要考虑产品和服务的生命周期，包括废弃物产生等因素。在这种情况下，质量计划应解决生产、销售和产品使用的全周期内可能出现的不利突发事件。计划应包含避免问题以及避免失败后公司的回应，包括如何维持公众的信任与信心。质量体系包含公共责任意味着不仅要满足所有联邦、州和地方法律法规要求，而且要把这些要求和相关要求视为持续改进的领域。此外，公司应在资源的合理限度内支持国家、行业和社区活动，共享非专有质量信息。

1993 年，核心价值观引入这一观念——把联邦、州和地方法律法规要求视为持续改进的领域，“而不仅仅是合规”。同时扩展了企业公民的概念：“企业公民是指在公司资源合理限度内对重大公开目标的领导和支持，包括上面提到的企业社会责任领域。该目标可以包括教育、资源保护、社区服务、提升行业和企业实践，以及共享非专有质量信息。”1994 年和 1995 年又附加了以下描述以进一步扩展：“领导作为企业公民需要影响其他私营和公共组织，使其成为这些目标的支持者。例如，个别公司可以带头努力，帮助界定其行业对社区的责任。”

（波多里奇准则领导类目条款 1.2 专门聚焦社会责任和组织治理。该条款关注组织的治理体系；绩效评审；合法、合规和道德行为；社会福利以及社区支持。）

2000 年，这一核心价值观做了重大修订：

> 组织领导需要重视对公众的责任并履行好公民义务。这些责任指组织的基本期望——经营道德，对公众健康、安全和环境的保护。健康、安全和环境包括组织的运营以及组织产品和服务的生命周期。组织还应注重保护资源和从源头上减少废弃物。在计划活动中预测产品的生产、分销、运输、使用和消除负面影响。计划应设法预防问题，在出现问题时给出直截了当的反应，并提供维持公众意识、安全和信心所需的信息和支持。对于许多组织来说，从公共责任的角度来看，产品设计阶段

是至关重要的。设计决策会影响生产过程以及城市和行业的废弃物。有效的设计策略应该预见不断增长的环境需求和相关因素。组织不仅应满足所有地方、州和联邦法律法规要求，还应将这些要求和相关要求视为“不仅仅是合规”的持续改进机会。这就要求在管理绩效时采用适用的测量指标。履行好公民义务是指在组织资源合理限度内领导和支持重大公共目标。这些目标可能包括改善教育、社区医疗、环境卓越、资源保护、社区服务、行业和经营实践以及分享非专有信息。作为企业公民，领导还需要影响其他私人或公共组织为实现这些目标而合作。例如，您的组织可以带头努力，帮助界定其所在行业对社区的责任。

2003年，这一核心价值观更名为“社会责任”（social responsibility，现为 societal responsibility）。

13.3.1 组织治理

高层管理者负责创造一个使员工决策和行动以及利益相关方的互动符合组织道德和职业原则的环境。高层领导必须建立利益相关方和员工对其组织治理的信任，并确保遵守法律和合乎道德。对于任何组织，无论规模大小、公共或私有，道德意味着超越盈亏的考虑，超越简单地发布行为准则，去创造一种重视良好治理、透明度、诚信和社会责任的组织文化。

例如，SSM医疗中心实施了一种系统化的组织道德行为，称为企业责任过程（CRP）。该过程不但与美国劳工部监察长办公室的模范遵守计划的要素一致，而且超越了遵守的范畴，以确保企业价值观在所有工作过程中得到体现。员工、医生、志愿者和供应商都可以通过拨打保密热线来提出问题，任何问题都会得到调查和处理。毕马威认为企业责任过程是全国范围内的最佳实践。在美德瑞达公司，一套行为准则定义了所有交易和交往中的道德行为，并且适用于全球范围内的所有员工和供应商。行为准则是公司员工入职培训计划的一部分，并通过每季度给所有员工发送“行为准则挑战”电子邮件得到强化。此外，美德瑞达公司还设有匿名道德热线和电子邮箱，以及经营道德委员会和法律顾问委员会。

治理（governance）是所有领导体系的重要方面，它指的是管理一个组织时所实施的管理和控制体系。公司章程、制度和政策记录了所有者/股东、董事会和首席执行官的权力和责任，并描述了如何管理组织以确保问责制、运营透明和公平对待所有利益相关方。治理过程可能包括战略方向批准、CEO绩效监测和评价、继任计划、财务审计、高管薪酬、信息披露和股东报告。有效的治理过程可以减少过去发生的股票操纵、财务造假、公司和个人贪腐等问题。事实上，有证据表明良好的治理和正直诚信是成功的重要因素。例如，拥有最佳公司治理实践的组织在股票指数方面通常也表现出众。

安然（Enron）等公司的财务丑闻促使美国通过了《萨班斯-奥克斯利法案》（Sarbanes-Oxley Act）。根据该法案，所有上市公司需要向美国证券交易委员会（SEC）提交有关内部会计控制有效性的年度报告。《萨班斯-奥克斯利法案》对不遵守规定的行为处以刑事和民事处罚，并要求提供内部审计证明和加强财务披露。

2002年，几乎是在《萨班斯-奥克斯利法案》通过的同时，企业圆桌会议——一个由许多令人尊敬的《财富》500 强公司 CEO 组成的团队，制定了一套《公司治理原则》，为企业提供合规指南。[38]这些原则描述了董事会监督高层管理者和公司道德运营，公司管理以有效和道德的方式进行，进行公平及时的财务披露，由独立审计公司审核财务报表，使用独立会计师事务所避免利益冲突并符合公认审计标准，以公平公正的方式与员工打交道，董事会回应股东关切，公司以公平公正的方式与所有利益相关方打交道等方面的责任。

例如，卡特彼勒金融服务公司（CFSC）建立了强有力的内部财务管理体制。职责和权力的分离可以防止滥用，内部和外部都要对体系进行审计。CFSC 的卓越经营委员会监控投资组合的质量。作为公开交易债券的发行人，CFSC 的财务和投资组合的实践与结果由外部评级机构和分析师评估并公布。CFSC 执行办公室和董事会审计委员会对公司进行监督。虽然法律没有规定，但 CFSC 早在十多年前就确立了股票期权受让人的股权要求，所有股权计划都由股东批准。

13.3.2 社会责任

企业社会责任的一个重要方面是产品设计和制造的安全性。产品设计等规划活动应预期公司产品的生产、分销、运输、使用和处置所产生的不利影响，以保障消费者和社会的福利。另一个重要方面是敏感信息的管理和安全。例如，美国州立农业保险公司（State Farm Insurance）采取了物理、电子和组织保护措施来保护顾客信息。它不断评估自身政策和做法，监控计算机网络，测试安全强度，以帮助确保顾客信息的安全。最后，组织明确了保护环境的责任。研究表明，卓越的环境绩效和卓越的质量相辅相成。产品和服务质量高的公司在环保过程中也有更高的责任感。此外，有证据表明，在环保方面取得成绩可以成为提高质量的重要驱动力。[39]

太阳能涡轮机公司是卡特彼勒的全资子公司，也是全球最大的中等功率工业燃气轮机系统的供应商，其社会责任核心业务原则和环境健康与安全政策指导着公司的责任和公民行为。公司内部运营的环境健康和安全战略超越了合规要求，并争取行业领先。产品和服务必须符合地方、州和联邦标准，以及特定国家和管理机构有关废气废水排放的标准。太阳能涡轮机公司的策略显著减少了有害原材料的使用和有害废弃物的产生，增加了循环和再利用，提高了能源效率并减少了水的消耗。公司及其一个关键供应商与加州州立理工大学（Cal-Poly State University）合作建立了振动与转子动力学实验室。组织满足地方、州和联邦的法律与监管要求后，应该持续改进。

履行好公民义务指的是在组织资源限制范围内对重大公共目标的支持和领导，包括改善教育、社区健康、环境卓越、资源保护、社区服务和专业实践。履行公民义务还需要带头努力，帮助界定行业对社区的责任。例如，第 15 学区联合学校以多种方式支持社区。它是地方联合慈善基金会最大的捐助者之一，从 1998—1999 学年到 2002—2003 学年，其捐款增加了 50%以上；学区设立了“胡佛健康基金”，与当地医疗机构合作服务于第 15 学区的学生，否则他们将无法获得所需的医疗服务；学区管理者为 48 个地方委员会贡献了 1 500 多小时的志愿者服务。此外，学区还为学生提供了多种社区服务机会，诸如为无家可归者的避难所提供修缮服务，向贫困家庭捐赠衣服和书籍，为医院的儿童制作被子，以及支持食品募捐活动等。[40]

很多企业与教育机构结成互惠互利的合作伙伴。企业为学校、学院和大学带来优质的操作实践和流程、领导及管理技能与培训、导师或讲师志愿者，以及勤工俭学的机会。作为回报，教育界向企业输送潜在的员工，他们不仅有与学科相关的传统技能，而且有新的基本技能，如解决问题、批判性思维、决策、团队协作和创造力。学校认识到企业是重要的顾客，把企业需求结合到课程中，让其最终产品——毕业生为就业做好准备。

质量实践

GSAM 医院的领导[41]

GSAM 医院（Advocate Good Samaritan Hospital）是位于伊利诺伊州唐纳斯格罗夫（芝加哥郊区）的 Advocate Health Care 公司旗下的急症护理机构。自 1976 年开业以来，已经从一个中等规模的社区医院发展成为医疗行业全国认可的领先者。然而，它并非一直在全国得到认可。2004 年，GSAM 被评价为“良好”而不是“伟大”的医院。质量虽然一直被评价为良好，但是护理水平却参差不齐；辅助人员满意度不错但也算不上突出，医师满意度高低不同，患者满意度平平，技术和设施逐渐落后于其他医院；在激烈竞争的市场上面临财务困难。医院领导层决心重新定义卓越医疗，因此医院开始了一场组织变革，使医院“从优秀迈向卓越”（from Good to Great，G2G）。这样做的理由如下：

- 更好履行成为“康复之地”的使命；
- 建立一个框架以激发和整合其建立忠诚关系并提供伟大医疗服务的努力；
- 通过成为医师执业、辅助人员工作和病人接受治疗的最佳场所来辨识自己并确保未来的成功。

GSAM 医院采取的第一步包括：

1. 建立一个鼓舞人心的愿景：向患者提供以卓越的医疗结果、服务和价值为标志的非凡体验。

2. 领导者对愿景做出承诺。

3. 建立协调性、所有权和透明度来支持愿景。院长引用甘地的话指出：“要想改变世界，就先改变自己。”他认识到组织的变革不能委托他人。领导需要形成一种危机感，解释原因，并根据十要素进行深入沟通。

2006 年，G2G 之旅在患者满意度和临床措施方面取得了一些突破性成果，并催生了医疗卫生领域的前沿创新。然而，关键问题仍然存在：如何确保长期的可持续性？如何为未来创造资产？如何实现最佳实践？如何获得可重复的卓越？它的回答是通过引入波多里奇准则成为一个过程驱动的组织。下一步主要是建立一个系统的领导过程，见图 13-2 所描述的医院领导体系（GSLS）。各方框代表过程步骤，箭头代表确保完成步骤所需的领导行为。

医院领导体系确保所有层级的领导者都了解对他们的期望是什么。患者和利益相关者处于体系的中心。在医院使命、价值观和理念的驱动下，所有领导者必须理解利益相关者的需求。在组织层面，这些需求在战略策划过程中确定，并被用来设定方向、确定和分解目标。医院确定了协调一致的实现目标的行动计划，并与员工沟通，以使员工参与其中。医院还对目标和过程指标进行了系统评审，并在必要时对进程进行校正，以确

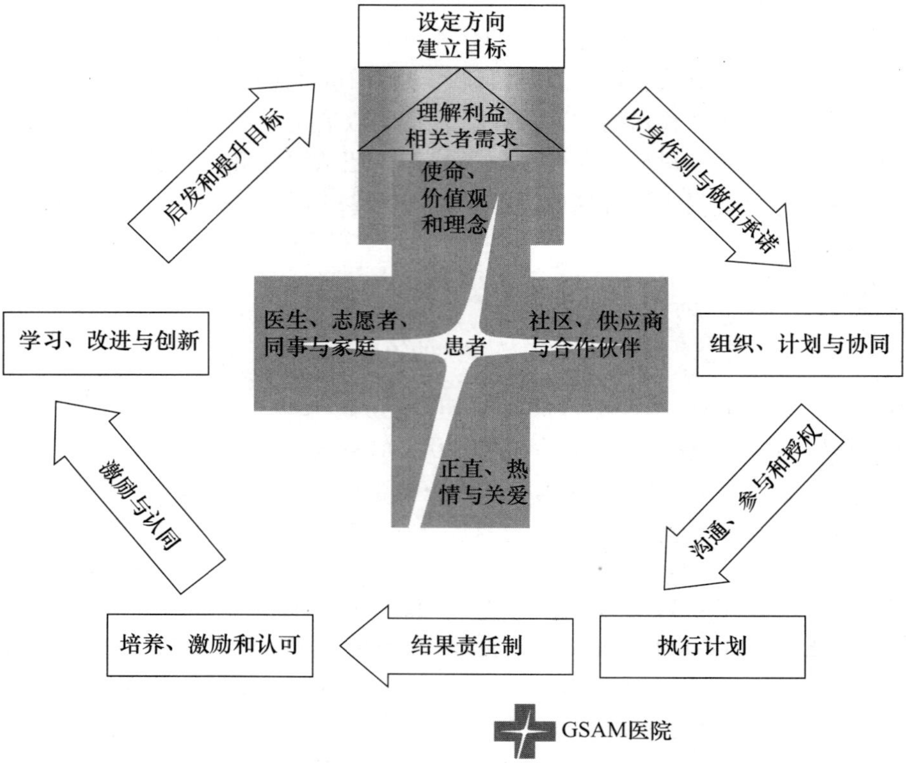

图 13－2　医院领导体系

保绩效符合计划。这种对绩效的关注创造了一种问责制的节奏，并通过"能力确定/员工学习和培养体系"以及对高绩效的奖励和认可，带来后续的员工发展。培养与认可使员工学习知识，获得激励。分解战略策划过程中建立的目标以及对现状的不满意，促使员工通过绩效改进体系学习、提升和创新。当领导者评审年度业绩、审视环境、重塑组织挑战时，可以运用沟通机制来启发和提升目标。

GSAM 医院建立了系统的 8 步治理过程，将 Advocate Health Care 治理委员会和高层领导的指导分解到 GSAM 医院治理委员会/高层领导团队，进而分解到所有员工。所有组织层次的指导文件和程序确保了治理的整体意图，并通过指标和目标进行跟踪。该过程通过治理委员会的监督、独立审计和董事会的多样化组成保证了对所有利益相关者透明和公正。对指标体系、使命、愿景和理念、行为标准的年度评审确保了责任制和合规的实现。

GSAM 医院通过多个利益相关方和社区监听站，向战略策划过程提供输入，以解决社区的社会福利问题。医院还考虑对社区的环境影响。GSAM 医院的绿色团队实施了多种策略来节约能源和回收材料，以保护环境。与使命相匹配，GSAM 医院重视社会福利和社区医疗，向无支付能力的人提供治疗服务。此外，GSAM 医院积极参与"进入杜佩奇"创新社区健康方案，通过该方案，医院的初级护理师和专家可以向无医疗保险者提供服务，医院提供免费的全科化验和治疗。社区集会、筛查、接种、医院员工食品中心也支持环境、社会和经济体系。医院还通过高管团队成员多方参与社区委员会的活动，为社区改善做出贡献。此外，专业护理人员、医疗人员和其他员工也积极参与多种服务和专业组织。

医院的市场占有率获得了提升，患者满意度在全国各细分市场的排名超过 90%，医师和辅助人员的满意度达到 97%。Delta Group 在 2010 年全国医院整体护理排名中将 GSAM 医院列为伊利诺伊州第 1 名，全美第 4 名。医院还被汤森路透集团（Thomson Reuters）评为 2011 年 50 佳心血管病治疗医院之一。

● **关键问题讨论**

1. GSAM 医院如何体现战略领导的理念？

2. 这一案例中能看到哪些领导行为、实践和理论？

3. GSAM 医院的领导体系模型如何与波多里奇准则框架中的条款保持一致？

质量实践

美国铝业的领导变革[42]

美国铝业公司（Alcoa）2005 年在《财富》500 强中排第 79 位，在全球拥有 12.9 万名员工，2004 年销售额为 239.6 亿美元。美国铝业一直以先进、创新的管理而闻名。公司对员工很好，尽量避免裁员和关闭工厂，除非由于持续的负面结果而被迫做出改变，公司 47 个工厂中仅 15 个有工会。然而，美国铝业位于华盛顿阿迪的工业镁工厂遭遇了一场史无前例的危机，使公司陷入混乱，导致领导层变动，最终带来安全、生产效率和利润方面的巨大改进。

危机爆发的时候（20 世纪 80 年代末），工厂面临两个严峻的问题：一个是不可接受的严重伤害次数，平均每年 12.8 次；另一个是连续 5 年无利润。对于第一个问题，显然没有明确、易于实施的解决方案，但企业管理层曾建议，为了遏制赤字问题，裁员 100 人以上几乎是不可避免的。业务统计数据显示了问题的严重性和普遍性。镁的价格出现下跌，在公开市场上单位售价 1.45 美元的镁在美国铝业的工厂里单位生产成本为 1.48 美元。质量控制低于抵消市场力量所需的水平，镁回收率仅为加工原料的 72%。

工厂问题的表面原因包括缺乏责任感、质量控制差、领导能力不足和士气低落等。公司管理层强调安全第一，盈利第二。一名员工的死亡连带着其他 7 名员工受伤，以及无法接受的财务损失，使公司高级管理层决定，改变工厂管理势在必行。唐·西蒙尼克（Don Simonic），一位有着美国铝业工作经历的前大学橄榄球教练，被聘为工厂经理。他的改革团队成员包括当时的人事经理汤姆·麦库姆斯（Tom McCombs），以及外部顾问罗伯特（Robert）和帕特里夏·克劳斯比（Patricia Crosby）。如果新的领导团队无法扭转工厂的颓势，关闭或出售工厂是唯一的选择。

团队组建以来，工厂借鉴社会技术体系理论，设计了开放体系和基于团队的文化。这与宝洁设立肥皂工厂的方式相似，被认为是一种领先的组织设计。生产工业镁的过程是高度现代化和技术化的，经工作团队创新后与技术体系更匹配。这家工厂吸引了来自公司内外的参观者，他们希望进行运营对标，与团队成员对话。组织结构包括：

- 没有直接主管的自主和自我指导的团队。团队对自己的工作领域负责。
- 24 小时领导层，包括团队协调员、安全人员、培训人员和团队资源（内部推进者）。

● 被称为轮班协调员的主管，有 4～5 个团队向他报告，他与团队协调员进行联系。轮班协调员通常与团队保持一定的距离，因为如果他们干预了团队的运作就会惹上麻烦。团队会说："别烦我们，我们知道自己在做什么。"如果他们不干预，上层管理者会说团队没有做他们应该做的事情。主管被夹在了中间。

员工虽然得到了授权，但是没有在危机中做出关键决策的能力。克劳斯比认为，工厂里决策和职权不清晰是罪魁祸首。由克劳斯比和工厂领导一起构想的新领导模式，涉及目标设定和决策实践的重大变化，该模式要求：

● 新的清晰的目标设定；

● 协商而非纯粹协商一致的决策方法；

● 必须务实地削减成本。

随着转型的推进，西蒙尼克认定裁员对实现新目标至关重要。首先，所有临时工和合同工都被解雇。领导宣布再裁员 100 人时，一名小时工表示他的团队可以大幅减少镁冶炼炉运转所需停机时间。这个过程涉及在一个坩埚填满后切换到一个新的坩埚（一种日本制造技术，称为一分钟换模（SMED））。新的团队方法需要更多的劳动力，但将停机时间从通常的一个半小时缩短为一个小时。西蒙尼克取消了迫在眉睫的裁员。当新工艺在工厂的所有 9 个熔炉上采用时，节省了 1 000 万美元。这超过了 100 名员工的工资，他们由此保住了工作。

西蒙尼克召开战略会议，与固定薪水员工和非固定薪水员工集中对话。他的目标是协调系统的各个部分，明确做决策的人，解释影响决策的因素，以及沟通制定决策的原因。然后，西蒙尼克设定了目标，并发表了声明，比如，"这些就是目标。你和我们所有的员工都要对这里的情况有第一手的了解。我不管你怎么做到，但我会支持你选择做到的方式。如果你不能达到目标，我会介入并决定我们将如何达到目标"。人事经理麦库姆斯回忆他们如何建立一个矩阵来反映团队成员和主管将做出什么样的决策。如果需要，监管者将保留所有决策权。在西蒙尼克到来之前，决策主要是通过协商一致做出的。

这一过程的结果是每个项目或任务都由一个人负责，称为单点责任制。这被证明是一个关键的改变，单点责任制被用来代替共识（团队）方法，而共识（团队）方法以前是执行项目的唯一方法。麦库姆斯和西蒙尼克认为，要使单点责任制取得成功，就必须确立时间表（完成特定任务的时间）。在向团队和员工明确了期望后，他们开始更好地实现目标。

在美国铝业聘请西蒙尼克担任工厂经理 18 个月后，这项变革取得了惊人的成果：产品单位成本从 1.48 美元降至 1.18 美元，镁回收率提高了 5 个百分点（1 个百分点价值 130 万美元），严重伤害次数从每年 12.8 次降至每年 6.3 次。尽管在整个过程中都出现了积极的迹象，但事实证明，避免裁员事件是最关键的，因为员工后来承担起了运用自己的创造力来实现工厂目标的责任。在接下来的两年里，这家工厂成为世界上成本最低的生产商，生产力提高了 72%。美国铝业总裁甚至要求所有的工厂经理现场参观，从阿迪工厂的转变中学习。

阿迪工厂和美国铝业其他几家工厂采用的一种决策技巧是协商决策，即经理做出最终决策，但首先要与团队协商。例如，麦库姆斯回顾了一个需要对几个团队进行纪律处分的事件："这些团队将有 24 小时的时间向管理层提出他们对处分方式甚至是解雇的建议，管理层将调整处分。95%的情况下我们会接受团队的建议并执行。"

这种咨询方式也被用于做出雇佣决定。例如，团队可能会考虑美国铝业雇用少数族裔的需求。"团队会提交他们的经理人选，他们的选择往往是正确的，决策只是走一个过程。"麦库姆斯解释说。

另一个成功的方法叫做"骨干"。在转变过程中，西蒙尼克和克劳斯比将与骨干一起工作，他们是从员工中挑选出来的关键人物，发挥两方面的作用：(1) 观察和评估变革过程；(2) 参与变革过程。这些骨干成为工厂领导能力发展、变革管理、冲突管理、质量和工作流程方面的技术资源。

在谈及西蒙尼克对组织的影响时，麦库姆斯指出："他充满活力，非常有魅力。他有很强的领导风格，思路清晰。但你必须与组织大家庭合作——西蒙尼克的信念之一。改进发生在小团队中。你必须与团队的领导和员工合作，使他们与团队协调一致，克服所有困难。"根据麦库姆斯的观点，西蒙尼克遵循四条明确的原则："领导者必须引领、做出决策、有清晰愿景并确定方向。一旦领导者确定了方向，并有突破性的目标，就能把大家团结在一起，人们就可以告诉领导者他们将如何实现这一目标。领导者不应该告诉别人怎么做，但他需要确定方向。而这正是西蒙尼克做得很好的地方。"麦库姆斯坚信这一点。

遗憾的是，阿迪工厂没有保持这种转变的势头。1992 年，西蒙尼克和麦库姆斯离开，帮助美国铝业其他工厂扭亏为盈。公司管理层又回到裁员的老路上。他们解雇了所有的部门负责人，最后每个人都向主管或工厂经理汇报。这再次导致决策过程中缺乏清晰的领导和职权。

或许得益于上一次转变中获得的成功和技能，克劳斯比认为，第二次复苏相对容易一些，应该能在西蒙尼克和麦库姆斯离开后的某个时间实现。就在工厂似乎回到正轨，即将迈向成功时，命运却对它开了一个玩笑。镁的价格再次下跌，阿迪工厂失去了竞争优势。2001 年秋天，阿迪工厂关闭，大约 350 名员工失业。

● **关键问题讨论**

1. 从战略管理的立场，你认为美国铝业的管理层为什么在工厂持续亏损以及运营效益低下的 5 年里没有采取任何措施？

2. 西蒙尼克的领导风格如何？是否符合本章所阐述的某些领导理论？

3. 其他组织采用西蒙尼克的领导风格以及西蒙尼克到阿迪工厂任职前和离开后的组织体系的难易程度如何？

复习题

1. 定义领导。卓越绩效的文化为什么是必要的？
2. 列举并解释强有力的领导所具备的关键能力和个人特征。
3. 总结卓越绩效的关键领导实践活动。
4. 什么是战略领导？它与一般的领导概念有何不同？

5. 解释领导体系的概念。有效的领导体系应该包括哪些要素?

6. 指导小组在多数领导体系中的作用是什么?

7. 新兴领导理论如何区别于传统领导理论? 总结这些理论并指出其在卓越绩效领导方面的重要性。

8. 交易型领导理论如何区别于转变型领导理论? 交易型领导为什么与质量和卓越绩效联系更紧密?

9. 什么是企业社会责任，它对组织为何重要?

10. ISO 26000：2010 标准在社会责任方面如何指导组织?

11. 解释社会责任如何在波多里奇准则中体现出来。

12. 什么是治理? 为什么组织拥有一个强大的治理体系很重要?

13. 举例说明企业履行社会责任的方法。

案 例

强生医药公司[43]

强生医药公司（Johnson Pharmaceuticals）是一家积极应对质量挑战的大型制造企业。公司实施了与 ISO 9000 兼容的质量体系，以确保不仅符合美国食品药品监督管理局（FDA）的要求，而且使顾客满意。内部审计部门对公司制造工厂的审计显示：有些工厂面临挑战，有些则长期纠结于生产质量和相关规定。这一事实也反映在内部研究报告和 FDA 的检验报告里。

大多数情况下，制造厂共享一致的资源并面临相似的环境。所有工厂都被赋予通过同一机制满足质量体系要求的责任，也都理解不合格的后果。于是，问题变成了为什么一些工厂能够达到质量体系的要求，一些工厂却不能。

尽管这些工厂在很多方面非常相似，但由于每个工厂都有自己的首席执行官，他们在领导能力方面有所不同。首席执行官作为工厂的领导者，有责任确保质量体系的成功实施。这些工厂在首席执行官领导的组织成员方面也有区别。领导和组织成员之间的关系对工厂实施有效质量体系的能力至关重要，有效性是衡量工厂如何成功遵守 FDA 法规和内部质量标准的一个指标。

两个工厂有一种相似的文化，描述为持稳最贴切，反映了对外部环境反应的刚性水平，但不反映组织承诺。A 厂领导采用的战略结合了中高度的结构化行为和中高度的激励行为，B 厂领导采用的战略结合了中低度的结构化行为和中高度的激励行为。

◆ **讨论题**

1. 每个工厂的首席执行官展示了什么类型的情境领导风格?

2. 从情境领导模式的视角看，哪种风格更合适? 为什么?

3. 如果发现 A 厂在实现质量体系目标方面更成功，你是否感到惊讶?

领导在什么地方?[44]

在 Ablecor 公司，高级管理层每年 1 月宣布一项重组计划，6 月完成。重组计划会提到战略目标和竞争环境，但每年变化不大。领导层没有宣布重组将要完成什么，也没有解释任何流程变化。此外，没有努力让员工参与新的计划。归根结底，这些重组没有任何改变，只是对管理人员和部门进行了改组，以证明裁员是合理的。整个公司的一线经理、中层管理人员和初级管理人员一整年都在担心重组，担心自己是否会在今年被裁掉，然后庆幸自己又能多活一年。经济不景气，离职后很难找工作。除了一些关键职位外，对那些承担新职责的员工几乎没有培训或发展计划。顾客每年都要与接二连三的新联系人或“重新洗牌”的联系人打交道，常常感到困惑和沮丧。

在 Baycor 公司，高层领导要求一个部门制定推出新产品所需的行动计划和项目。该部门经理主动实施变革，成立了一个领导小组，由部门经理和一些关键问题专家组成。随着员工越来越多地受到围绕变革的思想和想法的启发，领导小组意识到，如果变革得到实施，他们的权力基础将消失，特别是如果员工有权提出变革建议并自行做出一些决策。领导小组决定不允许发生任何重大变化。主管和员工期待了 4 个月，领导小组只是宣布转型完成，没有实质性的改变。这让员工感到沮丧和泄气。

◆ **讨论题**

1. 讨论 Ablecor 公司的领导层为何未能促成旨在创建可持续组织结构和环境的变革。
2. Baycor 公司忽视了有效战略领导的哪些方面？
3. 这两个企业的领导应该采取哪些行动？

Arroyo Fresco——评价领导

在网站 www. cengage. com/decisionsciences/evans/quality/lle 上有一个名为 “Baldrige Excellence Builder” 的文档，它是波多里奇准则的简版。它还包含一个虚拟组织 Arroyo Fresco 的案例研究。该案例研究用于在奖项评审过程中培训国家评审员（每年为评审员培训准备新的案例研究）。

在典型的波多里奇评审中，评审员基于申请者对波多里奇准则问题的回答来确定其优势和改进机会。阅读该组织对准则类目 1——领导——的回答。识别你认为它在这一领域最重要的优势和改进机会。为此，请仔细对照它对准则问题的回答。

注　释

1. "Hyundai Gets Hot," *Business Week*, December 17, 2001, 84-85; J.D. Power and Associates, "The Power Report, Special Power Report on Hyundai," June 2004; "Hyundai: Kissing Clunkers Goodbye," *Business Week*, May 17, 2004, 45.
2. Debbie Phillips-Donaldson, "On Leadership," *Quality Progress*, August 2002, 24–25.
3. *Answering the 2011 CEO Challenge: Accelerating Growth through Quality*, The Conference Board, CP-031, June 2011, http://www.conferenceboard.org.
4. Rudolph C. Hirzel, "Leadership Characteristics for Quality Performance," *Quality Management Forum* 30, no. 1 (winter 2004), 3–4.
5. 2003 Baldrige Award Profiles of Winners, National Institute of Standards and Technology, U.S. Department of Commerce.
6. Robert Slater, *Jack Welch and the GE Way* (New York: McGraw-Hill, 1999), 219.
7. Michael Hitt and Duane Ireland, "Achieving and Maintaining Strategic Competitiveness in the 21st Century: The Role of Strategic Leadership," *Academy of Management Executive* 19, no. 4 (November 2005), 63 (reprinted from February 1999).
8. Meryl Davids, "Where Style Meets Substance," *Journal of Business Strategy* 16, no. 1 (January/February 1995), 49.
9. Kimberly B. Boal and Robert Hooiberg, "Strategic Leadership Research: Moving On," *Leadership Quarterly* 11, no. 4 (2000), 516–518.
10. Mike Freeman with Benjamin B. Tregoe, *The Art and Discipline of Strategic Leadership* (New York: McGraw-Hill, 2003), 22–23.
11. Hitt and Ireland, 65–67.
12. AT&T Quality Steering Committee, *Leading the Quality Initiative*, AT&T Bell Laboratories, 1990, 13–14.
13. John R Latham, "Leadership for Quality and Innovation: Challenges, Theories, and a Framework for Future Research," *Quality Management Journal* 21, no. 1 (2014), 11–15.
14. Cited in Deborah Hopen, "The Changing Role and Practices of Successful Leaders," *Journal for Quality & Participation*, April 2010, 4–9.
15. The following references provided additional information about each of the leadership theories cited in Table 13.2. "Great man" model: R M. Stogdill, *Handbook of Leadership* (New York: The Free Press, 1974); Ohio State Studies: E. A. Fleishman and E. F. Harris, "Patterns of Leadership Behavior Related to Employee Grievances and Turnover," *Personnel Psychology* 15 (1962), 43-56; Michigan Studies: Rensis Likert, *The Human Organization: Its Management and Value* (New York: McGraw-Hill, 1967); Theory X-Theory Y Model: Douglas McGregor, *The Human Side of Enterprise* (New York McGraw-Hill, 1960); Managerial Grid model: R. R. Blake and J. S. Mouton, *The Managerial Grid* (Houston, TX: Gulf Publishing, 1965); Leadership effectiveness model: Frederick E. Fiedler, *A Theory of Leadership Effectiveness* (New York: McGraw-Hill, 1967); Supervisory contingency decision model: V. H. Vroom and A. G Jago, *The New Leadership* (Englewood Cliffs, NJ: Prentice-Hall, 1988); Managerial roles: Henry Mintzberg, *Mintzberg on Management: Inside Our Strange World of Organizations* (New York: The Free Press, 1989). Also, *The Nature of Managerial Work* (New York Harper & Row, 1973); "The Manager's Job: Folklore and Fact," *Harvard Business Review* (July/August 1975); Leader-

Member exchange: G.B. Graen and M. Uhl-Bien, Relationship-based approach to leadership: "Development of Leader-Member Exchange (LMX) Theory of Leadership over 25 Years: Applying a Multi-Level Multi-Domain Perspective: Special Issue: Leadership: The Multiple-Level Approaches (Part 1)," *Leadership Quarterly* 6 (1995), 219–247; Charismatic theory: R J. House, "A 1976 Theory of Charismatic Leadership" in J. G Hunt and L. L. Larson (Eds.), *Leadership: The Cutting Edge* (Carbondale, IL: Southern Illinois University Press, 1977), 189–207. Also, J. A. Conger, *The Charismatic Leader: Behind the Mystique of Exceptional Leadership* (San Francisco, CA: Jossey-Bass, 1989); *Transformational theory:* op. cit. James M. Burns; N. M. Tichy and D. O. Ulrich, etc.; *Substitutes for lea d-ership:* op. cit. Jon P. Howell, David E. Bowen, Peter W. Dorfman, Steven Kerr, Phillip M. Podsakoff; *Emotional Intelligence:* op. cit. Daniel Goleman.

16. http://www.referenceforbusiness.com/management/Int-Loc/Leadership-Theories-and-Studies.html. This and all documents under and extending from the group Encyclopedia of Management—Int-Loc are Copyright © 2006 by Thomson Gale, a part of the Thomson Corporation (accessed 2/17/06).
17. Bernard M. Bass and Bruce J. Avolio, *Improving Organizational Effectiveness through Transformational Leadership* (Thousand Oaks, CA: Sage Publications, 1994), 2.
18. http://www.referenceforbusiness.com/management/Int-Loc/Leadership-Theories-and-Studies.html. Encyclopedia of Management—Int-Loc are Copyright © 2006 by Thomson Gale, a part of the Thomson Corporation (accessed 2/17/06).
19. For further discussion of this model, see Richard A. Grover and H. Fred Walker, "Changing from Production to Quality: Application of the Situational Leadership and Transtheoretical Change Models," *Quality Management Journal* 10, no. 3 (2003), 8–24; and Gary Yukl, *Leadership in Organizations,* 6th ed. (Upper Saddle River, NJ: Prentice-Hall, 2006), 223–224.
20. Claude F. Graeff, "Evolution of Situational Leadership Theory: A Critical Review," *Leadership Quarterly,* Summer 1997, 8, no. 2; Warren Blank, John R Weitzel, and Stephen G. Green. "A Test of the Situational Leadership Theory," *Personnel Psychology,* Autumn 1990, 43, no. 3.
21. Gary Yukl. *Leadership in Organizations,* 6th ed. (Upper Saddle River, NJ: Prentice-Hall, 2006), 224–225.
22. The term *transformational leadership* has been attributed to James M. Burns. See his book, *Leadership* (New York: Harper & Row, 1978). Other sources are N. M. Tichy and D. O. Ulrich, "The Leadership Challenge: A Call for the Transformational Leader," *Sloan Management Review* 26 (1984), 59–68; N. M. Tichy and M. A. Devanna, *The Transformational Leader* (New York: John Wiley & Sons, 1986); B.M. Bass, *Leadership and Performance Beyond Expectations* (New York: The Free Press, 1985).
23. B.M. Bass. *A New Paradigm of Leadership: An Inquiry into Transformational Leadership* (Alexandria, VA: US Army Research Institute for Behavioral and Social Sciences, 1996), cited in Yukl, *Leadership in Organizations,* 263.
24. Bruce J. Avolio and Bernad M. Bass, *Developing Potential Across a Full Range of Leadership* (2002), 117–118.
25. Yukl, *Leadership in Organizations* (citing Bass, 1985), 262.
26. Philip Atkinson, "Leadership, Total Quality and Cultural Change," *Management Services,* June 1991, 16–19.
27. Bruce J. Avolio and Bernad M. Bass, *Developing Potential Across a Full Range of Leadership* (2002), 6.
28. Kathleen L. McFadden, Stephanie C. Henagan, and Charles R. Gowen III, "The Patient Safety Chain: Transformational Leadership's Effect on Patient Safety Culture, Initiatives, and Outcomes," *Journal of Operations Management* 27, no. 5 (October 2009), 390–404.
29. Jon P. Howell, David E. Bowen, Peter W. Dorfman, Steven Kerr, and Phillip M. Podsakoff, "Substitutes for Leadership: Effective Alternatives for Ineffective Leadership," *Organizational Dynamics,* Summer 1990. Also see Steve Kerr and John Jermier, "Substitutes for Leadership: Their Meaning and Measurement," *Organizational Behavior and Human Performance,* December 1978; and Jon P. Howell, Peter W. Dorfman, and Steven Kerr, "Moderator Variables in Leadership Research," *Academy of Management Review,* January 1986.
30. Daniel Goleman, "What Makes a Leader?" *Harvard Business Review,* November-December, 1998, 93–102; and Daniel Goleman, *Working with Emotional Intelligence* (New York: Bantam Books, 1998).
31. http://www.ccl.org/leadership/pdf/research/NatureLeadership.pdf (accessed 2/9/06); André Martin. *2005 Changing Nature of Leadership Report.* Center for Creative Leadership, 2005.
32. Marc Gunther, "Money and Morals at GE," *Fortune,* November 15, 2004, 176–182.
33. This definition was put forth by the European Commission as noted in http://europa.eu/rapid/pressReleasesAction.do?reference=MEMO/11/730 (accessed 4/4/12).
34. Holly Duckworth, "Embedding Social Responsibility Principles Within Quality Leadership Practices," *Quality Management Journal* 22, no. 1 (2015), 6–9.
35. Bjorn Andersen, "A Framework for Business Ethics," *Quality Progress,* March 2000, 22–28.
36. ISO 26000:2010 Abstract, http://www.iso.org.
37. A review of management theories and their relationships with CSR and the Baldrige Criteria can be found in Jessica Foote, Nolan Gaffney, and James R Evans, "Corporate Social Responsibility: Implications for Performance Excellence," *Total Quality Management & Business Excellence* 21, no. 8 (August 2010), 799–812.
38. n.a. The Business Roundtable. *Principles of Corporate Governance* (May 2002, revised in November 2005), http://www.businessroundtable.org/pdf/CorporateGovPrinciples.pdf (accessed 3/2/06).
39. Frits K. Pil and Sandra Rothenberg, "Environmental Performance as a Driver of Superior Quality," *Production and Operations Management* 12, no. 3 (2003), 404–415.
40. Consolidated School District 15, Malcolm Baldrige National Quality Award Application Summary, 2003.
41. Adapted from Advocate Good Samaritan Hospital Baldrige Award Application Summary, www.nist.gov/baldrige; and PowerPoint presentation by David S. Fox, President "Leadership: Our Strategic Advantage," presented at the 2011 Quest for Excellence conference, Washington, D.C.
42. Adapted from Sara R. Olberding, "Turnaround Drama Instills Leadership," *Journal for Quality and Participation,* Jan/Feb 1998. Source: http://www.findarticles.com/.
43. Adapted from Lisa Walters, "Leading for Quality: The Implications of Situational Leadership," *Quality Management Journal* 8, no. 4 (October 2001), 48–63.
44. Our thanks go to a former student, Emily Morgan, whose class discussions inspired this case.

第14章 建立和维持质量与卓越绩效

在宾夕法尼亚州黎巴嫩山华盛顿小学一年级教师卡尔利·劳伦特（Carly Laurent）的教室里，闪闪发光的笑脸贴纸和粉色蜡笔使其看起来不像是那些实践全面质量和卓越绩效的组织。但是，学校使用的教学方法与成年人组织的“持续改进”管理模式的某些部分类似。在华盛顿小学，“员工”是小学生，最终产品是更好的拼写、阅读和数学成绩，日常管理技巧听起来可能与企业界使用的有些不同。“好吧，宝贝，让我们看看你的拼写测试。”劳伦特女士对6岁的迪亚乌莎·布朗（Tiausa Brown）说。迪亚乌莎获得了满分10分，劳伦特与她击掌相庆并夸她“棒极了”。然后，迪亚乌莎将一个笑脸贴纸贴在班级考试成绩图上，与同学商量后，用粉色蜡笔在她的个人资料活页夹中填涂了一个条形图。在所有学生都收到分数并用活页夹记录学习进度后，劳伦特把全班同学召集起来，将本周的拼写成绩（全部为8分、9分和10分）与前一周的拼写成绩（部分为5分和6分）进行比较。他们还讨论了哪些工作做得好（在脑子里拼写，在汽车里练习），以及下次可以采取哪些不同的方法予以改进（检查作业，把词写在便笺上，贴在浴室里）。艾奥瓦州锡达拉皮兹市的助理校长指出：“在教育环境中，从董事会和总务处到每名学生，我们都要尽力应用这种理论，即使是幼儿园学生也会说：‘我明天能比今天更好吗？’”自2004年锡达拉皮兹市实施持续改进计划后，五年级学生的数学熟练水平每年上升6.9%，并持续到八年级，阅读归纳水平每年上升9.6%。[1]

质量和绩效卓越可以应用于许多类型的组织，如华盛顿小学的例子所示（本章中的“质量档案”专栏介绍了另外两个非传统案例）。该案例还表明，创造追求质量和卓越绩效的文化并不困难。然而，许多组织未能成功地实施质量和绩效卓越行动。很多实施成功的组织发现这种成功只是暂时的，无法长期维持。建立和保持卓越绩效需要有效的领导、对变革的承诺和**组织可持续能力**（organizational sustainability）（满足当前需求的能力并具有成功地为未来做好准备的敏捷性、管理技能和组织结构）、采用完善的做法和实施战略，以及持续的组织学习。采用卓越绩效理念的动机通常源于以下两个基本原因：一是公司对威胁其生存的竞争做出反应；二是公司认识到卓越绩效实践代表了改进和业务发展的机会。无论出于何种原因，在组织中建立质量和卓越绩效都需要变革，而变革一直是组织的障碍。研究人员注意到，超过70%的变革举措都失败了。我们在第13章中讨论的理念、工具和框架对每个组织都是现成的，它们需要的仅仅是实施。正如我们在上一章强调的，领导至关重要，但对文化、组织变革、学习和自我评估的深刻理解也很重要。在本章中，我们将讨论任何组织从“优秀迈向卓越”都必须应对的问题，或者仅仅是改进和提高竞争力所需解决的问题。

质量档案 蒙哥马利县公立学校与金德里德护理康复中心

蒙哥马利县公立学校（Montgomery County Public Schools，MCPS）是马里兰州最大的学区，也是全美第 16 大学区。学校服务于一个极其多样化的社区，学生来自 164 个国家，共 14.4 万多名，讲 184 种语言。学校的全面改革工作以“我们的行动口号：追求卓越”这一学区战略规划为指导。该规划包括五个战略目标，明确规定了关键绩效指标和行动计划，并在全区范围内保持一致。高级领导者与合作伙伴、顾客和社区进行广泛的外联活动，以寻求共同的关注点和期望，这些关注点和期望已融入行动口号。然后，行动口号在整个组织中宣传。行动口号与《马里兰州教育理事会的卓越教师计划》和联邦要求保持一致。通过向下逐级分解，每个办公室、部门和学校都制订了相关的改进计划，其中包括评估适当行动方案的绩效指标，所有这些都与行动口号保持一致。学区战略规划的系统协调性直接影响到学校实现其核心竞争力的能力，即开发和实施严格的教学计划以满足每个学生的需求。

学校从大学目标和职业需求出发，反向设计了教育过程，识别了学生实现目标所需的知识和技能。学校制定了《进入大学的七大关键》——一个包括七个可测量的学习目标的路径，跨越了幼儿园到高中，并在整个学校系统内实施。这七大关键构成了进入大学的准备轨迹，每个关键点都建立在前一个关键点的基础上。学校的学生在国家评估中取得了很高的成绩，并且正在缩小种族和社会经济水平的差距。例如，在中学阅读方面，在 2006—2010 年的五年时间里，学校将非洲裔美国学生和白人学生的成绩差距缩小了 13 个百分点。毕业率和家长满意度远远高于全国平均水平。

“提供希望，促进愈合和恢复”是金德里德护理康复中心（Kindred Nursing and Rehabilitation）的使命，这是一家拥有 68 张床位的技术护理中心，位于爱达荷州凯洛格——一个坐落在落基山脉山麓的乡村社区。该中心的卓越服务计划衡量为所有顾客提供的服务水平。该计划包含八个成功要素：自豪感、同理心、乐趣、团队合作、正直、尊重、专业精神和责任感。几乎所有员工表示，他们倍感振奋，希望能为该中心的运营提出更好的新方法。同时，他们称自己接受了适当的培训，可以高质量地工作。中心通过在线课程、交叉培训、持续教育和职业发展提高了员工能力。强大、忠诚的员工队伍使其直接员工护理水平始终高于州、国家和竞争对手。为确保提供优质的顾客服务，该组织采用了多种方法，包括：高级领导看望住院患者（称为“轮访”），召开定期护理计划会议，出院后电话随访，征求住院患者委员会意见，设立中心卓越服务和开放项目，召开定期的“站起来”会议（每天 5～10 分钟的更新会议，每个人都站着，以保持会议聚焦和简短）。

基于对医疗保险和医疗救助服务中心有关疗养院对比数据的分析，金德里德护理康复中心在几个长期和短期住院结果方面展示了“可能的最佳结果”。例如，自 2014 年以来，该中心在长期住院患者的疼痛管理方面取得了可能的最佳结果，短期住院患者的表现超过了州和国家基准 10%～20%。连续七年，该中心获得了医疗保险和医疗救助服务中心最高的五星级质量评级，该评级旨在帮助居民、家庭和护理人员对疗养院进行比较。

资料来源：Baldrige Award Recipient Profiles，National Institute of Standards and Technology，U. S. Department of Commerce.

14.1 组织文化与变革

组织要想真正在质量和卓越绩效方面取得成功，就必须定义和推动组织文化。**文化**（culture）（特别是企业文化）是组织价值体系及其指导原则的集合。文化是任何组织可持续发展和长期成功的重要因素。迪士尼、宝洁和 IBM 等公司都有很强的企业文化。华盛顿特区一家咨询公司——怀亚特公司（Wyatt Company）开展的一项调查发现，最常提及的变革障碍是员工抵制和“功能失调的企业文化”——员工共同的价值观和行为与其长期健康状况不符。[2] 功能失调的企业文化的一个例子是，一家高科技公司强调个人奖励，而创新依赖团队合作。通用汽车一直在努力改变一种狭隘的文化，在这种文化中，“更关注高层领导怎么想，而不是找出正确的道路并努力付诸实践”。这一点在通用汽车备受关注的点火开关故障问题中得到体现。新任首席执行官玛丽·巴拉（Marry Barra）通过明确期望和责任并注重每一刻的行为改变来着手改变公司文化。[3]（想想我们在第 3 章中介绍的“关键时刻”的概念——员工之间的每一次互动都会影响组织的文化。）

文化由领导驱动。[4] 例如，在创业企业中，创始人的行为往往反映在组织员工的行为中。在个性形成期，领导者的行为和个性通过日常的互动展示给员工。再如，一个企业家可能会建立一种基于及时交付产品和兑现对顾客的承诺的文化。而另一个企业家可能比较容忍交付的延迟，并向员工传达对公司业绩产生负面影响的不可靠信息。这些价值观最终会成为员工的价值观。

随着企业的发展，创造和传播理想文化的过程变得越来越困难，因为企业家不再参与组织的日常活动。在此阶段，有必要正式定义企业的文化价值和员工的预期行为。这通常通过组织策略和实践来实现。[5] 例如，正像我们在第 11 章中看到的那样，文化价值常常体现在组织的使命和愿景表述中。在企业使命和愿景表述中，经常会出现“我们将不断努力以提高我们所有产品的质量水平”或“团队合作对我们的共同成功至关重要”这样的描述。

文化对行为有着强大的影响，因为它被广泛地传播，不需要耳提面命，通常是不由自主实现的。因此，信奉卓越绩效原则的组织更有可能成功实施这些实践。相反，行为会推动文化的发展。当卓越绩效实践在一个组织内被惯常使用时，员工就会相信全面质量的基本原则，文化变革也会发生。

14.1.1 质量文化

质量文化可以简单地描述为每个员工都接受组织的质量愿景、价值观和目标作为一种生活方式。波多里奇项目前主任哈里·赫兹（Harry Hertz）指出：“如果没有文化契合，技能将不再重要。”他指出，高地信用合作社（Elevations Credit Union）基于其核心价值观进行聘用和解聘，作为组织一分子对价值观的基本道德承诺决定了其是干事者还是坏事者。质量文化有以下特征[6]：

- 以质量为导向并创造满意顾客的积极环境；
- 注重自然的持续改进；
- 员工不仅遵守质量程序，而且始终与他人合作以采取注重质量的行动；
- 员工在工作的各个方面都注重质量，把质量放在第一位；
- 员工负责质量行动。

2014 年，一项针对 2 291 名高管和经理的全球调查发现，尽管 75%的高管认为他们的组织展现了一种质量文化，但这些组织中只有 47%的质量专业人员赞成这一观点。这样的统计数据表明，那些只看到大局的高管并没有完全意识到战壕里到底发生了什么，也没有完全理解过程层面的挑战和困难。因此，高层领导必须支持并参与质量行动。调查还表明，寻求建立质量文化的组织必须对整个组织所理解的质量含义有清晰的认识，明确质量价值观和目标、顾客参与、对每个人基于质量的绩效期望，以及适当的激励措施。波音公司的一位高管描述了一种创建质量文化的简单策略：确保所有员工都了解的产品或可交付成果，了解他们的顾客，了解顾客的质量期望，并有衡量质量的指标。[7]

质量聚光灯

惠普公司

在惠普公司，质量是由顾客定义的，公司致力于“提供满足顾客期望的解决方案、产品和服务，并提供非凡的体验”。为了加强其质量文化，惠普制定了正式的质量方针。该方针从根本上规定：质量是每个人的责任，惠普致力于不断改进产品和服务，并通过满足要求和将质量融入所做的每件事来提供卓越的顾客体验。为实现这一愿景，每个人都被视为领导者，并被期望可以举例说明五个关键的领导力属性和相应的质量行为：

1. 始终负责。
   a. 就质量问题进行公开和频繁的沟通；
   b. 自行解决质量问题。
2. 胜利的意志。
   a. 制定大胆的质量和持续改进目标；
   b. 相互合作以提供市场定义的质量。
3. 对顾客热情。
   a. 随时为顾客考虑；
   b. 在权衡时，优先考虑顾客。
4. 高能力与创新。
   a. 在整个业务生命周期内要求卓越的质量；
   b. 授权、鼓励质量创新、挑战现状。
5. 开发员工与团队。
   a. 对质量人才、工具和过程进行投资；
   b. 奖励和表彰卓越质量。[8]

14.1.2 变革组织文化

区分战略制定和实施导致的组织变革（如“战略变革”）和运营评审活动导致的组织变革（如“过程变革”）是很重要的。[9]战略变革源于战略目标，这些目标通常以外部为中心，与重要的顾客、市场、产品/服务或技术机遇和挑战相关。组织必须改变这些方面才能保持竞争力。战略变革的范围很广，是由环境因素驱动的，与组织实现目标的能力密切相关。例如，通用电气在整个公司实施六西格玛，惠普决定并购康柏。相反，过程变革处理的是组织的运营。相应的例子如：一家医疗保健机构发现其收集和分析信息的能力薄弱，随后投入 5 000 万美元进行信息系统升级；AT&T 某部门发现许多员工不能牢记部门的战略愿景，这促使管理者增加与员工的会议和交流，以改善沟通。尽管对业务过程的变革也会产生持久的影响，但变革的范围往往很窄。与战略变革推动整个组织范围内的行为变化不同，过程变革往往局限于组织的特定单位、部门或职能。例如，改进组织衡量顾客满意度的过程通常需要对有限的职能领域进行实质性调整，如营销或信息系统。表 14-1 中，我们对比描述了战略变革与过程变革的特征。战略变革对文化的影响最为迅速。然而，不断积累完善的过程变革也能带来积极和可持续的文化变革。

表 14-1 战略变革与过程变革

	战略变革	过程变革
变革主题	组织方向的转变	组织过程的调整
驱动力量	通常是环境力量——市场、竞争对手、技术变革	通常是内部因素——“如何更好地协调我们的过程？”
典型前奏	战略策划过程	管理体系自我评价
组织变革的范围	一般是广泛的	通常很窄——部门或职能
事例	进入新市场 寻求低成本的定位 兼并与收购	改进系统 建立聘任指南 制定改进的顾客满意度指标

资料来源：Adapted from Matthew W. Ford and James R. Evans, “Baldrige Assessment and Organizational Learning: The Need For Change Management,” *Quality Management Journal*, 8, 3, 2001, 9-25.

当组织考虑变革时，必须回答一些棘手的问题：为什么变革是必要的？变革对我们的组织（部门、工作）有什么影响？会遇到什么问题？可能最重要的一点——变革会带来什么？变革使人感到不适，因此管理变革很少令人愉快。[10]管理变革通常需要一个定义完善的过程，就像其他业务过程一样。将变革管理视为一个过程有助于确定实现预期结果所需的步骤。它还迫使组织将员工视为将受到变革影响的顾客。大多数变革过程包括三个基本阶段：第一个阶段涉及调查组织现状和去除被普遍接受的行为模式；第二个阶段是不断变化的状态，在此阶段，开发新的方法来取代暂停的旧活动；最后一个阶段是将新的行为和态度制度化。例如，美国运通公司认为其变革过程包括五个步骤[11]：

1. 定义变革的范围：我们为什么这样做？
2. 创造愿景：变革以后是什么样子？
3. 驱动承诺：需要做些什么才能使变革奏效？
4. 加速转变：我们将如何持续管理这些努力？
5. 保持势头：我们学到了什么以及如何运用？

组织必须要问的第一个问题是“为什么要变革？”大多数公司——甚至包括波多里奇奖获得者——因为生存受到威胁而改变了它们的文化。例如，施乐公司眼睁睁地看着自己的市场份额在 10 年的时间里从 80%降到 13%（见第 1 章的“质量实践”专栏）；波音公司的运输机和加油机分部即将丢掉与美国政府的合同。联邦快递、旭电公司和温莱特工业公司虽然没有遇到致命的危机，但对未来威胁的感知成为它们变革的动力。当面临生存的威胁时，组织会更快更顺利地实施变革。然而，在不面临危机的情况下，组织通常很难获得任何重大变革的支持。这种阻力反映了一种态度：“如果没有坏，就不要修理。”遗憾的是，今天的自满往往导致明天的危机。有远见的领导者将变革视为一种改善和保持或提升现有市场领导地位的方法。在这种情况下，人们甚至可能试图制造一种危机心态来实现变革。[12]

在许多情况下，中层管理者虽然认识到了变革的必要性，但要从高层管理者那里获得承诺并不容易。正如一位质量主管所指出的：“如果管理层没有意向，你将很难劝说他们。”得克萨斯铭牌公司首席执行官戴尔·克劳诺弗（Dale Crownover）认为，向高层管理者推销质量的最佳方式是向他们展示由于缺勤、停工、没有程序、缺乏工作描述和糟糕的培训而导致的损失。展示投资回报是有力的变革推动因素。

管理层必须明白需要变革什么。卓越绩效文化与传统管理文化截然不同。许多传统做法源于美国企业的基本结构，这一结构产生于 18 世纪亚当·斯密的分工原则，并在泰勒的科学管理时代得到巩固。[13]其中包括专权领导、内部竞争、职能壁垒和刚性程序。尽管这些做法在当时是合适的，并为过去的成功做出了贡献，但这些做法已不能满足当前的时代要求。卓越绩效文化可以概括如下[14]：

- 高度重视卓越绩效——获得期望的行为和结果。也就是说，明确关注支持组织使命、愿景和战略目标的成果。
- 组织承认其成功取决于员工的高绩效。员工是绩效最重要的驱动力。
- 战略结果驱动工作。在组织、过程和个人层面上有明确的协调一致性。
- 管理就是致力于创造支持和维持高绩效的条件和结果。最终，领导是成功的关键。

为了推动变革，组织必须改变行为以及政策和程序。朱兰等人认为，组织必须培育五种关键的行为来建立积极的质量文化[15]：

1. 必须通过在整个组织内传播结果来建立和保持质量意识。
2. 必须提供管理领导的证据，例如在质量委员会任职、提供资源或领导质量项目（如六西格玛）。
3. 必须通过工作设计、运用授权团队和个人对质量的承诺来鼓励自我提升和授权。
4. 必须为员工参与提供机会以鼓舞行动，如改进团队、产品设计评审、六西格玛培训等。
5. 必须提供认可和奖励，包括对良好绩效和有形价值的公开承认。

有趣的是，这些建议通常都是围绕人的，正如我们所强调的，人是组织成功最重要的因素。

所有员工在实现卓越绩效方面都发挥着至关重要的作用。我们在上一章中广泛讨论了高层领导的作用。通过中层管理人员的领导，可以将高层领导的愿景转化到组织运营中。许多人认为，中层管理人员是创造卓越绩效支持环境的直接障碍。[16] 由于中层管理人员在组织中的地位，他们被指责助长了地盘竞争，扼杀了信息流。他们也被指责没有培养员工或未让员工为变革做好准备。如果中层管理者不愿采取有助于持续改进的举措，他们将面临持续改进努力的威胁。通常，他们会被排除在外，并受到高层管理人员和一线员工的关注。但是，中层管理人员在创造和维持卓越绩效文化中的作用至关重要。中层管理人员改善了运营流程，这些流程是顾客满意的基础。他们可以建立或破坏协作与团队合作，而这些是其余员工为变革做准备的主要手段。

中层管理者必须表现出支持卓越绩效的行为，因为他们是初级管理者和员工的榜样。这样的行为包括：像倾听顾客一样倾听员工的声音，创造积极的工作环境，成为初级管理者和主管的榜样，热情地实施质量改进，促使员工产生新想法并发挥潜能，鼓励主管赋予员工权力，设置具有挑战性的目标，提供积极的反馈，以及兑现承诺。对于许多中层管理人员来说，这些变化通常很难接受。

最后，为了提高交付质量以及使卓越绩效战略取得成功，不仅需要向员工授权，而且必须赋予员工所有权。所有权超越了授权，它使员工有权决定要做什么以及如何做。[17] 在西屋公司，工人将所有权定义为："对我们的工作承担个人责任……以确保我们达到或超过顾客和我们自己的标准。我们相信所有权是一种精神和心理状态，其特征在于个人和情感上的承诺，以所有者的信心和领导能力处理每一项决定和任务。"第4章讨论的自我管理团队代表了一种所有权形式。

组织政策和程序，如奖励制度，往往必须调整以适应新的文化。例如，许多公司的客户服务代表都因为他们处理呼叫的速度而获得奖励，而不是因为他们满足了顾客的要求。除非改变这种奖励制度，否则管理层提高顾客满意度的请求将是一句空谈。

质量聚光灯

温莱特工业公司

组织文化变革的一个有力例子是温莱特工业公司。[18] 20世纪七八十年代，温莱特工业公司的销售额损失了数百万美元，运营放缓到每周3天，员工和管理层之间的紧张关系加剧。首席执行官认识到问题出自管理层，进行了重大的变革。员工被称为合伙人，每个人都可以得到非体力劳动者的薪水。合伙人在失去工作后也会被支付薪水，加班可以得到1.5倍工资。变革以后，公司的出勤率始终保持在99%以上。管理者脱下衬衫摘下领带，从首席执行官到普通员工都穿着统一的工服，工服上有"温莱特团队"的标签。某合伙人团队制订了一个利益共享计划，可使每人每6个月得到一份相同的奖金。每个人都可以看到公司财务报表。此外，取消了所有预留的停车位，包括首席执行官办公室在内的墙壁都换成了玻璃。公司视内外部顾客为合作伙伴，并和他们进行了广泛的沟通。最令人印象深刻的事情是：一名工人承认他无意间损坏了某台设备，要知道大多数工人都害怕报告这种事故。首席执行官召开全厂大会，说明所发生的一切。他随后叫那名工人站起来，握住他的手并感谢他报告了这起事故。公司的事故报告率从 0 提升到 90%，公司还给出了预防事故的建议。正如我们在本书其他地方所说的，温莱特工业公司的文化可以概括为“真诚的信念和信任”。

14.1.3 变革的障碍

把组织文化成功转变为一种具有可持续性的卓越绩效文化存在许多障碍。了解这些障碍有助于管理变革过程。质量计划失败的一个原因是缺乏目标的坚定性。实施质量计划的人往往有相互冲突的目标和优先事项，根本没有贯彻执行计划。一个新任首席执行官可能会忽略或取消一个成功的质量计划。这样的行为会让那些失去参与动机的员工产生愤世嫉俗情绪。

失败的另一个原因是缺乏一个整体系统的观点，这是波多里奇准则的核心价值观和概念之一。许多实施质量的方法是一维的，因此容易失败。例如，一些公司可能会强调使用六西格玛，但可能只将它应用于组织很窄的领域，如制造环节。这些公司会看到一些进步，但没有整个组织的参与，成功将受到限制。另一些公司可能专注于减少生产和顾客服务中的缺陷，但忽视了产品设计和顾客关系管理流程。实现卓越绩效需要全面的努力，包括本书中讨论的所有要素，并跨越“三个层次的质量”——个人、过程和组织。尽管专注于过程改进很容易，但是建立跨职能的合作以及围绕诸如波多里奇之类的框架来构建整个组织很难。

也许大多数组织遇到的最重大的失败是缺乏与组织体系的协调和整合。波多里奇准则强调了这些概念。**协调**（alignment）指计划、过程、信息、资源决策、行动、结果和分析的一致性，以支持整个组织的关键目标。有效的协调需要对目的和目标有共同的理解，并在三个层次质量的每一个层次上运用互补的措施和信息进行规划、跟踪、分析和改进。**整合**（integration）是指计划、过程、信息、资源决策、行动、结果和分析的协调，以支持整个组织的关键目标。整合超越了协调，只有当绩效管理系统的个体元素像完全联系的一个单元那样运作时才能实现。

协调良好的组织，其过程的关注重点是实现共同的愿景和战略。协调组织是一项具有挑战性的任务，需要通过合理的战略和有效的部署才能实现。

14.2 质量与卓越绩效战略

组织可以通过许多途径获得卓越的质量和绩效，但没有一条是“最佳途径”。许多组织只使用 ISO 9000，有些使用六西格玛，有些使用波多里奇。许多组织以某种方式整合了波多里奇、ISO 9000 和六西格玛（这通常是随着组织的成熟和成长而发生的）。[19] 例如，梅萨产品公司的绩效改进系统嵌入公司的质量管理体系中，并通过 ISO 9001 认证予以管理。公司采用了好几种改进过程，这些过程围绕 PDCA 循环、精益和六西格玛的定义、测量、分析、改进和控制策略等方法建立。基于 ISO 9001 的质量管理体系与梅萨产品公司的波多里奇准则相结合，以整合、一致的方向约束业务过程，从而实现卓越绩效（见图 14－1）。

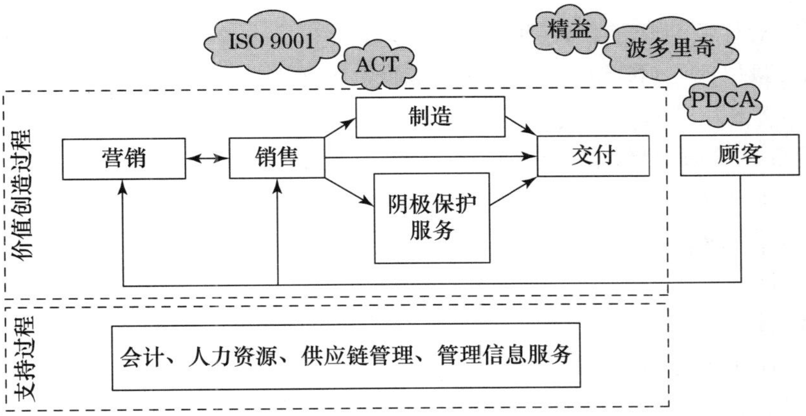

图 14－1 梅萨产品公司的质量管理体系

资料来源：MESA Products，Inc. 2006 Malcolm Baldrige Quality Award Application Summary.

美国质量基金会的乔舒亚·哈蒙德（Joshua Hammond）敦促美国商界领袖开发出质量与卓越绩效方法，以最大限度地发挥他们的优势。一个成功的战略需要与现有的组织文化和能力相适应，这就是为何波多里奇准则具有普适性。一项对波多里奇奖获得者的研究得出结论，每个获奖组织都有一个独特的“质量引擎”，以驱动它的文化和组织过程。[20] 表 14－2总结了一些例子。这张表并不意味着卓越绩效的其他方面可以忽略。质量引擎只是根据组织文化定制质量工作，并提供关注点。一个组织使用的任何方法或方法的组合都应该是最有意义的，并且能在组织中发挥作用。

表 14－2 质量引擎的例子

组织	质量引擎	关注点
Pal's Sudden Service	关注过程	从新产品引入到招聘，再到工作系统，都被视为影响顾客满意的过程
Clarke American Checks	战略策划	让所有利益相关者参与专注业务运营和变革的“服务第一”战略
夏普医疗护理中心	关注顾客	旨在改变医疗体验的“夏普体验”
北密西西比医疗中心	测量与知识管理	获奖的管理信息系统和电子医疗记录
PRO-TEC 涂料公司	员工参与	安全第一；领导及整个组织内的沟通
梅萨产品公司	技术	行业独特的制造设备和设计中心

14.2.1 最佳实践

最佳实践（best practices）仅仅是那些被企业界认可的（并且通常经过某种研究验

证的）能够带来成功绩效的实践。像迪士尼、微软和许多波多里奇奖获奖者这样的组织已经识别了被其他组织采用的最佳实践。将最佳实践融入组织是建立质量和卓越绩效能力的重要战略。

詹姆斯·哈林顿与安永会计师事务所（Ernst & Young）和美国质量基金会共同进行的“国际质量研究”（IQS）表明，试图实施世界级组织的所有最佳实践可能不是一个好策略。[21]事实上，实施错误的实践会伤害组织。研究表明，只有五种最佳实践是“通用的”，而且无法提高绩效的可能性只有 5%。它们是：

1. 周期时间分析；
2. 过程价值分析；
3. 过程简化；
4. 战略策划；
5. 正式的供应商认证计划。

除此之外，最佳实践还取决于组织当前的绩效水平。也就是说，组织必须循序渐进、有条不紊地建立自己的能力。例如，开始追求卓越绩效的组织可以通过专注于基础方法而获得最高的收益。这些基础方法包括：部门和跨职能团队合作、顾客关系培训、问题解决和建议系统、利用内部顾客投诉系统提出新产品和服务创意、在获取新技术时强调降低成本、在战略策划中使用顾客满意度测量方法、加大对各级员工的培训力度、把质量战略重点放在“创建质量”和“检验质量”上。一旦这些基础方法落实到位，它们就可以转换到实践中，比如部门级的改进团队、解决问题和其他特定主题的员工培训、听取供应商对新产品的建议、强调执行对质量保证的作用、定期和一致地测量进度并与中层管理人员共享质量绩效信息、强调质量是组织声誉的关键。最后，建立了完善质量体系的组织，可以通过向新员工提供顾客关系培训、使高层管理者在评审时关注质量和团队合作、鼓励非管理员工广泛参与质量会议、采取世界级水平对比、与顾客和供应商沟通战略策划、提供售后服务以培养顾客忠诚、制订计划时关注与竞争对手对比和顾客满意指标等方法获得最大收益。研究还表明，如果应用不当，某些做法可能会对绩效产生负面影响。例如，处于质量之旅早期阶段的组织不能从过程对标中获益，而那些拥有完善系统的组织则不能从增加的培训中获益。

奇怪的是，国际质量研究的《最佳实践报告》被一些新闻媒体解读为对那个时代提倡的质量管理理念的批判。[22]它们把这份报告简单地解读为：许多质量实践是浪费时间和无效的。相反，这些结果认为首要的努力是建立一种实施质量和卓越绩效的规范性理论（再次回到戴明那个时代），而不是依靠直觉和经验之谈。

没有耐心的管理者通常通过采用现成的质量计划和实践，或者模仿其他成功的组织来寻求立竿见影的结果。在大多数情况下，这种方法会使自己失败。最佳实践不能盲目地对标或效仿。不幸的是，许多组织都在寻求快速解决质量问题的方法。一个传闻是，有人曾经写信给戴明，要求提供质量改进的方案，并愿意支付戴明所要求的任何价格。这产生了戴明最经典的名言之一：“没有即食布丁。”我们在六西格玛中看到了类似的行为。很多公司争相和通用电气对标学习。但是，通用电气在开始实施六西格玛时已经有了质量改进的文化和丰富的经验。其他公司如果没有通用电气的文化，就无法复制通用电气的方法。

当然，组织在质量文化发展的过程中会沿着学习曲线逐步推进，因此必须仔细设计程序以优化其效果。丰田生产方式就是一个很好的例子。它从来都不是一个秘密，许多公司试图复制但都失败了。丰田的做法可以概括如下：

- 坚持不懈地开发、实施和调整系统，直到它像手套一样适合组织为止；
- 不会花时间寻找解决组织中所有问题的预制解决方案，这些方案可能在组织中起作用，也可能不起作用；
- 花时间理解自己的组织和业务，并建立一种能够使自己在行业中拥有竞争力的体系。

正如一位专业人士所说："我们最接近银色子弹（最有效的手段）的方法是创新型领导。勇敢的领导者有远见，愿意花时间去理解自己的组织，并制定一个适合组织的本土战略。"[23]

14.2.2 有效实施的原则

无论组织选择哪种方法，都必须采用一些基本原则才能成功实施。实施六西格玛的经验教训为采取任何质量和卓越绩效举措提供了关键的见解。六西格玛有效实施的原则如下[24]：

- 高层管理者的坚定领导。通用电气的管理人员亲身参与实践方法，如亲自花时间参加每一轮六西格玛培训，与初学者交谈并回答他们的问题，每周和每月进行六西格玛评估（通常未事先通知），在制造工厂和呼叫中心实地考察，以直接观察六西格玛植入文化的程度。
- 与现有举措、经营战略和绩效测量的整合。六西格玛应该在组织的使命和战略方向方面有明确的解释。由于其关注顾客和净利润，这种整合通常不太困难。在通用电气和联信这样的公司里，六西格玛已扩展到包括产品开发和金融服务在内的所有领域。例如，通用电气首先确定所有的关键顾客性能特征，然后提交给严谨的统计设计过程，确保产品达到六西格玛质量水平。
- 过程思维。作为全面质量的基本原则之一，关注过程毫无疑问是必要的先决条件。绘制业务流程图是六西格玛工作中的关键活动之一，也是一种严格的信息收集、分析和问题解决方法。
- 严格的顾客和市场情报收集。最终目标是改进那些对顾客最重要的特性，因此了解顾客需求至关重要。我们在第 3 章中讨论的方法对于帮助六西格玛项目关注顾客是至关重要的。
- 净利润导向。六西格玛项目必须在短期和长期内产生真正的节约或盈利。大多数六西格玛项目设计在 3～6 个月内完成。通用电气设立了一个财务分析师岗位，对每个项目的结果进行认证。
- 战壕里的领导。在通用电气内部，六西格玛包括各种各样的技术人员和非技术人员、经理以及来自关键业务领域的其他人员，他们作为一个团队，使用 DMAIC 方法解决问题。所有员工都参与其中，而不仅仅是那些拥有带级的人员。
- 培训。六西格玛组织几乎对每个人都进行严格的统计和问题解决工具培训。通用电气的绿带培训面向所有员工，全世界战略性区域内的员工都可以接受培训。培训通常需要 4 个月以上，公司还会让学员负责一个“绿带项目”，这样不仅能节省开支，而且能实践学到的知识。

- 持续强化和奖励。六西格玛组织已经显著改变了绩效测量和奖励体系。在通用电气，40%的高管激励与六西格玛目标和进展挂钩。在将任何节约金额归于个人之前，监督项目的黑带必须证明问题已得到永久解决。任何员工甚至高管想要晋升，都必须接受六西格玛培训并完成一个项目。一些组织还将节省的资金集中到业务部门层级，并与六西格玛团队成员共享。

这些原则也反映在波多里奇模型中。例如，波多里奇强调：领导的重要性；过程与战略目标、挑战和优势以及绩效测量协调一致；过程思维；顾客知识；注重结果；培训、奖励和认可等有效的员工管理实践。

14.3 迈向卓越绩效的旅程

维持卓越绩效需要有克服障碍和挫折的能力，将卓越绩效视为一段旅程而不是终点，并有建设“学习型组织”的能力。成功的组织意识到质量和卓越绩效是一个永无止境的旅程。“千里之行，始于足下。”与持续关注卓越绩效相比，入门似乎很容易。许多组织障碍和挑战阻碍了我们。新的努力通常会伴随极大的热情，一定程度上是因为这种努力的新颖性。过了一段时间，组织会面临现实的打击和疑虑。当早期的支持者开始质疑这个过程时，真正的问题就出现了。这时候，组织可以屈服于不可避免的失败，也可以努力坚持克服障碍。

14.3.1 质量举措的生命周期

为了帮助理解这些问题，认识到质量举措和大多数经营举措一样都遵循自然的生命周期非常有用。[25] 莱昂纳德（Leonard）和麦克亚当（McAdam）表示，理解生命周期“提供了一种战略机制，用于记录和维持质量，并积极应对实施时的缺点，例如最终可能导致失败的停滞和不充分应用”。质量生命周期的六个阶段是：

1. 采用：新质量举措的实施阶段。
2. 重生：当新的质量举措与现有的举措共同实施产生新的动力和影响时。
3. 赋能：当现有的质量举措被再次关注并给予新的资源时。
4. 成熟：当质量在整个组织中战略性地协调和部署时。
5. 限制或停滞：当质量没有被战略性地驱动或协调一致时。
6. 衰退：当举措的影响有限，趋于失败并等待终止时。

下面的案例说明了质量举措生命周期模型的含义。

一个组织通过引入团队建设和建立问题解决团队开始实施质量举措。然而，四年之后，这一质量管理举措失败了。由于初期培训有限，执行工作没有重点，与本组织的战略目标没有直接关系，新的团队合作方式给组织带来了文化冲击，其质量举措出现衰退。

组织决心继续进行质量管理，紧接着采取了第二项举措。这涉及新的培训和团队，并提供基于问题解决工具和技术的改进包。此外，高层管理者注重协调与本组织战略目标密切相关的改进工作，采用结构化绩效评估监控进度。质量经理将“高层的管理承诺和领导”作为其成功实施第二项质量举措的关键。第二项举措的质量生命周期反映了它从采用到成熟的过程。这种方法创造了强大的质量动力，实现了整个组织的战略协调和部署。从这个例子中，我们观察到两点：

1. 单独的举措会产生累积的影响，这使人们认识到选择新的质量举措必须基于组织在质量生命周期中的位置。

2. 理解质量生命周期各要素使组织能够主动地采用赋能或重生行动，以成功地维持其质量旅程。

意识到对质量动态的影响，特别是对质量生命周期特点的影响，就能够通过战略性地采取基于赋能和重生要素的应对措施，维持成功的质量管理。

在研究医疗保健领域的波多里奇奖获得者时，一群前波多里奇奖评审员和委员会委员提出了一个类似的模型来描述波多里奇之旅，如图 14－2 所示。[26] 在阶段 0，组织选择等待命令和法规，并在需要时进行变革以保持合规性。虽然它们可能偶尔会经历“随机的改进行为”，但并没有强大的动力推动组织达到更高的绩效水平。在阶段 1，组织承诺采取主动的改进方法。最初的步骤往往包括学习和运用质量改进工具和方法。通常，这个以项目为中心的阶段会引入执行举措的新能力，从而更好地改变常规实践和流程。然而，这一阶段的组织通常会遭遇停滞期。领导者会对他们持续改进的努力所产生的整体影响和变革步伐感到沮丧。对大多数这样的组织来说，项目往往可以成功，但总体文化

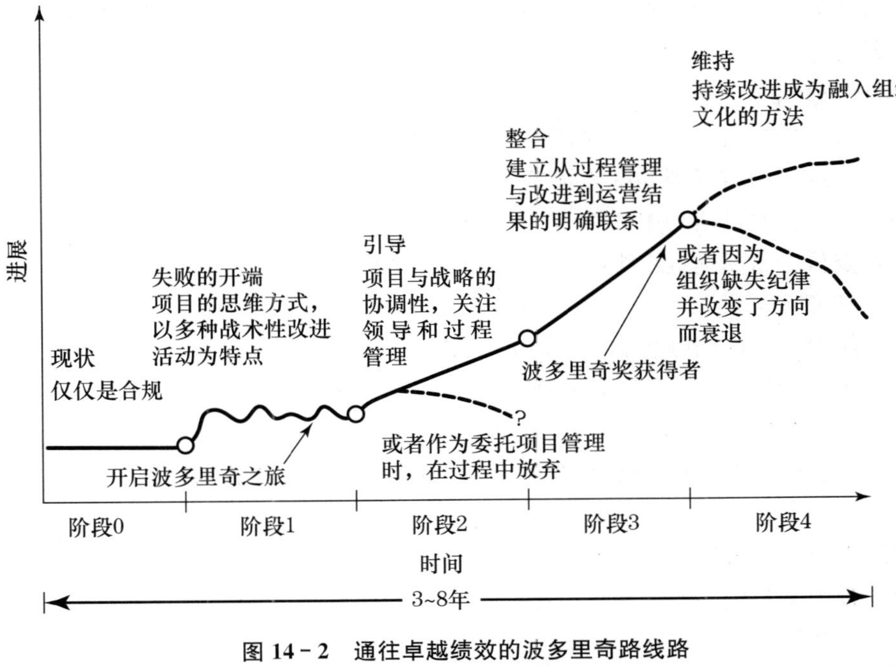

图 14－2　通往卓越绩效的波多里奇路线路

资料来源：Kathleen J. Goonan，Joseph A. Muzikowski，and Patricia K. Stoltz，MD，*Journey to Excellence：How Baldrige Health Care Leaders Succeed*.（Milwaukee：ASQ Quality Press，2009）. To order this book，visit ASQ at http：//www. asq. org/quality-press.

没有改变，整个系统的卓越绩效没有实现。有远见的领导认识到基于项目的绩效改进方法有内在局限性：改进的步伐缓慢、收益的渐进累积和组织活力的耗尽。他们寻求一种能够打破壁垒的系统整合方法，从而在整个组织中创建一种高绩效、结果导向的文化。

当高层领导亲自积极参与准则和反馈——无论是简单地回答问题、进行自我评价，还是撰写州或国家质量奖的申请报告——他们开始体验到组织变革战略的引导（阶段 2）。该阶段标志着从单一关注项目成功实施的变革转向领导方法的系统评估和改进。项目变得更加聚焦，与组织战略相一致，同时领导和管理过程也受到关注，保证了改进能力和可持续能力。随着组织对这些方法越来越熟练，整合（阶段 3）开始出现。领导的方法和过程（如价值观展开和文化建设）开始与战略策划和行动计划、计分卡和仪表盘、岗位描述和绩效审查方法以及其他运营过程相联系和协调。随着专注的工作取代狂热的活动，不协调的改进计划被取消或推迟。整合阶段的特征是对反馈采取行动，通常将反馈纳入战略策划过程。

最后，维持（阶段 4）可能导致两种结果：持续改进，或者随着组织失去关注或分心而衰退。虽然获得波多里奇奖后组织有可能失去冲劲，但许多组织重申了实现更高水平绩效的承诺。这可以通过每年持续参与波多里奇奖的评审过程来实现，也可以通过作为年度战略策划第一步的内部评估过程来实现。然而，情况并非总是如此。作者的一名学生曾在一家获得波多里奇奖的医院工作，他说："在为申请该奖做准备的两年时间里，医院做出了一些改变。大部分工作是由一小群高管完成的，很少有其他员工参与。一旦获奖，由于缺乏员工的参与，大多数举措都被放弃了。几年内，全面质量管理部门解散，由于财务问题，医院被卖给了另一个组织。"

圣鲁克医院的例子便反映了这一路线图，它于 1988 年开始卓越绩效之旅。[27]组织的关键里程碑总结如下：

1988—1991 年：

- 将患者护理委员会的重点放在更广泛的组织质量保证概念上；
- 分层次的护理监管到共享监管模式；
- 降低对过程改进活动中"坏蛋"的关注；
- 专业委员会重新配置组织跨职能的多学科团队。

1992—1993 年：

- 制订组织范围内的顾客满意度研究计划；
- 个人护理计划到正式的临床护理路径；
- 文化向组织授权转变；
- 董事会、医务人员和行政管理人员回归到实施全面质量管理。

1994 年：

- 组织学习统计过程控制技术；
- 启动以患者为中心的工作再设计；
- 采用波多里奇框架；
- 参与密苏里州质量奖的医疗保健准则设计团队。

1995—1996 年：

- 接受外部绩效评审的企业文化；

- 获得密苏里州质量奖；
- 开始向社区自愿汇报结果数据；
- 在密苏里州分享最佳实践；
- 运用密苏里州质量奖反馈报告改进绩效。

1997—1999 年：

- 部署“卓越承诺”计划：基于波多里奇的内部评估；
- 第二次获得密苏里州质量奖；
- 质量主管被提升为副总裁；
- 重新构建指标体系并制定平衡计分卡。

2000—2001 年：

- 运用 1999 年波多里奇和密苏里州质量奖反馈报告改进组织过程，分享最佳实践；
- 准备内部波多里奇评审，并接受外部评分；
- 关注多种行为导向的过程团队；
- 医疗人员和高层领导共同通过绩效改进指导委员会（PISC）驱动组织绩效。

2002 年：

- 第三次获得密苏里州质量奖；
- 进入波多里奇奖现场评审；
- 第三次完善平衡计分卡；
- 展开 90 天的行动计划过程。

2003 年：

- 开始准备申请“护理热点”称号；
- 设立首席学习官职位；
- 在关键领域制定并展开过程层面的平衡计分卡；
- 获得波多里奇奖。

可以清楚地看到，这样的旅程需要坚持和承诺。实施波多里奇需要反复进行自我评估、确定优先事项、制订行动计划以应对差距和改进机会以及对结果的反映，所有这些都是由组织的愿景、战略挑战和能力驱动的。

14.3.2 组织学习

组织是动态的实体。管理者必须考虑动态因素，以应对环境的不稳定性、不完善的计划，对创新的需求以及人类对多样性和变化的普遍需求。可持续性要求不断学习，这在第 5 章中进行了介绍。因此，文化和组织结构的设计都应支持组织前进的既定方向，并在该方向发生重大变化时进行调整。管理者，尤其是那些不了解领导本质的管理者，在组织成长的过程中往往会犹豫是否要进行必要的组织变革，即使在变革的需求显而易见时。这种变革的需要体现在学习型组织的概念中。

学习型组织在创造、获取和转化知识，以及改变员工和其他企业贡献者的行为方面已经非常熟练。通用电气及其前首席执行官杰克·韦尔奇是学习型组织（和学习型个人!）一个很好的例子。1981 年在给通用电气股东的第一封信中，韦尔奇指出：“对最高质量和个人卓越的承诺是我们确保业务持续成功的最可靠途径。质量是我们对顾客忠诚的最好保证。这是我们抵御国外竞争最有力的手段，也是实现持续增长和盈利的唯一途径。”韦尔奇的经营改进方法经历了三个学习周期：

1. 在第一个周期（20 世纪 80 年代初至 80 年代末），他根据市场绩效减少不良业务部门，使通用电气将重点放在消除业务组合的多样性上。取消无利可图的业务，使营运资金得到了更好的利用。但是，通过精简组织或取消官僚机构带来的收益有限，这导致了下一阶段的学习。

2. 20 世纪 80 年代末至 90 年代中期，他通过“串联”和“变革行动过程”（后更名为“变革加速过程”）激发团队的创造性努力，使公司专注于简化和消除非增值活动。“串联”是一种让组织各个级别、层次和职能部门的员工都参与解决和改进问题的工具。“串联”打破了组织内部的人为障碍和壁垒，树立了“无边界学习”的理念。

3. 在整个学习过程中，韦尔奇要求员工不断寻找创造性的方法，运用任何来源的新知识改善业务。1995 年，韦尔奇发现了六西格玛，并研究了它在摩托罗拉和联信公司的实施。这一阶段的重点是消除本已精益的业务运营中的变异，通过更好地关注顾客，提高生产率和财务绩效。

韦尔奇在持续学习过程中发现：业务必须首先进行简化，然后在面对业务条件变化的情况下使为提高绩效而设计的最佳实践自动化。正如韦尔奇所说：“正是这种对学习和分享的热情，形成了我们对未来持乐观态度以及坚信我们最伟大的日子即将到来的基础。”杰弗里·伊梅尔特 2001 年接替韦尔奇担任通用电气首席执行官，继续强调通过六西格玛实现质量和改进。伊梅尔特在 2004 年年报的致利益相关者的信中指出：

> 我们有一个新的关注领域，称为**精益六西格玛**（Lean Six Sigma）。我们利用精益生产的经典工具和六西格玛的问题解决能力来缩短周期时间。在过去的两年中，运输部将库存周转率从 7 次提高到 9 次，高级材料部将应收账款周转率提升了 6 次。2003—2004 年度，营运资金增加了 27 亿美元，这一势头将继续保持下去。
>
> 我们有一个大范围的行动举措，称为**简化**（simplification）。我们的目标是在三年内减少 30 亿美元的“非增长成本”。我们正在测算法人实体、总部、上级机关、计算机系统等任何与顾客满意和增长没有直接联系的部门的缩减情况。我们正在创建“卓越中心”以分享最佳实践并降低成本。[28]

2007 年的年报中披露了一项名为“将增长视为过程”的新举措的结果及其实现卓越运营的方法，包括使用精益六西格玛、质量和简化以提升价值。

波多里奇的一个主要好处是，它为组织学习提供了一个合理框架，无论其当前成熟程度如何，都能为增强和维持组织提供帮助。例如，准则类目 4 中的“组织绩效的测量、分析与改进”条款，关注组织能够提供其“健康状况”的描述，并评审组织当前的绩效以及未来的趋势。绩效评审利用从经营结果的测量和分析中产生的信息，旨在提供一种在战略策划层面指导改进和变革的可靠方法。

建立学习型组织的关键是有效的领导（见第 13 章）。研究者认为，交易型领导和转变型领导都支持组织学习。在变革时期，组织学习从转变型领导中受益更多，而在稳定时期，组织学习过程有助于更新和强化当前的学习——该任务最适合交易型领导。理想的领导者需要识别和实施适合环境的领导行为。[29]

学习型组织要擅长五项活动，包括系统地解决问题、尝试新方法、从自己的经验和历史中学习、从他人的经验和最佳实践中学习以及在整个组织内快速有效地转化知识。[30]实际上，所有这些方法都以卓越绩效理念为中心。例如，系统地解决问题体现在六西格玛和其他改进方法中；试验是戴明 PDCA 循环的基础；从经验和历史中学习经常被称为“桑塔亚纳反思”[31]，也是戴明理论的基础；从他人的经验和最佳实践中学习体现在对标活动中；在整个组织内快速有效地转化知识是第 12 章中我们讨论的现代知识管理实践的基础。

科尔（Cole）曾呼吁将“持续创新”作为扩展“持续改进”的革命性步骤。[32]他指出，市场需要比以前更好、更便宜的产品和更快速的交付，因此需要新的战略，亦即他提倡名为“探索和学习”的过程。探索和学习被描述为一种非线性、不连续、试验性和反复的过程，它是开发产品和服务以在变化的商业环境中竞争所必需的。它需要很多方法，诸如快速原型设计、通过故意产生误差以检验其是否对学习有贡献的贝塔测试、从失败中吸取教训，以及通过同行和顾客评审快速做出决策等。

要理解持续创新的重要性，只需回顾质量和盈利能力之间的关系（见第 1 章图 1 - 3）。从这一论点可以明显看出，创新的必要性一直是众所周知的；然而，大多数质量工作（例如，全面质量管理、ISO 9000、六西格玛）更关注符合性质量，而不是创新设计。如今，企业正逐步建立一个更加完善的卓越绩效体系，越来越重视设计和创新。

21 世纪组织的领导者发现，他们不仅需要创建学习型组织，而且必须创建教育型组织。例如，通用电气提出了“良性教育循环”（VTC）的概念，用来指导它的整个领导力发展过程，其中六西格玛方法是至关重要的部分。良性教育循环包括但不限于以下概念和假设[33]：

- 所有层次的领导（与高层领导相对）；
- 团队合作（与侵略性的被动行为相对）；
- 贯穿始终的可教观点（与死板的、自上而下的过程相对）；
- 组织知识的增长（与组织知识的枯竭相对）；
- 无边界（与有边界、以地盘为导向的组织相对）。

14.3.3 自我评价

组织学习的方法之一是自我评价，即将自己和最佳实践及关键要求进行比较来看自身所处的位置。**自我评价**（self-assessment）是对过程和绩效的整体评价。[34]它有助于管理者回答诸如“我们做得怎么样?”“我们的优势是什么?”“哪些方面需要改进?”该术语中“自我”的意思是，在内部进行，而不是简单地依赖外部顾问，这将促进组织人员的更多参与，产生更高水平的理解和认同。

自我评价应确定优势和改进机会，为提高绩效奠定基础。因此，大多数自我评价项目的一个主要目标是根据评价确定的机会改进组织过程。自我评价至少应解决以下问题：

- 管理参与和领导。各级管理人员的参与程度如何?
- 产品和过程设计。产品是否满足顾客需求？产品是否易于制造?

- 产品控制。是否有强有力的产品控制体系，能在事实发生之前预防缺陷，而不是在产品生产之后消除缺陷？
- 与顾客和供应商沟通。每个人都理解顾客是谁吗？与顾客和供应商之间的沟通程度如何？
- 质量改进。是否有质量改进计划？取得了哪些成果？
- 员工参与。是否所有员工积极参与质量改进？
- 教育和培训。如何确保每个人都了解自己的工作并具备必要的技能？员工是否接受过质量改进技术的培训？
- 质量信息。如何收集和使用质量结果反馈？

有许多描述组织质量现状的自我评价工具。波多里奇项目提供了两个简单的工具，叫做“我们在进步吗？”（一个面向员工，一个面向领导）。它们提供了一种捕捉员工声音和领导观点的方法，以运用波多里奇准则来制定组织进展的度量基准。“我们在进步吗？”调查问卷可以在学生辅导网站的波多里奇资料文件夹中获取。但是，大多数自行实施的调查只能对组织的优势和劣势进行初步评估。评估组织卓越绩效成熟度水平的最完善方法是，通过邀请受过培训的内部或外部评审员对照波多里奇准则对其实践和结果进行评价，或者通过实际申请波多里奇奖或类似的州级奖项以获取综合的评审反馈报告。当然，许多组织，尤其是那些刚刚开始质量之旅的小型组织，应该从基础的方法开始，例如，推行像 ISO 9000 那样有良好记录和一致性的质量保证体系。

评价的结果常常会识别需要广泛修改的具体过程和活动。[35]例如，波多里奇评价可能会发现，组织缺乏系统的方法来确定相对于竞争对手的顾客满意度。可能需要采取一些行动来应对这个改进机会。组织可能会考虑制订一个竞争分析计划，赞助一个全行业的顾客满意度研究项目，对标一流的组织，或者采取一些其他措施来改进情报收集活动。尽管这些领域的介入通常涉及许多员工，但高层管理人员参与方向设定、资源提供和后续监控通常是有效实施的必要条件。

波多里奇过程基于准则进行自我评价，一些学习型组织的最佳榜样成为波多里奇奖获得者也就不足为奇了。在努力改进并最终获得该奖项的过程中，组织持续、系统地将评审员的反馈转化为管理实践的改进。得州仪器防御系统与电子集团（DS&E）的一位副总裁指出：“申报波多里奇奖的过程激发了改进工作。”[36] 1997 年，在被雷神公司收购之前，DS&E 已经将生产过程中缺陷的数量减少到它获得波多里奇奖时的 1/10。几年前耗时 4 周的生产过程缩减为 1 周，成本降低了 20%～30%。另一个案例是，2008 年获奖组织艾尔德尔-斯泰茨维尔学校的校长指出：“波多里奇反馈报告提出的最大改进机会也是我们没能在 2007 年获奖的原因，我们在教室方面很好地展开了波多里奇准则，但是过于注重满足学生学习中《不让一个孩子掉队法案》的要求，却忽视了在运营方面加以改进的机会，例如在设施维护、交通和儿童营养方面。我们采用了戴明的 PDCA 循环，当审视学校的运营方面时发现了各种可以缩减的成本，节省的资金可以用于学校的学术方面。因此，这是一个很好的反馈报告。它给了我们进一步发展的动力。”[37]

尽管一些研究表明自我评价行为与绩效结果之间存在正相关关系，但其他证据表明，许多组织从自我评价中受益很少，从自主研究中实现过程改进也很少。组织花费大量的时间和精力进行评估，却忽视了结果，这种情况并不少见。[38]这种缺乏后续行动的情况可能令人惊讶：为什么组织会花时间进行自我评估，却没有对结果进行跟进？毕竟，改进机会通常能显著提高组织效率和竞争绩效。一些管理者可能不会跟进，因为他们确实没有感觉到问题，尽管信息显示有问题。然而，通常情况下，管理者得到了信息，却选择不回应。许多管理者的反应消极，经常听到他们讲“这些都是错误的”“这里不是这样的”“这些［评审员］不得要领”。当报告指出该组织在高层管理人员认为具有优势的领域表现不太出色时，这种评论尤其可能出现。

其他管理者可能不知道如何处理这些信息。对组织运作方式知之甚少的管理者，可能不知道用哪些工具才会使变革有效，或仅仅是为了安抚上级而做做样子。典型的评论包括：“报告里的确有好的建议，但我不知道下一步怎么做”或“我不清楚如何将这份评审报告转化为行动”。一家制造公司的经理读完反馈报告后，喃喃自语道：“好吧，我们又一次满足了老板对实施自我评价的要求。现在我们可以把这些都收起来，继续工作了。”

管理者必须对自我评价结果采取积极的态度，不管这些结果看起来多么令人不快——“好吧，我们应该做些什么来改进这些方面？”积极的反应往往会强化人们对组织运作方式长期持有但被压制的看法。例如，在一次向最高管理团队陈述结果的会议上，首席工程师在听到有关组织沟通过程的低评价时，惊呼道：“我跟你们说了很多年了！也许现在你们会相信我：我们应该采取措施了。”

后续行动需要高层领导参与两类活动：行动计划和随后的跟踪实施。行动计划确定了解改进机会所需的特定活动。有效的行动计划有一些共同的特点。首先，必须识别应对这些改进机会的关键行动。与关键员工讨论调查结果的会议通常是一个很好的开始方式。一旦确定，应记录行动计划，并规定每个行动项目的人员、内容、时间、地点和方式。应就行动计划草案进行沟通，让那些受其直接影响的人知晓并愿意配合。最后，应评审行动计划，确保它能有效地应对自我评价结果中所确定的关键改进机会。

当行动计划启动时，许多管理者认为他们的工作已经完成了。然而，计划很少按照最初的预期来实施。而且，负责实施计划的人员可能需要采用鼓励或参与的方式，以便有效实施预期变革中其负责的部分。实施变革还需要有效跟踪——跟踪行动计划的执行进度，为管理人员提供有关干预措施是否有效的关键反馈。

要利用自我评价结果，管理者必须做四件事：

1. 保持谦虚。“谦虚”这个词我们经常从消化评价结果的管理者口中听到。他们中的许多人都难以相信组织的绩效水平如描述的那么差。管理者可以通过学习其他组织的自我评价活动和经验来调整他们的期望。管理者还可以通过听取同事意见、与同事电话交流和出席会议等，获取其他人关于自我评价的一手信息。

2. 讨论结果。高层管理团队讨论自我评价结果可以强化跟踪效果。讨论问题、关注点和想法可以在高管之间形成更广泛的共识，提升一致性。

3. 认识制度影响。管理人员应该对影响自我评价活动的制度力量保持敏感，例如来自顾客的压力。制度的影响可以通过管理者接触的文献、演讲和谈话等潜移默化地灌输。在评价的计划阶段，对项目的环境激励因素进行开诚布公的讨论可以使管理人员对这些外部影响保持敏感。

4. 坚持跟踪。尽管跟踪活动可能不像策划竞争战略或招待顾客那样令人兴奋，但它们为实现自我评价可能带来的过程改进提供了基础。

14.3.4 小型组织和非营利组织的挑战

小型组织和非营利组织通常在采取高质量举措方面进展缓慢。在大多数情况下，这种缓慢是由于对需要做什么以及如何做缺乏了解和认识，因为管理者都忙于创业活动，这些活动通常侧重于销售战略和市场增长、日常现金流问题和常规紧急问题。此外，这些组织往往缺乏建立和维持更正式的质量体系所需的资源。然而，从全面质量的三个核心原则来看，对小企业来说，关注顾客显然是至关重要的；公司总裁或创始人往往是关键顾客的主要联系人，与他们有着密切的关系。大多数小企业的生死存亡都源于它们的顾客关系实践，但另外两个全面质量原则——员工参与和团队合作、关注过程与持续改进——通常没有得到很好的执行。小企业高管，尤其是家族企业的高管，往往有一种主导决策的“命令和控制”态度，很少给员工留下自由裁量权和授权。此外，过程往往是高度非结构化的，并且没有基于足够的数据和信息。简单地过好每一天往往优先于长期规划和改进活动。

小企业的许多其他特点对全面质量原则的实施产生不利影响。这些特点包括[39]：

- 缺乏市场影响力，这可能会影响小公司让供应商参与质量工作的能力；
- 没有认识到人力资源管理战略对质量的重要性，因此员工授权、参与和质量相关培训的水平较低；
- 缺乏专业的管理知识并关注短期，这通常导致资源不足以分配给全面质量工作；
- 缺乏技术知识和专业知识，较小的公司难以有效地使用质量工具和改进技术；
- 沟通的非正式性和缺乏结构化信息系统，阻碍了实施。

尽管如此，许多成功的小企业表明，质量举措是可以成功实现的。小企业往往在成长或面临严峻的市场挑战时得出这样的结论：它们根本无法忍受过去那样的管理，需要更系统的过程导向的基础结构。也许在小企业中，成功的质量计划最重要的因素是首席执行官或总裁认识到注重质量是有益的，有助于实现组织目标。

质量聚光灯

得克萨斯铭牌公司

得克萨斯铭牌公司（TNC）生产销售标识和信息标签，这些标签用在冰箱、油田设备、高压阀、卡车、计算机设备和其他产品上，服务对象涉及全美和海外 9 个国家的 1 000 多个客户。该公司员工不足 50 人，是 1998 年和 2004 年两次获得波多里奇奖的规模最小的公司。它的质量之旅始于一个大客户威胁说它不开始使用质量控制工具就要中断业务。公司总裁戴尔·克劳诺弗的坚持带来了转变，并使大家树立起信心。克劳诺弗开始培训员工，还制定了利润分享和收益分享激励措施，以及高于行业平均水平的薪酬标准，以强化员工对质量的承诺，培养对公司的忠诚。接触顾客的员工有权在不询问管理层意见的情况下解决顾客投诉。生产工人有责任调整流程以优化对公司目标的贡献，并满足团队设定的标准。

为了帮助员工识别改进机会，公司的每个过程都绘制了流程图。每个员工在头两年平均接受 75 小时的培训。大约 1/10 的员工是多技能员工，接受过 3 种或 3 种以上工作的培训，可调到公司需要帮助的部门，以满足不断变化的顾客和市场需求。由于这些努力，公司解散了质量控制部门，取而代之的是一个跨职能的团队，保证质量成为所有员工的责任。结果，缺陷率从 2.4%降至不到 1%，员工流失率下降，市场份额在短短 3 年内增长了 45%。实现这一成绩难吗？在一次采访中，克劳诺弗说：“是的，这很难。在做这件事的最后 5 年里的确非常艰难。但我告诉你，我当这家公司总裁的头 5 年里，我们有法律纠纷、顾客投诉、员工辞职等问题，那才是真正艰难的！”

非营利组织也有类似的观点，与企业不同的是，非营利组织不受利润的驱动（尽管预算紧张肯定是追求质量的驱动因素），管理者往往缺乏进行组织变革所需的商业敏锐性和技术专长。关于如何将质量原则应用于非营利组织的文献很少，而且员工使用的“语言”与企业不同，这使得他们很难将经营概念转化为有意义的应用。非营利组织面临的主要挑战包括克服对变革的恐惧，改变非营利组织不一样且不能有效应用质量原则的思维方式，确定愿景和顾客，理解工作流程，处理有限的资源，了解与政府和大公司的关系。[40]不过，许多非营利组织正在采用全面质量原则，因为它们对公众和社会产生了影响，而这是它们主要的顾客和利益相关方。例如，美国“联合之路”在 1994 年认识到组织的质量成就。

美国红十字会发起了一项历时多年、耗资数百万美元的质量行动，以提高组织效率，改进血液采集、化验和供应的流程。它的重点是通过以下措施将任何变异、偏差或误差降到零：

- 采用新技术减少潜在的人为差错；
- 调整和提高质量保证人员的水平；
- 建立更加精简和全面的培训体系；
- 对核心制造流程进行再造，使其更加高效和简化，从而减少和防止错误；
- 对设施进行投资，以更有效地采用新技术。[41]

波多里奇奖在 2007 年扩大到所有类型的非营利组织，在这些组织中引发了对质量和卓越绩效的更多兴趣。

14.4 面向未来的观点

在本书收尾时，试着展望未来、思考发展方向是一个很好的训练。在反思 20 世纪的质量时，阿曼德·费根鲍姆（Armand V. Feigenbaum）和唐纳德·费根鲍姆（Donald S. Feigenbaum）观察到：

> ［质量］已成为 20 世纪最重要的管理理念之一。它摒弃了传统企业和管理学院的观点：公司的成功意味着更快、更低成本地生产产品和提供服务，努力销售，提供产品服务网络并“捕获”那些不良的产品和服务。该观点已经被经营理论所取代，

即让产品更快、更廉价的最佳方法是使产品更好，组织中使质量提高的做法能使整个组织变得更好。[42]

未来永远是无法预测的。在管理风潮层出不穷、股票市场压力、电子商务和无数其他因素推动的领导方式更迭中，我们在坚持质量原则方面面临着严峻挑战。2000 年，美国质量学会邀请了 21 名专家就 21 世纪的质量问题发表评论。[43]尽管我们已经进入 21 世纪 20 余年，但我们还是引用了这些评论，并邀请你在接受继续教育和开始未来职业生涯的过程中反思这些评论对你意味着什么。

那些懂得质量源于有效管理体系的人将在新千年发挥领导作用。你知道有多少 CEO 是从质量队伍中产生的？如果有的话也很少。然而，我相信，未来的企业领导者将与质量有深厚的渊源，并深刻理解质量如何滋养企业更广泛的管理体系。——亚历山大·宗（Alexander Chong）

新千年给我们带来一些根本挑战：

- 劳动力市场发生改变，要求更高的技能水平、更好的性别平衡和不断增长的多样性。
- 对持续改进、顾客响应能力和卓越经营水平的竞争需求，不会让人在价格上望而却步。

这只能通过对质量和公平的关注来实现。——艾琳·德鲁（Eileen Drew）

21 世纪将见证领先的公司把制造领域成功运用的质量原则运用至信息领域。这将带来下一次经济革命，即“已实现”的信息时代，它是通过将信息质量管理应用于信息和知识过程而创建的。——拉里·英格利希（Larry P. English）

质量是未来公共教育蓬勃发展的必要条件。我们有道德上的紧迫感，用质量来改变我们孩子的生活。——黛安娜·里弗斯（Diane Rivers）

质量观将重新定义政府角色。这一新角色意味着政府将成为所有产业关系和创新伙伴关系的推动者，减少对直接提供服务的关注。了解这一点的政府才会蓬勃发展。——蒂娜·松（Tina Sung）

塞西莉亚·金伯林（Cecilia Kimberlin）总结了 2015 年美国质量学会的“未来质量研究”，该研究在本书第 1 章中有引用，其想法如下：

未来的质量是什么？想象这样一个未来，质量是重要的连接点——一个框架和网络——以培育和发展创造更美好的世界和社会的能力。

质量实践

康宁公司的卓越绩效之旅[44]

康宁公司成立于 1851 年，是美国首批将研发制度作为关键业务战略的公司之一，以玻璃产品开发以及基于玻璃和陶瓷应用领域的创新著称。其中包括大猩猩玻璃（Gorilla Glass），这是一款坚固且抗损坏的钢化玻璃，适用于智能手机、平板电脑、笔记本电脑和电视机的触摸屏，以及连接全球人员和企业的光纤和电缆连接系统等电信产品。詹姆斯·霍顿（James R. Houghton）是康宁创始人的后代，1983—1996 年担任第一任首席执行官。在此期间，他把全面质量管理的概念引入公司。表 14-3 提供了这一到今天仍在继续的质量之旅的摘要视图。

表 14-3 康宁的质量传承

阶段 1 1983— 1985 年	阶段 2 1986— 1989 年	阶段 3 1990— 1992 年	阶段 4 1993— 1998 年	阶段 5 1999— 2002 年	阶段 6 2003— 2011 年	阶段 7 2012 年至今
开始	爆发	世界级质量	质量整合	波多里奇质量路线图	卓越绩效价值观：执行和改进	卓越绩效价值观：协作、执行和改进
意识；质量改进团队；创建企业质量价值观	质量技能和工具培训；开发创新流程；建立顾客和供应商伙伴关系	引入自我评价过程；实现更高的顾客满意度；提高财务绩效，采用 ISO 9001	将质量纳入经营战略；开始波多里奇之旅；电信发展	奠定卓越绩效基础；依靠历史高潮和低谷建立质量基础	利用个人和团队的贡献；依靠质量工具实现公司财务目标；指导我们的价值观；执行卓越才能使我们与众不同；改进以保持领导地位	加速运用协作并将方法扩展到全球运营和业务中

资料来源：Adapted from Mary Beth Buckman and James Buckman, "The Corning Journey to Performance Excellence: Innovation Spanning Three Centuries," ASQ Next Generation Quality Leadership case study, July 2013. http://asq.org/knowledge-center/case-studies-corning.html.

20 世纪 80 年代初期，康宁加入了 AT&T、嘉吉、福特、美利肯、摩托罗拉、施乐等争相采用质量方法来提升价值的先驱企业队伍。尽管方法和概念因组织而异，但也有一些反复出现的概念：

● 全方位推进，每个人都要参与，必须全力以赴；

● 通过固定整个公司的运营流程来发展攻关项目的小型团队；

● 诸如帕累托分析、鱼骨图和统计控制图之类的质量工具被许多团队教授、学习和使用；

● 在早期采用的组织中，全面质量一词中隐含着"全面推进"策略，需要首席执行官的全力支持。

20 世纪 80 年代早期到中期，康宁在质量和公司业绩方面取得了巨大的进步。该公司在 1995 年实现了一个里程碑，当时其电信产品部门获得了波多里奇奖。从 20 世纪 90 年代末到 21 世纪初，康宁经历了一个繁荣时期，在平衡机遇和挑战的同时，超越了市场预期。例如，当时的技术泡沫导致几条产品线，尤其是光纤快速发展，但是，当光纤市场饱和时，这个机遇变成了挑战。彼时，康宁的繁荣仅仅靠创新，质量优势已经过时，无法持续提供成本和速度方面的竞争优势。这些问题给康宁在竞争力、销售机会和现金流方面带来了一些困难，因此康宁董事会要求霍顿在 2002 年重返首席执行官职位。

霍顿认为有必要重新审视康宁的基本原则：价值观、战略、文化和领导。他要求康宁高管分析公司所描述的价值观，并将其与当前的实践、运营和文化现实进行比较。至少作为价值观之一的“质量”不再是重中之重。随着享有盛名的质量优势逐渐消失，质量办公室向公司低层级的领导汇报，这证明了它的作用正在减弱。霍顿物色了一位新的质量领导，并要求他向自己汇报，从而传达出一个明确的信息，即质量重新回到了重要地位。

康宁的新卓越绩效计划基于以下指导方针：

- 专注于成本优势。
- 保持并强化创新的历史文化，这是公司取得一切成就的指路明灯。
- 确保持续改进系统是同类公司中最好的。康宁将使用常见的质量工具，例如六西格玛、精益和改善，并将它们定制化为独特的质量改进方法。这种方法必须融入康宁庞大的全球运营中。

最初，“质量”意味着聚焦于产品质量。但是，作为战略要务，它已成为将公司定位为产品创新、制造和商业化方面领导者的过程，也是提高盈利能力的驱动力。这种持续改进的方法是通过设定大胆的目标和期望、使用跨职能团队取得成果，并将“质量”一词扩展到“卓越绩效”来实现的，这表明所有业务实践已全面包含进来。

一旦确定了基本战略，公司新的质量领导就必须提供一系列卓越绩效工具。六西格玛培训计划得到了扩展，涵盖更多的主题，并向组织各层级的人员提供。在全球范围内，康宁 70%的资源（包括人力和支出）都用于制造。因此，重点是转变制造运营。

- 康宁为改进操作和深层流程定制 DMAIC 工具。当康宁团队运用这些工具时，每个阶段结束时的关卡将跟踪进度。公司还维护一个已完成项目的数据库，每个员工都可以访问。
- 公司创建了个人 DMAIC（iDMAIC），这是一种在线服务，允许个人学习并将六西格玛方法应用到个人项目中，而不是常见的 3～10 人的项目团队做法。启动一人项目不仅可以提供更多的学习内容，还可以避免项目和会议激增，促进六西格玛认证。
- 康宁定制了一个新的“六西格玛设计”工具来创建新的创新性业务流程，并在需要新流程或流程太糟糕而需要更换时应用此方法。
- 康宁采用精益生产来减少浪费，改善业务流程。
- 公司制定了一套创新流程，以支持新产品和技术的开发。
- 六西格玛和其他持续改进工具已应用于销售和营销。康宁已经找到、分类、记录和发布了 50 多个与销售电话、投标、市场分析和预测有关的通用流程的最佳实践。

为了推动各领域的卓越绩效，实现公司目标，康宁专注于将卓越绩效实践融入各个领域。实施团队提供培训，进行标杆学习，启动六西格玛项目，并支持致力于过程改进的团队。

截至 2011 年，康宁已对 3 000 名员工进行了六西格玛培训，并且在全球每个部门和制造工厂中设立了卓越绩效冠军。2011 年完成了将近 1 000 个正式的改善项目。康宁公司的员工每年完成 100 000 个个人改进项目。平均而言，每位员工每年使用卓越绩效工具 4 次。8 年的时间里，卓越绩效为康宁节省了 15 亿美元。

● **关键问题讨论**

1. 对比康宁公司的质量之旅和第 1 章施乐公司的例子，这些组织有什么相似和不同之处？

2. 本章讨论的概念和原则，哪些在这个案例中得到了体现？其他组织可以从这个案例中得到哪些经验？

质量实践

韦里迪安房地产公司的整合质量框架[45]

韦里迪安房地产公司（Veridian Homes）成立于 2003 年 6 月，由威斯康星州最古老的两家房地产公司 Don Simon 和 Midland Builders 合并而成。该公司致力于高质量的住房建设、社区参与和环境管理。韦里迪安房地产公司有 100 名员工，每年在威斯康星州麦迪逊建造 500 套独栋别墅和公寓以及周围设施。公司发现使用波多里奇自我评价系统等质量方法对于实施改进举措非常重要。通过使用最佳实践来提升顾客关注和满意度，公司提高了生产力并降低了对环境的影响。

韦里迪安的目标是在整个公司内推进、教授并协调质量。具体而言，从战略和运营的角度来看，实现这一目标所采用的结构和体系包括国家住房质量奖（NHQA）、波多里奇奖自我评价、建筑商认证和六西格玛。国家住房质量奖项目以波多里奇奖为基础，为申请人提供关于组织质量管理实践的专家评价和反馈。然而，与波多里奇奖不同的是，国家住房质量奖的评审过程包括对申请者的顾客进行第三方调查，调查他们对自己的房屋和房屋建造过程的满意度。国家住房质量奖也包括一个自我评价，这有助于确定改进机会，并使这些努力得到战略性实施。

公司每年采用波多里奇快速调查（Baldrige Express）进行一次自我评价，这是一个基于波多里奇标准的员工调查。国家卓越绩效委员会与各州质量奖组织联合提供波多里奇快速调查。

员工根据利克特量表，针对每一条标准对公司进行评分，并可提供关于优势、劣势和改进机会的详细意见。报告提供了详细的分析，供管理层进行年度测量和监控，并确定劣势及其优先次序。韦里迪安利用这一分析推动其年度战略策划过程（SPP），将波多里奇置于组织战略循环的核心（见图 14－3）。战略目标通过绩效规划和制定（PPD）过程与每位员工联系在一起。这一过程有助于员工了解自己的角色、优先事项、资源、成就和职业发展，因为这些与公司的愿景、使命、战略驱动力和部门战略目标有关。员工还参与利润分享计划，公司根据成本、质量、周期时间、国家住房质量奖服务和利润的测量与持续改进，激励和奖励员工。

2004 年秋天，公司获得了 NAHBRC 建筑商质量和安全管理体系认证。该认证基于 ISO 9000 标准，由第三方审核，包括韦里迪安的建筑、销售和顾客关系部门。自获得认证以来，土地开发、采购、估算和设计部门已相继纳入认证范围。韦里迪安还扩展了管理系统，使其包括一个环境管理系统，该系统侧重于改善侵蚀控制和循环利用等活动。这形成了一个综合的质量、环境、健康和安全（QEHS）管理体系，它提供了一种战术级的方法来组织、记录、传播、实施和管理公司的 QEHS 要求。

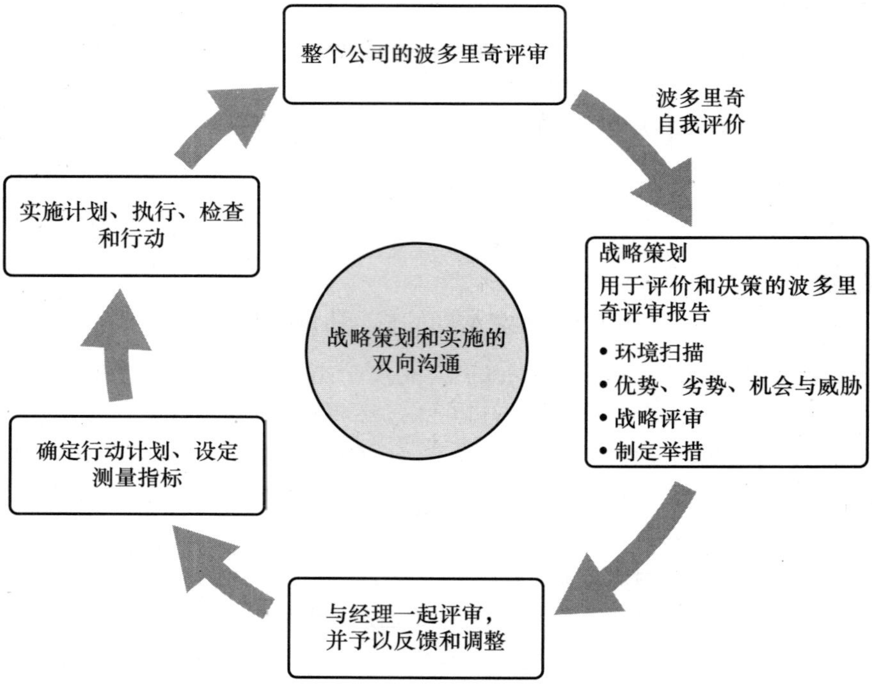

图 14-3　波多里奇评审驱动的战略策划循环

资料来源：From Denis Leonard, "Building Quality at Veridian Homes," *Quality Progress*, October 2006, 49-54. Copyright © 2006 American Society for Quality.

韦里迪安使用各种改进工具和技术来支持质量实施。公司内网上的质量工具箱提供了许多模板、基于 PowerPoint 的培训、视频及其他材料，涵盖贸易伙伴认证、建筑商认证、NHQA 标准、波多里奇标准、六西格玛方法以及其他改进工具和技术等主题。内网面向所有员工。

韦里迪安使用了大量的跨职能改进团队。每个团队都有领导、促进者和发起者，公司有一个六西格玛黑带和两个绿带来提供支持和专业知识。施工部和顾客关系部门组建了 10 个改进团队，重点关注从保修到顾客反馈，以及与运营部门的战略直接相关的问题。公司的绿色建筑实践解决了质量管理中的企业社会责任问题，并体现在 NHQA 和波多里奇奖的领导标准中。在威斯康星州，绿色建筑实践由绿色建筑房屋组织负责认证。申请该组织认证的建筑商要接受建筑规划、规范的审查和实地考察，以确保符合标准。标准包括废弃物减少、材料回收和处置、节能隔热和空气密封、雨水管理和水源保护、景观保护、节能机械系统以及回收材料、节能材料及建筑产品利用等方面。

韦里迪安的质量举措带来多方面的绩效改进，包括：

- 样板住宅的销售周期从 32 天减少至 15 天；
- 样板的绘图时间缩短了一个多小时；
- 样板住宅的估算时间减少了 32%；

- 材料差异（订购和要求之间的差异，可能是由现场损坏引起的）：木材下降20%，壁板下降24%，装饰下降38%；
- 文书处理每年减少208小时，通过实施名为“住建者MT”的生产调度软件系统提升绩效，整个公司估计可节省20万美元；
- 通过委托和保修流程的改进，每年减少200工时；
- 通过与贸易伙伴合作的10个团队将缺陷减半。

在专门研究住宅建筑行业的咨询公司NRS Corp进行的全国调查中，韦里迪安的顾客满意度在333个建筑商中始终位居前10%。在为期30天的顾客满意度调查中，韦里迪安保修满意度在所有建筑商中排名前5%，在年度顾客满意度调查中排名前15%。

- **关键问题讨论**

1. 韦里迪安使用了哪些工具和方法来整合整个组织的质量？
2. NHQA认证、波多里奇过程和绿带认证过程是如何提高韦里迪安的效率和成本效益的？

复习题

1. 什么是文化？文化价值如何在组织中体现？
2. 解释战略变革和过程变革的区别。
3. 描述组织在变革管理过程中必须提出的问题以及采取的步骤。
4. 讨论中层管理者和员工在实现质量和卓越绩效方面的作用。
5. 从温莱特工业公司的质量文化变革中可以吸取哪些教训？
6. 变革的常见障碍有哪些？
7. 定义“协调”与“整合”这两个术语，并说明它们为什么重要。
8. 为什么定制每个组织的卓越绩效方法非常重要？
9. 什么是最佳实践？安永会计师事务所和美国质量基金会的《最佳实践报告》的主要结论和含义是什么？它们与戴明哲学的关系如何？
10. 列举成功实施卓越绩效方法的重要原则。
11. 描述质量举措和波多里奇路线图的典型生命周期。为什么高层领导者理解它们非常重要？
12. 解释学习型组织的概念。波多里奇标准如何为组织学习提供框架？
13. 什么是自我评价？它为什么有价值？自我评价应该解决哪些问题？
14. 为什么后续行动作为自我评价过程的一部分很重要？后续行动包括哪两项关键活动？管理者在使用自我评价时应该注意什么？
15. 为什么小企业和非营利组织迟迟不采取质量举措？
16. 小企业和非营利企业如何才能成功地确立对全面质量的关注？

案　　例

两家公司的故事[46]

下面是一名六西格玛培训组织的员工讲述的关于两家公司部署六西格玛的故事。

A公司是一家非常大的私营公司，业务部门多种多样，主要与酒店行业有关。这家公司的六西格玛部署总监曾经在一个较小的组织中成功地部署了六西格玛。在新的岗位上，他的薪水更高，头衔也更大，但他在组织中的地位至少比他以前的工作低了一级。尽管他被称为“首席执行官的耳朵”，但只是众多“耳朵”中的一个，而且链条中其他人更容易接触到首席执行官。在他先前的工作中，他曾培训内部人员成为黑带，并在三年后培养了其中表现最好的人成为黑带大师。用一位质量经理的话来说，A 公司的故事就是关于如何部署六西格玛的故事。

因为 A 公司希望更快地实施六西格玛，所以六西格玛总监走了一条捷径，从外面聘请了一些黑带大师。其中几个名副其实，但大多数后来证明是名不副实的。我们建议召开一次执行会议。部署总监告诉我们“不用开了——虽然我不像高管那样忙”，但他向我们保证，他已经清楚掌握了情况。可以开会时，他每次安排一个小时和这些黑带大师单独会面，并给了他们一份必读书目。

最初，倡导者培训安排三天时间。被告知要参加培训的管理者向他们的经理抱怨，经理设法将培训减少到一天。20 名倡导者参加了为期一天的研修。他们大多数人待了一整天，其中一些甚至包了项目。A 公司决定开始为期两周的绿带工作，我们开始快速培训绿带。第一波上课时，其中一半仍在寻找项目。在确实有项目的人中，只有少数人曾参加过倡导者培训。其余的都是他们的老板派来的，他们听说“六西格玛今年在个人的期望中，所以需要完成一两个项目”。第一波课程进行到第二周时，一些项目被放弃了，一些绿带仍在寻找项目，有些项目则取得了进展。随后几波情况更糟：少数项目有倡导者；有受过培训的倡导者的项目更少（一些受过培训的倡导者已经升职，不再担任倡导者）；几乎没有一个项目能够与战略挂钩；几乎没有项目有数据或基准。有些人甚至无法将他们的项目与特定的过程联系起来。我向常务董事传达了这一情况，并告诉他，如果公司将部署投资从培训转向指导，从而完成一些项目，公司会好得多。他打电话给部署总监。经过 20 分钟的交谈，常务董事挂断电话说：“他对事情很满意。他说他们正在取得很大的进展。从他的角度来看，这是成功的，他希望你继续前进。”我要求与部署总监会面，以便进一步解释我的观点。但这从未发生。确实发生的是，我们继续培训一波又一波的绿带。第二年年中，A 公司在其世界总部举行了“画廊漫步”活动，以庆祝在过程改进工作中取得的成就。我参加了这次庆祝活动，大约有 20 个项目进行了展示，但没有一个项目是由绿带领导的。所有收益都无法用数据证明。许多参与项目的人对宣传的结果表示质疑。

两年后，发生了三件事：

- 企业培训师决定接管绿带培训。他们说：“我们删掉了所有的统计数据，我们之前的反馈表明，学员不喜欢，从来没有使用过。”
- 我的新总经理和部署总监会面，对他花了超过 50 万美元培训但无法证明学员给公司带来了投资回报而感到愤怒。
- 所有的黑带大师都辞职去了其他公司。

在后来的几年里，我遇到了 A 公司的几个人。他们都说了几乎相同的话：“我们真的努力了，但这不符合我们的文化。”

B 公司是一家制造商，是《财富》企业 25 强中一家规模较大的公司的子公司。这家公司因为“过时综合征”而陷入危机；换句话说，它非常擅长所做的事情，它的业务却陷入困境，因为其他技术掩盖了对长期以来占据它大部分销售额的产品的需求。公司聘请了一位著名的质量倡导者担任新的首席执行官，这位质量倡导者也是一本关于实施精益的书的作者。他雇用我是因为他希望六西格玛与他的精益工作相结合，以创建一个过程改进系统。他亲自主持了为期两天的执行会议，邀请我们在第二天的上半场进行概况介绍。

首席执行官要求他的直接下属在第一轮中亲自发起项目。他介绍自己的首席运营官为部署总监，并毫不含糊地告诉执行团队，她是他在这次部署中的代言人。然后，他向这些人及其直接下属开启了项目发起人培训，计划在黑带培训的第二周和第三周之间进行。高层管理人员离开时公开承诺了与战略目标一致的项目理念。

首席执行官开启每个黑带培训班的第一周的第一场会议，并要求接受培训的项目发起人就他们发起的项目发表演讲。部署总监参加了第一波培训，而她的副手参加了随后的每一波培训。每周一至周四，我们会为黑带的项目报告留出 90 分钟的时间。部署总监要求提前为这些项目陈述制定时间表，每个项目发起人都必须参与所有项目的陈述。在每波培训的第二周，首席执行官会参加第一组陈述。在第一组陈述中，一名黑带候选人（一位工程师）站起来说："这是我的章程……恐怕我要报告的就这些。我没能做任何其他事情，因为我有两个其他优先事项。"部署总监在所有在场的人面前，立即转向项目发起人，问道："这个项目对你重要吗?"发起人开始谈论其他优先事项时，她打断了他的话，"我们都有其他优先事项。我问的是这个项目对你是否重要。这个项目你承诺支持，你也说它将驱动年度顶层战略目标中的一个指标……那这个项目对你重要吗?"项目发起人再次试图谈论其他优先事项时，她再次打断他。"发表完之后，我们再谈这个吧。"她看了看首席执行官说："你有空吗?"首席执行官点了点头。这位工程师在接下来的几轮项目发表中报告了重大进展。在那之后，我们再也没有听到任何关于缺乏发起人支持的传言。

第一轮我们训练了 18 个黑带，其中 2 人是重组的受害者（最终测试当天），其他 16 个人都完成了项目。经验证第一年第一波投资组合的净现值（NPV）为 3 200 万美元。在随后的每一波中我们都看到了类似的结果。第二年年底，部署总监的副手接手培训工作，并成为公司的黑带大师。大多数黑带每年运行 3～5 个项目，每个项目的收益在 25 万～200 万美元之间。

◆ **讨论题**

1. 你将如何描述这两家公司的文化特点?
2. 从本章讨论的概念出发，解释为什么六西格玛在 A 公司失败而在 B 公司成功。

绿草坪的寓言故事[47]

一个新建住宅区的两个邻居打赌谁将第一个拥有一片茂盛的草坪。法斯特（Rast）先生立即购买他可以找到的最昂贵的种子，因为每个人都知道质量越好价格越高。接着，他站在齐膝深的杂草里，把种子撒在院子里。他自信地认为自己比没有明显进展的邻居领先一步，于是开始了他的下一个计划。

斯隆・斯泰迪（Slo Steady）女士在乡下长大，她开始清理土地，疏松土壤，甚至改变地形坡度，以提供更好的灌溉。她检查土壤的酸碱度，施用除草剂和肥料，然后用撒布机均匀地撒播草籽。她用覆盖物覆盖草坪并适当浇水。她比邻居晚几天结束，那时邻居问她是否愿意认输。

法斯特先生被那几丛发芽的草所鼓舞，虽然这比斯泰迪女士的草坪生长得好，但周围有裸露的地表和杂草。他认为，如果他保护好这些绿草，它们应该能蔓延到院子的其他地方。他注意到邻居的草坪更加均匀，并且开始生长。他将这一进展归因于斯泰迪的孩子们，他们每天晚上都会给草坪浇水。法斯特先生不想看起来像在模仿他的邻居，因此他让自己的孩子们在中午给草坪浇水。

中午浇水没起到什么作用，于是他决定给剩下的草坪施肥。他以推荐施肥量的两倍施肥。然而，大部分没有被化肥烧掉的小草最终都被野草吞没了。在和法斯特先生打赌赢了之后，斯泰迪女士悠闲地享用她的新烤架，这是她用打赌赢的钱买的。她的草坪只需要很少的维护，因此她有充足的时间做园林美化。草坪和景观的结合也使她得到了居委会的奖励，称赞她的草坪是一处景观。法斯特先生还在草坪上劳作。他把糟糕的表现归咎于孩子们没好好给草坪浇水、草籽不合格、阳光不足、土壤贫瘠。他声称他的邻居有一个不公平的优势，她的成功是基于她独特的土地条件。他认为这一失败极不公平，毕竟他花在草坪上的时间和金钱都比斯泰迪女士多。

法斯特先生继续抱怨种子有多贵、他花了多少时间把洒水车移到剩下的几丛继续生长的绿草上。法斯特先生认为明年会有改观，因为他计划安装一个自动喷水系统，并与斯泰迪女士打了一个要么赌金加倍要么以前的账一笔勾销的赌。

◆ **讨论题**

1. 在努力创造“世界级”草坪和“世界级”企业的背景下，把本案例中描述的事件进行类比。具体而言，列出斯泰迪女士和法斯特先生采取的行动，并将这些行动转化为商业实例。

2. 这个隐喻对于理解实现全面质量管理的实施障碍有什么意义？

注　释

1. “Continuous Improvement Making Inroads in the Classroom,” *Pittsburgh Post-Gazette (PA),* February 18, 2008.
2. Thomas A. Stewart, “Rate Your Readiness to Change,” *Fortune,* February 7, 1994, 106–110.
3. Geoff Colvin, “Mary Barra's (Unexpected) Opportunity,” *Fortune,* October 6, 2014, 102–110.
4. Savio Capelossi Filho, “Creating and Preserving a Business Culture,” *Quality Progress,* August 2007, 36–41.
5. James R. Evans and Matthew W. Ford, “Value-Driven Quality,” *Quality Management Journal,* 4, no. 4 (1997), 19–31.
6. Ben Tomic and Vesna Spasojevic Brkic, “Under Cultivation,” *Quality Progress,* July 2017, 17–21.
7. “Culture of Quality: Accelerating Growth and Performance in the Enterprise,” Forbes Insights white paper (in association with ASQ), www.forbes.com/forbesinsights.
8. Forbes Insights, *ibid.*
9. Matthew W. Ford and James R. Evans, “Baldrige Assessment and Organizational Learning: The Need for Change Management,” *Quality Management Journal,* 8, no. 3 (2001), 9–25.
10. Much of this section and Table 14.1 are adapted from Matthew W. Ford and James R. Evans, “Baldrige Assessment and Organizational Learning: The Need for Change Management,” *Quality Management Journal* 8, no. 3 (2001), 9–25.
11. Janet Young, “Driving Performance Results at American Express,” *Six Sigma Forum Magazine* 1, no. 1 (November 2001), 19–27.
12. Brian Dumaine, “Times Are Good? Create a Crisis,” *Fortune,* June 28, 1993, 123–130.
13. Paul R. Keck, “Why Quality Fails,” *Quality Digest,* November 1995, 53–55.
14. Julia Graham, “Developing a Performance-Based Culture,” *Journal for Quality and Participation,* Spring 2004, 4–8.
15. Joseph M. Juran and A. Blanton Godfrey (eds.), *Juran's Quality Handbook,* 5th ed. (New York: McGraw-Hill, 1999); and Frank M. Gryna, *Quality Planning and Analysis,* 4th ed. (New York: McGraw-Hill, 2001). This concept is summarized in Mary Anne Watson and Frank M. Gryna, “Quality Culture in Small Business: Four Case Studies,” *Quality Progress,* January 2001, 41–48.
16. Mark Samuel, “Catalysts for Change,” *TQM Magazine 2,* no. 4 (1992), 198–202.
17. James H. Davis, *Who Owns Your Quality Program? Lessons from Baldrige Award Winners* (New York: Coopers & Lybrand, undated).
18. Gregory P. Smith, “A Change in Culture Brings Dramatic Quality Improvements,” *Quality Observer,* January 1997, 14–15, 37.
19. Susan E. Daniels, “From One-Man Show to Baldrige Recipient,” *Quality Progress,* July 2007, 50–55.
20. Davis, *Who Owns Your Quality Program? Lessons from Baldrige Award Winners* (New York: Coopers & Lybrand, undated).
21. “Special Report: Quality,” *Business Week,* November 30, 1992, 66–75; and H. James Harrington, “The Fallacy of Universal Best Practices,” Report TR 97-003, Ernst & Young, 1997.
22. Cyndee Miller, “TQM's Value Criticized in New Report,” *Marketing News,* 1992; Gilbert Fuchsberg, “‘Total Quality’ Is Termed Only Partial Success,” *Wall Street Journal,* October 1, 1992, B1, B7.
23. Mike Carnell, “Forget Silver Bullets and Instant Pudding,” *Quality Progress,* January 2008, 72–73.
24. Reprinted with permission from *Quality Progress* © 1999 ASQ, www.asq.org.
25. This discussion and examples are adapted from Denis Leonard and Rodney McAdam, “Quality's Six Life Cycle Stages,” *Quality Progress,* August 2003, 50–55.
26. Kathleen J. Goonan, Joseph Muzikowski, and Patricia K. Stoltz, “Journey to Excellence: Healthcare Baldrige Lea d-ers Speak Out,” *Quality in Healthcare,* American Society for Quality publication, January 2009, 11–15, www.asq.org/qhc. Copyright © 2009 American Society for Quality. Reprinted with permission.
27. Adapted from presentation notes at the 2004 Baldrige National Quality Program Quest for Excellence XVI conference.
28. Letter to Stakeholders, p. 4; source: http://www.ge.com/ar2004/letter3.jsp (accessed 3/03/06).
29. Dusya Vera and Mary Crossan, “Strategic Leadership and Organizational Learning,” *Academy of Management Review* 29, no. 2 (2004), 222–240.
30. David A. Garvin, *Learning in Action: A Guide to Putting the Learning Organization to Work* (Boston, MA: Harvard Business School Press, 2000), 11.
31. This term was coined by Joseph Juran in *Juran on Quality by Design* (New York: The Free Press, 1992), 409–413. It refers to the remark made by philosopher George Santayana: “Those who cannot remember the past are condemned to repeat it.”
32. Robert Cole, “From Continuous Improvement to Continuous Innovation,” *Quality Management Journal* 8,

no. 4 (2001), 7–21.
33. Sim B. Sitkin, Kathleen M. Sutcliffe, and Roger G. Schroeder. "Distinguishing Control from Learning in Total Quality Management: A Contingency Perspective," *Academy of Management Review* 19, no. 3 (1994), 537–564.
34. Matthew W. Ford and James R. Evans, "Models for Organizational Self Assessment," *Business Horizons,* November–December 2002, 25–32.
35. Many examples of these interventions and of management's involvement in them have been documented in the popular literature. See, for example, D. H. Myers, and J. Heller, "The Dual Role of AT&T's Self-Assessment Process," *Quality Progress,* January 1995, 79–83; D. Zaremba and T. Crew, "Increasing Involvement in Self-Assessment: The Royal Mail Approach," *TQM Magazine,* February 1995, 29–32; and M. Blazey, "Insights into Organizational Self-Assessments," *Quality Progress,* October 1998, 47–52.
36. Ann B. Rich, "Continuous Improvement: The Key to Success," *Quality Progress* 30, no. 6 (June 1997).
37. "Speaking About the Baldrige: Terry Holliday Interview," *Quality Digest,* January 2009, 6.
38. Matthew W. Ford and James R. Evans, "Managing Organizational Self-Assessment: Follow-up and Its Influencing Factors," Working Paper, College of Business, Northern Kentucky University and College of Business, University of Cincinnati. See also Matthew W. Ford, "A Model of Change Process and Its Use in Self Assessment," Doctoral Dissertation, University of Cincinnati, 2000.
39. S. L. Ahire and D. Y. Golhar, "Quality Management in Large vs. Small Firms," *Journal of Small Business Management* 34, no. 2 (1996), 1–13.
40. Madhav N. Sinha "Helping Those Who Help Others," *Quality Progress,* July 1997; and Renee Oosterhoff Cox, "Quality in Nonprofits: No Longer Uncharted Territory," *Quality Progress,* October 1999, 57–61.
41. Kennedy Smith, "American Red Cross Undergoes Quality Transfusion," *Quality Digest,* March 2003, 6–7.
42. A.V. Feigenbaum and Donald S. Feigenbaum, "New Quality for the 21st Century," *Quality Progress,* December 1999, 27–31.
43. Reprinted with permission from *Quality Progress* © 2000 ASQ, www.asq.org
44. Adapted from Mary Beth Buckman and James Buckman, "The Corning Journey to Performance Excellence: Innovation Spanning Three Centuries," ASQ Next Generation Quality Leadership case study, July 2013. http://asq.org/knowledge-center/case-studies-corning.html.
45. Adapted from Denis Leonard, "Building Quality at Veridian Homes," *Quality Progress,* October 2006, 49–54.
46. Rip Stauffer, "Is Six Sigma Dead?" www.qualitydigest.com (accessed 12/04/2014).
47. From James A. Alloway, Jr., "Laying Groundwork for Total Quality," *Quality Progress*, 27, no. 1 (January 1994), 65–67. © 1994 American Society for Quality.

附录

Appendices

▷▷▷ 附录 A
▷▷▷ 附录 B
▷▷▷ 附录 C

附录A　累积概率表

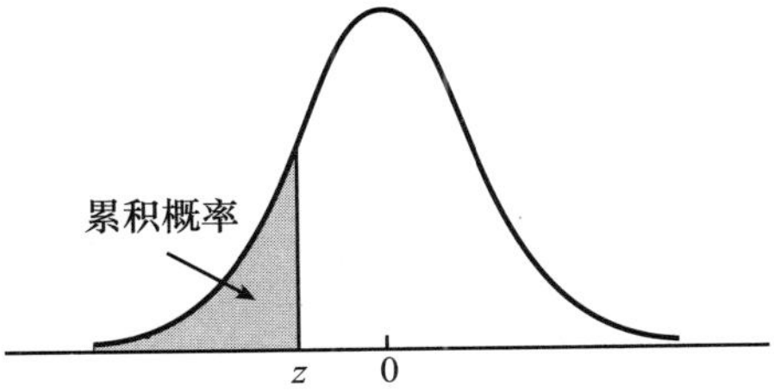

表中数值给出了曲线下方到z值左侧的面积。
例如：$z=-0.85$时，累积概率是0.197 7。

表 1　标准正态分布的累积概率

z	**0.00**	**0.01**	**0.02**	**0.03**	**0.04**	**0.05**	**0.06**	**0.07**	**0.08**	**0.09**
−3.0	0.0013	0.0013	0.0013	0.0012	0.0012	0.0011	0.0011	0.0011	0.0010	0.0010
−2.9	0.0019	0.0018	0.0018	0.0017	0.0016	0.0016	0.0015	0.0015	0.0014	0.0014
−2.8	0.0026	0.0025	0.0024	0.0023	0.0023	0.0022	0.0021	0.0021	0.0020	0.0019
−2.7	0.0035	0.0034	0.0033	0.0032	0.0031	0.0030	0.0029	0.0028	0.0027	0.0026
−2.6	0.0047	0.0045	0.0044	0.0043	0.0041	0.0040	0.0039	0.0038	0.0037	0.0036
−2.5	0.0062	0.0060	0.0059	0.0057	0.0055	0.0054	0.0052	0.0051	0.0049	0.0048
−2.4	0.0082	0.0080	0.0078	0.0075	0.0073	0.0071	0.0069	0.0068	0.0066	0.0064
−2.3	0.0107	0.0104	0.0102	0.0099	0.0096	0.0094	0.0091	0.0089	0.0087	0.0084
−2.2	0.0139	0.0136	0.0132	0.0129	0.0125	0.0122	0.0119	0.0116	0.0113	0.0110
−2.1	0.0179	0.0174	0.0170	0.0166	0.0162	0.0158	0.0154	0.0150	0.0146	0.0143
−2.0	0.0228	0.0222	0.0217	0.0212	0.0207	0.0202	0.0197	0.0192	0.0188	0.0183
−1.9	0.0287	0.0281	0.0274	0.0268	0.0262	0.0256	0.0250	0.0244	0.0239	0.0233
−1.8	0.0359	0.0351	0.0344	0.0336	0.0329	0.0322	0.0314	0.0307	0.0301	0.0294
−1.7	0.0446	0.0436	0.0427	0.0418	0.0409	0.0401	0.0392	0.0384	0.0375	0.0367
−1.6	0.0548	0.0537	0.0526	0.0516	0.0505	0.0495	0.0485	0.0475	0.0465	0.0455
−1.5	0.0668	0.0655	0.0643	0.0630	0.0618	0.0606	0.0594	0.0582	0.0571	0.0559
−1.4	0.0808	0.0793	0.0778	0.0764	0.0749	0.0735	0.0721	0.0708	0.0694	0.0681
−1.3	0.0968	0.0951	0.0934	0.0918	0.0901	0.0885	0.0869	0.0853	0.0838	0.0823
−1.2	0.1151	0.1131	0.1112	0.1093	0.1075	0.1056	0.1038	0.1020	0.1003	0.0985
−1.1	0.1357	0.1335	0.1314	0.1292	0.1271	0.1251	0.1230	0.1210	0.1190	0.1170
−1.0	0.1587	0.1562	0.1539	0.1515	0.1492	0.1469	0.1446	0.1423	0.1401	0.1379
−0.9	0.1841	0.1814	0.1788	0.1762	0.1736	0.1711	0.1685	0.1660	0.1635	0.1611
−0.8	0.2119	0.2090	0.2061	0.2033	0.2005	0.1977	0.1949	0.1922	0.1894	0.1867
−0.7	0.2420	0.2389	0.2358	0.2327	0.2296	0.2266	0.2236	0.2206	0.2177	0.2148
−0.6	0.2743	0.2709	0.2676	0.2643	0.2611	0.2578	0.2546	0.2514	0.2483	0.2451
−0.5	0.3085	0.3050	0.3015	0.2981	0.2946	0.2912	0.2877	0.2843	0.2810	0.2776
−0.4	0.3446	0.3409	0.3372	0.3336	0.3300	0.3264	0.3228	0.3192	0.3156	0.3121
−0.3	0.3821	0.3783	0.3745	0.3707	0.3669	0.3632	0.3594	0.3557	0.3520	0.3483
−0.2	0.4207	0.4168	0.4129	0.4090	0.4052	0.4013	0.3974	0.3936	0.3897	0.3859
−0.1	0.4602	0.4562	0.4522	0.4483	0.4443	0.4404	0.4364	0.4325	0.4286	0.4247
−0.0	0.5000	0.4960	0.4920	0.4880	0.4840	0.4801	0.4761	0.4721	0.4681	0.4641

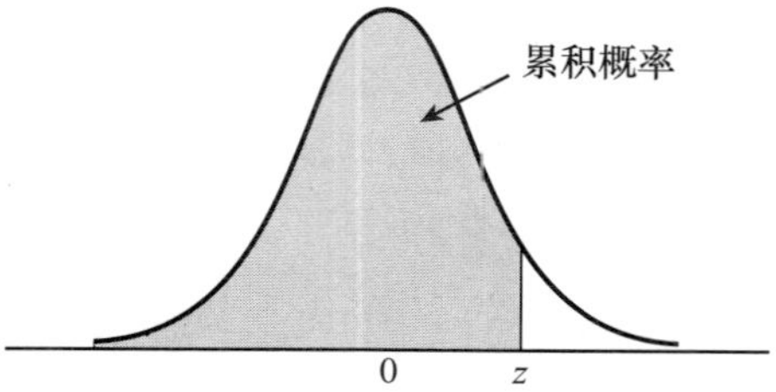

表中数值给出了曲线下方到z值左侧的面积。
例如：z=1.25时，累积概率是0.894 4。

表 2 标准正态分布的累积概率

z	**0.00**	**0.01**	**0.02**	**0.03**	**0.04**	**0.05**	**0.06**	**0.07**	**0.08**	**0.09**
0.0	0.5000	0.5040	0.5080	0.5120	0.5160	0.5199	0.5239	0.5279	0.5319	0.5359
0.1	0.5398	0.5438	0.5478	0.5517	0.5557	0.5596	0.5636	0.5675	0.5714	0.5753
0.2	0.5793	0.5832	0.5871	0.5910	0.5948	0.5987	0.6026	0.6064	0.6103	0.6141
0.3	0.6179	0.6217	0.6255	0.6293	0.6331	0.6368	0.6406	0.6443	0.6480	0.6517
0.4	0.6554	0.6591	0.6628	0.6664	0.6700	0.6736	0.6772	0.6808	0.6844	0.6879
0.5	0.6915	0.6950	0.6985	0.7019	0.7054	0.7088	0.7123	0.7157	0.7190	0.7224
0.6	0.7257	0.7291	0.7324	0.7357	0.7389	0.7422	0.7454	0.7486	0.7517	0.7549
0.7	0.7580	0.7611	0.7642	0.7673	0.7704	0.7734	0.7764	0.7794	0.7823	0.7852
0.8	0.7881	0.7910	0.7939	0.7967	0.7995	0.8023	0.8051	0.8078	0.8106	0.8133
0.9	0.8159	0.8186	0.8212	0.8238	0.8264	0.8289	0.8315	0.8340	0.8365	0.8389
1.0	0.8413	0.8438	0.8461	0.8485	0.8508	0.8531	0.8554	0.8577	0.8599	0.8621
1.1	0.8643	0.8665	0.8686	0.8708	0.8729	0.8749	0.8770	0.8790	0.8810	0.8830
1.2	0.8849	0.8869	0.8888	0.8907	0.8925	0.8944	0.8962	0.8980	0.8997	0.9015
1.3	0.9032	0.9049	0.9066	0.9082	0.9099	0.9115	0.9131	0.9147	0.9162	0.9177
1.4	0.9192	0.9207	0.9222	0.9236	0.9251	0.9265	0.9279	0.9292	0.9306	0.9319
1.5	0.9332	0.9345	0.9357	0.9370	0.9382	0.9394	0.9406	0.9418	0.9429	0.9441
1.6	0.9452	0.9463	0.9474	0.9484	0.9495	0.9505	0.9515	0.9525	0.9535	0.9545
1.7	0.9554	0.9564	0.9573	0.9582	0.9591	0.9599	0.9608	0.9616	0.9625	0.9633
1.8	0.9641	0.9649	0.9656	0.9664	0.9671	0.9678	0.9686	0.9693	0.9699	0.9706
1.9	0.9713	0.9719	0.9726	0.9732	0.9738	0.9744	0.9750	0.9756	0.9761	0.9767
2.0	0.9772	0.9778	0.9783	0.9788	0.9793	0.9798	0.9803	0.9808	0.9812	0.9817
2.1	0.9821	0.9826	0.9830	0.9834	0.9838	0.9842	0.9846	0.9850	0.9854	0.9857
2.2	0.9861	0.9864	0.9868	0.9871	0.9875	0.9878	0.9881	0.9884	0.9887	0.9890
2.3	0.9893	0.9896	0.9898	0.9901	0.9904	0.9906	0.9909	0.9911	0.9913	0.9916
2.4	0.9918	0.9920	0.9922	0.9925	0.9927	0.9929	0.9931	0.9932	0.9934	0.9936
2.5	0.9938	0.9940	0.9941	0.9943	0.9945	0.9946	0.9948	0.9949	0.9951	0.9952
2.6	0.9953	0.9955	0.9956	0.9957	0.9959	0.9960	0.9961	0.9962	0.9963	0.9964
2.7	0.9965	0.9966	0.9967	0.9968	0.9969	0.9970	0.9971	0.9972	0.9973	0.9974
2.8	0.9974	0.9975	0.9976	0.9977	0.9977	0.9978	0.9979	0.9979	0.9980	0.9981
2.9	0.9981	0.9982	0.9982	0.9983	0.9984	0.9984	0.9985	0.9985	0.9986	0.9986
3.0	0.9987	0.9987	0.9987	0.9988	0.9988	0.9989	0.9989	0.9989	0.9990	0.9990

附录B　控制图参数

	x 控制图				*s* 控制图				*R* 控制图					
n	A	A_2	A_3	c_4	B_3	B_4	B_5	B_6	d_2	d_3	D_1	D_2	D_3	D_4
2	2.121	1.880	2.659	0.7979	0.0	3.267	0.0	2.606	1.128	0.853	0.0	3.686	0.0	3.267
3	1.732	1.023	1.954	0.8862	0.0	2.568	0.0	2.276	1.693	0.888	0.0	4.358	0.0	2.574
4	1.500	0.729	1.628	0.9213	0.0	2.266	0.0	2.088	2.059	0.880	0.0	4.698	0.0	2.282
5	1.342	0.577	1.427	0.9400	0.0	2.089	0.0	1.964	2.326	0.864	0.0	4.918	0.0	2.114
6	1.225	0.483	1.287	0.9515	0.030	1.970	0.029	1.874	2.534	0.848	0.0	5.078	0.0	2.004
7	1.134	0.419	1.182	0.9594	0.118	1.882	0.113	1.806	2.704	0.833	0.204	5.204	0.076	1.924
8	1.061	0.373	1.099	0.9650	0.185	1.815	0.179	1.751	2.847	0.820	0.388	5.306	0.136	1.864
9	1.000	0.337	1.032	0.969	0.239	1.761	0.232	1.707	2.970	0.808	0.547	5.393	0.184	1.816
10	0.949	0.308	0.975	0.9727	0.284	1.716	0.276	1.669	3.078	0.797	0.687	5.469	0.223	1.777
11	0.905	0.285	0.927	0.9754	0.321	1.679	0.313	1.637	3.173	0.787	0.811	5.535	0.256	1.744
12	0.866	0.266	0.886	0.9776	0.354	1.646	0.346	1.610	3.258	0.778	0.922	5.594	0.283	1.717
13	0.832	0.249	0.850	0.9794	0.382	1.618	0.374	1.585	3.336	0.770	1.025	5.647	0.307	1.693
14	0.802	0.235	0.817	0.9810	0.406	1.594	0.399	1.563	3.407	0.763	1.118	5.696	0.328	1.672
15	0.775	0.223	0.789	0.9823	0.428	1.572	0.421	1.544	3.472	0.756	1.203	5.741	0.347	1.653
16	0.750	0.212	0.763	0.9835	0.448	1.552	0.440	1.526	3.532	0.750	1.282	5.782	0.363	1.637
17	0.728	0.203	0.739	0.9845	0.466	1.534	0.458	1.511	3.588	0.744	1.356	5.820	0.378	1.622
18	0.707	0.194	0.718	0.9854	0.482	1.518	0.475	1.496	3.640	0.739	1.424	5.856	0.391	1.608
19	0.688	0.187	0.698	0.9862	0.497	1.503	0.490	1.483	3.689	0.734	1.487	5.891	0.403	1.597
20	0.671	0.180	0.680	0.9869	0.510	1.490	0.504	1.470	3.735	0.729	1.549	5.921	0.415	1.585
21	0.655	0.173	0.663	0.9876	0.523	1.477	0.516	1.459	3.778	0.724	1.605	5.951	0.425	1.575
22	0.640	0.167	0.647	0.9882	0.534	1.466	0.528	1.448	3.819	0.720	1.659	5.979	0.434	1.566
23	0.626	0.162	0.633	0.9887	0.545	1.455	0.539	1.438	3.858	0.716	1.710	6.006	0.443	1.557
24	0.612	0.157	0.619	0.9892	0.555	1.445	0.549	1.429	3.895	0.712	1.759	6.031	0.451	1.548
25	0.600	0.153	0.606	0.9896	0.565	1.435	0.559	1.420	3.931	0.708	1.806	6.056	0.459	1.541

资料来源：Adapted from Table 27 of ASTM STP 15D ASTM *Manual on Presentation of Data and Control Chart Analysis*. © 1976 American Society for Testing and Materials，Philadelphia，PA.

附录C　随机数

63271	59986	71744	51102	15141	80714	58683	93108	13554	79945
88547	09896	95436	79115	08303	01041	20030	63754	08459	28364
55957	57243	83865	09911	19761	66535	40102	26646	60147	15702
46276	87453	44790	67122	45573	84358	21625	16999	13385	22782
55363	07449	34835	15290	76616	67191	12777	21861	68689	03263
69393	92785	49902	58447	42048	30378	87618	26933	40640	16281
13186	29431	88190	04588	38733	81290	89541	70290	40113	08243
17726	28652	56836	78351	47327	18518	92222	55201	27340	10493
36520	64465	05550	30157	82242	29520	69753	72602	23756	54935
81628	36100	39254	56835	37636	02421	98063	89641	64953	99337
84649	48968	75215	75498	49539	74240	03466	49292	36401	45525
63291	11618	12613	75055	43915	26488	41116	64531	56827	30825
70502	53225	03655	05915	37140	57051	48393	91322	25653	06543
06426	24771	59935	49801	11082	66762	94477	02494	88215	27191
20711	55609	29430	70165	45406	78484	31639	52009	18873	96927
41990	70538	77191	25860	55204	73417	83920	69468	74972	38712
72452	36618	76298	26678	89334	33938	95567	29380	75906	91807
37042	40318	57099	10528	09925	89773	41335	96244	29002	46453
53766	52875	15987	46962	67342	77592	57651	95508	80033	69828
90585	58955	53122	16025	84299	53310	67380	84249	25348	04332
32001	96293	37203	64516	51530	37069	40261	61374	05815	06714
62606	64324	46354	72157	67248	20135	49804	09226	64419	29457
10078	28073	85389	50324	14500	15562	64165	06125	71353	77669
91561	46145	24177	15294	10061	98124	75732	00815	83452	97355
13091	98112	53959	79607	52244	63303	10413	63839	74762	50289
73864	83014	72457	22682	03033	61714	88173	90835	00634	85169
66668	25467	48894	51043	02365	91726	09365	63167	95264	45643
84745	41042	29493	01836	09044	51926	43630	63470	76508	14194
48068	26805	94595	47907	13357	38412	33318	26098	82782	42851
54310	96175	97594	88616	42035	38093	36745	56702	40644	83514
14877	33095	10924	58013	61439	21882	42059	24177	58739	60170
78295	23179	02771	43464	59061	71411	05697	67194	30495	21157
67524	02865	39593	54278	04237	92441	26602	63835	38032	94770
58268	57219	68124	73455	83236	08710	04284	55005	84171	42596
97158	28672	50685	01181	24262	19427	52106	34308	73685	74246
04230	16831	69085	30802	65559	09205	71829	06489	85650	38707
94879	56606	30401	02602	57658	70091	54986	41394	60437	03195
71446	15232	66715	26385	91518	70566	02888	79941	39684	54315
32886	05644	79316	09819	00813	88407	17461	73925	53037	91904
62048	33711	25290	21526	02223	75947	66466	06232	10913	75336

资料来源：Froma Million Digits with 100000 Normal Deviates，by the Rand Corporation. New York：The Free Press，1955. © 1955 by The Rand Corporation.

Managing for Quality and Performance Excellence，11e
James R. Evans，William M. Lindsay

Cengage Learning Asia Pte. Ltd.
151 Lorong Chuan，#02－08 New Tech Park，Singapore 556741

北京市版权局著作权合同登记号　图字：01－2021－6061

图书在版编目（CIP）数据

质量管理与卓越绩效：第 11 版/（美）詹姆斯・埃文斯，（美）威廉・林赛著；中国质量协会编译．--北京：中国人民大学出版社，2022.1

（工商管理经典译丛）

ISBN 978-7-300-29950-1

Ⅰ.①质… Ⅱ.①詹… ②威… ③中… Ⅲ.①企业管理—质量管理 ②企业绩效—企业管理 Ⅳ.①F273.2 ②F272.5

中国版本图书馆 CIP 数据核字（2021）第 209042 号

工商管理经典译丛

质量管理与卓越绩效（第 11 版）

[美] 詹姆斯・埃文斯　威廉・林赛　著

中国质量协会　编译

Zhiliang Guanli yu Zhuoyue Jixiao

出版发行	中国人民大学出版社		
社　　址	北京中关村大街 31 号	**邮政编码**	100080
电　　话	010－62511242（总编室）		010－62511770（质管部）
	010－82501766（邮购部）		010－62514148（门市部）
	010－62515195（发行公司）		010－62515275（盗版举报）
网　　址	http://www.crup.com.cn		
经　　销	新华书店		
印　　刷	北京七色印务有限公司		
规　　格	185 mm×260 mm　16 开本	**版　　次**	2022 年 1 月第 1 版
印　　张	37.25 插页 1	**印　　次**	2024 年 12 月第 4 次印刷
字　　数	874 000	**定　　价**	98.00 元

CENGAGE Learning™

Supplements Request Form（教辅材料申请表）

Lecturer's Details（教师信息）			
Name：（姓名）		Title：（职务）	
Department：（系科）		School/University：（学院/大学）	
Official E-mail：（学校邮箱）		Lecturer's Address / Post Code：（教师通讯地址/邮编）	
Tel：（电话）			
Mobile：（手机）			

Adoption Details（教材信息） 原版☐ 翻译版☐ 影印版 ☐			
Title：（英文书名） Edition：（版次） Author：（作者）			
Local Publisher：（中国出版社）			
Enrolment：（学生人数）		Semester：（学期起止时间）	

Contact Person & Phone/E-Mail/Subject：
（系科/学院教学负责人电话/邮件/研究方向）
（我公司要求在此处标明系科/学院教学负责人电话/传真及电话和传真号码并在此加盖公章。）

教材购买由我☐ 我作为委员会的一部分☐ 其他人☐［姓名： ］决定。

Please fax or post the complete form to（请将此表格传真至）：

CENGAGE LEARNING BEIJING
ATTN：Higher Education Division
TEL：(86) 10-82862096/95/97
FAX：(86) 10-82862089
EMAIL：asia. infochina@cengage. com
www. cengageasia. com
ADD：北京市海淀区科学院南路 2 号
融科资讯中心 C 座南楼 12 层 1201 室 100190

Note：Thomson Learning has changed its name to CENGAGE Learning

VERIFICATION FORM/CENGAGE LEARNING

中国人民大学出版社　管理分社

教师教学服务说明

中国人民大学出版社管理分社以出版工商管理和公共管理类精品图书为宗旨。为更好地服务一线教师，我们着力建设了一批数字化、立体化的网络教学资源。教师可以通过以下方式获得免费下载教学资源的权限：

★ 在中国人民大学出版社网站 www.crup.com.cn 进行注册，注册后进入“会员中心”，在左侧点击“我的教师认证”，填写相关信息，提交后等待审核。我们将在一个工作日内为您开通相关资源的下载权限。

★ 如您急需教学资源或需要其他帮助，请加入教师 QQ 群或在工作时间与我们联络。

中国人民大学出版社　管理分社

教师 QQ 群： 648333426（工商管理）　114970332（财会）　648117133（公共管理）
教师群仅限教师加入，入群请备注（学校 + 姓名）

联系电话： 010-62515735，62515987，62515782，82501048，62514760

电子邮箱： glcbfs@crup.com.cn

通讯地址： 北京市海淀区中关村大街甲 59 号文化大厦 1501 室（100872）

管理书社　　人大社财会　　公共管理与政治学悦读坊